Kommentar zu dem Gesetz über den Verkehr mit Betäubungsmitteln (Opiumgesetz)

und seinen Ausführungsbestimmungen

von

Dr. Otto Anselmino
a. o. Professor (früh. O.-Reg.-Rat u. Mitgl. d. Reichs-Gesundh.-Amts), Mitgl. d. ständ. Opium-Zentralausschusses beim Völkerbund

und

Dr. Adolf Hamburger
Rechtsanwalt und Notar in Berlin
(Approbierter Apotheker)
Mitgl. d. preuß. Landes-Gesundh.-Rats

Berlin
Verlag von Julius Springer
1931

Softcover reprint of the hardcover 1st edition 1931

ISBN-13: 978-3-642-93884-9 e-ISBN-13: 978-3-642-94284-6
DOI: 10.1007/ 978-3-642-94284-6

Vorwort.

„Opium" ist ein Gebiet vielseitigsten Interesses geworden. Von diesem Problem werden die allgemeine Politik, die Wirtschafts-, die Handels- und die Sozialpolitik berührt; Heilkunde, Arzneimittelkunde, Industrie, Handel und Verkehr und die Rechtsprechung sind damit befaßt.

So reizvoll es wäre, dem Opium und den anderen Betäubungsmitteln auf diesen vielverschlungenen Pfaden nachzugehen, in einem Kommentar zu dem Opiumgesetz ist kein Raum dazu. Wir müssen uns auf den Inhalt des Gesetzes und der Ausführungsbestimmungen beschränken, hierfür umfassende Erläuterungen bringen und die gesamten Rechtsfragen eingehend behandeln. Hierzu sind, um ein möglichst lückenloses Bild zu geben, noch alle anderen Rechtsquellen herangezogen, die zu der im Opiumgesetz behandelten Materie in Beziehung stehen. Berücksichtigt ist alles, was bis zum 1. Oktober 1931 bekannt geworden ist.

Die Rechtsprechung konnte, soweit es sich um das neu in Kraft getretene Gesetz handelt, nicht umfangreich sein. Deswegen erschien es zweckmäßig und geboten, zu Einführungs- und Informationszwecken die alte Rechtsprechung weitestgehend heranzuziehen.

Der Kommentar ist nicht nur für Verwaltungsbeamte, Richter, Staats- und Rechtsanwälte geschrieben, er soll auch Ärzten, Zahnärzten, Tierärzten, Apothekern, der pharmazeutischen Industrie und dem Großhandel Wegweiser und Berater sein. Deswegen erschien es angebracht, in strafrechtliche und strafprozessuale Fragen allgemeiner Art in verständlicher Weise einzuführen.

Soweit Materien oder Rechtsbegriffe in den verschiedenen Paragraphen des Gesetzes wiederkehren, mußten Wiederholungen der Erläuterungen tunlichst vermieden werden. Die Übersichtlichkeit des Kommentars ist durch zahlreiche Verweise erhöht. Schließlich ermöglicht das ausführliche Sachverzeichnis das rasche Aufsuchen der Erläuterungen des betreffenden Stichwortes.

Da für das Haager Abkommen in etwaigen Streit- oder Auslegungsfragen nur der französische Text, für das Genfer Abkommen der französische und der englische Text allein maßgebend sind, enthält der Kommentar auch diese Texte.

Mit besonderem Danke gedenken wir der wertvollen Mitarbeit des Herrn Dr. Werner Sommerfeld, Berlin.

Eine Ergänzung zu diesem Kommentar bildet die im gleichen Verlage erscheinende, auf Veranlassung des ständigen Opiumzentralausschusses von Dr. Anselmino herausgegebene Schrift „Betäubungsmittel (ABC of Narcotic Drugs)".

Berlin, im Oktober 1931.

Die Verfasser.

Inhaltsverzeichnis.

[1] Da die Ausführungsverordnungen häufig auf Grund von Ermächtigungen erlassen sind, die in mehreren Paragraphen enthalten sind, ist die Übersicht über die Ausführungsbestimmungen auf S. 328 zu betrachten.

Verzeichnis der Abkürzungen.

Abk.	= Abkommen.
Ärztl. Sachverst. Z.	= Ärztliche Sachverständigen-Zeitung.
Afb.	= Ausführungsbestimmung(en).
AG.	= Amtsgericht.
ALR.	= Allgemeines Landrecht.
Apoth. Z.	= Apotheker-Zeitung.
Arch. f. öffentl. Recht	= Archiv für öffentliches Recht.
Art.	= Artikel.
Bayr. OLG.	= Bayerisches Oberstes Landesgericht.
Beil.	= Beilage.
Bek.	= Bekanntmachung.
Bet.M.	= Betäubungsmittel.
BGB.	= Bürgerliches Gesetzbuch.
DAB.	= Deutsches Arzneibuch.
Dtsch. med. Wschr.	= Deutsche medizinische Wochenschrift.
Entsch.	= Entscheidung.
Ergb.	= Ergänzungsbuch zum DAB.
Erl.	= Erlaß.
G.	= Gesetz.
G.C.	= Genfer Konvention.

Gr.-Berl.Ärztebl.	= Groß-Berliner Ärzteblatt.
GVG.	= Gerichtsverfassungsgesetz.
H.C.	= Haager Konvention.
Handb.D.Apoth.V.	= Handbuch des Deutschen Apotheker-Vereins.
Jur.Woch. oder J.W.	= Juristische Wochenschrift.
Kais.Vo.	= Kaiserliche Verordnung über den Verkehr mit Arzneimitteln.
Kap.	= Kapitel.
KG.	= Kammergericht.
Klin.Wschr.	= Klinische Wochenschrift.
LG.	= Landgericht.
Leipz.Komm.	= Das Reichs-Strafgesetzbuch mit besonderer Berücksichtigung der Rechtsprechung des Reichsgerichts, erläutert von Dr. Ludwig Ebermayer, Dr. Adolf Lobe und Werner Rosenberg (Leipziger Kommentar).
L.Z. oder Leipz.Z.f.deutsch.Recht	= Leipziger Zeitschrift für deutsches Recht.
Min.Bl.f.d.i.Verw.	= Ministerialblatt für die innere Verwaltung.
Min.Bl.Med.Ang.	= Ministerialblatt für Medizinal-Angelegenheiten.
Mol.Gew.	= Molekulargewicht.
Münch.med.Wschr.	= Münchener medizinische Wochenschrift.
OLG.	= Oberlandesgericht.
Op.	= Opium.
OpG.	= Opiumgesetz.
OVG.	= Oberverwaltungsgericht.
Pharm.Z.	= Pharmazeutische Zeitung.
PoZollO.	= Postzollordnung.
Pr.Apoth.Betr.O.	= Preußische Apothekenbetriebsordnung.
RAbgO.	= Reichsabgabenordnung.
Ref.Z.Med.-Beamte	= Referierende Zeitschrift für Medizinal-Beamte.
Reichsanz.	= Reichsanzeiger.
Reichsmin.Bl.	= Reichsministerial-Blatt.
RG.	= Reichsgericht.
RGA.	= Reichsgesundheitsamt.
RGBl.	= Reichsgesetzblatt.
RGewO. oder RGO.	= Reichsgewerbeordnung.
RGSt.	= Entscheidungen des Reichsgerichts in Strafsachen.
RGZ.	= Entscheidungen des Reichsgerichts in Zivilsachen.
RMdI.	= Reichsminister(ium) des Innern.
R.-Rat	= Reichsrat.
R.-Reg.	= Reichsregierung.
RVerf.	= Reichsverfassung.
RVO.	= Reichsversicherungsordnung.
StGB.	= Strafgesetzbuch.
StPO.	= Strafprozeßordnung.
Südd.Apoth.Z.	= Süddeutsche Apotheker-Zeitung.
Veröff.	= Veröffentlichung, veröffentlicht.
Verz.	= Verzeichnis.
Vo.	= Verordnung.
VZollG.	= Vereins-Zoll-Gesetz.
Z.f.Rechtspflege in Bayern	= Zeitschrift für Rechtspflege in Bayern.
Z.Strafrechtswiss.	= Zeitschrift für die gesamte Strafrechtswissenschaft.

Einleitung.

Die verderblichen Folgen des Gebrauchs von Opium als Genußmittel zum Essen oder Kauen in Indien oder zum Rauchen in China und den Ländern, in denen sich diese Gewohnheit ausgebreitet hat, sind seit langem bekannt, ebenso der Gebrauch des Haschischs, der bis auf die Zeit der Veddahs zurückgeht. Ebenso werden Kokablätter seit alten Zeiten von den Eingeborenen Südamerikas gekaut. Den nicht therapeutischen Gebrauch des Morphins kennt die weiße Rasse seit Jahrzehnten, der Mißbrauch des Diazetylmorphins und des Kokains sind erst neueren Datums.

Es lassen sich fünf verschiedene Perioden unterscheiden, von denen die erste vor den vierziger Jahren des neunzehnten Jahrhunderts liegt. Die zweite Periode reicht von den sogenannten Opiumkriegen bis zum Jahre 1900 und ist gekennzeichnet als die Zeit der Überschwemmung Chinas mit ausländischem Opium und des Bestrebens der chinesischen Regierung, der Opiumseuche Einhalt zu gebieten. In die dritte Periode von 1900 bis zum Weltkriege fällt der zunehmende Ersatz des Opiums in China durch Morphin. Die vierte Periode datiert seit der Ausbreitung des suchtmäßigen Verbrauchs von Morphin und Kokain während und nach dem Weltkriege und dem Auftreten des Mißbrauchs von Diazetylmorphin.

Von der dritten, ganz besonders aber von der vierten Periode ab gewinnt das Problem des Mißbrauchs der in Rede stehenden Alkaloide ständig wachsende Bedeutung auch für Europa und Amerika, während das Opiumproblem an sich nach wie vor auf Asien beschränkt bleibt.

Die fünfte Periode, in deren Anfang wir stehen, ist die eines kräftigen Widerstrebens gegen den Mißbrauch aller Betäubungsmittel, das überall eingesetzt hat und auch den seit alten Zeiten in Vorderasien und Afrika geübten Haschischgebrauch einbezieht.

Als Abwehr gegen die suchtmäßige Ausbreitung des Genusses von Opium seien aus früherer Zeit die chinesischen Regierungsmaßnahmen genannt, die zur Zeit der Opiumkriege internationale Bedeutung erlangten.

Während der dritten Periode, in der es sich nicht mehr um den Kampf gegen das Rauchen und Essen von Opium allein handelt, sondern auch um den Kampf gegen die zuerst in Europa hergestellten Alkaloide, fanden unter der Führung der Vereinigten Staaten von Amerika internationale Konferenzen statt, die zu den Schlußsätzen der Konferenz in Schanghai vom 26. Febr. 1909[1] und zu dem Abkommen vom Haag vom 23. Jan. 1912[2] führten.

In die vierte Periode fällt die Gründung des Völkerbundes. Nach Art. 23 der Völkerbundssatzung (Teil 1 des Versailler Vertrags, RGBl. 1919, S. 687) betrauen die Bundesmitglieder den Bund mit der „allgemeinen Überwachung der Abmachungen, betreffend den Handel mit Opium und anderen schädlichen Mitteln". Mit der Ratifikation der den Weltkrieg beendigenden Verträge wurde — für das Deutsche Reich zwangsläufig durch Art. 295 des Versailler Vertrags — gleichzeitig das Haager Abkommen ratifiziert. Den vertragschließenden Mächten wurde zur Pflicht gemacht, spätestens innerhalb von 12 Monaten nach dem Inkrafttreten der Verträge die zur Ausführung des Haager Abkommens erforderlichen Gesetze zu erlassen. In diese Periode fallen ferner die zwei Genfer Konferenzen, die die beiden internationalen Abkommen vom 11. und 19. Februar 1925[3] zum Ergebnis hatten, von denen das zweite von besonderer Bedeutung ist.

Die gegenwärtige fünfte Periode begann mit der am 25. September 1928 erfolgten Inkraftsetzung des zweiten Genfer Abkommens und der dadurch bedingten weitgehenden Ausgestaltung der einschlägigen Gesetzgebung in zahlreichen Ländern, um dem Opiumlaster und den Alkaloidseuchen entgegenzutreten. Eine internationale Konvention zur Einschränkung der Fabrikation der Betäubungsmittel wurde im Juli 1931 abgeschlossen.

Das Haager Abkommen ist durch die beiden Genfer Abkommen nicht überflüssig geworden. Das erste Genfer Abkommen und das Protokoll zum zweiten Genfer Abkommen sind nur Ergänzungen des zweiten Kapitels des Haager Abkommens, das das zubereitete Opium betrifft, während das zweite Genfer Abkommen laut Art. 31 in den Beziehungen zwischen den vertragschließenden Teilen die Bestimmungen der Kapitel I, III, V des Haager Abkommens ersetzt. Das zweite Genfer Abkommen

---

[1] s. S. 349. [2] s. S. 351. [3] s. S. 364 und 369.

wendet sich gegen den Mißbrauch des Medizinalopiums, des Morphins, Diazetylmorphins, Kokains und des indischen Hanfs. Die Bestimmungen des Haager Abkommens bleiben in Kraft einerseits, soweit sie nicht durch das zweite Genfer Abkommen ersetzt sind, zwischen allen seinen vertragschließenden Teilen, und andererseits in ihrer Vollständigkeit zwischen diesen und allen den Staaten, die an dem Haager Abkommen, nicht aber an dem Genfer Abkommen beteiligt sind.

Das Haager Abkommen hat folgenden Inhalt:

Kap. I: Rohopium, Definition.
  Art. 1: Überwachung der Erzeugung und des Vertriebs.
  „ 2: Beschränkung der Ein- und Ausfuhrorte.
  „ 3: Verhinderung und Überwachung der Ausfuhr.
  „ 4: Äußere Kennzeichnung jeder Packung über 5 kg.
  „ 5: Erlaubnis zur Ein- und Ausfuhr.

Kap. II: Zubereitetes Opium, Definition.
  Art. 6: Unterdrückung.
  „ 7: Verbot der Ein- und Ausfuhr.
  „ 8: Andere vorläufige Beschränkungen.

Kap. III: Opium für medizinische Zwecke, Morphin, Kokain usw., Definitionen.
  Art. 9: Beschränkungen auf den medizinischen und gesetzmäßigen Gebrauch.
  „ 10: Überwachungsmaßnahmen.
  „ 11: Verhinderung der Abgabe an nicht ermächtigte Personen.
  „ 12: Beschränkung der Einfuhr.
  „ 13: Beschränkung der Ausfuhr.
  „ 14: Ausdehnung auf Zubereitungen und neue Stoffe.

Kap. IV: Art. 15: Verhinderung des Schmuggels nach China.
  „ 16: Chinesische Gesetzgebung.
  „ 17: Einschränkung des Opiumrauchens in China.
  „ 18: Einschränkung des Opiumhandels in China.
  „ 19: Postverkehr mit China.

Kap. V: Art. 20: Verbot des gesetzwidrigen Besitzes.
  „ 21: Austausch von gesetzlichen Maßnahmen und Statistik.

Kap. VI: Schlußbestimmungen.
  Art. 22: Zeichnung.
  „ 23: Ratifikation.
  „ 24: Inkrafttreten.
  „ 25: Kündigung.

Das Haager Abkommen ist von folgenden 57 Ländern, einschl. Kolonien und Mandatsgebiete, ratifiziert worden:

Albanien
Australien
Belgien (ausschl. Kongo)
Bolivien
Brasilien
Bulgarien
Chile
China
Costa Rica
Dänemark
Danzig
Deutsches Reich
Dominikanische Republik
Ekuador
Estland
Finnland

Frankreich
Griechenland
Großbritannien
Guatemala
Haiti
Honduras
Indien
Irland
Island
Italien
Japan
Jugoslawien
Kanada
Kolumbien
Kuba
Lettland
Liberia
Luxemburg
Mexiko
Monako
Niederlande
Nikaragua
Norwegen
Neuseeland
Österreich
Panama
Peru
Polen
Portugal
Rumänien
Salvador
Schweden
Schweiz
Siam
Spanien
Südafrikanische Union
Tschechoslowakei
Ungarn
Uruguay
Venezuela
Vereinigte Staaten von Amerika

Das erste Genfer Opiumabkommen vom 11. Februar 1925 bezieht sich auf das zubereitete Opium und im wesentlichen auf die Gebiete des fernen Ostens. Das Deutsche Reich war an seinem Abschluß nicht beteiligt, für die deutsche Opiumgesetzgebung ist es ohne Bedeutung.

Das zweite Genfer Opiumabkommen vom 19. Februar 1925 hat folgenden Inhalt:

Kap. I: Art. 1: Begriffsbestimmungen.

Kap. II: Inländische Kontrolle des Rohopiums und der Kokablätter.
Art. 2: Gesetzgebung.
„ 3: Beschränkung der Plätze, über die Einfuhr und Ausfuhr gestattet sein soll.

Kap. III: Inländische Kontrolle der verarbeiteten Stoffe.
Art. 4: Die einzelnen Stoffe und Zubereitungen.
„ 5: Beschränkung auf medizinische und wissenschaftliche Verwendung.
„ 6: Kontrolle der Herstellung und des Verkehrs.
„ 7: Verbot der Abgabe an unbefugte Personen und des unbefugten Besitzes.
„ 8: Zubereitungen, die von dem Abkommen ausgenommen werden.
„ 9: Erleichterungen für die Abgabe in Apotheken.
„ 10: Ausdehnung des Abkommens auf weitere Stoffe.

Kap. IV: Indischer Hanf.
Art. 11: Internationaler Handel.

Kap. V: Kontrolle des Internationalen Handels.
Art. 12: Einfuhr.
„ 13: Ausfuhr.
„ 14: Freihäfen und Freibezirke.
„ 15: Durchfuhr, Umleitung, Luftversand.
„ 16: Einlagerung in Zollverschluß.
„ 17: Verbot der Veränderung der Stoffe oder der Verpackung im Durchgangsverkehr.
„ 18: Etwaige Nichtanwendung der Abmachungen.

Die hauptsächlichste Forderung der G.C. ist in Art. 5 zu erblicken; die anderen Artikel enthalten im wesentlichen die Mittel zur Erzielung dieses einen Zwecks, nämlich den Gebrauch der Betäubungsmittel zu irgendeinem anderen Zweck als ausschließlich medizinische und wissenschaftliche Verwendung zu verhindern. Dieser Forderung und der anderen im Art. 5 enthaltenen gleichsinnigen Verpflichtung, Herstellung, Einfuhr, Verkauf, Vertrieb und Ausfuhr der in Rede stehenden Stoffe und Zubereitungen ausschließlich auf medizinische und wissenschaftliche Verwendung zu beschränken, ist durch die deutsche Opiumgesetzgebung und die sich aus ihr ergebenden Überwachungsmaßnahmen vollauf Genüge getan, sodaß es sich im Gesetz erübrigt hat, dieser Limitation expressis verbis Erwähnung zu tun. In der deutschen Opiumgesetzgebung wird auch noch eine andere Forderung der G.C., nämlich das in Art. 7 geforderte Verbot des unrechtmäßigen Besitzes, nicht formell durch Einfügung eines besonderen Paragraphen erfüllt. Es erscheint überflüssig, ein solches Verbot nochmals ausdrücklich auszusprechen, nachdem die Einfuhr, die Herstellung und jeglicher Verkehr geregelt und regelmäßig überwacht wird; praktisch kann ein unrechtmäßiger Besitz nur die Folge einer sonstigen mit Strafe bedrohten Handlung sein.

Über das Genfer und Haager Abkommen geht das OpG. insofern hinaus, als es erstens in § 9 unbedingte Verbote für Genußopium und Haschisch ausspricht, zweitens als es die Zubereitungen, die wegen des geringen Gehaltes an Morphin oder Kokain dem Abkommen und nach § 1 OpG. auch diesem überhaupt nicht unterstehen, hinsichtlich der Verschreibung und der Abgabe an die Verbraucher und hinsichtlich der Beschriftung den übrigen Zubereitungen gleichstellt, drittens, indem es die für die Apotheken in Art. 9 G.C. vorgesehene Erleichterung der Abgabe von Opiumzubereitungen nicht erlaubt, und viertens, als es auf solche Zubereitungen, die nach Art. 8 G.C. von dem Abkommen grundsätzlich ausgenommen sind, doch einzelne Bestimmungen des OpG. Anwendung finden läßt.

Das zweite Genfer Abkommen haben bisher folgende 44 Länder ratifiziert oder sind ihm beigetreten:

Ägypten	Irak	Polen
Australien	Italien	Portugal
Belgien (ausschl. Kongo)	Japan	Rumänien
Bulgarien	Jugoslawien	Salvador
Dänemark	Kanada	San Marino
Danzig	Kolumbien	Schweden
Deutsches Reich	Kuba	Schweiz
Dominikanische Republik	Lettland	Siam
	Litauen u. Memelgebiet	Spanien
Estland	Luxemburg	Sudan
Finnland	Monako	Südafrikanische Union
Frankreich	Neuseeland	Tschechoslowakei
Griechenland	Niederlande	Ungarn
Großbritannien	Norwegen	Uruguay
Indien	Österreich	Venezuela

Für diese Länder ist die Annahme des Abkommens gleichzeitig bindend für ihre Schutzgebiete, Kolonien, überseeischen Besitzungen und solche überseeischen Gebiete, die ihrer Souveränität oder Autorität unterstellt sind oder für die sie ein Mandat des Völkerbundes angenommen haben, falls nicht nach Art. 39 das Gegenteil ausdrücklich erklärt wurde.

Das dem Genfer Abkommen angehängte Protokoll, das sich auf die Verhinderung des Schmuggels von Opium in den Gebieten bezieht, wo der Gebrauch von zubereitetem Opium vorläufig noch gestattet ist, ist von dem Deutschen Reich auch gezeichnet und ratifiziert worden. Ein Grund ist dafür nicht zu erkennen, da der Inhalt des Protokolls (s. S. 406) das Deutsche Reich nicht betrifft; für die deutsche Gesetzgebung ist das Protokoll belanglos.

Das Genfer Abkommen findet Anwendung auf den Verkehr mit den Ländern, die es angenommen haben, während im Verkehr mit den nachstehenden Ländern das Haager Abkommen noch verbindlich ist:

Albanien
Bolivien[1]
Brasilien
Chile
China
Costa Rica
Ekuador
Guatemala
Haiti
Honduras
Irland
Island
Liberia
Mexiko
Nikaragua
Panama
Peru
Vereinigte Staaten von Amerika

Weder das Haager noch das Genfer Abkommen ist von folgenden Ländern angenommen worden:

Abessinien
Afghanistan
Argentinien
Hedjas und Nejd
Liechtenstein
Paraguay
Persien
Türkei
Union der Sowjetrepubliken
ferner von Bhutan, Nepal, Sikkim, Yemen mit Asir, Koweit, Oman.

Die Grundlage der deutschen Opiumgesetzgebung bilden also das Haager Abkommen vom 23. Januar 1912 und das Genfer Abkommen vom 19. Februar 1925. Als weiteres Material kommen hinzu die zahlreichen Beschlüsse der Völkerbundsversammlungen und Empfehlungen des Völkerbundsrates, die auf Grund der Resolutionen der beratenden Opiumkommission, die zu diesem Zwecke eingesetzt worden ist, gefaßt wurden. Diese ergänzenden Wünsche begründen aber, soweit das Deutsche Reich nicht selbst ausdrückliche Zustimmung erklärt hat, keine internationalen Verpflichtungen.

Die dem Reichstage vorgelegte Denkschrift zur Begründung des Gesetzes über das internationale Opiumabkommen vom 19. Februar 1925 hat folgenden Wortlaut:

„Das für das Deutsche Reich auf Grund des Artikels 295 des Vertrags von Versailles verbindlich gewordene (Haager) Opiumabkommen vom 23. Januar 1912 hat sich als unzulänglich erwiesen, die Herstellung von Betäubungsmitteln und den Verkehr mit solchen ausschließlich auf medizinische und wissenschaftliche Verwendung zu beschränken. Diesem Zweck soll das neue, am 19. Februar 1925 in Genf getroffene Opiumabkommen dienen. Art. 5 dieses Abkommens bestimmt, daß die vertragschließenden Teile wirksame Gesetze oder Vorschriften erlassen werden, um Herstellung, Einfuhr, Verkauf, Vertrieb, Ausfuhr und Verwendung der näher bezeichneten Stoffe und Zubereitungen ausschließlich auf medizinische und wissenschaftliche Verwendung zu beschränken, und daß sie gemeinsam darauf hinwirken werden, deren Gebrauch zu irgendeinem anderen Zwecke zu verhindern. Es wird allgemein gehofft, daß die Durchführung dieser Bestimmungen dem umfangreichen internationalen Schmuggel mit Betäubungs-

---

[1] Bolivien ist dem Genfer Abkommen „ad referendum“ und mit Vorbehalten beigetreten.

mitteln ein Ende bereiten oder ihn doch sehr erheblich einschränken wird. Diesem Zwecke soll auch die Tätigkeit des in den Artikeln 19 bis 27 des Abkommens behandelten ständigen Zentralausschusses dienen. Der aus acht unabhängigen Sachverständigen bestehende Zentralausschuß soll auf Grund von ihm regelmäßig zuzustellenden Vierteljahrs- und Jahresstatistiken über die in dem Abkommen aufgeführten Stoffe und Zubereitungen dauernd die Bewegung des internationalen Marktes darin überwachen. Wenn ein Land zum Mittelpunkt des unerlaubten Handels zu werden droht, ist der Ausschuß berechtigt, durch Vermittelung des Generalsekretärs des Völkerbundes von diesem Lande Aufklärung zu verlangen; unter gewissen Voraussetzungen kann er den Vertragsstaaten empfehlen, die Ausfuhr der in dem Abkommen behandelten Stoffe und Zubereitungen oder eines einzelnen Stoffes oder einer einzelnen Zubereitung nach dem betreffenden Lande zu sperren. Im Hinblick auf die wichtigen Befugnisse des Zentralausschusses ist das Abkommen seinerzeit deutscherseits mit dem Vorbehalt unterzeichnet worden, daß die Unterschrift nur gelte und das Deutsche Reich das Abkommen nur ratifizieren werde, wenn ein deutscher Sachverständiger in den Ausschuß gewählt werde.

Das Abkommen ist am 25. September 1928 in Kraft getreten. Bei der am 14. Dezember 1928 erfolgten Wahl der Ausschußmitglieder ist der von der Reichsregierung vorgeschlagene Oberregierungsrat im Reichsgesundheitsamte Professor Dr. Anselmino gewählt worden, der aus diesem Anlaß mit Ablauf des 31. Dezember 1928 auf seinen Antrag aus dem Reichsdienst entlassen worden ist. Mit dieser Wahl ist dem deutschen Vorbehalte Genüge getan. — — —“

Vor dem Kriege, so sagt die Begründung zu dem Gesetz vom 30. Dezember 1920, betreffend Ausführung des internationalen Opiumabkommens vom 23. Januar 1912, lag für Deutschland eine Notwendigkeit, im Interesse der eigenen Volksgesundheit besondere einschränkende Bestimmungen über den Handel mit Opium, Morphin und Kokain zu erlassen, nicht vor, der Verkehr mit ihnen war ebenso geregelt wie für die anderen starkwirkenden Arzneimittel und die anderen Gifte. Es änderte sich dies aber schon während des Krieges, wo die häufigere Verordnung von Morphin und Kokain in erheblichem Umfang auch zu einer mißbräuchlichen Verwendung dieser Stoffe führte. Um diesem Mißbrauch im Inland entgegenzuwirken, erging am 22. März 1917 eine Verordnung, betreffend den Handel mit Opium und anderen Betäubungsmitteln, die denselben dahin regelte, daß diese Stoffe im Großhandel nur an Apotheken und solche Unternehmen, denen ihr Erwerb besonders gestattet worden war, abgegeben werden durften, außerhalb des Großhandels nur in Apotheken und nur als Heilmittel.

Erfolgte diese Regelung nur zu dem Zwecke, im Interesse der Gesunderhaltung des Volkes die mißbräuchliche Verwendung dieser Betäubungsmittel zu unterbinden, so trat bald noch als zweiter Grund hinzu, der eine sparsame Bewirtschaftung der vorhandenen Vorräte an Opium usw. gebot, die aus der Absperrung von ausländischen Zufuhren sich ergebende Notwendigkeit, den Inlandsbedarf an diesen Betäubungsmitteln sicherzustellen. Auf dieser Grundlage entstanden die Verordnung über den Verkehr mit Opium vom 15. Dezember 1918, ergänzt durch die Verordnung vom 20. August 1919 und die Verordnung über den Verkehr mit Opium und anderen Betäubungsmitteln vom 20. Juli 1920.

Diese Verordnungen hielten die durch die Verordnung von 1917 eingeführte Kontrolle des Handels nicht für ausreichend, sondern kontrollierten außerdem den Verbrauch und die Notwendigkeit des Verbrauchs, indem sie die Anmeldung der vorhandenen Vorräte anordneten und jede Abgabe außerhalb der Apotheken von Opium usw. von der durch den Opiumkommissar bzw. die Opiumverteilungsstelle zu erteilenden Erlaubnis, die in Form eines Bezugscheins erfolgte, abhängig machten.

Das OpG. von 1920 hielt an einer Verbindung dieser beiden Arten der Kontrolle fest. Beim Erlaß des ersten OpG. von 1920 war die Absicht des Gesetzgebers lediglich darauf gerichtet, den Verbleib der Betäubungsmittel von der Einfuhr und der Herstellung ab bis zu der Abgabe an den Verbraucher zu überwachen.

Der suchtmäßige Gebrauch von Diazetylmorphin war damals, im Jahre 1920, den Medizinalbehörden des Reiches und der Länder nicht, und der Mißbrauch des Kokains, obwohl amtliche Verfügungen betreffend Maßnahmen gegen die Kokainseuche erlassen waren, nur ungenügend bekannt. Der Morphinismus war eine alte Erscheinung. Die Behörden hatten gesetzliche Maßregeln, ihm als solchem entgegenzutreten, nicht ins Auge gefaßt; Morphin war lediglich als starkwirkendes Arzneimittel angesehen, dessen Abgabe in Substanz oder in Form von Zubereitungen als Heilmittel im Sinne der KaisVO. über den Verkehr mit Arzneimitteln vom 22. Oktober 1901, außer im Großhandel auf die Apotheken beschränkt und hier an die Bedingung der Vorlage eines ärztlichen usw. Rezeptes geknüpft war, wenn es als Heilmittel an das Publikum abgegeben werden sollte. Mußte der Apotheker aus einer Gebrauchsanweisung entnehmen, daß die Maximaldosis unabsichtlich überschritten wurde, dann hatte er sich mit dem Arzt in Verbindung zu setzen. Weitere Beschränkungen hinsichtlich der Abgabe als Heilmittel waren beim Erlaß des OpG. nicht vorhanden und sollten vorerst durch die Opiumgesetzgebung auch nicht getroffen werden.

Zur Verwendung als Reagens oder zu anderen wissenschaftlichen Zwecken kamen die Vorschriften der Giftverordnung in Frage, und zwar auch für den Apotheker in seiner Eigenschaft als Gifthändler. Weil nun aber, wenn der Apotheker sich als Gifthändler betätigte, eine Möglichkeit des unerwünschten Inverkehrgelangens der Betäubungsmittel nicht ausgeschlossen war, so wurde dem Apotheker der Verkauf der Betäubungsmittel zu wissenschaftlichen Zwecken genommen.

Damit, daß nennenswerte Mengen trotzdem ohne Rezept abgegeben werden könnten, hatte der Gesetzgeber nicht gerechnet. Er rechnete ganz besonders auch nicht damit, daß in zahlreichen Fällen das Verschreiben von Rezepten nicht seinen Voraussetzungen entsprach. Die in dieser Richtung bekanntgewordenen Tatsachen nötigten deshalb den Gesetzgeber, eine Möglichkeit zu schaffen, auch die auf Rezept in den Apotheken abgegebenen Betäubungsmittelmengen übersehen zu können. Dies führte im Jahre 1924 zu der Neuerung, daß der Apotheker die Rezepte zurückzubehalten habe, um Vorsorge zu treffen, daß die Kontrolle von der Einfuhr an über die Fabriken, den Großhandel und den Zwischenhandel bis zum Verkauf durch die Apotheken ausgedehnt werden kann.

Die Einblicke, die damit in den ärztlich sanktionierten Verbrauch der Betäubungsmittel gewonnen wurden, führten 1929 zu einer Erweiterung der vorbeugenden Maßnahmen, die wie folgt begründet werden:

„Das OpG. in seiner bisherigen Fassung hat sich entsprechend den im internationalen Haager OpAbk. vom 23. Januar 1912 vereinbarten Grundsätzen lediglich eine Überwachung des Verkehrs mit Betäubungsmitteln und eine Kontrolle ihres Verbleibs zum Ziel gesetzt, bietet aber keine genügende Handhabe, die mißbräuchliche Verschreibung und Verwendung der Betäubungsmittel zu verhindern. Zur Verhütung des Opiummißbrauchs sind nachdrückliche Abwehrmaßnahmen in einer in der Sitzung des Reichstags vom 22. Januar 1926 zum Haushalt des Reichsministeriums des Innern für die Rechnungsjahre 1924 und 1925 angenommenen Entschließung gefordert worden (zu vgl. den mündlichen Teilbericht des 5. Ausschusses über den Haushalt des Reichsministeriums des Innern, Entschließungsantrag zu Kapitel 7, Titel 1 der fortdauernden Ausgaben — Reichstagsdrucksache Nr. 999[1] —).

Beobachtungen der letzten Jahre lassen darauf schließen, daß der suchtmäßige Verbrauch der Betäubungsmittel vielfach durch Mittel, die auf Grund ärztlicher Verschreibung aus den Apotheken bezogen werden, gespeist wird. Um derartigen Mißbräuchen entgegenzuwirken, ist den Standesvertretungen der Ärzte und Apotheker wiederholt durch Vermittlung der Landesregierungen

[1] Entschließung, betr. Verhütung des Mißbrauchs von Betäubungsmitteln III. Wahlperiode 1924—26.

äußerste Zurückhaltung und Vorsicht bei der Verschreibung und der Abgabe der Betäubungsmittel zur Pflicht gemacht worden. Durch das RGA. sind auch Richtlinien über die Verordnung von Betäubungsmitteln ausgearbeitet worden und durch Rundschreiben und Veröffentlichung in den medizinischen Fachblättern den Ärzten zur Kenntnis gebracht worden (zu vgl. die Beantwortung der Reichsregierung zu der vorgenannten Entschließung des Reichstags — Reichstagsdrucksache Nr. 821, S. 15[1]). Wie aber das RGA. in Ausübung seiner Aufsichtstätigkeit über den Verkehr mit Betäubungsmitteln feststellen mußte, haben diese behördlichen Mahnungen an die Ärzteschaft nicht immer genügende Beachtung gefunden. Um eine Eindämmung der suchtmäßigen Verwendung der Betäubungsmittel zu erreichen, hat es sich daher als notwendig erwiesen, die Ärzte, Zahnärzte und Tierärzte in den Kreis derjenigen Personen einzubeziehen, an die sich das OpG. unmittelbar richtet, und dadurch die Möglichkeit zu schaffen, die ärztliche Verschreibweise der Betäubungsmittel zu regeln."

Durch die Neufassung des Gesetzes werden also zwei gänzlich neue Momente in die deutsche Arzneimittelgesetzgebung hineingebracht.

Der Arzt, Zahnarzt und Tierarzt kann allein von allen Staatsbürgern als Heilmittel starkwirkende Arzneimittel nach seinem beruflichen Gewissen anwenden, ohne daß ihm irgendwelche Beschränkungen auferlegt werden. Auch in der Verordnung und Anwendung der Betäubungsmittel galt er bis in die letzte Zeit (abgesehen von dem unten zitierten, die Verordnung von Kokain betreffenden Reichsgerichtsurteil) als souverän. Darin tritt durch das OpG. von 1929 eine grundlegende Änderung ein. Wenn bisher irgendeine Beaufsichtigung des Verkehrs mit Arzneimitteln oder eine Einschränkung nötig schien, richtete sich ein Verbot nur an den Apotheker. Jetzt aber wird dem Arzt, dem Zahnarzt und dem Tierarzt unter Strafandrohung vorgeschrieben, daß das von ihm auszustellende Rezept gewisse Bedingungen zu erfüllen habe, und unter Strafandrohung verboten, überhaupt oder über gewisse Mengen hinaus zu verschreiben.

Das zweite neue Moment liegt in dem Umstande, daß das OpG., welches bisher nur den Verbleib der Betäubungsmittel kontrollierte, nunmehr auch die Suchten als solche bekämpft. Zunächst will man durch die Ausführungsbestimmungen betreffend die Verschreibung und Abgabe einer weiteren Ausbreitung der Suchten begegnen und nach Möglichkeit die Zahl der vor-

[1] Es handelt sich um die Drucksache Nr. 2821 der III. Wahlperiode 1924—26.

handenen Süchtigen einschränken; ferner will man damit die Entstehung neuer Süchtiger verhindern. Unwillkürlich muß man aber neben diesen Zielen der vorsorgenden Gesetzgebung auch an die Heilung der Süchtigen denken. Das Reichsgericht spricht sich hierüber wie folgt aus (s. Entsch. v. 23. November 1928; 1 D. 286/28):

„... Da die Rauschgiftsucht im allgemeinen selbst eine schwere Krankheit ist, so ist erste Aufgabe und Pflicht des Arztes, diese Krankheit zu beseitigen, die Beseitigung ist aber nur möglich durch ein sachgemäß durchgeführtes Entziehungs- und Entwöhnungsverfahren. Soweit innerhalb eines solchen Heilverfahrens vorübergehende Verabreichung des Rauschgiftes zur Linderung von Enthaltungsstörungen nach den Regeln der ärztlichen Wissenschaft geboten erscheint, kann das Rauschgift in ähnlicher Weise als Heilmittel betrachtet werden, wie bei der Anwendung zur Schmerzstillung. Gleiches gilt für die Fortgewährung des Rauschgiftes bis zum Beginn eines fest vereinbarten, aber aus äußeren Gründen nicht sofort durchführbaren Heilverfahrens. Abzulehnen ist im Hinblick auf den Zweck des internationalen OpAbk. und des OpG. die von manchen Ärzten vertretene Auffassung, daß eine Anwendung des Rauschgiftes als Heilmittel auch dann anzunehmen sei, wenn der Süchtige ohne Durchführung eines Heilverfahrens lediglich aus seiner an sich heilbaren Sucht heraus zur Wiederherstellung des körperlichen und seelischen Gleichgewichts aus einem durch die unbefriedigte Sucht hervorgerufenen Verstimmungszustand das Gift weiter genießt. Auch abgesehen von dem Gesetzeszwecke kann schon nach dem oben ausgesprochenen Grundsatz der Verhältnismäßigkeit des Sachschadens und Vorteils von der Anwendung eines Mittels als Heilmittel dann nicht gesprochen werden, wenn eine schwere Krankheit, deren Beseitigung an sich möglich ist, durch die lediglich der Beseitigung oder Linderung von Folgeerscheinungen dienende regelmäßige Fortgewährung des Mittels unterhalten oder gar gesteigert wird.

An dieser durch die Vorschriften des OpG. gebotenen Stellungnahme kann auch durch den Hinweis darauf nichts geändert werden, daß ein wirklich sachgemäßes Entziehungs- und Entwöhnungsverfahren nur in einer geschlossenen Anstalt durchgeführt werden kann, daß ein solches Verfahren häufig an der Weigerung des Kranken, in eine Anstalt zu gehen und dort bis zur Beendigung des Verfahrens zu bleiben, scheitert, und daß es für eine zwangsweise Einschaffung und Zurückhaltung zumeist an einer rechtlichen Grundlage fehle. Es wird Sache der Gesetzgebung sein, eine solche Grundlage zu schaffen. Solange sie aber noch nicht vorhanden ist, bleibt dem Arzt nach geltendem Recht nichts anderes übrig, als den Kranken auf den einzig sicheren Weg der Heilung hinzuweisen und ihm soweit wie möglich den Weg hierzu zu ebnen, im Falle der Weigerung aber das Rauschgift nur vorübergehend zur Bekämpfung lebensgefährlicher Enthaltungsstörungen zu verordnen, wenn und soweit dies den Regeln der ärztlichen Wissenschaft entspricht."

Soweit die Heilung Süchtiger durch eine freiwillige Entziehung möglich ist, ist das Problem der Heilung in den Gedankengang der jetzigen Gesetzgebung mit einbegriffen; wenn aber eine Zwangsentwöhnung aller von einer Sucht Befallenen gefordert wird, so sind solche Maßnahmen auf der Basis der jetzigen Opiumgesetzgebung nicht durchführbar. Ob und wann sie überhaupt in

Erwägung gezogen werden können, ist außer der Frage der ärztlichen Technik hauptsächlich eine Verwaltungsfrage.

Eine weitere nicht unwesentliche Änderung des Charakters des OpG. ist darin zu erblicken, daß der Aufsichtsbehörde, d. i. dem RGA. und seiner Opiumstelle, die Ermächtigung gegeben wird, Anträge auf Erteilung von Ausfuhrbewilligungen oder von Bezugscheinen abzulehnen; die Verantwortung für eine dem Genfer Abk. und der Absicht des OpG. nicht entsprechende Verwendung der in den inneren Verkehr oder zur Ausfuhr gelangenden Mengen von Betäubungsmitteln, die bisher zunächst dem Lieferer oder Erwerber oblag, geht damit auf die Behörde über.

Das Gesetz ist im wesentlichen präventiver Art, d. h. es soll vor allem Vorbeugungsmaßregeln treffen, damit der Allgemeinheit durch den Verkehr mit den Betäubungsmitteln kein Schaden zugefügt wird. Insoweit handelt es sich um ein Gesetz gesundheitspolizeilicher Art, für das bei der Auslegung von Streitfragen der präventiv polizeiliche Gesichtspunkt stets von größter Bedeutung sein muß. Auch bei den Strafbestimmungen des Gesetzes ist zu berücksichtigen, daß es sich nicht um repressive Maßnahmen handelt, d. h. um Bestimmungen, die in erster Linie eine begangene Tat als Beweis sozial schädlicher Gesinnung des Täters zu sühnen suchen, sondern daß diese vielmehr in erster Linie Vorbeugungsmaßregeln sind, die einen Schaden abwenden sollen und von denen es daher nicht so sehr auf die Gesinnung des Täters ankommt als vielmehr darauf, daß durch sein Verhalten — mag es auf Vorsatz oder auf Fahrlässigkeit beruhen — eine Gefährdung der Allgemeinheit naheliegt.

Als ein „Schutzgesetz“ im Sinne des § 823 Abs. 2 BGB., als eine Rechtsnorm, die dem Schutz eines einzelnen im Gegensatz zur Gesamtheit dient, kann das OpG. in toto nicht angesehen werden. Jedoch kann einzelnen Afb., z. B. der zu § 8 erlassenen, s. dort, diese Wirkung zugesprochen werden.

In dem OpG. ist der Erlaß einer Reihe von weiteren rechtsverbindlichen Maßnahmen vorgesehen, wodurch die Rechtsgrundlage für alle Betäubungsmittelfragen noch beträchtlich über den Umfang des Gesetzes hinaus erweitert wird.

Eine weitere Ausgestaltung wird die Opiumgesetzgebung in absehbarer Zeit auf Grund eines die Genfer Opiumkonvention ergänzenden internationalen Abkommens zur Einschränkung der Herstellung und zur Regelung der Verteilung von Betäubungsmitteln erfahren, das am 13. Juli 1931 in Genf abgeschlossen wurde.

Chronologische Übersicht über die deutsche und preußische Gesetzgebung betr. Opium usw.

1. Verordnung des Bundesrats, betr. den Handel mit Opium und anderen Betäubungsmitteln, vom 22. März 1917 (RGBl. S. 256).

2. Ausführungsanweisung der preuß. Minister des Innern und für Handel und Gewerbe zur Verordnung des Bundesrats vom 22. März 1917, betr. den Handel mit Opium und anderen Betäubungsmitteln, vom 13. April 1917 (MinBl. f. d. i. Verw. S. 111).

3. Rundschreiben des Reichskanzlers an die Bundesregierungen betr. die Bekämpfung des Mißbrauchs von Opium, Morphium und Kokain, vom 19. August 1918 (Veröff. RGA. S. 211).

4. Bekanntmachung des preuß. Kriegsministeriums, betr. Beschlagnahme und Bestanderhebung von Kokablättern und Kokain, vom 2. November 1918 (Nr. 1/11 18, S. 2).

5. Verordnung des Reichsamts für die wirtschaftliche Demobilmachung über den Verkehr mit Opium, vom 15. Dezember 1918 (RGBl. S. 1447).

6. Verordnung der preußischen Minister des Innern und für Handel und Gewerbe über den Verkehr mit Opium, vom 14. Januar 1919 (MinBlMedAng. S. 24).

7. Verordnung des Reichswirtschaftsministers betr. Abänderung der Verordnung über den Verkehr mit Opium vom 15. Dezember 1918, vom 20. August 1919 (RGBl. S. 1474).

8. Rundverfügung des Landespolizeiamts beim preuß. Staatskommissar für Volksernährung an die Wucherstellen bei den preuß. Polizeiverwaltungen betr. Maßnahmen gegen die Kokainseuche, vom 10. März 1920 (Volkswohlf. S. 63).

9. Verordnung des Reichsministers des Innern über den Verkehr mit Opium und anderen Betäubungsmitteln, vom 20. Juli 1920 (RGBl. S. 1464).

10. Ausführungsbestimmungen der preuß. Minister für Volkswohlfahrt und für Handel und Gewerbe zu der Verordnung des Reichsministers des Innern über den Verkehr mit Opium und

anderen Betäubungsmitteln, vom 25. September 1920 (Volkswohlf. S. 345).

11. Gesetz zur Ausführung des internationalen Opiumabkommens vom 23. Januar 1912, vom 30. Dezember 1920 (RGBl. 1921, S. 2).

12. Bekanntmachung des Reichsministers des Innern betr. das internationale Opiumabkommen vom 23. Januar 1912, vom 22. Dezember 1920 (RGBl. 1921, S. 6).

13. Ausführungsbestimmungen der Reichsregierung zu dem Gesetze vom 30. Dezember 1920, betr. Ausführung des internationalen Opiumabkommens vom 23. Januar 1912, vom 26. Februar 1921 (RGBl. S. 203).

14. Bekanntmachung des Reichsministers des Innern betr. Zulassung der Einfuhr von Rohopium über das Nebenzollamt Grenzacher Horn vom 24. September 1921 (RGBl. S. 1270).

15. Verordnung des Reichsministers des Innern über Abänderung der Ausführungsbestimmungen zum Opiumgesetz, vom 23. Dezember 1923 (RGBl. I, S. 1247).

16. Gesetz zur Abänderung des Opiumgesetzes, vom 21. März 1924 (RGBl. I, S. 290).

17. Verordnung des Reichsministers des Innern über den Verkehr mit Betäubungsmitteln in den Zollausschlüssen von Hamburg und Cuxhaven vom 1. Mai 1924 (RGBl. II, S. 93).

18. Verordnung des Reichsministers des Innern betr. Ausführungsbestimmung zum Opiumgesetz, vom 5. Juni 1924 (RGBl. I, S. 638).

19. Bekanntmachung des Reichsministers des Innern über die Ausfuhr von Betäubungsmitteln, vom 20. Juni 1924 (ReichsminBl. S. 215).

20. Bekanntmachung des Reichsministers des Innern über die für die Ein- und Ausfuhrabfertigung von Betäubungsmitteln zuständigen Zolldienststellen, vom 30. Juni 1924 (ReichsminBl. S. 219).

21. Verordnung des Reichsministers des Innern über Abgabe von Betäubungsmitteln, vom 1. Juli 1924 (ReichsminBl. S. 224).

22. Zweite Bekanntmachung des Reichsministers des Innern über Ausfuhr von Betäubungsmitteln, vom 2. September 1924 (ReichsminBl. S. 303).

23. Verordnung des Reichsministers des Innern betr. Erhebung einer Umlage auf Betäubungsmittel, vom 12. November 1924 (Reichsanz. Nr. 269).

24—28. Dritte bis siebente Bekanntmachung des Reichsministers des Innern über Ausfuhr von Betäubungsmitteln, vom

12. Februar, 23. Mai, 14. Juli, 16. September, 17. November 1925 (ReichsminBl. S. 83, 332, 374, 1269, 1347).

29. Verordnung des Reichsministers des Innern über die Versorgung der Kauffahrteischiffe mit Betäubungsmitteln, vom 13. November 1925 (ReichsminBl. S. 1340).

30. Bekanntmachung des Reichsministers des Innern über Ausfuhr von Betäubungsmitteln, vom 13. April 1926 (ReichsminBl. S. 113).

31—32. Bekanntmachungen des Reichsministers des Innern über Einfuhrabfertigung von Betäubungsmitteln, vom 15. Juni und 21. September 1926 (ReichsminBl. S. 615 u. 933).

33. Bekanntmachung des Reichsministers des Innern über Ausfuhr von Betäubungsmitteln, vom 2. August 1927 (ReichsminBl. S. 344).

34. Bekanntmachung des Reichsministers des Innern über die für die Ein- und Ausfuhrabfertigung von Betäubungsmitteln zuständigen Zolldienststellen, vom 17. November 1927 (ReichsminBl. S. 575).

35—37. Bekanntmachungen des Reichsministers des Innern über Ausfuhr von Betäubungsmitteln, vom 8. Mai, 14. Aug. 1928, 12. Januar 1929 (ReichsminBl. S. 279, 539; 17).

38. Bekanntmachung des Reichsministers des Innern über die für die Ein- und Ausfuhrabfertigung von Betäubungsmitteln zuständigen Zollstellen, vom 12. Januar 1929 (ReichsminBl. S. 17).

39. Gesetz über das internationale Opiumabkommen vom 19. Februar 1925, vom 26. Juni 1929 (RGBl. II, S. 407).

40. Bekanntmachung des Reichsministers des Innern betr. Umlage auf Betäubungsmittel, vom 2. August 1929 (ReichsminBl. S. 596).

41. Bekanntmachung des Reichsministers des Auswärtigen über die Ratifikation des internationalen Opiumabkommens vom 19. Februar 1925, vom 20. September 1929 (RGBl. II, S. 641).

42. Gesetz über den Verkehr mit Betäubungsmitteln (Opiumgesetz), vom 10. Dezember 1929 (RGBl. I, S. 215).

43. Verordnung des Reichsministers des Innern über die Unterstellung weiterer Betäubungsmittel unter die Bestimmungen des Opiumgesetzes, vom 19. Dezember 1929 (RGBl. I, S. 225).

44. Verordnung des Reichsministers des Innern über den Fortfall der Bezugscheinpflicht bei Betäubungsmitteln, vom 20. Dezember 1929 (ReichsminBl. S. 688).

45. Bekanntmachung des Reichsministers des Auswärtigen über die Ratifikation des internationalen Opiumabkommens vom 19. Februar 1925, vom 23. Januar 1930 (RGBl. II, S. 18).

46. Verordnung des Reichsministers des Innern über Zulassung zum Verkehr mit Betäubungsmitteln, vom 1. April 1930 (RGBl. I S. 113).

47. Verordnung der Reichsminister des Innern und der Finanzen über die Einfuhr, Durchfuhr und Ausfuhr von Betäubungsmitteln, vom 1. April 1930 (RGBl. I, S. 114).

48. Verordnung des Reichsministers des Innern über Ankündigung und Beschriftung von Betäubungsmittel enthaltenden Arzneien, vom 14. April 1930 (RGBl. I, S. 144).

49. Bekanntmachung des Reichsministers des Auswärtigen über das Inkrafttreten des internationalen Opiumabkommens vom 19. Februar 1925 für Dänemark und des dazugehörigen Protokolls für Spanien, vom 6. August 1930 (RGBl. II, S. 1204).

50. Verordnung des Reichsministers des Innern über Erhebung einer Gebühr für Bezugscheine auf Betäubungsmittel, vom 10. Dezember 1930 (ReichsminBl. S. 671).

51. Verordnung des Reichsministers des Innern über das Verschreiben Betäubungsmittel enthaltender Arzneien und ihre Abgabe in den Apotheken, vom 19. Dezember 1930 (RGBl. I, S. 635).

52. Bekanntmachung des Reichsministers des Auswärtigen über das Inkrafttreten des internationalen Opiumabkommens vom 19. Februar 1925 für verschiedene Länder, vom 10. Januar 1931 (RGBl. II, S. 11).

53. Verordnung des Reichsministers des Innern über Erhebung einer Umlage auf Betäubungsmittel, vom 20. Januar 1931 (ReichsminBl. S. 25).

54. Zweite Verordnung des Reichsministers des Innern über die Unterstellung eines weiteren Betäubungsmittels unter die Bestimmungen des Opiumgesetzes, vom 24. März 1931 (RGBl. S. 76).

55. Verordnung des Reichsministers des Innern zur Änderung der Verordnung über das Verschreiben Betäubungsmittel enthaltender Arzneien und ihre Abgabe in den Apotheken vom 19. Dezember 1930, vom 24. März 1931 (RGBl. S. 76).

56. Bekanntmachung des Reichsministers des Auswärtigen über das Inkrafttreten des internationalen Opiumabkommens für Litauen und Norwegen, vom 2. Juli 1931 (RGBl. II, S. 527).

57. Verordnung des Reichsministers des Innern über den Fortfall der Bezugscheinpflicht bei Betäubungsmitteln, vom 21. September 1931 (Reichsanz. Nr. 222).

Gesetz über den Verkehr mit Betäubungsmitteln (Opiumgesetz).

Drucktechnische Vorbemerkung: In diesem Abschnitt, der die einzelnen Paragraphen des OpG. und der Afb. erläutert, ist der

Wortlaut des Gesetzes in großer Kursivschrift

gesetzt,

die Afb. in gewöhnlicher Kursivschrift,

die Erläuterungen in Antiqualettern,

einzelne Teile davon in Petit.

Der Wortlaut der Begründung zu dem Gesetzentwurf (Reichstagsdrucksache IV, 1928, Nr. 1386) und zu den Afb. ist in den Erläuterungen enthalten, aber nicht durch eine besondere Schriftart hervorgehoben.

Zu der Überschrift des Gesetzes:

Betäubungsmittel: Der Ausdruck „Betäubungsmittel" umfaßt mehr als die vom Gesetz betroffenen Stoffe, da Betäubungsmittel, wie die allgemeinen Anästhetika, z. B. Äther, Äthylchlorid, Chloroform, Narcylen, und die Lokalanästhetika, wie Anästhesin, Eukain, Novokain, Psikain, Tutokain u. a. m., nicht von dem Gesetz erfaßt werden, auch nicht erfaßt zu werden brauchen, weil sie nicht dem Morphin oder Kokain ähnliche, schädliche Wirkungen haben.

Der andere häufig gebrauchte, sich im amtlichen deutschen Sprachgebrauch nur einmal als Inkonsequenz in der Begründung der Afb zu § 8 findende Ausdruck „Rauschgifte" ist ebensowenig eindeutig (Alkohol, Absinth). Die Giftwirkung eines Stoffes ist abhängig von der Konzentration neben der absoluten Menge; ob sich die Wirkung eines Stoffes als Rausch leichter oder schwerer Art, als Euphorie oder als Betäubung äußert, ist gleichfalls eine Frage der Konzentration und der Menge[1].

[1] Siehe P. Wolff: Die Alkaloidsuchten und ihre Bekämpfung. Apoth.-Zg. 1931, Nr. 7.

Im Art. 23 der Völkerbundssatzung ist die Rede von „opium and other dangerous drugs — et autres drogues nuisibles — und andere schädliche Mittel“ (RGBl. 1919, S. 742—43). In dem Genfer Abk. ist die Rede von „narcotic drugs — stupéfiants — Betäubungsmittel“.

In dem Gesetz selbst kommt der Begriff „Betäubungsmittel“ nicht vor. In den Afb. wird er gebraucht für „die dem OpG. unterstehenden Stoffe und Zubereitungen“.

Opiumgesetz: Der Klammerzusatz „Opium“gesetz ist eine auf den Ausgang der Abwehrbewegung gegen die Betäubungsmittel hinweisende historische Erinnerung und eine Abkürzung, ein Stichwort, die eine Konzession an den Sprachgebrauch darstellt, obwohl Opium nur noch den geringsten Teil der Materie, die von der Gesetzgebung betroffen wird, ausmacht. Der Gesetzgeber selbst wendet in den Ausführungsbestimmungen die Abkürzung „Opiumgesetz“ an.

§ 1.

(1) Stoffe im Sinne dieses Gesetzes sind Rohopium, Opium für medizinische Zwecke, Morphin, Diacetylmorphin (Heroin), Kokablätter, Rohkokain, Kokain, Ekgonin, Indischer Hanf sowie alle Salze des Morphins, Diacetylmorphins (Heroins), Kokains und Ekgonins.

(2) Stoffe, die nach wissenschaftlicher Feststellung die gleichen schädigenden Wirkungen wie die in Abs. 1 genannten auszuüben vermögen, können diesen durch eine mit Zustimmung des Reichsrats ergehende Verordnung der Reichsregierung gleichgestellt werden.

(3) Zubereitungen im Sinne dieses Gesetzes sind alle Zubereitungen, die Morphin oder Kokain oder deren Salze enthalten, sofern der Gehalt der Zubereitung, berechnet auf Morphin, mehr als 0,2 vom Hundert, berechnet auf Kokain, mehr als 0,1 vom Hundert beträgt, ferner alle Zubereitungen, die Diacetylmorphin (Heroin) oder Ekgonin oder deren Salze enthalten, ferner Indisch-Hanfextrakt und Indisch-Hanftinktur, ferner alle Zubereitungen der Stoffe, die nach Abs. 2 den im Abs. 1 genannten Stoffen gleichgestellt werden.

(4) Durch eine mit Zustimmung des Reichsrats ergehende Verordnung der Reichsregierung kann bestimmt werden, daß gewisse Zubereitungen diesem Gesetz oder einzelnen Vorschriften des Gesetzes oder der auf Grund desselben erlassenen Bestimmungen nicht unterstehen.

Die Grundlagen für § 1 finden sich in H.C. Kap. I, III; G.C. Art. 1, 4, 11; für den 2. Abs. kommt G.C. Art. 10 in Betracht; für Absatz 4: G.C. Art. 8. Dieser Paragraph bestimmt, abgesehen von § 9, worin ein vollkommenes Verbot für zubereitetes Opium und das Harz des Indischen Hanfs und dessen Zubereitungen ausgesprochen wird, den Umfang der Materie, deren Erzeugung, Verarbeitung und Verkehr beschränkt und geregelt wird, und läßt künftige Erweiterungen sowie Ausnahmen zu.

Gegenüber dem früheren OpG. ist eine beträchtliche Erweiterung der ihm unterstellten Stoffe und Zubereitungen eingetreten. Entsprechend H.C. waren in der ersten Fassung des OpG. nur Opium, Morphin, Diazetylmorphin und Kokain genannt. Durch die Novelle von 1924 wurde Rohkokain wegen der Möglichkeit einer mißbräuchlichen Verwendung dieses Stoffes dem Gesetz unterstellt. Nunmehr sind auf Grund der G.C. auch die Kokablätter, das Ekgonin und der Indische Hanf aufgenommen worden. Durch die Einbeziehung der Kokablätter und des Ekgonin wird die Überwachung der Herstellung des Kokains vervollständigt.

Zu Absatz 1:

Stoffe sind entweder Naturprodukte (Kokablätter, Indischer Hanf) oder Roherzeugnisse (Rohopium, Rohkokain, Harz des Indischen Hanfs) oder chemische Individua (Morphin, Diazetylmorphin, Kokain, Ekgonin und deren Salze). Das gleichfalls hier genannte Opium für medizinische Zwecke ist entweder der Stoff Opium oder die Zubereitung Opiumpulver.

Begriffsbestimmungen[1]
nach der Haager (H.C.) und der Genfer (G.C.) Konvention:

Rohopium (G.C.). Unter „Rohopium" ist zu verstehen der aus den Kapseln des Schlafmohns (Papaver somniferum *L.*) gewonnene, freiwillig geronnene Milchsaft, der nur die für seine Verpackung und Versendung erforderliche Behandlung erfahren hat, ohne Rücksicht auf seinen Morphingehalt.

[1] Näheres über die Darstellung und Eigenschaften s. Anselmino-Gilg: Kommentar zum Deutschen Arzneibuch, 6. Ausg. Berlin: Julius Springer.

Als Synonyma für Opium führt Brieger[1] an: Lachrymae Papaveris, Lac Papaveris, Laudanum, Meconium, Papaverculum, Succus Papaveris, Succus thebaicus, Thebaicum.

Opium für medizinische Zwecke (G.C.). Unter „Opium für medizinische Zwecke" ist Rohopium zu verstehen, das der Behandlung unterworfen worden ist, die erforderlich war, um es nach den Arzneibuchvorschriften zum medizinischen Gebrauch geeignet zu machen, auch gepulvert oder granuliert oder mit neutralen Stoffen gemischt.

Das Genfer Abk. macht eine Trennung zwischen Rohopium und Opium zu medizinischen Zwecken; in der Praxis wird dieser Unterschied verwischt, weil auch das Rohopium, außer als Rohstoff für die Alkaloidfabrikation, insofern medizinischen Zwecken dient, als aus ihm Opium pulveratum, das Extrakt und die Tinkturen bereitet werden. Das „Opium" des Deutschen Arzneibuchs mit einem Mindestgehalt von 12% Morphin entspricht dem Begriff Rohopium der G.C. Das „Opium pulveratum" des Deutschen Arzneibuchs (Opii pulvis des Brüsseler Übereinkommens, betr. die einheitliche Gestaltung der Vorschriften über starkwirkende Arzneimittel, s. S. 343) mit einem Gehalt von 10% Morphin entspricht dem Begriff „Opium für medizinische Zwecke" der G.C.

Morphin (H.C., G.C.). Unter „Morphin" ist zu verstehen das Hauptalkaloid des Opiums von der chemischen Formel $C_{17}H_{19}O_3N$.

Synonyma für Morphin: Morphium, Morphia, Morphina, Morfina, Magisterium Opii, Alcaloidum thebaicum, Acor meconicus (nicht aber Meconium, dieses ist gleichbedeutend mit Opium).

Diazetylmorphin (G.C.). Unter „Diazetylmorphin" ist zu verstehen das Diazetylmorphin (Diamorphin, Heroin) von der Formel $C_{21}H_{23}O_5N$.

Kokablätter (G.C.). Unter „Kokablätter" sind zu verstehen die Blätter von Erythroxylon Coca *Lamarck*, von Erythroxylon novogranatense (*Morris*) *Hieronymus* und ihrer Abarten aus der Familie der Erythroxylazeen und die Blätter anderer Arten dieser Gattung, aus denen Kokain unmittelbar oder durch chemische Umwandlung gewonnen werden kann.

Rohkokain (G.C.). Unter „Rohkokain" sind alle aus den Kokablättern gewonnenen Erzeugnisse zu verstehen, die mittelbar oder unmittelbar zur Herstellung von Kokain dienen können.

Kokain (G.C.). Unter „Kokain" ist zu verstehen der Methyläther des linksdrehenden Benzoylekgonins ($[\alpha]$ D $20^0 = -16^0$ 4 in 20%iger Chloroformlösung) von der Formel $C_{17}H_{21}O_4N$.

---

[1] Brieger, R.: Pharmazeutische Synonyma. Berlin: Julius Springer.

Synonyma für Cocainum: Cocaina, Erythroxylin, Benzoylekgoninmethylester, Methylbenzoylekgonin.

Ekgonin (G.C.). Unter „Ekgonin" ist zu verstehen das linksdrehende Ekgonin ([α] D 20° = —45° 6 in 5%iger wässeriger Lösung) von der Formel $C_9H_{15}O_3N + H_2O$ und alle Abkömmlinge dieses Ekgonins, die gewerblich zu seiner Wiedergewinnung dienen könnten.

Demnach ist der Begriff „Ekgonin" nicht im rein chemischen Sinne aufzufassen; er beschränkt sich nicht auf die als Ekgonin bekannte chemische Verbindung, sondern er soll auch alle Abkömmlinge dieses Ekgonins einschließen, die gewerblich zu dessen Wiedergewinnung dienen können. Gedanklich ist die Begriffsbestimmung insofern nicht ganz einwandfrei, als es sich doch wohl mehr darum handeln dürfte, solche Stoffe zu erfassen, aus denen fabrikmäßig Kokain gewonnen werden kann.

Indischer Hanf (G.C.). Unter „Indischer Hanf" sind zu verstehen die getrockneten Spitzen der blühenden oder fruchttragenden weiblichen Stauden von Cannabis sativa *L.*, aus denen das Harz nicht ausgesogen ist, ohne Rücksicht auf die Benennung, unter der sie in den Handel gebracht werden.

Man kann drei verschiedene Arten des Indischen Hanfs im Handel unterscheiden:

1. Bombay tops: die abgeschnittenen oberen Enden der weiblichen Pflanzen;

2. Siddhi, Sabzi (indisch), Haschisch (arabisch), Kanab (persisch): die von den Stengeln abgestreiften Blätter und die weiblichen Infloreszenzen. Meist zerkleinert und zu dichten Knäueln verklebt.

3. Ganja, Gunjah (indisch), Ganga (arabisch): die von den größeren Blättern befreiten Spitzen der weiblichen Pflanze, die durch das Exsudat miteinander verklebt sind; im Handel in Form von Bündeln, 60 bis 100 cm lang, 5 bis 10 cm im Durchmesser, von 1 kg und mehr an Gewicht. Diese Form ist die offizinelle, in der Britischen Pharmakopöe und der der Verein. Staaten von Amerika enthaltene.

Das Brüsseler Abk. fordert für Arzneizwecke, daß Cannabis Indicae herba in Ostindien kultiviert wird. Im allgemeinen darf man aber aus der Bezeichnung „Indischer Hanf" nicht schließen, daß er nur in Indien gebaut wird und ausschließlich von dort in den Handel gelangt; auch die harzreiche Varietät wird in zahlreichen anderen Ländern mit geeignetem Klima gebaut.

Die einzelnen Handelssorten des Indischen Hanfs und seines Harzes lassen sich nicht scharf nach Namen trennen. Dieselben

Bezeichnungen werden für die harzreichen Stengel, für das Harz selbst und für die Zubereitungen des Harzes angewandt. So wird z. B. die Bezeichnung „Haschisch“ nicht nur für die nach § 9 OpG. vollkommen verbotene Zubereitung des Harzes gebraucht, sondern auch für die Rohdroge selbst (s. die Bemerkungen zu § 9, S. 263).

Salze sind einheitliche chemische Stoffe, die formelmäßig durch additionelle Vereinigung von Basen — hier von Morphin, Diazetylmorphin, Kokain, Ekgonin mit Säuren, z. B. Salzsäure, Schwefelsäure, Weinsäure usw. entstehen. Von den Salzen des Morphins kommt in erster Linie das salzsaure Morphin, Morphinhydrochlorid, Morphinum hydrochloricum (auch Morphium muriaticum oder chlorohydricum) in Frage. Es hat die Formel $C_{17}H_{19}O_3N \cdot HCl + 3\,H_2O$ mit dem Molekulargewicht 375,7. Sein Gehalt an Morphin, also an freier Base, beträgt 75,9%.

An zweiter Stelle ist das schwefelsaure Morphin, Morphinum sulfuricum, zu erwähnen mit der Formel $(C_{17}H_{19}O_3N)_2 H_2SO_4 + H_2O$, dem Mol.-Gew. 758,4 und einem Gehalt von 75,2% Morphinbase.

Außerdem sind im Handel, wenn auch von geringerer Bedeutung, Morphinazetat, -hydrobromid, -mekonat, -oleat, -phthalat, -tartrat, -isovalerianat.

Der theoretische Morphininhalt der Salze entspricht wegen ihres wechselnden Wassergehaltes nicht dem tatsächlichen. Für die Umrechnung in der Praxis gilt als Durchschnittswert ein Gehalt von 80% Base im Morphinsalz.

Von den Salzen des Diazetylmorphins („Heroins“) ist nur das salzsaure Diazetylmorphin im Gebrauch. Das Diazetylmorphinhydrochlorid („Heroinhydrochlorid“) hat die Formel $C_{21}H_{23}O_5N \cdot HCl$, das Mol.-Gew. 405,7 und einen Gehalt an Diazetylmorphinbase von 91%. Dieses Salz enthält meistens einige Prozente Feuchtigkeit. Der praktische Umrechnungsfaktor von Diazetylmorphinhydrochlorid in Diazetylmorphinbase ist 100:90. Die in G.C. angeführte Bezeichnung Diamorphin ist in Deutschland nicht gebräuchlich, sie ist die offizielle Bezeichnung in der British Pharmacopoea 1914. Die Bezeichnung Heroin ist der I. G. Farbenindustrie Frankfurt a. M. im Deutschen Reich und nach Angabe der Firma in den nachstehenden Ländern warenzeichenrechtlich geschützt:

Argentinien	Dänemark	Japan
Australien	England	Kolumbien
Belg.-Kongo	Estland	Lettland
Bulgarien	Finnland	Nicaragua
Chile	Griechenland	Norwegen
Costa Rica	Guatemala	Philippinen

Peru	Schweden	Venezuela
Porto Rico	Spanien	Vereinigte Staaten
Rhodesia	Uruguay	von Amerika
San Salvador		

Das Wortzeichen „Heroin" ist außerdem bei dem Internationalen Bureau für gewerbliches Eigentum in Bern eingetragen[1].

Von den Kokainsalzen ist das wichtigste das salzsaure Kokain, Kokainhydrochlorid, Cocainum hydrochloricum, mit der Formel $C_{17}H_{21}O_4N.HCl$ und dem Mol.-Gew. 339,6, es ist wasserfrei und enthält 89,23% Kokainbase. In der Praxis rechnet man mit 90% Base in dem Salz.

Außerdem kommt bisweilen zur Anwendung das salpetersaure Kokain, Kokainnitrat, Cocainum nitricum, von der Formel $C_{17}H_{21}O_4N.HNO_3$, dem Mol.-Gew. 402,2 und einem Gehalt von 75,4% Kokainbase. Ferner finden sich in den Listen der Großhandlungen das Zitrat, Nitrit, Salizylat, Sulfat und Isovalerianat.

Als einziges Ekgoninsalz findet man in den Listen der Fabrikanten das Ekgoninhydrochlorid, Formel $C_9H_{15}O_3N.HCl$.

Zu Absatz 2:

Während nach dem bisherigen OpG. § 6 im Einklang mit Art. 14d des Haager Abk. nur neue Abkömmlinge des Morphins oder Kokains oder jedes andere Alkaloid des Opiums dem Gesetz neu unterstellt werden konnten, ist jetzt die Möglichkeit gegeben, das Gesetz auf einen weiteren Kreis von Stoffen anzuwenden, die die gleichen schädigenden Wirkungen wie die im Abs. 1 genannten ausüben können. Diese Erweiterung des Textes ist nötig geworden wegen der vom Völkerbundsrat empfohlenen Einbeziehung von Eukodal, Dikodid und Dilaudid, die nicht alle als Abkömmlinge des Morphins anzusehen sind.

Das nach Art. 10 des Genfer Abk. vorgesehene Verfahren zur Erweiterung der Konvention spielt sich wie folgt ab: das Gutachten, das der Sachverständigenausschuß der Opiumkommission des ständigen Ausschusses des Internationalen Gesundheitsamtes in Paris dem Hygienekomitee des Völkerbundes in

[1] Damit ist der Schutz des Zeichens in allen dem Madrider Abkommen über die internationale Eintragung von Marken beigetretenen Ländern erreicht; dies sind z. Zt. Belgien, Brasilien, Danzig, Deutsches Reich, Frankreich und Algerien nebst Kolonien, Italien, Jugoslawien, Kuba, Luxemburg, Marokko mit Ausnahme der spanischen Zone, Mexiko, Niederlande nebst Niederländisch-Indien, Surinam und Curaçao, Österreich, Portugal nebst Azoren und Madeira, Rumänien, Schweiz, Spanien, Tschechoslowakei, Tunis, Ungarn und Türkei.

Genf auf dessen Anregung erstattet hat, wird, nachdem das Hygienekomitee nach Anhörung seiner Opiumkommission beigetreten ist, dem Völkerbundsrat zur Weiterleitung an die Vertragsmächte empfohlen. Diese können dann den Vorschlag ganz oder teilweise oder überhaupt nicht annehmen. Die so etwa zustande gekommenen Erweiterungen fallen dann für die vertragschließenden Teile, die die erweiternde Empfehlung angenommen haben, unter die Bestimmungen des Abkommens. Aus dieser fakultativen Erweiterung können bei der Kontrolle der Ausfuhr und der Durchfuhr solcher Stoffe und Zubereitungen, die in einzelnen Ländern teils unter die Konvention fallen, teils nicht, Schwierigkeiten entstehen. Mit der Unterstellung von Dihydrokodeinon, Dihydromorphinon, Dihydrooxykodeinon und ihrer Salze (Dikodid, Dilaudid, Eukodal) sowie aller Ester des Morphins und ihrer Salze hat die Reichsregierung der vom Völkerbunde gegebenen Empfehlung entsprochen, ebenso hinsichtlich des Acedicons.

Über die internationalen Abmachungen hinaus hat sich aber die Reichsregierung noch die Möglichkeit vorbehalten, für den Inlandverkehr auch weitere Stoffe dem OpG. zu unterstellen. So ist die Unterstellung des Dihydromorphins (Paramorfan) auf Vorschlag deutscher Sachverständiger erfolgt, nachdem sich gezeigt hat, daß auch dieses Mittel eine Sucht hervorrufen kann.

Die nach § 1 Abs. 2 gegebene Möglichkeit der Erweiterung ist nach der Begründung des OpG. allgemein und unabhängig von der Art des chemischen Aufbaus und von der chemischen Verwandtschaft mit den dem Gesetz unterstehenden Stoffen. Voraussetzung ist allerdings, daß die fraglichen Stoffe die gleichen schädlichen Wirkungen auszuüben vermögen wie die bereits im Gesetz genannten Stoffe. Eine weitere Voraussetzung ist ferner, daß diese schädliche Wirkung nicht nur auf theoretischer Grundlage beruht, sondern daß sie wissenschaftlich festgestellt ist.

Das wesentliche der schädlichen Wirkung, die den im Gesetz genannten Stoffen gleichmäßig zukommt, ist die, daß sie ein suchtartiges Verlangen nach ihnen hervorrufen, und daß ihr gewohnheitsmäßiger dauernder Gebrauch und Mißbrauch früher oder später zu seelischen und körperlichen Veränderungen führt[1].

Verordnung der Reichsregierung s. hierzu § 12 (S. 326).

Ausführungsverordnungen zu § 1 (2): Zu diesem Absatz ist zunächst nachstehende Verordnung vom 19. Dezember 1929 ergangen:

---

[1] Siehe hierüber P. Wolff: Die Alkaloidsuchten und ihre Bekämpfung. Apoth.-Zg. 1927, Nr. 17—20; 1931, Nr. 7.

§ 1. Die Stoffe

Dihydrokodeinon (Dicodid),
Dihydromorphinon (Dilaudid),
Dihydrooxykodeinon (Eukodal),
Dihydromorphin (Paramorfan),
die Ester des Morphins
sowie die Salze dieser Stoffe

werden hiermit den im § 1 Abs. 1 des Gesetzes über den Verkehr mit Betäubungsmitteln (Opiumgesetz) aufgeführten Stoffen gleichgestellt.

§ 2. Die Verordnung tritt am 1. Januar 1930 in Kraft.

§ 3. Wer die im § 1 genannten Stoffe und deren Salze oder Zubereitungen von solchen am 1. Februar 1930 noch im Gewahrsam hat, ohne daß er nach § 3 Abs. 1 Opiumgesetzes eine Erlaubnis besitzt oder nach § 3 Abs. 4 des Gesetzes Betäubungsmittel ohne eine solche Erlaubnis abgeben darf, ist verpflichtet, dies unverzüglich dem Reichsgesundheitsamt (Opiumstelle) unter Angabe der Art und Menge der Stoffe und Zubereitungen mitzuteilen. Bis zum 31. Januar 1930 ist er berechtigt, die Stoffe und Zubereitungen an eine zum Handel mit Betäubungsmitteln zugelassene Firma abzugeben. Die erwerbende Firma ist verpflichtet, dem Reichsgesundheitsamt (Opiumstelle) hiervon unter Angabe der Art und Menge der Stoffe und Zubereitungen sowie der abgebenden Firma Mitteilung zu machen.

Mit Inkrafttreten dieser Verordnung am 1. Januar 1930 soll der gesamte Verkehr mit den im § 1 der Verordnung genannten Stoffen und deren Salzen allen Bestimmungen des neuen OpG. unterstehen. Nur bezüglich der Personen, die diese Stoffe und ihre Zubereitungen in Gewahrsam haben, ohne daß sie im Besitz einer Erlaubnis zum Verkehr mit Betäubungsmitteln sind, ist, soweit sie nicht Betäubungsmittel ohne eine solche Erlaubnis abgeben dürfen, eine Übergangsfrist bis zum 31. Januar 1930 vorgesehen, innerhalb der die am 31. Dezember 1929 vorhandenen Vorräte abzustoßen sind. Nach dieser Frist noch vorhandene Bestände müssen dem RGA. angemeldet werden. Es ist beabsichtigt, den zuständigen Landesbehörden von derartigen Beständen Mitteilung zu machen, damit sie ihrerseits entweder für eine Vernichtung oder für eine Überführung an einen berechtigten Wiederverkäufer Sorge tragen.

Nach dem Wortlaut der Vo. ist der Kreis der Personen, die der Anmeldepflicht unterliegen, unbeschränkt; dem Sinne nach kann es sich aber nur um Wiederverkäufer handeln, nicht auch um Personen, die solche Stoffe und Zubereitungen zum Gebrauch als Arzneimittel erworben und dadurch in Gewahrsam haben.

Zuwiderhandlungen gegen die Verordnung sind, wie die Begründung ausdrücklich hervorhebt, nach § 10 Abs. 1 Nr. 1 und 2 des Gesetzes strafbar; wer die vorgeschriebene Anmeldung bei dem RGA. unterläßt, setzt sich der Bestrafung auf Grund von § 10 Abs. 1 Nr. 8 (Verletzung der Auskunftspflicht) aus. Der bloße Besitz ist nicht strafbar.

Der Wortlaut dieser Verordnung ist insofern nicht ganz einwandfrei, als die Bezeichnungen Dicodid, Dilaudid, Eukodal und Paramorfan nicht hinter den Namen der zugehörigen Basen, sondern hinter die Worte „und deren Salze“ zu stellen sind, weil diese Namen für die Salze gebraucht werden[1].

Dihydrokodeinon wird von der Knoll A.-G., Chemische Fabriken, Ludwigshafen am Rhein, nach D.R.P. 365683 hergestellt. Dieser Stoff kann aus Morphin hergestellt werden.

Dicodid kommt als Bitartrat des Dihydrokodeinons von der Formel $C_{18}H_{21}O_3N \cdot C_4H_6O_6 \cdot 2^1/_2\, H_2O$ in Form von Tabletten sowie als Substanz in den Verkehr, in der Cardiazol-Dicodid-Lösung als salzsaures Salz $C_{18}H_{21}O_3N \cdot HCl \cdot 2\, H_2O$.

Das Warenzeichen „Dicodid“ ist der Knoll A.-G. nach ihrer Angabe eingetragen bei dem Internationalen Büro für gewerbliches Eigentum in Bern[2]; ferner in

Argentinien	Estland	Litauen
Chile	Finnland	Polen
Deutschland	Griechenland	Rußland
Dänemark	Lettland	Schweden

Dihydromorphinon. Im Handel befindet sich nur **Dilaudid,** das salzsaure Salz $= C_{17}H_{19}O_3N \cdot HCl$ in Form von Pulver, Tabletten, Ampullen und Suppositorien. Dieser Stoff wird aus Morphin hergestellt.

Das Warenzeichen „Dilaudid“ ist der Knoll A.-G. nach ihrer Angabe eingetragen bei dem Internationalen Büro für gewerbliches Eigentum in Bern[2]; ferner in

Chile	Griechenland	Litauen
Deutschland	Lettland	

Dihydrooxykodeinon ist die Base des Eukodals und wird von E. Merck, Darmstadt, nach D.R.P. 296916 hergestellt; es ist nicht als ein Abkömmling des Morphins anzusehen und wird aus Thebain gewonnen.

[1] Siehe z. B. Deutsches Arzneibuch, 6. Ausg.: Eukodal-Dihydrooxykodeinonhydrochlorid.

[2] s. S. 24.

Unter **Eukodal** wird das salzsaure Salz des Dihydrooxykodeinons verstanden; es hat die Formel $(C_{18}H_{21}O_4N)HCl + 3\ H_2O$; andere Salze des Dihydrooxykodeinons sind nicht im Handel.

Die Bezeichnung „Eukodal“ ist für E. Merck, Darmstadt, nach Angabe der Firma beim Internationalen Büro für gewerbliches Eigentum in Bern[1] eingetragen, und auch noch besonders in den nachfolgenden Ländern gesetzlich geschützt:

Argentinien	Finnland	Norwegen
Chile	Griechenland	Uruguay
China	Guatemala	Peru
Dänemark	Irland	Polen
Deutschland	Japan	San Domingo
England	Lettland	Schweden
Estland	Litauen	U. S. A.

Dihydromorphin wurde von der Knoll A.-G., Chemische Fabriken, Ludwigshafen a. Rh., nach D.R.P. 260233 hergestellt. Mit **Paramorfan** wurde das salzsaure Salz des Dihydromorphins $C_{17}H_{21}NO_3 . HCl$ bezeichnet, es ist nicht mehr im Handel.

Das Warenzeichen „Paramorfan“ ist der Knoll A.-G. nach ihrer Angabe bei dem Internationalen Büro für gewerbliches Eigentum in Bern, ferner in Deutschland und der Schweiz eingetragen.

Die Ester des Morphins, die dem OpG. nunmehr ebenfalls unterstellt werden, haben, abgesehen von Diazetylmorphin (Heroin), das den Beschränkungen des OpG. von jeher unterlag, in Deutschland keine arzneiliche Verwendung gefunden; sie haben aber in den letzten Jahren eine internationale Bedeutung erlangt, da aus ihnen Morphin leicht zurückgewonnen werden kann. Dem Haager und Genfer OpAbk. unterstanden sie nicht, ihr Handel war deshalb nicht beschränkt.

Die Morphinmolekel enthält zwei Hydroxylgruppen; die eine davon ist eine Phenolgruppe, die andere eine Alkoholgruppe. Die schädliche Wirkung des Morphins hängt mit der freien Phenolgruppe zusammen. Durch deren Vereinigung mit Säureradikalen entstehen die Ester des Morphins, die aber verhältnismäßig leicht wieder in die beiden Komponenten gespalten werden.

Es sind die verschiedenartigsten Ester denkbar, schon bei drei Säureradikalen sind zwölf verschiedene Ester möglich, deshalb hat man von der Aufzählung der einzelnen Stoffe abgesehen und die Ester allgemein dem Gesetz unterstellt. Im besonderen sind außer dem Diazetylmorphin, das im Gesetz besonders benannt ist, bekannt geworden: Benzoylmorphin, Azetylpropionylmorphin, Dipropionylmorphin.

---

[1] s. S. 24.

Das Benzoylmorphin $C_{17}H_{18}O_3N(COC_6H_5) . HCl + H_2O$ ist nicht zu verwechseln mit dem Äther Benzylmorphin, Peronin, der wie die anderen Morphinäther Kodein und Äthylmorphin, Dionin, dem OpG. nicht untersteht. Indes haben sich die deutschen Fabrikanten verpflichtet, Benzylmorphin nicht herzustellen und auszuführen, außer in den geringen Mengen, die in einigen pharmazeutischen Spezialitäten enthalten sind.

Eine zweite Verordnung erging am 24. März 1931:

§ 1. Das Acetyl-demethylo-dihydrothebain (Acedicon) und seine Salze werden hiermit den in § 1 Abs. 1 des Gesetzes über den Verkehr mit Betäubungsmitteln (Opiumgesetz) aufgeführten Stoffen mit Wirkung vom 1. April 1931 gleichgestellt.

§ 2 hat sinngemäß den gleichen Wortlaut wie der obige § 3, die Anmeldefrist läuft bis 1. Mai 1931.

Acetyldemethylodikydrothebain. Im Handel befindet sich **Acedicon,** das salzsaure Salz des demethylierten, dihydrierten und azetylierten Thebain ($C_{20}H_{23}O_4N . HCl$) in Form von Pulver, Tabletten und Ampullen. Dieser Stoff wird aus Thebain hergestellt. In der englischen Patentschrift wird Acedicon als Monacetyldihydrokodeinon bezeichnet.

Das Warenzeichen „Acedicon“ ist der Firma C. H. Boehringer Sohn A. G., Hamburg, in Deutschland und bei dem Internationalen Büro für gewerbliches Eigentum in Bern[1] eingetragen.

Das Herstellungsverfahren ist zum Patent angemeldet unter B 143825 IVa/12p.

Folgende Länder haben nach einer Zusammenstellung des Völkerbundes die Ausdehnung der G.C. auf Grund des Art. 10 angenommen. Die Liste ist insofern lückenhaft, als sie nicht mit Sicherheit erkennen läßt, welche Länder die Bestimmungen der G.C. sowohl auf die Stoffe als auch auf die Salze und auf die Zubereitungen anwenden.

Dicodid und Eukodal.

Ägypten	Japan	Rumänien
Australien	Jugoslawien	Schweden
Belgien	Kanada	Schweiz
Bulgarien	Lettland	Siam
Danzig	Luxemburg	Spanien
Deutsches Reich	Neuseeland	Sudan
Finnland	Niederlande	Südafrikan. Republik
Griechenland	Österreich	Tschechoslowakei
Großbritannien	Polen	Ungarn
Indien	Portugal	Venezuela
Italien		

[1] s. S. 24.

Ferner haben

Brasilien	Nikaragua	USA
Kuba		

mitgeteilt, daß sie, obwohl sie G.C. nicht ratifiziert haben, Dicodid und Eukodal kontrollieren.

Dilaudid, Benzoylmorphin und die übrigen Morphinester.

Ägypten	Japan	Portugal
Australien	Jugoslawien	Schweden
Belgien	Kanada	Schweiz
Bulgarien	Lettland	Siam
Danzig	Luxemburg	Spanien
Deutsches Reich	Monako	Sudan
Finnland	Neuseeland	Südafrik. Republik
Griechenland	Niederlande	Ungarn
Großbritannien	Österreich	Uruguay
Indien	Polen	Venezuela
Italien		

Chile schreibt Einfuhrerlaubnis für Benzoylmorphin und alle anderen Derivate und Ersatzmittel der Betäubungsmittel vor.

Acedicon.

Belgien	Indien	Niederlande
Dänemark[1]	Italien	Schweiz
Deutsches Reich	Jugoslawien	Sudan
Finnland	Monako	Venezuela

Zu Absatz 3:

Der Begriff **„Zubereitung“** wird hier in zweifacher Weise gebraucht, zuerst als „Zubereitungen, die die Stoffe enthalten“, dann als „Zubereitungen der Stoffe“. Obwohl der Gesetzgeber, ohne durch sprachliche Gründe genötigt zu sein, in demselben Satze mit dem Ausdruck wechselt, glauben wir doch, daß er damit nicht eine grundsätzliche Unterscheidung zwischen Zubereitungen, die Morphin, Kokain, Diazetylmorphin enthalten, einerseits und Zubereitungen des Dicodids, Dilaudids, Eukodals andererseits, treffen wollte, sondern daß alle Zubereitungen, die die Stoffe enthalten, unbeschadet der Art, wie sie in die Zubereitung hineingelangt sind, gemeint sind.

Immerhin, die Verschiedenheit des Ausdrucks ist sehr auffallend. Ein Bescheid des RMdI. vom 19. März 1931[2], der sagt,

---

[1] Unter dem Vorbehalt der Annahme durch die Mehrzahl der Länder, die G.C. angenommen haben.

[2] Apoth.Z. 1931, S. 384.

daß Opiumtinkturen nicht als Morphin enthaltende Arzneien, sondern als Opiumzubereitungen anzusehen sind, da sie aus Opium hergestellt sind, bezieht sich nicht auf § 1 (3) des Gesetzes, das Zubereitungen des Opiums nicht kennt, sondern nur auf § 9 der Afb. zu § 8 OpG., in dem Untergruppen der morphinhaltigen Zubereitungen aufgeführt werden. Wo weiterhin in der Opiumgesetzgebung von Zubereitungen mit einem Attribut die Rede ist, werden sie als „Zubereitungen von Stoffen" (Vo. 19. Dezember 1929) oder „Zubereitungen dieses Harzes" (§ 9) genannt. Aus der Auslegung, daß es sich überall um Zubereitungen handelt, die die Stoffe enthalten, ergibt sich auch hinsichtlich des § 9 OpG. keine Unstimmigkeit insofern, als dort die Rede ist von Zubereitungen des aus Indischem Hanf gewonnenen Harzes, also des zuvor isolierten Harzes, nicht von harzhaltigen Zubereitungen allgemein, sonst würden allerdings alle das Harz schlechthin enthaltenden Zubereitungen, z. B. das Extrakt wie auch dessen Zubereitungen, unter das Verbot des § 9 fallen.

Als „Zubereitungen, die einen Stoff enthalten", sind alle künstlichen Erzeugnisse (nicht Naturerzeugnisse wie die besonders aufgeführten pflanzlichen Rohstoffe), die die in Rede stehenden Stoffe enthalten, einerlei, wie diese hineingelangt sind, zu verstehen. Der Begriff „Zubereitung" ist nicht durch die Art der Herstellung oder sonstwie eingeschränkt und bezieht sich auch nicht nur auf die Formen der arzneilichen Zubereitungen, wie sie z. B. im Verz. A der Verordnung betreffend den Verkehr mit Arzneimitteln vom 22. Oktober 1901 aufgeführt sind, sondern ist so weit zu fassen als irgend angängig. Es ist nicht erforderlich, daß z. B. zur Erzeugung einer morphinhaltigen Zubereitung von dem isolierten Morphin ausgegangen wurde, sondern auch Zubereitungen des Morphin enthaltenden Opiums oder Zubereitungen der Salze des Morphins fallen ebenso unter den in Rede stehenden Begriff, wie die Zubereitungen der Kokablätter unter den Begriff der Kokain enthaltenden Zubereitungen fallen.

Unter „Zubereitungen" im Sinne des Gesetzes sind nicht nur nach ärztlichem Rezept (Verschreibung nach §§ 3 und 8) angefertigte Lösungen, Mischungen usw. zu verstehen, sondern auch galenische Präparate, wie Tinkturen, Extrakte, oder Spezialitäten mit Phantasienamen, denen gern der Anschein eines Individuums gegeben wird.

Eine Zusammenstellung der Genfer beratenden Opiumkommission führt folgende Zubereitungsformen an:

Azoules, Bacilli, Bougies, Buginaria, Cereoli, Globuli, Pessaries, Pessus, Suppositoria, Pilulae, Pulveres mixti, Insufflatio, Pastilli, Pastillus,

Tablettae, Tabulettae, Tablettes, Tabloids, Tables, Tabulae, ophtalmic discs, Oculets, Lamellae, Lozenges, Solvellae, Trochisci, Solutiones, Elixir, eye drops, Collyre, Guttae, Injectio, Linctus Linimentum, Liquor, Lotio, Mixtura, Nebulae, Sirupus, Tinctura, Vinum, Unguentum, Oculentum, Pasta, Pâte.

Unter „Zubereitungen eines Stoffes“ versteht man Erzeugnisse, bei deren Herstellung der Stoff Verwendung gefunden hat und ganz oder teilweise in ihnen enthalten ist.

Zubereitungen des Opiums oder Zubereitungen, die Opium enthalten, sind im OpG. überhaupt nicht genannt, sie werden danach beurteilt, ob und wieviel Morphin sie enthalten; entsprechend auch die Zubereitungen der Kokablätter, für die der Kokaingehalt maßgebend ist.

Nicht alle Zubereitungen, die Morphin oder Kokain enthalten, unterstehen der Konvention und dem vorliegenden Abs. 3, sondern nur solche, die die vorgesehene Gehaltsgrenze von 0,2% Morphin oder 0,1% Kokain übersteigen. Danach fallen z. B. nicht unter die Zubereitungen nach § 1 Aqua Opii, das überhaupt kein Morphin enthält, ferner nicht Tinctura Opii benzoica mit 0,05% Morphin, Pantoponsirup mit etwa 0,04% Morphin u. a. Obwohl es aus dem Wortlaute zweifelsfrei hervorgeht, muß erfahrungsgemäß noch einmal darauf hingewiesen werden, daß es auf den Prozentgehalt der Masse der Zubereitung ankommt, nicht auf die einzelne Dosis in Gramm. Die Freigrenze ist z. B. nicht danach zu bemessen, ob in 100 Stück Pillen oder in 100 Stück Tabletten mehr oder weniger als 0,2 Gramm Morphin enthalten sind, sondern danach, wieviel Gramm Morphin in 100 Gramm der betreffenden Zubereitung in Frage kommt.

Aus der Definition der Stoffe, auf die sich das Abkommen bezieht, geht hervor, daß es sich um die Grundstoffe, die Basen, handelt, die dann in jeder Erscheinungsform, sei es als Basen oder als Salze oder in Form irgendeiner Zubereitung, worin sie enthalten sind — vorbehaltlich der unteren Grenze des Prozentgehaltes — unter das OpG. fallen. Die freie Grenze ist also nach dem Gehalt an Base zu berechnen, nicht nach dem Gehalt etwa an salzsaurem Morphin oder salzsaurem Kokain. Somit bleiben z. B. frei Morphinlösungen mit nicht mehr als rund 0,25% Morphinhydrochlorid oder etwa 2½ g im Liter Lösung.

Morphinum hydrochloricum enthält 75,9% Morphinbase, Morphinum sulfuricum 75,2%, Diacetylmorphin hydrochloricum enthält 91% Diazetylbase. Cocainum hydrochloricum enthält 89,23% Kokainbase.

Für die Umrechnung in der Praxis gelten die folgenden Verhältnisse als Durchschnittswerte:

Morphin. hydrochlor.: Morphin. bas.	= 100 : 80	
Diacetyl. hydrochlor.: Diacetyl. bas.	= 100 : 90	
Cocain. hydrochlor.: Cocain. bas.	= 100 : 90	
0,2% Morphin	= 0,25 : 100	Morph. hydrochlor.
	oder 0,025 : 10	„ „
	oder 0,0025 : 1	„ „
0,1% Diazetylmorphin	= 0,11 : 100	Diacetyl. hydrochlor.
	oder 0,011 : 10	„ „
	oder 0,0011 : 1	„ „
0,1% Kokain	= 0,11 : 100	Cocain. hydrochlor.
	oder 0,011 : 10	„ „
	oder 0,0011 : 1	„ „

0,2% entspricht ungefähr 1 grain in 1 ounce.

Es sei aber schon hier ausdrücklich hervorgehoben, daß nach den §§ 7 und 8 auch Zubereitungen, deren Morphin- oder Kokaingehalt unter dieser Grenze liegt, von einzelnen gesetzlichen Maßnahmen erfaßt werden können. Ferner sei besonders darauf aufmerksam gemacht, daß die Anfertigung von Zubereitungen, die nicht mehr als 0,2% Morphin oder nicht mehr als 0,1% Kokain enthalten, oder auch von Zubereitungen, die nach Abs. 4 dem Gesetz überhaupt nicht unterstehen, unter die Erlaubnispflicht des § 3 fällt, da sie als eine Verarbeitung der im § 1 genannten Stoffe anzusehen ist.

Ausdrücklich sei hier weiter hervorgehoben, daß die dem OpG. nicht unterstellten Zubereitungen der Betäubungsmittel nach der Verordnung vom 22. Oktober 1901 (s. S. 341) apothekenpflichtig sind und unbeschadet der zugelassenen Ausnahmen hinsichtlich der Abgabe in den Apotheken dem Rezeptzwang usw. unterliegen.

Für Zubereitungen, die Diazetylmorphin (Heroin) oder Ekgonin enthalten, sind keine Mindestgrenzen zugelassen, ebenso nicht für die Zubereitungen der Stoffe, durch die der Umfang des Gesetzes nach § 1 (2) erweitert werden kann. Zubereitungen dieser Stoffe unterstehen dem OpG. in jeder Konzentration.

Kodein, Apomorphin und andere Stoffe, die aus Morphin hergestellt werden, sind keine Zubereitungen des Morphins im Sinne des OpG.

Als **Indisch-Hanfextrakt** ist zu verstehen das mit Weingeist von 90 Volumprozent hergestellte, dicke, grünlichschwarze Extrakt, das in Wasser unlöslich ist. Es ist in einer großen Zahl von ausländischen Arzneibüchern und in dem Brüsseler Übereinkommen aufgeführt, im Deutschen Arzneibuch nicht mehr seit 1890. Aus 100 Teilen Herba Cann. Ind. werden etwa 15 Teile Extrakt gewonnen.

Die **Indisch-Hanftinktur** wird nach den einzelnen Arzneibüchern in verschiedener Stärke (1:5 bis 1:20), nach dem Brüsseler Übereinkommen über starkwirkende Arzneimittel vom 29. September 1925 aber im Verhältnis 1:10 mit Weingeist von 90 Volumprozent bereitet. In Deutschland ist Indische Hanftinktur seit der 3. Ausgabe des Arzneibuchs, 1890, nicht mehr offizinell.

Diese galenischen Zubereitungen des Indischen Hanfs enthalten als wirksamen Bestandteil („wirksam" cum grano salis) das Harz. Sie fallen aber nicht unter den § 9 OpG. Siehe S. 262.

Zubereitungen dieser Zubereitungen, also z. B. mit Extractum Cannabis Indicae bereitete Hühneraugentinktur oder Hühneraugenpflaster fallen nicht unter das Gesetz. Hierfür sind die Vorschriften über die Abgabe starkwirkender Arzneimittel s. S. 343 zu beachten.

Nachstehend ist ein Verzeichnis der Spezialzubereitungen gegeben, die unter die Bestimmungen der G.C. fallen und im Deutschen Reiche hergestellt werden. Das Verzeichnis enthält nicht Zubereitungen, aus deren Bezeichnung ohne weiteres hervorgeht, daß sie ein Betäubungsmittel enthalten, z. B. Compr. Acid. acetylosalicyl. c. Eukodal, ferner nicht Zubereitungen, die nach Art. 8 G.C. von dieser ausgenommen sind, siehe S. 155, es enthält jedoch solche Zubereitungen, die nach Afb. zu § 8 OpG. sich nicht mehr im deutschen Arzneimittelmarkt finden, aber zur Ausfuhr gelangen können.

1. Zubereitungen, die Opium oder eine Opiumzubereitung enthalten (der Prozentgehalt bezieht sich auf den entsprechenden Gehalt an Opium):

Colchopil (Hageda, Berlin)	32%
Durchfalltropfen a) für Pferde b) für Kälber und Fohlen (Bengen & Co., Hannover)	3,2%
Kolik- und Darmkatarrhpillen, Dr. Jacobi (Bengen & Co., Hannover)	18 bis 20%
Magen- und Darmkatarrhpillen für Pferde (Bengen & Co., Hannover)	18,4%
Neurophyllinpillen (H. Potratz, G. m. b. H., Hamburg)	35%
Opifixtabletten (Hageda, Berlin)	40%
Tabulettae tinct. antidiarrhoic. (mehrere Hersteller)	12,5%

2. Zubereitungen, die Morphin enthalten, einschließlich der Zubereitungen, die unmittelbar aus Opium bereitet sind und mehr als 20% Morphin enthalten, wie Pantopon u. ä.

Alcopon (Gehag, Gesellschaft der Hamburg-Altonaer Apotheker)	40% Mo.
Amnesin (C. F. Boehringer & Söhne, Mannheim-Waldhof)	0,4% Mo.

Assanol (Dr. Carossa) (H. König, München)	0,4% Mo.
Digimorval (Münchener Pharmaz. Fabrik, München)	0,4% Mo.
Eserin-Kolikmittel (Bengen & Co., Hannover)	0,8% Mo.
Eumecon (Kordia-Werk, Bonn)	1,6% Mo.
Glycomeconzubereitunngen (Chem.-pharm. Produkte, Wiesbaden)	0,8% Mo.
Holopon-Zubereitungen (Byk-Gulden-Werke, Berlin)	0,8% Mo.
Hyoscin comp. Subcutankompr. (E. Merck, Darmstadt)	75% Mo.
Laudanon (C. H. Boehringer Sohn, Ingelheim-Hamburg)	40% Mo.
Laudopan (Temmler-Werke, Berlin)	40% Mo.
Mekonal (Dr. Schütz & Co., Bonn)	0,48% Mo.
Minopon (F. Michalowsky, Berlin)	40% Mo.
Narcophin (DAB 6) (C. F. Boehringer & Söhne, Mannheim-Waldhof)	27% Mo.
Nealpon (Curta & Co., Berlin)	40% Mo.
Opiopan (Apoth. Custodis, Heppenheim)	40% Mo.
Opisumman (Dr. Fr. Heise, Berlin)	40% Mo.
Pantopon (Hoffmann-La Roche A.-G., Berlin)	50% Mo.
Spasmalginzuber. (Hoffmann-La Roche A.-G., Berlin)	0,5—3,1% Mo.
Trivalin (Dr. S. Meyer & Co., Berlin)	1,6% Mo.

3. Zubereitungen, die Kokain enthalten:

Acid. benzoic. comp. Compretten (E. Merck, Darmstadt)	0,225%	Kok.
Adocain (Gehe & Co., Dresden)	60%	Kok.
Asthma-Inhalasan E (Inhalasan-Ges., Stuttgart)	1%	Kok.
„ „ EN „	1%	Kok.
Eusemin (Dr. H. Rosenberg, Freiburg i. Br.)	0,67%	Kok.
Graminose Inhalasan (Inhalasan-Ges., Stuttgart)	1%	Kok.
Tucker's Asthma Specific (C. Valet, Göppingen)	1%	Kok.
Urosemin (Dr. H. Rosenberg, Freiburg i. Br.)	0,34%	Kok.

Nachstehend ist ein Verzeichnis der ausländischen Spezialpräparate gegeben, die, soweit bekannt[1], sich im internationalen Handel finden und unter G.C. fallen:

1. Zubereitungen, die Opium enthalten:

Brown Mixture Tablets (Am.)	bis 0,0032 g per tab.
Camphor Compound Liquid (Parke Davis & Co.) (Gr.-Br.)	4%
Capsules Herefore Norat	0,2%
Cold Laxative Tablets (Am.)	0,016 g per tab.
Confectio Opii B. P.	2,5%
Coryza Tablets (Am.)	0,004 bis 0,0065 g per tab.
Cough Tablets (Infant) (Am.)	0,0016 g per tab.
Diarrhea Tablets (Am.)	bis 0,016 g per tab.
Injection Brou (Fr.)	
Massa pilularum cynoglossi (Schweden)	15%
Neuralgia Tablets (Am.)	0,065 g per tab.
Paregoric Tablets (Am.)	0,0026 g per tab.
Phenacetine & Quinine Comp. (Tablets) (Am.)	0,0032 g per tab.

[1] Nicht bekannt sind z. Zt. die französischen Spezialitäten.

Pil. Saponis Composita B. P. (Gr.-Br.)	20%
Pil. von Niemeyer (Gr.-Br.)	25%
Pil. Styracis opiat. (Schweden)	16,6%
Salol Compound (Am.)	0,0016 g per tab.
Sun Cholera Tablets (Am.)	20%
Tablets Saponis Composita B. P. C.	0,02 g per tab.
Tablettes gripins Prana (Niederl.)	3,3%
Tabl. acidi acetylosalicyl. comp. (Niederl.-Ind.)	3%
Tabl. nitr. bismut bas. et opii (Niederl.-Ind.)	4,76%
Tabl. tinct. antidiarrhoic.	12,5%

2. Zubereitungen, die Morphin enthalten:

Alcaloid. Thebaic. tabl. (Österr.)	5%
Algopan (Schweiz)	50%
Algopon (Dän.)	50%
Algosistin tabl. (Schweden)	2,6%
Allaudan (Norw.)	48%
Alopon (Gr.-Br.)	10%
Anodyne Tablets (Am.)	0,0032 g per tab.
Anodyne tincture	0,84%
Anti Cold Tablets (Am.)	0,002 g per tab.
Antispasmodic Tablets (Am.)	0,002 g per tab.
Azoules Triple Valerianates (Gr.-Br.)	über 2%
Bows Liniment	0,3%
Camphorodynum	0,44%
Chlor. Anodyne (P. D. Co.)	0,5%
Chlorodyne B. C. P. (Gr.-Br.)	0,38%
Chlorodyne Rub. (Jas. Wooley Sons & Co. Ltd.) (Gr.-Br.)	0,69%
Domopon (Ungarn)	50%
Eutopon (Schweiz)	50%
Exopon (Ungarn)	50%
Ferrier's Snuff B. P. C. (Gr.-Br.)	0,3%
Fever Tablets (Am.)	0,0032 g per tab.
Grippe-Philaxin = Morphantosal	
Guttae Rosae (eye drops)	2%
Haema-cones (Duncan Flockhart & Co.) (Gr.-Br.)	3%
Hypnopanton (Schweiz)	50%
Hypodermictabl.	10 mg p. tab.
Insufflatio bismuth. et morph. hydr. B. P. C. (Gr.-Br.)	3%
Ipecopan-Sandoz (Schweiz)	36,9%
Juvopan	50%
Laudopan (Ungarn)	50%
Lethentine (Harkness Beaumont & Co.) (Gr.-Br.)	0,85%
Meconii Periodidum	1%
Mecopon (Schweiz)	50%
Mecopon-Dispert (Uruguay)	0,8%
Modiskop (Österr.)	1,45 bis 2,24%
Morphantosal (Grippe-Philaxin)	
Narcopon (Japan)	50%
Neopan (Österr.)	50%
Neo-Paleol (Uruguay)	0,4%
Neohypnopanton (Schweiz)	50%

Nepenthol	0,84%
Nirvapon (Dän.)	40%
Novipan	50%
Novopon (Tschechosl.)	50%
Oleatum morphinae	1,6%
Oleinatum morphinae (B. P. C.) (Gr.-Br.)	2%
Omnopon (Pantopon) (Hoffmann-La Roche)	50%
Opial (Niederl.)	38%
Opiall (Österr.)	50%
Opiototal (Schweden)	40%
Opoidine	50%
Panopium (Italien)	50%
Pantopon (Schweiz)	0,4 bis 50%
Pantoponscopolamin (solutio) (S.)	2%
Pantopon Atrinal (solutio) (S.)	1%
Paparoine (Kwantung)	30%
Pavon (Schweiz)	25%
Pavopin (Gr.-Br.)	50%
Pillula Ipecac. c. Urgin. B. P.	0,5%
Pillula Sap. Co. B. P.	2%
Samtopon (Japan)	50%
Sciopion (Frankr.)	50%
Sedaphon solutio (Schweden)	0,8%
Sedargil (Uruguay)	80% aller Opiumalkaloide
Sedol (Frankr.)	6 mg p. amp.
Sedopon Dubois (Frankr.)	50%
Spasmalginzubereitungen (Schweiz)	0,5 bis 3,1%
Tabell. Sap. Co. B. P. C.	2%
Tablet Astringent and Antiseptic (Parke Davis & Co.) (Gr.-Br.)	0,0032 g per tab.
Tablet Local Anæstetic (Dental) (Parke Davis & Co.) (Gr.-Br.)	0,008 g per tab.
Tablet Neuralgic Headache (Parke Davis & Co.) (Gr.-Br.)	0,001 g per tab.
Tablet Scopolamin (Hyoscin Co.) (Gr.-Br.)	0,016 g per tab.
Tabl. hypodermiques HMC (Chosen)	40%
Tabl. Dr. A. Meyer	4 mg per tab.
Tabloid Anestetic Co. „B“ (Burroughs Wellcome & Co.) (Gr.-Br.)	0,0013 g per tab.
Tabloid Hyoscinae Co. (Burroughs Wellcome & Co.) (Gr.-Br.)	0,01 bis 0,016 g per tab.
Thebaicin (Dän., Norw.)	40%
Tinctura chloroformi et morphinae (Niederl.)	1%
Totopon	50%
Toponal	
Tully's Powder	1,7%

3. Zubereitungen, die Diazetylmorphin enthalten:

Adapyrin (tablettae) (Schweden)	2%
Cocillana Compound (Parke Davis & Co.) (Gr.-Br.)	0,066%
Collosol Bromoform (Crooks)	0,04%

Elixir Pini Compositum B. P. C. (Gr.-Br.)	0,07%
Elixir Terporein (Squire & Sons Ltd.) (Gr.-Br.)	0,02%
Elixir Terpini Compositum (Jas. Wooley Sons & Co.) (Gr.-Br.)	0,03%
Glycaphorm	0,1%
Glycero-Terperoin (Squire & Sons Ltd.) (Gr.-Br.)	0,03%
Glykeron	0,15%
Glykeroheroïne	0,09%
Hemyphon Tablets	0,005 g per tab.
Herolan-tabl. (Dr. Heisler) (Tschechosl.)	0,06 g per 20 tab.
Kreosan (Schweden)	0,003%
Pastilli Terperoin Comp. (Squire & Sons Ltd.) (Gr.-Br.)	0,008%
Pinheroin	0,04%
Syrupus Ambrea compositus (Dän., Schweden)	0,055%
Syrupus Pini compositus (Dän.)	0,06%
Syrupus Guareae comp. (Schweden)	0,05%
Trochisci Adrenalin Throat (Parke Davis & Co.)(Gr.-Br.)	0,00065 g per tab.
Tabloid „Epinine" Comp. (Burroughs Wellcome & Co.) (Gr.-Br.)	0,00065 g per tab.
Tabloid Hypod. Nr. 3 u. 9 (B. W. Co.)	14 mg per tab.
Tablet Pini comp. (Dän.)	0,00065 g per tab.
Tablet Triturates (Parke Davis & Co.) (Gr.-Br.)	0,0065 bis 0,003 g per tab.

4. Zubereitungen, die Kokain enthalten:

Albromide	
Alvola	
Anadoon (Gr.-Br.)	0,83%
Anaezol (Gr.-Br.)	
Anginapastillen (Schweden)	0,2%
Ash's Antipain (Gr.-Br.)	
Anesthetic Dental Tablets (Am.)	0,032 g per tab.
Antinausea	
Azoules Obtundent Compound (Allen & Hamburgs Ltd.) (Gr.-Br.)	0,05%
Azoules Triple Valerianates (Gr.-Br.)	über 1%
Benzoic acid compound Tabl.	0,015 g per tab.
Calorific Fluid (dental)	0,9%
Coca Chewing Gum	
Cocain cream (Burroughs Wellcome & Co.) (Gr.-Br.)	10%
Cocain Oleate (Parke Davis & Co.) (Gr.-Br.)	5%
Codrenine (Parke Davis & Co.) (Gr.-Br.)	1,78%
Crown Local Anesthetic (Gr.-Br.)	0,625%
1917 Dental anesthetic (Gr.-Br.)	0,75%
Epicaine (Burroughs Wellcome & Co.) (Gr.-Br.)	1,78%
Gelastoid c. cocain (Österr.)	0,9%
Glycogelatine pastilles pro tussi	0,19% Kok., 0,08 Mo.
Hypodermicine (Gr.-Br.)	0,83%
Hypoloid Epicaine (Burroughs Wellcome & Co.) (Gr.-Br.)	1,78%
Isotonic cocaine Solution	0,13%
Katarrh-Pralinées (Österr.)	3,6%

Leppers Local Anæsthetic (Gr.-Br.)	0,83%
Lecosthetic (Parke Davis & Co.) (Gr.-Br.)	0,67%
Lindesin Amp. (Österr.)	0,9%
Menthocol (Dr. Heisler) (Tschechosl.)	0,1 g per 100 Tabl.
Menthol dragées c. Cocain Media (Tschechosl.)	0,1 g per 100 Tabl.
Midland Local Anæsthetic (Gr.-Br.)	0,83%
Murocaine (Gr.-Br.)	0,75%
Nausea Tablets (Am.)	0,005 g per tab.
Neb. Hyoscinae Composita B. P. C. (Gr.-Br.)	0,81%
Neb. Menthol Composita B. P. C. (Gr.-Br.)	0,446%
Nopaine (Gr.-Br.)	0,82%
Otinol (Schweden)	10%
Paterson's local anæsthetic (Gr.-Br.)	
Pil. Phosphori & Cinchonae Co. (Parke Davis & Co.) (Gr.-Br.)	0,0013 g per Pil.
Pil. Sedative (Mann) (Parke Davis & Co.) (Gr.-Br.)	0,00065 g per Pil.
Poudre contre le Coryza (Cod. med. Franc.)	0,44%
Prismoid Nasopheringeal (Tschechosl.)	0,06 g per 41 Tabl.
Resorlansalva (Schweden)	1,5%
Rhoidocaine Cuturieux (Frankr.)	0,01 g per amp.
Rosthetic (Gr.-Br.)	
Safo (Gr.-Br.)	0,75%
Salaurin (Gr.-Br.)	0,1%
Simplex (Gr.-Br.)	
Soloid Nasopharyngeal Co. (Burroughs Wellcome & Co.) (Gr.-Br.)	0,01 g per dos.
Solvellae Nasopharyngeal Co. (Nr. 2) (Gr.-Br.)	1,5%
Specific Lancelot (Frankr.)	0,9%
Suppositoria Adrenalini C. (Gr.-Br.)	0,032 g per sup.
Svedocain (Schweden)	0,35%
Tab. Creosoti Co. (Parke Davis & Co.) (Gr.-Br.)	0,0032 g per tab.
Tab. de Salvia de Hynek c. Cocain (Tschechosl.)	0,5 g per 50 tab.
Tab. Local Anæsthetic (Dental) (Parke Davis & Co.) (Gr.-Br.)	0,032 g per tab.
Tab. Kalii chlorici c. Cocain (Dr. Egger) (Tschechosl.)	0,006 g per 25 tab.
Tab. Nasal „B" (Parke Davis & Co.) (Gr.-Br.)	0,016 g per tab.
Tab. Nasopharyngeal Co. (Gr.-Br.)	0,01 g per tab.
Tab. Voice (Parke Davis & Co.) (Gr.-Br.)	0,00065 bis 0,0026 g per tab.
Tabloid Anæsthetic Co. (Burroughs Wellcome & Co.) (Gr.-Br.)	0,013 bis 0,006 g per tab.
Tabloid Benzoic Acid. Compound (Burroughs Wellcome & Co.) (Gr.-Br.)	0,0016 g per tab.
Tandläkare Samuels lösning (Schweden)	0,3%
Tucker's Asthma Cure (Tucker & Co.) (Gr.-Br.)	0,52%
Waites Fluid (Gr.-Br.)	1%
Waites Local Anesthetic (Am.)	1%

5. Zubereitungen, die Dihydrooxycodeinon enthalten:

Macapinon (Chosen)	50%
Pavinal (Japan)	80%

Zu Absatz 4:

Die Reichsregierung kann von sich aus, nach ihrem eigenen Ermessen, keine Ausnahmen von der Genfer Konvention festsetzen, aber Art. 8 G.C. bildet eine internationale Möglichkeit dazu. Danach können von den Bestimmungen des Abkommens solche Zubereitungen ausgenommen werden, die wegen der Art der anderen Arzneimittel, mit denen sie gemischt sind und die praktisch ihre Wiedergewinnung verhindern, keine suchtartigen Wirkungen hervorzurufen vermögen.

Das Verfahren ist dasselbe wie das oben bei Abs. 2 beschriebene der Erweiterung. Während aber die Erweiterungen fakultativ sind, werden die vom Völkerbundsrat genannten Zubereitungen — nur um solche handelt es sich, nicht auch um Stoffe — grundsätzlich den Wirkungen der Konvention entzogen.

Nach der Begründung des OpG. soll die Reichsregierung durch Abs. 4 die Ermächtigung erhalten, die für den Verkehr mit den nach Art. 8 G.C ausgenommenen Zubereitungen innerhalb Deutschlands notwendigen Erleichterungen zu treffen. Die Wirkung des Abs. 4 dürfte die sein, daß auf Zubereitungen, die grundsätzlich der Konvention nicht unterliegen, trotzdem Bestimmungen des deutschen OpG. Anwendung finden sollen. Diese Ausdehnung der deutschen Gesetzgebung über die Genfer Konvention hinaus ist eine Folge z. B. der Übernahme der sich auf Betäubungsmittel beziehenden Bestimmungen der Vo. über die Abgabe starkwirkender Arzneimittel in die Opiumgesetzgebung. Da Arzneien, die 0,2% oder weniger Morphin oder 0,1% oder weniger Kokain enthalten, auch wenn sie keine Suchtgefahr bilden, als starkwirkende angesehen werden und deshalb immer schon in den Apotheken nur gegen ärztliche usw. Verschreibung abgegeben werden durften, so wird die Reichsregierung von der Ermächtigung, gewisse Zubereitungen dem Gesetze g a n z zu entziehen, keinen Gebrauch machen können.

Die Reichsregierung behält sich also im Sinne der G.C. das Recht vor, Zubereitungen, die von der Konvention nicht betroffen werden, doch einzelnen Bestimmungen des Gesetzes zu unterstellen, was für den Inlandverkehr ohne weiteres möglich ist und nicht gegen die Konvention verstößt, da diese nur das Mindestmaß enthält, wozu jede Vertragspartei verpflichtet ist. Der internationale Verkehr aber, Einfuhr, Durchfuhr, Ausfuhr von Zubereitungen, die nicht unter das Abkommen fallen, kann von der Reichsregierung wirksam nicht in der Weise beschränkt werden, daß das Ausland zur Beachtung solcher über die Konvention hinausgehenden Bestimmungen verpflichtet wäre, ebensowenig wie dies bei solchen Zubereitungen, die im Gehalt unter der im Abs. 3 vorgesehenen Grenze liegen, möglich ist. Während aber diese in Abs. 3 als Ausnahmen genannten Zubereitungen nicht nur frei ein- und ausgeführt, sondern auch im Inlande im großen auch frei, ohne allgemeine Erlaubnis und ohne Bezugschein im Einzelfall, gehandelt werden können, ist für die Zubereitungen nach Art. 8 G.C. nur der Außenhandel von gewissen Formalitäten befreit. Da dem deutschen Op.G alle Zubereitungen, die in ihrem Gehalt an Betäubungsmitteln über die in § 1 (3) festgelegte Grenze hinausgehen, unterstellt sind, wurden deshalb auf Grund des § 1 (4) in § 20 der Vo. vom 1. April 1930 betr. Einfuhr, Durchfuhr und Ausfuhr Ausnahmen von der sonstigen Regelung des auswärtigen Verkehrs geschaffen. Erlaubnis — Bezugschein — Lagerbuch und Meldepflicht bleiben aber bestehen.

Die der G.C. nicht unterstellten und die von ihr ausgenommenen Zubereitungen werden also im deutschen OpG. hinsichtlich des innerdeutschen Verkehrs verschieden bewertet, da ferner nicht alle Länder der Erde der Genfer Konvention beigetreten sind, ferner nicht alle Konventionsländer die Erweiterungen der Konvention nach Art. 10 angenommen haben, andere nur einen Teil davon, dagegen andere Länder, die nicht Mitglieder der Genfer, aber der Haager Konvention sind, sich bereit erklärt haben, einen Teil der Erweiterungen nach Art. 10 G.C. anzunehmen, da ferner das deutsche OpG. sich auf mehr Stoffe als G.C. erstreckt, so ist eine absonderliche Vielfältigkeit der internationalen Verpflichtungen entstanden, die für den auswärtigen Handel zu beachten ist.

Das gleiche gilt von den Zubereitungen, die den Wirkungen der Konvention nach Art. 4 und Art. 8 entzogen sind, aber nach dem deutschen Gesetz einzelnen seiner Bestimmungen unterliegen.

In umstehender Tabelle wird eine Übersicht über die z. Z. obwaltenden Verhältnisse gegeben.

Von den Stoffen und Zubereitungen, die der G.C. grundsätzlich nicht unterstellt oder von ihr ausgenommen worden sind, unterliegen also den Bestimmungen des OpG. ganz oder teilweise folgende:

1. Paramorfan und seine Salze:

Diese Stoffe unterliegen ohne Ausnahme dem Gesetz und den Afb.

	G.C.	OpG.	§§ 2, 3, 4	§ 5	Afb. zu § 6	Afb. zu § 7	Afb. zu § 8	§ 11 Umlage	§ 11 Bezugscheingebühr
Rohopium (Opium DAB.)[1]	Kap. II	§ 1 (1)	+	+	+	○	○	○	+
Opium für medizinische Zwecke (Opium pulveratum DAB.)[1]	Art. 4a	§ 1 (1)	+	+	+	○	+	○	+
Zubereitetes Opium, Dross u. ä.	H.C.	§ 9	○	○	[9]	○	○	○	○
Morphin und seine Salze	Art. 4c	§ 1 (1)	+	+	+	○	+	+	+
Zubereitungen, die mehr als 0,2% Morphin enthalten	Art. 4d	§ 1 (3)	+	+	+	+	+	○	+
Zubereitungen, die 0,2% oder weniger Morphin enthalten	—	§ 7, § 8	○	○[5]	○	+	+	○	○
Diacetylmorphin (Heroin) und seine Salze .	Art. 4c	§ 1 (1)	+	+	+	○	+	+	+
Zubereitungen, die Diacetylmorphin (Heroin) enthalten	Art. 4e	§ 1 (3)	+	+	+	+	+	○	+
Kokablätter[2]	Kap. II	§ 1 (1)	+	+	+	○	[3]	○	+
Rohkokain	Art. 4b	§ 1 (1)	+	+	+	○	○	○	+
Kokain und seine Salze.	Art. 4c	§ 1 (1)	+	+	+	○	+	+	+
Zubereitungen, die mehr als 0,1% Kokain enthalten[3]	Art. 4d	§ 1 (3)	+	+	+	+	+	○	+
Zubereitungen, die 0,1% oder weniger Kokain enthalten[3]	—	§ 7, § 8	○	○[5]	○	+	+	○	○
Ekgonin und seine Salze	Art. 4b[6]	§ 1 (1)	+	+	+[6]	○	[4]	○	+
Zubereitungen, die Ekgonin enthalten . .	—	§ 1 (3)	+	+	○	+	[4]	○	+
Indischer Hanf[7] . . .	Art. 11	§ 1 (1)	+	+[8]	○	○	○	○	+
Indisch-Hanfextrakt, Indisch-Hanftinktur[7] .	Art. 4f	§ 1 (3)	+	+[8]	○	+	○	○	+
Harz des Indischen Hanfs	Art. 11	§ 9	○	○	[9]	○	○	○	○
Zubereitungen des Harzes des Indischen Hanfs (Haschisch)	Art. 11	§ 9	○	○	[9]	○	○	○	○
Dihydrokodeinon und seine Salze (Dicodid) .	Art. 10	§ 1 (2)	+	+	+	○	+	+	+
Zubereitungen des Dihydrokodeinons u. sein. Salze (Dicodids) . . .	Art. 10	§ 1 (3)	+	+	+	+	+	+	+
Dihydromorphinon und seine Salze (Dilaudid) .	Art. 10	§ 1 (2)	+	+	+	○	+	+	+

	G.C.	OpG.	§§ 2, 3, 4	§ 5	Afb. zu § 6	Afb. zu § 7	Afb. zu § 8	§ 11 Umlage	§ 11 Bezugscheingebühr
Zubereitungen des Dihydromorphinons und seiner Salze (Dilaudids)	Art. 10	§ 1 (3)	+	+	+	+	+	+	+
Dihydrooxykodeinon u. seine Salze (Eukodal).	Art. 10	§ 1 (2)	+	+	+	○	+	+	+
Zubereitungen des Dihydrooxykodeinons u. seiner Salze (Eukodals)	Art. 10	§ 1 (3)	+	+	+	+	+	+	+
Dihydromorphin u. seine Salze (Paramorfan) .	—	§ 1 (2)	+	+	+	○	+	○	+
Zubereitungen des Dihydromorphins u. seiner Salze (Paramorfans) .	—	§ 1 (3)	+	+	○	+	+	○	+
Die Ester des Morphins (außer Diacetylmorphin) und deren Salze	Art. 10	§ 1 (2)	+	+	+	○	[4]	○	+
Zubereitungen der Ester des Morphins und ihrer Salze	Art. 10	§ 1 (3)	+	+	+	+	[4]	○	+

[1] Die Zubereitungen des Opiums werden nach dem Morphingehalt beurteilt.

[2] Die Zubereitungen der Kokablätter werden nach dem Kokaingehalt beurteilt.

[3] Kokablätter und Zubereitungen der Kokablätter dürfen nicht verschrieben und in Apotheken abgegeben werden.

[4] Diese Stoffe und Zubereitungen dürfen nicht verschrieben und in Apotheken abgegeben werden.

[5] Diese Zubereitungen unterliegen aber in den Apotheken der Lagerbuchpflicht.

[6] Die Salze des Ekgonins unterliegen nicht der G.C. und nicht den Formalitäten der Einfuhr, Durchfuhr, Ausfuhr.

[7] Zubereitungen, die Indischen Hanf oder Indisch-Hanfextrakt oder Indisch-Hanftinktur enthalten, unterliegen nicht dem OpG.

[8] Indischer Hanf, -extrakt und -tinktur unterliegen nicht der Lagerbuchpflicht in den Apotheken.

[9] Einfuhr, Durchfuhr, Ausfuhr sind grundsätzlich verboten.

2. Zubereitungen, die Paramorfan oder Ekgonin enthalten. Diese Zubereitungen sind nach § 20 der Afb. zu § 6 von den Bestimmungen über die Einfuhr, Durchfuhr und Ausfuhr ausgenommen, die erfolgte Einfuhr oder Ausfuhr ist aber anzuzeigen. Alle anderen Bestimmungen des Gesetzes und der Afb. finden auf diese Zubereitungen Anwendung.

3. Zubereitungen, die 0,2% oder weniger Morphin oder 0,1% oder weniger Kokain enthalten.

Diese Zubereitungen unterliegen nur den §§ 7 und 8 OpG. und den danach erlassenen Afb., ferner der Erlaubnispflicht, insofern als die Verarbeitung der Betäubungsmittel auch auf diese Art von Zubereitungen von einer Erlaubnis abhängig ist.

4. Die nach Art. 8 G.C. ausgenommenen Zubereitungen (siehe bei § 20 der Afb. zu § 6 (1), S. 155).

Für diese Zubereitungen gilt das bei 2. für die Paramorfanzubereitungen Gesagte.

Eine weitere Ermächtigung, gewisse Zubereitungen einzelnen Vorschriften des Gesetzes zu entziehen, ist auch in OpG. § 4 (4) insofern gegeben, als danach der Verkehr mit gewissen Zubereitungen auf andere Weise als durch den Bezugschein überwacht werden kann. Die Vo. über den Fortfall der Bezugscheinpflicht enthält aber in ihrem § 2 nicht nur Bestimmungen über eine andere Überwachungsart, sondern entzieht den Verkehr der unter die Vo. fallenden Zubereitungen zwischen dem Großhandel einerseits und den Apotheken, tierärztlichen Hausapotheken und dispensierenden Tierärzten andererseits jeder unmittelbaren Überwachung. Da hierzu die Ermächtigung des § 4 (4) nicht ausreicht, ist die Vo. gleichzeitig auf § 1 (4) gestützt. Weiteres hierüber s. S. 122.

Die **Strafandrohungen** des § 10 Abs. 1 bis 3 gelten auch dann, wenn andere Stoffe oder Zubereitungen, die nicht unter den § 1 fallen, als darunter fallende in den Verkehr gebracht werden. Wer also Kochsalz als Kokain verkauft oder Wasser als Morphinlösung, wird ebenso bestraft, als wenn er Kokain oder Morphin verkauft hätte.

§ 2.

(1) Die Einfuhr, Durchfuhr und Ausfuhr, die Gewinnung, Herstellung und Verarbeitung der Stoffe und Zubereitungen sowie der Verkehr mit ihnen unterliegen der Aufsicht des Reichsgesundheitsamts.

(2) Das Reichsgesundheitsamt ist berechtigt, die Örtlichkeiten, in denen die Stoffe und Zubereitungen gewonnen, hergestellt, verarbeitet, aufbewahrt, feilgehalten oder abgegeben werden, zu besichtigen. Auf Verlangen ist ihm über Ort, Zeit und Menge der Ein- und Ausfuhr, über Lieferer und Emp-

fänger sowie über alle die Gewinnung, die Herstellung, die Verarbeitung und den Verkehr mit den Stoffen und Zubereitungen betreffenden Fragen Auskunft zu erteilen und Einsicht in die geschäftlichen Aufzeichnungen und Bücher zu gewähren.

(3) Bei der Beaufsichtigung der Einfuhr und Ausfuhr können die Zollabfertigungspapiere sowie die statistischen Anmeldescheine benutzt werden.

(4) Die den Landesregierungen zustehenden gesundheitspolizeilichen Befugnisse bleiben unberührt.

Dieser Paragraph umgrenzt das Aufsichtsrecht der Behörden. Sein Inhalt beruht auf den Kap. I, III, H.C. und auf den Kap. II, III, IV, V (insbesondere den Art. 2, 4, 5, 6, 11, 15) und VI der G.C. Die allgemeine Überwachung ist auf die Gewinnung der Stoffe ausgedehnt worden, die Auskunftspflicht auf die die Gewinnung, die Herstellung und die Verarbeitung betreffenden Fragen.

Während eine Erlaubnis (§ 3) nur für gewerbsmäßig ausgeübte Herstellung und Verarbeitung erforderlich ist, erstreckt sich die Aufsicht des RGA. und die Auskunftspflicht auf jede Art dieser Tätigkeiten, so z. B. auf die nicht gewerbsmäßige, zu wissenschaftlichen Zwecken erfolgende Herstellung oder Verarbeitung.

Das Aufsichtsrecht und die Auskunftspflicht erstreckt sich nur auf Stoffe und Zubereitungen im Sinne des § 1, nicht aber auf die in § 9 genannten (z. B. zubereitetes Opium, Haschisch).

Ausführungsbestimmungen sind zu § 2 nicht erlassen worden.

Zu Absatz 1:

Einfuhr: Unter „Einfuhr" im Sinne des OpG. ist im Gegensatz zur Einfuhr im zolltechnischen Sinne jedes Verbringen aus dem politischen Ausland in das Reichsgebiet einschließlich der Zollausschlüsse und Freibezirke und der Zoll-Lager zu verstehen.

Der Genfer Opium-Zentralausschuß gibt folgende Erläuterungen zu den Begriffen Einfuhr und Ausfuhr:

„Die Einfuhr und Ausfuhr umfaßt auch die durch die Post ankommenden und abgehenden Sendungen.

Unter Einfuhr ist auch zu verstehen der Eingang aus dem Auslande kommender Waren in ein Zoll-Lager, in einen Freihafen oder eine Freizone. Unter Ausfuhr ist auch zu verstehen die Versendung von Ware aus einem Zoll-Lager, einem Freihafen oder einer Freizone in das Ausland, obwohl dieser Warenverkehr gewöhnlich durch die inneren Zollbestimmungen nicht als Ein- oder Ausfuhr im technischen Sinne des Wortes angesehen wird; aber es muß darauf geachtet werden, daß Ware, die nach der Zollabfertigung aus einem Zoll-Lager, Freihafen oder einer Freizone in das Zollgebiet selbst eingeht, nicht als Einfuhr betrachtet wird und daß Ware, die aus dem Zollgebiet in ein Zoll-Lager, einen Freihafen oder eine Freizone — die in diesem Lande gelegen sind — geleitet wird, nicht als Ausfuhr betrachtet wird.

Wenn eine Sendung durch ein Land mit Bestimmung nach einem anderen Lande durchgeführt wird und von einer entsprechenden Ausfuhrgenehmigung oder einem Umleitungsscheine (s. Art. 15 G.C.) begleitet ist, darf das Durchgangsland diese Sendung nicht als Ein- und Ausfuhr betrachten, selbst wenn sie eine gewisse Zeit in einem Zoll-Lager, Freihafen oder einer Freizone eingelagert wird."

Unerheblich ist die Absicht, die mit der Einfuhr verbunden ist; grundsätzlich braucht nicht die Absicht vorzuliegen, die in Rede stehenden Waren einer wirtschaftlichen Verwertung oder Bestimmung zuzuführen.

Waren, die aus einem Zoll-Lager oder einem Zollausschluß oder Freibezirk in das Zollinland abgefertigt werden, gelten im Sinne des OpG. nicht als eingeführt. Stammen sie aus dem Ausland, so war die Einfuhr schon beim Verbringen in solche Örtlichkeiten erfolgt. Stammte die Ware aus dem Zollinland, so war sie im Sinne des OpG. noch nicht ausgeführt. Der Begriff Einfuhr umfaßt aber auch noch alle solche Handlungen, die nach der Grenzüberschreitung dazu dienen, den Gegenstand an ihrem Bestimmungsort endgültig zur Ruhe zu bringen (vgl. RGSt. Bd. 48 S. 29; Bd. 49 S. 159).

Grundsätzlich fällt jede Einfuhr unter die Aufsicht und die Erlaubnispflicht des Gesetzes, das keinerlei Ausnahmen vorsieht. Der Reiseverkehr und der Grenzverkehr sind weder im Gesetz noch in den Ausführungsbestimmungen erwähnt, also ist auch auf diese Fälle das OpG. in vollem Umfange anwendbar. Praktisch wird es jedoch nicht immer möglich sein, alle solche Einfuhren zu verfolgen, bei denen es sich um Betäubungsmittel handelt, die als Reisevorrat zum eigenen Gebrauch mitgeführt werden. Wenn dabei ein Erwerb oder eine Veräußerung innerhalb des Reichsgebietes außer Frage steht, wird man, da der bloße Besitz der Betäubungsmittel keiner Kontrolle unterstellt ist, solche Einfuhr nicht beanstanden, wenn sie sich innerhalb normaler Mengen zu dem gedachten Zweck bewegt. Auch im kleinen Grenzverkehr, der meist im Anschluß an die Handelsverträge besonders geregelt ist, wird man von einer besonderen Einfuhrerlaubnis absehen können, zumal es sich dabei um Arzneien handelt, die auf Grund ärztlicher Rezepte erworben worden sind. Über den kleinen Grenzverkehr siehe S. 337.

Ebenso wird der Zwischenauslandsverkehr zweckmäßig nicht in getrennte Ausfuhr und Wiedereinfuhr zu zerlegen sein; die nach dem OpG. dafür erforderlichen Scheine dürften, wenn es sich bei dieser Art von Transport nicht um einen Besitzwechsel handelt, in praxi durch den Deklarationsschein nach § 111 VZollG. als Mittel für die Verkehrskontrolle zu ersetzen sein.

Durchfuhr: Die Verordnung zur Ausführung des Gesetzes über die Statistik des Warenverkehrs mit dem Ausland vom 9. August 1928 (RGBl. I, S. 293) gibt in § 43 für Durchfuhr folgende Begriffsbestimmung:

1. Zur Durchfuhr sind die Waren anzumelden, die aus dem Ausland durch das deutsche Wirtschaftsgebiet nach dem Ausland oder aus dem Ausland durch das deutsche Wirtschaftsgebiet über das Ausland (See) nach dem deutschen Wirtschaftsgebiet ohne weiteren als den durch die Beförderung bedingten Aufenthalt befördert werden.

2. Zur Durchfuhr sind auch Waren anzumelden, die aus dem Ausland von See eingehen, im Seehafen umgeladen werden und, ohne dort auf eine Niederlage gebracht zu sein, nach See in das Ausland oder in das deutsche Wirtschaftsgebiet wieder ausgehen (Seeumschlagverkehr).

In dem Protokoll der internationalen Konferenz über Handelsstatistik (Genf, Dezember 1928) wird unterschieden zwischen direkter und indirekter Durchfuhr.

Direkte Durchfuhr liegt dann vor, wenn die Waren durch das betreffende Gebiet hindurchgeleitet werden zu dem ausschließlichen Zweck des Transports, ohne zur freien Verfügung des Importeurs gestellt zu werden oder ohne in eine Niederlage gebracht zu werden; hierunter fällt auch der Seeumschlagverkehr (transbordement).

Die indirekte Durchfuhr umfaßt alle Waren, die aus Gebieten kommen, die außerhalb des betreffenden Gebietes liegen, und die in Niederlagen (bis zur Weiterbeförderung; entrepôt), oder in öffentliche oder private Lagerhäuser (depôt réel ou fictive) gebracht werden und später ausgeführt werden, ohne zur freien Verfügung des Importeurs gestellt zu werden und ohne daß sie eine Verarbeitung oder Ausbesserung oder eine andere Bearbeitung als Umpackung, Sortierung oder Mischung erfahren haben.

Das Reichsgericht hat (RGSt. Bd. 39, S. 70) für das Süßstoffgesetz eine Begriffsbestimmung gegeben, die auch hier anwendbar ist. Es sagt: Durchfuhr ist „ein in einem einheitlichen ununterbrochenen Zuge erfolgendes Verbringen eines Gegenstandes aus dem Ausland nach einem anderen ausländischen Orte unter Benutzung des Weges durch das deutsche Inland“.

Nach Art. 15 G.C. fällt jede Art der Durchfuhr ohne Rücksicht darauf, ob die Sendung aus dem benutzten Schiff oder Fahrzeug umgeladen wird oder nicht, unter die Bestimmung des Abkommens.

Jede Art der Durchfuhr ist gemäß § 2 aufsichtspflichtig. Nach Art. 15 Abs. 5 G.C. und § 11 Afb. zu § 6 OpG. gelten die Bestimmungen über die Durchfuhr aber nicht für Postsendungen.

Ausfuhr: Unter Ausfuhr im Sinne des OpG. ist jedes Verbringen aus dem Gebiete des Deutschen Reiches in das politische Ausland zu verstehen. Eine Übergabe an die Postverwaltung zur Versendung in das Ausland ist als Ausfuhr anzusehen. Unter Ausfuhr im Sinne des OpG. wird auch die Versendung nach dem Ausland von Waren aus einem deutschen Zollausschluß oder Freibezirk oder Zoll-Lager verstanden (siehe Einfuhr).

Waren, die aus dem Zollinland in einen Zollausschluß oder Freibezirk oder in ein Zoll-Lager eingelagert werden, sind im Sinne des OpG. nicht als ausgeführt anzusehen. Die Ausfuhr erfolgt erst mit Überschreiten der Reichsgrenze. Auf das endgültige Verbleiben im Ausland kommt es hier ebensowenig an wie bei der Außenhandels-Kontroll-Vo. vom 20. Dezember 1919 (vgl. RGSt. Bd. 58, S. 71).

Der kleine Grenzverkehr ist hinsichtlich der Ausfuhr ebenso zu behandeln wie hinsichtlich der Einfuhr. Aber bei der Mitnahme von Arzneien, die Betäubungsmittel enthalten, auch wenn sie für den eigenen Bedarf während der Reise oder der Dauer der Abwesenheit aus dem Deutschen Reich bestimmt sind, muß namentlich, wenn es sich um eine für längere Zeit benötigte Menge handelt, bei solchen Ländern, in denen die Frage des Besitzes anders geregelt ist als im Deutschen Reich, z. B. in England, mit einer gewissen Vorsicht verfahren werden. Auf jeden Fall muß eine Befugnis zu dem Besitz nachgewiesen werden können.

Gewinnung und Herstellung: In G.C. Art. 22 werden diese Begriffe als Produktion und Fabrikation, im deutschen Text der G.C. als „Erzeugung" und „Herstellung" unterschieden. Unter „Gewinnung" versteht man einen mehr mechanischen Prozeß, der zur Erlangung eines Naturproduktes führt, während unter „Herstellung" die mit chemischen Methoden erfolgte Isolierung eines Naturproduktes oder die Fabrikation eines Kunstproduktes zu verstehen ist. Das Weingesetz bezeichnet in § 1 den Wein als das durch alkoholische Gärung aus dem Saft der frischen Weintraube „hergestellte" Getränk und spricht im § 3 von dem aus Trauben „gewonnenen" Traubenmost oder Weine. Das Gewinnen ist von der Rechtsprechung unter den Begriff des Herstellens gebracht (RG. I. 24. Januar 1907). Unter Herstellung ist nach RGSt. Bd. 41, S. 207 für NahrungsmG. zu verstehen die zur Bereitung eines Gegenstandes erforderliche Tätigkeit, alles vom Menschen bewirkte Geschehen, das ein bestimmtes körperliches

Ergebnis zustande bringt. Ähnlich ZündwarenG. § 12. Auf die Verkaufsfertigkeit des Erzeugnisses oder die erforderliche abschließende Tätigkeit, wie sie nach diesen Gesetzen nötig ist (vgl. RGSt. Bd. 40, S. 339, Bd. 46, S. 281), kommt es hier aber nicht an. Vielmehr wird man schon alle einzelnen Tätigkeitsakte, die auf Bereitung des fertigen Gegenstandes abzielen, zur „Herstellung" rechnen müssen.

Nicht erforderlich ist, daß Gewinnung, Herstellung und Verarbeitung in den zu beaufsichtigenden Örtlichkeiten gewerbsmäßig erfolgt. Das Gesetz spricht hier im Gegensatz zu § 3 bewußt nicht von Gewerbsmäßigkeit.

Der Anbau von Mohn oder von Hanf fällt nicht unter den Begriff der Gewinnung von Opium oder von Indischem Hanf, kann auch nicht als nach § 10 (2) strafbarer Versuch dazu angesehen werden. Die Gewinnung beginnt erst mit dem Ritzen der Mohnkapsel und der Abnahme des getrockneten Milchsaftes oder mit dem Ernten und Trocknen der Stengelspitzen des Hanfes.

Verarbeitung: Der Begriff „Verarbeitung" ist allgemein zu fassen und nicht nur auf die Erzielung von Stoffen und Zubereitungen, die unter das OpG. fallen, abzustellen, s. § 2 (3), 5 (1) der Afb. zu § 3 OpG. Die Herstellung von morphinfreien Auszügen des Opiums oder die Herstellung der anderen Opiumalkaloide unter angeblicher Verwerfung des Morphins oder die Herstellung von Kodein und anderen Stoffen, die nicht unter das OpG. fallen, ist eine erlaubnispflichtige Verarbeitung von Opium oder Morphin. Die Erzeugnisse der Verarbeitung können dreierlei Art sein:

1. Der betreffende Stoff, der verarbeitet wird, bleibt ganz erhalten, z. B. die Bereitung von gepulvertem Opium aus Rohopium oder die Mischung von Opiumpulver oder Morphinsalz mit anderen Stoffen oder die Lösung von Alkaloidsalzen.

2. Der betreffende Stoff geht teilweise in eine Zubereitung über, z. B. die Bereitung von Tinkturen und Extrakten aus Opium oder Kokablättern.

In den ersten beiden Fällen ist für den Tatbestand der Verarbeitung unerheblich, daß das Produkt der Verarbeitung wegen seines etwaigen geringen Gehaltes an Morphin oder Kokain überhaupt nicht unter das OpG. fällt.

3. Aus dem zu verarbeitenden Stoff wird ein neues Individuum geschaffen, z. B. aus Morphin das Diazetylmorphin oder aus Morphin andere Stoffe, die dem OpG. nicht unterliegen. Diese können Abkömmlinge (Derivate) des Morphins sein, wie Kodein, Äthylmorphin (Dionin) oder in ihrer chemischen Struktur so verändert sein, daß sie, obwohl sie mit Morphin als Ausgangsmaterial

hergestellt sind, doch nicht mehr als Morphinderivate angesehen werden können, wie z. B. Apomorphin; daß das Wort „Morphin" einen Teil ihrer wissenschaftlichen oder Handelsbezeichnung bildet, ist belanglos.

Auch die nicht gewerbliche Verarbeitung unterliegt der Aufsicht.

Verkehr: Es handelt sich hier um einen Sammelbegriff, der alle Tätigkeiten in sich schließt, die unmittelbar auf alle Formen des Wechsels der Verfügungsgewalt Bezug haben. Darunter fällt jede auch nicht auf Rechtsgeschäft beruhende inländische Tätigkeit, durch die der Gegenstand tatsächlich der Allgemeinheit zugeführt wird, entgeltlich oder unentgeltlich, gewerbsmäßig oder gelegentlich (so auch LebensmG.[1]).

Der Begriff „Verkehr" taucht in zahlreichen Nebengesetzen auf (Patent-, Lebensmittel-, Tabaksteuer-Gesetz usw.), wird aber keineswegs vom Gesetzgeber immer im gleichen Sinne verwendet (so RGSt. Bd. 7, S. 412).

Im Hinblick auf den Zweck des OpG. wird hier eine Auslegung im weitesten Sinne am Platze sein. Im allgemeinen wird angenommen, daß ein anderer die freie Verfügung an der Sache erlangen muß (RGSt. Bd. 36, S. 424).

Ein „Ankündigen, Anpreisen, Ausstellen", wie es Stenglein[2] für den Begriff Verkehr im GeschlechtskrankheitenG.[3] für genügend erklärt, erfüllt aber den Begriff des OpG. zweifellos nicht.

Die rein schuldrechtliche Verpflichtung ohne Übertragung der Verfügungsgewalt würde sich als Versuch zum Zwecke der Veräußerung, des Inverkehrbringens darstellen.

Unter Inverkehrbringen versteht der Entwurf der Schweizerischen Pharmakopöe[4] das Gewinnen, Herstellen, Verarbeiten, Lagern und Ankündigen zum Zwecke des Verkaufes, sowie das Einführen, Feilhalten, Vermitteln, Verkaufen und Abgeben.

Aufsicht: Der Absicht des Gesetzes entsprechend, ist auch der Begriff „Aufsicht" weit zu fassen. Die Aufsicht des RGA. umfaßt die Befugnis, weitgehend unter Anwendung pflichtgemäßen Ermessens im Rahmen des Abs. 2 alle diejenigen Maßnahmen zu ergreifen, die im Einzelfall zur Durchführung der Kontrolle erforderlich und geeignet erscheinen.

Das RGA. ist berechtigt und verpflichtet, die Aufsicht auszuüben. Die Rechtsprechung hat wiederholt den Grundsatz

---

[1] Z. B. Holthöfer-Juckenack: Anm. 10a zu § 4, S. 87.
[2] Stenglein: I, S. 986. [3] Schäfer-Lehmann: § 11.
[4] Pharm. Z. 1930, S. 343.

ausgesprochen, daß einer Behörde dort, wo ihr ein Recht gegeben worden ist, auch stets die Pflicht obliegt, von diesem Recht nach pflichtgemäßem Ermessen Gebrauch zu machen. Diesen Grundsatz wird man auch für die Rechte und Pflichten des RGA. anerkennen müssen. Das RGA. kann nach den Bestimmungen des OpG. nicht, wie etwa die Polizeibehörden auf Grund landesrechtlicher Ermächtigung gemäß § 8 LebensmG., Sachverständige beauftragen, selbständig Anordnungen in eiligen Fällen vorläufig zu treffen oder gar polizeiliche Beschlagnahmen anzuordnen. So weitgehende Befugnisse hat jedoch z. B. bei Bekämpfung gemeingefährlicher Krankheiten nach § 9 des Reichsgesetzes betr. Bekämpfung gemeingefährlicher Krankheiten der Arzt (s. RGBl. 1900, S. 306). Dasselbe gilt für den Tierarzt nach Maßgabe der Bestimmung des § 11 Abs. 2 ViehSeuchG. (RGBl. 1909, S. 519). Über Delegation des Aufsichtsrechts siehe bei Abs. 4.

Allgemeinen Verwaltungsgrundsätzen entsprechend wird man die Grenze im einzelnen da ziehen müssen, wo das „pflichtmäßige Ermessen" aufhört und der Ermessensmißbrauch beginnt. In analoger Anwendung zu § 226 BGB. müßte die Ausübung dieses dem RGA. zustehenden Aufsichtsrechts dann unzulässig sein, wenn es nur den Zweck haben kann, einem anderen Schaden zuzufügen. Ebenso dürfen das „Ermessen" des RGA. keine „sachfremden Gesichtspunkte" beeinflussen, da auch in diesem Falle nach den allgemeinen Verwaltungs-Grundsätzen Ermessensmißbrauch vorliegen würde. Als Rechtsmittel besteht in derartigen Fällen lediglich die Möglichkeit, sich im Wege einer Beschwerde an die dem RGA. vorgesetzte Behörde, das Reichsministerium des Innern, zu wenden. Indes ist dies kein ordentliches Rechtsmittel im Sinn der Prozeßordnungen, das einen Anspruch auf eine bestimmte formelle Entscheidung gewährt.

Endlich besteht eine gewisse Möglichkeit, gegen etwaige pflichtwidrige Maßnahmen vorzugehen, durch die Erhebung einer Regreßklage gegen den Fiskus gemäß § 839 BGB. in Verbindung mit den Bestimmungen des Gesetzes über die Haftung des Deutschen Reiches für seine Beamten vom 22. Mai 1910 (RGBl. S. 798) und Art. 131 RVerf. Zu beachten wäre hierbei, daß das Fehlen eines ordentlichen Rechtsmittels wohl die Anwendbarkeit des § 839 Abs. 3 BGB. ausschließt, nach dem eine Ersatzpflicht ausgeschlossen wäre, wenn die an sich mögliche Einlegung eines Rechtsmittels schuldhaft unterblieben ist. Die Dienstaufsichts-Beschwerde, die hier der einzige Rechtsbehelf ist, kann wohl kaum als „Rechtsmittel" im Sinne des § 839 Abs. 3 BGB. angesehen werden. Der Verletzte wird jedoch gut tun, von der Dienstaufsichts-Beschwerde Gebrauch zu machen, sodaß er sich auch dann auf § 839 BGB. berufen kann, wenn ein Gericht den § 839 Abs. 3 so auslegt, als sei die Dienstaufsichts-Beschwerde ebenfalls ein Rechtsmittel, das vorher eingelegt sein müsse. Der Verletzte kann sich also auf § 839 BGB. auch ohne Einlegung eines eigentlichen Rechtsmittels berufen, weil das OpG., dies sei auch in diesem Zusammenhang dargetan, ein solches gar nicht vorsieht. Siehe hierzu die ergänzenden Ausführungen auf S. 100ff.

Ansprüche gegen öffentliche Beamte wegen Amtspflichtverletzung gehören ohne Rücksicht auf die Natur des bei der Amtshandlung in Frage kommenden Rechtsverhältnisses zu den bürgerlichen Rechtsstreitigkeiten[1].

Reichsgesundheitsamt: Das RGA. ist eine dem Reichsministerium des Innern nachgeordnete, beratende Behörde, der durch das OpG. eine Exekutive zugefallen ist, deren Umfang, abgesehen von den §§ 4 (Bezugschein) und 6 (Ein- und Ausfuhrschein) durch den 1. Absatz des § 2 umschrieben wird. Die dem RGA. erteilte Ermächtigung wird durch den 2. Absatz festgelegt.

Aus diesen Bestimmungen geht zunächst hervor, daß das RGA. nicht befugt ist, Ausnahmen von den gesetzlichen Bestimmungen irgendwelcher Art zuzulassen, oder, abgesehen von Bezugschein und Ein- und Ausfuhrschein, eine Erlaubnis zu erteilen. Bei der Erlaubnis für die Herstellung und Verarbeitung von Betäubungsmitteln und den Verkehr mit ihnen hat es unter Begutachtung der Gesuche für das Reichsministerium des Innern mitzuwirken. Ferner werden im RGA. die Entwürfe zu den auf dem Gesetzes- oder Verordnungswege ergangenen Vorschriften ausgearbeitet. Die Aufsichtstätigkeit des RGA. wird durch dessen Opiumabteilung ausgeführt, die sich in das Opiumbüro und in die Opiumstelle gliedert.

Die Überwachung der Aus- und Einfuhr war bis zum 1. Januar 1924 Aufgabe der Außenhandelsstelle Chemie, die für den innerdeutschen Verkehr benötigten Bezugscheine wurden bis zum 1. Juli 1924 von der Opiumstelle bei der Reichsarbeitsgemeinschaft Chemie ausgestellt. Von diesem Zeitpunkt ab ist der ganze Überwachungsdienst in dem RGA. zusammengefaßt.

Das Opiumbüro des RGA. erledigt den Schriftverkehr mit den Behörden und Interessenten, es überwacht fortlaufend die Einfuhr und Ausfuhr der Betäubungsmittel, die Herstellung der Alkaloide und den Verbleib im Inland. Die Grundlage für die

---

[1] Jur. Woch. 1931, S. 298.

Inlandskontrolle bildet die Tätigkeit der Opiumstelle, der die Ausstellung der Bezugscheine obliegt. Die Aufsicht über den Verkehr mit Betäubungsmitteln wird in einer Reihe von Statistiken niedergelegt, die teils innerdienstlichen Zwecken dienen, teils auf Grund des Art. 22 G.C. zu bearbeiten sind und von dem ständigen Zentralkomitee in Genf entsprechend dem Abkommen veröffentlicht werden. Bei der dem RGA. zugefallenen Aufsichtstätigkeit kommen nicht nur unmittelbare gesundheitliche Schutzmaßnahmen für das Inland, sondern auch die Regelung von Fragen der verschiedensten Art, die sich aus dem internationalen Handelsverkehr ergeben, in Betracht. Insbesondere ist das RGA. ermächtigt, mit den entsprechenden Dienststellen des Auslandes (s. Niederschrift über die 8. Tagung der Opiumkommission des Völkerbundes, Annexe 2, App. I[1]) in unmittelbaren Nachrichtenaustausch hinsichtlich des Schmuggels und der Beschlagnahmen einzutreten.

Die Aufsicht des RGA. über die Betäubungsmittel wird durch Beamte ausgeübt, die von dem Präsidenten dieser Behörde damit beauftragt sind.

Unter „Beamten" sind nach einer Entscheidung des OLG. Hamburg[2] im Sinne der Haftpflichtbestimmungen alle mit obrigkeitlichen Befugnissen und mit öffentlicher Gewalt ausgestatteten Personen zu verstehen, unabhängig davon, ob ihnen das einschlägige Recht Beamteneigenschaft beilegt oder nicht. Danach würden also auch nach Dienstvertrag Verpflichtete vom RGA. mit der Aufsicht im Sinne der obigen Bestimmung beauftragt werden können.

An § 113 StGB. ist zu erinnern. Er lautet: „Wer einem Beamten, welcher zur Vollstreckung von Gesetzen, von Befehlen und Anordnungen der Verwaltungsbehörde usw. usw. Widerstand leistet, wird bestraft."

Zu Absatz 2:

Örtlichkeiten: Der Begriff der „Örtlichkeit" ist weit zu fassen. Darunter ist jeder Raum zu verstehen, der für die angeführten Tätigkeiten in Frage kommt. Der Aufsichtsbehörde ist hier ein weiter Spielraum gelassen. Örtlichkeit ist auch der Acker, der mit Mohn zur Opiumgewinnung bestellt ist.

Auch in der Afb. zu § 3 wird von Örtlichkeiten gesprochen und diese mit Ort, Straße, Hausnummer, Gebäude und Räume näher umschrieben; wenn in § 6 dieser Afb. abweichend von „Be-

---

[1] Zu beziehen durch Carl Heymanns Verlag, Berlin W 8.

[2] Medizinische Welt 1930, Nr. 6, S. 199.

triebsräumen" die Rede ist, so ist damit wohl keine Einschränkung des allgemeinen Begriffs „Örtlichkeit" gemeint.

Aufbewahren: Hierunter ist nicht nur eine auf Erhaltung gerichtete Zwecktätigkeit zu verstehen, sondern jegliches Verhalten, durch das jemand es geschehen läßt, daß sich ein Betäubungsmittel irgendwo befindet[1].

Danach liegt ein Aufbewahren vor, wenn dem OpG. unterstehende Stoffe und Zubereitungen für eine Zeitdauer gelagert werden. Der Fall gutgläubigen Aufbewahrens, gefälligkeitshalber, kann an sich ein „Aufbewahren in nicht genehmigten Örtlichkeiten" darstellen. Das Kriterium der Entgeltlichkeit ist auch nach bürgerlichem Recht (s. § 690 BGB.) kein Muß-Erfordernis der Aufbewahrung. Erwirbt jedoch jemand eine Arznei, die ein Betäubungsmittel enthält, und bittet er beispielsweise den Gastwirt, vorübergehend diese bis zu seiner Abfahrt oder gelegentlichen Abholung an sich zu nehmen, so wird man von „Aufbewahrung" im Sinne des OpG. nicht sprechen können. In Zweifelsfragen wird auf den Willen, die Absicht des Aufbewahrers abzustellen sein oder auf die Zweckbestimmung der Örtlichkeit, auf die Frage, ob diese regelmäßig und bestimmungsgemäß der Aufbewahrung dient, ob der Verwahrer eine den Zwecken des OpG. zuwiderlaufende Obhutspflicht übernimmt. Auf den Zweck allein und Dauer kommt es nicht an.

Der Begriff findet sich auch in § 133 StGB. Für die zivilrechtliche Haftung, die Rückgabeverpflichtung usw. des Aufbewahrers sind die Vorschriften des BGB. §§ 688ff. analog anzuwenden.

In einem Erlaß vom 1. Oktober 1926 hat auf Anregung des RMdI. der Preuß. Min. f. Volkswohlf. auf die Vermehrung der Einbruchdiebstähle in den Apotheken hingewiesen und empfohlen, größte Vorsicht bei der Aufbewahrung zu beobachten und Vorkehrungen zu treffen, daß eine Entwendung von Betäubungsmitteln nach Möglichkeit verhindert wird.

Im OpG. ist nur die Rede von der Tatsache der Aufbewahrung. Die Art der Aufbewahrung wird für den Großhandel durch die Giftvorschriften (§§ 2, 3 und gegebenenfalls § 4) geregelt, s. S. 342, für die Apotheken durch §§ 8, 9, 11, 12 der PrApothBetrO., s. S. 347, Letztere nimmt wiederum Bezug auf die nach dem deutschen Arzneibuch als „vorsichtig" aufzubewahrenden Mittel sowie auf alle dort nicht verzeichneten Mittel von gleicher Wirkung, ferner auf die Vo. über die Abgabe starkwirkender Arzneimittel sowie die Bezeichnung der Standgefäße in den Apotheken.

[1] Siehe Stenglein: Anm. 4b zu § 3 LebensmG., S. 716.

Danach sind den Apotheken in Preußen die im Arzneibuch aufgeführten Betäubungsmittel und alle Mittel von gleicher Wirkung mit roter Schrift auf weißem Grund zu bezeichnen und in besonderen, nur für die vorsichtig aufzubewahrenden Mittel bestimmten Abteilungen der Warengestelle unterzubringen. Die besonderen Bestimmungen für Morphin s. S. 347.

Feilhalten: Feilhalten ist ein Begriff, der nicht nur im StGB., sondern auch in zahlreichen Nebengesetzen auftaucht und deshalb schon durch die Rechtsprechung geklärt ist. Zum Begriff des Feilhaltens gehört, daß eine körperlich schon vorhandene Sache äußerlich erkennbar zum Verkauf bereitgehalten, anderen zugänglich gemacht wird (so RGSt. Bd. 4, S. 274 für NahrungsmittelG.). Stellung von Verkaufsanträgen an das Publikum ist nicht erforderlich, vielmehr genügt es, wenn dem Publikum Gelegenheit geboten wird, seinerseits Kaufanträge zu stellen (so RGSt. Bd. 42, S. 22 für NahrungsmG.). Gegenüber dem Inverkehrbringen ist der Begriff des Feilhaltens der engere (RGSt. Bd. 48, S. 137).

Unter „Feilhalten" ist danach jedes tatsächliche Angebot der Stoffe und Zubereitungen an das Publikum zum Zwecke entgeltlicher Veräußerung zu verstehen. Wesentlich ist es, daß die Ware unmittelbar zum Verkauf an das Publikum bereitgehalten wird. Vgl. RG. 3. D. 213/29, wo dieser Begriff im Sinne des § 3 LebensmG. erläutert wird[1]. Der Begriff des Feilhaltens ist im OpG. und LebensmG. derselbe. Vgl. auch die im Leipziger Kommentar von Ebermayer zu § 367 StGB. Anm. 7 angegebene Judikatur und die Rechtsprechung zu der Verordnung betreffend den Verkehr mit Arzneimitteln vom 22. Oktober 1901, in dessen § 1 sich der Begriff „Feilhalten" gleichfalls findet. Siehe auch §§ 184, Nr. 1, 324 StGB.; siehe auch §§ 42b und 55 RGewO. und die z. B. bei Landmann angeführte Judikatur[2].

Als „feilgehalten" sind alle Waren anzusehen, deren Vorrätighalten dem kundgegebenen allgemeinen Geschäftszwecke dient. Es ist nicht erforderlich, daß die Räume, in denen die „feilgehaltenen" Waren aufbewahrt werden, dem Publikum zugänglich sind. KG., 30. August 1929[3].

Abgeben: Darunter fällt jede Art von Abgabe von unter das Gesetz fallenden Stoffen und Zubereitungen; unerheblich ist die

---

[1] S. auch Sonnenfeld: Anm. 4 zu § 1 der Vo. über den Verkehr mit Arzneimitteln vom 22. Oktober 1901, S. 71, ferner Holthöfer-Jukkenack: Anm. 10a zu § 3, S. 70f.

[2] S. a. Jur. Woch. 1930, Nr. 2, S. 1603.

[3] Pharm. Z. 1929, S. 1121.

Zweckbestimmung, unerheblich ist auch, ob die Abgabe in Verbindung mit rechtsgeschäftlicher Tätigkeit erfolgt, etwa in Erfüllung eines Vertrages, oder ob es sich nur in rein tatsächlicher Beziehung um eine Besitzentäußerung handelt. Im Interesse der Zweckbestimmung des Gesetzes, d. h. einer lückenlosen Kontrollmöglichkeit, fällt auch die unentgeltliche Abgabe unter die Auskunftspflicht. Es genügt mithin der rein tatsächliche Vorgang der Hingabe eines unter das OpG. fallenden Mittels an eine andere Person. Es ist nicht erforderlich, daß das Eigentum an der übergebenen Sache auf den anderen übergeht, abweichend von § 929 BGB. Der Begriff „abgeben" bezieht sich hier nur auf den Verkehr im Inlande.

Wesentlich ist der Wechsel der Verfügungsberechtigung, daher liegt keine Abgabe vor bei bloßer Besitzdienerschaft des Empfängers — OLG. Hamburg II 264. 25[1] — oder bei der Anwendung, z. B. Einspritzung durch den Arzt.

Der Begriff findet sich auch im Gesetz betr. Verkehr mit Butter, Käse, Schmalz usw. Die Rechtsprechung hat wiederholt zum Ausdruck gebracht, daß „Abgeben" im Sinne dieser Bestimmung nichts anderes besagen will als Einzelverkauf von Margarine. Sie hat nicht immer in dem Begriff „Abgeben" das dingliche Übernahmegeschäft im Gegensatz zu dem obligatorischen Verkaufsvertrage oder der Bezeichnung „verkaufen" verstanden. Siehe RGSt. Bd. 44, S. 92 zu § 10 NahrungsmG. (frühere Bezeichnung für LebensmG.) und RG. Bd. 42, S. 179 zum WeinG.[2].

Besichtigen: Der Begriff ist tatsächlich zu fassen unter Berücksichtigung der Zweckbestimmung des Gesetzes. Eine ähnliche Bestimmung findet sich im § 7 LebensmG. In der amtlichen Begründung dazu heißt es, daß die Besichtigung von sachverständigen Beamten vorgenommen werden soll, und daß die Vorschriften der Strafprozeßordnung über Durchsuchung und Beschlagnahme in Verdachtsfällen unberührt bleiben.

Was unter Besichtigung im Sinne des LebensmG. zu verstehen ist, wird z. T. im § 7 dieses Gesetzes erklärt. Siehe Holthöfer-Juckenack: Anm. 10a zu § 7, S. 125, wo gesagt ist: „Das Recht zur Besichtigung im Verkehr mit Lebensmitteln umfaßt die Befugnis zur Inaugenscheinnahme aller hierfür in Betracht kommenden Räume usw." Dieses Recht auf Besichtigung wird im Abs. 3 des § 7 LebensmG. noch erweitert durch das Recht zur

---

[1] Pharm. Z. 1926, Nr. 30, S. 458.

[2] Siehe ferner Stenglein: S. 718f., Anm. 11 und Jur. Woch. 1930, S. 1233.

Besichtigung auch der Einrichtung und Geräte, welche zur Beförderung von Lebensmitteln dienen, ferner auch durch die Befugnis zur Probenentnahme. Die letztere kennt das OpG. ausdrücklich nicht, sonst aber ist das Recht der Besichtigung der Örtlichkeiten unbeschränkt. Dem Besichtigenden muß auch Gelegenheit zu kurzen Aufzeichnungen, evtl. zu Skizzen usw. gegeben werden[1].

Die Bestimmungen der Strafprozeßordnung über Durchsuchung und Beschlagnahme in Verdachtsfällen bleiben unberührt (§ 9 MargarineG. und § 31 WeinG.).

Verlangen: Auf Verlangen ist Auskunft zu erteilen. Dieser Begriff ist kein Rechtsbegriff. Er ist, wie „besichtigen", nicht rechtlich, sondern tatsächlich zu fassen. Es genügt, darauf hinzuweisen, daß das Verlangen in jedweder Form oder auch völlig formlos gestellt werden kann. Das Verlangen muß jedoch in bestimmter Weise zum Ausdruck kommen.

Lieferer: Der Begriff des Lieferers findet sich auch im Leuchtmittelgesetz § 39, § 4 Spielkartensteuergesetz vom 9. Juli 1923.

Lieferer ist, wer als Verfügungsberechtigter über die zu liefernden Stoffe und Zubereitungen die Übersendung oder die Aushändigung der Waren an den Empfänger bewirkt. Mithin ist nicht als Lieferer der Spediteur anzusehen, weil dieser den Weisungen seiner Auftraggeber zu folgen hat. Lieferer und Veräußerer können verschiedene Personen sein. Der Regel nach aber besteht zwischen dem Lieferer und dem Veräußerer Identität. Über die Gegenüberstellung von „Lieferer" und „Veräußerer" siehe bei „Erwerb" und „Veräußerung" S. 76. Im Gegensatz zu dem Veräußerer kann jemand Lieferer im Sinne des OpG. sein, ohne seine Lieferungsrechte von einem obligatorischen Rechtsgeschäft ableiten zu müssen. Der Lieferer ist der dinglich Verfügungsberechtigte, ganz ebenso, wie es der Empfänger im Gegensatz zu dem Erwerber des § 3 ist, letzterem stehen ebenso wie dem Veräußerer obligatorische Rechte zu, zu denen jedoch auch noch das Recht auf Übertragung der rechtsgeschäftlich erworbenen Sache hinzutreten muß. Das folgt aus § 932 und 934 BGB. in Verbindung mit § 929 BGB. Ob der der Lieferung zugrunde liegende obligatorische Veräußerungsakt zivilrechtlich wirksam ist, bleibt ebenso unerheblich, wie für den strafrechtlichen Begriff des Hehlers die bürgerliche Nichtigkeit eines Ankaufsgeschäftes unbeachtlich ist. S. hierzu § 3, Erwerber.

---

[1] So auch Holthöfer-Juckenack: Anm. 2 zu § 9, S. 141.

Im Gegensatz zu dem außer Kraft getretenen Gesetz spricht § 2 nicht mehr von der Auskunftspflicht über die Person des Lieferers, sondern über den Lieferer schlechthin.

Lieferer kann auch im Einzelfall der Kommissionär sein. Beschränkt sich seine Tätigkeit nur auf den Abschluß eines obligatorischen Veräußerungsvertrages, der ihn berechtigt und in den Stand setzt, über die Opiate zu verfügen, oder auf die Vermittlung von Opiaten, so wird man die vom Reichsgericht und Kammergericht für die Tätigkeit des Vermittlers aufgestellten Grundsätze auch auf den Kommissionär anwenden müssen (vgl. KG. 3 S.206/27, 3 S.318/26[1]; RG.2 D.1158/28[2]; vgl. auch bei § 10 OpG.).

Empfänger: Der Begriff findet sich im LeuchtmG. §39, VZollG., § 4 SpielkartensteuerG. vom 9. Juli 1923. S. auch Stenglein: § 23 Vereinszollgesetz, Anm. 3, Seite 55, Anmerkung 3b: „Empfänger ist derjenige, der zur Zeit, wo die Deklaration abzugeben ist, zur Empfangnahme der Güter berechtigt ist."

Man wird für die Zwecke des OpG. darunter die beziehende Person verstehen oder denjenigen, für welchen die Ware bestimmt ist. Auf die Art des Rechtsgeschäfts kommt es nicht an. Es ist unerheblich, ob und wie das Geschäft ausgeführt ist oder ausgeführt werden soll.

Der Empfänger muß, das ist Voraussetzung, Besitz an den Opiaten haben. Auskunft zu erteilen ist über diejenigen Personen, welche unbeschränkt verfügen können, nicht aber, wer zwar im eigenen Namen, jedoch nur zwecks Weiterleitung handelt und vorübergehend durch die Weisungen eines anderen beschränkten Besitz hat. Es kann nicht die Absicht des Gesetzgebers sein, eine Auskunftspflicht denjenigen Personen aufzugeben, welchen lediglich als Durchgangsstation Verfügungsberechtigung nach freiem, unbeschränktem Willen nicht zusteht, und welche auf den Verkehr der Betäubungsmittel keinen unmittelbaren Einfluß haben (s. Näheres hierzu unter „Lieferer"). Andernfalls müßten beispielsweise dort, wo zwei Kommissionäre tätig sind, vier Personen unter die Auskunftspflicht fallen, ohne daß sämtliche vier als Vertrags- oder Verfügungspartei in Frage kommen. Der Empfänger des § 2 ist der in tatsächlicher Beziehung Empfangsberechtigte im Gegensatz zu dem Erwerber des § 3, dem obligatorische Rechte zustehen. Der Empfänger ist mithin der dinglich Verfügungsberechtigte. Nach bürgerlich-rechtlicher Terminologie könnte man kurzerhand dem Empfänger als dinglich Berechtigten den Erwerber als lediglich obligatorisch rechtsgeschäftlich Verfügungs-

[1] Pharm. Z. 1927, Nr. 29. [2] Pharm. Z. 1929, S. 767.

berechtigten gegenüberstellen. Im Hinblick auf die besonderen Aufgaben des OpG. ist die Definition des Erwerbers als nur obligatorisch Berechtigter nicht erschöpfend. Das folgt aus der Fassung des § 4, wo gesagt ist, daß der Bezugschein auf den Erwerber, also nach bürgerlichem Recht den rechtsgeschäftlich Berechtigten, auszustellen ist. Der Gesetzgeber nimmt aber an, daß der auf Grund eines Rechtsgeschäftes Erwerbende auch der dinglich Verfügungsberechtigte wird.

Über den Erwerber wird eine Auskunft nach § 2 nicht verlangt, wenn er nicht zugleich Empfänger ist.

Zusammenfassend kann man sagen, daß jemand Empfänger oder Lieferer sein kann auf Grund der tatsächlichen Verfügungsgewalt, ohne rechtsgeschäftlich Opiate erworben zu haben. Erwerber oder Veräußerer wird man auf Grund von obligatorischen Rechten mit dem Anspruch auf Übereignung, d. h. auf Erlangung der tatsächlichen Gewalt, oder, anders gesagt: dem Erwerb des § 3 liegt im Gegensatz zu dem Empfang des § 2 ein rechtliches, nicht nur ein tatsächliches Tätigwerden zugrunde. Das tatsächliche Verfügen kann jedoch auch dem Erwerber, sei es späterhin, sei es sogleich, eingeräumt werden, da er einen Anspruch auf Übereignung, fußend auf dem obligatorischen Rechtsgeschäft, hat.

Der Erwerb ist mithin gerichtet auf Erlangung sowohl eines obligatorischen als auch dinglichen Rechtes und nicht nur, wie es beispielsweise beim Besitz der Fall ist, auf die bloße tatsächliche Verfügungsgewalt. Das hier Gesagte gilt auch für die verwandten Begriffe Lieferer und Veräußerer.

Zu demselben Ergebnis führt folgende Betrachtung:

Nach Abs. 2 des § 23 VZollG. ist Warenführer und Empfänger auch zur Vervollständigung oder Berichtigung der Deklarierung berechtigt, solange die Revision noch nicht begonnen hat. Kofes[1] sagt:

„Warenführer sind stets natürliche, nie juristische Personen, nämlich die Person, die die Ware einbringt, den Transport selbständig ausführt. Unter Warenempfänger ist hier, wie sonst im Gesetz, nicht nur der letzte Warenempfänger zu verstehen, der die Ware bestellt hat, sondern auch der, der die Ware nur vorläufig tatsächlich in Empfang nimmt, um sie weiter zu befördern oder sonst über sie auftragsgemäß verfügt, d. h. der sogenannte Warendisponent und der Spediteur (Havenstein 1906, S. 30).“

Hiernach ist also der Begriff des Empfängers auch im VZollG. ein rein tatsächlicher, wie der des Warenführers. Empfänger ist der Adressat schlechthin, der kein obligatorisches, selbst kein dingliches Recht an der Ware zu haben braucht, sondern nur Besitz,

[1] Vereinszollgesetz 1926, S. 71ff.

gleich welcher Art, erlangt. Er ist im § 2 OpG. auch dem Lieferer gegenübergestellt, und zwar im Zusammenhang mit Kontrollvorschriften. Ob das zugrundeliegende Empfangsgeschäft im Verhältnis zu den Parteien rechtswirksam ist oder nicht, ist unerheblich.

Das VZollG. kennt noch im § 13 den „Inhaber" (natürlicher Besitzer) des zollpflichtigen Gegenstandes, der dem Staat gegenüber zur Zollentrichtung verpflichtet ist. Hierunter wird jeder verstanden, der mit der Ware getroffen wird, mag er Eigentümer sein oder nicht.

Auskunft erteilen: Während das frühere Gesetz eine Auskunftspflicht nur über Ein- und Ausfuhr und Verkehr kannte, ist nunmehr auch über alle die Gewinnung, Herstellung und Verarbeitung betreffenden Fragen ohne Einschränkung Auskunft zu erteilen. Danach müssen auch zweckdienliche Einzelheiten des Herstellungsverfahrens, der Vorschriften für die Verarbeitung, der Zusammensetzung der Zubereitungen, der Ausbeute usw. insoweit mitgeteilt werden, als dies im Interesse der Durchführung einer ordnungsmäßigen Aufsicht erforderlich ist. Da unter den Begriff des Verkehrs nach § 3 Abs. 1 auch Erwerb und Veräußerung fallen, und alle einschlägigen Fragen zu beantworten sind, so kann in Einzelfällen, wenn besondere Umstände vorliegen, auch Auskunft über Einkaufs- und Verkaufspreis, Selbstkostenpreis usw. verlangt werden. Im allgemeinen wird sich die Auskunft nur auf eine Kontrolle hinsichtlich der Zeit, der Personen und der Mengen beziehen.

Die zu erteilende Auskunft kann schriftlich oder mündlich erfolgen, schriftlich an den Präsidenten des RGA., mündlich auch an einen von ihm Beauftragten.

Es sei darauf aufmerksam gemacht, daß nach § 23 WeinG. ein bedingtes Recht besteht auf Auskunftsverweigerung. Da das OpG. ein solches Recht auf Verweigerung der Auskunftserteilung nicht ausdrücklich vorsieht, könnte man mit Rücksicht auf die Zweckbestimmung des OpG., das weiteste Kontrollmöglichkeit für die Behörden vorsieht, zu der Auffassung kommen, daß eine Verweigerung der Aussage nicht geltend gemacht werden könne. Der Zweckbestimmung des Gesetzes muß aber der allgemein anerkannte Rechtsgrundsatz vorangehen, wonach niemand zur Selbstbeschuldigung verpflichtet ist.

Auch das LebensmG. kennt im § 9 an sich eine Auskunftspflicht gegenüber den polizeilichen Kontrollorganen. Es legt jedoch den Gewerbetreibenden ganz allgemein eine solche Auskunftspflicht nicht auf, wohl aber findet sich eine so weitgehende Auskunftspflicht in § 9 MargarineG. und § 31 WeinG.

Ein Recht auf Auskunft über Postsendungen durch mündliche oder schriftliche Erklärungen, Vorlegung von Postakten, Annahmebüchern usw. läßt sich etwa aus § 99 StPO. auch dann nicht begründen, wenn die Voraussetzungen für eine Beschlagnahme vorliegen[1]. Siehe Löwe-Rosenberg: § 99 StPO.[2].

In § 191 RAbgO. ist jedoch im Gegensatz zum OpG. ausdrücklich gesagt[3], daß die Unverletzbarkeit des Postgeheimnisses usw. unberührt bleibt. Siehe auch § 181 RAbgO., wo von einer sehr weitgehenden Auskunftspflicht gegenüber Finanzämtern die Rede ist. Auch diese Auskunftsverpflichtung findet ihre Grenze in der Wahrung des Postgeheimnisses.

Die Post ist auch nicht berechtigt, bei Entdeckung strafbarer Handlungen Anzeige zu erstatten. Dies würde dem § 5 PostG. und dem noch engeren Artikel 117 RVerf. widersprechen. § 5 PostG. lautet:

„Das Briefgeheimnis ist unverletzlich. Die bei strafgerichtlichen Untersuchungen und in konkurs- und zivilprozessualen Fällen notwendigen Ausnahmen sind durch ein Reichsgesetz festzustellen. Bis zu dem Erlaß eines Reichsgesetzes werden jene Ausnahmen durch die Landesgesetze bestimmt."

Soweit § 5 das Postgeheimnis gegenüber Art. 117 einengt, gilt er nur für Ausländer. Es ist also möglich, daß durch Reichs- oder Landesgesetz für Ausländer das Briefgeheimnis so weit aufgehoben wird, wie bei „strafrechtlicher Untersuchung und in konkurs- und zivilprozessualen Fällen" Ausnahmen nötig sind. StPO. §§ 99—101; KonkO. § 121. Im Art. 117 RVerf. ist gesagt, daß das Briefgeheimnis, sowie das Post-, Telegraphen- und Fernsprechgeheimnis unverletzlich sind, daß aber Ausnahmen durch Reichsgesetz zugelassen werden können. Daraus folgt, daß die durch die Reichsverfassung insoweit geschützte persönliche Freiheit nur gegenüber der Verwaltung und Rechtspflege verbürgt ist, nicht aber auch gegenüber dem Eingriff durch gesetzliche Regelung.

Das Postgeheimnis usw. hört auf mit der Zustellung an den Empfänger oder der Abgabe in Gewahrsam an eine zuständige Behörde. Vermutet z. B. die Post, daß eingehende Briefsendungen Betäubungsmittel enthalten, so kann sie diese zur weiteren Veranlassung an die Zollverwaltung abgeben, wie es bei Paketen ohne weiteres geschieht.

Über die Unverletzlichkeit des Telegraphengeheimnisses siehe § 8 des Gesetzes über das Telegraphenwesen des Deutschen Reichs

---

[1] Niggl: Kommentar zum Reichspostgesetz Anm. 10d zu § 5.
[2] Löwe-Rosenberg: Kommentar z. StPO. 1925, Anm. 1 zu § 99, S. 256.
[3] Buck-Lucas: zu § 191.

vom 6. April 1892 (RGBl. S. 467), ferner die internationale Telegraphenkonvention, St. Petersburg 1875 und das Gesetz über den Weltfunkvertrag (Washington 25. Nov. 1927) vom 2. Mai 1929 (RGBl. II, S. 265). StGB. § 355.

Es muß als ein Mangel des Gesetzes angesehen werden, daß es auf der einen Seite einer Verwaltungsbehörde, dem RGA., außerordentlich weitgehende Befugnisse einräumt, auf der anderen Seite aber gegen mögliche Übergriffe einer Verwaltungsbehörde keinerlei Beschwerdeinstanz vorsieht. Es ist weder der Weg einer Rechtsbeschwerde noch der einer Klage im ordentlichen oder im Verwaltungsstreitverfahren möglich. § 18 LebensmG. sieht eine besondere Strafandrohung zur Sicherung des Betriebs- und Geschäftsgeheimnisses vor. Siehe zu der Frage eines möglichen Regresses gegen den Fiskus § 2 Abs. 1 unter „Aufsicht"[1].

Einsicht gewähren: Einsicht gewähren ist ein Bestandteil der Auskunftspflicht. Man wird an Stelle der Auskunft dann die Einsicht erfordern, wenn infolge zu großen Geschäftsumfanges oder weil die Vorgänge weit zurückliegen, der Sachverhalt sich am einfachsten durch Bucheinsicht aufklären läßt. Aber auch dann ist die Einsicht am Platze, wenn man den Angaben des verantwortlichen Geschäftsleiters kein Vertrauen entgegenbringt.

Macht das RGA. von seiner Aufsichtsbefugnis nach Recht und Pflicht an Ort und Stelle Gebrauch, so kann es einen seiner Beamten in die betreffenden Geschäftsräume entsenden oder die Übersendung an die Behörde verlangen. Die Belege müssen so verwahrt werden, daß sie jederzeit in den Geschäftsräumen eingesehen werden können, auch wenn die Geschäftsleitung nicht anwesend ist. Eine weitergehende Verpflichtung, insbesondere die Pflicht, den Beamten Abschriften tätigen zu lassen, soweit der Auskunftsverpflichtete sich nicht freiwillig hierzu erbietet, besteht für den Auskunftsverpflichteten wegen evtl. Wahrung von Geschäftsgeheimnissen nicht. Wohl aber kann der Beamte eine Auskunft über den Inhalt eines Geschäftsbriefes oder einer sonstigen Unterlage im Interesse restloser Kontrolle fordern.

Über Delegation der Einsichtnahme auf Ortspolizeibehörden siehe § 2 Abs. 4.

Geschäftliche Aufzeichnungen: Hierunter fallen alle Schriftstücke, die in einem ursächlichen Zusammenhang mit dem Geschäftsbetrieb stehen, insbesondere der gesamte, sich auf Betäubungsmittel beziehende geschäftliche Briefwechsel, Rechnungsurkunden, Kaufbestätigungen, Kaufbedingungen, Frachtbriefe,

---

[1] Siehe auch Stenglein: § 10 Gesetz betr. den Verkehr mit Butter, Käse, Schmalz usw. vom 15. Juni 1897, S. 794.

Konnossemente usw. Dabei braucht es sich keineswegs nur um Unterlagen rein kaufmännischer Art zu handeln. Vielmehr wird man zu den geschäftlichen Aufzeichnungen auch solche zählen müssen, die sich auf technische oder ähnliche Fragen beziehen, also auch Aufzeichnungen aus dem Betrieb selbst über Analysen, Verfahren, Rezepte, Ausbeuten usw. Voraussetzung aber hierfür ist, daß sie in einen Zusammenhang mit dem Geschäftsbetrieb und Betäubungsmittel zu bringen sind. Wenn aber beispielsweise eine chemische Fabrik in mehrere Abteilungen gegliedert ist, von denen sich lediglich eine mit Betäubungsmitteln beschäftigt, wird angenommen werden müssen, daß nur diejenigen Aufzeichnungen vorzulegen sind, die mit dem Betrieb dieser Abteilung in Zusammenhang stehen oder sich wenigstens auf Vorgänge in dieser Abteilung beziehen.

Die Voraussetzungen für die Vorlage solcher Aufzeichnungen über technische Vorgänge müssen aber scharf geprüft werden, da für die Industrie wichtige Interessen im Sinne des Wettbewerbs auf dem Spiele stehen. Aufzeichnungen, die ihrer Natur nach geheim zu halten sind, sollten nur dann eingesehen werden, wenn sie zur mengenmäßigen Kontrolle der Herstellung, der Verarbeitung und des Verbleibs der Betäubungsmittel unbedingt erforderlich sind. Im Zweifel wird man der Behörde eine weitgehende Befugnis einräumen müssen, wenn nur auf diese Weise eine restlose Durchführung der Kontrolle ermöglicht werden kann. Dem Auskunftsverpflichteten kann nicht die Entscheidung überlassen werden, ob im Einzelfall geschäftliche Aufzeichnungen oder solche privater Art vorliegen. Anhaltspunkte für die Auslegung geben auch §§ 197ff. RAbgO. zwecks Durchführung der von den Finanzämtern getroffenen Anordnungen, und die Zwangsbestimmung des § 202 RAbgO. Hier ist beachtlich, daß dort im Gegensatz zu dem insoweit mangelhaften OpG. gegen die Anordnung, welche erzwungen werden soll, neben den landesrechtlichen Rechtsmittelverfahren unter Umständen auch die Rechtsbeschwerde an den Reichsfinanzhof zugelassen ist, mithin an ein Spruchkollegium (s. § 282 RAbgO.)[1]. Siehe § 10 (1) 8 zu Recht auf Auskunft und § 10 (5) zu Beschlagnahme.

Bücher: Hier kommen in erster Linie die in jedem Geschäftsbetrieb gemäß § 38 HGB. zu führenden Handelsbücher in Frage[2], ferner aber auch die in § 4 OpG. vorgesehenen Lagerbücher und die Fabrikbuchhaltung, die über den Fabrikationsgang und die Ausbeute Aufklärung gibt. Man wird bei der Auslegung sehr weit

---

[1] Buck-Lucas: zu § 282. [2] Staub: Kommentar z. HGB. § 38.

gehen müssen. Es kommen alle Bücher in Betracht, die im Rahmen des Geschäftsbetriebs und im Zusammenhang mit diesem geführt werden; insbesondere sind es nicht nur die Hauptbücher, in denen bereits die Buchführung anderer Einzelbücher zusammengefaßt aufgenommen worden ist, sondern auch die sog. Kladden. Der Begriff Bücher ist nicht etwa nur auf handels- oder steuergesetzlich vorgeschriebene Bücher beschränkt.

Zu den Geschäftsbüchern gehören alle diejenigen, welche Angaben über Geschäftsvorfälle, Herstellung, Absatz, Bargeschäfte, den inneren Geschäftsbetrieb usw. enthalten. Die Grenzen billigen Ermessens dürfen jedoch nicht überschritten werden. Siehe auch § 6 RAbgO.[1].

Zu Absatz 3:

Zollabfertigungspapiere: Hierunter fallen hauptsächlich die Begleitscheine und Begleitzettel, die u. a. auch den Beschaubefund enthalten, ferner auch die Anschreibungen im kleinen Grenzverkehr und die Zollinhaltserklärungen im Postverkehr.

Anmeldescheine: Die Feststellung der zur Ein- und Ausfuhr gelangten Mengen erfolgt erforderlichenfalls auch unter Benutzung der seitens des Handels für die Zwecke der Statistik des Warenverkehrs einzureichenden Nachweisungen. Nach dem Gesetz über die Statistik des Warenverkehrs mit dem Ausland vom 27. März 1928 (RGBl. I, S. 111) sind (§ 1) die Waren, die über die Grenze des deutschen Wirtschaftsgebietes (Reichsgebiet ohne die badischen Zollausschlüsse und ohne Helgoland) ein- und ausgehen, für die Statistik der Ein-, Aus- und Durchfuhr anzumelden. Nach § 19 dieses Gesetzes dürfen die Anmeldungen nur für die Zwecke der amtlichen Statistik benutzt werden. Um sie für die Überwachung des Verkehrs mit Betäubungsmitteln nutzbar zu machen, mußte deshalb in dem OpG. eine besondere Vollmacht gegeben werden. Aus der Fassung des § 2 muß geschlossen werden, daß nur das RGA. ermächtigt ist, die statistischen Scheine für die Zwecke der Kontrolle der Betäubungsmittel zu benutzen, nicht auch Polizei und Gerichtsbehörden.

Zu Absatz 4:

Der Inhalt dieses Absatzes kann sich nur auf die im übrigen schon durch § 2 geregelte Materie beziehen, also Besichtigung der Örtlichkeiten, Auskunftserteilung und Einsichtnahme im Rahmen des Abs. 2. Wenn danach allgemein das RGA. zu dieser Art von Aufsichtstätigkeit ermächtigt ist, so sollen doch die gleichen

[1] Jur. Woch. 1930, S. 338, Nr. 4.

Befugnisse, die den Ländern schon bisher zustanden, dadurch nicht eingeschränkt oder gar aufgehoben werden. Wie bisher sollen die Länder die Möglichkeit haben, beispielsweise die Revision der Apotheken auch auf die Betäubungsmittel zu erstrecken. Etwas anderes soll dieser Absatz nicht besagen.

Nicht ganz zutreffend ist der Ausdruck „Landesregierung", da der Landesregierung als solcher eine solche Befugnis nicht zustehen dürfte, sondern nur gewissen Landesbehörden; in Afb. zu § 3 ist auch nicht mehr von der Landesregierung, sondern von der obersten Landesbehörde die Rede. Daß neben der Aufsicht nach vorliegendem Absatz auch andere gesundheitspolizeiliche, durch das OpG. weiter nicht berührte landesrechtliche Befugnisse, z. B. allgemein polizeiliche oder gewerbepolizeiliche, der zuständigen Minister, der Landespolizei oder der Ortspolizei in Frage kommen, ist selbstverständlich.

In Preußen fußen z. B. solche Befugnisse auf § 10 II 17 des Allgemeinen Landrechts, § 136 des Gesetzes über die allgemeine Landesverwaltung, und vom 1. Oktober 1931 ab auf dem Polizeiverwaltungsgesetz vom 1. Juni 1931.

Im übrigen folgen die Befugnisse der preußischen Gesundheitspolizei aus § 6 PolizeiG. über die Polizeiverwaltung vom 11. März 1850, wonach zu den Gegenständen der ortspolizeilichen Vorschriften auch solche für Leben und Gesundheit gehören. Dadurch ist der Polizei auch das Recht gegeben, durch polizeiliche Verfügungen Gefahren vorzubeugen oder durch Zwangsmaßnahmen auf die Erfüllung der sich aus dem Gesetz ergebenden Verpflichtungen hinzuwirken. Das Oberverwaltungsgericht hat aber in ständiger Rechtsprechung angenommen, daß, soweit eine Materie durch Reichsgesetz erschöpfend geregelt ist, kein Raum mehr für Erlaß von Polizeiverordnungen sei.

Die Tatsache, daß durch polizeiliche Befugnisse im Gesundheitsinteresse vorbeugende Maßnahmen getroffen werden, steht nicht im Widerspruch mit dem Charakter des OpG. Auch dieses trägt nicht so sehr kriminellen, als in erster Linie vorbeugenden Charakter und gehört überwiegend dem Gebiet der Gesundheitspolizei an (s. § 10 (3), S. 312).

In prozessualer Beziehung steht für den Fall einer polizeilichen Zwangsmaßnahme auf Grund landesrechtlicher Bestimmungen der Auskunftsverpflichtete besser als gegenüber Verordnungen, welche unmittelbar aus dem Reichsgesetz folgen, wo keinerlei Rechtsmittel vorgesehen sind. Gegen die polizeiliche Verfügung steht dem Auskunftsverpflichteten das Rechtsmittel des § 127

LVerwG. zu mit der Möglichkeit der Anrufung dreier Instanzen, des Kreisausschusses, des Bezirksausschusses und des Oberverwaltungsgerichtes.

Als landesrechtliche Polizeibehörde kommt die Ortspolizei, nicht etwa die Landespolizeibehörde (der Regierungspräsident) nach Urteil des Oberverwaltungsgerichts vom 25. April 1912[1] in Frage. Danach sind alle Verfügungen, welche gesundheits- und gewerbepolizeiliche Zwecke verfolgen, von der Ortspolizeibehörde zu erlassen. Eine polizeiliche Verfügung im Sinne dieser Bestimmung setzt eine polizeiliche Verbotsbestimmung bzw. Anordnung voraus, für deren Durchführung Zwangsmaßnahmen angeordnet oder wenigstens angedroht sind.

Für Preußen dürfte, wenn die Befugnis, wörtlich genommen, auch nicht der Landesregierung zusteht, in erster Linie die Beaufsichtigung des Geschäftsbetriebes der Apotheken und des Handels mit Arzneimitteln und Giften außerhalb der Apotheken in Betracht kommen. Nach § 47 der Dienstanweisung für die Kreisärzte vom 1. September 1909 (MinBlMedAng. S. 381) untersteht der Geschäftsbetrieb in den selbständigen Apotheken, Zweigapotheken, Krankenhausapotheken (Dispensieranstalten) und ärztlichen Hausapotheken der Aufsicht des Kreisarztes. Der Kreisarzt hat alle Apotheken seines Amtsbezirkes außerordentlich und unangemeldet zu besuchen und im allgemeinen namentlich hinsichtlich der Ordnung und der Sauberkeit in den Räumen, an und in den Arzneibehältnissen, sowie hinsichtlich der Beachtung der gesetzlichen Vorschriften über den Betrieb zu mustern. Ungünstige Befunde und sonst zu seiner Kenntnis gelangende Unregelmäßigkeiten im Geschäftsbetrieb, wie unbefugte Ausübung der Heilkunde, gesetzwidrige Abgabe von Geheim- oder starkwirkenden Arzneimitteln, Überschreitungen der Taxe, Betrieb von Nebengeschäften ..... sind dem Regierungspräsidenten anzuzeigen.

Ferner hat nach § 54 der Dienstanweisung der Kreisarzt darüber zu wachen, daß die Bestimmungen über den Verkehr mit Arzneimitteln und über den Handel mit Giften außerhalb der Apotheken beobachtet werden. Zuwiderhandlungen hat er zur Kenntnis der zuständigen Behörde zu bringen.

Der Verkehr mit Arzneimitteln außerhalb der Apotheken und die Beaufsichtigung desselben ist durch die Ministerialerlasse vom 22. Dezember 1902 (MinBlMedAng. 1903, S. 4), 13. Januar 1910 (MinBlMedAng. S. 65), 17. Oktober 1912 (MinBlMedAng. S. 344), 28. Juli 1931 (MinBlLandw. Sp. 423) geregelt.

---

[1] Urban: Apothekengesetze S. 11.

Auf die Rechtswirksamkeit dieser Preußischen Anordnungen hier einzugehen, würde zu weit führen. Ihre Bedeutung für den Verkehr mit Betäubungsmitteln ist gering.

Zusammenarbeit der Reichs- und Landesbehörden: Grundsätzlich kann das RGA. oder das Reichsinnenministerium den Polizeibehörden der Länder keine direkten Anweisungen erteilen, sondern muß den Weg über die Landesregierung gehen. Staatsrechtlich wird folgende Auffassung vertreten:

„Der Reichskanzler kann den Landesbehörden nicht von Aufsichts wegen Vorschriften erteilen und in ihre amtliche Tätigkeit eingreifen. Er ist nicht ihr Vorgesetzter und hat über sie keine Dienstgewalt und keine Dienstaufsicht. Er kann sich daher nur an die Zentralregierung des einzelnen Staates mit dem Ersuchen wenden, dem Mangel abzuhelfen usw. usw."[1]

Wo etwas anderes gelten soll, ist dies auch immer ausdrücklich bestimmt. So heißt es z. B. in § 146 Abs. 2 GVG.[2]:

„In den Sachen, für welche das Reichsgericht in erster und in letzter Instanz zulässig ist, haben alle Beamten der Staatsanwaltschaft den Anweisungen des Oberreichsanwalts Folge zu leisten."

Man wird aus der Tatsache, daß im OpG. das RGA. bestimmte polizeiliche Befugnisse erhält, nicht auf eine ähnliche Überordnung über die Landespolizeibehörde, wie die des § 146 Abs. 2 GVG. schließen können, zumal das OpG. die Polizeigewalt der Länder unberührt läßt. Danach wird man nur dann eine Art von Delegation des RGA. an die Polizeiorgane für zulässig erachten können, wenn diesen auf Grund landesrechtlicher Bestimmungen die gleichen Befugnisse wie dem RGA. zustehen sollten. Aber auch dann wird es sich immer nur um eine uneigentliche Delegation handeln, bei der die Polizei ihre eigenen Befugnisse behält und vom RGA. nicht abhängig wird, insbesondere dem etwaigen Auftrage des RGA. im einzelnen nicht nachzukommen braucht.

Strafandrohung gegen Verletzung der Pflicht, Auskunft zu erteilen oder Einsicht in die geschäftlichen Aufzeichnungen und Bücher zu gewähren, siehe § 10 (1) 8.

Fahrlässigkeit siehe § 10 (3).

§ 3.

(1) Die Einfuhr und Ausfuhr der Stoffe und Zubereitungen, ihre Gewinnung, ihre gewerbsmäßige Herstellung und Verarbeitung, der Handel mit ihnen, ihr

---

[1] Laband: Deutsches Reichsstaatsrecht. 6. Aufl. 1912. S. 31.

[2] Loewe: Komment. z. StPO. § 146 GVG.

Erwerb, ihre Abgabe und Veräußerung sowie jeder sonstige gleichartige Verkehr mit ihnen ist nur Personen gestattet, denen hierzu die Erlaubnis erteilt worden ist. Über den Antrag auf Erteilung der Erlaubnis entscheidet die Landeszentralbehörde im Einvernehmen mit dem Reichsminister des Innern. In der Erlaubnis sind die Örtlichkeiten, für die sie erteilt wird, zu bezeichnen.

(2) Die Erlaubnis kann beschränkt werden.

(3) Die Erlaubnis ist zu versagen, wenn ein Bedürfnis für ihre Erteilung nicht besteht oder wenn Bedenken des Gesundheitsschutzes oder persönliche Gründe ihrer Erteilung entgegenstehen. Die erteilte Erlaubnis kann aus den gleichen Gründen widerrufen werden.

(4) Keiner Erlaubnis nach Abs. 1 bedürfen die Apotheken für den Erwerb der Stoffe und Zubereitungen, für ihre Verarbeitung sowie für ihre Abgabe auf Grund ärztlicher, zahnärztlicher oder tierärztlicher Verschreibung, die behördlich genehmigten ärztlichen Hausapotheken für die Verarbeitung und Abgabe der Stoffe und Zubereitungen, die behördlich genehmigten tierärztlichen Hausapotheken für den Erwerb, die Verarbeitung und Abgabe der Stoffe und Zubereitungen. Einer Erlaubnis bedarf ferner nicht, wer die Stoffe und Zubereitungen aus den Apotheken auf Grund ärztlicher, zahnärztlicher oder tierärztlicher Verschreibung oder aus behördlich genehmigten ärztlichen oder tierärztlichen Hausapotheken oder von Tierärzten, die eine Erlaubnis zur Abgabe nach Abs. 1 erhalten haben, erwirbt.

Die Erlaubnispflicht ist eine Folge von H.C. Art. 1, 5, 9, 10, 11, 12, 14 und G.C. Art. 2, 5, 6, 7, 9, 11.

§ 3 beschränkt sich nunmehr auf die Regelung der Erlaubnispflicht. Die für die Apotheken im besonderen bisher getroffene Regelung des alten Gesetzes (dort § 2 Abs. 5) ist durch den neu eingefügten § 8 erfolgt.

Bei Erlaß des ersten OpG. war daran gedacht, die Erlaubnis des Handels mit Betäubungsmitteln nur solchen Personen zu erteilen, die die Stoffe selbst in die Hand bekommen, nicht aber auch denen, die den Handel damit nur vermitteln, ohne ein Lager zu unterhalten. Später wollte man, insbesondere nach den schlechten Erfahrungen der Inflationszeit, auch die Handelsagenten usw. in die Erlaubnispflicht einbeziehen. Deshalb ist bisher im Interesse der Fernhaltung unzuverlässiger Personen vom Handel mit Betäubungsmitteln die Einholung einer Erlaubnis zum Vermitteln von Handelsgeschäften auch für Handelsagenten und Handelsmakler verlangt worden, und zwar auch dann, wenn diese die Betäubungsmittel nicht in die Hand bekommen, sondern, ohne ein Lager in Betäubungsmitteln zu unterhalten, lediglich Geschäfte vermitteln. In mehreren Strafprozessen gegen Personen, die ohne diese Erlaubnis Handelsgeschäfte vermittelten, ist auf Freisprechung erkannt worden, weil in den Strafbestimmungen zwar eine Reihe von strafbaren Betätigungen des Handels aufgeführt seien, das erlaubnislose Vermitteln aber nicht unter Strafe gestellt war — siehe jedoch RGSt. Bd. 63, S. 161 —. Nunmehr fällt auch das Vermitteln von Handelsgeschäften ohne besondere Erlaubnis unter das Verbot des erlaubnislosen Handels.

Ausführungsbestimmungen sind zu den drei ersten Absätzen des § 3 erlassen worden, und zwar beziehen sich §§ 1, 2, 5, 6 Afb. auf § 3 Abs. 1 OpG.; § 4 (1) Afb. auf § 3 (2) OpG.; §§ 3, 4 (2), 7 Afb. auf § 3 (3) OpG.; zu Abs. 4 OpG. sind Ausführungsbestimmungen durch Afb. zu § 8 gegeben. Die §§ 1, 3, 4, 5, 7 Afb. wenden sich als Richtlinien an die die Erlaubnis erteilenden Behörden, die §§ 2 und 6 enthalten Anweisungen an die Antragsteller und Erläuterungen für die Erlaubnisinhaber.

Zu Absatz 1:

In § 3 Abs. 1 werden die erlaubnispflichtigen Tätigkeiten im einzelnen aufgeführt. In der dazugehörigen Strafandrohung § 10 (1) 1 werden gleichfalls die einzelnen Tätigkeiten aufgeführt, deren erlaubnislose Ausführung strafbar ist. Für den erlaubnispflichtigen „Handel", der im allgemeinen in § 3 und dementsprechend in § 10 in einzelne erlaubnispflichtige und strafbare Tätigkeiten aufgelöst ist, bleibt als strafbare Tätigkeit des erlaubnislosen „Handeltreibens" (§ 10) nur das Vermitteln von Handelsgeschäften übrig. Hiervon wird auch ein Kreis von Personen betroffen, die die Ware nicht in die Hand bekommen, und über die Kontrolle des Verbleibs der Betäubungsmittel hinaus wird die Kontrolle auf eine Tätigkeit von Personen erstreckt, die mit der Ware als solcher nicht in Berührung kommen. Das ist eine bemerkenswerte Erweiterung des bisherigen Gesetzes.

Der Begriff des „sonstigen gleichartigen Verkehrs" will insbesondere die Übertragung des unmittelbaren und mittelbaren

Besitzes umfassen. Jedoch sollen nach der Absicht des Gesetzgebers, die in der Begründung niedergelegt ist, die Spediteure und Frachtführer einer Erlaubnis lediglich für die von ihnen ausgeübte Übermittelung der Betäubungsmittel nicht bedürfen. Für diese Gewerbezweige eine Erlaubnispflicht vorzuschreiben, hat sich nicht als notwendig erwiesen. Die Spediteure sind als die verlängerte Hand ihrer Auftraggeber anzusehen, die für die Tätigkeit der Spediteure verantwortlich bleiben.

Ein Anspruch auf Erteilung einer Erlaubnis zum Verkehr mit Betäubungsmitteln besteht nicht. Das folgt zweifelsfrei aus dem Wortlaut des Gesetzes.

Hervorzuheben ist noch, daß die Gewinnung der Betäubungsmittel, auch die nicht gewerbsmäßige, im Gegensatz zu den bisherigen gesetzlichen Bestimmungen ebenso, wie sie aufsichtspflichtig gemäß § 2 geworden ist, auch der Erlaubnispflicht unterliegt. Hinsichtlich der Herstellung und Verarbeitung besteht eine Erlaubnispflicht nur insoweit, als diese gewerbsmäßig erfolgt. Zum Begriff der Gewerbsmäßigkeit s. S. 71.

Die zu wissenschaftlichen Zwecken erfolgende Herstellung oder Verarbeitung ist, wenn sie nicht gewerbsmäßig erfolgt, nicht erlaubnispflichtig. Dagegen dürfte als gewerbsmäßige Verarbeitung angesehen und von der Erlaubnispflicht betroffen werden die Feststellung des Alkaloidgehaltes von Opium oder Kokablättern durch Untersuchungslaboratorien im Sinne der RGO. § 36; die Verwendung von Morphin zur Erkennung von Holzgeist in Branntwein dürfte aber auch in gewerblichen Betrieben nicht als eine gewerbsmäßige Verarbeitung von Morphin gelten können.

Nicht erlaubnispflichtig ist der bloße Besitz von Betäubungsmitteln. Während in H.C. Art. 20 den Vertragsmächten die Prüfung der Frage anheimgegeben war, ob es möglich sei, Gesetze zu erlassen, die den gesetzwidrigen Besitz von Betäubungsmitteln unter Strafe stellen, verlangt G.C. Art. 7, daß die vertragschließenden Teile Maßnahmen ergreifen, um jeden Besitz von Betäubungsmitteln durch unbefugte Personen zu untersagen. Ein solches Verbot ist jedoch nicht in die deutsche Opiumgesetzgebung übergegangen.

Ferner sieht der § 3 keinerlei Erlaubnis hinsichtlich der Verwendung der Betäubungsmittel vor. Über die Verwendung, die nach G.C. Art. 5 auf arzneiliche oder wissenschaftliche Zwecke beschränkt werden soll, enthält das Gesetz keinerlei ausdrückliche Bestimmungen (siehe jedoch Afb. zu § 8). Die erlaubniserteilende Behörde hat aber nicht nur das Recht, sondern auch die Pflicht, den Verwendungszweck nachzuprüfen und sich mit diesem zu befassen. Indirekt ist mithin in der Erwerbserlaubnis auch eine gewisse Verwendungserlaubnis zu erblicken, sodaß durch die Verwaltungspraxis die Forderungen der G. C., nämlich der Verwendung ausschließlich zu arzneilichen oder wissenschaftlichen Zwecken, erfüllt werden dürften. Die gewerbliche Verwendung ist in G.C. nicht besonders erwähnt. Es muß daher angenommen werden, daß die Verwendung beispielsweise von Morphin als Reagens in Gewerbebetrieben als „Verwendung zu wissenschaftlichen Zwecken“ im Sinne der G.C. angesehen werden soll.

Die Abgabe und der Erwerb in den Apotheken ist nach den Afb. zu § 8 ausschließlich auf arzneiliche Zwecke beschränkt. Die Verwendung zu wissenschaftlichen Zwecken ist in Afb. § 1 (3) vorgesehen. Außerdem nennt aber § 1 (3) Afb. noch „andere Zwecke“, für die eine Erlaubnis erteilt werden kann, wenn der Nachweis erbracht wird, daß für die beabsichtigte Verwendung ein öffentliches Bedürfnis besteht. In der Begründung werden diese anderen Zwecke nicht erläutert. Nach G.C. sind andere Verwendungszwecke außer arzneilichen und wissenschaftlichen nicht erlaubt. Eine in den bisherigen Afb. enthaltene gleichlautende Stelle war damals eingefügt worden, um die Möglichkeit zu haben, auch Dentisten, die nach einer Entscheidung des Preuß. Oberverwaltungsger. vom 8. März 1915[1] Betäubungsmittel zu gewerblichen Zwecken in ihrer Praxis gebrauchen, die Erlaubnis zum Erwerb geben zu können. Dieser Grund ist aber durch die jetzige Gestaltung der Opiumgesetzgebung hinfällig geworden.

Die bisherige Bestimmung, wonach bei Erlaubnisanträgen gegebenenfalls die für den Ort der Niederlassung zuständige Handelskammer zu befragen ist, wurde gestrichen; nach der Begründung soll sie in die Afb. übernommen werden. Dieses ist aber nicht geschehen. Aus dem Wegfall der bisherigen Verpflichtung darf nicht geschlossen werden, daß eine Befragung der Handelskammern unzulässig sei. Es ist vielmehr dem Ermessen der Dienststellen überlassen, dies dann zu tun, wenn sie es für zweckmäßig halten.

Gewerbsmäßig: Voraussetzung für erlaubnispflichtige Herstellung und Verarbeitung im Sinne des § 3 ist Gewerbsmäßigkeit; dagegen ist jede Gewinnung, auch die nicht gewerbsmäßige, erlaubnispflichtig. Der Begriff der Gewerbsmäßigkeit ist im OpG. kein anderer als der in den Strafgesetzen. Hierzu gibt E b e r m a y e r im Kommentar, Anm. 3 zu § 260 StGB. folgende Begriffsbestimmung:

---

[1] Apoth. Z. 1915, Nr. 22, S. 136.

„Zur Gewerbsmäßigkeit ist der Wille des Handelnden erforderlich, einen fortgesetzten und dauernden Erwerb aus der Wiederholung der strafbaren einzelnen Handlungen auszuüben, diese fortgesetzte Tätigkeit zur Quelle des Erwerbs zu machen."

Nicht anders ist die Begriffsbestimmung Staubs[1], wo es sich um die Begriffsbestimmung des Handelsgewerbes, also den gewerbsmäßigen Geschäftsbetrieb, handelt:

„Zur Gewerbsmäßigkeit gehört, daß die Absicht nicht auf Einzelgeschäfte, sondern einheitlich auf eine zusammenhängende Gesamtheit von Geschäften in fortgesetzter gleichartiger Tätigkeit (RG. in Jur. Woch. 99, 282, Nr. 16), also mit dem Willen auf Wiederholung (Bayr. OLG. in Jur. Woch. 1926, 917) gerichtet ist, und daß ferner die Absicht dahin geht, aus dieser Tätigkeit eine dauernde Einnahmequelle zu machen."

Vgl. im übrigen RG. 38, 20; 66, 51; Jur. Woch. 1910, 803, Anm. 10, ferner RGSt. 25, 26, Bd. 38, S. 362; Bd. 53, S. 155 und 54, S. 185.

Es ist sonach in erster Linie auf den inneren Tatbestand abzustellen, nämlich auf die Absicht, die der Handelnde mit der Tätigkeit im wesentlichen verfolgt. Die Tätigkeit muß sich nach dem Willen des Handelnden lediglich als ein Geschäft, das im Zusammenhang mit anderen gleichartigen steht, darstellen, und es muß ferner die Gesamtheit dieser Handlungen nach der Absicht des Täters zum Zwecke des Gewinnes vorgenommen werden. „Gewinn" ist hier im weitesten Sinne zu verstehen. Es kommt nicht darauf an, daß es sich um einen in ganz bestimmter Weise, etwa in Geld in Erscheinung tretenden Gewinn handelt, es genügt vielmehr ein jedweder materieller Vorteil (RGSt. Bd. 54, S. 185), sofern er nur seiner Bestimmung nach dazu dient, ganz oder zum Teil zur Bestreitung oder Hebung des Lebensunterhalts usw. verwandt zu werden.

Daraus, daß es in erster Linie auf die Zweckbestimmung, von dem Handelnden aus gesehen, ankommt, ergibt sich folgendes:

Auf die Anzahl der begangenen Handlungen kommt es nicht an, es kann insbesondere eine einzelne Handlung gewerbsmäßig ausgeführt sein, wenn der Täter die dem Begriff der Gewerbsmäßigkeit wesentliche Absicht hatte und an der Ausführung weiterer Handlungen zufällig aus irgendwelchen Gründen verhindert worden ist. Andererseits ist nicht ohne weiteres daraus, daß mehrere gleichartige Handlungen begangen wurden, auf Gewerbsmäßigkeit zu schließen, nicht einmal dann, wenn der Täter seines Vorteils wegen gehandelt hat. Vielmehr ist auch hier entscheidend allein der oben angegebene Gesichtspunkt, nämlich die Frage, ob die Handlungen infolge einer einheitlichen Gewinnabsicht in einem inneren Zusammenhang stehen. Freilich wird hier-

[1] Kommentar zum HGB. (12.—13. Aufl. 1926), Anm. 6 zu § 1, S. 31.

für sehr häufig die Gleichartigkeit mehrerer zur Verschaffung von Vermögensvorteilen dienender Handlungen ein wichtiges Indiz sein; allein entscheidend ist es jedenfalls nicht.

Der Begriff der Gewerbsmäßigkeit findet sich auch in den Vorschriften über den Handel mit Giften[1], wo in § 1 gesagt ist, daß der gewerbsmäßige Handel mit Giften den Vorschriften unterliegt.

Der Begriff wird aber vom Gesetzgeber in verschiedener Bedeutung gebraucht:

a) im StGB. (z. B. §§ 260, 294) und in den meisten anderen Gesetzen, so SchleichhandelVo. (vgl. RGSt. 53, 59), WebwarenVo. (vgl. RGSt. Bd. 52, S. 172), ZigarettensteuerG. (vgl. RGSt. Bd. 54, S. 230) usw. erfordert der Begriff die Absicht des Täters, die Handlungen zu wiederholen und sich hieraus einen dauernden Erwerb zu schaffen[2];

b) ausnahmsweise, so im WeinG. (vgl. RGSt. Bd. 36, S. 427, Bd. 41, 40), wird aber ein wiederholtes Tun, bzw. die Absicht zu einem solchen, nicht gefordert, der Begriff vielmehr in einer weiteren Bedeutung verwendet, indem nur auf den Zweck der Tätigkeit abgestellt wird, und zwar muß als solcher die Verwendung im Gewerbebetrieb in Betracht kommen.

Der Unterschied der beiden Bedeutungen liegt darin,

1. daß bei a) eine einmalige Handlung genügt, wenn mit ihr wenigstens der Wiederholungswille im Sinne der obigen Ausführungen verbunden ist, während bei b) eine einmalige Handlung immer ausreichend ist.

2. Man könnte auch geneigt sein, einen Unterschied in der Schuldform zu finden, dergestalt, daß bei a) nur die vorsätzliche, bei b) auch die fahrlässige Handlung unter das Verbot falle. Die Ansicht Stengleins: I, S. 777 § 4, Anm. 2, daß ein gewerbsmäßiges Tun im Sinne von a) durch Fahrlässigkeit verwirklicht werden könne, ist unzutreffend. Vgl. in diesem Sinne auch OLG. Dresden[3].

Ist aber bei a) nur an ein vorsätzliches Tun zu denken, so gilt das gleiche auch für b). Denn wenn es hier auf den Verwendungszweck ankommen soll, so ist für Fahrlässigkeit logisch kein Raum: ein Zweck kann immer nur bewußtermaßen ins Auge gefaßt werden.

In bezug auf Arzneimittelverkehr hat das Kammergericht erklärt, Gewerbsmäßigkeit liege vor, wenn der Täter mit dem Willen handele, eine fortgesetzte, auf Gewinn gerichtete Tätigkeit

---

[1] Urban: Apothekengesetze, S. 243.
[2] S. auch Jur. Woch. 1930, Nr. 9, S. 636; Nr. 13.
[3] Jur. Woch. 1929, Nr. 5, S. 3399.

auszuüben. Nicht erforderlich sei die Absicht, damit dauernd den Lebensunterhalt zu verdienen. KG. vom 14. Februar 1928[1].

Da der Begriff der Gewerbsmäßigkeit zum Tatbestand gehört, so kann die Gewerbsmäßigkeit — das ist ständige Rechtsprechung des Reichsgerichts — nicht bei Bemessung des Strafmaßes als straferhöhender Umstand gewertet werden. Siehe auch § 10 Zusammenstellung der Judikatur sub Gewerbsmäßigkeit S. 288.

Nicht gewerbsmäßige Herstellung und Verarbeitung kommt in wissenschaftlichen Instituten und Laboratorien zu Lehr- und Forschungszwecken vor. Der Erwerb zu wissenschaftlichen Zwecken ist erlaubnispflichtig, die Herstellung und Verarbeitung nicht; diese Tätigkeiten unterliegen aber der Aufsicht und Auskunftspflicht nach § 2 sowie den Vorschriften über das Lagerbuch (§ 5).

Handel: Während nach § 1 HGB. unter Handel eine Mehrheit von gleichartigen, auf den Erwerb von Waren und ihre Weiterveräußerung gerichteten Betätigungen zu verstehen ist, ist der Begriff, ähnlich wie für Kettenhandel, hier in weiterem Sinne zu deuten. Handel ist eine zweiseitige, rein rechtsgeschäftliche Tätigkeit, während der einseitige Erwerb eine tatsächliche, auf einem Rechtsgeschäft ruhende Beziehung schafft, die aber nur mittelbarer Art zu sein braucht.

Jede eigennützige, auf den Güterumsatz gerichtete Tätigkeit fällt darunter, gleichgültig in welcher Form und unter welchem Namen sie ausgeübt wird. Der Betreffende braucht keinen Handel zu treiben, eine gelegentlich in dem oben bezeichneten Sinne entwickelte Tätigkeit genügt (so auch RGSt. Bd. 52, S. 58 für LebensmG.). Der beabsichtigte Erfolg braucht sich an die Tätigkeit nicht geknüpft zu haben (so RGSt. Bd. 53, S. 316 für Kettenhandel). Auf die Form, unter welcher sich die Tätigkeit verbirgt, kommt es nicht an; insbesondere kommt nicht nur Kauf zwecks Wiederverkaufs in Betracht, vielmehr rechnet auch die Vermittlertätigkeit zum Handel. Für das OpG. hat dies das RG. in RGSt. Bd. 63, S. 161 besonders festgestellt.

Das Merkmal der Gewerbsmäßigkeit, das beim Handel zumeist vorliegt, ist nicht wesentlich, vielmehr kommt es hier auf die Umsatztätigkeit allein an. Eine Umsatztätigkeit in diesem Sinne liegt stets dann vor, wenn der rechtsgeschäftliche Übergang von Waren von einer Person auf eine andere bewirkt werden soll. Hingegen kommt es nicht darauf an, daß eine örtliche Verlagerung der abzusetzenden Waren erfolgt. So ist der Begriff des Handels durchaus als vorliegend zu erachten, wenn die Ware an einem bestimm-

---

[1] S. auch Pharm. Z. 1928, Nr. 45, S. 696.

ten Ort bleibt, z. B. in einem Lagerhaus, und nun mehrfach durch Abtretung des Herausgabeanspruchs veräußert wird, während es sich bei den Begriffen der Abgabe und des Inverkehrbringens im Sinne des OpG. im wesentlichen um Fälle räumlicher Verlagerung der Ware handelt. Nach geltendem Gesetz bedarf danach auch der Vermittler (Agent, Makler, Kommissionär) der Erlaubnis nach § 3. Da im Gesetz keine Ausnahme vorgesehen ist, bedarf die Vermittlung von Geschäften, die sich nur im Auslande abspielen, auch der Erlaubnis.

Der „Geschäftsreisende" braucht keine besondere Erlaubnis, er ist als Angestellter durch die Erlaubnis gedeckt, die der Firma, für die er reist, erteilt ist.

Agent ist, wer ständig damit betraut ist, für einen anderen Geschäfte zu vermitteln oder abzuschließen, ohne aber Handlungsgehilfe zu sein. Makler ist, s. § 93 HGB., wer gewerbsmäßig für andere Personen, ohne von ihnen auf Grund eines Vertragsverhältnisses ständig damit betraut zu sein, die Vermittlung von Verträgen, von Anschaffung oder Veräußerung von Waren usw. übernimmt. Es genügt nicht nur die Parteien zusammenzuführen. Vielmehr muß seine Tätigkeit kausal geeignet sein, einen Abschluß herbeizuführen. Auf den Nachweis der Kausalität kann aber im Provisionsschein verzichtet werden. Hingegen schließt der Kommissionär, s. §§ 84, 383 HGB., im eigenen Namen Geschäfte ab, die jedoch auf Rechnung eines anderen, des sog. Kommittenten, gehen. Auch die Tätigkeit des Kommissionärs ist wirtschaftlich vermittelnder Art, indessen tritt zum Unterschied vom Agenten der Kommissionär zunächst selbst als Vertragspartei in Erscheinung. Es untersteht mithin nicht wie früher nur der Warenumsatz als solcher der Kontrolle, nicht nur die Tat, sondern auch der Täter, d. h. derjenige, welcher die Ware in den Verkehr bringt, wird insoweit kontrolliert.

Die frühere Unstimmigkeit, daß nach § 2 des alten Gesetzes der erlaubnislose Handel zwar verboten, nach dessen § 8 aber nicht in allen Formen strafbar war, ist durch das jetzige Gesetz behoben (vgl. § 10 Abs. 1 Ziff. 1). Die Neufassung war erforderlich, weil der Vermittler beispielsweise, welcher eine rechtsgeschäftlich verbindliche Tätigkeit ausübt, nicht unmittelbar Betäubungsmittel in den Verkehr bringt und nicht unmittelbar auf den Verbleib und den Umsatz einwirkt, s. KG. 3 S. 206/27; 3 S. 308/26 in Pharm. Z. 1927, Nr. 29 und RG. 2 D. 1158/28[1]; RGSt. Bd. 51, S. 379; Bd. 53, S. 80, 313; Bd. 58, S. 159.

---

[1] Vgl. auch Pharm. Z. 1929, Nr. 47, S. 767.

Erwerb: Dem Erwerb liegt ein Rechtsgeschäft zugrunde, durch welches dem Erwerber die Verfügungsgewalt an einer Sache übertragen wird. Das kann auf verschiedene Weise geschehen, z. B. durch Kauf, Tausch, Schenkung, Hingabe an Zahlungsstatt usw. (s. auch RGSt. Bd. 55, S. 147 — eine Entscheidung betr. die Auslegung der Schleichhandelsverordnung, wo dargetan ist, daß der Erwerb abgeleiteten Besitz voraussetzt). Eine Übergabe muß erfolgt sein. Man wird annehmen können, daß im übrigen hierfür dieselben Grundsätze gelten, wie sie die Rechtsprechung für „an sich bringen" im § 259 StGB. entwickelt hat[1]. Jedoch wird man den Begriff möglichst weit fassen. Ein einseitiges Ansichreißen, wie durch Diebstahl oder Raub, würde aber nicht als Erwerb im Sinne des OpG. aufzufassen sein (so auch die angeführte Reichsgerichtsentscheidung Bd. 55, S. 147).

Dies vorausgeschickt, wird man unter „Erwerb" im Sinne des OpG. jedes auf obligatorischem Rechtsgeschäft fußende Erlangen der tatsächlichen Verfügungsgewalt, das nicht Handel ist, zu verstehen haben, also das Sichverschaffen von Betäubungsmitteln im eigenen Namen in der Weise, daß der Erwerber in der Lage ist, über die Ware zu verfügen. Eine lediglich vorübergehende Übertragung der tatsächlichen Verfügungsgewalt mit der von vornherein von beiden Teilen zugrunde gelegten Absicht einer Rückübertragung reicht nicht aus. Während es sich beim Handel um eine begrifflich notwendig stets zweiseitige und rein rechtsgeschäftliche Tätigkeit handelt, ist wesentlich für den Begriff des Erwerbs einmal, daß der Erwerber in eine tatsächliche mittelbare Beziehung zu dem erworbenen Gegenstand tritt, ferner ist wesentlich für die Tätigkeit des Erwerbes das einseitige Handeln. Erwerb liegt also schon beim Kauf vor, wenn gleichzeitig der mittelbare Besitz übergeht, durch den der Erwerber verfügen kann. Nicht nötig ist, daß die Waren aus den Räumen der Lieferfirma entfernt werden. S. auch KG. 3 S. 4/24[2], wo gesagt ist, daß der Käufer nach Bezahlung der Waren schon die Verfügungsgewalt erlangt, auch wenn diese noch bei anderen Firmen lagern. Auch aus dieser Entscheidung des Kammergerichts folgt, daß der unmittelbare Besitz, worunter man die unmittelbare Sachherrschaft über die Waren zu verstehen hat, genügt.

Anders wäre die Gegenüberstellung von Handel, Erwerb und Veräußerung unverständlich, denn würde „Erwerb" und „Veräußerung" rein rechtsgeschäftlich zu verstehen sein, so wäre die Anführung des Handels an dieser Stelle des OpG. überflüssig.

[1] RG. vom 28. 9. 1931 in Pharm. Z. 1931, S. 1102; s. auch S. 301.
[2] Pharm. Z. 1924, S. 1034.

Jeder Handel hat zur notwendigen Folge, daß auf der einen Seite ein rechtsgeschäftlicher Erwerb, auf der anderen Seite eine rechtsgeschäftliche Veräußerung stattfindet.

Wenn gesagt ist, daß die Einseitigkeit für das Begriffsmerkmal des Erwerbs notwendig ist, so soll damit nicht gesagt sein, daß der Erwerb nicht auch durch die Übertragung des Besitzes von einer anderen Person auf den Erwerber direkt bewirkt werden kann. In den meisten Fällen wird dies der Fall sein, allein es kommt nicht darauf an, da „Erwerb" lediglich die durchaus einseitige Handlung des Erwerbens bezeichnet. Hinzukommen muß freilich auch der Erwerbswille, d. h. der Täter muß eine eigene Verfügungsgewalt anstreben. Unerheblich ist, ob der Erwerb im eigenen Namen oder fremden Namen, für eigene Rechnung oder für Rechnung eines anderen erfolgt. Auch ein Erwerb für Rechnung eines anderen ist strafbar (K.G. 3 S. 4/24[1]). Unerheblich ist auch, wie bei der Veräußerung, ob der rechtsgeschäftliche Erwerbs- bzw. Verkaufsakt zivilrechtlich wirksam ist. Ebenso wie ein „Ankauf" (§ 259 StGB.) (Erwerb) durch den Hehler trotz bürgerlich-rechtlicher Nichtigkeit, z. B. aus § 138 BGB., unerlaubt und strafbar ist, kann trotz nichtigen Rechtsgeschäfts ein unerlaubter oder strafbarer Erwerb im Sinne des OpG. vorliegen. Hieraus folgt, daß dem „Erwerb" sowohl, als auch der später zu behandelnden „Veräußerung" wohl stets ein Rechtsgeschäft zugrunde liegen muß, daß diesem jedoch im Sinne des OpG. (vielfach übrigens abweichend von der Rechtsprechung) kein wesentliches Kriterium beizumessen ist. Die Korrelate zu „Erwerb" und „Veräußerung", nämlich „Abgabe" und „Empfang", oder auch der hierzu nicht unmittelbar gehörige Begriff des „Inverkehrbringens" setzen jedoch, schon begriffsmäßig im Gegensatz zu dem auf mittelbarem Besitz beruhenden rechtsgeschäftlichen Erwerbs- und Veräußerungsakt, eine tatsächlich räumliche Verlagerung voraus. Auch die Tatsache, wonach der Bezugschein gem. § 4 auf den Erwerber lauten muß, führt zu der Annahme, daß dem obligatorischen Recht auf Erwerb auch der tatsächliche Besitz folgen muß.

Voraussetzung für die Erlaubnis des Herstellens und Verarbeitens nach § 3 ist die Gewerbsmäßigkeit. Für Erwerb und Veräußerung ist jedoch Gewerbsmäßigkeit keine Voraussetzung. Es ist somit auch ein gelegentlicher Erwerb genehmigungspflichtig. Herstellen und Verarbeiten pflegt meist gewerbsmäßig zu erfolgen. Hingegen findet gerade ein Erwerb von Betäubungsmitteln sehr

[1] S. auch Pharm. Z. 1924, Nr. 82, S. 1034.

häufig auch in Fällen statt, bei denen keinesfalls die Absicht besteht, sich gerade aus diesem Erwerb einen Vermögensunterhalt zu verdienen.

Während Veräußern, Abgeben und jeder andere Verkehr — worin ohne Zweifel auch Liefern (Lieferer § 2, § 5) inbegriffen ist — nebeneinander gestellt sind, ist dem Erwerb nicht der Empfang (Empfänger § 2, § 5) gleichgestellt. Der Empfang ist demnach nur dann erlaubnispflichtig und folgerichtig durch die Strafbestimmung des § 10 betroffen, wenn ihm ein Erwerb zugrunde liegt. Bei Erwerb von unter das Gesetz fallenden Betäubungsmitteln durch Diebstahl und der hierdurch eintretenden Gesetzeskonkurrenz erfolgt die Einziehung aus dem Gesichtspunkt des § 40 StGB., nicht aber gemäß § 10 Abs. 5 (s. zu § 10 S. 320).

Über den Unterschied zwischen Erwerber und Empfänger s. auch zu § 2 (2) S. 58).

Abgabe und Veräußerung: Das Gesetz spricht von der „Abgabe“ und „Veräußerung“. Der Begriff der „Abgabe“ wird besonders weit zu fassen sein und alle Fälle der rein tatsächlichen Übertragung der Verfügungsgewalt in sich schließen. Die Entgeltlichkeit ist kein Kriterium, s. auch unter „abgeben“ bei § 2 (2) S. 55. Im Sinne der Opiumgesetzgebung ist „Abgabe“ ohne Zweifel der weitere Begriff. Vgl. § 1 (2) Afb. zu § 3 OpG., wo bestimmt wird, daß den Tierärzten die Erlaubnis zur „Abgabe und Veräußerung“ erteilt werden kann, wenn landesrechtlich die „Abgabe“ (also notwendigerweise einschließlich der Veräußerung) zulässig ist. Der Begriff „veräußern“ findet sich in § 288 StGB. Er ist aber dort weiter gefaßt, weil er selbst die Aufgabe von schon entstandenen, vorhandenen Rechten, Belastungsrechten usw. in sich schließt. Die Veräußerung des OpG. ist eine Rechtshandlung, durch die ein Vermögensrecht an einem Gegenstand aufgegeben und auf einen anderen übertragen wird. Ein bloßer Abschluß eines Vertrages genügt nicht (s. RGSt. Bd. 38, S. 231 zu § 288 StGB.).

Für das OpG. wird angenommen werden müssen, daß unter Veräußerung die rechtsgeschäftliche und entgeltliche Übertragung des Besitzes oder der Verfügungsgewalt an Betäubungsmitteln auf andere zu verstehen ist. Auch hier genügt wie beim Erwerb der mittelbare Besitz.

Auch nach bürgerlichem Recht folgt, daß der Begriff der „Veräußerung“ den Tatbestand einer auf Übertragung gerichteten Einigung voraussetzt, §§ 929, 932—934 BGB. Es handelt sich mithin um einen obligatorischen Vertrag, der sich unmittelbar auf eine spätere Besitzübertragung, bzw. Eigentumsübertragung richtet, und als „Veräußerung" im Sinne dieser Bestimmung anzusehen ist. Da das OpG. (§ 4) beim Erwerber voraussetzt, daß dem Erwerbsakt die tatsächliche Verfügungsgewalt folgt, mithin den Bezugschein auf den „Erwerber" ausstellt, wird man annehmen müssen, daß dem Veräußerungsakt die Besitzübertragung auf den Erwerber zu folgen hat.

Zweifelhaft könnten diejenigen Fälle sein, in denen aus irgendeinem formellen oder materiellen Mangel das der Veräußerung zugrunde liegende Rechtsgeschäft zivilrechtlich unwirksam ist (z. B. infolge Geschäftsunfähigkeit einer Partei oder dgl., § 104 BGB.). Jedoch wird in diesen Fällen der Absicht des Gesetzgebers dadurch genügt, daß auch die losgelöst von jedem Rechtsgeschäft zu betrachtende „Abgabe" und im übrigen der gesamte Verkehr erlaubnispflichtig ist. Ob der bloße Abschluß eines unwirksamen Veräußerungsgeschäfts unter die Erlaubnispflicht fällt, kann zweifelhaft sein. Man wird die Erlaubnispflicht wohl nur dann bejahen müssen, wenn gemäß § 870 BGB. durch den alleinigen Abschluß eines obligatorischen Vertrages die Verfügungsgewalt durch Abtretung des Herausgabeanspruchs und dadurch der mittelbare Besitz übertragen wird. Diese Ersatzübertragung nach § 870 BGB. könnte auch bei einem unwirksamen Veräußerungsgeschäft so lange erfolgen, bis die Unwirksamkeit späterhin erkannt oder geltend gemacht wird. Frühere Judikatur zu „Abgabe" bei § 10.

Die rein schuldrechtliche Verpflichtung ohne Übertragung der Verfügungsgewalt würde sich, wollte man anderer Auffassung sein, als Versuch zum Zwecke der Veräußerung oder Versuch des Indenverkehrbringens darstellen.

Jeder sonstige gleichartige Verkehr: Erlaubnispflichtig ist nach der neuen Fassung jeder „sonstige gleichartige Verkehr". „Gleichartig" bedeutet den im § 3 sonst aufgeführten Verkehrsformen ähnlich. Der Begriff des „sonstigen gleichartigen Verkehrs" soll nach der Begründung insbesondere die Übertragung des unmittelbaren und mittelbaren Besitzes umfassen.

Da in § 10 (1) Nr. 1 nur das Inverkehrbringen erwähnt ist, kann auch hier nur die eine Seite des Verkehrs verstanden werden, nämlich das Liefern, nicht aber auch das Empfangen.

Man wird in erster Linie an den im OpG. nicht vorkommenden Begriff des § 367 (3) StGB. „sonst an andere überlassen" zu denken haben. Das Bayer. ObLG. erläutert (15. Juni 1916[1]) diesen Begriff dahin, daß er in umfassender Weise alle

[1] Pharm. Z. 1916, Nr. 64, S. 501.

Vorgänge trifft, durch welche Gift und Arzneien von dem einen auf den anderen übertragen werden; die Worte haben nach dem Zwecke des Gesetzes und nach dem allgemeinen Sprachgebrauche die Bedeutung von „einräumen der tatsächlichen Verfügungsgewalt an einen anderen". Die Grundsätze des BGB. über den Besitz können zur Auslegung des Begriffes „überlassen an andere" nicht herangezogen werden, jedenfalls genügt nicht der bloße Abschluß eines obligatorischen Vertrages oder dessen Vermittlung.

Voraussetzung ist auch hier ein Handeln unter eigener Verantwortlichkeit. Zu den Personen, die selbständig unter eigener Verantwortlichkeit handeln, gehört nach der jetzigen ratio des Gesetzes auch der Vermittler. Jedoch sollen nach der Absicht des Gesetzgebers, wie schon in anderem Zusammenhang dargetan, die Spediteure und Frachtführer einer Erlaubnis für die von ihnen ausgeübte Übermittlung der Betäubungsmittel nicht bedürfen. Hier wird man gleichfalls zumindest einen Wechsel der Verfügungsgewalt voraussetzen müssen. S. auch RG. Urt. vom 23. November 1928, 1. D. 286/28, wo das Reichsgericht diesen Gesichtspunkt besonders hervorhebt.

Bei einem Arzt, der beispielsweise bei einem Patienten in der Sprechstunde ein Betäubungsmittel anwendet, wird man von einem „sonstigen gleichartigen Verkehr" nicht sprechen können, auch nicht von einem „Indenverkehrbringen" (§ 10 Abs. 1 Nr. 1).

Ebensowenig wird man ein „Indenverkehrbringen" in dem Selbstverbrauch eines Apothekers erblicken können. Hier fehlt der Wechsel der Verfügungsgewalt. Das Gegenteil ist der Fall. Der Apotheker, der selbst verbraucht, hält das Betäubungsmittel dem Verkehr fern. Wohl aber liegt Abgabe ohne Rezept vor. Auch in der Abgabe eines Ärztemusters zur Probe liegt an sich kein „Indenverkehrbringen"[1]. Siehe jedoch § 23 der Afb. zu § 8 S. 247. Siehe auch § 7 LebensmG.[2]. Ebenso wird man in der Übersendung z. B. von Opium an eine Firma lediglich zum Zwecke des Pulverisierens weder ein Indenverkehrbringen im Sinne des § 10 Abs. 1 Nr. 1 noch einen „sonstigen gleichartigen Verkehr" erblicken können. Dadurch wird für den anderen keine unmittelbare Verfügungsgewalt geschaffen. Dafür, daß der Gesetzgeber es auf den Wechsel der Verfügungsgewalt abstellen will, spricht auch die Entscheidung des Kammergerichts 3 S. 308/26[3] und Amtsger. Stuttgart B 12 C. 2558/27, wo gerade mangels Wechsels der Verfügungsgewalt Freispruch erfolgen mußte.

[1] Gr.-Berl. Ärztebl. 1928, Nr. 50 u. 1929, Nr. 3.
[2] Holthöfer-Juckenack zu § 7. [3] Pharm. Z. 1927, Nr. 29.

Zu dem Begriff „Inverkehrbringen“ siehe auch Isay[1], Stenglein[2] und die Rechtsprechung des Reichsgerichts[3].

Personen: Da eine Einschränkung nicht vorgesehen ist, Personen im Rechtssinne aber stets sowohl natürliche als auch juristische Personen sind, muß notwendigerweise angenommen werden, daß auch juristischen Personen die Erlaubnis erteilt werden kann. Dazu ist folgendes zu sagen:

Die Erlaubnis erhalten die juristischen Personen als solche; also die GmbH. oder die Aktiengesellschaft, die die Herstellung oder Verarbeitung der Betäubungsmittel oder den Handel damit betreiben. Maßgebend dafür, ob die besonderen „persönlichen Gründe“, die für die Erteilung wesentlich sind, vorliegen, müssen die handelnden Organe der betreffenden juristischen Person sein. Diese sind bei einer Aktiengesellschaft die Vorstandsmitglieder, bei einer GmbH. die Geschäftsführer. S. auch § 912 RVO., wo gesagt ist, daß, soweit auf Grund der Reichsversicherungsordnung Unternehmer mit Strafe bedroht sind, bei einer Aktiengesellschaft den Unternehmern gleichstehen die Mitglieder des Vorstandes, bei einer GmbH. die Geschäftsführer, bei einer offenen Handelsgesellschaft die persönlich haftenden Gesellschafter, die Liquidatoren einer Handelsgesellschaft usw. Dies ist auch bei der Erlaubniserteilung sehr wohl möglich, denn im Rechtssinne ist der Vorstand einer Aktiengesellschaft nicht etwa lediglich Stellvertreter, sondern er ist Organ, das den Willen der Gesellschaft durch seine Tätigkeit zum Ausdruck bringt. Als wesentliches Merkmal bei der Erlaubniserteilung an juristische Personen wird die Behörde den Ruf und das Ansehen der Firma berücksichtigen. Man wird annehmen müssen, daß die Voraussetzungen in der Person aller derjenigen Gesellschafter vorhanden sein müssen, welche vertretungsberechtigt sind, auch dann, wenn der Antrag nur von einem vertretungsberechtigten Gesellschafter oder einem Betriebsleiter gestellt wird. Siehe auch § 5 über Verantwortlichkeit des Direktors einer A.-G. usw.

Betriebsleiter ist, wer mitbestimmenden Einfluß auf die obere Geschäftsleitung hat. Der Betriebsleiter muß das Unternehmen auch nach außen hin vertreten[4].

Bei Aufgabe von Bestellungen kommt es auch auf die Form der Bestellungen und die Aufgaben des Betriebsleiters an. § 913 RVO.

---

[1] Isay: Patentgesetz, 4. Aufl. 1926, S. 218.
[2] Anm. 10 zu § 3 LebensmG.
[3] RGZ. Bd. 77, S. 249; RGSt. Bd. 36, S. 424.
[4] Jur. Woch. 1930, S. 2477 u. 3176.

Durch eine Änderung im Vorstand der juristischen Person, durch Eintreten neuer Mitglieder oder durch Ausscheiden alter fällt die Erlaubnis für die juristische Person selbst nicht eo ipso weg, da die Erlaubnis ja der juristischen Person als solcher, nicht den einzelnen Vorstandsmitgliedern erteilt ist.

Aus persönlichen Gründen (vgl. Abs. 3) kann die Erlaubnis widerrufen werden, wenn z. B. ein neues Vorstandsmitglied der zuständigen Behörde unzuverlässig erscheint. Hiergegen ist keinerlei Rechtsmittel, nicht einmal die Dienstaufsichtsbeschwerde gegeben, weil hier der Landeszentralbehörde niemand übergeordnet ist. Es verbleibt nur das Recht, auf Grund neuer Nachweise und Unterlagen erneut an die Landeszentralbehörde heranzutreten.

Wenn ein neuer Antrag gestellt wird, ist hier besonders § 3 Abs. 2 Satz 2 der Verordnung über Zulassung zum Verkehr mit Betäubungsmitteln vom 1. April 1930 zu beachten, wonach in einem solchen Falle, wo Neuerteilung an einen alten Konzessionsinhaber in Frage kommt, die Verweigerung der Erlaubnis wohl immer eine schwere Schädigung des Antragstellers bedeuten würde, sodaß in solchen Fällen praktisch für die Prüfung der Bedürfnisfrage kein Raum ist. Vgl. ferner über die Bedürfnisfrage im einzelnen zu § 3 Afb.

Wegen Verantwortlichkeit des Leiters für die Handlung seines Vertreters s. Bayer. OLG. Bd. 20, S. 51[1], wo in Anlehnung an § 151 RGewO., der, weil es sich nur um Verstöße gegen eine polizeiliche Verfügung handelt, nur analog Verwendung finden kann, hinsichtlich der strafrechtlichen Verantwortung des Gewerbetreibenden bei Bestellung eines verantwortlichen Stellvertreters gesagt ist, daß eine Befreiung des Gewerbetreibenden von der Verantwortlichkeit nur insoweit eintritt, als die betreffende Person zur Leitung des ganzen Betriebes oder eines Teiles desselben oder ausdrücklich zur Beaufsichtigung bestellt worden ist.

Nach § 1 Afb. ist eine Erlaubnis nur solchen Personen zu erteilen, die Arzneimittel herstellen oder mit ihnen im großen Handel treiben, ferner unter gewissen Bedingungen Tierärzten sowie Personen, die Betäubungsmittel zu wissenschaftlichen Zwecken verwenden wollen. Nach der Begründung des OpG. von 1920 konnte auch wissenschaftlichen Instituten zu Forschungszwecken Erlaubnis erteilt werden, nunmehr ist die Erlaubnis gegebenenfalls auf die Person des Institutsleiters auszustellen.

Erlaubnis: Im Gesetz bezeichnet das Wort „Erlaubnis“ sowohl den Akt der Genehmigung als auch die schriftliche Ausfertigung,

---

[1] Jur. Woch. 1930, S. 421.

letztere wird in § 5 Afb. als „Erlaubnisschein" bezeichnet. Ein Formblatt ist dafür nicht vorgesehen; über den Inhalt des Erlaubnisscheines siehe § 5 Afb.

Bei dem Genehmigungsakt handelt es sich um eine Erklärung öffentlich-rechtlicher Art. Diese besagt dem wesentlichen Inhalt nach, daß Bedenken aus dem öffentlichen Rechte der Ausübung der genehmigungspflichtigen Tätigkeit nicht im Wege stehen. Die hier in Frage stehende Erlaubnis ist also im Grunde eine solche polizeilicher Art, etwa wie die Erlaubnis bei Erteilung einer Apotheken-, Schank-, Krankenanstalts- oder Theaterkonzession, wenngleich diese untereinander nicht wesensgleich sind[1].

Der Begriff der Erlaubnis findet sich des weiteren im § 286 und 367 StGB., § 33 RGewO. (s. auch die darauf bezügliche Judikatur und Entscheidungen).

Die Personen, die eine Erlaubnis erhalten haben, können daraus nicht ableiten, daß das OpG. für sie ein „Schutzgesetz" im Sinne des § 823 Abs. 2 BGB. darstellt.

Im Gegensatz zu bisher sind die Voraussetzungen für Erteilung, bzw. Versagung der Erlaubnis verschärft worden. Alle Einzelheiten sind durch die Vorordnung über Zulassung zum Verkehr mit Betäubungsmitteln vom 1. April 1930 geregelt. Siehe S. 85.

Für die Erteilung der Erlaubnis sind in den einzelnen Ländern verschieden hohe Gebühren vorgesehen. In Preußen wird zur Zeit laut Verwaltungsgebührenordnung vom 24. Juli 1930, 21. Tarifnr. 62 eine Gebühr von 3 bis 300 RM erhoben.

In den folgenden Entscheidungen unter dem früheren OpG. hat die Judikatur zu der Frage des Erlaubniszwangs (auch für Ärzte und Apotheker) Stellung genommen:

RG. 1. D. 286. 28; 3. D. 988. 28; 2. D. 582. 28[2]; 2. D. 744. 28. Siehe § 10 Zusammenstellung der Judikatur sub 1.

Irrtum über den Inhalt der Erlaubnis ist unter Umständen verwaltungsrechtlicher Irrtum und schließt Strafbarkeit nach § 59 StGB. aus, da es sich um irrige Auslegung eines nicht strafrechtlichen Begriffs handelt. Siehe § 10, Allgemeines, S. 275.

Vgl. RG. vom 10. Februar 1928[3].

Die irrtümliche, wenn auch fahrlässige Annahme, eine behördliche Erlaubnis zu besitzen, schließt zwar Vorsatz aus. Wohl aber kann fahrlässiges Verschulden bejaht werden, sofern

---

[1] Siehe Hamburger: Apothekenbetriebsrechte, S. 12 u. 33. Berlin: Julius Springer.

[2] Pharm. Z. 1928, Nr. 83, S. 1289, Nr. 87, S. 1353; s. ferner RGSt. Bd. 60, S. 365.

[3] Pharm. Z. 1928, Nr. 45, S. 696; siehe auch Nr. 13, S. 201.

die Nichtkenntnis auf Fahrlässigkeit selbst beruht — etwa auf leichtfertiger Annahme[1].

In bürgerlich-rechtlicher Beziehung würde ein Rechtsgeschäft, welches ohne erforderliche Erlaubnis erfüllt werden sollte, gemäß § 134 BGB. nichtig sein. Das trifft jedoch nach reichsgerichtlicher Judikatur nur zu, wenn die Verbotsbestimmung sich gegen beide Vertragsteile richtet. Siehe RGZ. Bd. 100, S. 39, Entscheidung vom 18. Juni 1920, wo gesagt ist: „Es ist daran festzuhalten, daß der Regel nach das Rechtsgeschäft im ganzen, der Vertrag als solcher nach § 134 BGB. nicht nichtig ist, wenn ein gesetzliches Verbot nur die eine Seite der Beteiligten in ihren Handlungen beeinflussen und vom Abschluß eines Vertrages abhalten will."

In Frage kommt auch Nichtigkeit aus § 138 BGB. (siehe OLG. Kassel vom 22. März 1927, II. U. 10/27).

Antrag: Einzelheiten über den schriftlich zu stellenden Antrag sind in § 2 Afb. enthalten.

Landeszentralbehörde: Nach dem OpG. entscheidet über den Antrag auf Erteilung der Erlaubnis die Landeszentralbehörde im Einvernehmen mit dem Reichsminister des Innern. Nach dem bisherigen Wortlaut war die Landeszentralbehörde zur Erteilung der Erlaubnis bestimmt. Im allgemeinen ist die entscheidende Behörde auch gleichzeitig diejenige, die die Erlaubnis erteilt, nicht, wie vor dem Jahre 1921, die einzelnen Polizei- oder Ortsbehörden. In Hamburg ist die entscheidende Stelle der Senat, die erteilende die Polizeibehörde.

Für die Erlaubniserteilung an Tierärzte kommen die betreffenden Landwirtschaftsministerien in Frage.

Für andere Personen sind zuständig in

Preußen: Ministerium für Volkswohlfahrt, Berlin;
Bayern: Staatsministerium des Innern, München;
Sachsen: Ministerium des Innern, Dresden;
Baden: Ministerium des Innern, Karlsruhe;
Württemberg: Ministerium des Innern, Stuttgart;
Thüringen: Ministerium für Inneres und Wirtschaft, Weimar;
Hessen: Ministerium des Innern, Darmstadt;
Hamburg: Polizeibehörde, Abteilung I, Hamburg;
Mecklenburg-Schwerin: Ministerium für Medizinalangelegenheiten, Schwerin;
Oldenburg: Ministerium der sozialen Fürsorge, Oldenburg;
Braunschweig: Arbeitsministerium, Braunschweig;
Anhalt: Staatsministerium, Dessau;

[1] Jur. Woch. 1930, S. 3858.

Bremen: Medizinalkommission des Senats, Bremen;
Lippe: Lippisches Landespräsidium, Detmold;
Lübeck: Senat, Lübeck;
Mecklenburg-Strelitz: Ministerium, Abteilung für Medizinalangelegenheiten, Neustrelitz;
Schaumburg-Lippe: Landesregierung, Bückeburg.

Einvernehmen: Der Ausdruck könnte zu Zweifeln insofern Anlaß geben, als hier auch eine stillschweigende Duldung des Reichsministeriums für ausreichend erachtet werden könnte. Jedoch würde dies nicht genügen, unter Einvernehmen ist Zustimmung zu verstehen.

Die Absicht des Gesetzgebers geht dahin, daß durch eine vorherige Verständigung der beiden Behörden eine gewisse Gewähr für eine möglichst gleichmäßige sachliche Beurteilung der einzelnen Fälle gegeben ist. Dies kann nur erzielt werden, wenn in jedem Einzelfall vor der Erteilung der Erlaubnis die Landeszentralbehörde sich mit dem Reichsministerium in Verbindung setzt. Erst auf Grund eines derartigen Verhaltens kann ein „Einvernehmen" im Sinne des § 3 erzielt werden.

Das Einvernehmen ist nicht erforderlich für die Beschränkung (Abs. 2), die Versagung und den Widerruf (Abs. 3).

Aus den Ausführungsbestimmungen vom 1. April 1930:

§ 1. (1) Die Erlaubnis zur Einfuhr und Ausfuhr der dem Opiumgesetz unterstehenden Stoffe und Zubereitungen (Betäubungsmittel), zu ihrer gewerbsmäßigen Herstellung und Verarbeitung, zum Handel mit ihnen, zu ihrem Erwerb, ihrer Abgabe und Veräußerung sowie zu dem sonstigen gleichartigen Verkehre mit ihnen ist abgesehen von Fällen der Absätze 2 und 3 nur solchen Personen zu erteilen, die Arzneimittel herstellen oder verarbeiten oder mit ihnen im großen Handel treiben.

(2) Tierärzten kann die Erlaubnis zum Erwerbe sowie zur Abgabe und zur Veräußerung der Betäubungsmittel in ihrer Praxis erteilt werden, sofern die landesgesetzlichen Bestimmungen über den Erwerb und die Abgabe von Arzneimitteln durch Tierärzte dem nicht entgegenstehen.

(3) Personen, die Betäubungsmittel nachweislich zu wissenschaftlichen Zwecken verwenden wollen, kann die Erlaubnis zum Erwerb erteilt werden, wenn sie vermöge ihrer Vorbildung und persönlichen Zuverlässigkeit eine Gewähr gegen mißbräuchliche Verwendung der Betäubungsmittel bieten. Zu anderen Zwecken darf

die Erlaubnis nur in solchen Fällen erteilt werden, in denen der Nachweis erbracht wird, daß für die beabsichtigte Verwendung ein öffentliches Bedürfnis besteht.

Zu § 1 Afb.: Unter „dem OpG. unterstehenden Stoffe und Zubereitungen (Betäubungsmittel)" sind hier, formell und sachlich, nicht die in § 9 genannten, für die jede Tätigkeit verboten ist, zu verstehen.

Nach der Begründung ist davon abgesehen worden, besondere Bedingungen für die Erteilung der Erlaubnis zur Gewinnung von Betäubungsmitteln (die aber grundsätzlich erlaubnispflichtig ist) vorzuschreiben. In Deutschland wird nur der Indische Hanf an einigen wenigen Stellen zur Gewinnung der Droge angebaut. Diese Anbauer bedürfen einer Erlaubnis.

Daraus, daß die Tierärzte nunmehr im OpG. ausdrücklich erwähnt werden, soll ein Recht aller Tierärzte auf Erteilung einer Erlaubnis zum Verkehre mit Betäubungsmitteln nicht hergeleitet werden können. Die Landesregierungen sollen vielmehr nach wie vor berechtigt sein, nur dann den Tierärzten eine Erlaubnis zum Verkehre mit Betäubungsmitteln zu erteilen, wenn die landesrechtlichen Bestimmungen den Tierärzten das sogenannte Dispensierrecht geben, d. h. ihnen den Bezug nicht freiverkäuflicher Arzneimittel aus dem Großhandel und ihre Abgabe innerhalb ihrer Praxis gestatten (s. unter Tierärzte bei § 3 Abs. 4).

Unter den Begriff des wissenschaftlichen Zweckes sind zu rechnen der Forschungszweck, der Lehrzweck und die Verwendung zu analytischen Zwecken. Auch die Anwendung des Morphins als Reagens wird als wissenschaftliche Verwendung anerkannt werden müssen.

Nach dem Merckschen Reagenzienverzeichnis sind nachstehende Betäubungsmittel als Reagenzien auf bestimmte Stoffe empfohlen worden:

	von	Reagens auf
Kokain	Baroni	Kalomel
Heroin Diazetylmorphin	„	„
Morphin	Ganbut	Mineralien
„	Kentmann	Formaldehyd
Morphinhydrochlorid	Hinkel	Methylalkohol
Morphinsulfat	Bonnet	Formaldehyd
„	Lacroix	Titan

Die Anwendung eines Betäubungsmittels in wissenschaftlichen Instituten am Kranken stellt, wie die Begründung ausdrücklich hervorhebt, ebensowenig einen wissenschaftlichen Zweck im Sinne des § 1 Abs. 3 der Afb. dar wie die Erprobung einer neuen Arzneizubereitung, die ein Betäubungsmittel enthält, am Krankenbette.

Arzneimittel: Die Begriffsbestimmung für Arzneimittel muß sich auf die Zweckbestimmung beschränken; es ist nicht möglich, die den Stoffen innewohnenden Eigenschaften als Kennzeichen für die Unterstellung unter den Begriff Arzneimittel zu wählen, weil Stoffe, die zu Arzneizwecken dienen, in großem Ausmaße zu anderen Zwecken — als Lebensmittel, zu gewerblichen, wirtschaftlichen, wissenschaftlichen, künstlerischen, kosmetischen Zwecken Verwendung finden. Die Bestimmung zu dem Arzneimittelzweck kann sowohl durch den Hersteller und Händler erfolgen, der das Mittel als Arzneimittel benennt oder ankündigt, als auch durch den Erwerber, der es im Einzelfalle zum Zwecke der Beseitigung, Linderung oder Verhütung von Krankheiten, Schmerzen usw. erwirbt.

Im Einklang mit § 1 Abs. 1 LebensmG. vom 5. Juli 1927 (RGBl. I S. 134) sind Stoffe, die auch als Lebensmittel gebraucht werden, nur dann als Arzneimittel anzusehen, wenn sie überwiegend zur Beseitigung, Linderung oder Verhütung von Krankheiten bestimmt sind[1]. Entsprechendes gilt hinsichtlich der Futtermittel im Sinne des § 1 Abs. 1 FuttermG. vom 22. Dezember 1926 (RGBl. I, S. 525); ausgenommen von der Zugehörigkeit zu den Futtermitteln sind diejenigen Stoffe, die überwiegend zur Beseitigung oder Linderung von Krankheiten dienen.

Kosmetische Mittel, d. h. nach § 2 LebensmG. „Mittel zur Reinigung, Pflege, Färbung oder Verschönerung der Haut, des Haares, der Nägel oder der Mundhöhle“ sind Bedarfsgegenstände, und auch dann nicht als Arzneimittel anzusehen, wenn sie im Einzelfalle als Arzneimittel verwendet werden.

Arzneimittel sind nach dem Entwurf des Arzneimittelgesetzes[2] Stoffe und Zubereitungen, die bestimmt sind, durch äußere oder innere Anwendung am menschlichen oder tierischen Körper Krankheiten, Leiden oder Körperschäden zu verhüten, zu lindern oder zu beseitigen. In dieser Definition fehlen die Betäubungsmittel als Mittel zur Beseitigung, Linderung oder Verhütung von Schmerzen; auch sie fallen unter den Begriff Arzneimittel.

Der Begriff „Arzneimittel“ findet sich auch im PatentG. § 1 Ziff. 2. Im Sinne des Patentgesetzes sind prophylaktische Mittel auch als Arzneimittel aufzufassen (Beschwerdeabtlg. II Beschluß v. 12. Januar 1928[3]).

---

[1] Holthöfer-Juckenack: Lebensmittelgesetz § 1.

[2] Pharm. Z. 1931, Nr. 69 Beilage.

[3] Südd. Apoth. Z. 1930, S. 485; Blatt für Patent-, Muster- und Zeichenwesen 1928, S. 250. Ebermayer: Der Arzt im Recht, S. 214.

Großhandel: Von einem Großhandel wird man nur sprechen bei einem Bedarf, welcher über den augenblicklichen des Verbrauchers hinausgeht. Maßgebend für die Entscheidung, ob Großhandel vorliegt, ist auch, ob unmittelbar an den Verbraucher oder ein Zwischenglied geliefert worden ist. Großhandel liegt nicht immer vor, wenn zu Großhandelspreisen bezogen wird. Darauf kommt es ebensowenig an wie auf die Frage, ob auf Vorrat geliefert wird.

Anders Oberlandesger. Kiel, 20. III. 29, wo u. a. gesagt ist[1]: Für den Begriff Großhandel ist in der Regel die Menge der verkauften Ware von Bedeutung. Auch kommt es darauf an, ob Geschäft zu Großhandelspreisen abgeschlossen und ob die Ware auf Vorrat gekauft, mit ihrem alsbaldigen Absatz also nicht gerechnet worden ist. S. aber KG. vom 24. Oktober 1929 [2].

In einer Verordnung des Reichsfinanzmin. vom 6. Februar 1931 (RGBl. I, 1931, S. 20) ist der Begriff des Großhandels für steuerliche Zwecke wie folgt definiert:

„Umsatz im Großhandel im Sinne des § 7 Abs. 2 des Gesetzes liegt vor, wenn ein Unternehmen an einen Abnehmer liefert, der die Gegenstände zur gewerblichen Weiterveräußerung — sei es in derselben Beschaffenheit, sei es nach vorheriger Bearbeitung oder Verarbeitung — oder zur gewerblichen Herstellung anderer Gegenstände oder zur Bewirkung gewerblicher oder beruflicher Leistungen erwirbt.

Als Umsatz im Großhandel gelten stets die Lieferungen an das Reich, die Länder oder andere öffentlich-rechtliche Verbände."

Großhandel im Sinne des OpG. liegt nicht vor bei Abgabe an Krankenhäuser. Nach einer Entscheidung des KG. vom 26. Juli 1927 ist das Verhältnis zwischen den Krankenhäusern und den Lieferanten ein ähnliches wie das zwischen einem Hotelbetrieb und einem Lieferanten. Ein Hotelbetrieb ist ein Großverbraucher. Krankenhäuser sind Großverbraucher, verkaufen aber nicht an Kranke weiter. S. zum Begriff „Großhandel" auch Apoth. Z. 1927, Nr. 64, S. 937, Pharm. Z. 1929, Nr. 9, S. 143; KG. 1 S. 591. 27; Pharm. Z. 1927, Nr. 64, S. 980 u. Nr. 84, S. 1318[2, 3]. Ferner Sonnenfeld: Handel mit Drogen u. Giften S. 123 und Jur. Woch. 1927, S. 2727 (OLG. Karlsruhe, StS. S. R. 7/27, Urt. v. 10. Febr. 1927). Jur. Woch. 1927, S. 128 (Bayr. OLG. Rev. Reg. II, N. 129/26).

---

[1] Pharm. Z. 1929, S. 1017. [2] Jur. Woch. 1930, S. 1409.
[3] Jur. Woch. 1929, S. 2297.

Das unterscheidende Merkmal zwischen Groß- und Kleinhandel ist nicht die Höhe des Umsatzes oder die Größe des Betriebes. Es gibt zahlreiche Kleinhandelsbetriebe, z. B. Warenhäuser, deren Umsatz und Betriebsumfang Großhandelsgeschäften nicht nachsteht. Vielmehr beruht der Unterschied in der verschiedenen wirtschaftlichen Verrichtung des Großhandels und Kleinhandels, also insbesondere in der Art des Absatzes (s. auch KG. vom 24. Oktober 1929[1]). Im Sinne des OpG. ist Abgabe auf Bezugschein in allen Fällen als Großhandel anzusehen.

Öffentliches Bedürfnis: siehe bei § 3 Abs. 3 OpG. unter „Bedürfnis".

§ 2. (1) Der Antrag auf Erteilung einer Erlaubnis ist bei der für den Ort der geschäftlichen Niederlassung des Antragstellers zuständigen obersten Landesbehörde schriftlich zu stellen.

(2) In dem Antrag sind die Tatsachen, die für die Erlaubniserteilung von Bedeutung sind, anzuführen und die Örtlichkeit, für die sie nachgesucht wird, zu bezeichnen.

(3) Wird eine Erlaubnis zur Verarbeitung von Betäubungsmitteln beantragt, so ist anzugeben, auf welche Zubereitungen einschließlich solcher, die nicht unter das Gesetz fallen, und auf welche nicht unter das Gesetz fallenden Stoffe die Verarbeitung erfolgen soll. Handelt es sich nicht um Zubereitungen von allgemein bekannter Zusammensetzung, so ist für jede Zubereitung das Betäubungsmittel, das verwendet werden soll, nach Art und Menge anzugeben. Bei Erzeugnissen, die unter wortgeschütztem Namen in den Verkehr gebracht werden sollen, ist auch dieser Name anzugeben. Bei Erzeugnissen, die in einer zur Abgabe an das Publikum bestimmten Packung in den Verkehr kommen sollen, ist außerdem die Gesamtmenge oder das Gesamtgewicht der in der Packung enthaltenen Zubereitung anzugeben.

(4) In dem Antrag auf Erwerb der Betäubungsmittel zu wissenschaftlichen Zwecken ist darzulegen, welcher Art die wissenschaftliche Verwendung sein soll.

Zu § 2 Afb.: Eine Vorschrift über die einzelnen in den Erlaubnisanträgen zu machenden Angaben erscheint zweckmäßig, um die Arbeit der mit der Entscheidung über diese Anträge betrauten Behörden zu vereinfachen.

Bei der Verarbeitungserlaubnis ist zu berücksichtigen, daß dieser Erlaubnis auch derjenige bedarf, der unter das OpG. fallende Stoffe und Zubereitungen auf nicht unter das Gesetz fallende

[1] Jur. Woch. 1930, S. 1409.

Stoffe, z. B. Morphin auf Kodein oder Äthylmorphin, oder auf nicht unter das Gesetz fallende Zubereitungen, z. B. auf solche, die nicht mehr als 0,2% Morphin enthalten, verarbeiten will.

Ort der geschäftlichen Niederlassung: Näheres siehe § 21 ZPO.; ähnlich wie § 13 HGB. über die Eintragung in das Handelsregister bestimmt, ist der Antrag für den Verkehr mit Betäubungsmitteln in Zweigniederlassungen bei den für die Filialen zuständigen Dienststellen zu richten. Die für eine Firma erteilte Erlaubnis gilt nicht ohne weiteres auch für die Filialen.

Örtlichkeit: Dieser Begriff, der schon in § 2 (2) vorkommt, ist in § 5 Afb. zu § 3 OpG. auf Ort, Straße und Hausnummer, einzelne Gebäude und einzelne Räume näher erläutert. § 6 Afb. sagt dagegen, daß die Erlaubnis nur für die „Betriebsräume", für die sie erteilt ist, gilt. In der Anweisung des § 5 Afb. fehlt der Begriff Betriebsräume; es erhebt sich somit die Frage, ob Betriebsräume identisch sind mit Örtlichkeit oder ob Betriebsräume ein besonderer Teil der Örtlichkeit sind und, falls im Erlaubnisschein Betriebsräume besonders genannt sind, die Erlaubnis nur für diesen Teil der Örtlichkeit gilt. Uns will es scheinen, als ob der Gesetzgeber mit dem überflüssigen neuen Begriff Betriebsräume nichts anderes als die Örtlichkeit an sich gemeint hat.

Die Beschränkung der Erlaubnis auf eine bestimmte Örtlichkeit bezieht sich auf den Sitz des Unternehmens, aber nicht auf alle geschäftlichen Tätigkeiten. Nach § 10 (1) 1 ist nur strafbar, wer in nicht genehmigten Örtlichkeiten gewinnt, herstellt, verarbeitet, aufbewahrt, feilhält oder abgibt, also auf Tätigkeiten, die mit der Ware selbst verbunden sind. Nicht betroffen werden aber Handel treiben, erwerben und veräußern, Tätigkeiten, die naturgemäß auch außerhalb des Ortes der geschäftlichen Niederlassung ausgeübt werden.

Wortgeschützt: Darunter ist zu verstehen, nach dem WzG. vom 12. Mai 1894 (7. Dezember 1923) in die Zeichenrolle eingetragen.

§ 5. (1) Über die erteilte Erlaubnis ist ein Erlaubnisschein auszustellen. In ihm ist die Örtlichkeit, für die die Erlaubnis erteilt wird, nach Ort, Straße und Hausnummer anzugeben. Wird die Erlaubnis auf einzelne Gebäude oder einzelne Räume beschränkt, so sind auch diese zu bezeichnen. Wird die Erlaubnis zur Verarbeitung erteilt, so ist in dem Erlaubnisschein anzugeben, für welche Zubereitungen einschließlich solcher, die nicht unter das Gesetz fallen, und für welche nicht unter das Gesetz fallenden Stoffe die Erlaubnis erteilt wird.

(2) Eine Abschrift des Erlaubnisscheins übersendet die oberste Landesbehörde dem Reichsgesundheitsamt.

§ 6. Die Erlaubnis gilt nur für die Person und die Betriebsräume, für die sie erteilt ist, sowie für die in dem Erlaubnisschein aufgeführten Stoffe oder Zubereitungen. Jede Änderung in diesen Verhältnissen macht eine Erneuerung der Erlaubnis notwendig, die bei der zuständigen obersten Landesbehörde zu beantragen ist.

Zu § 6 Afb.: Person: Unter Hinweis auf die Ausführungen oben zu Seite 81 wäre hier ergänzend zu sagen, daß eine Person auch eine juristische Person ist. Die Erlaubnis nach § 6 Afb. gilt ebenfalls für die juristische Person. Eine Änderung in den Vorstandsmitgliedern oder Geschäftsführern wäre keine Änderung in der (juristischen) Person selbst, so daß in diesem Falle nicht ohne weiteres eine Erneuerung der Erlaubnis notwendig wird, sondern die Behörde lediglich wegen der veränderten Verhältnisse die Erlaubnis zurückziehen kann, die dann neu beantragt werden müßte. Eine andere Auslegung des § 6 Afb. würde mit § 3 des OpG. in Widerspruch stehen, der keine Beschränkung in der Richtung ausspricht, daß die Erlaubnis nur natürlichen Personen erteilt werden könnte.

Stoffe: Hier hat das Wort Stoffe einen zweifachen Sinn, die Erlaubnis gilt für die Stoffe, die verarbeitet werden dürfen — Afb. § 2 (2), und für die Stoffe, auf welche verarbeitet werden darf — Afb. § 5 (1). Über den Begriff Stoff s. S. 20.

Zu Absatz 2:

Abs. 2 hat eine allgemeinere Fassung als bisher erhalten. Während bisher die Erlaubnis nur auf bestimmte Mengen oder auf bestimmte Zeit beschränkt werden konnte, ist nunmehr jegliche Beschränkung in das Ermessen der Behörden gestellt. Die Erlaubnis erteilende Behörde hat nunmehr die Erlaubnis zur Verarbeitung auf gewisse Zubereitungen zu beschränken [s. Abs. 3 unter „Bedürfnis" und „Versagen" und Afb. § 4 (2)].

Es muß angenommen werden, daß die Beschränkung nicht von Anfang an erfolgen muß, sondern daß auch nachträglich eine Einschränkung der Erlaubnis auf bestimmte Mengen oder eine bestimmte Zeit erfolgen kann. Dies folgt aus Abs. 3 des § 3, denn, wenn die Erlaubnis völlig widerrufen werden kann, so muß angenommen werden, daß sie nachträglich auch beschränkbar ist.

Wegen der Rechtswirksamkeit des § 3 Abs. 2 sei bemerkt, daß es sich bei der Beschränkung des Handels zwar um einen tiefen Eingriff in die reichsgesetzlich gesicherte Gewerbefreiheit handelt, daß sie aber durch ein anderes Reichsgesetz, OpG., eingeengt wird.

Einen Grundsatz zur Einschränkung der Erlaubnis zur Verarbeitung enthält Afb. § 4 Abs. 2 insofern, als die Erlaubnis zur Verarbeitung von Betäubungsmitteln zu galenischen Präparaten, wie Opiumextrakt, -tinktur, Doversches Pulver, das der G.C. und dem OpG. hinsichtlich § 20 (1) Afb. zu § 6 (1) nicht untersteht, nur unter gewissen Bedingungen gegeben werden soll (siehe unter Abs. 3 „Versagen").

Aus den Ausführungsbestimmungen vom 1. April 1930:

§ 4. (1) Die Erlaubnis ist auf den jeweils notwendigen Umfang zu beschränken. Die Beschränkung kann sich beziehen auf die Zeit, die Art und Menge der Betäubungsmittel, die Zwecke, für die der Erwerb genehmigt wird, sowie die einzelnen Formen des Verkehrs. Die Erlaubnis zum Handeln mit Betäubungsmitteln ist nur in besonderen Fällen auf bestimmte Mengen der Betäubungsmittel zu begrenzen. Die Erlaubnis zur Verarbeitung ist auf bestimmte Zubereitungen oder nicht unter das Gesetz fallende Stoffe zu beschränken.

Hierzu sagt die Begründung: Die Beschränkung der Erlaubnis auf den jeweils notwendigen Umfang entspricht den einschränkenden Absichten des OpG. Von der zuweilen vorgenommenen Einschränkung der allgemeinen Handelserlaubnis auf bestimmte Mengen von Betäubungsmitteln, die in einem Jahre bezogen und abgegeben werden dürfen, soll jedoch Abstand genommen werden, da hierdurch die Tätigkeit der Opiumstelle erschwert wird, ohne daß eine erhöhte Beaufsichtigungsmöglichkeit sich daraus ergibt.

Die Mehrzahl der bisher ausgestellten Genehmigungen zur Verarbeitung von Betäubungsmitteln war nicht auf bestimmte Zubereitungen beschränkt. Hieraus hatten sich im Laufe der Jahre mannigfache Schwierigkeiten entwickelt; so ist es zu einem guten Teil auf die Erteilung der uneingeschränkten Verarbeitungserlaubnis zurückzuführen, wenn sich in Deutschland eine sehr große Zahl von Zubereitungen, die Betäubungsmittel enthalten, im Verkehre befindet, unter denen wiederum eine Reihe solcher anzutreffen ist, für die ein Bedürfnis nicht besteht, deren Zusammensetzung sogar in einigen Fällen zu Bedenken Anlaß geben kann. Weiter wird die Überwachung des Verkehrs erschwert, wenn das RGA. erst auf dem Wege über Bezugscheinanträge erfährt, daß eine neue, Betäubungsmittel enthaltende Spezialität in den Verkehr gebracht worden ist.

Nach § 13 Abs. 2 OpG. muß jede bisher erteilte Erlaubnis zur Verarbeitung von Betäubungsmitteln von neuem beantragt werden; sie soll hierbei auf bestimmte im Erlaubnisschein aufzuführende Zubereitungen, einerlei, ob dieselben dem OpG. unterliegen oder nicht, gegebenenfalls auf dem OpG. nicht unterliegende Stoffe beschränkt werden. Eine Ausnahme wird nur bei den für die Ausfuhr bestimmten Zubereitungen zu machen sein, für die vielfach ausländische Bereitungsvorschriften maßgebend sind.

Nach dem Wortlaut des letzten Satzes des § 4 (1) Afb., wo nicht gesagt ist, daß die Erlaubnis auch auf bestimmte dem Gesetz nicht unterstehende Stoffe zu beschränken ist und daraus, daß diese Stoffe eben nicht vom OpG. erfaßt werden, geht hervor, daß Art und Menge dieser Stoffe nicht begrenzt werden kann, daß die Erlaubnis nicht für nur bestimmte außerhalb des Gesetzes stehende Stoffe ausgesprochen werden kann und nicht etwa für bestimmte Mengen davon.

Siehe ferner bei „Bedürfnis" § 3 (3).

Zu Absatz 3:

Versagen: Es ist darauf aufmerksam zu machen, daß nach der Fassung des geltenden Gesetzes die Erlaubnis zu versagen ist, wenn die in § 3 angenommenen Voraussetzungen nicht vorhanden sind oder entfallen. Das bisherige Gesetz hatte nur eine „Kann"-Bestimmung, die Erlaubnis „konnte" verweigert werden. Im Gegensatz zu § 33 RGO. sagt § 3 OpG.: „Die Erlaubnis ist zu versagen", während es in RGO. heißt: „Die Erlaubnis ist nur dann zu versagen, wenn..." Auch nach § 14 (7) des Milchgesetzes darf die Erlaubnis nur versagt werden, wenn . . . Im OpG. sind die Versagungsgründe in § 3 Abs. 3, ferner in Afb. §§ 3 (2), 4 (2) gleichfalls festgelegt, wenngleich diese Fassung im Gegensatz zu der fest abgegrenzten und klar bestimmten Fassung der RGO. auslegungsfähiger und dispositiv, d. h. nachgiebig ist.

Nach den Bestimmungen der RGO. müssen bestimmte Tatsachen vorliegen, aus denen auf die Unzuverlässigkeit des Antragstellers zu schließen ist. Bei OpG. können auch nicht umrissene, persönliche Gründe die Versagung rechtfertigen.

Die Erlaubnis ist also zu versagen, wenn kein allgemeines öffentliches Bedürfnis besteht, oder wenn Gründe des Gesundheitsschutzes oder persönliche Gründe entgegenstehen. Näheres s. unter „Bedürfnis", „Gesundheitsschutz" und „Persönliche Gründe".

Über Rechtsmittel beim Versagen der Erlaubnis s. S. 100ff.

Widerrufen: Die Erteilung einer Erlaubnis könnte nicht ohne weiteres zurückgenommen werden, wenn das Gesetz den Widerruf nicht ausdrücklich vorsehen würde. Grundsätzlich sind Verwaltungsakte von der Rechtsprechung als Tatsachen hinzunehmen[1,2]. Nur ausnahmsweise kann bei ungewöhnlich schweren Fällen ein Verwaltungsakt als rechtsunwirksam angesehen werden. Ein solcher Ausnahmefall würde nicht schon bei Erschleichen einer polizeilichen Erlaubnis auf Grund unwahrer Tatsachen[3] vorliegen. S. auch S. 102.

Von den Afb. handeln die §§ 3 (1) (2) und 4 (2) von der Versagung, § 7 vom Widerruf s. S. 102.

Aus den Ausführungsbestimmungen vom 1. April 1930:

§ 3. (1) Die Zuverlässigkeit des Antragstellers ist stets nachzuprüfen.

(2) Bei der Prüfung der Bedürfnisfrage ist festzustellen, ob ein öffentliches Bedürfnis für die Erteilung der beantragten Erlaubnis besteht. Liegt ein solches nicht vor, so darf die Erlaubnis nur erteilt werden, wenn die Verweigerung der Erlaubnis eine schwere, nach Lage der Verhältnisse nicht zu rechtfertigende Schädigung des Antragstellers bedeuten würde.

§ 4. (2) Eine Erlaubnis zur Verarbeitung von Betäubungsmitteln zu Zubereitungen, die in den Apotheken rezepturmäßig hergestellt zu werden pflegen (z. B. Pillen, Zäpfchen, Pulver), ist nicht zu erteilen, zu galenischen Zubereitungen (z. B. Opiumextrakt, Opiumtinktur, Doverschem Pulver) nur dann, wenn Gewähr für die vorschriftsmäßige Bereitung und Zusammensetzung gegeben ist.

Um die Beaufsichtigung des Verkehrs mit Betäubungsmitteln sicherzustellen und die Verwaltungsarbeiten zu verringern und zu vereinfachen, ist es nach der Begründung unerläßlich, die Zahl der Inhaber einer Erlaubnis im Sinne des OpG. zu beschränken. Um dies zu erreichen, wird bei Prüfung der Bedürfnisfrage ein schärferer Maßstab angelegt werden müssen, als es bisher geschehen ist. Denn es kann keinem Zweifel unterliegen, daß zur Zeit die Zahl der Erlaubnisinhaber über das Bedürfnis und das für die Verwaltung tragbare Maß hinausgeht. Es muß daher künftig das Vorhandensein eines allgemeinen öffentlichen Bedürfnisses für die Erteilung einer Erlaubnis, nicht etwa nur eines geschäftlichen Interesses des Antragstellers verlangt werden. Von

[1] Hamburger: Apothekenbetriebsrechte, Berlin: Julius Springer, S. 75.
[2] Jellineck: Verwaltungsrecht, 1928, S. 16.
[3] Jur. Woch. 1930, S. 1886.

dieser Forderung sollte nur ausnahmsweise dann abgesehen werden, wenn ganz besondere Umstände es notwendig machen.

In letzter Zeit sind, so sagt die Begründung weiter, die Apotheken in größerem Umfang dazu übergegangen, Zubereitungen, die eigentlich nur rezepturmäßig hergestellt werden sollen, aus dem Handel zu beziehen. Abgesehen von allgemeinen Erwägungen, die gegen eine weitere Beibehaltung dieser Übung sprechen, ist eine Ausschaltung dieser Art des Bezugs auch schon deshalb gerechtfertigt, weil ein Bedürfnis nicht anerkannt werden kann und weil der Bezug dieser rezepturmäßig herzustellenden Zubereitungen die Beaufsichtigung des Verkehrs erschwert und die Opiumstelle überflüssig belastet. Derartige Zubereitungen sollen deshalb künftig außerhalb der Apotheken nicht mehr hergestellt werden dürfen.

Zur Zeit ist eine sehr große Zahl von Firmen infolge der ihnen erteilten allgemeinen Verarbeitungserlaubnis berechtigt, Opiumtinktur und Opiumextrakt herzustellen. Zahlreiche Firmen machen von diesem Recht auch Gebrauch. Bei ihrer Überwachung hat nach der Begründung das RGA. häufig Verstöße gegen die Vorschriften des Arzneibuchs[1] festgestellt. Da bei den galenischen Zubereitungen der Betäubungsmittel eine Möglichkeit gegeben ist, auf die Güte dieser Zubereitungen hinzuwirken, indem man unzuverlässige Kreise durch Verweigerung der Verarbeitungserlaubnis ausscheidet, sollte von ihr auch Gebrauch gemacht werden. Eine Erlaubnis zur Verarbeitung von Opium zu Opiumtinktur, Opiumextrakt und Doverschem Pulver soll daher nur erteilt werden, wenn der Hersteller eine Gewähr für eine unter sachverständiger Aufsicht erfolgende Bereitung und für eine vorschriftsmäßige, dem Deutschen Arzneibuch entsprechende Zusammensetzung dieser Mittel bietet.

Bedürfnis: Das neue Gesetz bringt in § 3 Abs. 3 eine beachtliche Erweiterung hinsichtlich der Prüfung der Bedürfnisfrage als Voraussetzung für die Erlaubniserteilung. Allerdings war schon in den bisherigen Ausführungsbestimmungen unter I (1) die Prüfung der Bedürfnisfrage neben der persönlichen Zuverlässigkeit des Nachsuchenden vorgesehen. Dabei handelte es sich nur um eine Anweisung der Reichsregierung an die Behörden, welche die Erlaubnis mit Zustimmung des Reichsministeriums des Innern zu erteilen hatten. Es mag dahingestellt bleiben, ob diese Bestimmung der früheren Ausführungsbestimmungen in dem Gesetz selbst eine Stütze fand.

[1] Dessen Rechtsverbindlichkeit aber bestritten ist, s. Med. Welt 1927, Nr. 45; Pharm. Z. 1927, S. 1115.

Über die Bedürfnisfrage hatte sich die Industrie- und Handelskammer zu Berlin in einer Eingabe vom 8. Januar 1929, unter der Geltungsdauer des früheren Gesetzes, folgendermaßen geäußert:

„Bei der großen Zahl der schon vorhandenen konzessionierten Firmen und bei der Vielheit der für den Heilgebrauch hergestellten Präparate ist man zunächst geneigt, die Bedürfnisfrage in diesem Sinne zu verneinen. Aber die vielseitigen Erfahrungen der Praxis ergeben doch, daß man mit der Ablehnung auch die gesunde Weiterentwicklung der Branche abschneiden kann. Es wird von dem Antragsteller häufig behauptet und trifft gewiß auch häufig zu, daß er ein neues Präparat von besserer Wirkung oder ein schon bekanntes Präparat in verbessertem Verfahren zu billigerem Preise herzustellen und in den Verkehr zu bringen vermöge. Es wäre durchaus nicht zu verantworten, wollte man in solchen Fällen durch schematische Ablehnung wegen mangelnden Bedürfnisses den Fortschritt hemmen. Andererseits ist auch aus dem geltenden Grundsatz der Gewerbefreiheit heraus eine Beschränkung auf einen geschlossenen Kreis einmal Privilegierter abzulehnen, sofern sie nicht aus gesundheitlichen Gründen dringend notwendig sein sollte. Letzterer Fall liegt hier nicht vor."

Unter Bedürfnis ist, wie aus Afb. §§ 1 (3), 3 (2) hervorgeht, allein das „öffentliche Bedürfnis", nach der Begründung der Afb. das „allgemeine öffentliche Bedürfnis" zu verstehen, die Notwendigkeit der raschen und einwandfreien Belieferung der Bevölkerung mit Arzneien, die z. B. in Frage gestellt sein kann, wenn nur einer einzigen Fabrik die Erlaubnis zur Herstellung erteilt wäre. Es ist ferner zu berücksichtigen, daß die Apotheken die Möglichkeit haben müssen, sich ohne Verzögerung in den Besitz der Arzneimittel setzen zu können. Dagegen ist das persönliche Bedürfnis eines Zwischenhändlers nicht anzuerkennen, wenn er nur, um leichter auch Handel mit Arzneimitteln betreiben zu können oder aus Prestigegründen, sich auch unter den Erlaubnisinhabern zu befinden, um die Erlaubnis nachsucht. Die von der Berliner Handelskammer angeführten Gründe gegen die Prüfung der Bedürfnisfrage sind im übrigen aber sehr beachtlich, namentlich hinsichtlich der Erlaubnis zur Verarbeitung (siehe weiter unter „Versagen").

Die Bedürfnisfrage sollte nicht etwa mit der Maßnahme verneint werden, daß die eine oder andere Zubereitung überflüssig sei. Werturteile über therapeutische Bedeutung oder über die Zweckmäßigkeit einer Arzneispezialität wird die erlaubniserteilende Landeszentralbehörde zu vermeiden suchen. Eine Spezialität kann im einzelnen Fall im Deutschen Reich sehr wohl entbehrlich sein. Es ist aber denkbar, daß sie im Ausland eingeführt ist und dort verordnet wird. Darauf nimmt die Begründung zu § 4 Afb. — s. bei OpG. § 3 (2) — auch besonders Rücksicht, indem gesagt wird, daß eine Ausnahme für die Beschränkung der Erlaubnis zur Herstellung von Zubereitungen bei den für die Ausfuhr bestimmten Zubereitungen zu machen sein wird.

Für die Erlaubnis zur Herstellung galenischer Zubereitungen aus Betäubungsmitteln (z. B. Opiumextrakt, Opiumtinktur, Dowersches Pulver) ist das Bedürfnis grundsätzlich anerkannt[1]. Die Erlaubnis darf aber nur dann erteilt werden, wenn Gewähr für die vorschriftsmäßige Bereitung und Zusammensetzung gegeben ist. Dagegen wird eine Erlaubnis zur Verarbeitung von Betäubungsmitteln zu Zubereitungen, die in den Apotheken rezepturmäßig hergestellt zu werden pflegen (z. B. Pillen, Zäpfchen, Pulver), nicht erteilt. Derartige Zubereitungen sollen künftig, wie die Begründung sagt, außerhalb der Apotheken nicht mehr hergestellt werden dürfen.

Der Unterschied zwischen den einer Erlaubnis nicht zugänglichen Rezepturzubereitungen und den anderen, galenischen Zubereitungen dürfte darin zu suchen sein, daß es sich bei ersteren um ärztliche Rezeptvorschriften oder um allgemein bekannte Formeln zu solchen Arzneien handelt, die nach gesetzlicher Bestimmung oder allgemeiner Übung im Bedarfsfall frisch anzufertigen sind, wogegen unter galenischen Zubereitungen Standgefäßpräparate, also Mittel, die auf Vorrat hergestellt werden und werden dürfen, zu verstehen sind.

Die Verordnung nennt „als Beispiele" solcher Zubereitungen Pillen, Zäpfchen, Pulver, woraus zu folgern ist, daß auch andere analoge Zubereitungen in gleicher Weise zu behandeln sind. Als solche kämen in Frage Ampullen, Kapseln, Lösungen, Salben, Tabletten, Pastillen u. ä. Gegenwärtig ist noch eine ganze Reihe derartig fabrikmäßig hergestellter Zubereitungen im Handel, so außer Ampullen und Tabletten z. B.[2] Dilaudid-Suppositorien, Glykomekon-Lösung 2%, Holopon-Lösung 2%, Holopon-Suppositorien, desgl. mit Extr. Belladonn., Cardiazol-Dicodid-Tropfen, Laudanon-Lösung 2%, Laudanon-Sirup, Laudopan-Lösung 2%, Nealpon-Lösung 2%, Nealpon-Sirup, Pantopon-Lösung 2%, Pantopon-Sirup.

Diese Beispiele betreffen aber nur warenzeichenrechtlich geschützte Namen (s. unten) und z. T. solche Zubereitungen, deren Stoffe als solche nicht im Handel sind.

Betrachtet man die genannten Zubereitungsformen entwicklungsgeschichtlich, so würde man vielleicht anerkennen können, daß Ampullen, Kapseln und Tabletten zu denjenigen Formen gehören, die von vornherein außer in Apotheken in erheblichem

[1] S. auch Chem.-techn. Zeitschr. 1931, S. 46.

[2] Pharm. Z. 1930, Nr. 30.

Umfange auch fabrikmäßig hergestellt worden sind. Unzweifelhaft aber gehören Lösungen (Sirupe) und Salben ganz in die Reihe der von der Verordnung selbst beispielsweise angeführten Gruppen: Pillen, Zäpfchen, Pulver. Man müßte also annehmen, daß die Genehmigung zur Verarbeitung von Betäubungsmitteln auf solche Arzneiformen außerhalb der Apotheken nicht mehr erteilt wird. Wenn diese Annahme zutrifft, so würden nach Verbrauch der Vorräte die genannten und ähnliche Spezialitäten aus dem Handel verschwinden müssen. Denn aus dem Umstand, daß es sich hierbei um Spezialitäten handelt, kann eine unterschiedliche Behandlung nicht hergeleitet werden, da sonst die erwähnte Bestimmung der Verordnung ohne weiteres durch die Spezialitätenform umgangen werden könnte. Die Begründung zu § 4 der Afb. macht auch in der Tat zwischen Spezialitäten und sonstigen Zubereitungen keinen Unterschied.

Entgegen der in § 3 (3) OpG. gegebenen Anweisung an die Behörden darf nach Afb. § 3 (2) die Erlaubnis, auch ohne daß ein Bedürfnis vorliegt, dann erteilt werden, wenn die Versagung eine nicht zu rechtfertigende Schädigung des Antragstellers bedeuten würde. Diese Ausnahme von der Bedürfnisfrage ist aber nicht vorgesehen bei der Versagung der Erlaubnis zur Verarbeitung nach § 4 (2) Afb. Danach ist die Erlaubnis zur Verarbeitung auf Zubereitungen, die in den Apotheken rezepturmäßig hergestellt zu werden pflegen, ausnahmslos nicht zu erteilen, also zu versagen.

Gibt der Apotheker an Stelle von Opiumzubereitungen der genannten Art solche ab, die er selbst hergestellt hat, so kann er sich nicht mit Erfolg auf die Ausführungsbestimmungen berufen. Glaubt der Apotheker in einer ärztlichen Verordnung einen Verstoß gegen die bestehenden Vorschriften oder einen Irrtum zu finden, so muß er den verordnenden Arzt mündlich oder in einem verschlossenen Brief verständigen. Siehe Preußische Apothekenbetriebsordnung § 33, wo gesagt ist: „Es ist nicht statthaft, für ein verschriebenes Arzneimittel ein anderes zu verwenden“[1]. Nach der Judikatur des RG. sind die Krankenkassen gleichfalls nicht berechtigt, den Apotheker zur Abgabe von Ersatzpräparaten an Stelle wortgeschützter Arzneimittel zu bestimmen[2]. Als Grundsatz muß man davon ausgehen, daß der Apotheker das abzugeben hat, was der Arzt verschreibt. Andernfalls handelt er

[1] Urban: Apothekengesetze, S. 340, wo darauf verwiesen ist, daß unter Arzneimitteln im Sinne dieser Bestimmung nur solche zu verstehen sind, die ihrem Wesen nach andere sind, wo aber gleichzeitig auch auf die Bestimmungen des Warenzeichengesetzes verwiesen wird.

[2] RG. in Jur. Woch. 1929, S. 379.

insofern vertragswidrig, als durch die Hingabe des Rezeptes zwischen Patient und Apotheker ein Vertrag geschlossen wird, der nicht oder nicht in gehörigem Umfange erfüllt wird. Hinzu kommt, daß er möglicherweise gegen das Wettbewerbsgesetz verstößt oder auch gegen das Gesetz zum Schutze der Warenbezeichnung in der Fassung vom 7. Dezember 1923. Denn, wer ein Rezept in einer Apotheke abgibt, drückt — so sagt das OLG. Stuttgart, 4. Ziv.-Sen., in seinem Urteil vom 24. April 1929, U 222 — damit aus, daß er nur das vom Arzt verordnete Mittel haben will[1]. Das Oberlandesgericht Stuttgart hat sich auf den Standpunkt gestellt, daß der Fabrikant eines warenzeichen-geschützten Arzneimittels ohne Rücksicht auf das Wettbewerbsgesetz, die Apothekenbetriebsordnung oder ein Strafgesetz, bei Nichtabgabe des warenzeichen-geschützten Mittels einen zivilrechtlichen Anspruch auf Unterlassung und Schadensersatz hat. (S. auch RGZ. 116, 151)[2].

Bei der Frage, ob eine Erlaubnis erteilt werden kann oder nicht, betonen das Gesetz und die Afb. immer wieder das „allgemeine öffentliche Bedürfnis". Die Begründung zu den Afb. läßt aber erkennen, daß die schärfere Prüfung der Bedürfnisfrage nur ein Mittel zu dem Hauptzweck ist, die Verwaltungsarbeiten zu verringern und zu vereinfachen. Gegen die Hervorhebung dieses Gesichtspunktes muß nachdrücklich Verwahrung eingelegt werden. Die Frage des Bedürfnisses ist allein nach öffentlich volksgesundheitlichen Gesichtspunkten zu entscheiden.

Bedenken des Gesundheitsschutzes: Der „Gesundheitsschutz" ist hier selbstverständlich keine Behörde, vielmehr ist der Begriff dahin zu deuten, daß eine Versagung zum Schutze der Gesundheit geboten erscheinen kann. Die Begründung zum Gesetz gibt keinen Anhaltspunkt für die Begriffsdefinition, auch nicht die Afb. und deren Begründung.

Derselbe Gedanke findet sich in § 5 LebensmG., wonach die Reichsregierung „zum Schutze der Gesundheit" Verbote und Beschränkungen erlassen kann. Hierzu besagen die Motive des § 5, Reichstagsdrucksache 2704 III. 1924/26, S. 7:

Nr. 1 (Verbote und Beschränkungen zum Schutze der Gesundheit). Diese Verordnungen sollen das allgemeine Verbot der Herstellung und des Vertriebes gesundheitsschädlicher Lebensmittel und Bedarfsgegenstände, wie es im § 3 ausgesprochen ist, ergänzen und wirksamer gestalten, indem die wichtigsten und am häufigsten vorkommenden Fälle durch ausdrückliche Einzelverbote nach

[1] Jur. Woch. 1929, S. 2292. [2] Jur. Woch. 1920, S. 443, Nr. 10.

Möglichkeit gefaßt werden. Zugleich wird auf diesem Wege der Gesundheitsschutz der Verbraucher vom Streit der Sachverständigen über die Gesundheitsschädlichkeit einer bestimmten Ware unabhängig gemacht. a und b betreffen die bedenklichen Lebensmittel, und zwar a) die Herstellung usw., b) den Vertrieb, c) und d) die anderen Bedarfsgegenstände. Unter c) sind aus den gleichen Gründen wie im § 3 Nr. 2 die Farben — soweit sie nicht Lebensmittel sind — ausgenommen und dafür unter d) besonders behandelt worden, wobei mit Rücksicht auf die besonderen Verhältnisse bei den Farben auch die Verwendung und die Bezeichnung, nicht aber die Herstellung eingeschränkt sind. Die Fassung von c) und d) läßt die Möglichkeit offen, die Gesetze, betreffend den Verkehr mit blei- und zinkhaltigen Gegenständen, vom 25. Juni 1887 (RGBl. S. 273) und betreffend die Verwendung gesundheitsschädlicher Farben usw. vom 5. Juli 1887 (RGBl. S. 227), die sich beide schon seit längerer Zeit als erneuerungsbedürftig erwiesen haben, künftighin, falls dies zweckmäßig erscheinen sollte, durch leichter bewegliche Verordnungen zu ersetzen.

Die ständige Rechtsprechung zu § 10 II 17 ALR., ab 1. Oktober 1931 ersetzt durch § 14 Abs. 1 des Preuß. PolizeiverwG. vom 1. Juni 1931, hat zu den ortspolizeilichen Aufgaben auch die Sorge für Leben und Gesundheit gerechnet.

Man wird auch für das OpG. annehmen müssen, daß nicht jedes vage Bedenken hinsichtlich des Schutzes der Gesundheit der Bevölkerung der Behörde ein Recht gibt, die Erlaubnis zu versagen, sondern daß dieses Bedenken ein bestimmtes sein muß und Gefahren für die menschliche Gesundheit in sich birgt (Analogie des LebensmG. § 3). Unbegründete Bedenken sind kein Versagungsgrund.

Der im Interesse der Volksgesundheit erforderliche Schutz führt — das gilt ganz allgemein für das OpG. — zu behördlichen Eingriffen verschiedenster Art. Die Entscheidungen der Verwaltungsbehörden sind öffentlich-rechtlicher Art und unterliegen, wie die Mehrzahl der Entscheidungen der Verwaltungsorgane, verwaltungsrichterlicher Nachprüfung. Überall jedoch, wo Justiz und Verwaltung einander berühren, hat die Rechtspflege nicht mehr die Richtigkeit oder Zweckmäßigkeit des Verwaltungsaktes nachzuprüfen, auch nicht die Ordnungsmäßigkeit des Verfahrens, in welchem ein solcher Verwaltungsakt (Erteilung, Beschränkung der Erlaubnis, Bewilligung der Einfuhr, Durchfuhr, Ausfuhr, Verfügungen hinsichtlich der Aufsichtspflicht des RGA. usw.) zustande gekommen ist. Andererseits wird man aber davon ausgehen müssen, daß Verwaltungsakte, die außerhalb der Zuständigkeit der verfügenden Behörde liegen und die von anderen Gesetzen nicht gedeckt sind, nichtig sind. Nichtig werden derartige Verwaltungsakte auch sein, wenn die erforderlichen Verfahrensvorschriften so verletzt sind, daß von einem ordnungsmäßigen Verfahren überhaupt nicht gesprochen werden kann. Immerhin soll darauf verwiesen werden, daß sich die Rechtsprechung hinsichtlich dieser Nachprüfungspflicht große Beschränkungen auferlegt hat; im allgemeinen hält sie eine Nachprüfung für möglich, ob ein Ermessensmißbrauch vorliegt, ob insbesondere „sachfremde Gesichtspunkte" das Ermessen beeinflußt haben. Auch in diesem Zusammenhang sei auf den evtl. Ersatzanspruch nach § 839 BGB. in Verbindung mit dem Beamtenhaftpflichtgesetz hingewiesen (siehe dazu Näheres S. 51)[1].

Persönliche Gründe: Was unter persönlichen Gründen zu verstehen ist, muß wiederum dem Zweck und der Bedeutung des Gesetzes entnommen werden. Es kann sich hier nicht um irgendwelche persönliche Eigenschaften des Antragstellers handeln, die berücksichtigt werden müssen, vielmehr müssen es Eigenschaften sein, die den Antragsteller gerade im Hinblick auf den Zweck dieses Gesetzes als unzuverlässig oder irgendwie persönlich ungeeignet erscheinen lassen. So würde z. B. eine Vorstrafe wegen eines Eigentumsvergehens nicht ohne weiteres geeignet sein, einen persönlichen Grund abzugeben, der der Erteilung entgegenstehen könnte, wenn sonst gegen den Antragsteller keine Bedenken bestehen. Hingegen wäre eine einschlägige Vorstrafe geeignet, die Zuverlässigkeit des Antragstellers, auf diese kommt es nach Afb. § 3 (1) an, als zweifelhaft erscheinen zu lassen, es sei denn, daß Jahre zuverlässigen Verhaltens dazwischen liegen.

Beachtliche persönliche Gründe sind als vorliegend zu erachten, wenn der Antragsteller ganz allgemein als unzuverlässig anzusehen ist, z. B. wenn es der Behörde bekannt wird, daß der Antragsteller infolge Trunksucht oder infolge einer besonderen Verschwendungssucht oder dauernder Überschuldung seinen geschäftlichen Obliegenheiten nicht nachkommt, usw.

Letzten Endes wird die Entscheidung stets Frage des Einzelfalles sein, der jedoch immer vom Zweck des Gesetzes aus beurteilt werden muß. Die entscheidenden Fragen würden demnach stets die sein, ob der Antragsteller im Falle einer Erteilung des Antrages möglicherweise oder wahrscheinlich diesen Antrag in einer den Absichten des Gesetzgebers nicht entsprechenden Weise ausnützen würde.

---

[1] Siehe auch Jur. Woch. 1930, S. 396, 397.

Es ist unerwünscht, daß eine Verwaltungsbehörde die persönlichen Qualitäten eines Gesuchstellers ohne Angabe von Gründen in Abrede stellt. Wenn die Verpflichtung zur Begründung eines abweisenden Bescheides auch nicht aus dem Gesetz folgt, so ist es doch zweckmäßig und geboten, die konkretisierte Vermutung des Mißbrauchs oder die Ungeeignetheit aus persönlichen Gründen des näheren darzulegen.

Das Ermessen der Verwaltungsbehörde muß ein pflichtgemäßes sein. Es darf nicht aus irgendwelchen unsachlichen Gründen Ermessensüberschreitung oder Ermessensmißbrauch zutage treten.

Ein ordentliches Rechtsmittel gibt es nicht. Dem Rechtsempfinden unserer Zeit zuwider sieht das OpG. hinsichtlich der den Verwaltungsbehörden eingeräumten Befugnisse lediglich ein Verfahren vor, welches aus einer einzigen Instanz besteht. Es ist nicht unbedenklich, daß hier in einem Gesetz Maßnahmen von großer Tragweite lediglich in die Hand einer Verwaltungsbehörde gelegt worden sind, während es sonst in unserem gesamten Rechtsleben für die kleinsten und unbedeutendsten Rechtsfragen mehrere Instanzen gibt, die die Möglichkeit einer Nachprüfung von Entscheidungen gewähren.

Es sei auch hier darauf verwiesen, daß der Beschwerte möglicherweise einen Schadensersatzanspruch aus § 839 BGB. geltend machen kann (s. Näheres S. 51).

Widerruf: Hierzu besagen Afb. und deren Begründung folgendes:

§ 7. Die Erlaubnis soll zurückgezogen werden, wenn die Voraussetzungen, die für ihre Erteilung maßgebend waren, nicht mehr bestehen. Wird eine Erlaubnis zurückgezogen, so fordert die oberste Landesbehörde den Erlaubnisschein zurück und benachrichtigt das Reichsgesundheitsamt von der Zurückziehung.

Wie schon in der Begründung zu § 3 Afb. ausgeführt, muß mehr als bisher Wert darauf gelegt werden, die Zahl der Erlaubnisinhaber möglichst niedrig zu halten. Aus diesem Grunde sollte auch jede Erlaubnis zurückgezogen werden, für die die Voraussetzungen nicht mehr bestehen, die bei der Erteilung der Erlaubnis maßgebend waren. Von diesem Grundsatz sollte nur in besonderen Ausnahmefällen abgegangen werden. Eine Zurücknahme der Erlaubnis kommt vor allem in Betracht, wenn ein Bedürfnis für die Beibehaltung nicht mehr besteht oder wenn der Erlaubnisscheininhaber sich Verstöße gegen die Bestimmungen des OpG. hat zuschulden kommen lassen. Auch ein Wechsel in der Person des Firmeninhabers, bei Gesellschaften in der Person des Direktors, des Geschäftsführers oder des Prokuristen, z. B. wenn dessen pharmazeutische Vorbildung als für die Beurteilung der Zuverlässigkeit der Firma wesentlich angesehen wurde, kann Veranlassung sein, die Frage der Zurücknahme der Erlaubnis zu prüfen.

Ist, wie dargetan, die einmal erteilte Erlaubnis in rechtlicher und wirtschaftlicher Beziehung einer Konzessionierung im Sinne der Gewerbeordnung gleichzusetzen, so wäre eine Rücknahme der Erlaubnis an sich nur in besonders gelegenen Fällen denkbar[1]. Vorliegendenfalls aber ist durch eine positive Bestimmung im Abs. 3 der Behörde ein Recht gegeben, aus Gründen, welche zur Versagung berechtigen, die einmal erteilte Erlaubnis auch zu widerrufen. Nicht aber besteht für die Behörde etwa die Verpflichtung zur Rücknahme bei Vorliegen der Versagungsgründe. Die Behörde kann, sie muß nicht zurücknehmen.

Nach § 7 der Afb. soll die Erlaubnis dann zurückgezogen werden, wenn die Voraussetzungen, die für ihre Erteilung maßgebend waren, nicht mehr bestehen; dieses „soll“ ist als Richtlinie für die Landeszentralbehörden anzusehen, daß sie in solchen Fällen grundsätzlich von der Möglichkeit Gebrauch macht. In der Begründung ist jedoch das „soll“ wieder in „sollte“ abgeschwächt.

Der Widerruf wird, allgemeinen Verwaltungsgrundsätzen entsprechend, wirksam mit der Zustellung des Widerrufs an den Empfänger. Mündliche Mitteilung genügt nicht, der Widerruf muß schriftlich erfolgen. Es werden hier die Bestimmungen des § 130 BGB. analog anzuwenden sein. Daß der Empfänger vielleicht im Einzelfall aus tatsächlichen Gründen, z. B. infolge einer längeren Reise, nicht Kenntnis von der Widerrufserklärung nehmen kann, ändert an der Wirksamkeit des Widerrufs nichts. Jedoch dürfte dies wohl zu beachten sein bei der Frage einer etwaigen Bestrafung aus dem Gesichtspunkt des Handels ohne Erlaubnis. Vom Augenblick des Zugangs der Widerrufserklärung an besteht eine Erlaubnis nicht mehr. Man wird aber vorsätzliches oder fahrlässiges Handeln nicht annehmen können, solange der Betreffende schuldlos von dem Zugang der Widerrufserklärung keine Kenntnis erlangt hat. Zu beachten ist, daß für den Widerruf der Erlaubnis ein Einvernehmen mit dem Reichsministerium des Innern nicht vorliegen muß. Das Einvernehmen ist nur erforderlich für die ursprüngliche Entscheidung über den Antrag auf Erlaubniserteilung.

[1] Siehe Hamburger: Apothekenbetriebsrechte, S. 75ff. Berlin: Julius Springer.

Ein Widerruf des einmal erfolgten Widerrufs ist nicht zulässig. Denn die Zurücknahme der Widerrufserklärung würde gleichbedeutend sein mit der Erteilung einer neuen Erlaubnis, nachdem durch den ersten Widerruf die Erlaubnis entzogen worden ist. Die neue Erlaubnis kann aber nur wieder im Einvernehmen mit dem Reichsministerium des Innern erteilt werden.

Zu Absatz 4:

Aus der Begründung des Gesetzes ist folgendes anzuführen: Auf Grund der gesammelten Erfahrungen haben sich Änderungen der Bestimmungen über die Befreiung von der Erlaubnispflicht als notwendig erwiesen. Die Abgabe der Betäubungsmittel in den Apotheken ohne eine allgemeine Erlaubnis ist nunmehr im Gesetze ausdrücklich auf die Abgabe gegen ärztliche usw. Verschreibung beschränkt worden. Neben den Apotheken führt das Gesetz zur Klarstellung auch die ärztlichen und tierärztlichen Hausapotheken an. Außerdem ist deutlicher, als es bisher der Fall war, zum Ausdruck gebracht, daß für den Erwerb eines Betäubungsmittels aus den Apotheken usw. ebenfalls keine allgemeine Erlaubnis notwendig ist.

Die Fassung des § 2 Abs. 4 des bisherigen OpG. hat nach der Begründung zu Unklarheiten Anlaß gegeben. Die Apotheken sind von dem allgemein vorgeschriebenen Erlaubniszwang befreit, da die auf staatlichem Hoheitsakt (Konzession) beruhende Betriebserlaubnis ihrer Zweckbestimmung nach den Verkehr mit Betäubungsmitteln einschließt. Diese Ausnahme war jedoch bisher an die Bedingung geknüpft, daß die dem OpG. unterstehenden Stoffe und Zubereitungen in den Apotheken nur als Heilmittel erworben, hergestellt, verarbeitet oder abgegeben werden dürfen. Diese Fassung wurde im Anschluß an die während des Krieges und in der Nachkriegszeit ergangenen Verordnungen (zu vgl. die Verordnung über den Verkehr mit Opium vom 15. Dezember 1918 — RGBl. S. 1447 —) gewählt. Da nach den auf Grund des Bundesratsbeschlusses vom 13. Februar 1896 ergangenen landesrechtlichen Verordnungen über die Abgabe stark wirkender Arzneimittel Betäubungsmittel nur auf Grund ärztlicher usw. Verordnung als Heilmittel an das Publikum abgegeben werden dürfen, sollte durch die frühere Fassung zum Ausdruck gebracht werden, daß die Abgabe in den Apotheken nur auf Grund ärztlicher, zahnärztlicher oder tierärztlicher Verordnung erfolgen darf. Es wurde dabei für entbehrlich erachtet, entsprechend dem Wortlaut der Vorschriften über die Abgabe stark wirkender Arzneimittel ausdrücklich in das OpG. aufzunehmen, daß die Stoffe des OpG. nur auf Grund schriftlicher, mit Datum und Unterschrift versehener Anweisung (Rezept) eines Arztes, Zahnarztes oder Tierarztes — im letzteren Falle jedoch nur zum Gebrauch in der Tierheilkunde — als Heilmittel an das Publikum abgegeben werden dürfen.

In mehreren gerichtlichen Entscheidungen ist nun der in dem früheren OpG. gebrauchte Begriff „Heilmittel" in Gegensatz zu der Verwendung „zu Genußzwecken" gebracht worden. — Siehe Zusammenstellung der Judikatur bei § 10.

Eine Erläuterung des Begriffs „Heilmittel" findet sich weder in den Vorschriften über die Abgabe stark wirkender Arzneimittel noch in dem OpG. Die im § 1 KaisVo., betreffend den Verkehr mit Arzneimitteln, vom 22. Oktober 1901 (RGBl. S. 380) enthaltene Begriffsbestimmung, wonach Heilmittel als Mittel zur Beseitigung oder Linderung von Krankheiten bezeichnet werden, ist für das Bedürfnis des OpG. zu eng, da z. B. auch Vorbeugungsmittel, die nicht unter den Begriff des Heilmittels im Sinne dieser Verordnung fallen, einbezogen werden müssen, so die Mittel zur Verhütung der Schmerzempfindung bei Geburten, zur Einleitung einer Narkose und dergleichen.

Die landesrechtlichen Verordnungen über die Abgabe stark wirkender Arzneimittel, an die das OpG. sich, wenn auch in gekürzter Ausdrucksweise, anschloß, gebrauchen den Begriff Heilmittel nicht im Gegensatze zu dem Begriffe Genußmittel, sondern im Gegensatze zu den in den Vorschriften über den Handel mit Giften genannten gewerblichen, wirtschaftlichen, wissenschaftlichen und künstlerischen Zwecken. Auf diese Weise waren bezüglich der einschlägigen Mittel im allgemeinen die erforderlichen Sicherungen geschaffen, und zwar durch die Giftvorschriften im Falle der Abgabe zu den dort genannten Zwecken und durch die Vorschriften über die Abgabe stark wirkender Arzneimittel im Falle der Abgabe als Heilmittel.

Nachdem die Gerichte in dem Bestreben, der suchtmäßigen Verwendung von Betäubungsmitteln entgegenzuwirken, bei Prüfung der Frage, ob eine Verschreibung oder Abgabe von Betäubungsmitteln als zu Heilzwecken erfolgt anzusehen sei, die Verwendung zu Heilzwecken der Verwendung zu Genußzwecken gegenübergestellt haben, sind in der Praxis Schwierigkeiten entstanden; denn die Frage, ob ein Morphinsüchtiger das Morphin zu Heil- oder Genußzwecken verwendet, läßt sich nicht allgemein in einem Sinne lösen. Von den Gerichten ist auch mehrfach dem Heilzweck nicht der Genuß-, sondern der Nichtheilzweck gegenübergestellt worden. Diese Auslegung würde zur Folge haben, daß die Gerichte die schwierige medizinische Frage zu entscheiden hätten, ob das Morphin für den Süchtigen ein Heilmittel darstellt oder nicht. Im Interesse der Rechtssicherheit erschien es daher notwendig, den Begriff der Abgabe und des Erwerbes von Betäubungsmitteln „als Heilmittel“ aus dem OpG. auszuscheiden und in Ausführungsbestimmungen festzulegen, unter welchen Voraussetzungen und Bedingungen die Betäubungsmittel ärztlich angewendet und verschrieben werden dürfen. Trotzdem wird in der Rechtsprechung der Begriff Heilmittel immer noch eine gewisse Rolle spielen, da nach den Afb. zu § 8 die Anwendung und damit die Verschreibung der Betäubungsmittel ärztlich, zahnärztlich oder tierärztlich begründet sein muß (vgl. hierüber § 6 der Afb. zu § 8 des Gesetzes).

Während nach den Giftvorschriften die Abgabe von Betäubungsmitteln zu wissenschaftlichen oder gewerblichen Zwecken durch die Apotheken in gleicher Weise wie die Abgabe von anderen Giften gestattet ist, und die Vorschriften über die stark wirkenden Arzneimittel bei Betäubungsmitteln die Abgabe an das Publikum lediglich von der Vorlage einer ärztlichen Verschreibung abhängig machen, enthalten die Bestimmungen des OpG. weitergehende Einschränkungen. Aus Gründen einer reinlichen Scheidung und zur Erleichterung der Überwachung des Verkehrs einerseits ist die Abgabe von Betäubungsmitteln zu wissenschaftlichen oder gewerblichen Zwecken in den Apotheken nicht gestattet, und andrerseits dürfen Betäubungsmittel, auch wenn der Arzt sie für sich selbst zur Verwendung in seiner Sprechstunde verlangt, also nicht zur Abgabe an das Publikum, nur gegen Rezept abgegeben werden.

Auf die engen Beziehungen zwischen § 3 (4) und § 8 wird nochmals hingewiesen.

Da sich die Abgabe, zu der die Apotheken von der allgemeinen Erlaubnis befreit sind, nur auf einen Vorgang im Inlande bezieht, darf eine deutsche Apotheke eine auf ordnungsmäßiges Rezept bereitete Arznei, die unter das OpG. fällt, oder eine ordnungsmäßig verschriebene derartige Spezialität nicht an einen Abnehmer, der sich vorübergehend im Auslande befindet, liefern, ohne die allgemeine Erlaubnis zur Ausfuhr zu haben, wozu noch im Einzelfalle der auf Grund der Einfuhrgenehmigung des Auslandes ausgestellte Ausfuhrschein kommen würde, s. § 6.

Apotheke: Der Apotheker ist Kaufmann, die Apotheke ein Handelsgeschäft (BayObLG. v. 7. März 1923. Reg. I. 278/1922)[1].

[1] Entsch. d. Bayr. Obersten Land.-Ger. Bd. 22, Heft 2, S. 188.

Das Apothekenbetriebsrecht[1] ist dem wesentlichen Inhalt nach das Recht zur Führung einer Apotheke, d. h. das Recht zur Herstellung, Verarbeitung und Handel von Arzneimitteln und Arzneien nach Maßgabe der überwiegend noch landesgesetzlichen Vorschriften (PrApothBetrO. Taxe — Arzneibuch usw.).

Die Apothekenbetriebsrechte genießen mangels eines allgemeinen Niederlassungsrechtes besonderen Gewerbe- und wirtschaftsrechtlichen Schutz.

Es ist ausdrücklich darauf aufmerksam zu machen, daß das Gesetz nur von der Apotheke, nicht von dem Apotheker spricht. Wer die Approbation als Apotheker erworben hat (RGO. § 29), kann sich als Apotheker bezeichnen, auch wenn er den Apothekerberuf nicht ausübt. Solche Personen sind aber ebensowenig von der Erlaubnis befreit wie die Apotheker, die ihren Beruf nicht selbständig ausüben. Von der Erlaubnis befreit sind die Apotheken, vertreten durch die Apothekenvorstände als verantwortliche Leiter.

In Gesetzen oder einschlägigen Verordnungen findet sich eine Begriffsdefinition der „Apotheke" nicht. Als Apotheken schlechthin sind im Sinne der PrApothBetrO. vom 18. Februar 1902 anzusehen die öffentlichen Apotheken[2] einschließlich deren Zweigapotheken, die Krankenhausapotheken, die ärztlichen Hausapotheken, die Hausapotheken bei Gefangenenanstalten und Strafanstalten, sowie die homöopathischen Apotheken und die ärztlichen homöopathischen Hausapotheken. Da aber in § 3 Abs. 4 OpG. die ärztlichen Hausapotheken besonders genannt sind, dürften unter Apotheken im Sinne dieses Absatzes nur solche Apotheken zu verstehen sein, die von einem approbierten Apotheker verantwortlich geleitet werden, also die öffentlichen Apotheken einschließlich der Zweigapotheken und die entsprechenden Anstaltsapotheken. Diese sind hinsichtlich der Bezugsquelle der Arzneimittel keiner Beschränkung unterworfen.

Ärzte usw.: Ärzte, Zahnärzte, Tierärzte sind geprüfte Medizinalpersonen, die nach § 29 RGO. eine Approbation erhalten haben. Wer, ohne hierzu approbiert zu sein, sich als Arzt (Wundarzt, Augenarzt, Geburtshelfer, Zahnarzt, Tierarzt) bezeichnet oder sich einen ähnlichen Titel beilegt, durch den der Glaube erweckt wird, der Inhaber desselben sei eine geprüfte Medizinalperson, wird nach § 147 Abs. 1 Ziff. 3 RGO. bestraft.

In der Rechtsprechung ist streitig, ob der im Ausland Approbierte die Bezeichnung Arzt, Zahnarzt, Tierarzt führen darf, wenn

[1] Hamburger: Die preußischen Apothekenbetriebsrechte.
[2] Über den Begriff „öffentliche" Apotheken s. S. 183.

er durch einen Zusatz deutlich zu erkennen gibt, daß er nicht im Inlande, sondern im Auslande approbiert ist. Das Reichsgericht hält das für zulässig. Anderer Ansicht das Kammergericht. Dieses geht davon aus, daß die Bezeichnung Arzt lediglich dem im Inlande Approbierten vorbehalten sei und auch nicht mit einem Zusatz geführt werden darf, welcher erkennen läßt, daß der Betreffende nicht im Inlande, sondern im Auslande approbiert ist[1].

Zu dem Begriff „Arzt" usw. gehört nicht, daß die betreffende Person ärztliche Praxis ausübt, die Befugnis zur Ausübung, die Approbation, ist allein maßgebend.

Die Approbation gemäß § 29 RGO. kann nur im Inlande erworben werden. Im Auslande approbierte Medizinalpersonen sind nicht Ärzte im Sinne der RGO., sofern nicht besondere Erlaubnis vorliegt. Die Verordnungen ausländischer Ärzte sind daher nicht als Rezepte im Sinne des OpG. aufzufassen. Die Apotheker dürfen auf solche Verschreibungen keinerlei Betäubungsmittel abgeben. Eine Ausnahme dürfte im kleinen Grenzverkehr zu machen sein. S. hierüber S. 337.

Verschreibung: Der Arzt „verschreibt" dem Kranken eine Arznei; das Ergebnis dieser Tätigkeit des Verschreibens ist die Verschreibung (sonst auch Verordnung, Anweisung, Rezept genannt). Unter der Herrschaft des alten Rechts hat sich der II. Strafsenat des Reichsgerichts unter dem 11. Oktober 1928 auf den Standpunkt gestellt, daß der Begriff des Rezepts aus dem Reichsgesetz und dem von ihm verfolgten Zwecke und unter Berücksichtigung der Auffassung in ärztlichen Fachkreisen zu bestimmen ist. Er ist dabei so weit gegangen, auch die von einer Krankenschwester geschriebene, aber von einem Arzt unterschriftlich vollzogene Anweisung für den allgemeinen Bedarf der Anstalt, also eigentlich einen Bestellschein, der die Unterschrift des Arztes trägt, als Rezept (Anweisung) anzusehen[2].

Unzulässig ist aber das Blankorezept nach RG. vom 14. April 1930[3].

Über die besondere Vorsicht des Arztes beim Schreiben des Rezeptes hat das RG. sich geäußert[4].

Über den Begriff und die Anforderungen, die jetzt an eine Verschreibung gestellt werden, s. §§ 6 u. 17 der Afb. zu § 8.

---

[1] Ebermayer: Der Arzt und der Staat, S. 46. Leipzig: Georg Thieme 1929.

[2] Siehe Ebermayer: Der Arzt im Recht, S. 281.

[3] Med. Welt 1930, Nr. 35, S. 1259. [4] Jur. Woch. 1930, S. 1580.

Die Verschreibung vertritt hier die Stelle der Erlaubnis sowohl für den Erwerber als auch für den Abgebenden (RG. 1 D. 286/28[1]).

Bringt ein Apotheker ein Betäubungsmittel ohne Verschreibung in Verkehr, so kommt die Strafbestimmung des § 10 Nr. 1 in Frage, weil die Befreiung von der vorgeschriebenen Erlaubnis nur die Abgabe auf Grund einer Verschreibung vorsieht. Ein nachgereichtes Rezept genügt nicht, die Verschreibung muß bei der Abgabe vorliegen, um die Strafbarkeit auszuschließen (RG. 2 D., 744/28[2]).

Ärztliche Hausapotheken: Die Genehmigung zum Halten einer ärztlichen Hausapotheke wird von den Verwaltungsbehörden auf Antrag widerruflich erteilt. Feste Grundsätze für diese Genehmigungen bestehen nicht, das Bedürfnis kann sich aus der Größe des in Betracht kommenden Bevölkerungskreises und aus ungünstigen Verkehrsverhältnissen zu dem Sitz der nächsten Apotheke ergeben.

In Preußen müssen nach § 50 Abs. 2 PrApothBetrO. für ärztliche Hausapotheken sämtliche Arzneien, soweit sie nicht selbst zubereitet werden, aus einer am Ort befindlichen Apotheke oder jedenfalls aus einer der nächstbelegenen 10 Apotheken entnommen werden[3]. S. auch S. 246. Ein Erwerb aus dem Handel darf durch ärztliche Hausapotheken nicht stattfinden. Die Freistellung von der allgemeinen Erlaubnis zum Erwerb (auf Rezept) ist deshalb nicht erforderlich, die Befreiung erstreckt sich nur auf die Verarbeitung und Abgabe.

Die homöopathischen Apotheken und ärztlichen homöopathischen Hausapotheken (PrApothBetrO. § 52) sind in der Opiumgesetzgebung nicht besonders erwähnt. Es dürfte aber nicht zweifelhaft sein, daß sie hier in den Apotheken und ärztlichen Hausapotheken inbegriffen sind.

Tierärztliche Hausapotheken: In Bayern, Braunschweig, Hamburg und Oldenburg sind Verordnungen über die Einrichtung tierärztlicher Hausapotheken erlassen. Diese behördlich genehmigten tierärztlichen Hausapotheken bedürfen keiner allgemeinen Erlaubnis für den Erwerb, die Verarbeitung und Abgabe der Betäubungsmittel.

---

[1] Siehe Jur. Woch. 1927, S. 436.

[2] Apoth. Z. 1929, Nr. 1, S. 6; Pharm. Z. 1928, Nr. 99, S. 1563.

[3] Die Rechtsgültigkeit der hierzu unter dem 13. März 1925 ergangenen Vo. des Preuß. Volkswohlfahrtsministers ist jedoch wegen Verletzung des Grundprinzips der hinsichtlich der Auswahl der Bezugsquelle uneingeschränkt bestehenden Gewerbefreiheit bestritten. Siehe Jur. Woch. 1927, S. 436.

Tierärzte: Tierärzte, die einer Erlaubnis nach Abs. 1 bedürfen, sind die sog. dispensierenden Tierärzte, d. h. solche, die Arzneien an die Tierhalter abgeben. Dieses Dispensieren oder Selbstdispensieren ist verboten in Baden (abgesehen von dringenden Fällen oder besonderer staatlicher Erlaubnis), Hessen, Württemberg. Erlaubt ist die Abgabe von Arzneien, die Betäubungsmittel enthalten, durch den Tierarzt an den Tierhalter in Anhalt, Bayern, Braunschweig, Bremen, Hamburg, Schaumburg-Lippe, Mecklenburg-Schwerin, Mecklenburg-Strelitz, Oldenburg, Preußen, Sachsen (hier unter der Bedingung, daß die Arzneimittel aus deutschen Apotheken bezogen werden) und in Thüringen.

Die Zahl der dispensierenden Tierärzte einschl. derjenigen, die eine Hausapotheke halten, beträgt z. Zt. etwa 3350.

Zusammenstellung des erlaubnisfreien Verkehrs: Keiner allgemeinen Erlaubnis bedürfen nach Abs. 4:

a) für den Erwerb: 1. die Apotheken, 2. die tierärztlichen Hausapotheken, 3. alle Personen, die auf Grund von Rezepten aus Apotheken, aus ärztlichen Hausapotheken, aus tierärztlichen Hausapotheken oder von Tierärzten, die eine Erlaubnis erhalten haben, erwerben.

Die Entnahme aus einer Apotheke hat auf Grund einer Verschreibung zu erfolgen. Vgl. hierüber die Afb. zu § 8.

b) für die Verarbeitung: 1. die Apotheken, 2. die ärztlichen Hausapotheken, 3. die tierärztlichen Hausapotheken.

c) für die Abgabe: 1. auf Grund ärztlicher usw. Verschreibungen: die Apotheken, 2. die ärztlichen Hausapotheken, 3. die tierärztlichen Hausapotheken.

Der dispensierende Tierarzt bedarf in allen Fällen der Erlaubnis nach § 3 (1), der nicht selbst dispensierende Tierarzt bezieht die Betäubungsmittel, die er für seine Praxis benötigt, ebenso wie der Arzt und der Zahnarzt gegen Rezept aus der Apotheke; er ist dabei an die Beschränkungen der Afb. zu § 8 gebunden.

Der selbst dispensierende Tierarzt, sofern er eine Erlaubnis nach § 3 (1) hat, und der Inhaber einer tierärztlichen Hausapotheke ist, im Gegensatz zu dem Inhaber einer ärztlichen Hausapotheke, in der Wahl seiner Bezugsquelle frei; er kann entweder wie der Apotheker gegen Bezugschein (§ 4) aus dem Großhandel beziehen oder gegen Rezept aus der Apotheke.

Strafandrohungen siehe § 10 (1) 1.

Der Versuch, die Tätigkeiten ohne Erlaubnis auszuüben, ist strafbar.

Fahrlässigkeit siehe § 10 (3).

§ 4.

(1) Der Erwerb sowie die Veräußerung und Abgabe der Stoffe und Zubereitungen ist nur auf Grund eines auf den Namen des Erwerbers lautenden, für jeden einzelnen Fall des Erwerbes sowie der Veräußerung und Abgabe ausgestellten Bezugscheins zulässig. Der Bezugschein ist bei der der Aufsicht des Reichsgesundheitsamts unterstehenden Opiumstelle zu beantragen. Ein Bezugschein ist nicht erforderlich für die Abgabe auf Grund ärztlicher, zahnärztlicher oder tierärztlicher Verschreibung in den Apotheken sowie für die Abgabe in den behördlich genehmigten ärztlichen oder tierärztlichen Hausapotheken oder durch Tierärzte, die eine Erlaubnis zur Abgabe nach § 3 erhalten haben. Ein Bezugschein ist ferner nicht erforderlich für den Erwerb der Stoffe und Zubereitungen aus den Apotheken auf Grund ärztlicher, zahnärztlicher oder tierärztlicher Verschreibung oder aus den behördlich genehmigten ärztlichen oder tierärztlichen Hausapotheken oder von Tierärzten, die eine Erlaubnis zur Abgabe nach § 3 erhalten haben.

(2) Die näheren Bestimmungen über das Verfahren bei der Beantragung und Ausstellung der Bezugscheine sowie über deren Form und Wortlaut erläßt der Reichsminister des Innern.

(3) Die Opiumstelle ist berechtigt, die Ausstellung des Bezugscheins zu versagen, wenn Art und Menge der beantragten Stoffe oder Zubereitungen den Verdacht rechtfertigen, daß die Stoffe oder Zubereitungen in einer Weise verwendet werden sollen, die mit diesem Gesetz oder den auf Grund desselben erlassenen Ausführungsbestimmungen nicht in Einklang steht. Die Opiumstelle kann die beantragten Mengen auch kürzen.

(4) Durch eine mit Zustimmung des Reichsrats ergehende Verordnung der Reichsregierung kann bestimmt werden, daß der Verkehr mit gewissen Zubereitungen auf andere Weise als durch den Bezugschein überwacht wird.

Dieser Paragraph enthält die Grundlage für die Kontrolle einer Änderung der Verfügungsberechtigung über Betäubungsmittel im Inlande. Er beruht auf den Verpflichtungen der H.C. Art. 10, 11 und G.C. Art. 5, 6, 7.

Die Kontrolle des Verkehrs durch das System des Bezugscheins ist durch keine internationale Abmachung vorgesehen. Der Bezugschein ist eine rein innerdeutsche Maßnahme, andere Länder begnügen sich mit der Kontrolle durch Listen, die in sehr verschiedenen Ausmaßen und Zeitabständen einzureichen sind.

Die Begründung zu § 4 macht folgende Ausführungen:

Durch die neue Fassung wird schärfer zum Ausdruck gebracht, daß die Bezugscheinpflicht auch für die Veräußerung und den Erwerb gilt. Eine sachliche Änderung gegenüber dem bisherigen Zustand tritt nicht ein [zu vgl. auch § 8 Abs. 1 Nr. 2 des (früheren) OpG., der den Erwerb oder die Veräußerung ohne den vorgesehenen Bezugschein unter Strafe stellt].

Ebenso bedeutet es lediglich eine klarere Festlegung des jetzt schon geltenden Zustandes, wenn in dem Entwurf ausdrücklich bestimmt wird, daß der Bezug der Betäubungsmittel durch den Kranken in den Apotheken usw. der Bezugscheinpflicht nicht unterliegt.

Durch das Gesetz soll dem Reichsministerium des Innern die Ermächtigung erteilt werden, nähere Bestimmungen über das Bezugscheinverfahren zu erlassen, die neben einer beschleunigten Ausstellung der Bezugscheine auch eine Verschärfung in der Beaufsichtigung des Handels und der Apotheken ermöglichen. Auch bleibt dem Reichsminister des Innern die Festsetzung von Fassung und Wortlaut des Bezugscheins selbst vorbehalten. Es wird erwogen, für die Ausstellung der Bezugscheine eine geringe Gebühr zu berechnen (vgl. § 11 Abs. 1)[1].

Neu eingefügt ist die Bestimmung, daß die Opiumstelle das Recht hat, die Ausstellung eines Bezugscheins unter bestimmten Voraussetzungen abzulehnen oder die beantragten Mengen zu kürzen. Die Opiumstelle hat sich schon seit dem Jahre 1921 von diesen Grundsätzen leiten lassen, ohne daß freilich hierfür eine einwandfreie Rechtsunterlage vorgelegen hatte.

Der Bezug der Betäubungsmittel enthaltenden Zubereitungen verzögert sich für die Apotheken dadurch, daß die liefernde Firma zuvor im Besitze des Bezugscheins der Opiumstelle sein muß. Aus Apothekerkreisen, die hierüber Klage geführt haben, wird darauf hingewiesen, daß es bei der großen Zahl der ver-

[1] Siehe nachstehend bei Abs. 2 und bei § 11.

schiedenen Mischungen von Arzneimitteln, die von den Fabriken abgabefertig geliefert werden, und bei den mannigfachen Packungen, in denen sie in den Handel gebracht werden, dem Apotheker nicht möglich sei, alle diese Spezialitäten, zumal solche, die selten oder unregelmäßig verlangt werden, auf Lager zu halten; es könne daher eine unliebsame Verzögerung in der Versorgung des Kranken eintreten, wenn der Apotheker gehalten sei, wegen einer nicht vorrätigen Spezialität zunächst einen Bezugschein der Opiumstelle anzufordern. Ein allgemeiner Abbau des Bezugscheins kann nicht in Frage kommen. Wohl aber wird es möglich sein, den Besitzwechsel solcher Zubereitungen, die zu Suchtzwecken keine Verwendung finden, künftig statt im Bezugscheinverfahren mit Hilfe von Listen zu beaufsichtigen, die in monatlichen Abständen nachträglich einzureichen sind. Denn bei diesen nicht zu Suchtzwecken verwendbaren Zubereitungen erscheint es für die behördliche Überwachung des Verkehrs ohne Bedeutung und daher unbedenklich, wenn der Wechsel der Verfügungsberechtigung dem RGA. nicht wie bisher durch den Antrag auf Ausstellung eines Bezugscheins, also schon vor der Abgabe der Ware, sondern erst nach erfolgter Abgabe bekannt wird. In den Listen, die der Opiumstelle einzuschicken sind, sollen die im Laufe eines jeden Monats abgegebenen Zubereitungen eingetragen werden. Durch den Bezugschein soll künftig nur noch der Verkehr mit Stoffen und Zubereitungen beaufsichtigt werden, die zur Unterhaltung einer Sucht verwendet werden können, d. h. insbesondere mit den Substanzen, den einfachen Lösungen und Tabletten.

§ 3 Abs. 2 des (früheren) OpG. und die auf Grund dieser Bestimmung erlassene Vo. über die Abgabe von Betäubungsmitteln vom 1. Juli 1924 (Reichsministerialbl. S. 224) gestattet die bezugscheinlose Abgabe der in dieser Vo. genannten Zubereitungen auch durch solche Personen, die keine Erlaubnis zum Verkehre mit Betäubungsmitteln haben. Demgegenüber will das neue Gesetz für den Verkehr mit denjenigen Stoffen und Zubereitungen, die ohne Bezugschein abgegeben werden dürfen, auf die Erlaubnispflicht nicht verzichten. Denn nach den vorstehenden Ausführungen ist zu erwarten, daß die Zahl der Zubereitungen, die künftig ohne Bezugschein abgegeben werden dürfen, gegenüber der Zahl der Zubereitungen, die jetzt in der Vo. vom 1. Juli 1924 aufgeführt sind, eine beträchtliche Vermehrung erfahren wird. Schon deshalb erscheint es nicht mehr angängig, die Abgabe dieser Zubereitungen auch solchen Firmen zu gestatten, die keine Erlaubnis zum Verkehre mit Betäubungsmitteln haben, weil andernfalls dem Verbleibe recht bedeutender Mengen von Betäubungsmitteln nicht nachgegangen werden könnte. Eine Erschwerung des Verkehrs mit solchen Zubereitungen ist aus dieser Maßnahme nicht zu befürchten.

Zu Absatz 1:

Erwerb (s. S. 76) ist die Erlangung der Verfügungsberechtigung. Kauf und mittelbarer Besitz sind schon Erwerb. Danach ist ein Bezugschein auch dann erforderlich, wenn die Ware bei der Lieferfirma verbleibt. Tausch ist Erwerb[1].

Veräußerung und **Abgabe** s. S. 78. Bei der Veräußerung kommt es ebenfalls auf die Übertragung der Verfügungsgewalt an. Es genügt auch hier der mittelbare Besitz. Der bloße Abschluß eines Geschäftes ist noch keine Veräußerung.

Erwerber. Erwerber im Sinne des § 4 sind Personen, denen nach § 3 (1) eine Erlaubnis zum Erwerb erteilt worden ist, ferner die Apotheken, die nach § 3 (4) dieser allgemeinen Erlaubnis nicht bedürfen, und die gleichfalls von dieser Erlaubnis befreiten tierärztlichen Hausapotheken.

Apotheken, für die Bezugscheine ausgestellt werden können, sind die öffentlichen Voll-Apotheken und die Krankenhausapotheken, denen ein approbierter Apotheker vorsteht. Dagegen müssen die Zweigapotheken, außer in Württemberg und Oldenburg und nur bedingungsweise in Braunschweig, die Betäubungsmittel aus der Stammapotheke entnehmen. Die ärztlichen Hausapotheken und die verschiedenen Dispensieranstalten müssen gegen Vorlage einer ärztlichen Verschreibung an Stelle des Bezugscheins aus öffentlichen Apotheken beziehen (in Preußen nach § 50 Abs. 2 ApothBetrO. aus einer am Orte befindlichen oder aus einer der nächstgelegenen zehn Apotheken)[2].

Opiumstelle. Nach Beendigung des Krieges war die Bewirtschaftung der Betäubungsmittel zunächst auf den Vertrauensmann für Opium-Verteilung bei der Kriegs-Chemikalien-AG. übergegangen, alsdann auf die Opiumverteilungsstelle bei der Reichsarbeitsgemeinschaft Chemie. Nach dem Opiumgesetz vom 30. Dezember 1920 hatte die von dieser Körperschaft verwaltete Opiumstelle bei der Regelung des Verkehrs mit Betäubungsmitteln mitzuwirken und unterstand der Aufsicht des RGA. Am 1. Juli 1924 wurde diese Opiumstelle unmittelbar in die Verwaltung des RGA. übernommen und in dessen Diensträume in der Klopstockstraße 18, Berlin NW 87, verlegt. S. unter Aufsicht und RGA. S. 50ff.

---

[1] Vgl. ein bei Urban: Apothekengesetze, S. 128, Anm. 2 angeführtes Schreiben des RMdI.

[2] Siehe aber Jur. Woch. 1931, S. 1427.

Bezugschein. Der Bezugschein dient nach Abs. 4 der Überwachung des Verkehrs mit Betäubungsmitteln und ist die schriftliche Erlaubnis des RGA., Opiumstelle, Betäubungsmittel zu erwerben, zu veräußern, abzugeben.

Der Bezugschein ist eine Urkunde im Sinne der §§ 267ff. StGB., s. S. 280, 305.

Der Bezugschein ist nicht für jede Umsatztätigkeit erforderlich, sondern nur für die drei genannten Arten des Verkehrs. In § 4 fehlen von den erlaubnispflichtigen Verkehrsformen des § 3 die Begriffe des „Handeltreibens" sowie „jeder sonstige gleichartige Verkehr". Der Bezugschein ist also nicht erforderlich für die Vermittlung von Handelsgeschäften. Er ist aber erforderlich für jede Übertragung, auch wenn die Ware selbst nur in den mittelbaren Besitz des Erwerbers übergeht. S. wegen Bezugscheinpflicht bei Tausch, Verpfändung, Zwangsvollstreckung S. 301. Auch wenn zunächst kein Bezug stattfindet, der Lagerbestand sich nicht ändert, ist die Beantragung und Ausstellung des Bezugscheins nach § 4 geboten. Diese Auffassung ergibt sich notwendigerweise aus den Begriffen Empfänger (§ 2, § 5) und Erwerber (§ 3, § 4). Da jedoch die allgemeine Erlaubnis zu den verschiedenen Formen des Verkehrs für eine bestimmte Örtlichkeit erteilt ist, wird der Erwerber die erworbene Ware in seinen Gewahrsam bringen müssen.

Für die Tätigung von Abschlüssen wird dem Sinne des Bezugscheinsystems nach ein Schein nicht zu beantragen sein, erst für den jedesmaligen Abruf.

Nach dem früheren Gesetz war der Bezugschein (§ 3) nur für die Abgabe vorgeschrieben, strafbar aber war (§ 8 Abs. 2), wer ohne Bezugschein erworben oder veräußert hat.

Der Bezugschein gilt grundsätzlich nur für den Inlandverkehr. In dem Verkehr mit dem Ausland tritt an seine Stelle der Einfuhrschein und der Ausfuhrschein (siehe dort).

Bisher war ein Bezugschein für das Handelsgeschäft als solches, d. h. für den Kaufvertrag, nicht erforderlich.

Nach II (3) der nach § 13 (1) noch in Geltung befindlichen früheren Afb. sind die in dem Bezugschein angegebenen Mengen in einer einzigen Lieferung voll zu liefern und abzunehmen. Diese Bestimmung ist aber, ohne formell aufgehoben zu sein, überholt, weil die frühere Strafbestimmung gegen ihre Verletzung, nämlich, daß strafbar war „wer von den in dem Bezugschein festgesetzten Mengen oder Bedingungen abweicht", vom geltenden Gesetze nicht übernommen wurde.

Der Bezugschein muß für jeden einzelnen Fall neu beantragt werden. Die Ausstellung eines Generalbezugscheins ist unzulässig. Wenn eine Erlaubnis nach § 3 nur für einen einzelnen Fall erteilt worden ist, so ist außerdem ein Bezugschein erforderlich. Die Abgabe von Ärztemustern kann nicht auf Grund eines Bezugscheins nachgesucht werden, da der Arzt, der den Erwerb beabsichtigt, nicht die Erlaubnis zum Erwerb besitzt.

In bürgerlichrechtlicher Beziehung würde ein Erwerb oder die Veräußerung und Abgabe ohne den erforderlichen Bezugschein sich als nichtiges Rechtsgeschäft darstellen. Dasselbe gilt schon für den Kaufvertrag. § 134 BGB. besagt, daß ein Rechtsgeschäft, das gegen ein gesetzliches Verbot, das sich an beide Teile wendet, verstößt, nichtig ist, soweit sich nicht aus dem Gesetz ein anderes ergibt.

Die Lieferung ist erst nach Vorlage des Bezugscheins erlaubt. Die Kenntnis des Antrags oder die Vorlage des Antrags bei dem Lieferer zwecks Belieferung und Weitergabe des Antrags an die Opiumstelle ist nicht erlaubt. Hierzu sagt das RGA.[1]:

„Nach § 4 Abs. 1 des OpG. ist der Erwerb sowie die Veräußerung und die Abgabe von Betäubungsmitteln und deren Zubereitungen nur auf Grund eines Bezugscheins zulässig. Ausgenommen hiervon sind nur die in den Verordnungen des Reichsministers des Innern vom 1. Juli 1924 (Reichsministerialblatt 1924 Nr. 28 S. 224) und vom 20. Dezember 1929 (Reichsministerialblatt 1929 Nr. 50 S. 688) über den Fortfall der Bezugscheinpflicht aufgeführten Zubereitungen. Nach der Erfahrung der letzten Zeit scheint aber ein Teil des Großhandels dazu übergegangen zu sein, Betäubungsmittel schon dann abzugeben, wenn ihm die Apotheke einen Bezugscheinantrag vorlegt. Durch dieses Verfahren machen sich Apotheken wie Großhandel nach § 10 Abs. 1 Nr. 2 des OpG. strafbar. Es wird daher vor dem Erwerb von Betäubungsmitteln gegen Abgabe eines Bezugscheinantrags und vor der Lieferung solcher Mittel vor Erhalt des Bezugscheins gewarnt. Alle derartigen Vorfälle, die zur Kenntnis der Behörden gelangen, werden verfolgt."

Auch für die Rückgabe von Betäubungsmitteln seitens der Apotheken an den Großhandel oder für einen Umtausch ist ein Bezugschein erforderlich. Das RGA. teilt hierzu der wirtschaftlichen Vereinigung deutscher Apotheker unter dem 16. Oktober 1930 folgendes mit.:

„Wenn eine Apotheke beabsichtigt, bezugscheinpflichtige Betäubungsmittel an die Lieferfirma zurückzugeben und diese mit der Rücknahme einverstanden ist, so wird der betreffenden Lieferfirma als Erwerber auf ihren Antrag ein entsprechender Bezugschein für die Rückgabe ausgestellt. Der Bezugschein wird in diesen Fällen der Apotheke zum Nachweis der Rückgabe übersandt."

Der Bezugschein wird nicht auf den Namen des Empfängers ausgestellt, sondern auf den des Erwerbers. Nach § 2 ist über den Empfänger Auskunft zu erteilen, in das Lagerbuch ist gleichfalls der Empfänger, nicht der Erwerber, einzutragen.

[1] Apoth. Z. 1930, S. 896.

Obgleich der Erwerber Antragsteller ist, wird der Bezugschein dem Lieferer bzw. Veräußerer übersandt. Dieser hat den Bezugschein gemäß II (3) der alten Afb. aufzubewahren. Dadurch erst kann der Bezugschein seine Aufgabe voll erfüllen. Dem Lieferer dient er als Quittung über den Verbleib der Ware.

Zweifel könnten entstehen, wenn z. B. Rohopium an einen anderen Ort zur Pulverisierung versandt wird. Für diesen Fall wird man annehmen dürfen, daß nach dem Sinne des Gesetzes ein Bezugschein nicht erforderlich ist, denn der Bezugschein soll im wesentlichen einen nicht kontrollierbaren Wechsel der Verfügungsberechtigung verhindern. Handelt es sich nicht um einen Besitzwechsel, der gleichzeitig die Verfügungsberechtigung ändert, so wird man von dem Erfordernis des Bezugscheins sinngemäß Abstand nehmen (s. auch „Indenverkehrbringen“ § 10, S. 302).

Die Bezugscheine werden für den Gewerbebetrieb der Apotheke ausgestellt, nicht für die Person des Inhabers oder Leiters, der, wenn er die Leitung abgibt, den vorhandenen Bestand an Betäubungsmitteln nicht zur freien Verfügung besitzt, sondern ungekürzt seinem Nachfolger zu übertragen hat.

Zu Absatz 2:

Die Ermächtigung bezieht sich nur auf das Verfahren bei der Beantragung und Ausstellung der Bezugscheine und auf deren Form und Wortlaut, also nur auf das Formale im Umfang des Abs. 1.

Die Begründung sagt zwar, daß dem RMdI. der Erlaß von Bestimmungen über das Bezugscheinverfahren überlassen wird, die eine Verschärfung in der Beaufsichtigung des Handels und der Apotheken ermöglichen. Abgesehen davon, daß aus der Begründung keine Ermächtigung gegen den Wortlaut des Gesetzes hergeleitet werden kann, muß auch daraus, daß es sich um eine Ermächtigung des RMdI., nicht der Reichsregierung mit Zustimmung des Reichsrats, handelt, geschlossen werden, daß es sich nicht um neue materielle Vorschriften handeln kann, sondern nur um solche formeller Art.

Hierzu finden sich in der Vo. über die Bezugscheingebühr vom 10. Dezember 1930 folgende Vorschriften:

„§ 2. Die Bezugscheingebühr wird in Form einer Postfreimarke zu 25 RPf erhoben. Die Marke darf in keiner Weise entwertet sein, auch nicht durch Schriftzeichen; sie ist vom Antragsteller auf der äußersten oberen linken Ecke der Vorderseite des Bezugscheinantrages fest aufzukleben. Auf der oberen rechten Ecke der Rück-

seite des Bezugscheinantrages dürfen keine für die Erledigung des Antrags wichtigen Vermerke angebracht werden.

§ 3. Der Bezugscheinantrag ist von dem Erwerber in einem Briefumschlag unmittelbar an die Opiumstelle im Reichsgesundheitsamt einzusenden.

§ 4. Auf einem Bezugscheinantrag darf nur ein Lieferer genannt sein.

§ 5. Bezugscheinanträge, die nicht den Bestimmungen der §§ 2 bis 4 dieser Verordnung entsprechen, werden an den Antragsteller zurückgesandt."

Außerdem gelten nach § 13, 1 OpG. die den Bezugschein betreffenden Afb. vom 5. Juni 1924; sie haben folgenden Wortlaut:

II. (1) Der Bezugschein nach § 3 des Gesetzes ist für jeden im Inland erfolgenden Wechsel der Verfügungsberechtigung, ausgenommen den auf Grund schriftlicher, ärztlicher, zahnärztlicher oder tierärztlicher Anweisung erfolgenden Erwerb in Apotheken, erforderlich.

(2) Der Bezugschein ist durch den Erwerber selbst bei der Opiumstelle schriftlich zu beantragen.

(3) Der Bezugschein ist, sofern der Antragsteller nichts anderes bestimmt, von der Opiumstelle an den in dem Antrag genannten Lieferer zu übersenden. Die in dem Bezugschein angegebenen Mengen sind in einer Lieferung voll zu liefern und abzunehmen. Der Bezugschein ist durch den Lieferer zurückzubehalten und dient als Beleg für den Verbleib der von ihm abgegebenen Mengen.

Die Bestimmungen der Ziff. II (1) sind durch § 4 (1) des jetzigen Gesetzes ersetzt. Abs. 2 von Ziff. II sagt, daß der Bezugschein durch den Erwerber selbst bei der Opiumstelle schriftlich zu beantragen ist[1]. Nach § 3 der Vo. vom 10. Dezember 1930 ist der Bezugscheinantrag von dem Erwerber in einem Briefumschlag unmittelbar an die Opiumstelle einzusenden. Nach Abs. 3 ist der Bezugschein, sofern der Antragsteller nichts anderes bestimmt, von der Opiumstelle an den in dem Antrag genannten Lieferer zu übersenden. Nach § 4 der Vo. vom 10. Dezember 1930 darf auf einem Bezugscheinantrag nur ein Lieferer genannt sein. Über den weiteren Inhalt des Abs. 3 siehe oben.

Die weitere Bestimmung, daß die in dem Bezugschein angegebenen Mengen in einer Lieferung voll zu liefern und abzunehmen sind, ist mangels einer einschlägigen Strafandrohung [s. oben und bei § 10 (1) 2] gegenstandslos geworden.

---

[1] Apoth. Z. 1930, S. 896.

Weitere Afb. sind zur Zeit nicht erlassen. In dem früheren Gesetz war in § 3 angeordnet, daß in dem Antrag auch der noch vorhandene Bestand anzugeben ist. Diese Forderung ist in dem neuen Gesetz nicht enthalten. Eine Bestandsangabe kann somit zur Zeit nicht gefordert werden, abgesehen von der einzelnen Auskunftspflicht nach § 2, aber nach § 10 (1) Nr. 3 ist eine falsche Bestandsangabe strafbar. Strafbar ist ferner, wer, um einen Bezugschein zu erlangen, zur Täuschung der Opiumstelle in einem Antrage unrichtige Angaben tatsächlicher Art macht oder von einem Antrage, der unrichtige Angaben tatsächlicher Art enthält, Gebrauch macht.

Ein Vordruck mit bestimmten Fragen, die bei Stellung eines Antrags zu beantworten sind, ist nicht vorgeschrieben.

Zu Absatz 3:

Die Ausstellung des Bezugscheins kann versagt werden, wenn Art und Menge, nicht Art oder Menge einen Verdacht rechtfertigen. Es müssen also zwei Verdachtsmomente erfüllt sein.

Verdacht. Verdacht ist jede begründete Vermutung einer nicht ordnungsmäßigen Verwendung. Ein besonders gearteter oder qualifizierter Verdacht, wie er etwa in der Strafprozeßordnung § 203 für die Eröffnung des Hauptverfahrens verlangt wird, ist hier nicht erforderlich. Es genügt vielmehr jede hinreichende Vermutung, sofern diese sich auf sichere Unterlagen stützen kann. Solange bestimmte Gründe, die einen Verdacht rechtfertigen, überhaupt nicht vorliegen, kann kaum von einer „Annahme“ gesprochen werden, wie sie in § 6 Abs. 2 als Grund einer Versagung der Erteilung des Ausfuhrscheins angeführt wird.

Freilich ist auch hier zu beachten, daß das pflichtgemäße Ermessen geübt werden muß. Ohne irgendwelche Anhaltspunkte einzuschreiten, würde eine Verletzung des pflichtmäßigen Ermessens bedeuten[1]. An das pflichtgemäße Ermessen des Beamten wird man bei der Frage, ob Verdacht vorliegt oder nicht, größere Anforderungen stellen müssen als bei „Annahme“ des § 6.

Auch hier fehlt jede Beschwerdeinstanz. Der etwa Beschwerte ist auf die Dienstaufsichtsbeschwerde an das RMdI. evtl. auf die Geltendmachung des zivilrechtlichen Schadensersatzanspruchs (§ 839 BGB.) angewiesen.

„In einer Weise verwendet werden sollen“ — . . .: gemeint ist wohl „zu einem Zweck“ verwendet werden sollen, denn über die Art und Weise, den Modus der Verwendung ist in dem Gesetz

[1] Siehe hierzu Jur. Woch. 1930, H. 5, S. 338.

oder in den Afb. nichts gesagt. Hier ist der Begriff „verwenden“ weiter auszulegen als die Verwendung zu arzneilichen Zwecken in den Afb. zu § 8. Ferner muß ein Verdacht bestehen, daß eine Verwendung mit dem Gesetz, d. h. mit dem Wortlaut des Gesetzes und der Afb. nicht im Einklang steht. Ein allgemeiner, nicht konkretisierter Verdacht, der Absicht des Gesetzes zuwiderzuhandeln, dürfte nicht genügen.

Die Begründung spricht von Grundsätzen, nach denen die Opiumstelle sich bei der Ablehnung leiten läßt. Aber weder das Gesetz noch die Begründung enthalten derartige Grundsätze.

Die Berechtigung, die beantragten Mengen zu kürzen, ist der Opiumstelle erteilt, auch wenn ein Verdacht der genannten Art nicht vorliegt. Die Kürzung kann z. B. vorgenommen werden, wenn eine gegenüber dem üblichen Verbrauch zu vermutende Anhäufung von Vorräten vorliegt.

Nach einer Mitteilung des RGA. vom 6. August 1925[1] ist die Opiumstelle angewiesen, auf Antrag Bezugscheine für Mengen auszustellen, die voraussichtlich für ein halbes Jahr ausreichen. Die Höhe dieser Menge wird im Zweifelsfall bemessen durch die Durchschnittsbezüge in den Vorjahren. Reicht diese Menge für den rechtmäßigen Bedarf nicht aus, so empfiehlt es sich, der Opiumstelle freiwillig Gründe für die Mehrforderung mit den nötigen Bescheinigungen und Belegen anzugeben.

Bezugscheinanträge, die nicht den Bestimmungen der Vo. vom 10. Dezember 1930 entsprechen, sind von der Opiumstelle an den Antragsteller zurückzusenden.

Die Opiumstelle hat die hauptsächlichsten Punkte, wegen deren ihr die Abfertigung eines Bezugscheinantrags nicht möglich ist, wie folgt zusammengestellt:

1. ohne Gebührenmarke (nicht entwertete Postfreimarke zu 25 RPf) eingegangen,
2. mit entwerteter Gebührenmarke eingegangen,
3. Angabe des vorhandenen Bestandes der beantragten Betäubungsmittel fehlt,
4. mehrere Lieferer auf dem Antrage genannt,
5. unvollständig oder zweifelhaft gestellt,
6. eine Lieferfirma nicht angegeben,
7. die Unterschrift fehlt,
8. nicht vom Erwerber selbst beantragt,
9. Art oder Menge oder Einzeldosierung der beantragten Zubereitungen nicht angegeben,

[1] Urban: Apothekengesetze, S. 133.

10. die angegebene Lieferfirma ist nicht zur Abgabe der beantragten Betäubungsmittel berechtigt,

11. für rezepturmäßig herzustellende Zubereitungen (Pillen, Pulver, Zäpfchen usw.) Bezugscheine werden nicht erteilt,

12. Antrag nicht von der Stammapotheke gestellt,

13. das beantragte Arzneimittel unterliegt nicht der Bezugscheinpflicht,

14. ohne Begründung des Bedarfs weitere Freigaben einstweilen nicht angängig,

15. nicht der Verordnung über Erhebung einer Bezugscheingebühr entsprechend gestellt:

a) die obere rechte Ecke der Rückseite des Antrags enthält wichtige Vermerke,

b) Antrag ist nicht mit einer Postfreimarke zu 25 RPf versehen,

c) die Marke ist nicht entsprechend der Vorschrift des § 2 der Vo. angebracht,

d) der Antrag ist nicht unmittelbar vom Antragsteller an die Opiumstelle gesandt worden.

Zu Absatz 4:

Während die Kontrolle durch den Bezugschein vorbeugend wirken soll, ist die Listenkontrolle überwachend. Durch sie kann nachträglich die Menge einer Zubereitung festgestellt werden, über deren Verbleib der Erwerber sich ausweisen muß. Die Bezugscheinkontrolle wird nur im Deutschen Reich ausgeübt.

Die Befreiung von der Bezugscheinpflicht ist nur für Zubereitungen, nicht auch für Stoffe, vorgesehen.

Durch die nachfolgende, unter dem 21. September 1931 erlassene Verordnung über den Fortfall der Bezugscheinpflicht bei Betäubungsmitteln[1] werden die früheren Vo. dieser Art vom 1. Juli 1924 und vom 20. Dezember 1929 aufgehoben.

§ 1. In den Fällen, in denen nach § 4 Abs. 1 des Opiumgesetzes für den Erwerb, die Veräußerung und die Abgabe von Betäubungsmitteln ein Bezugschein erforderlich ist, bedarf es für die in der Anlage aufgeführten Zubereitungen des Bezugscheins nicht. Die Veräußerung, die Abgabe und der Erwerb dieser Zubereitungen ist jedoch nur Personen, die eine Erlaubnis nach § 3 Abs. 1 des Opiumgesetzes besitzen, sowie Apotheken und behördlich genehmigten tierärztlichen Hausapotheken gestattet.

---

[1] Linz: Apoth. Z. 1931, S. 1242.

Der zweite Satz bezieht sich nur auf die Fälle, in denen bisher ein Bezugschein erforderlich war; selbstverständlich ist in den in § 4 (1) vorgesehenen Fällen, in denen schon bisher kein Bezugschein nötig war, die Abgabe erlaubt, nämlich die Abgabe und der entsprechende Erwerb aus Apotheken auf Grund einer Verschreibung, oder die Abgabe aus ärztlichen oder tierärztlichen Hausapotheken oder von dispensierenden Tierärzten.

Die Frage, wie sich der Großhandel einwandfrei davon überzeugen soll, ob die erwerbende Person tatsächlich die erforderliche Erlaubnis besitzt, wurde vom RGA. folgendermaßen beantwortet[1].

„Um sicher zu sein, daß eine Firma, welche mit bezugscheinfreien Zubereitungen von Betäubungsmitteln beliefert werden will, auch im Besitze der vorgeschriebenen Erlaubnis ist, empfiehlt es sich, Lieferungen nur an solche Kunden vorzunehmen, an welche auch sonst Betäubungsmittel, welche nur gegen Bezugschein gehandelt werden dürfen, abgegeben werden. In Zweifelsfällen wäre eine Kontrolle so herbeizuführen, daß sich die Lieferfirma von der bestellenden Firma den Erlaubnisschein oder eine beglaubigte Abschrift desselben vorlegen läßt. Keinesfalls aber dürfen bezugscheinfreie Zubereitungen auf eine einfache Bestellung hin abgegeben werden, ohne daß die Gewißheit vorliegt, daß die bestellende Firma bezugsberechtigt ist.“

§ 2 (1). Wer vermöge der ihm erteilten Erlaubnis die in der Anlage aufgeführten Zubereitungen veräußert oder abgibt, hat dem Reichsgesundheitsamt (Opiumstelle) innerhalb des ersten Monats des auf die Veräußerung oder die Abgabe folgenden Kalendervierteljahrs eine Aufstellung über die im vergangenen Kalendervierteljahre veräußerten oder abgegebenen Zubereitungen zu übersenden. Die Aufstellung ist nach den einzelnen Empfängern und Zubereitungen zu ordnen. Aus der Aufstellung müssen die Empfänger und die im Kalendervierteljahr an den einzelnen Empfänger veräußerten oder abgegebenen Mengen der Zubereitungen zu ersehen sein.

(2). Die Verpflichtung nach Abs. 1 zur Anzeige an das Reichsgesundheitsamt (Opiumstelle) bezieht sich nicht auf die Veräußerung oder Abgabe der Zubereitungen an Apotheken, behördlich genehmigte tierärztliche Hausapotheken und solche Tierärzte, die eine Erlaubnis nach § 3 Abs. 1 des Opiumgesetzes besitzen.

Damit wird die unmittelbare Überwachung des Verbleibs dieser Zubereitungen bei den Großhändlern und des Bezugs durch die Arzneiabgabestellen aufgegeben. Eine etwa notwendig werdende Nachprüfung ist möglich durch das Lagerbuch des Lieferers und dadurch, daß die Rechnungen über die erworbenen Zubereitungen nach § 44 HGB. aufzubewahren sind. An der Überwachung

[1] Pharm. Z. 1930, S. 224.

der Abgabe aus den Apotheken usw. durch die Betäubungsmittelbücher und die Zurückhaltung der Verschreibungen wird nichts geändert.

§ 3. Wer vermöge der ihm erteilten Erlaubnis zur Veräußerung oder Abgabe der in der Anlage aufgeführten Zubereitungen berechtigt ist, aber innerhalb eines Kalendervierteljahrs keine dieser Zubereitungen veräußert oder abgegeben hat, ist verpflichtet, dem Reichsgesundheitsamt (Opiumstelle) innerhalb des ersten Monats des folgenden Kalendervierteljahrs Fehlanzeige zu erstatten.

Die Forderung, eine Fehlanzeige zu erstatten, ist, wenn ihre Rechtmäßigkeit aus § 4 (4) bezweifelt werden sollte, als eine Auskunftspflicht nach § 2 (2) anzusehen.

§ 4. Im übrigen finden die Bestimmungen des Opiumgesetzes und der auf Grund desselben erlassenen Bestimmungen auch auf die in der Anlage aufgeführten Zubereitungen Anwendung.

Die Freistellung des Erwerbs und der Veräußerung von dem Bezugschein hat keinerlei Rückwirkung auf die notwendige allgemeine Erlaubnis nach § 3 oder auf die in allen Fällen erforderliche Vorlage einer ärztlichen usw. Verschreibung in den Apotheken. Für Erwerb und Abgabe betäubungsmittelhaltiger Arzneien in den Apotheken usw. ersetzt die ärztliche usw. Verschreibung (s. § 8) den Bezugschein. Die Pflicht zur Führung des Lagerbuchs und der Auskunft bleibt für die bezugscheinfreien Zubereitungen ungemindert bestehen, ebenso die Bestimmungen über Einfuhr und Ausfuhr, Etikettierung usw.

Verzeichnis der bezugscheinfreien Zubereitungen.

I.

Morphin-Atropin-Ampullen,

die in 1 ccm der Lösung enthalten

neben 0,01 g Morphinum hydrochloricum mindestens 0,0002 g Atropinum sulfuricum

oder

neben 0,015 g Morphinum hydrochloricum mindestens 0,0003 g Atropinum sulfuricum

oder

neben 0,02 g Morphinum hydrochloricum mindestens 0,0004 g Atropinum sulfuricum

oder

neben 0,03 g Morphinum hydrochloricum mindestens 0,0005 g Atropinum sulfuricum.

Morphin-Atropin-Tabletten,
die enthalten

neben 0,01 g Morphinum hydrochloricum mindestens 0,0002 g Atropinum sulfuricum

oder

neben 0,015 g Morphinum hydrochloricum mindestens 0,0003 g Atropinum sulfuricum

oder

neben 0,02 g Morphinum hydrochloricum mindestens 0,0004 g Atropinum sulfuricum

oder

neben 0,03 g Morphinum hydrochloricum mindestens 0,0005 g Atropinum sulfuricum.

Laudanon-Atropin-Ampullen
mit einem Gehalt von

0,02 g Laudanon und 0,0005 g Atropinum sulfuricum in 1 ccm der Lösung.

Dilaudid-Atropin-Ampullen
mit einem Gehalt von

0,002 g Dilaudid hydrochloricum und 0,0003 g Atropinum sulfuricum in 1 ccm der Lösung.

Holopon-Atropin-Ampullen und Holopon-Atropin-Lösung
mit einem Gehalt von

0,05 g Holopon siccum und 0,001 g Atropinum sulfuricum in 1 ccm der Lösung.

Pantopon-Atrinal-Ampullen
mit einem Gehalt von

0,01 g Pantopon und 0,001 g Atrinal in 1 ccm der Lösung.

Spasmalgin-Tabletten
mit einem Gehalt von

0,01 g Pantopon, 0,001 g Atrinal und 0,02 g Papaverinum hydrochloricum in jeder Tablette.

Spasmalgin-Ampullen
mit einem Gehalt von

0,01 g Pantopon, 0,001 g Atrinal und 0,02 g Papaverinum hydrochloricum in 1 ccm der Lösung.

II.

Morphin-Skopolamin-Ampullen,
die in 1 ccm der Lösung enthalten

neben 0,01 g Morphinum hydrochloricum mindestens 0,0002 g Scopolaminum hydrobromicum

oder

neben 0,015 g Morphinum hydrochloricum mindestens 0,0003 g Scopolaminum hydrobromicum

oder

neben 0,02 g Morphinum hydrochloricum mindestens 0,0004 g Scopolaminum hydrobromicum

oder

neben 0,03 g Morphinum hydrochloricum mindestens 0,0005 g Scopolaminum hydrobromicum.

Morphin-Skopolamin-Tabletten,
die enthalten

neben 0,01 g Morphinum hydrochloricum mindestens 0,0002 g Scopolaminum hydrobromicum

oder

neben 0,015 g Morphinum hydrochloricum mindestens 0,0003 g Scopolaminum hydrobromicum

oder

neben 0,02 g Morphinum hydrochloricum mindestens 0,0004 g Scopolaminum hydrobromicum

oder

neben 0,03 g Morphinum hydrochloricum mindestens 0,0005 g Scopolaminum hydrobromicum.

Laudanon-Skopolamin-Ampullen
mit einem Gehalt von

0,04 g Laudanon und 0,0004 g Scopolaminum hydrobromicum in 1 ccm der Lösung.

Dilaudid-Skopolamin-Ampullen
mit einem Gehalt von

0,002 g Dilaudid hydrochloricum und 0,0003 g Scopolaminum hydrobromicum in 1 ccm der Lösung.

Holopon-Skopolamin-Ampullen
mit einem Gehalt von

0,05 g Holopon siccum und 0,0003 g Scopolaminum hydrobromicum in 1 ccm der Lösung.

Eukodal-Skopolamin-Ephetonin-Ampullen
mit einem Gehalt von

0,01 g Eukodal, 0,0005 g Scopolaminum hydrobromicum und 0,025 g Ephetonin

oder

0,02 g Eukodal, 0,001 g Scopolaminum hydrobromicum und 0,05 g Ephetonin
in 1 ccm der Lösung.

Narcophin-Skopolamin-Ampullen
mit einem Gehalt von

0,03 g Narcophin und 0,0003 g Scopolaminum hydrobromicum in 1 ccm der Lösung.

Laudopan-Skopolamin-Ampullen
mit einem Gehalt von

0,04 g Laudopan und 0,0004 g Scopolaminum hydrobromicum

oder

0,06 g Laudopan und 0,0006 g Scopolaminum hydrobromicum
in 1 ccm der Lösung.

Pantopon-Skopolamin-Ampullen
mit einem Gehalt von

0,02 g Pantopon und 0,0003 g Scopolaminum hydrobromicum

oder

0,04 g Pantopon und 0,0006 g Scopolaminum hydrobromicum
in 1 ccm der Lösung.

III.

Amnesinampullen
mit einem Gehalt von

0,012 g milchsauren Morphin-Narcotin und 0,2 g Chininum dihydrochloricum carbamidatum in 1 ccm der Lösung.

Assanoltabletten
mit einem Gehalt von

0,00025 g Morphinum hydrochloricum und unter anderem 0,00125 g Pilocarpinum hydrochloricum in jeder Tablette.

Asthma-Inhaliermittel
mit einem Gehalt von

höchstens 0,1 g Kokainsalz und mindestens 0,01 g Atropinsalz in 10 g der Lösung.

Cardiazol-Dicodid-Tropfen
mit einem Gehalt von
0,005 g Dicodid hydrochloricum und 0,1 g Cardiazol in 1 ccm der Lösung.

Compretten Acidum acetylo-salicylicum cum Eukodal
mit einem Gehalt von
0,003 g Eukodal und 0,3 g Acidum acetylo-salicylicum in jeder Comprette.

Tabletten Tinctura antidiarrhoica
mit einem Gehalt von
5 Tropfen Tinctura Opii simplex und unter anderem 2 Tropfen Tinctura Strychni in jeder Tablette.

Digimorvaltabletten
mit einem Gehalt von
0,005 g Morphinum hydrochloricum und unter anderem 0,05 g Folia Digitalis in jeder Tablette.

Eukodaltabletten mit Brechwurzelzusatz
mit einem Gehalt von
0,005 g Eukodal und 0,022 g Radix Ipecacuanhae in jeder Tablette.

Kokain-Atropin Augen-Tabletten
mit einem Gehalt von höchstens
0,0003 g Cocainum hydrochloricum und mindestens 0,0003 g Atropinum sulfuricum in jeder Tablette.

Neurophyllinpillen
mit einem Gehalt von
0,05 g Opium und unter anderem Podophyllin, Extractum Cascarae Sagradae, Extractum Aloes in jeder Pille.

Pulvis Ipecacuanhae opiatus D. A. B. VI
— Pulvis Doveri P. I. —
auch in Tabletten.

IV.

Extractum Cannabis.
Tinctura Cannabis.
(Gemeint sind Ind. Hanfextrakt und -tinktur.)

Strafandrohungen s. die Ausführungen zu § 10 (1) 2, 3 S. 304; wegen Verletzung der nach Abs. 2 und 4 ergangenen Afb. siehe § 10 (1) 6.

Der Versuch ist strafbar § 10 (2). In den Fällen des § 10 (1) 2, 3 wird Fahrlässigkeit nach § 10 (3) als Vergehen bestraft, im Falle des § 10 (1) 6, d. h. fahrlässige Zuwiderhandlung gegen die nach § 4 (2) und (4) erlassenen Afb. als Übertretung im Sinne des § 10 (3).

Die Zurücksendung des Antrags an den Antragsteller (§ 5 der Vo. vom 10. Dezember 1930) ist für die Bestrafung ohne Belang. Es kommt darauf an, ob bereits vor der Zurücksendung die Straftat vollendet war. War dies der Fall, so kann die nachträgliche Zurücksendung nichts an dem vollendeten Vergehen ändern. Auch ein Rücktritt vom Versuch im Sinne des § 46, Nr. 1 StGB. kommt nicht in Frage, weil dort vorausgesetzt ist, daß der Täter die Ausführung der beabsichtigten Handlung freiwillig aufgegeben hat, d. h. ohne daß er durch solche Umstände an der Ausführung gehindert worden war, welche von seinem Willen unabhängig waren.

Für die Nichtbefolgung der Vorschriften der früheren Afb. II Abs. 2 und Abs. 3, Satz 2, bestehen zur Zeit keine Strafandrohungen, da die früheren Afb. schon nach dem Wortlaut des § 10 OpG. von diesem nicht subsumiert werden (nulla poena sine lege § 2 StGB.).

§ 5.

(1) Wer eine Erlaubnis gemäß § 3 erhalten hat, ist verpflichtet, ein Lagerbuch zu führen, in dem der Eingang und Ausgang sowie die Verarbeitung für jeden der Stoffe und Zubereitungen einzeln und nach Tag und Menge gesondert zu vermerken ist. Aus den Eintragungen über Eingang und Ausgang müssen auch Namen und Wohnort der Lieferer und Empfänger ersichtlich sein.

(2) Die Reichsregierung kann mit Zustimmung des Reichsrats bestimmen, ob und inwieweit Ausnahmen von den Vorschriften des Abs. 1 zugelassen werden können und inwieweit die Vorschriften des Abs. 1 auch auf Apotheken sowie behördlich genehmigte ärztliche und tierärztliche Hausapotheken Anwendung finden sollen.

Die Forderung eines Lagerbuches findet sich in H.C. Art. 10c, ferner sind grundlegend G.C. Art. 6, 9, 22. Die Verpflichtung des in § 5 vorgesehenen Lagerbuches geht auf die ratio des Gesetzes zurück, tunlichst vollkommene Kontrollmöglichkeiten über den Verbleib der gelieferten Betäubungsmittel zu schaffen. Verpflichtet zur Führung des Lagerbuchs sind alle Personen, denen die Erlaubnis nach § 3 erteilt worden ist. Für den Inhaber eines Großunternehmens, welcher keines seiner Bücher selbst führt, oder für den Direktor einer Aktiengesellschaft ergibt sich die Verpflichtung, für Einrichtung, Führung und Überwachung des Lagerbuchs Vorsorge zu treffen. Eine Möglichkeit, öffentlich-rechtliche Pflichten kraft Vereinbarung auf andere selbständig arbeitende Personen zu übertragen, ist, von Ausnahmefällen abgesehen, unzulässig. Der Direktor einer Aktiengesellschaft ist grundsätzlich strafrechtlich verantwortlich. Das wird aber nach dem Grundsatz der Personalität und mangels Verschuldens (Fehlen von Vorsatz, sofern nicht grobe Fahrlässigkeit des Geschäftsinhabers vorliegt) nicht der Fall sein, wenn der gesamte Zweig dieser Geschäfte in der Hand eines selbständig arbeitenden Stellvertreters liegt. S. auch § 912 RVO., wo gesagt ist, daß, soweit auf Grund der Reichsversicherungsordnung Unternehmer mit Strafe bedroht sind, bei einer Aktiengesellschaft den Unternehmern gleichstehen die Mitglieder des Vorstandes, bei einer G. m. b. H. die Geschäftsführer, bei einer offenen Handelsgesellschaft die persönlich haftenden Gesellschafter, die Liquidatoren einer Handelsgesellschaft usw. Siehe auch § 3, 1 bei „Personen“. Das Reichsgericht hat sich in einer Entscheidung 2 D. 356/29 [1] auf den Standpunkt gestellt, daß der Geschäftsinhaber sich auf die Sachkunde und Zuverlässigkeit seines Buchrevisors verlassen konnte. Es hat einen entschuldbaren Tatsachenirrtum angenommen. Freilich darf der Irrtum nicht auf Fahrlässigkeit des Geschäftsherrn beruhen. Siehe Näheres zur Irrtumslehre S. 275.

Eine ähnliche Verpflichtung zur Buchführung folgt aus § 163 RAbgO. und den dazu gehörigen Strafbestimmungen des § 377 RAbgO. Siehe auch § 191 RAbgO.

§ 151 RGO. trifft nicht zu. Es handelt sich nicht um Übertretung polizeilicher Vorschriften, sondern um Vergehen gegen ein Reichsgesetz. Grundsätzlich sind Analogien im Strafrecht unzulässig.

Die bisherige Forderung, daß in dem Lagerbuch für jeden der Stoffe und Zubereitungen auch der Bestand gesondert und nach Art und Menge zu vermerken ist, ist fallen gelassen worden, weil es sich als unmöglich herausgestellt hat, jeden Tag den Bestand anzugeben, und weil eine Notwendigkeit für diese Maßregel nicht geboten erschien.

[1] Jur. Woch. 1930, S. 2710.

Diejenigen Tierärzte, die sog. selbst dispensierenden, die eine Erlaubnis zum Erwerb, zur Verarbeitung und Abgabe erhalten haben, fallen grundsätzlich unter die Verpflichtung, ein Lagerbuch zu führen. Die Ausnahmen nach Abs. 2 stellen darauf ab, ihnen eine vereinfachte Lagerbuchhaltung vorschreiben zu können. Gleichzeitig ist durch den Abs. 2 eine Voraussetzung geschaffen, um eine, wie die Begründung es vorsieht, vereinfachte Lagerbuchhaltung den Apotheken, ärztlichen und tierärztlichen Hausapotheken zu ermöglichen, denn diese fallen, da sie keiner allgemeinen Erlaubnis nach § 3 bedürfen, nicht unter den Kreis der in Abs. 1 erfaßten Personen; die hierzu ergangenen Afb. siehe bei § 8, wo auch die Muster für diese Lagerbücher abgedruckt sind.

Da die buchmäßige Kontrolle über den Verbleib der Betäubungsmittel durch das Lagerbuch erbracht ist, dürfte eine Eintragung in das Giftbuch nach den Vorschriften über den Handel mit Giften[1] (s. S. 342) entbehrlich sein.

Beachtlich ist, daß für jeden der Stoffe und jede Zubereitung eine gesonderte Buchführung erforderlich ist, und daß auch die Verarbeitung von Betäubungsmitteln im eigenen Betrieb in das Lagerbuch einzutragen ist. Auch die ohne Bezugschein erfolgende Verlagerung ohne Besitzübertragung, z. B. der Versand zu Zwecken der Analyse oder Verarbeitung, ist eintragungspflichtig, da sonst eine wirksame Kontrolle der Lagerbestände nicht möglich wäre (Amtsger. Stuttgart I. B. 12 C. 2558/27). Abschnitt VI der Afb. vom 5. Juni 1924, der nach § 13 (1) noch weiterhin gilt, erläutert, daß insbesondere auch die Personen, die Betäubungsmittel zu wissenschaftlichen Zwecken erwerben, Aufzeichnungen über ihre Verwendung zu machen haben. Zweckmäßig ist es, wenn in dem Lagerbuch neben dem Namen und Wohnort der Lieferer und Empfänger auch die Nummer des Bezugscheins und des Einfuhr- oder Ausfuhrscheins vermerkt wird.

Eingang und Ausgang: Unter „Eingang" ist jede tatsächliche Erlangung der Verfügungsgewalt zu verstehen, und zwar ist der Eingang erfolgt, wenn die in Frage kommenden Betäubungsmittel in die dem Erlaubnisinhaber gehörenden oder zur Verfügung stehenden Räume gelangt sind, gegebenenfalls auch Irrläufer.

Dementsprechend bedeutet „Ausgang" die Entfernung der in Rede stehenden Stoffe und Zubereitungen aus diesen Räumen und Verlust der tatsächlichen Verfügung. Unter „Ausgang" fallen auch zerstörte oder gestohlene Betäubungsmittel.

---

[1] Urban: Apothekenges. S. 243ff.

Lieferer und Empfänger: Einzutragen sind Lieferer und Empfänger, nicht Erwerber und Veräußerer. In das Lagerbuch sind also alle Fälle der örtlichen Verlagerung einzutragen, nicht aber auch die Eigentumsübertragungen. Wenn die Ware des Erwerbers bei dem Veräußerer verbleibt, so ist naturgemäß eine Eintragung in das Lagerbuch nicht erforderlich; erst wenn eine Änderung des Lagerbestandes eintritt, ist die Eintragung zu machen.

Nach II (3) der noch geltenden Afb. zum früheren OpG. vom 5. Juni 1925 ist der Bezugschein durch den Lieferer zurückzubehalten und dient als Beleg für den Verbleib der von ihm abgegebenen Menge. Die Bezugscheine sind demnach die Belegstücke für die Eintragungen in das Lagerbuch. Da aber in dem Bezugschein der Erwerber angegeben ist und in dem Lagerbuch der Empfänger, so kann möglicherweise einmal eine Nichtübereinstimmung beider Angaben entstehen.

Über Lieferer und Empfänger siehe § 2 (1).

Strafandrohung gegen Unterlassung der Lagerbuchführung oder unrichtige oder unvollständige Eintragungen siehe § 10 (1) 8; für Verstöße gegen die Afb. siehe § 10 (1) 5.

Fahrlässigkeit siehe § 10 (3).

Für Apotheken und Hausapotheken sollte aber trotz § 10 (1) Nr. 5 eine Straffälligkeit auch nur aus § 10 (1) Nr. 8 in Frage kommen, denn die strafbare Tat ist Verletzung der in § 5 Abs. 1 näher umschriebenen Lagerbuchpflicht. Mit Recht ist gemäß § 10 Abs. 2 der Versuch eines Verstoßes gegen die Bestimmungen von § 10 (1) Nr. 8 nicht strafbar, weil ein Versuch im vorliegenden Falle wohl kaum denkbar ist; in jedem Falle würde ein möglicher Versuch einer Zuwiderhandlung gegen § 5 Abs. 1 straflos bleiben.

Wenn der Versuch im Falle des § 5 (1) nicht strafbar ist, so sollte er es auch nicht im Falle des § 5 (2) sein, der ja nichts anderes als die Ausdehnung des § 5 (1) auf andere als dort genannte Personen vorsieht, aber keinen neuen materiellen Inhalt hat.

§ 6.

(1) Durch eine mit Zustimmung des Reichsrats ergehende Verordnung der Reichsregierung werden die Bedingungen festgesetzt, unter denen die Einfuhr, Durchfuhr und Ausfuhr der Stoffe und Zubereitungen erfolgen darf.

(2) Die Genehmigung zur Einfuhr und Ausfuhr der Stoffe und Zubereitungen ist in jedem Falle beim Reichsgesundheitsamt durch den Antrag auf Erteilung eines Einfuhr- oder Ausfuhrscheins nachzusuchen. Das Reichsgesundheitsamt kann die Erteilung des Ausfuhrscheins versagen, wenn die Annahme berechtigt erscheint, daß die Stoffe und Zubereitungen, deren Ausfuhr beantragt wird, nicht zu medizinischen oder wissenschaftlichen Zwecken bestimmt sind.

(3) Der Reichsminister des Innern kann bestimmen, daß die Einfuhr, Durchfuhr und Ausfuhr nur über bestimmte Orte zulässig ist.

(4) Die Einfuhr und Ausfuhr ist dem Reichsgesundheitsamt nachzuweisen.

Die Kontrolle der Einfuhr, Ausfuhr und Durchfuhr ist auf Grund von H.C. Art. 2, 3, 4, 13, 14, besonders aber auf Grund von G.C. Art. 5, 11 und Kap. V (Kontrolle des internationalen Handels) vorgesehen.

Im § 6 sind die die Ein- und Ausfuhr betreffenden Bestimmungen zusammengefaßt. Nach dem bisherigen Wortlaut sowohl des OpG. als auch seiner Afb. ist die Tätigkeit des RGA. hinsichtlich der Erteilung der Ein- und Ausfuhrscheine mehr registrierender Art gewesen. Das RGA. hatte allerdings schon bisher die Ausstellung von Ausfuhrscheinen versagt, wenn anzunehmen war, daß die Stoffe und Zubereitungen, deren Ausfuhr beantragt wurde, nicht zu medizinischen oder wissenschaftlichen Zwecken bestimmt seien. Eine eindeutige Rechtsunterlage hierfür hat aber nicht bestanden. Diese ist nunmehr durch die dem RGA. ausdrücklich erteilte Ermächtigung, Ausfuhrscheine — nicht aber Einfuhrscheine — versagen zu können, geschaffen worden. Die im § 5 Abs. 2 des früheren OpG. enthaltene Vorschrift, wonach die Ausfuhr nur unter Beachtung der Bestimmungen zulässig ist, die von dem Einfuhrlande getroffen sind, ist fortgefallen, nachdem das Genfer Abkommen für das Verfahren der Ausfuhr bis ins kleinste gehende Bestimmungen getroffen hat.

Nach § 5 Abs. 1 des früheren OpG. ist die Einfuhr und Ausfuhr der Betäubungsmittel nur über bestimmte Orte zulässig gewesen, die der Reichsminister des Innern bestimmt hatte. Nach G.C. ist das Deutsche Reich nur verpflichtet, die Ein- und Ausfuhr von Rohopium und von Kokablättern über bestimmte Orte zu leiten. Deshalb ist in dem vorliegenden Gesetz lediglich vorgesehen, daß der Reichsminister des Innern bestimmen kann, daß die Einfuhr, Durchfuhr und Ausfuhr nur über bestimmte Orte zulässig ist. Eine Afb. hierzu ist nicht ergangen. Siehe hierzu S. 136 unter 2. Über Durchfuhr im Luftverkehr s. G.C. Art. 15, 3.

Während § 3 die Forderung einer allgemeinen Erlaubnis zur Einfuhr und Ausfuhr enthält, geben § 6 und die dazugehörigen Afb. die Bedingungen an, unter denen die Einfuhr und Ausfuhr im Einzelfalle erfolgen darf.

Entsprechend der durch G.C. geschaffenen Bedingungen ist die Kontrolle des internationalen Verkehrs auch auf die Durchfuhr ausgedehnt worden. Für die Durchfuhr, also den Verkehr vom Ausland nach dem Ausland, kommt die Erlaubnis nach § 3 nicht in Frage, wohl aber unterliegt sie der Aufsicht nach § 2, und auch die Durchfuhr ist an bestimmte Bedingungen gebunden.

Das wesentlichste Erfordernis für die Einfuhr und Ausfuhr ist die Ausstellung eines bei dem RGA. für jeden einzelnen Fall zu beantragenden Scheines, der nicht übertragbar ist. Für die Durchfuhr ist ein solcher Schein nicht vorgesehen, an seine Stelle tritt die Zweitschrift der Ausfuhrgenehmigung (autorisation G.C. — Ausfuhrschein nach OpG.) des Exportlandes, die die Ware begleitet; die Formalitäten der Durchfuhr und der etwaigen Umleitung sind in Art. 15 G.C. ausführlich behandelt.

Der Genehmigungsakt des § 6 als solcher gehört dem öffentlichen Recht an, weil durch ihn die Zuständigkeit der Verwaltungsbehörden begründet ist. Nicht aber handelt es sich um einen bürgerlich-rechtlichen Anspruch, welcher gemäß § 13 GVG. der Entscheidung der ordentlichen Gerichte unterliegt. Indes ist auch hier der Rechtsbehelf des § 839 BGB. in Verbindung mit Art. 113 RVerf. (Schadensersatzklage gegen den Beamten) gegeben.

Dem RGA. ist ausdrücklich nur die Vollmacht gegeben worden, die Erteilung des Ausfuhrscheins zu versagen, nicht aber auch des Einfuhrscheins. Jede zur Einfuhr zugelassene Person (§ 3) hat daher das Recht, die Einfuhr von Betäubungsmitteln aus dem Auslande zu verlangen. Die Einfuhr, außer von Rohstoffen, könnte sehr wohl grundsätzlich verboten werden, was auch nicht dem beabsichtigt gewesenen internationalen Abkommen zur Abschaffung der Ein- und Ausfuhrverbote und -beschränkungen (Gesetz vom 17. Oktober 1929, RGBl. II, S. 649, Außerkraftsetzung s. Bek. vom 5. Juli 1930, RGBl. II, S. 959) widersprochen hätte. Nach dem Art. 4 dieses Abkommens werden u. a. Verbote oder Beschränkungen zum Schutze der öffentlichen Gesundheit nicht untersagt, jedoch unter der Bedingung, daß sie nicht als Mittel willkürlicher Diskriminierung zwischen fremden Ländern benutzt werden, in denen die gleichen Verhältnisse vorliegen, und daß sie keine verschleierte Beschränkung des internationalen Warenaustausches darstellen.

Es sei darauf hingewiesen, daß außerhalb der Opiumgesetzgebung die Möglichkeit eines Einfuhrverbotes durch § 2 VZollG. vom 1. Juli 1869 gegeben ist. Danach können Ausnahmen von dem allgemeinen Grundsatz der Einfuhrfreiheit aus gesundheitspolizeilichen Rücksichten angeordnet werden.

Die Frage der Einfuhr von Betäubungsmitteln in Substanz in ein Land, das selbst solche herstellt, wird durch das in Bearbeitung befindliche internationale Abkommen über die Beschränkung der Herstellung von Betäubungsmitteln entschieden werden.

Um Mißverständnisse zu vermeiden, muß auf den willkürlichen Wechsel der Ausdrucksweise in G.C. einerseits und dem Gesetz und den Afb. andrerseits hingewiesen werden. In G.C. bezeichnet „Genehmigung" ein Papier, im OpG. dagegen den Erlaubnisakt, und in Afb. wird mit „Genehmigung" sowohl die Erlaubnis als solche wie auch ein Papier bezeichnet, aber in G.C. und den Afb. werden zwei verschiedene Papiere darunter verstanden.

In G.C., Kap. V, Kontrolle des internationalen Handels, ist die Rede von „autorisation", im deutschen Text „Genehmigung", die für jede Einfuhr und Ausfuhr gegeben werden soll. Dieses Genehmigungspapier wird in dem Gesetz und der Afb. als „Einfuhrschein" und „Ausfuhrschein" bezeichnet, während in G.C. Art. 13 unter „Einfuhrschein" (certificat d'importation) das Papier verstanden wird, das nach § 12 (1)d der Afb. zu § 6 als „Einfuhrgenehmigung" bezeichnet wird, in welcher „bescheinigt" wird, daß RGA. die Einfuhr genehmigt hat. Was also in dem Abkommen als „Genehmigung" bezeichnet wird, heißt im Gesetz „Schein", und was dort als „Schein" bezeichnet wird, heißt hier „Genehmigung". Da nach G.C. Art. 15 eine Durchfuhr nur erlaubt ist, wenn eine Abschrift der Ausfuhrgenehmigung, also nach OpG. des Ausfuhrscheins, vorgelegt wird, können möglicherweise aus dieser Umstellung der Begriffe Unstimmigkeiten entstehen. Jedenfalls ist zum Verständnis der Afb. betreffend die Durchfuhr zu beachten, daß auch hier eine Umkehrung der in der Konvention festgelegten Begriffe vorgenommen wurde.

Angesichts dieser Umstände wäre es nützlich, wenn auf den für das Ausland bestimmten Papieren die international gebrauchten Worte angeführt würden.

Die Afb. enthalten alle in G.C. vorgeschriebenen Kontrollmaßnahmen für Einfuhr, Durchfuhr und Ausfuhr und noch weitere über die internationalen Abmachungen hinausgehende Sicherungen gegen den Schmuggel mit Betäubungsmitteln. Die anderweitig begründeten Verpflichtungen des Handels zur Ausstellung von Zollinhaltserklärungen, statistischen Anmeldescheinen, Ursprungszeugnissen, Konsulatsfakturen, von Konsulaten beglaubigten Handelsfakturen usw. werden durch OpG. nicht berührt.

Die Transport-Versicherungs-Gesellschaften haben folgende Klausel für den Transport von Erzeugnissen, die der H.C. unterstehen, in Kraft gesetzt:

Institute dangerous drugs clause.

„It is understood and agreed that no claim under this policy will be paid in respect of drugs to which the International Opium Convention of 1912 applies unless

(1) the drugs shall be expressly declared as such in the policy and the name of the country from which, and the name of the country to which they are consigned shall be specifically stated in the policy

and

(2) the proof of loss is accompanied either by a licence, certificate or authorization issued by the Government of the country to which the drugs are consigned showing that the importation of the consignment into that country has been approved by that Government, or, alternatively, by a licence, certificate or authorization issued by the Government of the country from which the drugs are consigned showing that the export of the consignment to the destination stated has been approved by that Government;

and

(3) the route by which the drugs were conveyed was usual and customary."

Endlich ist darauf aufmerksam zu machen, daß die Einfuhr von Morphin der vorherigen Zustimmung des Reichskommissars für Ein- und Ausfuhrbewilligungen (s. S. 334) unterliegt.

Zollsätze für die Einfuhr s. S. 334.

Über Einfuhr, Durchfuhr, Ausfuhr s. bei § 2.

Zu Absatz 1:

Hierzu ist nachstehende Verordnung über die Einfuhr, Durchfuhr und Ausfuhr von Betäubungsmitteln vom 1. April 1930 ergangen.

Die Verordnung regelt die mit der Einfuhr, Durchfuhr und Ausfuhr der Betäubungsmittel zusammenhängenden Fragen erschöpfender, als dies in den bisherigen zu dem OpG. erlassenen Afb. vom 5. Juni 1924 (RGBl. I, S. 638) der Fall gewesen ist. Die Verordnung enthält in einigen Punkten, wo dies notwendig erscheint, Verschärfungen der bisherigen Bestimmungen, bringt aber andererseits auch Milderungen dort, wo dies ohne Gefahr für die Durchführung der Aufsicht möglich ist.

Unter „Betäubungsmittel" sind nur die nach § 1 dem OpG. unterstellten Stoffe und Zubereitungen zu verstehen, nicht auch die in § 9 genannten, deren Verkehr völlig verboten ist.

Die wesentlichen grundsätzlichen Änderungen der Verordnung gegenüber den dieses Fragengebiet betreffenden Vorschriften der früheren Afb. sind:

1. Einführung des Vorabfertigungszwanges (§ 15).

Während die bisherigen Bestimmungen die Vorabfertigung nur zuließen, sieht die neue Verordnung den Zwang zur Vorabfertigung vor. Es soll hierdurch eine erhöhte Sicherheit dafür erreicht werden, daß die Betäubungsmittel, über die ein Ausfuhrschein ausgestellt worden ist, auch tatsächlich ausgeführt werden. Um völlige Gewißheit hierfür zu haben, müßte eine zollamtliche Beschau jeder einzelnen Betäubungsmittelsendung stattfinden; dies wäre aber technisch nicht möglich. Es wird nunmehr gefordert, daß jede Sendung vorabgefertigt wird, und zwar bei dem für den Sitz der ausführenden Firma zuständigen Zollamt. Der Leiter des Zollamts kann jederzeit eine Nachprüfung des Inhalts der Sendung und eine Untersuchung der Betäubungsmittel anordnen. Auch das RGA. ist in der Lage, das Zollamt in Fällen, in denen dies notwendig erscheint, um Nachprüfung der Ausfuhrsendungen einer Firma zu ersuchen. Da außerdem das Bestimmungsland über jede Ausfuhr von Betäubungsmitteln durch das RGA. unterrichtet wird, würde nach der nunmehr vorgesehenen Regelung das Wagnis, an Stelle der Betäubungsmittel andere Stoffe auszuführen, so groß sein, daß keine im Besitz einer Handelserlaubnis befindliche Firma einen derartigen Schritt wagen dürfte.

2. Fortfall der Bestimmung, daß die Betäubungsmittel nur über bestimmte Orte aus- und eingeführt werden dürfen.

Die Vorschrift, daß die Einfuhr und Ausfuhr von Betäubungsmitteln nur über bestimmte Orte zulässig ist, hat den legalen Handel erschwert, ohne daß sie für die Beaufsichtigung des Verkehrs mit Betäubungsmitteln von besonderer Bedeutung gewesen ist. Nachdem nunmehr die Vorabfertigung vorgeschrieben ist, besteht keine Notwendigkeit mehr, die in Rede stehende beschränkende Bestimmung beizubehalten. Schon bisher war es nicht möglich, bei der Einfuhr und Ausfuhr von Betäubungsmitteln auf dem Postweg die Beschränkung auf bestimmte Orte einzuhalten.

3. Verschärfung der Bestimmungen über die Beaufsichtigung der Durchfuhr an Betäubungsmitteln.

Da der Schmuggel mit Betäubungsmitteln sich erfahrungsgemäß häufig der Durchfuhrsendungen bedient, um in den Besitz von Schmuggelware zu gelangen, sind die Bestimmungen über die Durchfuhr von Betäubungsmitteln verschärft worden. Eine auf der Durchfuhr befindliche Betäubungsmittelsendung kann nur mit Genehmigung des RGA. umgeleitet, anderen Waren zugepackt oder umbeschriftet werden. Das RGA. benachrichtigt in solchen Fällen das Ausfuhrland wie auch das Land, in das die Betäubungsmittel gelangen sollen.

4. Regelung des Verkehrs in den Zollausschlüssen und Freibezirken (§§ 5, 18).

Auf Grund des § 9 des früheren OpG. war zur Regelung des Verkehrs in den Zollausschlüssen die Verordnung des Reichsministers des Innern über den Verkehr mit Betäubungsmitteln in den Zollausschlüssen von Hamburg und Cuxhaven vom 1. Mai 1924 (RGBl. II, S. 93) erlassen worden. Bezüglich des Verkehrs in den übrigen Zollausschlüssen war keine besondere Anordnung ergangen. Die vorliegende Verordnung regelt nunmehr den Verkehr in allen Zollausschlüssen. Die Verordnung vom 1. Mai 1924 über die Hamburger Zollausschlüsse, die sich bewährt hat, soll weiter bestehen bleiben.

5. Ausstellung von Zweit- und Drittschriften der Ausfuhrscheine.

Das RGA. stellt schon seit geraumer Zeit entsprechend Art. 13 Ziff. 4 des internationalen OpAbk. vom 19. Februar 1925 eine Zweitschrift des Ausfuhrscheins zur Begleitung der Sendung aus und benachrichtigt das Einfuhrland von jeder aus Deutschland ausgeführten Sendung, indem es eine Drittschrift des Ausfuhrscheins dem Einfuhrlande übersendet. Diese Regelung ist nunmehr in die Verordnung über die Einfuhr, Durchfuhr und Ausfuhr von Betäubungsmitteln übernommen worden. Sie stellt im Verein mit der möglichst uneingeschränkten Durchführung des sogenannten Zertifikatsystems (Forderung auf Vorlage einer Einfuhrgenehmigung des Einfuhrlandes vor Ausstellung eines Ausfuhrscheins) die schärfste Waffe im Kampfe gegen den Schmuggel mit Betäubungsmitteln dar.

A. Einfuhr.

§ 1. (1) Wer unter das Opiumgesetz fallende Stoffe und Zubereitungen (Betäubungsmittel) einführen will, hat auf vorgeschriebenem Formblatt[1] *(Anlage 1) beim Reichsgesundheitsamt die Er-*

[1] Die Formblätter können bei dem Reichsgesundheitsamt angefordert werden, sie sind auf S. 161 abgedruckt.

teilung eines Einfuhrscheins zu beantragen. Dem Antrag ist ein ordnungsmäßig ausgefülltes Formblatt[1] *(Anlage 2) des Einfuhrscheins beizufügen.*

(2) Einfuhrscheine sind nur für Fälle des unmittelbaren Bedarfs zu beantragen.

Zu § 1 Afb.:

Das Wort „Bedarf" hat hier einen besonderen Sinn. Es handelt sich nicht um den Bedarf an der Ware, sondern darum, daß die Einfuhrscheine erst dann verlangt werden sollen, wenn sie unmittelbar benötigt werden. Es sollen also keine Einfuhrscheine auf Vorrat beschafft werden, um die Kontrolle der erledigten und nicht erledigten Scheine nicht zu erschweren. Ein Fabrikant kann sehr wohl eine günstige Marktlage benutzen, um sich für eine gewisse, nicht allzulang bemessene Zeit einzudecken, auch wenn für die Rohstoffe ein unmittelbarer Bedarf noch nicht vorliegt.

§ 2. Der mit Genehmigungsvermerk versehene Einfuhrschein wird durch das Reichsgesundheitsamt an den Antragsteller zurückgesandt.

§ 3. Der Einfuhrschein ist nicht übertragbar. Er gilt vom Tage der Ausstellung ab für die Dauer eines Monats. Nicht benutzte Einfuhrscheine sind spätestens nach Ablauf der Gültigkeitsdauer an das Reichsgesundheitsamt zurückzugeben.

§ 4. (1) Macht das Ausfuhrland die Genehmigung zur Ausfuhr der Betäubungsmittel von einer Einfuhrgenehmigung des Einfuhrlandes abhängig, so hat der Einführende eine solche (Anlage 3)[2] *beim Reichsgesundheitsamt zu erwirken.*

(2) Einfuhrgenehmigungen, die nicht benutzt werden, sind an das Reichsgesundheitsamt zurückzugeben.

Zu § 4 (1) Afb.:

Die Namen der Länder, die die Erlaubnis zur Ausfuhr nach Deutschland von der Vorlage eines deutschen Zertifikats (Amtliche Einfuhrgenehmigung Anlage 3) abhängig machen, siehe zu § 12 der Afb.

Genehmigung: In diesem Absatz hat das zweimal vorkommende Wort „Genehmigung" jedesmal eine andere Bedeutung: die zur Ausfuhr aus dem Auslande zu erteilende Genehmigung ist das dem deutschen Ausfuhrschein entsprechende Papier — die Genehmigung der G.C. —, die Einfuhrgenehmigung des Einfuhrlandes entspricht aber dem Zertifikat, dem Einfuhrschein der G.C.

---

[1] Die Formblätter können bei dem Reichsgesundheitsamt angefordert werden, sie sind auf S. 162 abgedruckt. [2] s. S. 163.

§ 5. (1) Die über die Reichsgrenze in das Zollgebiet eingehenden Betäubungsmittel sind den Grenzeingangszollstellen, beim Eingang im Postverkehre den Postzollstellen nach den zollgesetzlichen Vorschriften anzumelden. Die in die Zollausschlüsse oder Freibezirke eingehenden Sendungen sind den für diese zuständigen Zollstellen anzumelden und stehen, solange sie nicht endgültig zur Einfuhr abgefertigt sind, unter Zollaufsicht.

(2) Mit dem Antrag auf endgültige Zollabfertigung zur Einfuhr ist der Einfuhrschein der Zollstelle vorzulegen, die darauf unter Angabe des Gewichts die Einfuhr bescheinigt und den Schein dem Reichsgesundheitsamte übersendet.

Zu § 5 Afb.:

Zollgebiet: Dazu gehören von außerdeutschen Gebieten die österreichischen Gemeinden Jungholz und Mittelberg.

Zollausschlüsse sind

a) das badische Gebiet um Büsingen und Jestetten;

b) die Zollausschlüsse Freihafen Hamburg, Hamburg-Waltershof, Cuxhaven; Bremen und Bremerhaven; Wesermünde; Emden; Flensburg; Kiel; Helgoland.

Freibezirke befinden sich in Brake (Oldenburg), Altona, Stettin, Königsberg.

Freizone befindet sich in Lübeck.

Zollgesetzliche Vorschriften über Anmeldung siehe VZollG. vom 1. Juli 1869 unter „Anmeldung“ und „Deklaration“.

Zollbegleitschein, Zollverschluß: Die Absendung mit Zollbegleitschein kommt bei Betäubungsmitteln in Betracht:

a) bei der Einfuhr in das Zollgebiet, wenn die Schlußabfertigung nicht bei der Grenzeingangzollstelle, sondern bei einem Zollamt im Innern stattfinden soll,

b) bei der Durchfuhr — s. § 6 Afb. —,

c) bei der Ausfuhr — unter Abänderung seiner Bezeichnung in „Betäubungsmittelbegleitschein“ — s. § 15 Afb. —.

Der Zollbegleitschein (Betäubungsmittelbegleitschein) wird in doppelter Ausfertigung ausgefertigt. Ein Stück bleibt bei dem Ausfertigungsamt zurück, das andere Stück reist mit der Sendung an das in Betracht kommende Empfangsamt. Die Erledigung des Begleitscheins wird dem Ausfertigungsamt von dem Empfangsamt mitgeteilt.

Im einzelnen ist das Verfahren folgendes:

Das Verfahren bezüglich der Abfertigung auf Begleitschein I regeln die Bestimmungen in den §§ 33, 41—50 VZollG. und

§§ 4—20 und 31—47 des Begleitschein-Regulativs in der durch den Bundesratsbeschluß vom 5. Juli 1888 genehmigten Fassung. Die wichtigsten Bestimmungen werden nachstehend inhaltlich wiedergegeben.

I. Vereinszollgesetz.

§ 41 Abs. 2 bestimmt, daß nach der Revision durch das Ausfertigungsamt die Ware amtlich verschlossen und der Begleitschein I erteilt wird.

§ 45 Abs. 3 befugt das Ausfertigungsamt, bekannte sichere Warenführer, sowohl In- als auch Ausländer von der Sicherheitsleistung zu entbinden.

§ 46 Abs. 1 VZollG. läßt die im Begleitschein I übernommenen Verpflichtungen nur dann erlöschen, wenn das in ihm bestimmte Erledigungsamt bescheinigt, daß den Obliegenheiten genügt sei. Erst dann wird die Sicherheit oder Bürgschaft gelöscht. Auf Antrag des Warendisponenten kann der Begleitschein von dem Empfangsamt auch einem anderen zur Erledigung befugten Amt überwiesen werden. Als Warendisponent gilt jeder, der die Waren vorführt und den Begleitschein vorlegt[1].

Nach Stenglein[2] überliefert die Begleitscheinurkunde, die die Ladung bis zum Bestimmungsort zwar nicht notwendig zu begleiten braucht, aber dem Empfangsamt bei der Wiedergestellung der Ware vorzulegen ist, diesem durch ihren Inhalt das Ergebnis der Vorabfertigung beim Eingangsamt und bildet die Grundlage für die weitere Abfertigung bei diesem. Sie beurkundet ferner die vom Begleitscheinnehmer übernommene Haftverbindlichkeit und ist hiernach öffentliche Urkunde gemäß §§ 267, 274 StGB.[3].

II. Begleitschein-Regulativ.

a) Allgemeine Bestimmungen.

§ 1a: Der Zweck des Begleitscheins I ist, den richtigen Eingang der über die Grenze eingeführten Waren am inländischen Bestimmungsorte oder die Wiederausfuhr solcher Waren zu sichern. § 3: Die zur Ausfertigung und Erledigung von Begleitscheinen I ermächtigten Ämter werden öffentlich bekannt gemacht.

b) Ausfertigung der Begleitscheine I.

Zunächst bedarf es einer Anmeldung durch den Begleitscheinnehmer (§ 4). Dann erfolgt Revision der angemeldeten Ware (§ 5)

---

[1] Kofes: VZollG. 1926, Anm. 2 zu § 46.
[2] Stenglein: Anm. 6 zu § 41 VZollG.
[3] Ebermayer zu §§ 267, 274.

zur Ausfertigung des Begleitscheins (§ 7). Wesentlicher Inhalt der Begleitscheine I sind (§ 9):

a) Namen, Geschäft oder Firma und Wohnort des Begleitscheinnehmers und der Warenempfänger;

b) Zahl der Packstücke, deren Verpackungsart, Zeichen und Nummern, sowie die Menge und Gattung der Waren nach Maßgabe der Deklaration oder des Revisionsbefundes;

c) Art des angelegten amtlichen Verschlusses oder der etwa sonst angewendeten Maßregeln zur Sicherstellung der Nämlichkeit der Waren;

d) Namen des Ausfertigungs- und Empfangsamtes, Tag der Ausstellung des Begleitscheins, Nummer, unter welcher derselbe im Begleitscheinsausfertigungsregister eingetragen ist;

e) Frist zur Vorlage des Begleitscheins bei dem Empfangsamt sowie Herkunft der Waren.

Dann erfolgt der amtliche Verschluß unter Beobachtung der §§ 43, 94 und 95 VZollG. (§ 13). Der Zollbetrag wird sichergestellt (§ 14). Eine Transportfrist, binnen welcher die Waren bei dem Empfangsamte zur Abfertigung gestellt werden müssen, wird gesetzt, wobei nicht über das Maß des Bedürfnisses hinauszugehen ist (§ 15). Der Begleitscheinnehmer hat den Empfang des Begleitscheins sowie die Übernahme der aus demselben gemäß §§ 44, 46 VZollG. durch Vollziehung der Unterschrift anzuerkennen (§ 18). — Bei der Ausfuhr von Betäubungsmitteln erhält diese Annahmeerklärung die in § 15 Abs. 2 der Afb. zum OpG. angegebenen Fassung. Alsdann wird der Begleitschein durch den Führer des Begleitscheinausfertigungsregisters vollzogen (§ 19). Duplikatausfertigung bei Verlust ist möglich (§ 20).

c) Erledigung der Begleitscheine I.

Die Waren werden beim Empfangsamt vom Warenführer unter Vorlegung des Begleitscheins gestellt (§ 31). Der Begleitschein, in welchem der Amtsvorstand den Abgabetag vermerkt, wird in ein besonderes Register eingetragen, welches zum Nachweis der vollständigen Erledigung dient. Dem Warenführer wird auf Verlangen eine Bescheinigung über die Abgabe des Scheins erteilt (§ 32).

Es folgen dann eingehende Bestimmungen über die weitere Abfertigung (Revision, Kontrolle usw.) je nachdem, ob die angekommenen Waren

a) mit Begleitschein weitergesandt oder in eine Niederlage gebracht oder zum Eingang abgefertigt, oder

b) unmittelbar in das Ausland ausgeführt werden sollen.

Weicht der Inhalt der Begleitscheine vom Revisionsbefund ab oder ergeben sich sonstige Anstände, erfolgt eine Prüfung und Erledigung nach den §§ 41—44, auf die evtl. ein Strafverfahren gemäß § 45 folgt. Ebenso tritt bei Nichtgestellung der Waren beim Empfangsamt eine Nachforschung über den Verbleib und nach Umständen Einleitung des Strafverfahrens ein (§ 46). Vollziehung der Erledigungsbescheinigungen (§ 49). Die Vollziehung erfolgt durch Eintragung und Beglaubigung:

1. des Begleitscheineingangs durch den Amtsvorstand,
2. der Registerbuchung durch den Führer des Begleitschein-Empfangs-Registers,
3. des Revisionsbefundes durch die Revisionsbeamten,
4. gegebenenfalls des Warenausgangs durch den Beamten, der die Ausgangsabfertigung bewirkt.

Hiernach wird das Erledigungsattest vollzogen (§ 50). Eine Registereintragung erfolgt (§ 52). Dann wird der Erledigungsschein erteilt durch den Führer des Begleitschein-Empfangsregisters (§ 53). Die evtl. beim Empfangsamt geleistete Barkaution wird zurückgezahlt (§ 54). Die Erledigungsscheine des Empfangsamts werden beim Ausfertigungsamt geprüft und eingetragen. Aufhebung der vom Begleitschein-Extrahenten gestellten Sicherheit (§ 55).

B. Durchfuhr.

§ 6. Betäubungsmittel dürfen durch das deutsche Zollgebiet nur mit Zollbegleitschein und unter Zollverschluß durchgeführt werden. Durchfuhrsendungen, die aus einem Lande stammen, für das das internationale Opiumabkommen vom 19. Februar 1925 (Reichsgesetzbl. 1929 II, S. 407) in Kraft ist, müssen mit einer Abschrift des Ausfuhrscheins[1] *des Ausfuhrlandes versehen sein. Die Abschrift begleitet die Sendung nach dem Einfuhrlande.*

§ 7. Zur Durchfuhr bestimmte Betäubungsmittel, die über einen Zollausschluß oder Freibezirk eingehen, sind unverzüglich der zuständigen Zollstelle anzumelden, die sie bis zur Zollabfertigung zur Durchfuhr unter Zollaufsicht nimmt.

§ 8. Zur Durchfuhr abgefertigte Betäubungsmittel, die über einen Zollausschluß oder Freibezirk ausgehen, werden von der für diesen zuständigen Zollstelle bis zur Ausfuhr aus dem Reichsgebiet unter Zollaufsicht genommen.

§ 9. Zur Durchfuhr bestimmte Betäubungsmittel dürfen nur mit zollamtlicher Genehmigung anderen Waren beigepackt werden. Das Zollamt hat hiervon dem Reichsgesundheitsamt unter Bezeichnung der Sendung, der die Betäubungsmittel beigepackt worden sind, und unter Angabe des Herkunftlandes der Betäubungsmittel, gegebenenfalls auch der Nummer und des Ausstellungstages der Einfuhrgenehmigung des Einfuhrlandes, Mitteilung zu machen.

[1] Nicht des Zertifikats, sondern der Genehmigung nach G.C. s. S. 134.

Zu § 9 Afb.:

Nummer und Tag der Einfuhrgenehmigung, also des Zertifikats (Einfuhrschein nach Art. 13 G.C.), ist nach Art. 13, 3 G.C. aus dem Ausfuhrschein nach den Begriffen des OpG. (der Ausfuhrgenehmigung nach G.C.) zu ersehen.

§ 10. (1) Durchfuhrsendungen dürfen nur mit schriftlicher Genehmigung des Reichsgesundheitsamts (Umleitungsschein) nach einem anderen als dem in den Begleitpapieren angegebenen Lande umgeleitet oder in das Ausfuhrland zurückgesandt werden. Für die Genehmigung sind die Bedingungen maßgebend, die für die Ausfuhr aus Deutschland nach dem Lande, nach dem die Sendung umgeleitet werden soll, gelten. Der Umleitungsschein des Reichsgesundheitsamts begleitet die Sendung in das Einfuhrland.

(2) Durchfuhrsendungen von Betäubungsmitteln, die zur Einfuhr abgefertigt werden sollen, sind nach den Bestimmungen im Abschnitt A zu behandeln.

(3) Die der Sendung beiliegende Abschrift des Ausfuhrscheins des Ausfuhrlandes (vgl. § 6) ist im Falle der Abs. 1 und 2 abzunehmen und dem Reichsgesundheitsamte zu übersenden, das sie an die Regierung des Ausfuhrlandes zurückgibt.

§ 11. Die vorstehenden Bestimmungen gelten nicht für die Durchfuhr von Betäubungsmitteln mit der Post; jedoch dürfen Postsendungen mit Betäubungsmitteln nur mit schriftlicher Genehmigung des Reichsgesundheitsamts (Umleitungsschein) umgeleitet oder in das Ausfuhrland zurückgesandt werden. In diesem Falle gilt die Bestimmung des § 10 Abs. 2 und 3.

C. Ausfuhr.

§ 12. (1) Wer Betäubungsmittel ausführen will, hat auf vorgeschriebenem Formblatt[1] *(Anlage 4) beim Reichsgesundheitsamt die Erteilung eines Ausfuhrscheins zu beantragen. Dem Antrag sind beizufügen*

a) ein ordnungsmäßig ausgefülltes Formblatt[1] *des Ausfuhrscheins (Anlage 5),*

b) ein ordnungsmäßig ausgefülltes Formblatt[1] *der Zweitschrift des Ausfuhrscheins (Anlage 6),*

c) ein ordnungsmäßig ausgefülltes Formblatt[1] *der Drittschrift des Ausfuhrscheins (Anlage 7),*

---

[1] Die Formblätter können bei dem Reichsgesundheitsamt angefordert werden, sie sind auf S. 164 bis 167 abgedruckt.

d) die Einfuhrgenehmigung des Einfuhrlandes, sofern das Einfuhrland die Einfuhr der Betäubungsmittel nur auf Grund einer solchen zuläßt. Die Namen der Länder, die dieses Verfahren eingeführt haben, werden von dem Reichsminister des Innern veröffentlicht. Die Einfuhrgenehmigung verbleibt im Reichsgesundheitsamt. Bei der Ausfuhr nach Ländern, die die Einfuhr nicht von einer besonderen Einfuhrgenehmigung abhängig machen, sind dem Reichsgesundheitsamt auf Anfordern Unterlagen beizubringen, aus denen hervorgeht, daß die Stoffe und Zubereitungen im Einfuhrlande zu wissenschaftlichen oder medizinischen Zwecken bestimmt sind.

(2) Ausfuhrscheine sind nur für Fälle des unmittelbaren Bedarfs zu beantragen.

Zu § 12 Afb.:

Durch Art. 13 Abs. 2 G.C. ist allgemein vorgeschrieben, daß die Ausfuhr nur zugelassen werden soll, wenn zuvor das Einfuhrland ein Einfuhrzertifikat (nach G.C. einen Einfuhrschein, nach Afb. eine Einfuhrgenehmigung) ausgestellt und darin erklärt hat, daß die Betäubungsmittel ausschließlich für medizinische oder wissenschaftliche Zwecke, oder bei Rohopium und Kokablätter für gesetzlich erlaubte Zwecke, gebraucht werden (§§ 4, 12 der Afb. zu § 6 OpG.). Insofern übernehmen die Länder, die der G.C. beigetreten sind, die volle Verantwortung. Ferner haben eine Reihe anderer Länder dem Generalsekretariat des Völkerbundes mitgeteilt, daß sie, ohne das Abkommen als solches zu ratifizieren, doch das System der Einfuhrzertifikate annehmen und durchführen. Eine dritte Art von Ländern sind die, die in Sonderabkommen mit der Reichsregierung ihre Bereitwilligkeit ausgesprochen haben, solche Einfuhrgenehmigungen zum Zwecke der Ausfuhr aus Deutschland auszustellen, und auch ihrerseits Ausfuhren nach Deutschland nur gegen entsprechende Benachrichtigung zu erlauben.

Für die Ausfuhr von Reparationswaren ist aus dem Gesetz über die Haager Konferenz vom 13. März 1930 (RGBl. II, S. 243) nachstehender Abschnitt aus der Verfahrensvorschrift für Sachleistungen beachtenswert:

Titel IX.

Wiederausfuhrverbot.

93. Jede Gläubigermacht verpflichtet sich, die Wiederausfuhr der von Deutschland als Sachleistungen bezogenen Waren während der Dauer von fünf Jahren nach Möglichkeit zu verhindern.

94. Wiederausfuhr im Sinne dieser Verfahrensvorschrift liegt nicht vor:

b) wenn die Waren nach den Kolonien, abhängigen Gebieten und Mandatsgebieten der Gläubigermacht ausgeführt werden,

c) wenn die Waren für Botschaften, Konsulate oder Institute der Gläubigermacht im Auslande bestimmt sind,

d) wenn die Ware in ein anderes Produkt verarbeitet oder weiterverarbeitet wird und ihr Wert nicht mehr als sechzig vom Hundert (60%) des Wertes der an das Ausland verkauften Ware franko Grenze oder fob Hafen der Gläubigermacht ausmacht.

Der RMdI. hat die Namen der Länder, die das Zertifikatverfahren eingeführt haben, nicht veröffentlicht. Die früheren darüber erlassenen Bekanntmachungen, die auf IV Abs. 2 der Afb. vom 5. Juni 1924 (RGBl. I S. 638) beruhten, sind nach § 23 dieser Afb. hinfällig geworden.

Nachstehend sind die Länder aufgeführt, die das Zertifikatsystem angenommen haben nebst den Dienststellen, die für die Ausstellung der Einfuhrzertifikate zuständig sind (soweit bekannt geworden). Die beigefügten Zahlen geben die Einwohnerzahl für 1930 in Tausend an, also unter Weglassung der 3 letzten Nullen.

Ägypten: 14500. Administration de l'Hygiène Publique.

Albanien: 834, Generaldirektion des Gesundheitswesens.

Australien: 6414, Collector of Customs in each State.

Kolonien, Mandate usw.: Nauru 2, Collector of Customs. — New Guinea: 440, Collector of Customs. — Papua: 276, Collector of Customs.

Belgien: 8060, Ministère de l'Intérieur et de l'hygiène.

Kolonie[1]: Ruanda Urundi: 3750.

Bolivien: 3465, Direction générale de l'Hygiène publique.

Bulgarien: 5825, Direktion des öffentl. Gesundheitswesens beim Innenministerium.

Chile: 4025, Dirección General de Sanidad.

China: 457787. Ministerium des Innern.

Dänemark: 3525, Justizministerium, Direktion des öffentl. Gesundheitswesens.

Danzig: 410, Gesundheitsverwaltung des Senats.

Deutsches Reich: 64104, Reichsgesundheitsamt Berlin.

Dominikanische Republik: 895. Secretaria de Eslada de Sanitad y Beneficiencia.

Estland: 1117, Hauptsanitätsverwaltung.

Finnland: 3640, Ministerium des Innern.

Frankreich: 41190, Bureau des stupéfiants.

Kolonien, Mandate usw.: Algier: 6065. — Äquatorial-Afrika (Fr.): 3128. — Camerun (Fr.): 1882. — Guadeloupe: 243. — Guiana (Fr.): 47. — India (Fr.): 287. — Indochina: 20189. — Madagascar: 3621. — Martinique: 235. — Marocco: 4229. — Neu-Caledonia: 53. — Neue Hebriden (Condominium mit Großbritan-

[1] Belgisch-Kongo (15000) ist von der Ratifikation der G.C. ausgenommen.

nien): 60. — Oceania (Fr.): 36. — Réunion: 187. — St. Pierre und Miquelon: 4. — Somaliland (Fr.): 265. — Syria und Libanon: 2191. — Togo (Fr.): 747. — Tunis: 2160. — West-Afrika (Fr.): 13540.

Griechenland: 6310, Ministerium des Innern, Gesundheitsdirektion.

Großbritannien (inkl. **Northern Ireland**): 45850, Home Office, London.

Kolonien, Mandate usw.: Aden und Perim: 57. — Andaman und Nicobar: 27. — Antigua (Leewald Isl.): 30, Colonial Secretary, Antigua. — Bahamas: 59, Colonial Secretary, Nassau. — Bahrein Islands: 120. — Barbados: 168, Colonial Secretary, Bridgetown. — Basutoland: 540, Government Secretary, Maseru. — Bechuanaland: 153, Government Secretary, Mafeking. — Bermudas: 31, Colonial Secretary, Hamilton. — Brunei: 35, British Resident, Brunei. — Cameroons (Br.): 700, Chief Secretary, Lagos. — Cayman Islands: 6, s. Jamaica. — Ceylon: 5422, Colonial Secretary, Colombo. — Cyprus: 344, Colonial Secretary, Nicosia. — Dominica (Leeward Isl.): 41, Chief Government Medical Officer. — Falkland Islands: 4, Colonial Secretary, Port Stanley. — Fiji: 174, Colonial Secretary, Suva. — Gambia: 211, Colonial Secretary, Bathurst. — Gibraltar: 17, Colonial Secretary. — Gilbert and Ellice Islands: 30, The Resident Commissioner. — Gold Coast: 2393, Colonial Secretary, Accra. — Grenada (Windward Isl.): 75, Colonial Secretary, Grenada. — Guiana (Br.): 308, Colonial Secretary, Georgetown. — Honduras (Br.): 49, Colonial Secretary, Belize. — Hong-Kong: 1076, Colonial Secretary, Hong-Kong. — Iraq: 3161. — Jamaica: 954, Colonial Secretary, Kingstown. — Kenya: 2848, Colonial Secretary, Neirobi. — Malay States (Federated: Negri, Sembilon, Pahang, Perak, Selangor): 1505, Chief Secretary; Kusla Lumpur. — Malay States (Unfederated): 1239. Johore: 332, General Adviser, Johore Bahru: Kedah: 398, British Adviser, Aler Star; Kelantan: 309, British Adviser, Kota Bahru; Perlis: 45, British Adviser, Perlis; Trengganu: 154, British Adviser, Kuala Trengganu, via Singapour. — Malta: 231, The Chief Government Medical Officer. — Mauritius: 402, Colonial Secretary. — Montserrat (Leeward Isl.): 12. — Newfoundland and Labrador: 267. — New Hebrides (Anglo-French Condominium): 60. — Nigeria: 18066, Chief Secretary, Lagos. — North Borneo (Br.): 284, Government Secretary, Jesselton. — Nyasaland: 1304, Chief Secretary, Zomba. — Palestine: 898, Chief Secretary, Jerusalem. — Rhodesia (Northern and Southern): 2241, Chief Secretary, Livingstone. — St. Helena: 4, Colonial Surgeon. — St. Kitts (Christopher)-Nevis (Leeward Isl.): 36. — St. Lucia (Windward Isl.): 57. — St. Vincent (Windward Isl.): 51. — Sarawak: 600, Chief Secretary, Huching. — Seychelles: 27, Chief Medial Officer. — Sierra Leone: 1553, Colonial Secretary, Freetown. — Socotra: 12. — Solomon Islands: 151, The Resident Commissioner. — Somaliland (Br.): 347, Secretary to the Administrator, Berbera. — Straits Settlements: 1096, Colonial Secretary, Singapour. — Swasiland: 122, Government Secretary, Mbabane. — Tanganyika: 5000, Chief Secretary, Dar-es-Salaam. — Togo (Br.): 213, Colonial Secretary Accra. — Tonga: 27, The Premier. — Transjordania: 260. — Trinidad and Tobago: 392, Colonial Secretary, Port of Spain. — Turks and Cairos Islands: 5, s. Jamaica.

— Uganda: 3261, Chief Secretary, Entobbe. — Virgin Islands (Leeward Isl.): 5. — Wei-hei-wei: 175, Officer Administering the Government. — Zansibar: 222, Chief Secretary.

Guatemala: 2005, Oficina de Inspeccion del Trafico del Opio.

Haiti: 2000, Secrétaire d'Etat de l'Intérieur.

Indien (total): 351450.

British Provinces: 270612.

Indian States: 80848.

Province	Officer	Area
Madras	Commissioner of Excise	Madras
Bombay	Commissioner in Sind	Province of Sind
	Political Resident	Aden
	Collector of Bombay	Bombay Town and Island
	Commissioner of Excise	Rest of the Presidency
Bengal	Commissioner of Excise a. Salt	Bengal
Burma	Excise Commissioner	Burma
Bihar u. Orissa	Commissioner of Excise a. Salt	Bihar und Orissa
United Provinces	Excise Commissioner	United Provinces
Punjab	Junior Secretary to the Financial Commissioners	Punjab
Central Provinces	Excise Commissioner	Central Provinces
Assam	Commissioner, Assam Valley Division; Gauhati	Assam Valley Division
	Commissioner; Surma Valley and Hill Division, Silcher	Surma Valley and Hill Division
	Political Officer, Sadiya	Sadiya Frontier Tract
	Political Officer, Balipara	Balipara Frontier Tract
North West Frontier Province	Revenue Commissioner	North West Frontier Province
Delhi	Deputy Commissioner	Delhi
Ajmer-Merwara	Commissioner	Ajmer-Merwara
Coorg	Commissioner	Coorg
Baluchistan	Revenue Commissioner	Baluchistan

Irak: 3300.

Irland: 2948, Minister for Justice, Dublin.

Italien: 41506. Ministerio interno. Direz. Gen. della Sanita Pubblica. Kolonien: Ägäische Inseln: 118. — Erythrea: 393. — Somali: 1021. — Tripolis und Cyrenaika (Lybia): 575.

Japan: 64020, **Sachalin:** 241, zusammen 64261, Director of Bureau of Hygiene and Sanitation Dept. for Home Affairs, Tokyo.

Kolonien, Mandate usw.: Chosen (Korea): 20830, Governor-General. — Formosa (Taiwan) inkl. Pescadores-Inseln: 4560, Governor-General. — Kwantung: 1096, Governor. — Yap und andere früher deutsche Inseln: 57.

Jugoslawien: 13500. Ministerium für Sozialpolitik und Gesundheitswesen.

Kanada: 9860, Department of Health, Ottawa.

Kolumbien: 8000, Direccion Nacional de Higiene y Asistencia Publica.

Kuba: 3600, Direction de la Santé Publique.

Lettland: 1900, Pharmazeutische Abteilung des Gesundheitsamts.

Litauen und **Memelgebiet:** 2340, Sveikatos Departementas.

Luxemburg: 300, Gesundheitsdienst.

Mexiko: 16300, Departamento de Salubridad, Mexico.

Monaco: 25, Service d'Hygiène.

Neuseeland: 1486, Controller of Customs, Wellington.

Mandat: West-Samoa: 44.

Niederlande: 7833, Staatstoezicht op de Volksgezondheid, Utrecht.

Kolonien: Curaçao: 61. — Niederl.-Ostindien: 52365, Medicinal opium for State Services. Bandoeng: The Director of the Bandoeng Central Medical Supplies Service, for consignments imported for use of that service and other State establishments other than the military dispensaries referred to in S II. Weltvreden: The Chief of the Medical Supplies Distribution Service. Samarang: The Chief of the Medical Supplies Distribution Service. Malang: The Chief of the Medical Supplies Distribution Service. Padang: The Chief of the Medical Supplies Distribution Service. Medicinal Opium for Private use: The Inspector-in-Chief Head of the Civilian Medical Service, and officials appointed by him. Raw Opium for the State Monopoly. The Chief of the Sales Office of the Government Undertakings Department and the person appointed by him. Opium for scientific purposes: The Inspector-in-Chief Head of the State Opium Monopoly Service, and the officials appointed by him. — Surinam (Niederl.-Guiana): 146.

Norwegen: 2880, Ministerium für soziale Angelegenheiten, Oslo.

Österreich: 6704, Volksgesundheitsamt im Bundesministerium für soziale Verwaltung, Wien.

Panama: 446, Secretario de Hacienda y Tesoro.

Polen: 30733, Ministerium der öffentl. Gesundheitspflege.

Portugal: 6219, Arbeitsministerium.

Kolonien: Angola (West Africa Portuguese): 5000. — Cape Verde Islands: 148. — Guinea (Portuguese): 478. — India (Portuguese): 570. — Macao: 157. — Mozambique (Portug.-Ost-Afrika): 3508. — Principe und St. Thomas Isl.: 59. — Timor und Cambing: 442.

Rumänien: 17600. Ministeral Muncii Sanatatii si Terotirilor Sociale.

Salvador: 1750. Junta de Gobierno de la Facultad de Quimica y Farmacia.

San Marino: 13.

Schweden: 6120, Generaldirektion des Gesundheitswesens.

Schweiz: 4060, Eidgenössisches Gesundheitsamt, Bern.

Siam: 11620, Ministry of Finance (Opium pour fumeurs); Department of Public Health (Opium medicinal).

Spanien: 22761, Director General de Sanidad, Madrid.

Kolonien usw.: Guinea (Spanisch): 118. — Marocco (Spanisch): 1070, Gouvernement. — Northern Africa: 51. — Rio de Oro: 21.

Sudan: 7006, Director Medical Department Soudan Government.

Südafrikanische Union: 7895, Department of Public Health, Pretoria.

Mandat: Südwestafrika: 273, Department of Public Health, Pretoria.

Tschechoslowakei: 14657, Gesundheitsministerium.

Türkei: 14200, Ministère de l'Hygiène et de l'Assistance sociale, Angora.

Ungarn: 8667, Ministerium der sozialen Fürsorge und Arbeit.

Uruguay: 1850, Consejo Nacional de Higiene.

Venezuela: 3150. Direccion de Sanitad Nacional.
U. S. A.: 122775, Bureau of Narcotics.
Non contiguous Territories of the U. S. A.: Alaska: 55. — Guam: 18. — Hawaii: 349. — Panama Canal zone: 28. — Philippine Islands: 11744. — Porto Rico: 1422. — Samoa: 9. — Virgin Islands: 21.
U. S. S. R.: 153956. Da die Einfuhr Staatsmonopol ist, so ist sie nur in Verbindung mit der sowj. Handelsvertretung möglich.

Nach Art. 13 Abs. 2 und Art. 18 und dem Sinne der übrigen Absätze des Art. 13 G.C. bezieht sich das Zertifikatsystem nur auf die Vertragsstaaten der G.C., jedoch haben auch eine Reihe von Ländern, ohne G.C. ratifiziert zu haben, erklärt, daß auch sie die Einfuhrerlaubnis von einer besonderen Bescheinigung abhängig machen; sie sind in dem vorstehenden Verzeichnis enthalten.

Die folgenden Länder üben das Zertifikatsystem nicht grundsätzlich aus, was aber nicht ausschließt, daß auch von ihnen für den Einzelfall Bescheinigungen erhältlich sind. Durch die Beifügung einer solchen zu dem Antrag auf Ausfuhr könnten etwaige Schwierigkeiten bei der Erteilung der Ausfuhrerlaubnis vermieden werden. Das den Ländernamen beigefügte H besagt, daß das Land das Haager Abkommen ratifiziert hat, die Zahl gibt die Einwohner in Tausend an.

Abyssinien (Ethiopia): 10000.
Afghanistan: 9000.
Andorra: 6.
Arabien (Auton. Staten: Hedjas und Nejd, Oman, Koweit, Yemen): 3400.
Argentinien: 11193.
Bhutan: 250.
Brazil: H., 40273.
Costa Rica: H., 480.
Ekuador: H., 2000.
Honduras: H., 701.
Island: H., 105.
Liberia: H., 2000.
Liechtenstein: 12.
Nepal: 5639.
Nicaragua: H., 730.
Paraguay: 853.
Persien: 9000.
Peru: H., 6147.
Tanger (Internationale Zone): 80.

§ 13. Genehmigt das Reichsgesundheitsamt die Ausfuhr der Betäubungsmittel, so sendet es den mit einem Genehmigungsvermerke versehenen Ausfuhrschein und die Zweitschrift an den Antragsteller zurück. Der Ausfuhrschein ist nicht übertragbar. Er wird in der Regel vom Tage der Ausstellung ab für die Dauer eines Monats

erteilt. Ausfuhrscheine, die nicht benutzt werden, sind spätestens nach Ablauf der Gültigkeitsdauer an das Reichsgesundheitsamt zurückzugeben.

§ 14. (1) Die Zweitschrift des Ausfuhrscheins ist den Versandpapieren beizuheften. Sie begleitet die Sendung in das Einfuhrland. Sendungen ohne Zweitschrift dürfen nicht zur Ausfuhr abgefertigt werden. In solchen Fällen ist das Reichsgesundheitsamt zu benachrichtigen.

(2) Die Drittschrift des Ausfuhrscheins übersendet das Reichsgesundheitsamt der Regierung des Einfuhrlandes.

§ 15. (1) Zur Ausfuhr bestimmte Betäubungsmittel hat der in dem Ausfuhrscheine genannte Absender der für seinen Betrieb zuständigen Zollstelle mit einem Betäubungsmittelbegleitschein in doppelter Ausfertigung, dem vom Reichsgesundheitsamt erteilten Ausfuhrschein und dessen Zweitschrift (§ 14) zur zollamtlichen Vorabfertigung vorzuführen.

(2) Als Betäubungsmittelbegleitschein ist der Zollbegleitschein I unter entsprechender Änderung seiner Bezeichnung zu verwenden. Die Annahmeerklärung des Begleitscheinnehmers auf dem Begleitscheine hat, wie folgt, zu lauten:

Ich übernehme diesen Begleitschein mit der Verpflichtung, die innen bezeichneten Waren in unveränderter Gestalt und Menge und unter Erhaltung des Zollverschlusses innerhalb der Gestellungsfrist unter Vorlegung dieses Begleitscheins zur Ausgangsabfertigung zu stellen.

(3) Das Zollamt kann von dem Begleitscheinnehmer Sicherheit bis zur Höhe des Wertes der Waren fordern. Die Sicherheit verfällt dem Reiche, wenn die Ausfuhr nicht nachgewiesen wird.

(4) Auf die Ausfertigung und Erledigung des Betäubungsmittelbegleitscheins finden die Bestimmungen des Zollrechts entsprechende Anwendung. Ob und inwieweit eine Beschau der Sendung stattzufinden hat, entscheidet der Leiter der Zollstelle.

(5) Die Betäubungsmittel werden unter Zollverschluß gesetzt und nach Bescheinigung der Vorabfertigung auf dem Ausfuhrscheine mit diesem einem Grenzzollamt überwiesen. Das Grenzzollamt bescheinigt auf dem Ausfuhrscheine die Ausfuhr und übersendet ihn dem Reichsgesundheitsamte.

§ 16. (1) Auf die Zollbehandlung zollamtlich vorabgefertigter Betäubungsmittel in Postsendungen findet die Verfügung des Reichsministers der Finanzen vom 16. April 1928 — IIa 834 — (RZollbl. S. 143) oder die an ihre Stelle tretende Anordnung entsprechende Anwendung. In diesem Falle hat der Absender die Sendung entweder

mit dem Betäubungsmittelbegleitschein oder mit Postausgangsbuch der Postannahmestelle zu übergeben. Als Beleg für die zollamtliche Abfertigung mittels Postausgangsbuchs hat der Versender der Zollstelle eine Durchschrift der Eintragungen in das Postausgangsbuch einzureichen. Die Postannahmestelle bescheinigt außer im Betäubungsmittelbegleitschein oder Postausgangsbuch auch auf dem Ausfuhrscheine die Ausfuhr und übersendet den Ausfuhrschein dem Reichsgesundheitsamte.

(2) Das Versenden von Betäubungsmitteln in Briefsendungen, zu denen auch Warenproben, Drucksachen, Mischsendungen, Päckchen und Wertbriefe gehören, ist nach den Weltpostvereinsverträgen verboten.

Zu § 16 (1) Afb.:

Zu Abs. 1: Die angezogene Vo. hat folgenden Wortlaut:

Auf Grund des § 17 Abs. 4 PoZollO. bestimmt der Reichsfinanzminister im Einvernehmen mit dem Herrn Reichspostminister unter Aufhebung aller früheren über den Gegenstand erlassenen Verfügungen folgendes:

I. Werden Waren, deren Ausgang nachgewiesen werden muß, in Paketen auf dem Postwege in das Zollausland oder in die Zollausschlußgebiete Helgoland und Saargebiet — nicht die übrigen Zollausschlußgebiete — versandt, so wird der zollamtliche Nachweis des Ausgangs durch eine Bescheinigung der Postannahmestelle über die Übernahme zur Beförderung in das Zollausland ersetzt nach Maßgabe der folgenden Bestimmungen:

1. Die Poststücke werden mit den Zollpapieren (Lager-, Kontenabmeldung, Ausfuhranmeldung aus dem Veredelungsverkehr oder Vormerkverkehr oder dgl.) und mit den Postpapieren (Paketkarte, Inhaltserklärung) der Zollstelle vorgeführt, von dieser abgefertigt, amtlich verschlossen, wobei von den Absendern zu stellende zollsichere Paketbeutel verwandt werden können, und ebenso wie die Paketkarten mit roten Zetteln beklebt, die den Aufdruck tragen: „in Deutschland zollpflichtig". Art und Zahl der Verschlüsse werden im Zollpapier vermerkt. Die Verschlußanlegung kann unterbleiben, wenn die Sendungen der Poststelle (Nr. 2) unter amtlicher Begleitung zugeführt werden.

2. Der Absender hat die Sendungen binnen einer von der Zollstelle zu bestimmenden Frist der Poststelle zuzuführen.

3. Der Postannahmebeamte prüft, ob die Poststücke den Angaben im Zollpapier nach Zahl, Art, Zeichen und Nummer entsprechen, ob der Zollverschluß unverletzt ist (ausgenommen den Fall unter Nr. 1, letzter Satz) und ob Poststücke und Paketkarten mit den zu 1. genannten roten Zetteln versehen sind. Daß diesen Erfordernissen genügt ist, und daß die Poststücke zur Beförderung ins Zollausland übernommen sind, bescheinigt der Postannahmebeamte unter Abdruck des Aufgabestempels durch Unterschrift auf dem Zollpapier. Zollbleie werden von der Poststelle abgenommen und etwa monatlich zurückgesandt.

Die Annahme von Poststücken mit verletztem Verschluß hat die Poststelle zu verweigern und dies im Zollpapier zu vermerken.

4. Die Poststücke sind einer Grenzzollstelle nicht mehr vorzuführen.

5. Der Absender hat das Zollpapier spätestens 3 Tage, nachdem es mit den Poststücken der Zollstelle vorgelegt war, dieser wiederum vorzulegen. Die Zollstelle überzeugt sich von der Übernahme der Poststücke durch die Post und behandelt die Sendung nunmehr in den Abfertigungspapieren und Büchern als ins Zollausland ausgeführt.

6. Gewerbetreibende, die regelmäßig Sendungen in größerer Zahl mit der Post ins Ausland verschicken, können ein Postausgangsbuch führen, das statt der Zollpapiere der Postannahmestelle vorzulegen ist. In dem Buch sind die Poststücke einzeln aufzuführen. Neben den Eintragungen vermerkt die Zollstelle Art und Zahl der angelegten Verschlüsse. Die Bescheinigung — gegebenenfalls der Vermerk — der Postannahmestelle nach Nr. 3 ist in der letzten Spalte des Buches neben diese Eintragungen zu setzen. Bei entsprechendem Spaltenvordruck genügt als Bescheinigung der Poststempel mit Unterschrift.

7. Poststücke, die als unzustellbar zurückkommen oder die vom Absender zurückgerufen werden oder deren Aushändigung im Zollinland sonst in Frage kommt, sind stets der für den Aushändigungsort zuständigen Zollstelle vorzulegen, die das Erforderliche zu veranlassen hat.

II. Bestehen Bedenken hinsichtlich der Sicherheit für den Zollbetrag, so ist, wenn nicht amtliche Begleitung zur Postannahmestelle angeordnet wird (Nr. 1, letzter Satz), das förmliche Begleitscheinverfahren nach Maßgabe des § 17 Abs. 1 bis 3 PoZollO. anzuwenden.

Zu § 16 (2) Afb.: Die hier in Betracht kommenden Bestimmungen der Weltpostvereinsverträge haben folgenden Wortlaut, Strafandrohung gegen ihre Verletzung siehe § 10 (1) Nr. 7:

Gesetz über die Weltpostvereinsverträge. Vom 13. Juni 1930 (RGBl. II, S. 785ff.).

I. Weltpostvertrag, Abschnitt III, Bestimmungen über den Briefverkehr (RGBl. S. 797, 801, 815).

Art. 32. Briefsendungen: Die Bezeichnung Briefsendungen umfaßt Briefe . . . Warenproben und Päckchen.

Art. 45: Verbote:

1. Es ist verboten zu versenden e) Opium, Morphin, Kokain und andere Betäubungsmittel;

2. Sendungen, die unter die vorstehenden Verbote fallen, aber zu Unrecht zur Beförderung zugelassen worden sind, müssen behandelt werden, wie folgt:

a) die im vorstehenden § 1 unter e aufgeführten Gegenstände werden nach den inneren Vorschriften der Verwaltung[1] behandelt, die ihr Vorhandensein feststellt. Sendungen mit Opium, Morphin,

[1] Diese Verwaltung ist im Deutschen Reiche die Zollverwaltung, an die die Post die eingehenden Sendungen abgibt.

Kokain und anderen Betäubungsmitteln werden jedoch in keinem Falle den Empfängern ausgeliefert oder nach dem Aufgabeort zurückgesandt.

Falls Sendungen, die zu Unrecht zur Beförderung zugelassen worden sind, weder zurückgesandt noch dem Empfänger zugestellt werden, muß die Aufgabeverwaltung von der weiteren Behandlung der Sendungen ausführlich benachrichtigt werden, damit sie die etwa erforderlichen Maßnahmen treffen kann.

Art. 80: Besondere Verpflichtungen: Die vertragschließenden Länder verpflichten sich, die notwendigen Maßnahmen zu ergreifen oder ihren gesetzgebenden Körperschaften vorzuschlagen:

d) um die Versendung von Opium, Morphin, Kokain und anderen Betäubungsmitteln in Postsendungen zu verhindern und gegebenenfalls zu bestrafen, soweit dieser Vertrag oder die Nebenabkommen eine solche Versendung nicht ausdrücklich zulassen.

II. Wertbrief- und Wertkästchenabkommen (RGBl. S. 850—51).

Art. 10: Verbote: 2. Es ist verboten, in Wertkästchen einzulegen:

e) Opium, Morphin, Kokain und andere Betäubungsmittel; dieses Verbot erstreckt sich jedoch nicht auf die Versendung solcher Mittel zu medizinischen oder wissenschaftlichen Zwecken nach Ländern, die sie unter dieser Bedingung zulassen.

4. Die Bestimmungen im Art. 45 § 2 des Hauptvertrages gelten auch für die zu Unrecht zur Beförderung zugelassenen Sendungen, die unter die Verbote dieses Artikels fallen.

III. Postpaketabkommen (RGBl. S. 869). Art. 15: Verbote:

2. Vorbehaltlich abweichender Vereinbarung ist es verboten, in Postpaketen zu versenden: e) Opium, Morphin, Kokain und andere Betäubungsmittel; dies Verbot erstreckt sich jedoch nicht auf die Versendung solcher Mittel zu medizinischen oder wissenschaftlichen Zwecken nach Ländern, die sie unter dieser Bedingung zulassen.

3. Wortlaut wie oben unter I. Art. 41, 2.

Zu der Zeit als die besonderen Bestimmungen über Betäubungsmittel in die Weltpostvereinsverträge aufgenommen wurden, bestanden keine anderen Sicherheiten dieser Art. Jetzt ist durch die Einführung des Zertifikats (Einfuhrschein G.C.) und die Beifügung einer Zweitschrift der Ausfuhrgenehmigung (Ausfuhrschein OpG.) eine wirksame Kontrolle geschaffen, so daß an Stelle der allgemeinen Erklärung, wie sie durch die Weltpostvereinsverträge verlangt wird, die jedesmalige Erklärung getreten ist. Auf dem Zertifikat (siehe Muster S. 375) ist eine Spalte für die bebesonderen Bedingungen vorgesehen, z. B. daß das Betäubungsmittel nicht durch die Post versandt werden darf; ist diese Spalte nicht ausgefüllt, so ist nach dem Wortlaut des Formblatts der Postversand zugelassen. Das Formblatt für die deutsche Einfuhrgenehmigung (s. S. 163) enthält nicht den Hinweis auf den Postversand, der sich in dem Muster (Anlage zu G.C.) findet.

Die Bestimmungen der Weltpostvereinsverträge allein sind, soweit es sich um Wertkästchen oder Pakete handelt, somit anwendbar auf die Ausfuhr nach Ländern, die das Zertifikatssystem nicht anwenden.

Nachstehend sind die Bedingungen für diese Länder nach den Listen des Weltpostvereins (Dezember 1927) und dem Zollhandbuch (Reichsdruckerei 1926) angegeben:

Argentinische Republik. Wertkästchen verboten. Pakete nach vorher beim Staatsdepartement für Gesundheitspflege eingeholter Einfuhrbewilligung.

Äthiopien (Abessinien). Wertkästchen verboten. Pakete nur für den ärztlichen Dienst.

Belgisch-Kongo. Wertkästchen und Pakete zugelassen.

Brasilien. Wertkästchen verboten. Pakete nur mit besonderer Einfuhrgenehmigung des Nationaldepartements für öffentliche Gesundheit.

Costarica. Wertkästchen verboten. Pakete nur durch Vermittlung der Regierung unter Hinterlegung des Wertes und der Kosten der Waren.

Ekuador. Wertkästchen verboten. Pakete zugelassen.

Hedjas und Nejd. Wertkästchen und Pakete nicht zugelassen.

Honduras. Wertkästchen und Pakete verboten.

Island. Wertkästchen und Pakete zugelassen.

Liberia. Wertkästchen und Pakete verboten.

Litauen und **Memelgebiet.** Wertkästchen und Pakete zugelassen.

Nikaragua. Wertkästchen und Pakete verboten.

Paraguay. Wertkästchen und Pakete verboten.

Persien. Wertkästchen und Pakete mit Genehmigung der Regierung zum Gebrauch der Ärzte und Apotheker zugelassen.

Peru. Wertkästchen verboten. Pakete nur mit Genehmigung der Postverwaltung in Lima und nur zur Einfuhr durch „Sociedad Anonima de los Establecimientos Gratry".

Türkei. Wertkästchen und Pakete verboten.

Afghanistan und einige andere asiatische Länder sind nicht Mitglieder des Weltpostvereins.

Es muß noch besonders hervorgehoben werden, daß die Versendung von Betäubungsmitteln innerhalb des Deutschen Reichs durch die Weltpostvereinsverträge in keiner Weise beschränkt wird.

§ 17. Zur Ausfuhr abgefertigte Betäubungsmittel dürfen im Reichsgebiete nur mit schriftlicher Genehmigung des Reichsgesundheitsamts aus der Zollüberwachung oder dem Gewahrsam der Post wieder entlassen werden.

§ 18. Werden Betäubungsmittel über einen Zollausschluß oder Freibezirk ausgeführt, so hat die für diesen zuständige Zollstelle die Ware bis zur Ausfuhr aus dem Reichsgebiet unter Aufsicht zu nehmen. Die Ausfuhr ist auf dem Ausfuhrschein erst zu bescheinigen, nachdem die Ware in das Ausland ausgeführt ist.

§ 19. Zur Ausfuhr bestimmte Betäubungsmittel dürfen innerhalb des Reichsgebiets nicht an einen ausländischen Käufer oder dessen Bevollmächtigten ausgehändigt werden.

Zu § 19 Afb.:

Unter dieses Verbot fällt natürlich nicht die Aushändigung einer von einem inländischen Arzte ordnungsmäßig verschriebenen Arznei (Afb. zu § 8) seitens einer Apotheke an einen Ausländer.

D. Ausnahmebestimmungen.

§ 20. (1) Die Einfuhr, Durchfuhr und Ausfuhr von Zubereitungen, die nach Artikel 8 des internationalen Opiumabkommens vom 19. Februar 1925 (Reichsgesetzbl. 1929 II, S. 407) von den Bestimmungen dieses Abkommens ausgenommen worden sind, unterliegt nicht den vorstehenden Bestimmungen. Das gleiche gilt für Betäubungsmittel, die zwar dem deutschen Opiumgesetz, nicht aber dem internationalen Opiumabkommen unterstehen.

(2) Die erfolgte Einfuhr oder Ausfuhr ist von dem Einführenden oder Ausführenden dem Reichsgesundheitsamt anzuzeigen.

Zu § 20 Afb.:

Zu Abs. 1: Die nach Art. 8 G.C. ausgenommenen Zubereitungen sind die folgenden:

Zubereitung:	**Zusammensetzung oder Arzneibuch:**
Mit Opium:	
Cereoli Iodoformi et Morphinae	B. P. C. (British Pharmacopoeia Codex)
Coryza Tablets Nr. 2	Frank S. Betz Co. U. S. A.)
Diarrhoea Pills	Siam Gouvern. Medical Depot
Diarrhoea Tablets Nr. 2	Frank S. Betz Co. U. S. A.
Empl. Opii	B. P. (British Pharmacopoeia 1898) und andere Zusammensetzungen

Linim. Opii	B. P.
Linim. Opii ammon.	B. P. C.
Linim. Opii und Linim. Opii ammon. in Mischungen mit jedem anderen Liniment des englischen Arzneibuchs und des Codex B. P.	
Pil. Digitalis et Opii Comp.	B. P. C.
Pil. Hydrarg. c. Cret. et Opii	B. P. C.
Pil. Hydrarg. c. Opio	B. P. C.
Pilulae Hydrargyri Bichlorati cum Opii Extracto (Dupuytren's Pills)	Hydrargyrum Bichloratum triturated . . . . 10 cg Extract of Opium . . . . . 20 cg Extract of Couch-grass. . . . 20 cg Liquorice Root in Powder q. s. for 10 pills
Pilulae Hydrargyri Iodati cum Opii pulvere (Ricord's Pills)	Hydrargyrum Iodatum freshly prepared. . . . . 50 cg Opium Powder . . . . . . 20 cg Powdered Liquorice . . . . 30 cg White Honey q. s. for 10 pills
Pil. Ipecac. c. Scilla	B. P.
Pil. Plumbi c. Opio	B. P.
Pilulae Terebinthinae compositae	Pharm. Suecic. X.
Pulv. Ipecac. comp. (Dover's Powder); Pulvis Ipecacuanhae opiatus	B. P. und internationale (Brüsseler) Vorschrift
Mischungen von Doverschem Pulver mit Quecksilber und Kreide, Aspirin, Phenazetin, Chinin und seinen Salzen, Natriumbikarbonat.	
Pulv. Kino comp.	B. P.
Suppos. Plumbi comp.	B. P.
Tabella Hydrargyri cum opio	Royal Army Medical Service Dept.
Tabella plumbic. cum opio ad us. extern.	
Tablettae Plumbi c. Opio	B. P. C.
Tablets Dysentery	H. K. Mulford Co. U. S. A.
Ung. Gallae c. Opio (Gall and Opium Ointment)	B. P.
Ung. Gallae comp.	B. P. C.
Ung. Gallae c. opio, Ung. Gallae comp. und Empl. Opii in Mischungen mit anderen Salben und Pflastern des englischen Arzneibuchs und des Codex B. P.	
Yatren 105 (Yatren-Pulver)	Yatren (Iod-oxy-chinolin-sulfonsäure-acid) mit 5% Opium

Mit Morphin:

Anti-dysentery mixture	British Dispensary Bangkok
Pasta Arsenicalis	B. P. C.

Nervätzpaste	Die Zubereitungen enthalten außer Kokainsalz oder Morphinsalz oder beiden wenigstens 25% arsenige Säure und die zur Pastenkonsistenz erforderliche Menge von Kreosot oder Phenol
Sterile Lösungen von Morphin oder Eukodal und Atropin, die nicht mehr als 2% Morphinsalz oder Eukodal und nicht weniger als 0,05% Atropinsalz enthalten, in Ampullen von 1,1 ccm Inhalt	
Mit Diazetylmorphin:	
Elixir camphorae comp. (Elixir Ipecac. cum Scilla)	
Elixir diamorphinae et terpini	B. P. C. Modif. cum apomorphin.
Linctus diamorphinae	B. P. C. modif. cum Ipecacuanhae
Linctus Senegae comp.	Sirupas Scillae et Senegae
Linctus Thymi comp.	Hewletts
Mit Dicodid:	
Cardiazol-Dicodid-Lösung	Gehalt nicht weniger als 10% Cardiazol und nicht mehr als 0,5% Dicodid
Mit Eukodal:	
Anti-opium Tablets, jedoch für das Publikum nicht unter der Bezeichnung Anti-opium-tablets	Dr. C. Gayetti M. D. Gehalt 1% Eukodal
Tablets B. B. comp.	Dr. Lionel Verkey
Eukodallösungen mit Atropin siehe bei Morphin	
Mit Kokain:	
Augentabletten	mit nicht mehr als 0,0003 g Kokainsalz und nicht weniger als 0,0003 g Atropinsalz p. dosi
Bernatziks Injektionen	a) Hydrarg. bicyanat. . . . 3 cg Kokain . . . . 2 cg b) Hydrarg. succin. . . . . 3 cg Kokain . . . . 1 cg
Natrium biboracicum comp. cum Cocaino	in Form von hartgepreßten Tabletten, Kompretten, Pastillen usw., die schwer zerbrechlich sind und nicht mehr als 0,2% Kokainsalz und gleichzeitig nicht weniger als 20% Borax und nicht weniger als 20% Antipyrin oder eines ähnlichen Analgeticums und nicht mehr als 40% Geschmacksstoffe enthalten, Höchstgewicht einer Tablette usw. 1 g

Stilas Injektionen	a) Hydrarg. succin. . . . . 3 cg Cocain. mur. . . . . . . 1 cg b) Hydrarg. succin. . . . . 5 cg Cocain. mur. . . . . . . 3 cg
Stimmtabletten	Kal. chloric. Borax Cocain. 0,00025 g pro dosi
Nervätzpaste siehe bei Morphin	

Unter „Betäubungsmittel, die zwar dem deutschen OpG., nicht aber dem internationalen Opiumabkommen unterstehen", sind hier gleichfalls nur „Zubereitungen" zu verstehen, da nach § 1 (4) OpG. nur gewisse Zubereitungen den Wirkungen des OpG. oder einzelnen Vorschriften des Gesetzes oder der auf Grund derselben erlassenen Bestimmungen entzogen werden können. Die erleichternden Ausnahmebestimmungen beziehen sich also z. Z. auf die Zubereitungen des Dihydromorphins (Paramorfans), nicht aber auf den Stoff an sich oder seine Salze. Eine andere Auslegung der Afb. ist wegen des entgegenstehenden § 1 (4) OpG. nicht angängig.

Zu Abs. 2: Die Einfuhr oder Ausfuhr ist anzuzeigen; es ist aber nicht gesagt, wann und wie. In § 2 der Vo. über den Fortfall der Bezugscheinpflicht vom 21. September 1931 (s. S. 122) ist beispielsweise bestimmt, daß innerhalb des ersten Monats eines jeden Quartals eine Aufstellung über die im vorhergegangenen Quartal abgegebenen Mengen getrennt nach den einzelnen Zubereitungen und Empfängern zu übersenden ist. Eine Bezugnahme hierauf ist aber nicht schlüssig, weil unter „abgeben" nicht auch „ausführen" verstanden werden kann, denn der Begriff abgeben bezieht sich im OpG. nur auf den Inlandverkehr.

Der Einführende oder Ausführende muß die allgemeine Erlaubnis nach § 3 haben, da die in Rede stehenden Zubereitungen zwar von dem internationalen Abkommen vollkommen ausgenommen sind, aber dem deutschen OpG. unterstehen (s. bei § 1 Abs. 4).

Der Zweck dieser Anzeigepflicht, deren Unterlassung strafbar ist, ist überhaupt nicht ganz klar, es handelt sich um Zubereitungen, die international nicht kontrolliert werden und überall ungehindert ein- und ausgehen können; ein lückenloser Verbleibsnachweis der Stoffe kann auch nicht beabsichtigt sein, da sich die Anzeigepflicht nur auf die nach Art. 8 G.C. freigelassenen Zubereitungen, nicht aber auch auf die dem Abkommen grundsätzlich nicht unterstehenden und nach § 1 (3) OpG. allgemein ausgenommenen Zubereitungen erstreckt.

E. Allgemeine Bestimmungen.

§ 21. Die Einfuhr und Ausfuhr von Betäubungsmitteln nach und von den Zollausschlüssen von Hamburg und Cuxhaven sowie der Verkehr mit ihnen innerhalb dieser Zollausschlüsse regelt sich bis auf weiteres nach der Verordnung vom 1. Mai 1924 (Reichsgesetzbl. II, S. 93); bezüglich der Durchfuhr gelten die Bestimmungen des Abschnitts B dieser Verordnung mit der Maßgabe, daß an die Stelle der Zollbehörde das Freihafenamt der Deputation für Handel, Schiffahrt und Gewerbe in Hamburg tritt.

Zu § 21 Afb.:

Die angezogene Verordnung hat folgenden Wortlaut:

Auf Grund des § 9 des Gesetzes zur Ausführung des internationalen OpAbk. vom 23. Januar 1912, vom 30. Dezember 1920 (RGBl. 1921, S. 2) in der Fassung des Gesetzes zur Abänderung des OpG. vom 21. März 1924 (RGBl. I, S. 290) wird im Einvernehmen mit dem Senat in Hamburg über den Verkehr mit Betäubungsmitteln in den Zollausschlüssen Hamburg-Freihafen, Hamburg-Waltershof und Cuxhaven folgendes bestimmt:

1. Betäubungsmittel, die in die genannten Zollausschlüsse eingehen oder beim Inkrafttreten dieser Verordnung sich daselbst befinden, sind von dem Verfügungsberechtigten und, falls ein solcher im Inland nicht vorhanden ist, von dem Warenführer unverzüglich dem Freihafenamte der Deputation für Handel, Schiffahrt und Gewerbe anzumelden. Die Anmeldepflicht entfällt, wenn das Freihafenamt aus dem Zollgebiete kommende Betäubungsmittel von der Grenzzollstelle übernimmt.

2. Betäubungsmittel dürfen in den genannten Zollausschlüssen nur in den vom Freihafenamte bezeichneten amtlichen Verschlußräumen lagern.

3. Jegliche Beförderung von Betäubungsmitteln innerhalb der genannten Zollausschlüsse ist nur unter amtlicher Begleitung des Freihafenamts zulässig.

4. Das Freihafenamt ist ermächtigt, in einzelnen Fällen Ausnahmen von den Vorschriften der Ziff. 2 bis 3 unter besonderen von ihm festzusetzenden Bedingungen zuzulassen.

5. Bei der Ausfuhr von Betäubungsmitteln über die genannten Zollausschlüsse hat die Grenzzollstelle dem Freihafenamte mit der Ware den Ausfuhrschein unter Bescheinigung des Übertritts in den Zollausschluß auszuhändigen. Das Freihafenamt hat den Aus-

fuhrschein nach Verladung der Sendung in das Seeschiff unter Bescheinigung der Verladung nach dem Bestimmungslande dem RGA. zu übersenden.

Bei der Einfuhr von Betäubungsmitteln über die genannten Zollausschlüsse ist der Einfuhrschein dem Freihafenamte zu übergeben, das denselben bei dem Versande der Ware nach dem Zollgebiete der Grenzzollstelle unter Bescheinigung des Austritts aus dem Zollausschlusse zu übergeben hat.

Der Verkehr mit Betäubungsmitteln im Freihafen spielt sich bei der Ausfuhr wie folgt ab:

1. Die Ware wird zollamtlich vorabgefertigt mit Ausfuhrschein und Betäubungsmittel-Zollbegleitschein I.

2. Nach der zollamtlichen Vorabfertigung wird die Sendung unter Begleitung eines Beamten des Freihafenamtes nach Kaispeicher A verbracht, wo die Ware gegebenenfalls bis zur Verladung unter Kontrolle des Freihafenamtes lagert.

3. Die Verladung erfolgt ebenfalls unter Begleitung und Kontrolle eines Beamten des Freihafenamtes nach der von dieser Stelle vorgenommenen Endabfertigung.

4. Nach erfolgter Verladung bestätigt das Freihafenamt auf dem Ausfuhrschein die erfolgte Ausfuhr der Ware und sendet den Ausfuhrschein an das RGA. zurück.

5. Die entstehenden Spesen werden dem Verlader vom Freihafenamt in Rechnung gestellt.

Für die Abwicklung sind folgende Stellen zuständig:

Deputation für Handel, Schiffahrt und Gewerbe, Hamburg 36, Stadthausbrücke 22;

Freihafenamt Hamburg, Hamburg 36, Stadthausbrücke 22 und

Kaiverwaltung Hamburg, Hamburg 8, Brocktor.

Die Deputation für Handel, Schiffahrt und Gewerbe ist eine hamburgische Regierungsbehörde und entspricht etwa dem Wirtschaftsministerium der anderen Länder.

Das Freihafenamt ist eine der Deputation für Handel, Schiffahrt und Gewerbe unterstellte Behörde.

Über Ausnahmebestimmungen laut Absatz 4 der Verordnung ist nichts bekannt geworden.

Ein selbständiger tschechoslowakischer Freihafenbezirk besteht im Hamburger Freihafen nicht. In dem mit der Tschechoslowakischen Republik abgeschlossenen Vertrag ist bestimmt, daß in dem tschechoslowakischen Pachtgelände die Gesetze und Vo.

gelten, die jeweils im Hamburger Freihafen im allgemeinen in Kraft sind. Auf Betäubungsmittel finden daher die Bestimmungen der Vo. des RMdI. über den Verkehr mit Betäubungsmitteln in den Zollausschlüssen von Hamburg und Cuxhaven vom 1. Mai 1924 Anwendung.

§ 22. Der Verkehr mit Betäubungsmitteln im Zollausschlußgebiete Helgoland regelt sich nach den Bestimmungen dieser Verordnung mit der Maßgabe, daß an die Stelle der Zollbehörde der Gemeindevorsteher in Helgoland tritt.

§ 23. Diese Verordnung tritt am 1. Mai 1930 in Kraft. Gleichzeitig treten die Abschnitte III, IV, V und VII der Ausführungsbestimmungen zum Opiumgesetze vom 5. Juni 1924 außer Kraft.

Anlage 1

Einfuhrantrag

Name und Anschrift des Antragstellers: ....

Name und Anschrift der Lieferfirma: ....

Ausfuhrland: .... (bei Rohopium und Kokablättern auch Ursprungsland): ....

Art und Menge der Betäubungsmittel	Reingewicht kg

Art der Beförderung (Post, Bahn, Schiff, Flugzeug): ....

Deutsches Eingangszollamt: ....

Ort: .... Datum: ....

An das
Reichsgesundheitsamt
in
Berlin NW 87
Klopstockstr. 18

....
(Unterschrift des Antragstellers)

(Vorderseite:) **Anlage 2**

Internationales Opiumabkommen vom 19. Februar 1925

Deutsches Reich

Gesetz über den Verkehr mit Betäubungsmitteln
(Opiumgesetz)

Einfuhrschein Nr. ....

(nicht übertragbar)

Name und Anschrift des Empfängers: ....

Name und Anschrift der Lieferfirma: ....

Ausfuhrland: .... (bei Rohopium und Kokablättern auch Ursprungsland): ....

Art und Menge der Betäubungsmittel	Reingewicht kg

Das Reichsgesundheitsamt genehmigt die Einfuhr der vorstehend aufgeführten Betäubungsmittel.

Berlin, den .... 19......

Reichsgesundheitsamt
Im Auftrag

Geltungsdauer bis zum ....

....

Bemerkungen:
1. Dieser Einfuhrschein ist der abfertigenden Zollstelle (Freihafenamt) vorzulegen.
2. Nicht benutzte Einfuhrscheine sind umgehend an das Reichsgesundheitsamt zurückzugeben.

Zollvermerke umseitig

Nachdruck verboten.

(Rückseite:)

	Rohgewicht kg	Reingewicht kg
Eingeführt am .... über .... Freihafen .... Grenzzollamt .... (Stempel)		
Zollamtlich abgefertigt am .... (Stempel)		

Nach Abfertigung und bei Nichtbenutzung sofort zurück

an das

Reichsgesundheitsamt

in

Berlin NW 87

Klopstockstr. 18

Anlage 3

Internationales Opiumabkommen vom 19. Februar 1925

Nr. ....

Deutsches Reich

Amtliche Einfuhrgenehmigung

Hierdurch wird bescheinigt, daß das mit der Überwachung des Verkehrs mit Betäubungsmitteln beauftragte Reichsgesundheitsamt nachstehende Einfuhr genehmigt hat:

durch ....

....

(Name und Anschrift des Einführenden)

von ....

....

(Bezeichnung des Betäubungsmittels und der zur Einfuhr zugelassenen Menge)

geliefert von ....

....

(Name und Anschrift der Firma im Ausfuhrland, die das Betäubungsmittel liefert)

vorbehaltlich folgender Bedingungen ....

....

(Angabe aller besonderen Bedingungen, die bei der Einfuhr zu beobachten sind)

Es wird erklärt, daß die zur Einfuhr zugelassenen Betäubungsmittel gebraucht werden:

1. für gesetzlich erlaubte Zwecke (bei Rohopium und Kokablättern);
2. für ausschließlich medizinische oder wissenschaftliche Zwecke.

Berlin, den .... 19......

NW 87, Klopstockstraße 18

Reichsgesundheitsamt

Im Auftrag

....

(Unterschrift)

Geltungsdauer bis zum ....

....

(Amtsbezeichnung)

Anlage 4

Ausfuhrantrag

Name und Anschrift des Antragstellers: ....

Name und Anschrift des Empfängers: ....

Einfuhrgenehmigung: ....
(Datum, Nummer, Dienststelle)

Einfuhrland: ....

Art und Menge der Betäubungsmittel	Reingewicht kg

Art der Beförderung (Post, Bahn, Schiff, Flugzeug): ....

Vorabfertigende Zollstelle: ....

....
Ort und Datum

An
das Reichsgesundheitsamt
in
Berlin NW 87
Klopstockstr. 18

....
Unterschrift des Antragstellers

(Vorderseite:) **Anlage 5**

Internationales Opiumabkommen vom 19. Februar 1925

Deutsches Reich

Gesetz über den Verkehr mit Betäubungsmitteln
(Opiumgesetz)

Ausfuhrschein Nr. ....
(nicht übertragbar)

Name und Anschrift des Absenders: ....

Name und Anschrift des Empfängers: ....

Einfuhrgenehmigung: ....
(Datum, Nummer, Dienststelle)

Einfuhrland: ....

Art und Menge der Betäubungsmittel	Reingewicht kg

Das Reichsgesundheitsamt genehmigt die Ausfuhr der vorstehend aufgeführten Betäubungsmittel.

Berlin, den .... 19......

Reichsgesundheitsamt
Im Auftrag

Die Betäubungsmittel müssen bis zum .... ausgeführt worden sein.

....

Bemerkungen:

1. Der obengenannte Absender hat diesen Ausfuhrschein mit der Sendung der für seinen Betrieb zuständigen Zollstelle zur Vorabfertigung vorzulegen.
2. Nach der Vorabfertigung ist dieser Ausfuhrschein mit der Sendung im Falle der Ausfuhr durch die Post bei der für den Betrieb des Absenders zuständigen Postannahmestelle vorzulegen, anderenfalls einer Grenzzollstelle zuzuleiten.
3. Nicht benutzte Ausfuhrscheine sind umgehend an das Reichsgesundheitsamt zurückzugeben.

Zollvermerke umseitig

(Rückseite:) Nachdruck verboten

	Reingewicht kg
Vorabgefertigt am .... (Stempel)	

Die Ausfuhr hat stattgefunden am ....

Postannahmestelle ....

Grenzzollamt ....

Freihafenamt ....

(Stempel)

Nach Abfertigung und bei Nichtbenutzung sofort zurück

an

das Reichsgesundheitsamt

in

Berlin NW 87

Klopstockstr. 18

Anlage 6

Internationales Opiumabkommen vom 19. Februar 1925

Deutsches Reich

Gesetz über den Verkehr mit Betäubungsmitteln
(Opiumgesetz)

Zweitschrift des Ausfuhrscheins Nr. ....
(nicht übertragbar)

Name und Anschrift des Absenders: ....

Name und Anschrift des Empfängers: ....

Einfuhrgenehmigung: ....
(Datum, Nummer, Dienststelle)

Einfuhrland: ....

Art und Menge der Betäubungsmittel	Reingewicht kg

Das Reichsgesundheitsamt genehmigt die Ausfuhr der vorstehend aufgeführten Betäubungsmittel

Berlin, den .... 19....

Reichsgesundheitsamt
Im Auftrag

....

Die Betäubungsmittel müssen bis zum .... ausgeführt worden sein

Bemerkungen:

1. Diese Zweitschrift des Ausfuhrscheins ist den Versandpapieren beizufügen. Sie begleitet die Sendung in das Einfuhrland.
2. Bei der Durchfuhr der Sendung durch ein anderes Land dient diese Zweitschrift als Nachweis dafür, daß die Betäubungsmittel unter Einhaltung der Bestimmungen des internationalen Opiumabkommens ausgeführt wurden.

Anlage 7

Internationales Opiumabkommen vom 19. Februar 1925

Deutsches Reich

Gesetz über den Verkehr mit Betäubungsmitteln

(Opiumgesetz)

Drittschrift des Ausfuhrscheins Nr. ....

(nicht übertragbar)

Name und Anschrift des Absenders: ....

Name und Anschrift des Empfängers: ....

Einfuhrgenehmigung: ....
(Datum, Nummer, Dienststelle)

Einfuhrland: ....

Art und Menge der Betäubungsmittel	Reingewicht kg

Das Reichsgesundheitsamt genehmigt die Ausfuhr der vorstehend aufgeführten Betäubungsmittel

Berlin, den .... 19....

Reichsgesundheitsamt
Im Auftrag

Die Betäubungsmittel müssen bis zum .... ausgeführt worden sein.

....

Bemerkungen:
Diese Drittschrift des Ausfuhrscheins übersendet das Reichsgesundheitsamt der Regierung des Einfuhrlandes.

Zu Absatz 2:

Antrag: s. dazu die Afb. zu Abs. 1.

Versagen: Im Verkehr mit den Zertifikatländern [Afb. § 12 (1) d] entfällt jeder Grund zur Verweigerung des Ausfuhrscheins, weil es nicht wohl angängig ist, von offensichtlichen Irrtümern abgesehen, Erklärungen ausländischer Regierungen anzuzweifeln oder zu kritisieren.

Bei der Ausfuhr nach Ländern, die die Einfuhr nicht von einer besonderen Einfuhrgenehmigung abhängig machen, sind nach dem Wortlaut des § 12 (1) der Afb. dem RGA. auf Anforderung Unterlagen beizubringen, aus denen hervorgeht, daß die Stoffe und Zubereitungen im Einfuhrland zu wissenschaftlichen oder medizinischen Zwecken bestimmt sind.

G.C. kennt nur den medizinischen und den wissenschaftlichen Zweck, der der Verarbeitung und des Zwischenhandels ist ihr fremd. Es ist damit aber keineswegs beabsichtigt, diese wirtschaftlichen Zwecke auszuschließen und durch das Zertifikatsystem den Zwischenhandel auszuschalten. Als Verwendungszweck der Betäubungsmittel soll deshalb der des letzten Gliedes im Handel angesehen werden. Wenn dem RGA. vorbehalten ist, in gewissen Fällen bestimmte Unterlagen zu fordern, aus denen hervorgeht, daß die Betäubungsmittel in dem Lande selbst, in das unmittelbar eingeführt wird, zu medizinischen oder wissenschaftlichen Zwecken bestimmt sind, und einen etwaigen Zwischenhandel nicht zu berücksichtigen, so kann es sich dabei nur um Länder handeln, deren Regierungen solche Einfuhrzertifikate nicht ausstellen. Lediglich in solchen Fällen kann eine „berechtigte Annahme, daß die Betäubungsmittel nicht zu medizinischen oder wissenschaftlichen Zwecken bestimmt sind", begründet sein. Man wird dann verlangen müssen, daß gewisse konkrete Umstände vorhanden sind, welche die Behörde „annehmen" läßt, daß die Stoffe und Zubereitungen, die ausgeführt werden sollen, tatsächlich nicht zu medizinischen oder wissenschaftlichen Zwecken bestimmt sind. Es kommt also auch hier wieder auf pflichtgemäßes Ermessen an, welches in dem ablehnenden Beschluß auch begründet sein sollte. Wird das pflichtgemäße Ermessen überschritten, so hat der abgewiesene Antragsteller gegebenenfalls einen Regreßanspruch aus § 839 BGB. (s. hierzu § 4 Abs. 3 und Seite 51). Es sei darauf verwiesen, daß der § 4 die Opiumstelle berechtigt, den Bezugschein zu versagen, sofern der Verdacht gerechtfertigt ist, daß die Stoffe oder Zubereitungen in einer Weise verwendet werden sollen, die mit diesem Gesetz oder auf Grund desselben erlassenen Afb. nicht in

Einklang steht. Bei der Abgrenzung darf nicht übersehen werden, daß „Annahme“ geringere Voraussetzungen an das pflichtgemäße Ermessen stellt als „Verdacht“.

Zu Absatz 3:

Eine solche Afb. ist nicht ergangen, die bisherigen Verordnungen dieser Art, nämlich Abschnitt VII der Afb. vom 5. Juni 1924 (RGBl. I, S. 638) und die danach erlassenen Bekanntmachungen des RMdI. über die für die Ein- und Ausfuhrabfertigung von Betäubungsmitteln zuständigen Zolldienststellen sind nach § 23 Afb. außer Kraft getreten. Es kann also z. Zt. über jedes Grenzzollamt ein-, aus- und durchgeführt werden.

Zu Absatz 4:

Nachzuweisen: Dieser Nachweis ist im allgemeinen durch die Abfertigungsstellen zu erbringen s. Afb. §§ 5 (2), 15 (5), 16 (1), 18.

In den Fällen der Einfuhr oder Ausfuhr von Zubereitungen, die nach Art. 8 G.C. ausgenommen sind oder die nur dem OpG., nicht aber G.C. unterstellt sind, ist die erfolgte Einfuhr oder Ausfuhr von dem Einführenden oder Ausführenden dem RGA. nicht nachzuweisen, sondern nur anzuzeigen, s. Afb. § 20.

Strafandrohungen für Verstöße gegen die auf Grund des Abs. 1 und 3 erlassenen Afb. siehe § 10 (1) 5.

Der Versuch ist strafbar.

Fahrlässigkeit siehe § 10 (3).

Die Außerachtlassung der Einfuhrbestimmungen eines außerdeutschen Landes wird von keiner der Strafbestimmungen des § 10 erfaßt.

§ 7.

Durch eine mit Zustimmung des Reichsrats ergehende Verordnung der Reichsregierung können Vorschriften über die Ankündigung und Beschriftung von Zubereitungen der im § 1 Abs. 3 bezeichneten Art erlassen werden. Diese Vorschriften können sich auch auf Zubereitungen erstrecken, die nach § 1 Abs. 3 diesem Gesetz nicht unterstehen.

Dieser Paragraph ist keine unmittelbare Folge des Haager oder Genfer Abkommens.

In dem früheren Gesetz waren ähnliche Bestimmungen nicht enthalten.

Die Begründung sagt dazu folgendes:

In Deutschland ist eine verhältnismäßig große Zahl von Betäubungsmitteln enthaltenden Arzneien, die in einer zur Abgabe an das Publikum bestimmten fertigen Packung bezogen und in dieser wieder abgegeben werden (kurz Spezialitäten genannt) im Verkehr. Nur bei einem Teil dieser Spezialitäten wird in der Ankündigung und auch auf den Packungen darauf hingewiesen, daß die Spezialität einen Stoff des OpG. enthält. In einzelnen Fällen wird diese Tatsache offensichtlich zur Täuschung des Arztes, des Apothekers wie auch des Publikums mit Absicht verschwiegen. Bei einer künftigen reichsgesetzlichen Regelung[1] der Herstellung und des Vertriebes der Spezialitäten wird zu prüfen sein, ob die sogenannte Deklarationspflicht ganz allgemein einzuführen ist, d. h. ob der Hersteller verpflichtet werden soll, auf den Packungen anzugeben, welche wirksamen Bestandteile die Spezialität enthält. Für die Stoffe des OpG. muß diese Frage schon vorweg geregelt werden, da hier der soeben dargelegte Zustand besonders unerwünscht ist. Bei der Eigenart der Betäubungsmittel und der stets zu berücksichtigenden Gefahr einer Suchtwirkung kann der Arzt verlangen, daß in der Ankündigung dieser Spezialitäten und in der Beschriftung der Packungen darauf hingewiesen wird, daß die Arznei ein Betäubungsmittel enthält. Das gleiche gilt bezüglich der Beschriftung der Packung auch für den Apotheker (und wegen der Bezugscheinpflicht auch bezüglich der Ankündigung). Arzt wie Apotheker können darüber hinaus außerdem verlangen, daß auch die Menge des Betäubungsmittels angegeben wird, die in der einzelnen Packung enthalten ist. Der Arzt braucht diese Angabe, um danach zu bestimmen, wie die Arznei einzunehmen ist, für den Apotheker ist sie von Wichtigkeit für die Nachprüfung der Höchstgaben und weil durch die Verordnung über das Verschreiben von Betäubungsmitteln und ihre Abgabe in den Apotheken vorgeschrieben ist (Afb. zu § 8), daß an einem Tage für einen Patienten nur eine bestimmte Menge eines Betäubungsmittels verschrieben und abgegeben werden darf.

Die Vorschriften über die Ankündigung und Beschriftung von Betäubungsmitteln enthaltenden Arzneien gehen über die auf Grund der G.C. bestehenden internationalen Verpflichtungen hin-

[1] Gemeint ist das in Vorbereitung befindliche Reichsgesetz über den Verkehr mit Arzneimitteln und Giften, s. Entwurf Pharm. Z. 1931, Nr. 69.

aus; ihr Geltungsbereich ist auf den Verkehr im Inland beschränkt worden, da kein Bedürfnis besteht, gleiche Vorschriften auch für Packungen, die ins Ausland gehen, zu erlassen.

Soweit die Begründung; sie sagt nichts aus über Spezialitäten ausländischer Herkunft. Da eine Ausnahme nicht gemacht ist, sie auch dem Sinne des OpG. zuwiderlaufen würde, so müssen Ankündigung und Beschriftung auch solcher ausländischer Spezialitäten, die z. B. 0,2% oder weniger Morphin enthalten und somit im internationalen Verkehr keiner Beschränkung oder Kontrolle unterworfen sind, den Bestimmungen der Vo. entsprechen, wenn sie in deutschen Apotheken abgegeben werden. Nötigenfalls ist die erforderliche Beschriftung vom Apotheker vorzunehmen.

Die unter dem 14. April 1930 erlassene Vo. bestimmt folgendes:

§ 1.

(1) Hinsichtlich der Ankündigung und Beschriftung von Arzneien, die Betäubungsmittel enthalten und von den Apotheken in einer zur Abgabe an das Publikum bestimmten fertigen Packung bezogen und in dieser Packung abgegeben werden, gelten für den Verkehr im Inland die Vorschriften der §§ 2 und 3 dieser Verordnung.

(2) Die Vorschriften gelten auch für Arzneien, deren Gehalt, berechnet auf Morphin, nicht mehr als 0,2 vom Hundert, berechnet auf Kokain, nicht mehr als 0,1 vom Hundert beträgt. Sie gelten jedoch nicht für Arzneien, die in den Apotheken ohne ärztliche, zahnärztliche oder tierärztliche Verschreibung abgegeben werden dürfen.

Arzneien sind nach § 1 Nr. 3 des erwähnten Gesetzentwurfs zur Abgabe an den Verbraucher hergerichtete Arzneimittel.

Die Verordnung ist lediglich auf Spezialitäten abgestellt. Ein Bedürfnis, sie ganz allgemein auf alle Zubereitungen auszudehnen, besteht nicht. Es sollen ihr jedoch auch solche Betäubungsmittel enthaltende Spezialitäten unterstehen, die an sich dem OpG. nach § 1 Abs. 3 nicht unterliegen, also Zubereitungen, deren Gehalt, auf Morphin berechnet, nicht mehr als 0,2%, auf Kokain berechnet, nicht mehr als 0,1% beträgt. Unter die Bestimmungen der Vo. sollen aber, wie die Begründung sagt, nicht solche Zubereitungen in Spezialitätenform fallen, die in den Apotheken ohne ärztliche, zahnärztliche oder tierärztliche Anweisung abgegeben werden dürfen. Gedacht war damals an die sog. Choleratropfen, die aber nach der endgültigen Fassung der Vo. über das Verschreiben von Betäubungsmitteln und ihre Abgabe in den Apotheken gleichfalls rezeptpflichtig geworden sind.

Ein Bedürfnis, die Zubereitungen des Indischen Hanfs oder Zubereitungen, die Indisch-Hanf-Extrakt oder Indisch-Hanf-Tinktur enthalten, ebenfalls den Vorschriften der Verordnung zu unterstellen, besteht nicht, da die Zahl dieser Zubereitungen sehr gering ist, sie zum großen Teil nur äußerlich angewendet werden und eine suchtmäßige Verwendung des Indischen Hanfs in Deutschland unbekannt und auch nicht zu befürchten ist.

Die Deklarationspflicht trifft alle Spezialitäten ohne Ausnahme, ohne Rücksicht auf den Gehalt an Betäubungsmitteln, auch wenn sie den übrigen Bestimmungen des OpG. nicht unterstehen, auch homöopathische Arzneien, gleichviel welcher Verdünnung. Die Begründung besagt, daß Zubereitungen des Ind. Hanfs usw. nicht von dem Deklarationszwang betroffen werden; aus dem Wortlaut der Vo. geht das aber nicht hervor, sie erstreckt sich auf Betäubungsmittel schlechthin. Da nur die dem OpG. unterstehenden Stoffe anzugeben sind, käme der volle Deklarationszwang nur für Spezialitäten in Frage, die Indischen Hanf als solchen enthalten, und die zum inneren Gebrauche, auch zum Rauchen, bestimmt sind. Nach dem Wortlaut der Vo. müßte bei Spezialitäten, die z. B. Indisch-Hanf-Extrakt zum inneren Gebrauch enthalten, nur Nr. 3 des Abs. 2 oder 3 erfüllt werden, was keinen rechten Sinn hat.

§ 2.

(1) In den Ankündigungen sowie auf dem Arzneibehältnis und seiner Umhüllung ist ungekürzt und deutlich lesbar anzugeben:

1. der dem Opiumgesetz unterstehende Stoff mit einer Bezeichnung, die im Opiumgesetz oder in den gemäß § 1 Abs. 2 des Gesetzes ergehenden Verordnungen gebraucht ist,

2. die in der einzelnen Packung der Arznei enthaltene Menge dieses Stoffes,

3. das Gesamtgewicht oder die Gesamtmenge der in der Packung enthaltenen Arznei.

(2) Statt dieser Angaben ist bei Arzneien, die in abgeteilter Form in den Verkehr kommen, folgendes anzugeben:

1. der dem Opiumgesetz unterstehende Stoff mit einer Bezeichnung, die im Opiumgesetz oder in den gemäß § 1 Abs. 2 des Gesetzes ergehenden Verordnungen gebraucht ist,

2. die in der einzelnen Teilmenge der Arznei enthaltene Menge des Stoffes,

3. die Anzahl der in der Packung enthaltenen Teilmengen.

Die Vorschriften sollen sich allgemein auf jede Ankündigung, nicht etwa allein auf die öffentliche erstrecken. Es sollen also sowohl die Anzeigen in der medizinischen und pharmazeutischen Fachpresse als auch die Mitteilungen und Werbeschriften, die an die Ärzte versandt werden, getroffen werden, auch wenn sie die Form von Sonderabdrucken haben.

„Anbieten" und „Anpreisen" sind weitergehende Formen von „Ankündigen". In ihnen ist immer eine Ankündigung enthalten.

Mit der Forderung, daß die Angaben auch auf der Umhüllung der Packung zu machen sind, wird bezweckt, daß z. B. die Faltschachtel, in der sich die Tablettenröhre oder die Arzneiflasche befindet, den Hinweis auf den Gehalt der Arznei an Betäubungsmitteln trägt. Nicht aber soll gefordert werden, daß das etwa zum Schutze der Packung verwendete durchsichtige Papier ebenfalls diesen Aufdruck trägt.

Anzugeben ist der dem OpG. unterstehende Stoff, und zwar mit einer der Bezeichnungen, die in dem OpG. oder den auf Grund des § 1 Abs. 2 des Gesetzes erlassenen oder noch zu erlassenden Verordnungen gebraucht sind. Enthält also z. B. eine Salbe Opiumextrakt, so ist nicht der Gehalt an Opiumextrakt, das im Sinne des OpG. eine Zubereitung darstellt, sondern an Morphin anzugeben. Das gleiche gilt für Zubereitungen, wie Pantopon, Narkophin, Laudanon usw.

Anzugeben ist z. B. „Morphin" oder, da die Salze gleichfalls dem OpG. unterstehende Stoffe sind, das betreffende Salz. Abkürzungen, wie z. B. „Mo. mur." oder Synonyma, sind nicht statthaft; dagegen können die in dem OpG. oder den Afb. enthaltenen geschützten Bezeichnungen (Heroin, Dikodid, Dilaudid, Eukodal, Paramorfan) von den Warenzeicheninhabern verwendet werden.

Die weiter geforderte Angabe des Gesamtgewichts oder der Gesamtmenge der in der Packung enthaltenen Arznei soll es dem Arzt ermöglichen, festzustellen, welche Menge des Betäubungsmittels der Kranke bei der vom Arzt gegebenen Gebrauchsanweisung erhält.

Bei Spezialitäten, die in abgeteilter Form in den Verkehr kommen, also z. B. bei Tabletten, genügt es, wenn neben der Anzahl der in einer Packung enthaltenen Tabletten die Menge des in der einzelnen Tablette enthaltenen Betäubungsmittels angegeben wird. Es ist nicht nötig, die Gehaltsangabe auf jeder einzelnen Tablette anzubringen. Aus Gründen der Zweckmäßigkeit empfiehlt es sich, homöopathische Streukügelchen nicht als Arzneien in abgeteilter Form (§ 2 Abs. 2 der Vo.) anzusehen, sondern als eine Zubereitung schlechthin, so daß die in der einzelnen Packung der homöopathischen Streukügelchen als Spezialität enthaltene Menge des betreffenden Stoffes anzugeben ist. Ob es möglich sein wird, diese Angabe zahlenmäßig in Bruchteilen von Gramm zu machen oder sich dabei der homöopathischen Ausdrucksweise der Zehntel- oder Hundertstel-Potenzen zu bedienen, bleibt dahingestellt.

§ 3.

(1) Die Bestimmungen dieser Verordnung treten am 1. Juli 1930 in Kraft.

(2) Arzneien in Packungen, die den Anforderungen dieser Verordnung nicht entsprechen, dürfen im Großhandel bis zum 30. September 1930, in den Apotheken bis zum 30. Juni 1931 abgegeben werden.

Um zu verhindern, daß größere Vorräte an alten Packungen, die den Anforderungen der neuen Verordnung nicht entsprechen, unbrauchbar werden, ist eine Übergangsfrist vorgesehen, während welcher die Hersteller der Spezialitäten, die Großhändler und die Apotheken ihr Lager an alten Packungen aufbrauchen können. Für die Abgabe alter Packungen in den Apotheken ist zur Vermeidung unbilliger Härten die Übergangsfrist länger bemessen worden.

Strafandrohung für Verstöße gegen die Afb. siehe § 10 (1) 6.
Der Versuch ist strafbar, s. § 10 (2).
Fahrlässigkeit siehe § 10 (3).

§ 8.

Durch eine mit Zustimmung des Reichsrats ergehende Verordnung der Reichsregierung können über das Verschreiben der Stoffe und Zubereitungen durch Ärzte, Zahnärzte oder Tierärzte und über die Abgabe in den Apotheken, den behördlich genehmigten ärztlichen und tierärztlichen Hausapotheken sowie durch Tierärzte, die eine Erlaubnis hierzu nach § 3 erhalten haben, einschränkende Bestimmungen erlassen werden. Diese Bestimmungen können sich auch auf Zubereitungen erstrecken, die nach § 1 Abs. 3 diesem Gesetze nicht unterstehen.

Dieser Paragraph erfüllt die in H.C. Art. 9, 10, 11 und G.C. Art. 5 und 6 aufgestellten Grundsätze, er ist die notwendige

Ergänzung zu § 3 Abs. 4 OpG. Während bisher in § 2 Abs. 5 des alten Gesetzes nur eine Verordnung über die Abgabe vorgesehen war, ist jetzt eine bemerkenswerte Ausdehnung auf die Verschreibung durch die Ärzte usw. erfolgt. Ferner werden auch solche Zubereitungen erfaßt, die wegen des geringen Gehaltes an Betäubungsmitteln weder unter die internationalen Abmachungen noch unter das OpG. an sich fallen. Die amtliche Begründung zu § 8 führt folgendes aus:

Wie schon zu § 3 des Entwurfs bemerkt wurde, hat es sich als notwendig erwiesen, in besonderen Ausführungsbestimmungen festzulegen, unter welchen Voraussetzungen und Bedingungen Betäubungsmittel ärztlich verschrieben und angewendet werden dürfen. Dies soll in der Weise erfolgen, daß Höchstmengen bestimmt werden, bis zu denen Betäubungsmittel ohne weiteres verordnet und abgegeben werden dürfen, sofern überhaupt die Anwendung eines Betäubungsmittels angezeigt ist. Außerdem soll bestimmt werden, unter welchen einschränkenden Bedingungen die Betäubungsmittel über diese Höchstmengen hinaus verschrieben und durch den Apotheker abgegeben werden dürfen. Hierdurch werden dem Arzt zuverlässige Richtlinien gegeben, welche Betäubungsmittel und in welchen Mengen er verordnen darf, ohne sich dem Vorwurf auszusetzen, daß er einer suchtmäßigen Verwendung der Mittel Vorschub geleistet habe. Der Apotheker, der nunmehr lediglich die Beachtung der bestehenden Vorschriften nachzuprüfen hat, wird vor der Gefahr geschützt, dadurch straffällig zu werden, daß er Überlegungen, die nicht seines Amtes sind, unterlassen oder unrichtig angestellt hat.

Das Recht, einschränkende Bestimmungen über das Verschreiben von Betäubungsmitteln zu erlassen, soll auch die Möglichkeit einschließen, das Verschreiben bestimmter Stoffe und Zubereitungen ganz zu verbieten. Durch das OpG. wird Ekgonin in die gesetzliche Regelung einbezogen. Diese Maßnahme verfolgt lediglich den Zweck, die Beaufsichtigung der Herstellung und des Verkehrs mit Kokain zu verschärfen und den Schmuggel mit einem Halbprodukt zu verhindern. Irgendeine arzneiliche Verwendung hat das Ekgonin nicht gefunden. Das gleiche gilt von gewissen Abkömmlingen des Morphins, deren Unterstellung unter das OpG. nach § 1 Abs. 2 aus den gleichen Gründen erfolgt ist. Die Verschreibung dieser Stoffe und ihrer Zubereitungen soll ebenso wie die des Ekgonins verboten werden. Eine irgendwie geartete Beschränkung berechtigter ärztlicher Belange ist aus diesen Verboten nicht zu befürchten.

Durch die Bestimmung, daß die Vorschriften über das Verschreiben der Betäubungsmittel und ihre Abgabe in den Apotheken sich auch auf Zubereitungen der Betäubungsmittel erstrecken können, die nach § 1 Abs. 3 diesem Gesetz nicht unterstehen — sei es, daß sie einen niedrigeren Gehalt als dort angegeben aufweisen, sei es, daß es sich z. B. um Zubereitungen von Indisch-Hanfextrakt oder Indisch-Hanftinktur handelt — soll die Möglichkeit geschaffen werden, die Stoffe der Opiumgesetzgebung aus den Vorschriften über die Abgabe stark wirkender Arzneimittel herauszunehmen[1].

Die Begründung zu den einzelnen Paragraphen legt die Bestimmungen der Vo. vielfach in einer Weise aus, welche mit dem klaren, nicht mißverständlichen Wortlaut der Vo. selbst nicht in Einklang zu bringen ist. Es ist Pflicht der Kommentatoren, zu der Frage der Rechtswirksamkeit der einen oder anderen Bestimmung der Vo. Stellung zu nehmen und zu fragen, ob die betreffenden Afb. ihre Grundlagen in dem Gesetz, auf dem sie fußen müssen, finden. Ob und in welchem Umfange die Judikatur entscheiden und inwieweit sie den hier vertretenen Rechtsanschauungen beitreten wird, läßt sich nicht voraussehen. In dem Hinweis auf die zweifelhafte Rechtswirksamkeit einzelner Teile der Vo. soll jedenfalls keine Aufforderung zur Nichtbefolgung erblickt werden.

Besonders beachtlich ist, daß sogar das RGA. Auslegungen trifft, die nicht dem Wortlaut der amtlichen Begründung entsprechen (s. bei § 13 dieser Afb.). Somit braucht in Zweifelsfällen die Begründung nicht als allein maßgebliche Regel zur Auslegung angesehen zu werden.

Diese Vo. hat eine ausgiebige Behandlung durch erläuternde und kritische Vorträge und Aufsätze in den Fachzeitschriften hervorgerufen, mehrfach sind Vorschläge zu ihrer Abänderung laut geworden. Zum Gebrauche der Ärzte und Apotheker sind tabellarische Zusammenstellungen erschienen, so von Apotheker A. Petrenz, Königsberg i. Pr., Apotheker W. Schmidt, Berlin-Friedenau, Medizinalrat Schnabel, Kötzschenbroda, und von der Pharm. Z. bei Julius Springer, Berlin.

Die am 19. Dezember 1930 erlassene und am 24. März 1931 ergänzte Vo. über das Verschreiben Betäubungsmittel enthaltender Arzneien und ihre Abgabe in den Apotheken wird durch nachstehende Begründung[2] nochmals allgemein erläutert:

---

[1] Indischer Hanf, seine Tinktur und sein Extrakt sind in den Vo. über starkwirkende Arzneimittel verblieben.

[2] 6. Beiheft zum Reichsgesundheitsbl. 1930, Beil. zu Nr. 52, S. 644 und Berichtigung dazu: Reichsgesundheitsbl. 1931, S. 18.

Durch Abschnitt II Abs. 4 der am 5. Juni 1924 erlassenen Afb. zum OpG. vom 30. Dezember 1920/21. März 1924 wurde angeordnet, daß die auf Betäubungsmittel lautenden ärztlichen Verschreibungen oder in bestimmten Fällen deren Abschriften in den Apotheken zurückzubehalten, aufzubewahren und auf Verlangen an die zuständigen Medizinalbehörden oder an das RGA. einzusenden sind. Als diese Belege zur Nachprüfung des Verkehrs mit Betäubungsmitteln in den einzelnen Apotheken angefordert und durchgesehen wurden, erhielten die Behörden zum ersten Male einen Einblick in die Art und den Umfang des Verschreibens der Betäubungsmittel durch die Ärzte, Zahnärzte und Tierärzte und des Verkehrs mit diesen Mitteln in den Apotheken.

Bei der Durchsicht dieser Belege hat sich im Laufe der Jahre an mehr oder minder häufigen Einzelfällen gezeigt, daß beim Verschreiben der Betäubungsmittel und bei ihrer Abgabe in den Apotheken Mißstände bestehen, die den Erlaß eingehender und verschärfter Vorschriften erfordern.

Die Stoffe des OpG. sind in diesen Fällen ohne ausreichende Notwendigkeit in fahrlässiger Weise verschrieben worden, so daß dadurch entweder die Entstehung einer Sucht gefördert oder bei einer bereits vorhandenen Sucht das Betäubungsmittel in einer mit den Forderungen der ärztlichen Wissenschaft nicht zu vereinbarenden Weise weiter verschrieben wurde. In vereinzelten, besonders bedenklichen Fällen, in denen man von einer Behandlung im eigentlichen Sinne nicht mehr sprechen kann, erfolgte das Verschreiben der Betäubungsmittel aus Gründen und in Formen, die einer ärztlichen Behandlung fernliegen und den Verdacht gewinnsüchtiger Beweggründe hervorrufen. In mehreren Großstädten ist nachgewiesen worden, daß im Straßenhandel vertriebene Betäubungsmittel auf ärztliche Verschreibung aus den Apotheken bezogen worden waren. Einzelne derartige bedauerliche Vorkommnisse sind auf dem Wege über die Tagespresse öffentlich bekannt geworden.

Nach dem Reichsgerichtsurteil vom 5. Oktober 1926 — I D 184. 26 —[1] und den nachfolgenden Entscheidungen dieses Gerichtes war es schon unter dem früheren OpG. möglich, gegen Mißstände auf diesem Gebiete einzuschreiten, doch hat der in diesen Urteilen gewiesene Weg nicht befriedigt. Es hat sich vielmehr im Laufe der Zeit immer mehr gezeigt, daß Auswüchsen in dieser Hinsicht wirkungsvoll nur entgegengetreten werden kann, wenn eingehende Bestimmungen über das Verschreiben er-

[1] RGSt. 60, 365. Vgl. Reichsgesundheitsbl. 1927, S. 5.

lassen werden, die sich ausdrücklich an den Arzt selbst richten und eine Bestrafung des Arztes vorsehen, wenn er gegen diese Vorschriften verstößt[1]. Dieses Vorgehen bedeutet insofern eine Neuerung, als sich bisher die Rechtsvorschriften über den Arzneimittelverkehr, z. B. die Vorschriften über die Abgabe stark wirkender Arzneimittel in den Apotheken, lediglich an den Apotheker wenden und ihn verpflichten, ärztliche Verschreibungen, auch solche über Stoffe des OpG., die nicht diesen Vorschriften entsprechen, nicht auszuführen.

Einschränkende Bestimmungen über das Verschreiben der Betäubungsmittel haben sich aber nicht nur an die Ärzte, sondern auch an die Zahnärzte und Tierärzte zu wenden. Es ist ein schwerer Übelstand, wenn z. B. Zahnärzte Betäubungsmittel in größeren Mengen laufend zu anderen als zahnärztlichen Zwecken verschreiben. Bei Tierärzten kommt insbesondere in Betracht, daß dem Sonderrecht des Tierarztes, der die Erlaubnis hat, Betäubungsmittel aus dem Großhandel zu beziehen, künftig die Verpflichtung gegenüberstehen muß, den Verbleib der bezogenen Betäubungsmittel nachzuweisen.

Auch bei der Beaufsichtigung des Verkehrs mit Betäubungsmitteln in den Apotheken hat es sich gezeigt, daß die derzeitigen Bestimmungen nicht ausreichen und dringend einer Änderung bedürfen, da auch hier schwere Mißstände festgestellt wurden. Die Vorschriften über die Abgabe stark wirkender Arzneimittel gestatten in gewissen Fällen die wiederholte Anfertigung Betäubungsmittel enthaltender Arzneien. Nach den zur Zeit[2] noch geltenden Afb. zum früheren OpG. ist der Apotheker in diesen Fällen nicht berechtigt, die Verschreibungen als Beleg für die abgegebenen Betäubungsmittel zurückzubehalten. Der Apotheker kann also zur Zeit keinen lückenlosen Nachweis über die Abgabe der Betäubungsmittel führen und ist daher in der Lage, Fehlmengen mit der Abgabe solcher Arzneien zu begründen, deren Verschreibungen er nicht zurückbehalten durfte. Hiervon haben Apotheker auch in Fällen Gebrauch gemacht, in denen offensichtliche Verstöße gegen das OpG. vorlagen, und hiermit zuweilen vor Gericht auch Erfolg gehabt. Es ist daher erforderlich, die Abgabe der Betäubungsmittel so zu regeln, daß vom Apotheker ein möglichst lückenloser Nachweis des Verbleibs der bezogenen Betäubungsmittel verlangt und erbracht werden kann.

Auch in anderer Hinsicht haben sich die Bestimmungen über die Abgabe der Betäubungsmittel in den Apotheken als änderungs-

---

[1] S. hierüber unter Strafandrohung S. 261.

[2] Zur Zeit als der Entwurf der Afb. dem Reichsrat vorgelegt wurde.

bedürftig erwiesen. In dem schon angezogenen Urteil des RG. vom 5. Oktober 1926 wird ausgeführt[1], daß der Apotheker sich einer Beihilfe zum unerlaubten Inverkehrbringen von Betäubungsmitteln selbst dann schuldig machen kann, wenn er diese Mittel auf ärztliche Verschreibung, aber zu anderen als Heilzwecken abgibt. Die aus dieser Entsch. des RG. gefolgerte Verpflichtung des Apothekers, zu prüfen, ob ein vom Arzt verschriebenes Betäubungsmittel als Heilmittel Verwendung finden soll, stellt den Apotheker vor eine Aufgabe, die ihm nicht zusteht und die ihm auch wegen der Schwierigkeit derartiger Feststellungen und wegen der Folgen bei einer Unterlassung der Prüfung nicht zugemutet werden sollte. Die Neuregelung muß daher auch für den Apotheker klare Verhältnisse schaffen und seine Prüfungspflicht auf Dinge beschränken, die von ihm nach Lage der Dinge verlangt werden können.

Eingehende Erwägungen haben gezeigt, daß den vorstehend angedeuteten Forderungen an eine künftige Regelung des Verschreibens, der Abgabe und des Verbleibsnachweises der Betäubungsmittel am ehesten entsprochen werden kann, wenn das ganze Fragengebiet in einer besonderen Vo. nach einheitlichen Gesichtspunkten geregelt wird. Dazu ist notwendig, daß die Stoffe des OpG. aus den landesrechtlichen Vorschriften über die Abgabe stark wirkender Arzneimittel gänzlich herausgenommen werden[2]. Diese Maßnahme ist auch sachlich berechtigt, da der Verkehr mit diesen zur Sucht führenden Stoffen mehr als bei den übrigen stark wirkenden Arzneimitteln eine ins einzelne gehende Regelung erheischt.

Die mit der Vo. über das Verschreiben Betäubungsmittel enthaltender Arzneien und ihre Abgabe in den Apotheken verfolgten Zwecke lassen sich kurz folgendermaßen zusammenfassen:

Beschränkung des Verschreibens der Betäubungsmittel auf Fälle, in denen ihre Anwendung ärztlich, zahnärztlich und tierärztlich begründet ist; allgemeines Verbot des Verschreibens der Betäubungsmittel in Substanz; Begrenzung der Höchstmenge der einzelnen Betäubungsmittel (ausgenommen Morphin und Opium), die an einem Tage für einen Kranken verschrieben werden darf, und damit in gewissen Grenzen Ausschaltung der suchtmäßigen Verwendung dieser Stoffe und Zubereitungen, z. B. von Pantopon, Laudanon, Narkophin, Diazetylmorphin (Heroin), Eukodal, Dicodid, Dilaudid; Einführung einer besonderen ärztlichen Buch-

[1] RGSt. Bd. 62, Bl. 369ff.

[2] Was aber nach § 5 der Afb. hinsichtlich des Indischen Hanfs und seiner Zubereitungen nicht geschehen ist, s. S. 186.

führung beim Verschreiben von Morphin und Opium in größeren Mengen; Verbot jedes Verschreibens von Kokain an Süchtige, Beschränkung der Kokainanwendung auf wenige bestimmte Krankheitsfälle, in denen Kokain therapeutisch unentbehrlich ist, mit der Auflage einer ärztlichen Buchführung; Schaffung eindeutiger Bestimmungen über die Bedingungen, unter denen der Apotheker auf Grund ärztlicher, zahnärztlicher und tierärztlicher Verschreibung berechtigt sein soll, Betäubungsmittel enthaltende Arzneien abzugeben; Verbot des Versendens von Betäubungsmitteln durch Apotheken; Fortfall jeder wiederholten Belieferung ärztlicher, zahnärztlicher und tierärztlicher Verschreibungen über Betäubungsmittel; verschärfte Aufsicht über den Verbleib der Betäubungsmittel in den Apotheken, den ärztlichen und tierärztlichen Hausapotheken und bei den Tierärzten, die ein Recht zur Abgabe von Betäubungsmitteln haben, durch die Vorschrift, Betäubungsmittelbücher zu führen.

Der Entwurf der Vo. ist nach zahlreichen und eingehenden, unter Hinzuziehung der Sachbearbeiter der Landesregierungen gepflogenen Beratungen mit ärztlichen, zahnärztlichen, tierärztlichen und pharmazeutischen Sachverständigen und nach Anhören der Vertreter der Krankenkassen und der chemisch-pharmazeutischen Industrie aufgestellt worden. In den wesentlichen und grundsätzlichen Fragen konnte die Zustimmung der beteiligten Kreise erzielt werden.

Die Schwierigkeiten, die einer umfassenden, bis ins einzelne gehenden Regelung der mit dem Verkehr mit Betäubungsmitteln zusammenhängenden Fragen entgegenstehen, sind nicht gering. Mit dem Entwurf ist versucht worden, in weitgehendem Maße einen Ausgleich zwischen den Belangen der Kranken, die dieser Mittel bedürfen, und den Bedürfnissen der ärztlichen Praxis herbeizuführen und gleichzeitig die Belange der Zahnärzte, Tierärzte und der Apotheker gebührend zu berücksichtigen. Dabei durften die allgemeinen Absichten der Opiumgesetzgebung nicht aus dem Auge verloren werden. Unter Berücksichtigung aller dieser Umstände ist die vorliegende Fassung der Vo. entstanden, von der erwartet wird, daß sie eine wesentliche Besserung der bestehenden Mißstände bringen wird.

Einer besonderen Strafbestimmung gegen Zuwiderhandlungen bedarf es nicht. Verstöße gegen die Vo. werden nach § 10 Abs. 1 Nr. 6 und 8 in Verbindung mit § 8 und § 5 Abs. 2 OpG. mit denselben Strafen bedroht wie die sonstigen Verstöße gegen das Gesetz. Für fahrlässige Verstöße ist in § 10 Abs. 3 OpG. Haft oder Geldstrafe vorgeschrieben. —

Der letzte Absatz der Begründung enthält einige Unklarheiten. Die Verordnung ist nicht nur auf Grund des § 5 (2) und § 8 erlassen worden, sondern auch auf Grund des § 12. Die Strafandrohungen finden sich nicht nur im § 10 (1), Nr. 6 und 8, sondern auch in Nr. 5, wonach Zuwiderhandlungen gegen die nach § 5 (2) und § 12 erlassenen Bestimmungen bestraft werden. Außerdem ist bei Fahrlässigkeit die mildere Bestrafung nicht für die Vergehen nach Nr. 5 vorgesehen (s. hierüber S. 307).

Das OpG. als solches ist kein Schutzgesetz im Sinne des § 823 Abs. 2 BGB.[1], d. h. keine Rechtsnorm, die dem Schutz des einzelnen, im Gegensatz zur Gesamtheit dient. Wohl aber wird man die zu § 8 erlassenen Afb. in Verbindung mit § 10 (1) Nr. 6 als ein Schutzgesetz zugunsten des einzelnen, z. B. des Kranken oder der Familie des Kranken, ansehen können. Der Kranke oder dessen Familie kann der unmittelbar Geschädigte sein[2]. Die Bejahung des Schutzcharakters der Afb. zu § 8 hat die Bedeutung, daß ein Kranker, dem ein Arzt verbotswidrig Betäubungsmittel verschrieben oder ein Apotheker abgegeben hat, zur Erhebung der Unterlassungs- und Schadensersatzklage, z. B. für entstandene Unkosten und im Zusammenhang damit stehenden Schaden berechtigt ist, auch dann, wenn eine Körperverletzung noch nicht eingetreten ist. Für den Fall, daß infolge unerlaubter Abgabe gleichzeitig Körperverletzung oder Gesundheitsschädigung vorliegt, kann die Unterlassungs- oder Schadensersatzklage bereits auf Abs. 1 des § 823 BGB. gestützt werden.

I. Geltungsbereich der Verordnung.

§ 1.

(1) Verschreibungen, die zum Bezuge Betäubungsmittel enthaltender Arzneien aus öffentlichen Apotheken erforderlich sind, dürfen nur nach den Bestimmungen des Abschnitts II dieser Verordnung ausgestellt werden.

(2) Betäubungsmittel enthaltende Arzneien dürfen in den öffentlichen Apotheken, den behördlich genehmigten ärztlichen und tierärztlichen Hausapotheken sowie durch Tierärzte, die eine Erlaubnis nach § 3 des Opiumgesetzes erhalten haben, nur nach den Bestimmungen des Abschnitts III dieser Verordnung abgegeben werden.

---

[1] Siehe auch RGZ. Bd. 128, Bl. 298ff. zum Schutzgesetzcharakter der ArzneimittelverkehrsVo. von 1901.

[2] Ähnlich ist das LebensmG., insbesondere in den §§ 3 und 5, die sich gegen den Verkauf gesundheitlich schädigender Lebensmittel oder gegen irreführende Bezeichnungen solcher Lebensmittel richten, ein Schutzgesetz im obigen Sinne (Holthoefer-Juckenack, S. 58 zu § 3).

(3) Über die Abgabe Betäubungsmittel enthaltender Arzneien ist nach den Bestimmungen des Abschnitts IV dieser Verordnung Buch zu führen.

Begründung zu § 1: Die Verordnung richtet sich an den Arzt, Zahnarzt und Tierarzt als Aussteller von Verschreibungen, die zum Bezuge Betäubungsmittel enthaltender Arzneien aus den öffentlichen Apotheken erforderlich sind, und an den Apotheker, soweit er Arzneien in einer öffentlichen Apotheke abgibt. Anforderungen eines Krankenhausarztes zur Lieferung aus der Krankenhausapotheke oder aus der Dispensieranstalt an eine Station des Krankenhauses fallen, da der innere Dienst der öffentlichen und gemeinnützigen Krankenanstalten durch die Verordnung nicht berührt wird, nicht unter die Vorschriften der Verordnung. Diese Einschränkung des Geltungsbereiches, die sich aus verschiedenen Gründen als notwendig erwiesen hat, darf aber keinesfalls zu der Annahme führen, als ob die Betäubungsmittel in diesen Anstalten unter anderen Voraussetzungen angewendet werden dürfen, als sie in dieser Verordnung aufgestellt werden. Es ist beabsichtigt, auf diesen Gesichtspunkt in einem besonderen Rundschreiben an die Landesregierungen hinzuweisen.

In den inneren Dienst der Reichswehr und der Schutzpolizei will die Verordnung ebenfalls nicht eingreifen. Stellt jedoch z. B. ein Arzt der Reichswehr eine Verschreibung — auch für einen Angehörigen der Reichswehr — über ein Betäubungsmittel aus, das aus einer öffentlichen Apotheke bezogen werden soll, so darf die Arznei nur dann angefertigt[1] werden, wenn die Verschreibung den Anforderungen der Verordnung genügt.

Durchführung der Betäubungsmittelverordnung bei der Schutzpolizei. In einem Erlaß des preuß. Innenministers vom 15. Juni 1931 über die Durchführung der Betäubungsmittelverordnung bei der Polizei heißt es u. a.[2]:

„Wenn auch nach der Begründung zu den §§ 1, 2 und 5 der Vo. diese in den inneren Betrieb der Schutzpol. nicht eingreifen will, so sind doch die Vorschriften der Vo. strengstens zu beachten und für den Bezug von Betäubungsmitteln aus öffentlichen Apotheken die Vorschriften bezügl. Form und Inhalt der Verschreibung innezuhalten.

Unabhängig von den Verbrauchs- und Verwendungsnachweisen sind außerdem Bestandslisten für alle von der Vo. betroffenen Mittel aufzustellen und nach dem jeweiligen Verbrauch und Zugang laufend zu ergänzen, so daß eine ständige Kontrolle über den Verbrauch der Betäubungsmittel ausgeübt werden kann. Diese Bestandslisten über Betäubungsmittel sind in den ersten 10 Tagen jeden Vierteljahres von dem Pol.-Arzt der betr. Dienststelle bezügl. der Richtigkeit zu bescheinigen.

---

[1] Die Vo. regelt nur die Abgabe. [2] Apoth. Z. 1930, S. 804.

Bei den Pol.-San.-Stellen oder in San.-Behältnissen und bei den pol.-tierärztlichen Dienststellen etwa noch vorhandene Standgefäßte für Kokain in Substanz sind mit Inhalt umgehend an das Pol.-San.-Lager, Berlin NW 40, Scharnhorststr. 13, abzugeben."

Zu Abs. 1:

Arznei: Nach § 1 Nr. 3 des Entwurfes eines Reichsarzneimittelgesetzes[1] sind Arzneien im Sinne jenes Gesetzes „zur Abgabe an den Verbraucher hergerichtete Arzneimittel". Danach ist es für den Begriff der Arznei gleichgültig, ob die Arznei aus einem oder mehreren Arzneimitteln für den Einzelfall der Abgabe hergerichtet oder, wie die Spezialität, fabrikmäßig erzeugt wird. Die Deutsche Arzneitaxe kennt in Ziff. 1 den gleichen Begriff mit einer Einschränkung auf die vom Apotheker zur Abgabe hergerichteten Arzneien. In Ziff. 2 wird aber unterschieden zwischen Arzneimitteln und Arzneien, die in einer zur Abgabe an das Publikum bestimmten fertigen Packung aus dem Handel bezogen und in dieser Packung abgegeben werden. Auch solche Arzneimittel in abgabefertiger Packung sind als Arzneien im Sinne dieser Afb. anzusehen. Wo in der Afb. „Arznei" zusammen mit Mengenangaben vorkommt, bezieht sich das Wort „Arznei" sinngemäß nur auf den Inhalt ohne die Packung.

Öffentliche Apotheken: Nach § 3 OpG. bedürfen die „Apotheken" keiner Erlaubnis. Darunter fallen alle Arten von Apotheken (s. S. 107). Unter „öffentlich" ist im Sinne der Vo. und der Begründung für die Apotheken das Gegenteil von dem zu verstehen, was in demselben Absatz der Begründung und in anderen Teilen der Vo. mit „öffentlichen Krankenhäusern" gemeint ist. Eine öffentliche Apotheke im Sinne des § 1 Afb. ist eine solche, aus der die Öffentlichkeit, das Publikum, Arzneien erwerben kann. Das sind also die als öffentlich schlechthin bekannten Apothekenbetriebe einschließlich der Zweigapotheken. Zu den öffentlichen Apotheken rechnen im Sinne dieser Vo. [s. § 1 (2)] aber nicht die ärztlichen und tierärztlichen Hausapotheken, obwohl auch diese privatwirtschaftlich betrieben werden, ferner gehören zu dem Begriff der öffentlichen Apotheken nicht die Apotheken der öffentlichen Krankenhäuser. Diese Apotheken sind nicht für jedermann geöffnet, sie dienen zur Versorgung der Krankenhausinsassen.

§ 2.

Die Bestimmungen dieser Verordnung gelten auch für Arzneien, die nicht mehr als 0,2% Morphin oder 0,1% Kokain enthalten.

[1] Apoth. u. Pharm. Z. 1931, Beil. zu Nr. 69.

Begründung zu § 2: Den Vorschriften der Verordnung unterstehen, abgesehen von den Ausnahmen des § 5, alle Betäubungsmittel enthaltenden Arzneien, unabhängig von dem Gehalt der Arznei an Betäubungsmittel. Betäubungsmittel enthaltende Arzneien im Sinne der Verordnung sind also auch solche Morphin oder Kokain enthaltenden Arzneien, die nicht mehr als 0,2% Morphin oder 0,1% Kokain enthalten, im übrigen also nicht dem Opiumgesetz unterstehen. Die Berechtigung zu dieser Ausdehnung des Geltungsbereiches der Verordnung leitet sich aus § 8 Satz 2 des Gesetzes ab.

Zu § 2: Unter Arzneien sind hier die in den Arzneien enthaltenen Arzneimittel (Arzneitaxe 1, I) zu verstehen. Nach Art. 4 der G.C. und § 1 (3) OpG. unterliegen Zubereitungen, die nicht mehr als den angeführten Gehalt haben, nicht dem OpG. Sie können also unbehindert ein- und ausgeführt und im Inland ohne Erlaubnis, ohne Bezugschein und ohne Lagerbucheintragung gehandelt werden, sie unterliegen nicht der behördlichen Aufsicht und über sie braucht keine Auskunft nach § 2 gegeben zu werden. In § 8 OpG. ist aber die Ermächtigung enthalten, einschränkende Bestimmungen über das Verschreiben und die Abgabe auch für solche Arzneien zu erlassen. Somit sind alle Teile der Vo., die sich auf § 8 des OpG. gründen, rechtswirksam. Ihr unterliegen alle Zubereitungen, die Betäubungsmittel in irgendeiner Menge enthalten, auch alle, die bisher ohne Rezept abgegeben werden konnten, wie z. B. Tinct. Opii benzoica (DAB.), Tinct. anticholerica seu antidiarrhöica (Erg.-B.), Emplastr. opiatum (Erg.-B.), Unguent. Opii (Erg.-B.), und einerlei ob zu innerem oder zu äußerem Gebrauch.

Ferner fallen unter die Verordnung alle homöopathischen Zubereitungen, einerlei welcher Potenz. Auch diese dürfen nur unter der Voraussetzung des § 6 der Afb. verschrieben und nur gegen Rezept abgegeben werden. Über Kokazubereitungen s. § 7 der Afb.

Sirupus Papaveris (Erg.-B.), auch wenn er unzweifelhaft Morphin aus den unreifen Mohnköpfen enthält, wird ebenso wie die Fructus Papaveris immaturi (Erg.-B.) von dem Gesetzgeber nicht als Betäubungsmittel angesehen, sondern die Abgabe dieser Rohdroge (auch der reifen Mohnköpfe) und deren Zubereitungen wird durch die Vo. über Abgabe stark wirkender Arzneimittel (s. S. 343) geregelt.

Im Gegensatz zu dem OpG. und den anderen Afb. trennt der Gesetzgeber nunmehr die Zubereitungen, die Morphin enthalten [§ 1 (3) OpG.], in solche, die mit Morphin bereitet sind, in solche, die mit Opium oder Opiumzubereitungen bereitet sind, und in solche, deren Morphingehalt weder aus zuvor isoliertem Morphin noch aus Opium stammt. Zu den letzteren gehören die Zubereitungen aus Fruct. Papaveris, deren Stellung aber unklar ist. Nach der Vo. über die Abgabe stark wirkender Arzneimittel und deren Begründung sollen sie nur jener Vo. unterstehen, nach § 2 dieser Afb. fallen alle morphinhaltige Zubereitungen ohne Ausnahme und ohne Unterschied, woher das Morphin kommt, unter die vorliegenden Afb., die als reichsrechtliche den landesrechtlichen Vo. über stark wirkende Arzneimittel vorangehen und nicht von jenen abgeändert werden können.

Das RGA. ist anderer Ansicht[1]:

„Bei der Ausarbeitung der Verschreibungsverordnung war nicht beabsichtigt, die Abgabe der Mohnköpfe diesen Vorschriften zu unterstellen. Dies geht, worauf auch in Ihrer Eingabe hingewiesen wird, schon aus der Tatsache hervor, daß die Mohnköpfe und ihre Zubereitungen in der Liste der stark wirkenden Arzneimittel auch weiterhin aufgeführt, wie auch daraus, daß darin überdies noch neue verschärfte Abgabevorschriften für die Mohnköpfe festgesetzt wurden."

Die Anordnungen über die Lagerbuchführung (§§ 27, 29 dieser Afb.) können sich nur auf Zubereitungen mit einem Gehalt von mehr als 0,2% Morphin oder 0,1% Kokain beziehen, da für die Ausdehnung der Lagerbuchpflicht über den Umfang des § 5 hinaus keine Ermächtigung besteht. Über die Gültigkeit derjenigen Bestimmungen, die weder aus § 5 noch aus § 8 des OpG. hergeleitet werden, mithin nur auf § 12 beruhen können, muß, sofern sie überhaupt als rechtsverbindlich angesehen werden, im Einzelfall entschieden werden.

§ 3.

Die Bestimmungen dieser Verordnung gelten auch für die Salze der Betäubungsmittel, die in der Verordnung als Basen aufgeführt sind. Die für eine Base angegebene Menge gilt auch für ihre Salze.

Begründung zu § 3. Um die Verordnung nicht zu[2] unübersichtlich zu gestalten, wurde davon abgesehen, bei jedem einzelnen Betäubungsmittel, das im chemischen Sinne als eine Base angesehen werden kann, an den hierfür in Betracht kommenden Stellen ausdrücklich darauf hinzuweisen, daß die Vorschriften auch für die Salze dieser Base gelten. Der Zweck des § 3 ist, dies allgemein festzustellen. Die Bestimmungen der Verordnung gelten also z. B. sowohl für das Morphin (die Base) als auch für das Morphinhydrochlorid (das salzsaure Salz der Base).

---

[1] Pharm. Z. 1931, S. 784.

[2] Damit gibt der Gesetzgeber selbst zu, daß die Vo. unübersichtlich ist.

§ 4.

Die Bestimmungen dieser Verordnung gelten auch dann, wenn ein Betäubungsmittel unter einem anderen Namen in dem Verkehr ist als in dieser Verordnung angegeben.

Zu § 4: Die Synonyma der Stoffe s. S. 21. Darauf kann sich aber dieser Paragraph nicht beziehen, denn unter diesen anderen Namen sind die Betäubungsmittel nicht im Verkehr, sondern sie werden mitunter unter diesen anderen Namen verschrieben. Es ist aber selbstverständlich, daß die Vo. auch für solche Fälle ohne Ausnahme gilt.

Eine amtliche Begründung zu diesem Paragraph ist nicht bekanntgegeben worden. Er soll sich wohl im besonderen auf die unter Phantasienamen im Verkehr befindlichen Spezialitäten beziehen, z. B. das Pantopon enthaltende Spasmalgin oder das Narcophin enthaltende Amnesin.

Diese Bestimmung entspricht etwa der des § 1 Abs. 2 der Vorschriften über den Verkehr mit Geheimmitteln und ähnlichen Arzneimitteln, wonach die Anwendung der dortigen Bestimmungen nicht dadurch ausgeschlossen wird, daß die Bezeichnung bei im wesentlichen gleicher Zusammensetzung geändert wird[1].

§ 5.

Die Bestimmungen dieser Verordnung gelten nicht für das Verschreiben und die Abgabe von Arzneien, die Indischen Hanf, Indisch-Hanfextrakt oder Indisch-Hanftinktur enthalten.

Begründung zu § 5: Die zum Teil sehr einschneidenden Vorschriften der Verordnung auch auf den Indischen Hanf und seine Zubereitungen auszudehnen, erscheint nicht notwendig. Es genügt, wenn, wie beabsichtigt, alle zum innerlichen Gebrauche bestimmten Zubereitungen dieser Art durch Änderung der Vorschriften über die Abgabe stark wirkender Arzneimittel dem Zwang jedesmaliger Verschreibung unterstellt werden[2].

Zu § 5: Die Ausnahme bezieht sich nicht nur auf Arzneien, die Indischen Hanf oder die genannten Zubereitungen als einen Bestandteil neben anderen Arzneimitteln enthalten, sondern z. B. auf ungemischte Tinct. Cannab. Ind. Die Ausnahme gilt aber nur für die Bestimmungen dieser Afb. Nach wie vor untersteht Indischer Hanf, sein Extrakt und seine Tinktur dem OpG. und den anderen Afb.

---

[1] Urban: Apothekengesetze S. 231. [2] S. S. 343.

Die in der Vo. über die Abgabe starkwirkender Arzneimittel genannten Cannabinon und Cannabinum tannicum, sowie Cannabisol, Indonal u. a. unterstehen nicht dem OpG.

II. Das Verschreiben Betäubungsmittel enthaltender Arzneien.

A. Allgemeine Bestimmungen.

§ 6.

Die Arzneien dürfen nur von Ärzten, Zahnärzten oder Tierärzten und nur dann verschrieben werden, wenn die Anwendung des Betäubungsmittels ärztlich, zahnärztlich oder tierärztlich begründet ist.

Begründung zu § 6: Die Frage, unter welchen grundsätzlichen Voraussetzungen der Arzt, Zahnarzt oder Tierarzt berechtigt sein soll, Betäubungsmittel enthaltende Arzneien zu verschreiben, bereitet einer befriedigenden Lösung erhebliche Schwierigkeiten. Die Frage ist in den Verhandlungen mit den Sachverständigen eingehend erörtert, im Laufe der Beratungen aber verschieden beantwortet worden.

Es wurde als unerläßlich angesehen, in die Vo. eine allgemeine Beschränkung des Rechtes, diese Mittel zu verschreiben, aufzunehmen. Die Vo. verlangt, daß ein Betäubungsmittel nur dann verschrieben wird, wenn seine Anwendung ärztlich, zahnärztlich oder tierärztlich begründet ist. Es mußte davon abgesehen werden, in der Vo. eine nähere Erklärung dafür zu geben, was als ärztlich begründet anzusehen ist. Denn diese Frage wird nach dem jeweiligen Stande der ärztlichen Wissenschaft und Praxis zu beantworten sein. Von den Standesvertretungen der Ärzte, Zahnärzte und Tierärzte wird erwartet werden können, daß sie sich bemühen, für das Verschreiben der Betäubungsmittel brauchbare Richtlinien aufzustellen, mit deren Hilfe man dem erstrebten Ziele möglichst nahe kommt, zu verhindern, daß durch das Verschreiben der Mittel der Entstehung und Unterhaltung einer Sucht Vorschub geleistet wird. In einem etwaigen Straffall wird der Richter festzustellen haben, ob die Verwendung ärztlich begründet war. Hierzu wird er im allgemeinen auf das Gutachten von ärztlichen Sachverständigen angewiesen sein, die ihm die Auffassung der wissenschaftlichen Medizin vermitteln. Hieraus ergibt sich die ausschlaggebende Bedeutung von Richtlinien, durch die die überwiegende Mehrzahl der ärztlichen Sachverständigen auf eine einhellige, sicher begründete und zweckentsprechende Anschauung vereinigt wird. Diese Richtlinien sollen auch den Arzt sicherstellen, wenn er den Bedürfnissen des Süchtigen Rechnung trägt, soweit solchen Bedürfnissen unter den obwaltenden Verhältnissen eine Anerkennung nicht versagt werden kann. Der Deutsche Ärztetag hat auf seiner im Jahre 1928 in Danzig stattgehabten Tagung Leitsätze[1] angenommen, durch die die Voraussetzungen festgelegt werden, unter denen die Anwendung der Betäubungsmittel im allgemeinen unentbehrlich und ärztlich begründet ist, und hat auch Richtlinien für die unter Umständen unvermeidliche Versorgung Morphinsüchtiger mit Morphin aufgestellt. Die wichtigsten dieser Leitsätze lauten:

„Die Verschreibung der Stoffe des OpG. in Substanz kann in keinem Falle ärztlich begründet werden.

Die Verordnung von Kokain ist durch die Einführung der nicht suchtbildenden Lokalanästhetika entbehrlich geworden, außer bei chirurgischen Eingriffen bei Augen-, Hals-, Nasen- und Ohrenerkrankungen zur unmittelbaren Anwendung am Kranken.

Falls bei der Verschreibung von Opiaten über die Maximaldosen hinausgegangen werden muß, soll allein Morphin — zur eignen Sicherung des Arztes mit schriftlicher Aufzeichnung — verordnet werden.

Die Anwendung der anderen Opiate über die Maximaldosen hinaus bietet keine so wesentlichen Vorteile, als daß nicht auf ihre Anwendung über die Maximaldosen hinaus — ohne Benachteiligung der Kranken — zur Verhütung von Opiatsuchten und zur Erleichterung ihrer Bekämpfung verzichtet werden könnte.

Die Verordnung von Morphin und anderen Opiaten ist ärztlich nur begründet, wenn der Arzt nach strenger Prüfung der Besonderheiten des einzelnen Krankheitsfalles mit anderen Mitteln nicht auskommen kann.

Die erste Morphineinspritzung kann schon die Gefahr der Sucht in sich bergen.

Nicht jeder Schmerz braucht ein Opiat.

Opiate sind keine Schlafmittel.

Als Hustenmittel ist Morphin fast immer, Diazetylmorphin (Heroin) stets durch Kodein oder Dionin ersetzbar.

Dagegen ist Morphin unentbehrlich, gegebenenfalls auch über die Maximaldosen hinaus, zur Stillung schwerster Schmerzen, so z. B. bei schweren Anfällen von Nieren- und Gallensteinkoliken, bei schweren tabischen Krisen, bei schweren Gesichtsneuralgien, bei heftigem akutem Wundschmerz, bei Folgezuständen schwerer

---

[1] der Berichterstatter Prof. Dr. Gaupp (Tübingen) und Geh. Reg.-Rat Prof. Dr. Rost (Berlin).

Verletzungen und ähnlichen Indikationen, bei schmerzhaften unheilbaren Leiden (wie z. B. Tuberkulose und Karzinom im Endstadium) und zur Euthanasie.

Die Morphinspritze gehört in die Hand des Arztes; sie darf nicht gewohnheitsmäßig, sondern nur in Ausnahmefällen vom Arzt zuverlässigen approbierten Pflegepersonen unter seiner besonderen Kontrolle anvertraut werden.

Das Ziel der ärztlichen Behandlung von Rauschgiftsüchtigen muß grundsätzlich die sachgemäße Entziehung und Entwöhnung mit entsprechender psychischer Nachbehandlung sein. Von Entziehungsversuchen in der Sprechstunde oder Entziehungskuren im Haus ist ein Erfolg erfahrungsgemäß nicht zu erwarten.

Kokain einem Kokainsüchtigen zu verordnen, ist ärztlich nicht zu vertreten; der Arzt läuft nicht Gefahr, einen Kokainsüchtigen falsch zu behandeln oder dessen Leben zu gefährden, wenn er die Verordnung von Kokain unter allen Umständen ablehnt.

Der Morphinkranke ist zu entwöhnen, sobald die ärztliche Indikation zur Morphinverschreibung nicht mehr vorliegt. Entsprechend ist bei solchen Kranken zu verfahren, bei denen eine Gewöhnung an andere Opiate eingetreten ist.

Bei der Behandlung des Morphinsüchtigen in der Praxis ist es die wesentliche Aufgabe des Arztes, auf möglichst sofortige Einleitung der Entziehungskur zu dringen. Bis zum Beginn der Entziehungskur soll der Arzt mit möglichst geringen Dosen von Morphin auszukommen suchen. Die zur Vermeidung erheblicher Abstinenzerscheinungen erforderliche Mindestmenge von Morphin ist am Süchtigen selbst — unabhängig von dessen eigenen Angaben — zu ermitteln; sie liegt stets erheblich unter der vom Süchtigen tatsächlich zuletzt genommenen Menge.

Ist die Einleitung einer Entziehungskur aus äußeren Gründen oder mangels Einsicht oder guten Willens des Süchtigen nicht möglich, so liegt es im Interesse des Süchtigen wie auch des Arztes selbst, wenn der Arzt sich an eine Kommission von sachverständigen Ärzten wendet, deren Einrichtung den Ärzteorganisationen empfohlen wird."

Zu § 6: Dieser Paragraph bringt eine wesentliche Änderung der bisherigen Rechtslage, nach der jedermann straflos ein Rezept über Betäubungsmittel schreiben und mit seinem richtigen Namen unterzeichnen durfte. Nur dem Apotheker war es verboten, eine solchermaßen verschriebene Arznei abzugeben. Strafbar war die Fälschung eines Rezeptes, z. B. die Nachmachung der Unterschrift eines Arztes oder die Vortäuschung, der Unterschriebene sei Arzt, oder die Verfälschung eines Rezeptes, z. B. die Änderung der von einem Arzt rite verschriebenen Menge (s. bei Urkundenfälschung S. 280). Jetzt aber wird jedermann, der, ohne Arzt oder Zahnarzt oder Tierarzt zu sein (s. S. 107), eine Verschreibung über Betäubungsmittel ausstellt, mit der Strafe des § 10 (1) 6 oder § 10 (3) bedroht. Bei Vorliegen mildernder Umstände, die man dem Rauschgiftsüchtigen selten versagen wird, tritt gemäß Abs. 2 des § 268 StGB. Strafmilderung ein. Ein Fahrlässigkeitsdelikt ist nicht denkbar, denn die §§ 267/268 StGB. setzen schon nach dem Wortlaut das Vorliegen einer rechtswidrigen Absicht voraus. Absichtliches und fahrlässiges Verhalten schließen aber einander aus. Von dem Verbot werden auch ausländische Ärzte betroffen, die für sich selbst auf deutschem Boden, etwa auf der Durchreise, solche Rezepte ausstellen. Über den Grenzverkehr s. S. 337.

Verschreibung ist ein terminus technicus, der die Ausstellung einer Verschreibung, eines Rezeptes bedeutet (s. S. 108). Unter einer Verschreibung wird vielfach in zivilrechtlicher Hinsicht eine Anweisung gemäß den Bestimmungen des § 785 BGB. verstanden. Diese Auffassung ist nicht richtig, denn gemäß § 784, 1 BGB. erhält der Empfänger ein Forderungsrecht aus dieser Anweisung erst durch die Annahme, und diese Annahme soll gemäß § 784, 2 BGB. durch einen schriftlichen Vermerk auf der Anweisung erfolgen. So aber verfährt der Apotheker und der Kranke in der Praxis nicht. Verschreibung der Tierärzte s. § 17 dieser Afb.

Die Verschreibung ist eine beweiserhebliche Urkunde, § 267 StGB.

Die begründete „Anwendung“ ist im Sinne dieses Paragraphen die Indikation, die Aufstellung des Heilplanes, im Gegensatz zu der Applikation, der Durchführung des Heilplanes (s. S. 223).

Im allgemeinen hat der Gesetzgeber schon selbst die Anwendung von Betäubungsmitteln verboten oder beschränkt. Für die Anwendung von Kokain hat er ferner in den §§ 13 bis 17 die Fälle angegeben, in denen er die Anwendung des Kokains für angezeigt hält. Nur für die Überlegung, ob und in welchen Fällen die Anwendung von Opiaten angezeigt ist, bleibt dem Arzt ein gewisser Spielraum. Die ärztliche Standesvertretung hat die angeführten Leitsätze gutgeheißen, die dem Arzt Richtlinien für die Anwendung von Betäubungsmitteln geben sollen.

Die Standesvertretungen der Zahnärzte und der Tierärzte haben derartige Leitsätze noch nicht bekannt gegeben.

Die Vo. selbst und die Begründung dazu geben keine nähere Erklärung dafür, was im einzelnen als „ärztlich begründet" anzusehen ist.

Nach Lustig ist unter ärztlich begründet folgendes zu verstehen[1]:

„Es werden bei der Anwendung von Betäubungsmitteln nicht nur die Art und Schwere der Erkrankung, sondern häufig auch noch die besonderen Umstände des einzelnen Erkrankungsfalles in Betracht zu ziehen sein. Andererseits dürfen Ärzte aber die Verschreibung von Betäubungsmitteln nicht etwa deswegen unterlassen, weil das Verschreiben nunmehr an gewisse Voraussetzungen gebunden und ihnen besondere Schwierigkeiten macht bzw. umständlich ist. Die Unterlassung einer als richtig und notwendig anerkannten Heilmethode kann zivil- und strafrechtlich dieselben Folgen haben wie die Anwendung einer falschen Heilmethode.

Schließlich sei noch darauf verwiesen, daß bei der Verschreibung von Kokain außer der ärztlichen Begründetheit auch noch vorausgesetzt wird, daß der beabsichtigte Zweck nicht auf andere Weise zu erreichen ist. Danach ist bei Kokainverschreibungen auf diese besondere Voraussetzung zu achten."

In jedem Falle, das folgt aus der Rechtsprechung zum früheren OpG., muß auf Grund der besonderen Umstände und auch auf Grund von mindestens einer Diagnose und Untersuchung die Verschreibung begründet erscheinen.

Nach einer Entscheidung des RGSt. (Bd. 62, S. 362) ist von den allgemeinen oder doch weitaus überwiegend anerkannten Regeln der ärztlichen Wissenschaft auszugehen. Unbeachtlich ist die hiervon abweichende wissenschaftliche Überzeugung einzelner Ärzte. Ein schmerzstillendes Mittel kann dann nicht mehr als zu medizinischem Gebrauch geeignet angesehen werden, wenn die dadurch hervorgerufene Schädigung des Kranken so schwer ist, daß sie die Betäubung oder Schmerzstillung überwiegt.

Der Verwendungszweck der Opiate (anders der des Kokains) ist kein Tatbestandsmerkmal des OpG. Das schließt jedoch nicht aus, daß hilfsweise die Judikatur doch wieder auf den Verwendungszweck eingehen wird.

---

[1] S. a. Gr.-Berl. Ärztebl. 1931, S. 139ff. Etwa gleicher Ansicht Oberreg.- u. Med.-Rat Dr. Rathmann, Potsdam, in einer mit Erlaubnis hierdurch bekanntgegebenen Zuschrift an RA. u. Notar Dr. Adolf Hamburger, Berlin: „Was ärztlich begründet ist, ist eine Frage der individuellen Therapie, die immer diskutabel ist und bleiben wird. Daher hat der Gesetzgeber mit Recht davon abgesehen, den Begriff ‚ärztlich begründet' zu definieren."

Aus Anlaß einer Rundfrage von P. Wolff (Berlin) zu der Frage der „ärztlich begründeten" Verschreibung von Opiaten haben sich dreißig hervorragende Mediziner geäußert[1]. U. a. G. v. Bergmann (Berlin), welcher sagt, daß kein Gesetz dem Arzte die Verantwortung abnehmen kann. Gleichzeitig warnt er hinsichtlich der praktischen Durchführung der Vo. vor einem Formalismus. Goldscheider (Berlin) meint, daß bei aller Wohltat und allem Nutzen des Morphins seine Anwendung so große Gefahr mit sich bringt, daß der dem Kranken erwachsende Schaden größer werden kann als der Nutzen der Schmerzstillung. Andere, wie Gaupp (Tübingen) und Anschütz (Kiel), stimmen für die teilweise Unentbehrlichkeit der Opiate. Der Chirurg hält vielfach deren reichliche Verwendung für geboten. So auch Borchardt (Berlin). Ähnlich äußern sich Frauenärzte, wie Wagner (Berlin) und Pankow (Freiburg i. Br.), auf dem Fachgebiet der Gynäkologie.

Übereinstimmung scheint über die Entbehrlichkeit von Opiaten als Hustenmittel bei den führenden Medizinern zu herrschen und über die andere Einstellung der Kinderärzte mit Rücksicht darauf, daß es süchtige Kinder kaum gibt, daß mithin die Vo. für den Kinderarzt keine praktische Bedeutung haben dürfte.

Zur Verwendung von Opium und Kokain in der Augenheilkunde äußern sich in der Rundfrage Krückmann (Berlin) und Löhlein (Jena).

In einem Schlußwort sagt P. Wolff, Schriftleiter der „Deutschen Medizinischen Wochenschrift", daß man nicht in einigen wenigen Schlußsätzen sagen kann, was ärztlich begründet sei, daß man von Fall zu Fall den ärztlichen Sachverständigen, insbesondere im Strafprozeß, nicht wird entbehren können, weil auch hier die Individualität des Kranken den Schlüssel für das ärztliche Handeln gibt[2].

Ferner sagt Kafemann (Königsberg)[3], die gewissenhafte Prüfung aller Kokainersatzmittel habe nicht ihre Fähigkeit bewiesen, in allen schweren Fällen schmerzlindernd zu wirken. Man suche vergeblich nach einem Grunde, dem Augenarzt in den Kokainsalben ein geradezu unentbehrliches Behandlungsmittel zu nehmen. Es gäbe auch kein Ersatzmittel, welches an Sicherheit und vor allem an Tiefenwirkung dem Kokain gleichkommt.

---

[1] Dtsch. med. Wschr. 1931, Nr. 4 bis 8.

[2] S. auch Hamburger in Gr.-Berl. Ärztebl. 1931, S. 204: „Wann ist im Sinne des Opiumgesetzes eine Verschreibung ärztlich begründet?"

[3] Kafemann, R.: Stimmen zum Morphingesetz. Med. Welt 1931, S. 678.

Weitere Anhaltspunkte für die Auslegung des Begriffs „ärztlich begründet“, was letzten Endes nicht die Aufgabe des Gesetzgebers ist, sondern Sache des medizinischen Unterrichts, der medizinischen Forschung und Fortbildung, gibt auch diejenige medizinische Literatur, welche unter der Geltungsdauer des alten Gesetzes erschienen ist, im Hinblick darauf, daß, soweit die Verschreibung durch Ärzte in Frage kommt, nach wie vor die Zweckbestimmung des neuen Gesetzes mit der des alten Gesetzes übereinstimmt.

Joachimoglu fordert, daß gewisse Unklarheiten durch klare gesetzliche Bestimmungen über die Anforderungen an ein ärztliches Rezept beseitigt werden[1].

Joel und Fritz Fränkel (Leiter der Fürsorgeanstalt für Giftsüchtige, Berlin-Tiergarten und Berlin-Kreuzberg) sagen, daß in Fällen, in denen das Gift eine konstitutionelle Schwäche, einen vitalen Defekt ausgleichen soll, man nicht von Genußzwecken wird sprechen können. Die Entscheidung über das Vorliegen eines solchen Tatbestandes könne nach sorgfältiger Prüfung nur der Arzt treffen[2].

Lemke sagt in „Das OpG.“[3]: „Man kann nicht sagen, daß seit dem ersten RGUrt. vom 5. Okt. 1926 die Frage, wann ein ärztlich verordnetes Rauschgift als Heilmittel verordnet anzusehen ist, geklärt ist. Aus dem nach 1926 reichlich darüber angeschwollenen Schrifttum hört man überwiegend, daß niemand befriedigt ist. Das liegt nach Erachten des Verf. darin, daß es unmöglich ist, den medizinisch auf induktivem Weg gebildeten Begriff „Heilmittel“ zum Ausgangspunkt für den in diesem Fall deduktiven Weg der Rechtsprechung zu nehmen. Die Verordnung von Morphium bei akuten Störungen, auch die Anfertigung eines Morphium enthaltenden Rezeptes, das jemand aus einem Badeort mitbringt, soll nach Vorschlag des Verf. unbehindert sein, die Verordnung und Abgabe von Rauschgiften in Substanz wäre zu verbieten. Der rauschgiftsüchtige Arzt soll das Recht haben, sich selbst ad usum proprium beliebige Mengen der Gifte aufzuschreiben.“

Nordhof erklärt, daß alles Morphium, das einem Morphinisten zum Selbsteinspritzen verschrieben wird, niemals ein Heilmittel, sondern lediglich ein Genußmittel ist[4].

[1] Das Opiumgesetz und die ärztliche Gutachtertätigkeit in Ärztl. Sachverständ.-Z. 1928, Nr. 5, 6; Ref. Z. Med.-Beamte Bd. 41, S. 206. 1928,

[2] Öffentliche Maßnahmen gegen den Mißbrauch von Bet.-Mitteln in Klin. Wschr. 1927, S. 1053.

[3] Z. Med.-Beamte 1929, S. 263.

[4] Morphium für Morphinisten. Ärztl. Sachverständ.-Z. 1928, Nr. 5, 6; Ref. Z. Med.-Beamte Bd. 41, S. 206, 1928.

Ernst Schultz sagt, daß man berechtigt ist, von einem Heilzweck auch dann zu sprechen, wenn das verordnete Mittel „zur ... Linderung von Krankheiten bei Menschen dient“ (KaisVo. v. 22. Okt. 1901). Das ist vor allem der Fall, wenn Morphiumdarreichung durch Schmerzen berechtigt oder geboten erscheint. Hervorgehoben wird, daß der Begriff der ärztlichen Indikation, nur auf eine solche hin darf Morphium verordnet werden, dem individuellen Ermessen des Arztes unterliegt[1].

P. Wolff führt aus, daß die Rechtslage bei dem Verschreiben von Suchtalkaloiden sehr schwierig ist. Wenn der Arzt bei Kokainismus die Verordnung von Kokain grundsätzlich ablehnt, bei Opiumsuchten nur nach Erfüllung der unter allerstrengster Indikation gebotenen Voraussetzungen Morphin usw. verordnet, so handelt er ärztlich richtig. Jedenfalls ist es zu empfehlen, entsprechend dem Vorschlag von sachverständiger Seite, die Rezepte mit dem Vermerk „als Heilmittel“ oder zu „Heilzwecken“ zu versehen. Das ärztliche Rezept hat die Vermutung der Verwendung der verschriebenen Arznei als Heilmittel für sich[2].

An diesen zur Auslegung des § 6 Afb. zu § 8 OpG. bekanntgegebenen Richtlinien können auch die Entscheidungen zweier Oberlandesgerichte, nämlich des OLG. Dresden[3] vom 27. Januar 1930 — 2. OSt. 335/30 — und des OLG. Karlsruhe[4] vom 23. Oktober 1930 — SR. 202, 210/30 —, welche bereits unter der Geltungsdauer des neuen Gesetzes ergangen sind, nichts ändern. Die beiden Oberlandesgerichte sagen übereinstimmend, daß nach dem neuen Gesetz der Arzt nicht schon deshalb bestraft werden kann, weil er das Opium nicht als Heilmittel verordnet. Diese Auffassung ist mit dem Erfordernis des § 6, wonach nur in ärztlich begründeter Weise Betäubungsmittel verordnet werden dürfen, nicht in Einklang zu bringen. Diese Entscheidungen werden der Nachprüfung des Reichsgerichts nur dann standhalten, wenn man annimmt, was offenbar der Fall ist, daß ihnen die Rechtslage zugrunde gelegt ist, welche in der Zwischenperiode nach Inkrafttreten des neuen Gesetzes und vor Inkrafttreten der Afb. zu § 8 OpG. Geltung hatte. Nach Inkraftsetzen der Afb. zu § 8 kommt den beiden Entscheidungen keinerlei Bedeutung mehr zu[5].

---

[1] Morphinismus und Opiumgesetz. Münch. med. Wschr. 1928, S. 731.

[2] Die Auswirkung des Opiumgesetzes für die ärztliche Praxis. Dtsch. med. Wschr. 1927, S. 2172. Der Vermerk „als Heilmittel“ wurde von der Judikatur als unbeachtlich erklärt.

[3] Jur. Woch. 1931, S. 1505. [4] Jur. Woch. 1931, S. 1507.

[5] s. zu § 10, S. 291.

Aus den Richtlinien für die ärztliche Verschreibung narkotischer Mittel, die das RMdI. mittels Rundschreibens[1] vom 2. März 1925 den Landesregierungen übermittelt hat, ist heute noch folgender Gesichtspunkt für den vorliegenden Paragraphen von Bedeutung (s. auch bei § 19):

„Die Ärzte müssen sich stets vor Augen halten, daß man sie vielleicht zu täuschen und ihre Mithilfe zu mißbräuchlicher Anwendung von Betäubungsmitteln zu erlangen versucht. Die Ärzte sollen eine schriftliche Verordnung von Betäubungsmitteln nur aus der Hand geben, wenn sie diese nach Art, Form und Menge vor ihrem Gewissen und der ärztlichen Wissenschaft voll verantworten können."

Die Bestimmungen des § 6 gelten selbstverständlich auch, wenn der Arzt zu seinem eigenen Gebrauch ein Betäubungsmittel verschreibt. Auch da hat er die Verpflichtung, ernstlich mit sich zu Rate zu gehen, ob die Verschreibung ärztlich wohl begründet ist.

Unter der Geltungsdauer des neuen Gesetzes, nämlich am 14. April 1930 in den Akten III 1340/29 hat der III. Strafsenat des RG. hinsichtlich eines vor dem 1. Januar 1930 begangenen Deliktes Stellung genommen zu dem Begriff der ärztlichen Verordnung im Sinne der Afb. zum früheren OpG. vom 5. Juli 1924. Das RG. hat dort gesagt:

„Es fallen also darunter einmal solche Verordnungen, die der Arzt nach Prüfung des Einzelfalles für einzelne Kranke ausstellt, andererseits Anweisungen, die er für den Bedarf seiner Sprechstunde oder der von ihm zu versorgenden Krankenanstalt ausschreibt, nicht aber solche, die er in einer dem Apotheker erkennbaren Weise unter Verletzung der Regeln der ärztlichen Wissenschaft für bestimmte Personen mißbräuchlich aufs Geratewohl erteilt."

Der § 26 des Entwurfes zum neuen StGB. spricht erstmalig vom Begriff „Heilzweck". Dort ist gesagt:

„Eingriffe und Behandlungen, die lediglich zu Heilzwecken erfolgen, der Übung eines gewissenhaften Arztes entsprechen und nach den Regeln der ärztlichen Kunst vorgenommen werden, sind keine Körperverletzungen im Sinne dieses Gesetzes."

Der Gegensatz zu dem Begriff „Heilzweck" findet sich in der PolizeiVo. über den Handel mit Giften vom 22. Februar 1906, wo im § 12 von einer Abgabe zu einem erlaubten gewerblichen, wirtschaftlichen, wissenschaftlichen oder künstlerischen Zweck die Rede ist.

[1] Veröff. RGA. 1925, S. 363; Handb. d. Dt. Apothekerver. 1926, S. 27.

Da möglicherweise bei der Auslegung des § 6, soweit es sich um die begründete Verschreibung durch Ärzte, Tierärzte und Zahnärzte handelt, die Gegenüberstellung von Heilmittel und Nicht-Heilmittel erneut Beachtung finden wird, sei auf folgendes verwiesen (s. auch § 10):

Der Begriff des Heilmittels ist definiert in der Vo. über den Verkehr mit Arzneimitteln vom 22. Oktober 1901, wo im § 1 gesagt ist: „Heilmittel (Mittel zur Beseitigung oder Linderung von Krankheiten bei Menschen oder Tieren)".

Siehe RGSt. Bd. 60, S. 365, Bd. 62, S. 281.

Der Begriff des Heilmittels hat in der Rechtsprechung zur Auslegung des OpG. verschiedene Beurteilung erfahren und die frühere Judikatur hat nicht unerhebliche Verwirrung geschaffen, weil sie den Begriff „Heilmittel" in Gegensatz zu dem des „Genußmittels" brachte, ohne daß das Gesetz als solches auch in der alten Fassung einen Anhaltspunkt hierfür geboten hat.

In der Entscheidung 1. D. 286/28 hat das RG. den Begriff „Genußmittel" fallen lassen, doch hat es sich eingehend mit dem Begriff „Heilmittel" auseinandergesetzt und darauf verwiesen, daß hierunter Mittel zur Linderung und Beseitigung von Krankheiten bei Menschen und Tieren zu verstehen sind. Beachtlich ist, daß das RG. die Abgabe auf Vorbeugungsmittel ausdehnt, weil auch schmerzlindernde Mittel, welche erst eine Operation ermöglichen, als Heilmittel im weiteren Sinne aufzufassen sind. In objektiver Beziehung wird man die Voraussetzung der Abgabe als Heilmittel dann erfüllt sehen, wenn der Stoff objektiv geeignet ist, als solches verordnet zu werden, und wenn in subjektiver Hinsicht eine solche Verwendungsabsicht besteht.

Die Bedenken bei Auslegung des Begriffs „Heilmittel" knüpfen an die Tatsache an, daß bei den verschiedenartig wirkenden Rauschgiften, wie Morphin, Kokain, Opium und Diazetylmorphin, eine für alle völlig gleich geltende Begriffsbestimmung zu Heilzwecken undenkbar ist[1].

Anderer Ansicht ist Ebermayer, welcher dartut, daß, was für Kokain zu gelten habe, im gleichen Maße für Morphin gelten muß[2]. Dieser Ansicht ist nicht beizutreten.

Nach reichsgerichtlicher Judikatur (RGSt. Bd. 60, S. 365; Bd. 62, S. 369) liegt Nicht-Heilzweck dann vor, wenn der Süchtige Be-

[1] Pharm. Z. 1927, S. 1405.
[2] Pharm. Z. 1927, Nr. 89, S. 102 und Pharm. Z. 1928, Nr. 19.

täubungsmittel erhält, ohne daß sie zur Durchführung eines Heilverfahrens zwecks Wiederherstellung des körperlichen und seelischen Gleichgewichts erfolgt.

In einer anderen Entscheidung vom 8. Juli 1930, I 465/30, sagt das RG., daß von jedem Heilkundigen, insbesondere vom Arzt verlangt werden muß, daß er sich über die Fortschritte der Heilkunde unterrichte, sich mit den neuesten Heilmitteln vertraut mache und die wirksamsten bekannten Heilmittel anwende. Hieraus wird man schließen können, daß der Arzt die Verpflichtung hat, auch solche Arzneimittel und Heilmethoden zu kennen, durch welche die Verordnung eines Betäubungsmittels ersetzbar ist. Das RG. spricht jedoch in diesem Zusammenhang auch von einer Rechtspflicht des Arztes und meint, daß der Arzt unter Umständen zur Anwendung von Heilmitteln (also auch von Betäubungsmitteln) verpflichtet ist, wenn er sich nicht dem Vorwurfe der Fahrlässigkeit aussetzen will (RGSt. Bd. 64, S. 268ff.).

Andererseits hat das RG. unter dem 8. Juli 1930 (Aktenz.: I. 465/30) erklärt, das Recht soll nicht die wissenschaftliche Überzeugung eines Arztes vergewaltigen. Wenn er sich auch über den jeweiligen Stand seiner Wissenschaft auf dem laufenden halten soll, so darf er doch gemäß seiner Überzeugung handeln. Darum ist er nicht verpflichtet, gerade dasjenige Heilverfahren oder Heilmittel, das nach dem augenblicklichen Stand der ärztlichen Wissenschaft weitaus als das wirksamste gilt, auch dann anzuwenden, wenn seine persönliche Überzeugung, gestützt auf sachliche Gründe, mit der herrschenden Meinung nicht übereinstimmt. Wäre es anders, dann wäre der wissenschaftliche Fortschritt gehemmt[1].

§ 7.

(1) Arzneien, die mehr als ein Betäubungsmittel enthalten, dürfen nicht verschrieben werden.

(2) Arzneien, die Kokablätter oder Zubereitungen von Kokablättern oder Ekgonin oder einen Ester des Morphins, ausgenommen Diazetylmorphin (Heroin) enthalten, dürfen nicht verschrieben werden.

Begründung zu § 7: Das Verschreiben von Arzneien, die mehr als ein Betäubungsmittel enthalten, ist unwissenschaftlich und daher verboten worden.

---

[1] S. auch Hamburger in Gr.-Berl. Ärztebl. 1931, S. 204.

Durch das Verbot des Verschreibens von Arzneien, die Kokablätter oder deren Zubereitungen enthalten, soll verhindert werden, daß die in den §§ 13 bis 17 enthaltenen Verbote des Verschreibens von Kokain umgangen werden. Ein Bedürfnis z. B. für das Verschreiben Kokafluidextrakt enthaltender Arzneien ist von keiner Seite anerkannt worden. Ekgonin und die Ester des Morphins (abgesehen von Diazetylmorphin [Heroin]) finden keine arzneiliche Anwendung.

Zu Abs. 1:

Betäubungsmittel sind z. B. nach den Afb. zu § 3 und § 6 „die dem OpG. unterstehenden Stoffe und Zubereitungen". Als Zubereitungen sind in § 1 (3) OpG. nicht z. B. solche des Opiums genannt, sondern solche, die Morphin enthalten. Danach wäre es zulässig, Arzneien wahlweise nebeneinander zu verschreiben, die z. B. isoliertes Morphin oder Morphin in Form von Opium, Extr. Opii, einer Tinct. Opii, Pulvis Ipec. opiat. enthalten. Durch den § 9 dieser Afb. ist diese Möglichkeit aber genommen. Nach § 9 darf der Arzt für eine Arznei entweder Morphin verordnen oder Opium oder e i n e Opiumzubereitung, aber nicht mehrerlei in einer Arznei nebeneinander. Da der § 9 für alle Betäubungsmittel außer Kokain gilt, so muß angenommen werden, daß nach § 7 (1) keine Arznei verschrieben werden darf, die ein in Abschnitt B genanntes Opiat und das in Abschnitt C genannte Kokain zusammen enthalten, wie z. B. Trivalin früher Morphin und Kokain enthielt. Nur so ist der Zusammenhang von § 7 (1) mit den ausführlichen Bestimmungen des § 9 zu verstehen und zu erläutern.

Das Verbot gilt ohne Ausnahme.

Zu Abs. 2:

Das Verschreiben von Arzneien, die Kokablätter oder Zubereitungen der Kokablätter enthalten, ist grundsätzlich und ohne Rücksicht auf den Gehalt verboten, z. B. Extr. Coca Fluid. (Ergb.), Tinct. Coca (Ergb.), Elixir Coca, Vinum Coca, Elixir Bravais, Vin Bravais, Vin Mariani. Auch das Asthmamittel China trocin fällt in der bisherigen Zusammensetzung unter das Verbot, ebenso alle homöopathischen Koka-Zubereitungen.

Unter die Ester des Morphins fällt z. B. Benzoylmorphin (nicht zu verwechseln mit dem Äther des Morphins Benzylmorphin-Peronin, das dem OpG. nicht untersteht).

B. Das Verschreiben von Arzneien, die Opium, Morphin, Diazetylmorphin (Heroin), Dihydrokodeinon(Dikodid), Dihydromorphinon (Dilaudid), Dihydrooxykodeinon (Eukodal), Dihydromorphin (Paramorfan), Azetyl-demethylo-dihydrothebain (Acedicon), Narkophin, Laudanon, Pantopon oder dem Laudanon oder Pantopon ähnliche Zubereitungen enthalten.

§ 8.

(1) Opium, Morphin, Diazetylmorphin (Heroin), Dihydrokodeinon (Dicodid), Dihydromorphinon (Dilaudid), Dihydrooxykodeinon (Eukodal), Dihydromorphin (Paramorfan), Azetyl-demethylo-dihydrothebain (Acedicon), Narkophin, Laudanon, Pantopon oder die dem Laudanon oder Pantopon ähnlichen Zubereitungen dürfen in Substanz nicht verschrieben werden.

(2) Arzneien, die mehr als 15% Morphin oder Diazetylmorphin (Heroin) enthalten, dürfen nicht verschrieben werden. Das gleiche gilt für Arzneien, die in Tablettenform mehr als 30%, in den übrigen Arzneiformen mehr als 15% Dihydrokodeinon (Dicodid) oder Dihydromorphinon (Dilaudid) oder Dihydrooxykodeinon (Eukodal) oder Dihydromorphin (Paramorfan) oder Azetyl-demethylo-dihydrothebain (Acedicon) oder Narkophin oder Laudanon oder Pantopon oder einer dem Laudanon oder Pantopon ähnlichen Zubereitung enthalten.

Begründung zu § 8. Alle für die Bekämpfung der Betäubungsmittelsuchten maßgebenden Sachverständigen vertreten die Auffassung, daß der Süchtige keinesfalls in den Besitz von Betäubungsmitteln in Substanz gelangen sollte, und halten ein Verbot der Unsitte, diese Mittel in Substanz zu verschreiben, für dringend erforderlich und ohne weiteres verantwortbar.

Unter Substanz soll hier wie auch in § 12 das Betäubungsmittel für sich verstanden werden, dem kein weiterer arzneilich wirksamer oder unwirksamer Stoff zugesetzt ist. Das Verbot des Verschreibens einer lediglich aus Substanz bestehenden Tablette ergibt sich aus § 8 Abs. 2.

Das Verbot, Betäubungsmittel in Substanz zu verschreiben, könnte umgangen werden, indem den Betäubungsmitteln ein therapeutisch unwirksames Mittel als Zusatz beigegeben oder konzentrierte Lösungen, Anreibungen usw. verschrieben würden. Deshalb ist der Gehalt der Arzneien an Betäubungsmitteln begrenzt worden. Das Verschreiben der Betäubungsmittel in den allgemein üblichen therapeutisch verwendeten Arzneien wird durch diese Vorschrift nicht eingeschränkt. Verboten soll jedoch das

Verschreiben der sogenannten Subkutantablette werden, d. h. der nach Auflösen, meist in der Spritze, zur Einspritzung unter die Haut bestimmten Tablette, die nur aus dem Betäubungsmittel mit einem geringen Zusatz, etwa von Mannit oder Kochsalz, zu bestehen pflegt. Die gegen das Verschreiben von Betäubungsmitteln in Substanz sprechenden Erwägungen gelten für die Subkutantabletten, die in diesem Sinne nur als eine dosierte Substanz zu betrachten sind, in erhöhtem Maße.

Zu Abs. 1:

In der Überschrift zu Abschnitt B und in den folgenden Paragraphen werden außer Stoffen der Opiatgruppe einige Mittel genannt, die nach der Konstruktion des OpG. und der anderen Afb. unter die Zubereitungen fallen, die Morphin enthalten. Es sind dies Narcophin, Laudanon, Pantopon und die dem Laudanon oder Pantopon ähnlichen Zubereitungen. Um den Abschnitt B zu verstehen, muß man zu der Erkenntnis kommen, daß diese Zubereitungen hier gleichsam als Stoffe angesehen werden.

Narcophin ist Morphin-Narkotinmekonat, siehe Deutsches Arzneibuch, 6. Ausg. S. 436. Der Gehalt des lufttrockenen Narcophins beträgt etwa 30% Morphin. Narcophin wird nach D.R.P. Nr. 254502 von C. F. Boehringer u. Söhne, Mannheim-Waldhof hergestellt. Die Bezeichnung Narcophin oder Narcofina ist dieser Firma nach ihrer Angabe geschützt in

Deutschland	England	Litauen
Verein. St. v. Amerika	Estland	Norwegen
Argentinien	Finnland	Polen
Chile	Japan	Schweden
Dänemark	Lettland	Rußland

und bei dem Intern. Büro, Bern[1].

Laudanon besteht aus den isolierten reinen Hydrochloriden der 6 wichtigsten Opiumalkaloide mit einem Gehalt von 50% Morphinhydrochlorid = 38% Morphin. Hersteller ist C. H. Boehringer Sohn A.-G., Ingelheim und Hamburg.

Das Warenzeichen „Laudanon-Ingelheim“ ist nach Angabe der Firma geschützt in Argentinien und Japan, es ist eingetragen im Deutschen Reich und bei dem Internationalen Büro für gewerbliches Eigentum in Bern[2].

Pantopon enthält die Hydrochloride der nicht ioslierten Gesamtalkaloide des Opiums mit 50% Morphin. Hersteller ist F. Hoffmann-La Roche A.-G., Berlin und Grenzach. Nach Angabe

[1] s. S. 24. [2] s. S. 24.

der Firma ist das Zeichen „Pantopon“ bei dem Internationalen Büro für gewerbliches Eigentum in Bern[1] hinterlegt und außerdem in folgenden Ländern geschützt:

Ägypten	Dänemark	Norwegen
Argentinien	Estland	Polen
Bulgarien	Finnland	Schweden
Canada	Griechenland	Schweiz
Chile	Japan	Syrien
China	Lettland	Uruguay
Columbia	Litauen	Verein. Staaten v. Amerika.

In Großbritannien, Australien, Indien, Island, Neuseeland und der Süd-Afrikanischen Union wird das geschützte Wort „Omnopon“ dafür gebraucht.

Dem Laudanon ähnliche Zubereitungen sind:

Exopon	Gedeon Richter, Budapest.
Laudopan.	Temmler-Werke, Berlin.
Opial	Niederl. Pharmakopöe.

Dem Pantopon ähnliche Zubereitungen sind:

Alcopon	„Gehag“ Gesellschaft der Hamburg-Altonaer Apotheker A. G., Hamburg.
Algopan.	Chemische Fabrik vorm. Sandoz, Basel.
Algophon	Leo Kopenhagen.
Allaudan	A. S. Farmakon, Kragerö.
Domopon	„Chinoin“ Fabrik chemisch-pharmazeutischer Produkte A. G., Ujpest.
Domopon	„Kastel“ Tvornica Kem.-farmaceut. Preparata, Zagreb.
Eutopon	L. Wiedemann, Basel.
Glycomecon	Chemisch-pharmazeutische Produkte, Wiesbaden.
Holopon	Byk-Guldenwerk Chemische Fabrik Akt.-Ges., Berlin.
Laudopan	Certa Laborator, Budapest.
Mecopon	Chem. Fabrik Zyma Th. Mühlethaler S. A., Nyon.
Mecopon-Dispert. .	Uruguay.
Minopon	Apotheker Fritz Michalowsky, Berlin.
Narcopon	Radium Shokwai A. G., Tokio.
Nealpon.	Curta & Co. G. m. b. H., Berlin.
Neo-Paleol.	Uruguay.
Neopan	Steiermärk. Chem. Fabrik.
Nirvapon	Mco Kopenhagen.
Novipan.	Eri Laborator., Budapest.
Novopon	Dr.-Ing. Robert Heisler, Chrast bei Chrudim (Tschechoslowakei).
Opiall.	Chemosan Union & Fritz Pezoldt A. G., Wien.
Opiodine	J. F. Macfarlan & Co., London u. Edinburg.
Opiototal	Astra, Schweden.
Opium concentratum	DAB. 6.
Opium concentratum	Dr. Rex, Debrecen.
Opiopan	Apotheker Custodis, Heppenheim.
Opiototal	Astra, Södertelja.

[1] s. S. 24.

Opisumman	Dr. Heise, Berlin.
Panopium	Dr. Zambelletti, Milano.
Paparoin	Kwantung.
Pavon	Gesellschaft f. Chemische Industrie in Basel, Basel.
Pavopin.	T. & A. Smith, London.
Samtopon	T. Ito, Kioto (Japan).
Sedargil-Galien. . .	Uruguay.
Sedopon.	Dubois, Frankreich.
Sicopion	Caballle, Paris.
Thebaicin	Nyegaard & Co. A/S., Oslo; Gea Kopenhagen.
Totopon	N. V. Konikl. Pharm. Fabrieken vorh. Brocades-Stheeman & Pharmacia, Meppel.

Was unter „Substanz“ zu verstehen ist, wird in der vorstehenden Begründung erläutert. Es wird gesagt, daß Opium und die genannten Opiate nicht als solche ohne Zusatz irgendeines anderen Stoffes verschrieben werden dürfen. Es soll damit nicht das Verschreiben des Stoffes Opium als Bestandteil einer Arznei verboten werden. Unrichtig ist aber der Hinweis in der Begründung auf § 12, weil nach dessen Begründung nur aus Substanz bestehende Augentabletten zugelassen sind. Das Verbot des Verschreibens in Substanz, auch der genannten Zubereitungen, trifft alle Verschreibungen ohne Ausnahme auch für die Praxis, für Hausapotheken, Kliniken, Krankenanstalten und für die Kauffahrteischiffe. Das gleiche gilt hinsichtlich des Gehaltes der Arzneien nach Abs. 2. Substanzen zu arzneilicher Verwendung können auf dem Wege des Bezugscheins aus dem Großhandel nur die öffentlichen Apotheken und die von einem approbierten Apotheker geleiteten Krankenhausapotheken und die selbst dispensierenden Tierärzte erhalten.

Zu Abs. 2:

Der zulässige Höchstgehalt der Morphinzubereitungen ist für

alle Zubereitungen aus Morphin	15% Base
„ „ „ Morphinsalz 15% Salz . .	12% Base
Tabletten aus Narcophin 30% Narcophin . . .	9% Morphinbase
„ „ Laudanon, Pantopon 30% Laudanon oder Pantopon	15% Morphinbase
„ „ ähnlichen Zubereitungen 30% der betr. Zubereitungen	je nach dem Gehalt der Zubereitungen
andere Zubereitungen aus Narcophin 15% Narcophin	4,5% Morphinbase
andere Zubereitungen aus Laudanon, Pantopon 15% Laudanon oder Pantopon	7,5% Morphinbase
andere Zubereitungen aus ähnlichen Zubereitungen 15% der betreffenden Zubereitungen. .	je nach dem Gehalt der Zubereitungen

Tabletten aus Dicodid, Dilaudid, Eukodal, Paramorphan, Acedicon 30% des betr. Stoffes,

andere Zubereitungen aus Dicodid, Dilaudid, Eukodal, Paramorphan, Acedicon 15% des betr. Stoffes.

Um festzustellen, wie groß bei einer bestimmten absoluten Menge Betäubungsmittel die Gesamtmenge der Zubereitung wenigstens sein muß, damit diese Höchstprozentgehaltsvorschrift nicht verletzt wird, dient die folgende Übersicht[1]. Die erste waagerechte Reihe gibt die absolute Menge des Betäubungsmittels in Teilen (mg, cg, dg) an, die zweite waagerechte Reihe gibt die diesen absoluten Gewichtsmengen der ersten Reihe entsprechende Gesamtmenge der Zubereitung an (ebenfalls entsprechend mg, cg, dg, g usw.), wenn der Prozentgehalt an Betäubungsmittel 15% nicht übersteigen darf. Die dritte Reihe enthält die entsprechenden Zahlen für 30%. Beträgt die Gesamtmenge der Zubereitung ebensoviel oder mehr als die Menge, wie sie aus der zweiten oder dritten Reihe abgelesen wird, so ist die Verschreibung und Anfertigung der Arznei zulässig, beträgt sie weniger, so ist sie unzulässig.

	10	15	20	25	30	35	40	45	50
15%	66,6	100,0	133,3	166,6	200,0	233,3	266,6	300,0	333,3
30%	33,3	50,0	66,6	83,3	100,0	116,6	133,3	150,0	166,6

	55	60	65	70	75	80	85	90	95
15%	366,6	400,0	433,3	466,6	500,0	533,3	566,6	600,0	633,3
30%	183,3	200,0	216,6	233,3	250,0	266,6	283,3	300,0	316,6

§ 9.

(1) Der Arzt oder der Zahnarzt darf für einen Kranken an einem Tage Arzneien verschreiben, die entweder

bis 2 g Opium oder die entsprechende Menge einer Opiumzubereitung

oder

bis 0,2 g Morphin

oder

bis 0,4 g Narkophin oder Laudanon oder Pantopon oder einer dem Laudanon oder Pantopon ähnlichen Zubereitung

oder

bis 0,2 g Dihydrokodeinon (Dicodid) oder Dihydrooxykodeinon (Eukodal) oder Dihydromorphin (Paramorfan) oder Azetyl-demethylo-dihydrothebain (Acedicon)

oder

[1] Pharm. Z. 1930, Nr. 105.

bis 0,03 g Diazetylmorphin (Heroin) oder Dihydromorphinon (Dilaudid)

enthalten.

(2) In besonderen Fällen darf der Arzt an einem Tage für einen Kranken Arzneien verschreiben, die

mehr als 2 g Opium oder die entsprechende Menge einer Opiumzubereitung

oder

mehr als 0,2 g Morphin

enthalten; in solchen Fällen hat er in einem besonderen, mit fortlaufenden Seitenzahlen versehenen Buche (Morphinbuch) Aufzeichnungen über den Krankheitsfall zu machen, aus denen der Name, die Wohnung und das Alter des Kranken sowie die vom Arzte festgestellte Erkrankung, die das Überschreiten der im Abs. 1 für Morphin oder Opium angegebenen Menge notwendig macht, zu ersehen sein müssen. Anschließend an diese Angabe hat der Arzt jeweils den Tag des Verschreibens, die in der Arznei enthaltene Menge des Morphins, des Opiums oder der Opiumzubereitung sowie den Zeitraum, für den die Arznei verschrieben wird, anzugeben. Ist die Arznei für einen Betäubungsmittelsüchtigen bestimmt, so hat der Arzt in dem Morphinbuch außerdem die folgenden Fragen zu beantworten:

Welche Betäubungsmittelsucht liegt vor?

Seit wann?

Haben Entziehungskuren stattgefunden?

Bejahendenfalls: wann, in welcher Anstalt oder bei welchem Arzte, mit welchem Erfolge?

Welche Menge des Betäubungsmittels wird angeblich täglich gebraucht?

Welche Menge des Betäubungsmittels wird zu dem Zeitpunkt, an dem diese Aufzeichnungen gemacht werden, für ärztlich begründet gehalten?

Warum wird zur Zeit keine Entziehungskur eingeleitet?

Wann soll sie eingeleitet werden?

Auf der Verschreibung (§ 19) hat der Arzt in den Fällen dieses Absatzes vor der Namensunterschrift den eigenhändigen Vermerk „Eingetragene Verschreibung“ anzubringen.

(3) Der Arzt darf für den Bedarf in seiner Praxis an einem Tage Arzneien verschreiben, die entweder

bis 2 g Opium oder die entsprechende Menge einer Opiumzubereitung

oder

bis 0,2 g Morphin

oder

bis 0,4 g Narkophin oder Laudanon oder Pantopon oder einer dem Laudanon oder Pantopon ähnlichen Zubereitung

oder

bis 0,2 g Dihydrokodeinon (Dicodid) oder Dihydrooxykodeinon (Eukodal) oder Dihydromorphin (Paramorfan) oder Azetyldemethylo-dihydrothebain (Acedicon)

oder

bis 0,03 g Diazetylmorphin (Heroin) oder Dihydromorphinon (Dilaudid)
enthalten.

(4) Außer für einen Kranken (Abs. 1 und 2) und für den Bedarf in der Praxis (Abs. 3) dürfen Arzneien, die die im § 8 Abs. 1 genannten Betäubungsmittel enthalten, für den allgemeinen Bedarf der öffentlichen und der gemeinnützigen Krankenhäuser, der Universitätskliniken und der den letztgenannten gleichgestellten Anstalten sowie für den Bedarf der behördlich genehmigten ärztlichen Hausapotheken und für die Ausrüstung der Kauffahrteischiffe verschrieben werden. Auf diese Verschreibungen finden Abs. 1 bis 3 keine Anwendung.

Begründung zu § 9: Nach den Erfahrungen bei der Durchsicht der ärztlichen Verschreibungen über Betäubungsmittel enthaltende Arzneien erscheint es dringend erforderlich, die Menge der Betäubungsmittel zu begrenzen, die der Arzt an einem Tage für einen Kranken verordnen darf.

Die Vo. gestattet ohne weitere Einschränkungen, als sie sich nach § 6 der Vo. aus der allgemeinen Voraussetzung für das Verschreiben eines Betäubungsmittels ergeben, die einzelnen Betäubungsmittel bis zum Zweifachen der im allgemeinen üblichen größten zu therapeutischen Zwecken benutzten Tagesmenge zu verschreiben. Es hat sich aber als Ergebnis der sehr eingehenden Beratungen, die über diese Frage mit den Sachverständigen gepflogen worden sind, gezeigt, daß es nicht angängig ist, in dieser Hinsicht die Betäubungsmittel einheitlich zu behandeln. Der Arzt soll berechtigt sein, wenn dies im Einzelfall dringend erforderlich ist, Morphin oder Opium gegen bestimmte Sicherungen auch in größeren Mengen zu verschreiben. In derartigen Fällen wird ihm aber auferlegt, Eintragungen über den Krankheitsfall in ein besonderes Buch (Morphinbuch) zu machen. Vor allem wird erwartet, daß dieser Zwang zur Buchführung den Arzt zu ernstlicher Prüfung anhält, die ihn vor einem übereilten Verschreiben oder vor einem Verschreiben zu großer Mengen eines Betäubungsmittels bewahren soll. Denn er wird sich selbst vor der Weitergabe der Verschreibung in jedem einzelnen Fall Rechenschaft darüber abzulegen haben, ob die Verschreibung an sich und in der vorgesehenen Höhe notwendig ist und vor seinem ärztlichen Gewissen und dem Forum der wissenschaftlichen Medizin verantwortet werden kann. Durch den Zwang zur Führung des Morphinbuches wird die Möglichkeit geschaffen, die Berechtigung des Arztes, das Betäubungsmittel zu verschreiben, gegebenenfalls nachzuprüfen. Hieraus ergibt sich der Wert der Aufzeichnungen auch für den Arzt. Sie schützen ihn noch nach Jahren, wenn Einzelheiten des Falles dem Gedächtnis entfallen sind, und ermöglichen es ihm, die Gründe anzugeben, die ihn zur Verschreibung des Betäubungsmittels veranlaßten.

Die allgemeinen Eintragungen, die der Arzt nach § 9 Abs. 2 in dem Morphinbuch zu machen hat, werden, sofern in ihnen[1] keine Änderung eintritt, gewöhnlich nur einmal vorzunehmen sein. Dies gilt auch für die Beantwortung der besonderen Fragen beim Vorliegen einer Betäubungsmittelsucht. Im Anschluß an diese Angaben wird der Arzt dann jeweils die von ihm für begründet erachteten Verschreibungen einzutragen haben. Das Muster eines Morphinbuches für Ärzte ist als Anlage I A beigefügt.

Die im § 9 Abs. 1 angegebene Höchstmenge für Morphin zu überschreiten, ist nur dem Arzt gestattet. Der Zahnarzt ist in jedem Falle an die dort angegebenen Mengen gebunden.

Der Apotheker darf keine Verschreibung über mehr als 0,2 g Morphin oder 2 g Opium oder die entsprechende Menge einer Opiumzubereitung für einen Kranken beliefern, wenn der Vermerk „Eingetragene Verschreibung" fehlen sollte.

Der im § 9 und § 10 der Vo. verwendete Begriff der Opiumzubereitung soll die galenischen Zubereitungen des Opiums, also das Extrakt, die einfache, safranhaltige und die benzoesäurehaltige Opiumtinktur einschließen.

Der Arzt kann an einem Tage für den Bedarf in seiner Praxis bis zu den gleichen Höchstmengen verschreiben, die er für einen Kranken verschreiben darf. Ein Bedürfnis, auch dem Zahnarzt die Befugnis einzuräumen, die im § 9 der Vo. genannten Betäubungsmittel zum Gebrauch in seiner Praxis zu verschreiben, liegt nach den mit den Vertretern des Zahnärztestandes gepflogenen Verhandlungen nicht vor.

---

[1] Soll heißen: in den für die Eintragungen zugrunde liegenden Umständen.

Die Fassung des § 9 Abs. 1 und 3 gestattet dem Arzte nicht, für einen Kranken oder für den Bedarf in der Praxis an einem Tage mehr als eins der dort genannten Betäubungsmittel zu verschreiben. Der Arzt kann also, wenn er einem Kranken an einem Tage z. B. schon die Hälfte der für Morphin zugelassenen Höchstmenge, also 0,1 g verschrieben hat, am gleichen Tage nicht noch die halbe Höchstmenge eines anderen Mittels, also etwa 0,2 g Pantopon, verschreiben. Diese Regelung hat sich als notwendig erwiesen, weil die mit der Vo. verfolgten allgemeinen Ziele durchkreuzt würden, wenn der Arzt am gleichen Tage für einen Kranken oder für seinen Praxisbedarf mehrere Betäubungsmittel verschreiben könnte, da eben jede Möglichkeit fehlen würde, nachzuprüfen, ob der Arzt im Rahmen der Vorschriften dieser Vo. gehandelt hat. Sieht sich der Arzt in besonderen Fällen gezwungen, noch ein zweites Betäubungsmittel an einem Kranken anzuwenden, so wird er auf den für seine Praxis verschriebenen Vorrat zurückgreifen können.

Die Menge, die für den allgemeinen Bedarf der öffentlichen und der gemeinnützigen Krankenhäuser, der Universitätskliniken und der den letzteren gleichgestellten Anstalten sowie für den Bedarf der behördlich genehmigten ärztlichen Hausapotheken und für die Ausrüstung der Kauffahrteischiffe verschrieben werden darf, ist nicht begrenzt, weil sich bei dem sehr verschieden hohen Bedarfe dieser Einrichtungen an Betäubungsmitteln eine brauchbare Höchstmenge nicht festsetzen läßt. Wenn man die Bedeutung der öffentlichen und gemeinnützigen Krankenhäuser und der Universitätskliniken und die zum Teil amtliche Stellung des Ausstellers der Verschreibungen berücksichtigt und bei den ärztlichen Hausapotheken in Betracht zieht, daß sie den Verbleib der bezogenen Betäubungsmittel nachzuweisen haben (vgl. § 29 der Vo.), so wird man ernstliche Bedenken gegen diese Regelung nicht zu erheben haben (vgl. auch die Begründung zu § 1 der Vo.).

Der Begriff der öffentlichen und gemeinnützigen Krankenhäuser ist enger auszulegen als der der öffentlichen und gemeinnützigen Krankenanstalten in § 30 RGewO. Als Krankenhäuser im Sinne der Vo. sind, auch dem üblichen Sprachgebrauch folgend, z. B. nicht Ambulatorien, Erholungsheime u. dgl. anzusehen, dagegen würden Siechenhäuser mit hauptamtlicher ärztlicher Leitung und Krankenabteilung darunter fallen.

Die Kliniken der medizinischen Akademien usw. sollen denen der Universitäten gleichgestellt sein.

Für den allgemeinen Bedarf aller Anstalten und Einrichtungen, die nicht unter die in § 9 Abs. 4 aufgeführten fallen, vor allem der privaten Krankenanstalten, Entziehungsanstalten u. dgl., darf der Arzt Betäubungsmittel nicht verschreiben. Er ist in diesen Fällen darauf angewiesen, entweder Verschreibungen für seinen Praxisbedarf auszustellen oder, falls diese Mengen nicht genügen, die Betäubungsmittel für den einzelnen Insassen der Anstalt zu verschreiben.

Zu Abs. 1:

Dieser Absatz enthält bemerkenswerte Einschränkungen des ärztlichen und zahnärztlichen Verordnungsrechtes sowohl nach der Art als auch nach der Menge der Mittel. Die angegebenen Höchstmengen beziehen sich auf die Mengen, die an ein und demselben Tage ohne weitere Formalität verschrieben werden dürfen, sagen aber nichts darüber, daß die höchstens zu verschreibenden Mengen, z. B. 0,2 g Morphin, auch an einem Tage (Maximaldosen beachten!) verbraucht werden sollen oder an mehreren Tagen. Das hat der Gesetzgeber nicht geregelt. Die angegebenen Mengen darf der Arzt oder Zahnarzt, wenn die Voraussetzungen des § 6 Afb. vorliegen, einem Kranken tagtäglich verschreiben; aber der Arzt oder Zahnarzt darf — auch nicht unter Einhaltung der angegebenen Mengen — Arzneien verschreiben, die mehrere Betäubungsmittel (Stoffe oder Zubereitungen) nebeneinander enthalten.

Daß in ein und derselben Arznei nicht mehr als ein Betäubungsmittel enthalten sein darf, ist bereits durch § 7 (1) dieser Afb. grundsätzlich bestimmt. Der § 9 bringt für die Opiate noch eine weitergehende, ausführliche Regelung.

Während in § 1 (3) OpG. nur Zubereitungen genannt werden, die Morphin enthalten, wird hier eine Unterteilung dieses Begriffes vorgenommen und unterschieden zwischen Zubereitungen, die Opium als solches oder eine Opiumzubereitung oder Morphin bzw. ein Morphinsalz enthalten.

Der Vorstand des Deutschen Apotheker-Vereins hatte beim RMdI. angefragt, ob die Anfertigung von Verordnungen über Tinct. Opii benz. mit Morphin. hydrochl. oder Tinct. Opii simpl. noch zulässig sei. Auf diese Anfrage ist vom RMdI. unter dem 19. März 1931 — II A 2701/11. 3. — folgender Bescheid erteilt worden[1]:

„Gelegentlich der Beratungen über den Entwurf der Vo. über das Verschreiben Betäubungsmittel enthaltender Arzneien und ihre Abgabe in den Apotheken wurde von den hinzugezogenen Vertretern der ärztlichen Wissenschaft und Praxis erklärt, daß keine Notwendigkeit vorliege, Arzneien, die mehr als ein Betäubungsmittel enthalten, zu verschreiben. Eine derartige Kombination wurde sogar als unwissenschaftlich bezeichnet.

[1] Apoth. Z. 1931, S. 384.

Nach der Begründung zu § 9 der VerschreibungsVo. sind das Opiumextrakt, die einfache, safranhaltige und benzoesäurehaltige Opiumtinktur nicht als Morphin enthaltende Arzneien, sondern als Opiumzubereitungen anzusehen, da sie aus Opium hergestellt sind. Diese Zubereitungen sind, wie aus dem Wortlaut des § 9 Abs. 1 und 3 unzweifelhaft zu folgern ist, eine jede für sich als Betäubungsmittel anzusehen. Verschreibungen von Mischungen von Tinctura Opii benzoica und Tinctura Opii simplex oder Morphinum hydrochloricum dürfen daher von den Apotheken nicht beliefert werden.

Der Gesetzgeber wünscht, daß an einem Tage für einen Kranken nur Morphin oder Opium oder je eine der Opiumzubereitungen, die Morphin in irgendeiner Form enthält, verschrieben werden darf. Wir lassen es dahingestellt, ob eine derartige Beschränkung aus dem Wortlaut der Vo. abzuleiten ist.

Es ist demnach nicht erlaubt, an einem Tage für einen Kranken z. B. zu verschreiben: Opii plv. 0,05 g, Bism. subnitr. 0,3 dos. X. und Tr. Opii spl. 10,0; oder Mo. mur. 0,005 Sacch. alb. 0,5 dos. X. und Tr. Opii benzoic. 20,0; oder Cardiozol-Dicodid-Tropfen und Pulv. Ipecac. opiat. Es ist nur gestattet, das eine oder das andere Mittel zu verordnen.

Da aber das Verschreiben mehrerer Arzneien an einem Tage für einen Kranken erlaubt ist, so muß man zu dem Schluß kommen, daß Morphinpulver und Morphintropfen und Suppositorien und Einspritzungen aus dem gleichen Morphinsalz an einem Tage verschrieben werden dürfen, jedoch nicht Opiumpulver und Opiumtropfen, oder Opiumtinktur in mehrerlei Gestalt, eben weil ausdrücklich gesagt ist „Opium oder eine Opiumzubereitung“.

Die 2 g Opium entsprechenden Mengen der hauptsächlichsten Opiumzubereitungen sind:

1 g Extractum Opii, 20 g Tinct. Opii simplex oder crocata, 400 g Tinct. Opii benzoica, 20 g Pulv. Ipecac. opiat. Die im Handel befindlichen Spezialzubereitungen, die Opium oder eine Opiumzubereitung enthalten, finden sich auf S. 34, soweit sie bekannt geworden und dem OpG. nach § 1 (3) unterstellt sind. Eine Liste der Zubereitungen, die nicht dem Gesetz an sich, nur den Afb. zu §§ 7 und 8 unterstehen, kann zur Zeit nicht gegeben werden. Es muß im Einzelfalle Aufgabe des Arztes und des Apothekers bleiben, über ihre Zugehörigkeit zu entscheiden.

Zu Abs. 2:

Hält der Arzt es für begründet, daß der zu behandelnde Fall die Verschreibung größerer Mengen, als im Abs. 1 angegeben, erfordert, entweder für den Verbrauch über eine längere Zeit oder für den Verbrauch gesteigerter Dosen, dann kann er, aber nicht der Zahnarzt, beliebige Mengen von Opium oder Opiumzubereitungen oder von Morphin verordnen. Alle anderen Opiate sind nach der Absicht des Gesetzgebers, nicht nach dem Wortlaut der Vo., von der Möglichkeit des Verschreibens größerer Mengen ausgeschlossen, auch Pantopon. Dieses und die anderen unmittelbar aus Opium hergestellten Zubereitungen mit einem höheren Gehalt als 20% Morphin sind im Sinne dieser Vo. nicht als Opiumzubereitungen anzusehen.

Laudanon, das eine reine Zubereitung im Sinne des § 1 (3) OpG. ist, soll auch hier als Stoff gelten. Aber es ist dem Arzt nicht verwehrt, die Bestandteile des Laudanons magistraliter in größeren Mengen als eingetragene Verschreibung zu ordinieren. Dann würde es sich unzweifelhaft um eine Arznei handeln, die auch im Sinne dieses Paragraphen Morphin enthält, d. h. zu deren Bereitung dann nicht der Fabrikant, aber der Apotheker isoliertes Morphin verwendet.

Bedingung dieser für den Arzt, nicht für den Zahnarzt, bestehenden Möglichkeit, unbegrenzte Mengen von Opium oder Opiumtinktur oder Opiumextrakt oder von Morphin zu verschreiben, ist die Eintragung in das Morphinbuch. Die Verschreibung mehrerer Mittel nebeneinander ist auch dann nicht erlaubt, wenn eine Eintragung in das Morphinbuch gemacht würde.

Das Morphinbuch muß nach der Vo. ein mit fortlaufenden Seitenzahlen versehenes Buch sein. Es fällt nicht unter den Begriff der Handelsbücher im Sinne des 4. Abschnittes des HGB. Für das Morphinbuch ist kein Muster vorgeschrieben. Es wird lediglich in der Begründung das nachstehende Muster empfohlen:[1]

Anlage IA

Morphinbuch
für Ärzte

§ 9 Abs. 2 der Verordnung über das Verschreiben Betäubungsmittel enthaltender Arzneien und ihre Abgabe in den Apotheken vom 19. Dezember 1930.
RGBl. I, S. 635.

Wenn der Arzt an einem Tage für einen Kranken Arzneien verschreibt, die mehr als 2 g Opium oder die entsprechende Menge

[1] Ein Morphinbuch und Kokainbuch für Ärzte, von Dr. P. Wolff bearbeitet, ist bei Georg Thieme in Leipzig erschienen.

einer Opiumzubereitung oder mehr als 0,2 g Morphin enthalten, hat er folgende Aufzeichnungen zu machen:

Name	Wohnung	Alter
des Kranken		

Vom verschreibenden Arzt festgestellte Erkrankung, die das Überschreiten der oben angegebenen Menge notwendig macht.

(Bei Betäubungsmittelsüchtigen sind auch die Fragen auf der folgenden Seite zu beantworten.)

Tag	Monat	Jahr	Die in der Arznei enthaltene Menge				Zeitraum, für den die Arznei verschrieben wird	
des Verschreibens			Morphin od. g	Opium od. g	Opium-tinktur od. g	Opium-extrakt g	von	bis

Besondere Angaben bei Betäubungsmittelsüchtigen.

Welche Betäubungsmittelsucht liegt vor?

Seit wann?

Haben Entziehungskuren stattgefunden?

Wann?	In welcher Anstalt oder bei welchem Arzte?	Mit welchem Erfolge?

Welche Menge des Betäubungsmittels wird angeblich täglich gebraucht?

Welche Menge Morphin, Opium, Opiumtinktur oder Opiumextrakt wird zu dem Zeitpunkt, an dem diese Aufzeichnungen gemacht werden, für ärztlich begründet gehalten?

Warum wird zur Zeit keine Entziehungskur eingeleitet?

Wann soll die Entziehungskur eingeleitet werden?

Ob der Arzt verpflichtet ist, die Beantwortung aller in der Vo. angegebenen Fragen niederzuschreiben, ob diese Bestimmungen der Vo. durch die Ermächtigungen des § 8 OpG. (lediglich einschränkende Bestimmungen über das Verschreiben) oder des § 12 OpG. (zur Ausführung des Gesetzes erforderliche Bestimmungen) gedeckt sind, muß gegebenenfalls der Entscheidung der Gerichte anheimgestellt werden.

Die Eintragung in das Morphinbuch ist keine unbefugte Offenbarung eines Privatgeheimnisses, die nach § 300 StGB. strafbar wäre. Nach herrschender Lehre und Rechtsprechung[1] kann durch reichs-, ja sogar durch landesgesetzliches Anzeigegebot eine derartige Befugnis erteilt werden.

Der Vermerk „eingetragene Verschreibung" ist von dem Arzt eigenhändig zu schreiben. Ein vom Arzt mit eigener Hand aufgedrückter Stempel würde nicht der Vo. entsprechen, auch nicht ein Faksimilestempel. Der Vermerk muß vor der Unterschrift stehen.

Zu Abs. 3:

Der Zahnarzt darf für seine Praxis keine Opiate verschreiben. Dessen Verschreibungen dürfen nur auf den Namen eines bestimmten Kranken ausgestellt werden.

Über die für die Praxis verschriebenen und nach ärztlichem Gewissen verwendeten Mengen hat der Arzt keine Rechenschaft abzulegen. Auch aus § 2 (2) OpG. kann eine solche nicht wohl hergeleitet werden. Nur dem Tierarzt, der eine Hausapotheke unterhält oder der aus dem Großhandel bezogene Betäubungsmittel dispensiert, ist nach § 29 (2) die Auflage gemacht, auch über die Verwendung der Betäubungsmittel Vermerke in dem Betäubungsmittelbuch (das ist nicht das Morphinbuch nach § 10 Abs. 2) zu machen.

[1] Vgl. Ebermayer: Anm. 7 zu § 300.

Die Fassung des § 9 Abs. 1 und 3 verbietet dem Wortlaute nach nicht das, was der Gesetzgeber nach der Begründung verbieten wollte. Rein nach dem Wortlaute darf der Arzt an einem Tage für einen Kranken Arzneien (Mehrzahl) verschreiben, die entweder das eine oder das andere Betäubungsmittel enthalten, nicht aber zwei Betäubungsmittel in einer Arznei. In einer Arznei könnte mithin das eine, in einer anderen das zweite, dann ein drittes usw. enthalten sein. Nach der Begründung soll der Arzt aber nur berechtigt sein, an ein und demselben Tage entweder das eine oder das andere Mittel zu verwenden, wie für einen Kranken, so auch für die Praxis. Er kann aber an jedem Tage für seine Praxis ein anderes Mittel verschreiben und aus diesem Vorrat, je nach seinem ärztlichen Gewissen, an ein und demselben Tage dieses oder jenes Mittel oder dieses und jenes Mittel anwenden.

Der achte Abs. der Begründung ist nicht so zu verstehen, daß der Arzt sowohl für den Kranken wie auch für die Praxis an einem Tage nur dasselbe Mittel verschreiben darf. Er darf vielmehr für jeden einzelnen Kranken je eines der verschiedenen Mittel verschreiben und auch für einen Kranken das eine und für die Praxis ein anderes, aber für die gesamte Praxis nur eines an einem Tage.

Zu Abs. 4:

Abs. 1 nennt den Arzt und den Zahnarzt, Abs. 2 und 3 den Arzt allein. Wer in den Fällen des Abs. 4 verschreiben darf, ist im Gegensatz zu § 10 (4) nicht gesagt. Aus der Regelung der Abgabe in § 21 (2) ist zu entnehmen, daß der Zahnarzt außer für einen Kranken nur für den allgemeinen Bedarf der zahnärztlichen Universitätskliniken und der diesen gleichgestellten Anstalten verschreiben darf, und daß für die anderen Empfänger der Arzt allein zuständig ist. Diese anderen sind öffentliche und gemeinnützige Krankenanstalten, Universitätskliniken und diesen gleichgestellte Anstalten und Schiffe.

Über die Mindestmengen, die Kauffahrteischiffe mit sich führen müssen, s. S. 332.

Für alle diese Verbraucher, sowie für die ärztliche Hausapotheke darf niemals in Substanz oder über die in § 8 (2) festgesetzte Konzentration hinaus verschrieben werden. Alle anderen Beschränkungen hinsichtlich Art und Menge der Betäubungsmittel gelten für diese Verschreibungen nicht.

Öffentliche und gemeinnützige Krankenanstalten: Voraussetzung für den öffentlichen Charakter einer Krankenanstalt ist, daß sie den Satzungen gemäß Kranke unterschiedslos aufnimmt und auf Unterstützung hilfsbedürftiger Personen, nicht aber auf Gewinn gerichtet ist (Urteil des OVG. vom 7. Februar und 1. Juli 1910)[1].

a) Öffentliche im engeren Sinne sind solche, die im Eigentum oder in der Verwaltung des Staates, der Provinzen, der Kreise oder Gemeinden oder sonstiger Kommunalverbände stehen, in der Hauptsache die Anstaltsversorgung der armen und unbemittelten Kranken bezwecken, und bei denen außerdem die Aufnahme von jedermann verlangt oder wenigstens unter gewissen Bedingungen beansprucht werden kann. Diese Anstalten gelten zugleich als gemeinnützig.

b) Gemeinnützige, die zugleich öffentliche im weiteren Sinne sind. Hierher gehören alle mit Korporationsrechten versehenen Anstalten, die ebenfalls der öffentlichen Krankenfürsorge dienen und ihrem Charakter als Wohltätigkeitsanstalten entsprechend den Hauptzweck verfolgen, armen und wenig bemittelten Kranken, Siechen usw. ganz oder teilweise unentgeltliche Aufnahme zu gewähren (Urteil PrOVG. VII. Senat vom 7. Februar 1910). Hierher gehören z. B. alle von Stiftungen, kirchlichen Genossenschaften, Wohltätigkeitsvereinen usw. errichteten Heilanstalten. Sie verfolgen ideale, gemeinnützige und wohltätige Zwecke; ihre Einrichtung liegt im öffentlichen Interesse, wenn sie die dem Staat oder der Gemeinde naturgemäß oder herkömmlich obliegenden Aufgaben erfüllen.

Provinzial-Heil- und Pflegeanstalten, öffentliche Siechenhäuser mit hauptamtlicher ärztlicher Leitung und Krankenabteilung sind den öffentlichen und gemeinnützigen Krankenhäusern gleichgestellt. Entbindungsanstalten, Ambulatorien, Erholungsheime, Entziehungsanstalten, Trinkerasyle sind jedoch nicht Anstalten, für deren allgemeinen Bedarf Betäubungsmittel verschrieben werden dürfen.

Private Krankenanstalten: Unter privaten Krankenanstalten versteht man solche, die von einem oder mehreren privaten Unternehmern betrieben werden. Werden diese privaten Anstalten nicht gewerbsmäßig verwaltet, so sind sie nicht konzessionspflichtig, selbst, wenn sie Pflegegeld erheben, aber die Gewinnabsicht fehlt.

Die Unternehmer von privaten Krankenanstalten bedürfen gemäß § 30 RGewO. einer Konzession der höheren Verwaltungsbehörde, die nur unter ganz bestimmten aus dem Gesetz näher

---

[1] Finkenrath: Ärztliches ABC.

ersichtlichen Gründen versagt werden darf. Diese hat einen persönlichen Charakter. Sie stellt sich als persönliche Betriebsberechtigung dar[1].

Ob es sich im Einzelfalle nach vorstehenden Ausführungen um eine Privatkrankenanstalt handelt, ist je nach Lage der einzelnen Unternehmen zu unterscheiden[2].

Hinsichtlich der Arzneiversorgung sei allgemein auf folgendes hingewiesen: In größeren Krankenhäusern befindet sich zumeist eine Hausapotheke unter Leitung eines approbierten Apothekers. Die kleineren Anstalten pflegen sich mit einer sogenannten Dispensieranstalt zu begnügen. Die hierfür erforderlichen Arzneimittel sind aus einer der zehn nächstgelegenen Apotheken zu beziehen (§ 50 Abs. 2 PrApothBetrO. s. S. 109). Die Aufbewahrung der Arzneimittel muß nach den in den Apotheken geltenden Vorschriften erfolgen[3].

Hinsichtlich der Durchführung der Verordnung in öffentlichen und gemeinnützigen Krankenhäusern hat der Regierungspräsident in Wiesbaden unter dem 20. Mai 1931 folgende Anweisung erlassen[4]:

Im Sinne der Betäubungsmittelverordnung vom 19. Dezember 1930 sind „öffentliche und gemeinnützige Krankenhäuser" nicht Ambulatorien, Erholungsheime u. dgl., dagegen fallen Siechenhäuser mit hauptamtlicher ärztlicher Leitung und Krankenabteilung unter obigen Begriff, ebenso die Kliniken der medizinischen Akademien und Universitäten. Für private Krankenanstalten, Entziehungsanstalten, Sanatorien u. dgl. muß der Arzt Verschreibungen für seinen Praxisbedarf ausstellen oder für den einzelnen Insassen der Anstalt. Bei der Lieferung durch die öffentlichen Apotheken bleibt, abgesehen von den zugelassenen Fällen der eingetragenen Verschreibung in den Betäubungsmittelbüchern des Arztes, die Beschränkung auf die in der Verordnung angeführten Tageshöchstmengen bestehen. Dies gilt auch für Privatsanatorien für Geisteskranke mit ihrem erhöhten Betäubungsmittelbedarf.

Die Menge der Betäubungsmittel für den allgemeinen Bedarf der „öffentlichen und gemeinnützigen Krankenhäuser" ist nicht begrenzt. Die Verordnungen müssen jedoch hinsichtlich ihrer Konzentration dem § 8 bzw. § 16 entsprechen. Lieferung in Substanz ist auch hier verboten. (Siehe dort!) So darf auch gemäß § 16 in diesen Fällen Kokain nur in Form der Lösung mit einem Gehalt bis 10% oder in Form der Augentablette verschrieben werden. Diese allgemeinen Verordnungen brauchen vom Arzte nicht in sein Morphin- oder Kokainbuch eingetragen zu werden,

---

[1] Zur Frage einer Konz. (Betriebserlaubnis) siehe Hamburger: Apothekenbetriebsrechte, S. 33 u. 75ff., und über die Grundsätze betr. die Zurücknahme einer einmal erteilten Konzession, S. 75ff. Berlin: Julius Springer.

[2] Lustig: Gesetz und Recht im Krankenhaus, S. 1/2. Berlin 1930.

[3] Urban: Apothekengesetze, S. 354. [4] Apoth. Z. 1931, S. 705.

sie müssen aber auf besonderen Rezeptblättern ausgestellt sein, damit sie als Unterlage von der Apotheke zurückbehalten werden können. Eintragungen in ein sogenanntes Apothekenbestellbuch genügen nicht. Gemäß § 19 Abs. 3 müssen die Rezepte einen Hinweis auf den allgemeinen Verwendungszweck enthalten.

Krankenhausapotheken, die einer Vollapotheke nach Bestand und Verwaltung gleichen, gelten nach dem Opiumgesetz den öffentlichen Apotheken gleich, sind also von einem Bezugschein für jeden Einzelfall abhängig. Die nicht pharmazeutisch geleitete Krankenhaus-Dispensieranstalt ist auf den Bezug aus einer Apotheke angewiesen. Es kommt für sie nur der Bezug Betäubungsmittel enthaltender Arzneien auf Grund ärztlicher Verordnungen aus öffentlichen Apotheken in Frage. Es gelten dabei dieselben Vorschriften wie bei Lieferungen an Krankenhäuser ohne Anstaltsapotheke.

In den zum Bezuge von Betäubungsmitteln berechtigten „öffentlichen und gemeinnützigen Krankenhäusern" sind die Betäubungsmittel, ordnungsmäßig bezeichnet, einreihig in besonderen verschließbaren Schränken aufzubewahren. Der Schlüssel ist von dem Krankenhausapotheker, dem leitenden Arzte oder deren verantwortlichen Vertreter in Verwahr zu nehmen. Lieferungen aus der Krankenhausapotheke oder der Dispensieranstalt an eine Station des Krankenhauses fallen nicht unter die Vorschriften der Verordnung. Ist weder eine Krankenhausapotheke vorhanden, noch eine Dispensieranstalt genehmigt, so müssen die aus der öffentlichen Apotheke bezogenen Betäubungsmittel in abgabefertigem Zustande an den Patienten vorhanden sein, da ein Dispensieren im Krankenhause in diesem Falle verboten ist. Die Betäubungsmittel sollen aber in den Anstalten unter denselben Voraussetzungen angewandt werden, wie sie in der Verordnung aufgestellt sind. Bis das in Aussicht gestellte Rundschreiben an die Landesregierungen, das diesen Gesichtspunkt regeln soll, ergangen ist, ist es dringend erwünscht, daß in jedem Krankenhause allgemein ein Arzneimittelverordnungsbuch für den inneren Betrieb geführt wird, aus dem auch die Verordnungen für Betäubungsmittel an die Patienten ersichtlich sind, und daß die Betäubungsmittel für die Station nur in Mengen verordnet werden, die für drei Tage genügen. Auf den einzelnen Stationen sind die verordneten Betäubungsmittel in einem besonderen für diesen Zweck bestimmten Schränkchen übersichtlich unter Verschluß durch den Oberpfleger (Oberschwester) oder deren verantwortlichen Beauftragten aufzubewahren. Etwa entstehende Reste sind unverzüglich zu beseitigen.

Die Vo. spricht von den Universitätskliniken gleichgestellten, nicht von gleichzustellenden Anstalten. Es ist also nicht dem Ermessen des Arztes und des Apothekers anheimgegeben, für welche Anstalten verschrieben und abgegeben werden darf. Die Begründung sagt, daß die Kliniken der medizinischen Akademien usw. denen der Universitäten gleichgestellt sein sollen. Soviel wir in Erfahrung bringen konnten, kommen hierfür in Frage die Akademie für praktische Medizin in Düsseldorf und das zahnärztliche Fortbildungsinstitut des Reichsverbandes der Zahnärzte in Berlin, außerdem die Universitätspolikliniken und die von öffentlichen Körperschaften unterhaltenen Polikliniken.

§ 10.

(1) Der Tierarzt darf für ein Tier an einem Tage Arzneien verschreiben, die entweder

bis 15 g Opium oder die entsprechende Menge einer Opiumzubereitung

oder

bis 0,5 g Morphin

oder

bis 0,4 g Narkophin oder Laudanon oder Pantopon oder einer dem Laudanon oder Pantopon ähnlichen Zubereitung

oder

bis 0,3 g Dihydrooxykodeinon (Eukodal)

oder

bis 0,2 g Dihydrokodeinon (Dicodid) oder Dihydromorphin (Paramorfan) oder Acetyl-demethylo-dihydrothebain (Acedicon)

oder

bis 0,03 g Diazetylmorphin (Heroin) oder Dihydromorphinon (Dilaudid)

enthalten.

(2) In besonderen Fällen darf der Tierarzt für ein Tier an einem Tage Arzneien verschreiben, die

mehr als 15 g Opium oder die entsprechende Menge einer Opiumzubereitung

oder

mehr als 0,5 g Morphin

enthalten; in solchen Fällen hat er in einem besonderen mit fortlaufenden Seitenzahlen versehenen Buche (Morphinbuch) Aufzeichnungen über den Krankheitsfall zu machen, aus denen die Art des Tieres, der Name und die Wohnung des Tierhalters, die Erkrankung des Tieres, die das Überschreiten der im Abs. 1 für Morphin oder Opium angegebenen Mengen erforderlich macht, der Tag des Verschreibens sowie die in der Arznei enthaltene Menge des Morphins, des Opiums oder der Opiumzubereitung zu ersehen sein müssen. Auf der Verschreibung (§ 19) hat der Tierarzt in diesen Fällen vor der Namensunterschrift den eigenhändigen Vermerk „Eingetragene Verschreibung" anzubringen.

(3) Der Tierarzt darf für den Bedarf in seiner Praxis an einem Tage Arzneien verschreiben, die entweder

bis 15 g Opium oder die entsprechende Menge einer Opiumzubereitung

oder

bis 0,5 g Morphin

oder

bis 0,4 g Narkophin oder Laudanon oder Pantopon oder einer dem Laudanon oder Pantopon ähnlichen Zubereitung

oder

bis 0,3 g Dihydrooxykodeinon (Eukodal)

oder

bis 0,2 g Dihydrokodeinon (Dicodid) oder Dihydromorphin (Paramorfan) oder Acetyl-demethylo-dihydrothebain (Acedicon)

oder

bis 0,03 g Diazetylmorphin (Heroin) oder Dihydromorphinon (Dilaudid)

enthalten.

(4) Außer für ein Tier (Abs. 1 und 2) und für den Bedarf in seiner Praxis (Abs. 3) darf der Tierarzt Arzneien, die die im § 8 Abs. 1 genannten Betäubungsmittel enthalten, für den allgemeinen Bedarf der tierärztlichen Universitätskliniken und der diesen gleichgestellten Anstalten sowie für den Bedarf der behördlich genehmigten tierärztlichen Hausapotheken verschreiben. Auf diese Verschreibungen finden Abs. 1 bis 3 keine Anwendung.

Begründung zu § 10: Die Regelung, die die Vo. für das Verschreiben der Betäubungsmittel durch Tierärzte vorsieht, schließt sich eng an die für den Arzt getroffenen Bestimmungen an.

Abgesehen von Opium und Morphin (auch für Eukodal ist eine größere Menge eingesetzt), wo entsprechende größere Mengen eingesetzt sind, soll der Tierarzt die gleichen Mengen der angegebenen Betäubungsmittel verschreiben dürfen wie der Arzt. Auch der Tierarzt hat die Möglichkeit, gegen Eintragung in ein Morphinbuch im Sonderfall die für beide Mittel vorgeschriebenen Mengen zu überschreiten. Das Muster eines Morphinbuches für Tierärzte ist als Anlage I B beigefügt.

Anlage IB

Morphinbuch
für Tierärzte

§ 10 Abs. 2 der Verordnung über das Verschreiben Betäubungsmittel enthaltender Arzneien und ihre Abgabe in den Apotheken vom 19. Dezember 1930.
RGBl. 1930, I, S. 635.

Wenn der Tierarzt an einem Tage für ein Tier Arzneien verschreibt oder abgibt oder verwendet, die mehr als 15 g Opium oder die entsprechende Menge einer Opiumzubereitung oder mehr als 0,5 g Morphin enthalten, so hat er folgende Aufzeichnungen zu machen:

Art des Tieres	Name	Wohnung	Die Erkrankung, die das Überschreiten der oben angegebenen Menge erforderlich macht	Tag	Monat	Jahr	Die in den Arzneien enthaltene Art und Menge des Betäubungsmittels
	des Tierhalters			des Verschreibens			

Zu Abs. 1—3:

Die 15 g Opium entsprechenden Mengen der Opiumzubereitungen sind:

7,5 g Extractum Opii, 150 g Tinct. Opii spl. oder crocat., 3000 g Tinct. Opii benzoica, 150 g Pulv. ipecac. opiat.

Im übrigen gelten die gleichen Erläuterungen wie für § 9.

Zu Abs. 4:

Den tierärztlichen Universitätskliniken gleichgestellte Anstalten sind die Kliniken der tierärztlichen Hochschulen in Berlin und Hannover.

Im übrigen siehe die Erläuterungen zu § 9.

§ 11.

Das Morphinbuch (§ 9 Abs. 2, § 10 Abs. 2) ist mindestens 5 Jahre, vom Zeitpunkt der letzten Eintragung gerechnet, aufzubewahren und dem zuständigen beamteten Arzte oder Tierarzt auf Verlangen vorzulegen.

Zu § 11:

Wenn die Forderung der Führung des Morphinbuchs und des Kokainbuchs eine Stütze im OpG. findet, dann ist der § 11 Afb. als eine auf Grund des § 12 OpG. erlassene Afb. zu den Bestimmungen des § 2 OpG. anzusehen, als eine Maßnahme zur allgemeinen Überwachung des Verkehrs und zur Auskunftspflicht. Darüber hinaus kann es noch nach Jahren für den Fall eines

Verdachtes ein wichtiges Beweis- und Verteidigungsmittel für den Arzt und Tierarzt sein.

Nach den Afb. sollen die Morphin- und Kokainbücher, im Gegensatz zu den Betäubungsmittelbüchern der Apotheken und Hausapotheken, nur den zuständigen beamteten Ärzten und Kreisärzten vorgelegt werden. Nach § 2 OpG. kann auch das RGA. Auskunft und Einsicht in diese Bücher, die als geschäftliche im Sinne der Opiumgesetzgebung angesehen werden müssen, verlangen. Durch die Afb. kann nicht eine Bestimmung des Gesetzes unwirksam werden.

Strafandrohung gegen die Nichtaufbewahrung und Nichtvorlage ist in § 10 (1) Nr. 8 gegeben.

C. Das Verschreiben Kokain enthaltender Arzneien.

§ 12.

Kokain in Substanz darf nicht verschrieben werden.

Begründung zu § 12: Eine Notwendigkeit, dem Arzt, Zahnarzt oder Tierarzt Kokain in Substanz zur Verfügung zu stellen, ist in Übereinstimmung mit den Sachverständigen verneint worden. Tabletten, die lediglich aus Kokain bestehen, sind nur in Form der kleinen zur Anwendung am Auge bestimmten Tablette, die in den Bindehautsack eingelegt wird, zugelassen. Sie dürfen aber nach § 14 und § 17 der Vo. nur vom Arzt oder Tierarzt für den Gebrauch in seiner Praxis verschrieben werden.

Zu § 12:

Es besteht ein Widerspruch entweder zwischen § 12 und § 13 oder zwischen § 12 und § 8. In § 12 bedeutet Substanz etwas anderes als in § 8 Abs. 1. Aus der amtlichen Begründung zu § 8 ist zu entnehmen, daß das Verschreiben der Opiate in Substanz, d. h. dort ungemischt, ohne Zusatz eines arzneilich wirksamen oder unwirksamen Stoffes verboten ist. In § 12 kann unter Substanz nur der nicht zubereitete Stoff an sich verstanden werden, denn die aus reinem Kokainchlorhydrat ohne weiteren Zusatz bestehenden Augentabletten sind nicht grundsätzlich verboten, wohl aber größere Tabletten.

§ 13.

(1) Kokain enthaltende Arzneien für einen Kranken zu dessen eigenem Gebrauch darf der Arzt nur in Form der Lösung und nur dann verschreiben, wenn der beabsichtigte Zweck auf andere Weise nicht erreicht werden kann. Unter dieser Voraussetzung darf er zur

Anwendung am Auge eine Arznei verschreiben, die nicht mehr als 2% Kokain enthält; zu anderen Zwecken darf er eine Arznei verschreiben, die nicht mehr als 1% Kokain und zugleich nicht weniger als 0,1% Atropinsulfat enthält.

(2) Die Menge des von dem Arzte an einem Tage für einen Kranken zu dessen eigenem Gebrauche verschriebenen Kokains darf nicht mehr als 0,1 g betragen.

(3) Auf jeder Verschreibung (§ 19) einer Kokain enthaltenden Arznei für einen Kranken zu dessen eigenem Gebrauche hat der Arzt vor der Namensunterschrift den eigenhändigen Vermerk „Eingetragene Verschreibung“ anzubringen. Ist die Arznei zur Anwendung am Auge bestimmt, so ist in der Gebrauchsanweisung dieser Verwendungszweck anzugeben.

Begründung zu § 13: Die Vo. macht von der Tatsache, daß die Verschreibung des Kokains zu Suchtzwecken völlig entbehrt werden kann, vollen Gebrauch. Sie schließt jede Möglichkeit aus, daß der Kokainsüchtige auf ärztliche Verschreibung Kokain in einer Menge und einer Form erhält, die eine Befriedigung der Sucht gestattet.

Kokain enthaltende Arzneien für einen Kranken zu dessen eigenem Gebrauch sollen in einfacher Lösung mit einem Gehalt bis 2% Kokain nur bei besonders schmerzhaften Augenerkrankungen verschrieben werden dürfen. Der Verwendungszweck muß in der Gebrauchsanweisung ausdrücklich angegeben werden. Lösungen mit einem Gehalte bis 1% Kokain und mindestens 0,1% Atropinsulfat, die der Arzt ebenfalls in besonderen Fällen für einen Kranken verschreiben darf, werden zuweilen in Form der Vernebelung bei Asthma verwendet. Mehr als 0,1 g Kokain darf der Arzt an einem Tage für einen Kranken nicht verschreiben.

Zu Abs. 1:

Die Voraussetzung, daß Kokain nur verschrieben werden darf, wenn der beabsichtigte Zweck auf andere Weise nicht erreicht werden kann, ist eine Verschärfung der grundsätzlichen Bedingungen des § 6, wo nur die ärztliche Begründung zur Anwendung verlangt wird.

Der beabsichtigte Zweck [s. § 14 (1)] kann, abgesehen von der Behandlung schwerer Asthmafälle, nach Lage der Sache nur die beabsichtigte Schmerzbetäubung sein, Vorbeugung, Linderung oder Stillung von Schmerzen, die durch die Erkrankung an sich bedingt sind oder durch die Untersuchung oder durch die Behandlung entstehen. Nach dem Wortlaut der Begründung dürfte zwar Kokain nur bei besonders schmerzhaften Augenerkrankungen verschrieben werden, also, wenn die Erkrankung an sich schmerzhaft ist. Das würde den Zusatz von Kokain z. B. zu Zinksulfatlösung ausschließen in den Fällen, in denen eine Bindehautentzündung an sich nicht besonders schmerzhaft ist, sondern nur deren Behandlung. Die Begründung spricht auch davon, daß Kokain enthaltende Arzneien bei besonders schmerzhaften Augenerkrankungen nur in einfacher Lösung verschrieben werden sollen. Nach einer Erläuterung des Direktors des Kaiserl. Gesundheitsamtes zu den Vorschriften betr. die Abgabe starkwirkender Arzneimittel vom 28. Juli 1896 (Veröff. des Kaiserl. Gesundheitsamtes S. 728) sind als einfache Lösungen solche Zubereitungen aufzufassen, bei denen die Zusätze im wesentlichen nur die Lösungsmittel bilden. Auch nach diesem Teil der Begründung, die aber eher eine Erläuterung zu § 6 ist, wünscht der Gesetzgeber die Verordnung von Zinksulfatlösung mit Kokain nicht. Dieser Wunsch des Gesetzgebers steht aber im Gegensatz zu dem nicht mißverständlichen Abs. 1 des § 13, sodaß unseres Erachtens kein Arzt bestraft werden kann, wenn er solche Arzneien verschreibt.

Auch das RGA. legt den § 13 in der gleichen Weise in einem Schreiben vom 2. April 1931[1] aus:

„Dem Arzt ist das Verschreiben von Kokain enthaltenden Arzneien für einen Kranken zu dessen eigenem Gebrauch unter der allgemeinen Beschränkung des § 6 der Verschreibungsverordnung und der besonderen Beschränkung des § 13 (‚wenn der beabsichtigte Zweck auf andere Weise nicht erreicht werden kann') in folgenden Zubereitungen gestattet:

1. Kokainlösung mit einem Höchstgehalt von 1% Kokain und mindestens 0,1% Atropinsulfat ohne Beschränkung des Verwendungszwecks, also sowohl für äußerlichen als auch für innerlichen Gebrauch.
2. Kokainlösung mit einem Höchstgehalt von 2% Kokain ohne Zusatz von Atropinsulfat, als Augentropfen.

Die Verschreibungsverordnung verbietet nicht, daß der zur Anwendung am Auge bestimmten Kokainlösung andere Arzneimittel zugesetzt werden. Der Arzt kann demnach auch fernerhin Kokain-Zinksulfat-Lösung mit der oben angegebenen Einschränkung verschreiben.

Für den Apotheker ergibt sich hieraus, daß er alle Kokainlösungen mit einem Gehalt bis 2% Kokain, die nach der Gebrauchsanweisung für die Verwendung am Auge bestimmt sind und nicht mehr als 0,1 g Kokain enthalten, ohne weitere Prüfung anfertigen kann."

Dieses Abrücken der zuständigen Fachbehörde von dem Inhalt der amtlichen Begründung ist von größter Bedeutung für die Bewertung der Begründung in Rechtsstreiten.

In einem weiteren Bescheid des RGA.[2] ist gesagt, daß unter Kokainlösung dem Sprachgebrauch entsprechend lediglich die

---

[1] Apoth. Z. 1931, Nr. 28, S. 468. [2] Pharm. Z. 1931, S. 784.

wässerige Lösung zu verstehen ist. In der Gesetzessprache (z. B. Vo. über den Verkehr mit Arzneimitteln vom 22. Oktober 1901, Arzneitaxe) bezieht sich jedoch der Begriff Lösung auf jedes flüssige Medium, in dem ein fester Stoff gelöst ist. Soll im Einzelfalle nur die wässerige Lösung verstanden werden, so wird das jedesmal ausdrücklich gesagt (Arzneibuch, Verordnung über starkwirkende Arzneimittel).

Jede für einen Kranken verschriebene Kokainlösung, die nicht zur Anwendung am Auge bestimmt ist, muß wenigstens 0,1 % Atropinsulfat enthalten.

Zu Abs. 2:

Die größten Mengen und stärksten Konzentrationen, die für einen Kranken verschrieben werden dürfen, sind demnach für Augen 0,1 g Kokainsalz in 5 g Lösung, für andere Zwecke 0,1 g Kokainsalz höchstens und 0,01 g Atropinsalz mindestens in 10 g Lösung. Die Augentabletten § 14 (1) dürfen nicht für den Kranken zu dessen eigenem Gebrauch verschrieben werden.

Zu Abs. 3:

In den §§ 13 bis 17 werden die drei Begriffe Anwendung, Verwendung, Bedarf, die an anderen Stellen der Vo. andere Bedeutung haben, in dem gleichen Sinne gebraucht. In diesem Absatz steht an Stelle des „beabsichtigten Zweckes" (Abs. 1) der „Verwendungszweck". Dieser trifft nicht das beabsichtigte therapeutische Ziel, z. B. die Linderung, sondern meint die Art der Anwendung an einem bestimmten Körperteil. Verwendung und Anwendung sind hier gleichsinnige Begriffe. Sie bezeichnen die applicatio im Gegensatz zur indicatio des § 6. Auch „Bedarf in der Praxis" (§ 14) ist im Rahmen des Abschnittes C mit Verwendung gleichbedeutend. „Verwendung" kommt wieder in §§ 15 und 17. In den Fällen der §§ 13 bis 17 bezieht sich Verwendung auf den beabsichtigten oder vollbrachten Zweck. Über die mengenmäßige Verwendung, die consumptio, s. bei § 29, über Bedarf bei § 9.

Der Verwendungszweck ist nur bei Lösungen für die Anwendung am Auge in der Gebrauchsanweisung anzugeben. S. Rezeptbeispiel bei § 19 (1).

§ 14.

(1) Kokain enthaltende Arzneien für den Bedarf in seiner Praxis darf der Arzt nur zu Eingriffen am Auge, am Kehlkopf, an der Nase und am Ohr, der Arzt oder Zahnarzt nur zu chirur-

gischen Eingriffen am Rachen und Kiefer verschreiben, und zwar nur dann, wenn die beabsichtigte Schmerzbetäubung auf andere Weise nicht möglich ist und die Arznei zum Aufbringen auf das Auge oder auf die Schleimhäute der genannten Körperteile bestimmt ist. Kokain darf für diese Zwecke vom Arzte nur in Form der Lösung mit einem Gehalte bis 10% Kokain oder in Form der zur Anwendung am Auge bestimmten Tablette, vom Zahnarzt nur in Form der Lösung mit einem Gehalte bis 10% Kokain verschrieben werden. Auf jeder Verschreibung (§ 19) einer Kokain enthaltenden Arznei für den Bedarf in seiner Praxis hat der Arzt oder Zahnarzt vor der Namensunterschrift den eigenhändigen Vermerk „Eingetragene Verschreibung" anzubringen.

(2) Die Menge des vom Arzte oder Zahnarzt an einem Tage für den Bedarf in seiner Praxis verschriebenen Kokains darf nicht mehr als 1 g betragen.

Begründung zu §§ 14 u. 17: In eingehenden Verhandlungen mit den maßgebenden Sachverständigen der einzelnen medizinischen Fachgebiete konnte eine weitgehende Einschränkung der Fälle erzielt werden, in denen dem Arzt, Zahnarzt oder Tierarzt gestattet sein soll, Kokain für den Bedarf in der Praxis zu verschreiben. Da das Kokain in der Leitungsanästhesie allgemein durch andere Mittel zu ersetzen ist, seine Anwendung sogar vielfach als Kunstfehler betrachtet wird, ist das Verschreiben des Mittels, abgesehen von der Anwendung am Auge, auf die Verwendung zur Schleimhautanästhesie beschränkt worden. In der üblichen zahnärztlichen Praxis darf Kokain künftig nicht mehr verwendet werden. Seine Anwendung in der Zahnheilkunde ist vielmehr auf die wenigen Fälle beschränkt, in denen sich das Arbeitsgebiet des Chirurgen und des chirurgisch tätigen Zahnarztes berührt. Unter diesen Umständen kann auch der Zahntechniker keinen Anspruch auf die Anwendung von Kokain erheben.

Begründung zu §§ 14, 15 und 17: Alle Kokainverschreibungen für den Bedarf in der Praxis oder für einen Kranken sind in ein besonderes Kokainbuch einzutragen. Die Muster eines Kokainbuches für Ärzte, Zahnärzte und Tierärzte sind als Anlagen II A, II B und II C beigefügt.

Zu Abs. 1:

Der Arzt darf für die Praxis Kokainlösungen verschreiben, und zwar an einem Tage nicht mehr als 1 g und das in wenigstens 10 g Lösung. Er darf diese Lösung nur verschreiben zu

Eingriffen jeder Art am Auge, Kehlkopf, Nase und Ohr, zu diagnostischen und chirurgischen Eingriffen, worunter nicht nur blutige Eingriffe zu verstehen sind, sondern auch z. B. Entfernung von Fremdkörpern. Ferner dürfen der Arzt und der Zahnarzt Lösung der gleichen Konzentration verschreiben zu nur chirurgischen Eingriffen (also nicht zu diagnostischen) am Rachen und am Kiefer. In allen Fällen ist Voraussetzung, daß die Schmerzbetäubung auf andere Weise nicht möglich ist. Dieser Vorbehalt braucht nicht allgemein theoretisch aufgefaßt zu werden; er kann sehr wohl auf den einzelnen Fall der Erkrankung oder der Empfindsamkeit des Kranken abgestellt werden.

Der Arzt darf im Gegensatz zu dem Wortlaut des § 12 auch die nur aus Substanz bestehenden Augentabletten, z. B. die Augenkompretten zu 0,003 g Cocain hydrochlor. pro dosi für die Praxis verschreiben (nicht auch der Zahnarzt). Eine weitere Bedingung des Verschreibens ist, daß die Lösung oder die Augentabletten zum Aufbringen auf das Auge oder auf die Schleimhäute der genannten Körperteile bestimmt sind. Zur Leitungsanästhesie, zu Einspritzungen unter die Haut oder Schleimhaut, in den Kiefer darf Kokain nicht verschrieben werden. Für die Zahnbehandlung darf Kokain nicht verschrieben werden, auch nicht für die Pulpabehandlung.

Dem Arzt usw. wird zur Pflicht gemacht, daß er die Arzneien zu einem bestimmten Zwecke verschreibt. Eine andersartige Verwendung der so verschriebenen Arzneien ist aber nicht mit Strafe bedroht. Sollte ein Arzt oder Zahnarzt, obwohl er sich bei der Verschreibung durch den Zweck der Aufbringung auf die Schleimhaut leiten ließ, mit der Arznei einmal unter die Schleimhaut gehen, so macht er sich nicht strafbar. Die höchstens 10%ige Lösung, die der Arzt für seine Praxis verschreiben darf, braucht — und hier ist auch die Begründung nicht dagegen — nicht reine Kokainlösung zu sein. Sie darf auch noch andere Arzneimittel enthalten. Für die Augenbehandlung darf sie Atropin enthalten, sie muß es aber nicht. Zum Zwecke der Vernebelung bei Asthma darf der Arzt die in § 13 zur Anwendung durch den Kranken vorgesehene Lösung nicht für seinen Praxisbedarf verordnen, denn ihre Anwendung dient nicht einem Eingriff. Kokain, das nicht für einen Kranken zur Anwendung durch ihn selbst bestimmt ist, das vielmehr der Arzt am Kranken anwenden will, darf nur „für den Praxisbedarf" verschrieben werden[1].

[1] Bescheid des RGA.: Apoth. Z. 1931, S. 853.

Zu Abs. 2:

Der Arzt oder Zahnarzt darf keinesfalls außer dem 1 g Kokain, bis 10% in Lösung, das er höchstens täglich für die Praxis verschreiben und verwenden darf, noch weitere Mengen für einzelne Kranke zur Anwendung in der Sprechstunde usw. verschreiben.

§ 15.

Über jede Verschreibung einer Kokain enthaltenden Arznei hat der Arzt oder Zahnarzt in einem besonderen mit fortlaufenden Seitenzahlen versehenen Buche (Kokainbuch) Aufzeichnungen zu machen. Bei Verschreibungen für einen Kranken zu dessen eigenem Gebrauche (§ 13) hat der Arzt in dem Buche den Namen und die Wohnung des Kranken, die vom Arzte festgestellte Erkrankung, die das Verschreiben einer Kokain enthaltenden Arznei notwendig macht, den Tag des Verschreibens und die Menge des in der Arznei enthaltenen Kokains einzutragen. Bei Verschreibungen für den Bedarf in seiner Praxis (§ 14) hat der Arzt oder Zahnarzt den Tag des Verschreibens und die Menge des in der Arznei enthaltenen Kokains einzutragen. Daran anschließend ist in allen Fällen, in denen das Kokain zu einem chirurgischen Eingriff am Auge, am Kehlkopf, an der Nase und am Ohr, am Rachen oder am Kiefer verwendet wird, der Name und die Wohnung des Kranken, die Erkrankung, die die Verwendung des Kokains notwendig macht sowie der Tag und die Art des Eingriffs anzugeben.

Zu § 15: Allgemeine Erläuterungen siehe bei Morphinbuch §§ 9 und 11 Afb.

Das Kokainbuch geht insofern weiter als das Morphinbuch, als jede Kokainverschreibung einzutragen ist, einerlei, über welche Menge sie lautet, einerlei, ob sie von einem Arzt für einen Kranken oder von einem Arzt oder Zahnarzt für den Praxisbedarf ausgestellt ist. Die Verschreibungen von Kokain für Krankenhäuser, Kliniken und Schiffe (§ 16) sind nicht einzutragen. Außerdem ist in dem Kokainbuch eine Art Lagerbuch im Sinne des § 5 (2) OpG. zu erblicken, insofern als Zugang und, wenn auch nicht mengenmäßig, jeder Abgang von dem Arzt und Zahnarzt zu buchen ist. Hinsichtlich des Verbrauches ist aber auch nur dann eine Eintragung zu machen, wenn ein chirurgischer Eingriff vorgenommen wurde. Für diagnostische Eingriffe des Arztes sind die Eintragungen nicht vorgeschrieben. Die für das Kokainbuch empfohlenen Muster sind übersichtlich, sie haben folgenden Vordruck:

Anlage II A

Kokainbuch

für Ärzte.

§ 15 der Verordnung über das Verschreiben Betäubungsmittel enthaltender Arzneien und ihre Abgabe in den Apotheken vom 19. Dezember 1930.

RGBl. 1930, I, S. 635.

Beim Verschreiben Kokain enthaltender Arzneien für einen Kranken zu dessen eigenem Gebrauch (§ 13 der Verordnung) sind vom Arzt folgende Aufzeichnungen zu machen:

Name	Wohnung	Vom verschreibenden Arzt festgestellte Erkrankung, die das Verschreiben einer Kokain enthaltenden Arznei notwendig macht	Tag	Monat	Jahr	Die in der Arznei enthaltene Menge Kokain g
des Kranken			des Verschreibens			

Beim Verschreiben Kokain enthaltender Arzneien für den Bedarf in seiner Praxis (§ 14 der Verordnung) sind vom Arzt folgende Aufzeichnungen zu machen:

Tag	Monat	Jahr	Die in der Arznei enthaltene Menge Kokain g
des Verschreibens			

In allen Fällen, in denen diese Arznei zu einem chirurgischen Eingriff am Auge, am Kehlkopf, an der Nase und am Ohr, am Rachen oder am Kiefer verwendet wird, sind noch folgende Angaben zu machen:

Name	Wohnung	Die Erkrankung, die die Verwendung des Kokains notwendig macht	Tag	Monat	Jahr	Art
des Kranken			des Eingriffs			

Anlage II B

Kokainbuch

für Zahnärzte.

§ 15 der Verordnung über das Verschreiben Betäubungsmittel enthaltender Arzneien und ihre Abgabe in den Apotheken vom 19. Dezember 1930.

RGBl. 1930, I, S. 635.

Beim Verschreiben Kokain enthaltender Arzneien für den Bedarf in seiner Praxis (§ 14 der Verordnung) sind vom Zahnarzt folgende Aufzeichnungen zu machen:

Tag	Monat	Jahr	Die in der Arznei enthaltene Menge Kokain g
des Verschreibens			

Diese Arznei ist zu einem chirurgischen Eingriff am Rachen oder am Kiefer verwendet worden bei:

Name	Wohnung	Die Erkrankung, die die Verwendung des Kokains notwendig macht	Tag	Monat	Jahr	Art
des Kranken			des Eingriffs			

§ 16.

Außer für einen Kranken (§ 13) und für den Bedarf in der Praxis (§ 14) dürfen Kokain enthaltende Arzneien für den allgemeinen Bedarf der öffentlichen und der gemeinnützigen Krankenhäuser, der Universitätskliniken und der den letztgenannten gleichgestellten Anstalten sowie für die Ausrüstung der Kauffahrteischiffe verschrieben werden. Auf diese Verschreibungen finden die §§ 13 bis 15 keine Anwendung. Jedoch darf auch in diesen Fällen Kokain nur in Form der Lösung mit einem Gehalte bis 10% Kokain oder in Form der zur Anwendung am Auge bestimmten Tablette verschrieben werden.

Begründung zu § 16: Mit Ausnahme der ärztlichen Hausapotheken wird den in § 9 Abs. 4 aufgezählten Einrichtungen, die für den Bezug der im § 8 genannten Betäubungsmittel eine Sonderstellung genießen, eine solche auch bezüglich des Kokains zugebilligt. Aber auch sie können Kokain nur in Form der im § 14 aufgeführten Zubereitungen, nicht aber in Substanz beziehen.

Zu § 16: Die Mindestmengen von Kokainlösung, die Kauffahrteischiffe mitführen müssen, siehe S. 333.

Für die Hausapotheken darf Kokain in keiner Form verschrieben werden, der Besitzer einer Hausapotheke kann nur für seine Praxis unter den Bedingungen des § 14 verschreiben oder für einen Kranken in den Fällen des § 13 zum Bezuge aus einer öffentlichen Apotheke. Der Hausapotheker darf Kokain in keiner Form dispensieren (wohl aber darf das der dispensierende Tierarzt, der Kokain auf Bezugschein aus dem Großhandel erwirbt!).

Der Hausapotheker ist in bezug auf Kokain dem praktischen Arzte völlig gleichgestellt und hat das gleiche Kokainbuch zu führen wie dieser.

§ 17.

(1) Kokain enthaltende Arzneien für den Bedarf in seiner Praxis darf der Tierarzt nur zu Eingriffen am Huf, an den Klauen und am Auge verschreiben. Kokain darf für diese Zwecke nur in Form der Lösung mit einem Gehalte bis zu 10% Kokain oder in Form der zur Anwendung am Auge bestimmten Tablette verschrieben werden. Auf jeder Verschreibung (§ 19) einer Kokain enthaltenden Arznei für den Bedarf in seiner Praxis hat der Tierarzt vor der Namensunterschrift den eigenhändigen Vermerk „Eingetragene Verschreibung" anzubringen.

(2) Über jede Verschreibung einer Kokain enthaltenden Arznei hat der Tierarzt in einem besonderen mit fortlaufenden Seitenzahlen versehenen Buche (Kokainbuch) Aufzeichnungen zu machen, aus denen der Tag des Verschreibens und die Menge des in der Arznei enthaltenen Kokains zu ersehen sein müssen. Daran anschließend ist die Art des Tieres, bei dem das Kokain verwendet wird, der Name und die Wohnung des Tierhalters, die Erkrankung, die die Verwendung des Kokains notwendig macht, sowie der Tag und die Art des Eingriffs anzugeben.

(3) Die Menge des vom Tierarzt an einem Tage für den Bedarf in seiner Praxis verschriebenen Kokains darf nicht mehr als 1 g betragen.

(4) Außer für den Bedarf in seiner Praxis (Abs. 1) darf der Tierarzt Kokain enthaltende Arzneien für den allgemeinen Bedarf der tierärztlichen Universitätskliniken und der diesen gleichgestellten Anstalten verschreiben. Auf diese Verschreibungen finden Abs. 1 bis 3 keine Anwendung. Jedoch darf auch in diesen Fällen Kokain nur in Form der Lösung mit einem Gehalte bis 10% Kokain oder in Form der zur Anwendung am Auge bestimmten Tablette verschrieben werden.

Zu § 17: Siehe die Erläuterungen bei den vorstehenden Paragraphen, hinsichtlich des Abs. 4 auch bei Afb. § 10 (4) S. 219.

Während der Arzt und Zahnarzt nur chirurgische Eingriffe einzutragen hat, erstreckt sich die Eintragungspflicht des Tierarztes auf alle Eingriffe. Nach Erlaß des Pr. Min. f. Landw. usw. vom 28. Juli 1931 (MinBl. f. Landw. Sp. 423) fällt hier unter den Begriff „verschreiben" auch die Bestellung bei dem Großhandel.

Kokainbuch — II C

für Tierärzte.

§ 17 Abs. 2 der Verordnung über das Verschreiben Betäubungsmittel enthaltender Arzneien und ihre Abgabe in den Apotheken vom 19. Dezember 1930. RGBl. 1930, I, S. 635.

Beim Verschreiben Kokain enthaltender Arzneien für den Bedarf, in seiner Praxis (§ 17 Abs. 1 der Verordnung) sind vom Tierarzt folgende Aufzeichnungen zu machen:

Tag	Monat	Jahr	Die in der Arznei enthaltene Menge Kokain g
des Verschreibens			

Diese Arznei ist für folgende Krankheitsfälle verwendet worden[1]:

Art des Tieres	Name	Wohnung	Die Erkrankung, die die Verwendung des Kokains notwendig macht	Tag	Monat	Jahr	Art
	des Tierhalters			des Eingriffs			

§ 18.

Das Kokainbuch (§ 15, § 17 Abs. 2) ist mindestens 5 Jahre, vom Zeitpunkt der letzten Eintragung gerechnet, aufzubewahren und dem zuständigen beamteten Arzt oder Tierarzt auf Verlangen vorzulegen.

Zu § 18: Siehe die Erläuterungen zu Morphinbuch § 11 S. 219.

D. Form und Inhalt der Verschreibung.

§ 19.

(1) Die Verschreibungen müssen außer der Angabe der Bestandteile der Arznei und ihrer Mengen folgende Angaben enthalten:

a) Name des Arztes, Zahnarztes oder Tierarztes, seine Berufsbezeichnung und seine Anschrift,

b) Tag des Ausstellens,

c) eine ausdrückliche Gebrauchsanweisung — bei Verschreibungen Kokain enthaltender Arzneien für einen Kranken zur Anwendung am Auge außerdem die Angabe dieses Verwendungszwecks —,

d) Name und Wohnung des Kranken, für den die Arznei bestimmt ist, bei tierärztlichen Verschreibungen Art des Tieres sowie Name und Wohnung des Tierhalters,

e) eigenhändige, ungekürzte Namensunterschrift des Arztes, Zahnarztes oder Tierarztes,

---

[1] Die folgenden Aufzeichnungen sind auch von den behördlich genehmigten tierärztlichen Hausapotheken und von Tierärzten, die eine Erlaubnis nach § 3 des OpG. erhalten haben, für das aus dem Handel bezogene und in der tierärztlichen Praxis verwendete Kokain zu machen (§ 25 der Vo.).

f) in Fällen, wo dies in § 9 Abs. 2, § 10 Abs. 2, § 13 Abs. 3, § 14 Abs. 1 und § 17 Abs. 1 vorgeschrieben ist, vor der Namensunterschrift den eigenhändigen Vermerk „Eingetragene Verschreibung".

(2) Die in Abs. 1 vorgeschriebenen Angaben sind mit Tinte oder Tintenstift zu machen, die unter Buchstabe a vorgeschriebenen jedoch nur, wenn sie nicht aufgedruckt oder aufgestempelt sind.

(3) Bei Verschreibungen für den allgemeinen Bedarf der öffentlichen und der gemeinnützigen Krankenhäuser, der Universitätskliniken und der den letztgenannten gleichgestellten Anstalten, für den Bedarf in der Praxis des Arztes, Zahnarztes und Tierarztes, für den Bedarf der behördlich genehmigten ärztlichen und tierärztlichen Hausapotheken sowie für die Ausrüstung der Kauffahrteischiffe tritt an Stelle der Vermerke im Abs. 1 Buchstabe c und d ein Hinweis auf den allgemeinen Verwendungszweck.

Begründung zu § 19: Es ist allgemein als ein Mangel angesehen worden, daß zur Zeit keine eindeutigen Bestimmungen darüber bestehen, welchen Bedingungen äußerer Art eine ärztliche Verschreibung über Betäubungsmittel genügen muß. Durch die neuen Vorschriften werden die Anforderungen, die künftig an derartige Verschreibungen zu stellen sind, klar hervorgehoben. Es soll dem Arzt noch im Augenblick des Verschreibens dieser Mittel vor Augen geführt werden, daß es sich um Arzneimittel besonderer Art handelt. Es ist auch in Betracht zu ziehen, daß es um so schwerer ist, eine Verschreibung zu fälschen, je mehr handschriftliche Vermerke sie enthalten muß. Schließlich sollen es die Bestimmungen über Form und Inhalt der Verschreibung dem Apotheker auch ermöglichen, sich Klarheit darüber zu verschaffen, ob es sich um die Verschreibung eines zur Ausstellung Berechtigten handelt.

Die Bestimmungen der Tabelle A, Anlage VIII des Deutschen Arzneibuchs, sechste Ausgabe, bleiben unberührt[1].

Unter der „Anschrift" im Sinne der Bestimmung im Abs. 1 Buchstabe a kann sowohl die Angabe der Örtlichkeit, wo der Arzt, Zahnarzt oder Tierarzt seine Praxis ausübt, als auch seine Wohnung verstanden werden.

Durch die Forderung einer „ausdrücklichen Gebrauchsanweisung" sollen die zur Zeit so häufigen Vermerke allgemeiner Art wie „nach Bericht", „nach Vorschrift" ausgeschlossen werden.

---

[1] Aus § 15 des zur gleichen Zeit wie dieser Zusatz zur Begründung veröffentlichten Entwurfs eines Reichs-Arzneimittelgesetzes geht aber hervor, daß das Arzneibuch nicht die Wirkung einer gehörig veröffentlichten Rechtsverordnung hat.

Dasselbe gilt für Vermerke wie „zur subkutanen Injektion", aus dem weder die Häufigkeit noch die im Einzelfall zu verwendende Menge der Lösung zu ersehen ist.

Die Bestimmung, daß die Verschreibungen mit Tinte oder Tintenstift ausgestellt sein müssen, wird das Ändern und Fälschen der Verschreibungen erschweren. Die Forderung wird für den Arzt keine Erschwerung bedeuten, da ihm Tinte oder Tintenstift wohl jederzeit zur Verfügung stehen.

Ist die Arznei nicht für eine Einzelperson, sondern für eine bei dem Verschreiben vielleicht noch nicht übersehbare Vielheit von Personen bestimmt (Praxisbedarf des Arztes, Verschreibungen für den Bedarf der Krankenhäuser), so hat an Stelle der Gebrauchsanweisung und der Angabe der Person, für die die Arznei bestimmt ist, ein Hinweis auf die allgemeine Art der Verwendung zu treten. Der Arzt wird z. B. vermerken: „Für den Praxisbedarf", oder „Für das Landkrankenhaus in X", der Tierarzt z. B. „Für meine Hausapotheke". Durch derartige eindeutige Vermerke über die allgemeine Art der Verwendung des verschriebenen Betäubungsmittels weist der Aussteller der Verschreibung seine Berechtigung nach, von den einzelnen Bestimmungen der Vo. Gebrauch zu machen. Angaben wie ad usum proprium oder ad usum medici sind auf Verschreibungen über Betäubungsmittel künftig nicht mehr zulässig, weil sie keine hinlänglich klare Auskunft über den Zweck der Verschreibung und die Person oder den Kreis der Verbraucher geben. Beide Ausdrücke lassen die Auslegung zu, daß das Betäubungsmittel sowohl für die Person des Ausstellers als auch für seinen Praxisbedarf bestimmt ist. Gebraucht ein Arzt für sich selbst ein Betäubungsmittel, so hat er die Verschreibung ordnungsgemäß auf seinen eigenen Namen auszustellen.

Zur Erleichterung der Nachprüfung der in den Apotheken zurückbehaltenen Verschreibungen ist es erwünscht, Betäubungsmittel nicht auf dem gleichen Blatt mit anderen Arzneien zu verschreiben.

Zu Abs. 1:

Die ärztliche Handschrift soll leserlich sein. Nach § 33 Abs. 3 PrApothBetrO. darf der Apotheker unleserlich geschriebene Rezepte ohne vorherige Aufklärung durch den Arzt nicht anfertigen. Nach einer Entsch. des KG. vom 6. Februar 1908[1] liegt eine Unleserlichkeit vor, wenn der Wortlaut des Rezeptes nicht mit Sicherheit festgestellt werden kann.

[1] Pharm. Z. 1908, S. 326.

Die Mengenabgabe ist mit einem Ausrufungszeichen zu versehen und in Worten zu wiederholen, wenn bei dem vorgeschriebenen Gebrauche die in Tabelle A des Deutschen Arzneibuchs vorgesehenen größeren Einzel- oder Tagesabgaben überschritten werden.

Zu b: Angabe des Ortes, in dem die Verschreibung niedergeschrieben wurde, wird nicht verlangt.

Zu c: Die nachstehenden Beispiele von Verschreibungen für einen Kranken sind von Geh. Reg.-Rat Prof. Dr. E. Rost mitgeteilt[1]:

a)	Dr. med. X. Y., prakt. Arzt in Z., ... Straße Nr. ... [Telefon Nr. ...]		
b)		Den 1. 4. 1931.	
	Rp. Morph. hydrochl. 0,15 Aq. Amygd. amar. ad 15,0	Rp. Morph. hydrochl. 2,0 (!) (grammata duo) Aq. dest. ad 50,0	Rp. Cocain. hydrochl. 0,1 Aq. dest. ad 5,0
c)	M. D. S. 20 Tr. mehrmals (bis zu 5 mal) tägl.	M. D. S. 1 ccm zu injizieren mehrmals (bis zu 10 mal) tägl.	M. D. S. Zur Anwendung am Auge. Mehrmals tgl. einige Tr. bei starken Schmerzen in den Augenbindesack einzuträufeln.
d)	Für Herrn A. B. in Z., ...Str. Nr. ...	Für Herrn C. D. in Z., ... Str. Nr. ...	Für Frau E. F. in Z., ... Str. Nr. ...
f)		Eingetragene Verschreibung	Eingetragene Verschreibung.
e)	[Dr. X.] Y., [Arzt.]	[Dr. X.] Y., [Arzt.]	[Dr. X.] Y., [Arzt.]

Eine ausführliche Gebrauchsanweisung ist auch bei der Verschreibung von Spezialitäten erforderlich, ferner bei allen Arzneien zum äußeren Gebrauche; die Signatur „äußerlich" genügt nicht.

Zu d: Die Angabe „ad usum proprium" ist unzulässig. Verschreibungen für den persönlichen Gebrauch des Arztes oder Zahnarztes sind auf den Namen und die Wohnung auszustellen, ebenso für die Familienmitglieder. Der Tierarzt darf für sich und seine Familie Betäubungsmittel nicht verschreiben.

Zu e und f: Nur die Namensunterschrift und der Vermerk „eingetragene Verschreibung" müssen von dem Arzt usw. eigenhändig geschrieben sein. Diese Unterschrift darf nur der behandelnde Arzt selbst leisten, nicht sein Bevollmächtigter. Die Unterzeichnung mit einem Faksimilestempel ist nicht zulässig (Erl. PrMin. f. Volkswohlfahrt vom 20. Dezember 1929. IM. II Nr. 2692/29)[2].

Zu f: Diese Fälle sind die Überschreitung der täglichen Verschreibungsmengen von 2 g Opium usw. oder 0,2 g Morphin für

---

[1] Apoth. Z. 1931, S. 233. [2] Handb. D. Apoth.-Ver. 1930, S. 136.

einen Kranken, für 15 g Opium usw. oder 0,5 g Morphin für ein Tier, ferner jedes Kokainrezept für einen Kranken oder für die Praxis.

Nach einem Bescheid des RGA.[1] „soll die Unterschrift gleichzeitig eine Bestätigung des Vermerkes ‚eingetragene Verschreibung' darstellen. Hieraus geht hervor, daß nach der Absicht, die mit dieser Bestimmung verfolgt wird, der Vermerk unmittelbar über der Unterschrift stehen soll.

Wenn auch die Fassung in § 19 Abs. 1 die mit dieser Bestimmung verbundene Absicht nicht mit dieser Schärfe wiedergibt, so wäre es doch erwünscht, wenn sie eine allgemeine Befolgung fände."

Aus den Richtlinien für Ärzte (s. § 6) sind bemerkenswert:

2. Der Arzt hat strengstens dafür Sorge zu tragen, daß ihm seine gedruckten Rezeptformblätter nicht entwendet werden können. Dem Apotheker soll der Arzt, wenn dieser ihn telefonisch oder sonst um näheren Aufschluß über das Rezept bittet, aus der Erkenntnis heraus, daß der Apotheker nur pflichtgemäß handelt, bereitwilligst Auskunft geben.

3. Rezepte auf Betäubungsmittel müssen so sorgfältig ausgestellt sein, daß der Apotheker leicht erkennen kann, ob eine schriftliche Anweisung (Rezept) eines Arztes im Sinne der einschränkenden Bestimmung vorliegt. Der Arzt soll, falls ihm gedruckte Rezeptblätter nicht zur Hand sind, diese so kenntlich machen, daß der Apotheker an der Echtheit nicht zweifeln kann.

§ 20.

Die Verschreibungen dürfen weder vor- noch zurückdatiert werden.

Begründung zu § 20: Nach den Erfahrungen der letzten Jahre ist ein Verbot des Vor- und Rückdatierens der Verschreibungen notwendig, wenn es auch nicht immer möglich sein wird, festzustellen, ob diese Bestimmung eingehalten worden ist. Vordatierte Verschreibungen dürfen in den Apotheken nicht beliefert werden.

Siehe hierzu auch das unter dem früheren Gesetz ergangene Urteil RGSt. 2. D. 744. 28[2].

---

[1] Apoth. Z. 1931, S. 853.

[2] Apoth. Z. 1929, S. 6; Pharm. Z. 1928, S. 1563.

III. Die Abgabe Betäubungsmittel enthaltender Arzneien.

A. In den öffentlichen Apotheken.

§ 21.

(1) Die Arzneien dürfen in den Apotheken nur gegen Vorlage einer Verschreibung eines Arztes, Zahnarztes oder Tierarztes abgegeben werden.

(2) Arzneien, die die im § 8 Abs. 1 genannten Betäubungsmittel enthalten, dürfen

auf Verschreibung eines Arztes nur für einen Kranken, für den Bedarf in der Praxis des verschreibenden Arztes, für den allgemeinen Bedarf der öffentlichen und der gemeinnützigen Krankenhäuser, der Universitätskliniken und der den letztgenannten gleichgestellten Anstalten sowie für den Bedarf der behördlich genehmigten ärztlichen Hausapotheken und für die Ausrüstung der Kauffahrteischiffe,

auf Verschreibung eines Zahnarztes nur für einen Kranken sowie für den allgemeinen Bedarf der zahnärztlichen Universitätskliniken und der diesen gleichgestellten Anstalten,

auf Verschreibung eines Tierarztes nur für ein Tier, für den Bedarf in der Praxis des verschreibenden Tierarztes, für den allgemeinen Bedarf der tierärztlichen Universitätskliniken und der diesen gleichgestellten Anstalten sowie für den Bedarf einer behördlich genehmigten tierärztlichen Hausapotheke

abgegeben werden.

(3) Arzneien, die Kokain enthalten, dürfen

auf Verschreibung eines Arztes nur für einen Kranken, für den Bedarf in der Praxis des verschreibenden Arztes, für den allgemeinen Bedarf der öffentlichen und der gemeinnützigen Krankenhäuser, der Universitätskliniken und der den letztgenannten gleichgestellten Anstalten sowie für die Ausrüstung der Kauffahrteischiffe,

auf Verschreibung eines Zahnarztes nur für den Bedarf in der Praxis des verschreibenden Zahnarztes sowie für den allgemeinen Bedarf der zahnärztlichen Universitätskliniken und der diesen gleichgestellten Anstalten,

auf Verschreibung eines Tierarztes nur für den Bedarf in der Praxis des verschreibenden Tierarztes und für den allgemeinen Bedarf der tierärztlichen Universitätskliniken und der diesen gleichgestellten Anstalten

abgegeben werden.

(4) Verschreibungen, die entgegen den Bestimmungen der §§ 7 und 8 ausgestellt sind oder in den Fällen des § 9 Abs. 1 und 3 und § 10 Abs. 1 und 3 über größere Mengen des Betäubungsmittels lauten, als dort angegeben, dürfen nicht beliefert werden. Verschreibungen über Kokain enthaltende Arzneien dürfen nur dann beliefert werden, wenn die Verschreibung

hinsichtlich des Prozentgehalts der Arznei an Kokain,

hinsichtlich der Arzneiform,

hinsichtlich der in der einzelnen Arznei enthaltenen Menge des Kokains,

hinsichtlich des Zusatzes an Atropinsulfat im Falle des § 13 Abs. 1

[1]*vom Arzt, Zahnarzt oder Tierarzt nach den Bestimmungen der §§ 12, 13, 14, 16 und 17 ausgestellt ist.*

(5) Die Verschreibungen dürfen nur beliefert werden, wenn sie den Bestimmungen des § 19 entsprechen. Fehlt jedoch bei Verschreibungen in den Fällen des § 9 Abs. 1 oder § 10 Abs. 1 die Angabe der Wohnung des Kranken oder des Tierhalters, so soll der Apotheker nicht verpflichtet sein, die Belieferung der Verschreibung abzulehnen.

(6) Eine Verschreibung eines Arztes darf, auch wenn sie den Bestimmungen der Abs. 1 bis 5 nicht entspricht, beliefert werden, wenn der Überbringer der Verschreibung glaubhaft versichert, daß ein dringender Notfall vorliege, der die unverzügliche Anwendung der Arznei erforderlich macht. In diesem Falle darf jedoch nicht mehr als die Menge abgegeben werden, die im § 9 Abs. 1 für das Betäubungsmittel zugelassen ist, auf das die Verschreibung lautet. Auf der Verschreibung ist ein Vermerk über die Angaben des Überbringers der Verschreibung zu machen. Weiter ist die Menge des Betäubungsmittels, die abgegeben worden ist, anzugeben.

Begründung zu §§ 21 u. 22: Die Vo. sieht vor, daß alle Betäubungsmittel enthaltenden Arzneien nur auf jedesmal erneute Verschreibung abgegeben werden dürfen. Diese aus ärztlichen und tierärztlichen Erwägungen heraus vorgenommene Verschärfung der derzeitigen Vorschriften dient zugleich auch der besseren Überwachung des Verkehrs mit Betäubungsmitteln in den Apotheken. Vom Apotheker kann nunmehr ein lückenloser Nachweis des Verbleibs der Betäubungsmittel geführt und verlangt werden[2].

[1] Entgegen der Druckanordnung im RGBl. haben wir einen Absatz gemacht, weil sich sein Inhalt nicht nur auf den vorhergehenden bezieht, sondern sich unmittelbar an den ersten Absatz anschließt.

[2] Ein lückenloser Nachweis kann nicht verlangt werden; s. S. 256.

Durch die Bestimmungen über die Abgabe der Betäubungsmittel in den Apotheken wird klargestellt, daß der Apotheker alle von Ärzten, Zahnärzten und Tierärzten ausgestellten Verschreibungen beliefern darf, die den Bestimmungen des Abschnitts II[1] der Vo. entsprechend ausgestellt sind und den Bestimmungen über Inhalt und Form der Verschreibung entsprechen. § 21 und § 22 wollen den Apotheker nur zur Nachprüfung der Tatsachen verpflichten, die er aus der einzelnen ihm vorgelegten Verschreibung ersehen kann. Der Apotheker soll aber nicht zu prüfen haben, ob im Einzelfalle z. B. die Anwendung von Morphin ärztlich begründet ist, ob also der Arzt innerhalb der ihm für das Verschreiben der Betäubungsmittel im § 6 der Vo. gezogenen Grenzen gehandelt hat; denn diese Bestimmung im § 6 richtet sich ausschließlich an den Arzt, ihre Einhaltung soll nicht der Nachprüfung durch den Apotheker unterliegen. Der Arzt seinerseits hat künftig die Sicherheit, daß eine von ihm vorschriftsmäßig ausgestellte Verschreibung in jeder Apotheke beliefert wird.

Die lückenlose Durchführung des Verbots der Abgabe von Betäubungsmitteln auf eine nicht vorschriftsmäßige Verschreibung würde in der Praxis zu Schwierigkeiten führen und könnte auch insofern zu gewissen Bedenken Anlaß geben, als Fälle denkbar sind, in denen die Verweigerung des Betäubungsmittels für den Kranken eine nicht zu rechtfertigende Härte bedeuten würde. Es ist deshalb vorgesehen, daß das Fehlen der Angabe der Wohnung des Kranken oder des Tierhalters für den Apotheker keine zwingende Veranlassung sein soll, die Belieferung der Verschreibung abzulehnen. Liegt ein sonstiger Mangel der Verschreibung vor, fehlt also z. B. die Unterschrift des Arztes oder der Name des Kranken oder der Vermerk „eingetragene Verschreibung", so ist die Belieferung der Verschreibung nicht statthaft. Eine Ausnahme wird nur bei ärztlichen Verschreibungen und nur für den Fall zugelassen, daß der Überbringer derselben glaubhaft versichert, daß ein dringender Notfall vorliege, der die unverzügliche Anwendung der Arznei notwendig macht. Der Apotheker wird berechtigt sein, anzunehmen, daß ein derartiger dringender Notfall vorliegt, wenn es sich z. B. um einen größeren Unglücksfall oder um sonstige Vorkommnisse handelt, die außerhalb des sonst üblichen Rahmens der ärztlichen Praxis liegen. In einem solchen Falle darf der Apotheker die Verschreibung, sofern gegen deren Echtheit im übrigen keine

[1] Nach den weiteren Ausführungen aber unter Ausschluß des § 6 Afb.

Bedenken bestehen, beliefern, er ist jedoch an die im § 9 Abs. 1 vorgesehenen Höchstmengen gebunden, die genügen, um in dringenden Fällen dem Betroffenen Linderung zu bringen, die aber anderseits zu gering sind, als daß zu befürchten wäre, der Süchtige könne mit ihrer Hilfe seinen Bedarf zu decken versuchen.

Zu § 21: Durch § 6 Afb. ist bestimmt, daß nur Ärzte, Zahnärzte und Tierärzte Betäubungsmittel verschreiben dürfen. Andere Personen machen sich strafbar, wenn sie Betäubungsmittel verschreiben. Davon werden auch ausländische Ärzte betroffen, die sich etwa vorübergehend im Deutschen Reich aufhalten, ebenso ausländische Ärzte, die sich im Deutschen Reich niedergelassen haben und, ohne die Approbation erlangt zu haben, Heilkunde ausüben. Über den Begriff Arzt siehe S. 107. Ausländische Ärzte, die vertragsmäßig in Grenzgemeinden Praxis ausüben dürfen (s. a. S. 334), können auch Betäubungsmittel für die Bewohner der Grenzgemeinden verschreiben, sie müssen sich dabei aber, wenn dies auf deutschem Boden geschieht oder wenn die Arznei in einer deutschen Apotheke angefertigt werden soll, an die im Deutschen Reich geltenden Bestimmungen halten. Es ist ihre Pflicht, sich mit diesen Bestimmungen bekannt zu machen, insbesondere mit den Afb. zu § 8 OpG. Das Umgekehrte gilt für deutsche Ärzte, welche auf außerdeutschem Boden im Rahmen des Grenzverkehrs Praxis ausüben. Apotheker in diesen Grenzgemeinden dürfen auch auf im Auslande ausgestellte Verschreibungen dieser besonders zugelassenen Ärzte Betäubungsmittel abgeben, aber nur im Rahmen der deutschen Bestimmungen. Die Nationalität des Kranken bedingt keine Ausnahme. Auch hinsichtlich der Zurückbehaltung der Rezepte sind Besonderheiten gegenüber den geltenden gesetzlichen Bestimmungen nicht hervorzuheben. Der inländische Apotheker hat das Rezept zurückzubehalten, gleichgültig ob es für einen Inländer oder Ausländer gefertigt ist.

Verfälschungen richtig ausgestellter Verschreibungen und Nachahmungen ärztlicher Verschreibungen mit Fälschung der Unterschrift eines Arztes usw. werden als Urkundenfälschung bestraft (s. S. 280).

Für den Apotheker ergibt sich die Frage, wie er sich vor Straffälligkeit schützen kann. Diese Frage wird bei dem Verlangen nach Betäubungsmitteln und dem Bestreben, solche zu erlangen, häufig praktisch werden. Die Freizügigkeit des Rezepts besteht weiter, d. h. in jeder Apotheke kann eine Verschreibung irgendeines Arztes, Zahnarztes oder Tierarztes zur Anfertigung vorgelegt werden, und nach § 30 PrApothBetrO. ist der Apotheker zur Anfertigung ohne Verzug verpflichtet. In Zweifelsfällen wird der Apotheker als einziges Hilfsmittel zur Entscheidung die Kalender zu Rate ziehen müssen, z. B. den Reichsmedizinalkalender Georg Thieme, Leipzig, für die etwa 50000 Ärzte, den Adreßkalender für Zahnärzte, Berlinische Verlagsanstalt Berlin (9000 Zahnärzte), und das Adreßbuch der deutschen Tierärzte, Rich. Schoetz, Berlin (7600 Tierärzte).

Zu Abs. 1:

Stimmt Name und Anschrift des Arztes, Zahnarztes oder Tierarztes auf der Verschreibung mit den Angaben des betr. Kalenders überein und hat der die Arznei Fordernde etwa durch Ausweispapiere noch glaubhaft gemacht, daß er von dem betr. Arzt behandelt wird, und hat der Apotheker außerdem regelmäßig die Fachzeitschriften durchgesehen und sich ein Verzeichnis der Rezeptschwindler angefertigt, dann hat er alles getan, was billigerweise von ihm verlangt werden kann.

Hat der Apotheker die Urkundenfälschung infolge seines eigenen fahrlässigen Verhaltens nicht erkannt, und hätte er sie bei Anwendung aller Sorgfalt erkennen müssen, so trifft ihn ein Verschulden. Das folgt schon aus § 59, Abs. 2 StGB., wonach die Strafbarkeit nur entfällt, wenn die Unkenntnis nicht selbst durch Fahrlässigkeit verschuldet ist. Man wird davon ausgehen müssen, daß der Apotheker auf Grund seiner Ausbildung und seiner Erfahrung verpflichtet ist, eine Fälschung zu erkennen. Hat er sich im Zweifel mit einem zuverlässigen Kollegen oder dem zuständigen Kreisarzt oder einer sonstigen Behörde in Verbindung gesetzt und haben auch diese die Fälschung nicht erkannt oder sprechen sonstige Umstände, die von Fall zu Fall zu entscheiden sein werden, dafür, daß er auch bei Anwendung aller Sorgfalt eine Fälschung nicht erkennen konnte, so wird seine Verteidigung, wonach ihn bei Nichterkennen keinerlei eigenes fahrlässiges Verschulden trifft, erfolgreich sein müssen.

Ausnahmen von der Rezeptpflicht gibt es nicht. Weder die nach Art. 4 G.C. und § 1 (3) OpG. noch die nach Art. 8 G.C. (s. § 6 OpG.) von den internationalen Abmachungen nicht betroffenen, oder von der deutschen Erlaubnispflicht zum Großhandel usw. nicht erfaßten, oder die der Bezugscheinpflicht nach § 4 (4) OpG. nicht unterliegenden Zubereitungen scheiden aus der Rezeptpflicht aus.

Von der Möglichkeit des Art. 9 G.C. hat die Reichsregierung keinerlei Gebrauch gemacht. Dieser lautet folgendermaßen:

Art. 9. Jeder vertragschließende Teil kann die Apotheker ermächtigen, auf ihre eigene Verantwortung folgende offizinelle opiumhaltige Zubereitungen als Heilmittel zu sofortigem Gebrauch in dringenden Fällen an das Publikum abzugeben: Opiumtinktur, safranhaltige Opiumtinktur, Doversches Pulver. Die in solchem Falle zulässige Höchstmenge darf jedoch nicht mehr als 0,25 g offizinelles Opium enthalten, und der Apotheker muß gemäß Art. 6c die gelieferten Mengen in seine Bücher eintragen.

Im Handverkauf, d. h. ohne Vorlage eines Rezeptes darf kein Betäubungsmittel in noch so geringer Konzentration, auch keine homöopathische Verdünnung, abgegeben werden. Wiederholungen früherer Rezepte, die bis zum 31. März 1931 zulässig waren, sind grundsätzlich ausgeschlossen. Es ist in jedem Falle ein neues Rezept erforderlich. Ein nachgereichtes Rezept genügt nicht, es muß bei der Abgabe vorliegen (s. a. RG. 2. D. 744/28)[1].

Die Verpflichtung des Apothekers, Verschreibungen eines Arztes (nicht Zahnarztes oder Tierarztes) ohne Verzug auszuführen, schließt aber nicht die unbedingte Verpflichtung ein, die Arznei auch abzugeben, z. B. wenn der Apotheker keine Gewißheit darüber hat, daß die Arznei auch bezahlt wird.

„Eines" Arztes ist der unbestimmte Artikel, nicht der singulare Begriff. Die Verordnung enthält kein Verbot, daß der Apotheker von verschiedenen Ärzten für ein und denselben Kranken an ein und demselben Tage ausgestellte Verschreibungen beliefert.

Zu Abs. 2 und 3:

In diesen Absätzen wird nochmals zusammengefaßt, wer Opiate (Abs. 2) und Kokain (Abs. 3) verschreiben darf und für wen. Wenn gesagt ist, daß Arzneien nur für einen Kranken abgegeben werden dürfen, so ist das nicht so auszulegen, daß der Apotheker zu prüfen hätte, ob die Person, auf die die Verschreibung lautet, tatsächlich krank ist. Eine derartige Prüfung ist dem Apotheker nicht möglich und nach der Begründung der Afb. vom Gesetzgeber nicht gewollt. Es bleibt allerdings abzuwarten, wie sich die Gerichte zu dem zweideutigen Ausdrucke „nur für einen Kranken abzugeben" stellen werden, ob nicht doch die alte Einstellung, daß der Apotheker nur „als Heilmittel" abgeben darf (s. S. 196), wieder auflebt. Diese Frage kann aber nur für Opium oder Morphin für Süchtige aufgeworfen werden, und diese Personen müssen ohne Zweifel als krank angesehen werden[2].

Der Apotheker ist auch nicht zur Legitimationsprüfung oder zur Nachprüfung der angegebenen Wohnung verpflichtet, auch nicht zur Prüfung, ob der Abholende berechtigt ist, die Arznei

[1] Apoth. Z. 1929, Nr. 1; Pharm. Z. 1928, S. 1563.
[2] S. Wolff: a. a. O.

in Empfang zu nehmen. Wenn der Apotheke mehrere Verschreibungen auf denselben Namen vorgelegt werden, so hat der Apotheker die Identität der Person nicht zu prüfen.

Zu Abs. 4:

Der erste Satz bezieht sich auf Opiate und die nach § 7 (2) Afb. überhaupt verbotenen Mittel. Die übrigen Bestimmungen des § 7 beziehen sich auf das Verbot, Arzneien zu verschreiben, die mehr als ein Betäubungsmittel enthalten. § 8 enthält Verbote der Verschreibung in Substanz und setzt den Prozentgehalt der Zubereitungen fest. § 9 (1, 3), § 10 (1, 3) enthält die Höchstmengen für einen Kranken und für die Praxis (s. die Tabellen S. 202, 203). Der zweite Satz bezieht sich auf Kokain.

Der Apotheker hat nur zu prüfen, auf welche Menge die einzelne ihm vorgelegte Verschreibung lautet, nicht wieviel etwa für den betreffenden Kranken überhaupt verschrieben worden ist. Die gleichzeitige Verschreibung und Abgabe einer kokainhaltigen Arznei und einer Opiatarznei ist nicht verboten.

Die Nachprüfungspflicht hinsichtlich des § 9 Abs. 1 erstreckt sich nur auf die Einhaltung der dort angegebenen Mengen. Hieraus folgt, daß nach dieser Ausführungsverordnung der Apotheker nicht zur Rückgabe eines Verordnungsblattes verpflichtet ist, auf dem mehrere Arzneien mit je einem Betäubungsmittel verschrieben sind.

Ob der Apotheker, ohne hierzu verpflichtet zu sein, in derartigen Fällen den Arzt auf den Fehler oder sogar auf das Strafbare seiner Verschreibungsweise aufmerksam macht, bleibt seinem Ermessen überlassen. Die Opiumgesetzgebung verpflichtet ihn zu einer derartigen Maßnahme nicht[1].

Zu Abs. 5:

§ 19 bezieht sich auf das Äußere der Verschreibung. Der Apotheker muß prüfen, ob die darin geforderten Angaben formell vorhanden sind und ob sie mit Tinte oder Tintenstift geschrieben sind.

Ausnahmen sind für den Apotheker nur hinsichtlich der Wohnung des Kranken oder des Tierhalters und nur bei nicht eingetragenen Verschreibungen von Opiaten für einen Kranken oder für ein Tier zulässig. In diesen Fällen braucht der Apotheker die Abgabe nicht abzulehnen. Er wird gut tun, die fehlende Angabe so zu ergänzen, daß sie als seine Hinzufügung ersichtlich ist.

Bei Kokainverschreibungen sind diese Ausnahmen nicht vorgesehen.

---

[1] Bescheid des RGA. vom 1. Juli 1931: Pharm. Z. 1931, S. 875.

„Tierhalter" im Sinne des BGB. (§ 833 BGB.) ist derjenige, der „in eigenem Interesse durch Gewährung von Obdach und Unterhalt die Sorge für das Tier übernommen hat, und zwar nicht bloß zu einem ganz vorübergehenden Zwecke, sondern auf einen Zeitraum von einer gewissen Dauer"[1]. Der Tierhalterbegriff in der vorliegenden Verordnung ist aber noch mehr von den tatsächlichen Verhältnissen abhängig zu machen, demgemäß gegebenenfalls noch weiter zu interpretieren. Vor allem wird man nicht auf das eigene Interesse abzustellen brauchen.

Zu Abs. 6:

Die Bezugnahme auf Abs. 1 bis 5 ist nicht wohl begründet, denn die Bedingungen des Abs. 1, nämlich, daß es sich um eine ärztliche Verschreibung handelt, muß unter allen Umständen erfüllt sein. Auch muß die Verschreibung von einem Arzt für einen Kranken ausgestellt sein; nicht etwa von einem Zahnarzt für ein Tier oder von einem Tierarzt für einen Menschen; solche Fälle können keine Ausnahme bilden, da auch in der Begründung nur vom Arzt die Rede ist. Der einzig konstruierbare Ausnahmefall nach Abs. 2 könnte die Verschreibung eines Arztes für ein Tier sein. Es mag dahingestellt bleiben, ob der Gesetzgeber an solch einen dringenden Notfall, der die unverzügliche Anwendung eines Betäubungsmittels (auch dann nur in humanen Dosen, mehr darf ein Arzt nicht verschreiben) notwendig macht.

Wenn schon bei Kokainverschreibungen im leichteren Falle des Abs. 5 keine Ausnahme gemacht werden darf, so muß angenommen werden, daß der Gesetzgeber auch in Abs. 6 Kokainverschreibungen ausgeschaltet wissen wollte, denn er führt nur die entsprechenden Opiatparagraphen an. Nach dem Wortlaut dürfte der Apotheker Kokain auch in Substanz in unbegrenzten Mengen abgeben, wenn der Überbringer einen Notfall glaubhaft versichert. Das ist aber sicher nicht die Absicht des Gesetzgebers gewesen. Es empfiehlt sich bei Kokainverschreibungen keinerlei Ausnahmen zu machen.

Es kann sich also nur um jeweils die ersten Sätze der Absätze 4 und 5 handeln und auch da nicht um die dort angezogenen §§ 7 und 8. Wenn in einer Arznei mehr als ein Betäubungsmittel verschrieben sind, oder wenn Kokablätter oder deren Zubereitungen oder Ekgonin oder ein Morphinester (außer Diazetylmorphin) verschrieben ist, darf auch im Falle der Not die Verschreibung nicht beliefert werden. Das stünde nicht im Einklang mit dem Vorbehalt im zweiten Satze des Abs. 6. Es bleiben also aus Abs. 4,

[1] Staudinger: 9. Aufl., Anm. 5 zu § 833, S. 1891.

da es sich nur um eine ärztliche Verschreibung handeln kann, allein § 9 (1), (3) als Notfälle, in denen eine Ausnahme zulässig ist, übrig.

Wenn die Höchstmenge der Opiate überschritten ist a) für einen Kranken ohne den Zusatz „eingetragene Verschreibung“ oder b) für die Praxis des Arztes, dann dürfen, wenn ein Notfall versichert wird, die in diesen Paragraphen vorgesehenen Höchstmengen ohne vorherige Rückgabe der Verschreibung an den Arzt abgegeben werden. Das gleiche darf (Abs. 5 Satz 1) in den in Rede stehenden Notfällen geschehen, wenn die in § 19 vorgesehenen Angaben nicht vollständig sind oder wenn eine Verschreibung nicht mit Tinte oder Tintenstift geschrieben ist.

Die sonst ausführliche Begründung sagt, daß es sich in solchen Fällen um einen größeren Unglücksfall oder um „sonstige Vorkommnisse“ handeln muß, „die außerhalb des sonst üblichen Rahmens der ärztlichen Praxis“ liegen. Welcher Art die sonstigen Vorkommnisse sein können, hierfür findet sich nirgends eine Auslegungsregel.

„Dringender Notfall“ ist aber nicht etwa ein Notstand im Sinne des § 54 StGB.[1] Er braucht weder unverschuldet noch auf andere Weise nicht zu beseitigen zu sein. Voraussetzung ist erhebliche Gefährdung der Gesundheit, die die Abgabe des Mittels erforderlich erscheinen läßt, um eine Verschlimmerung des Leidens oder die Heilung gefährdende Umstände oder heftige Schmerzen und dgl. zu verhindern. Die in § 54 StGB. vorgesehene Beschränkung, wonach es sich um einen Notstand zur Rettung des Täters oder eines Angehörigen handeln muß, kommt hier nicht in Betracht. Siehe Näheres bei § 10 OpG. S. 272.

Den Begriff „unverzüglich“ wird man entsprechend § 121 BGB. anwenden und auslegen[2].

„Überbringer“ ist der Inhaber des Rezeptes, der es dem Apotheker zwecks Aushändigung des Medikaments übergibt.

Eine „glaubhafte Versicherung“ wird dann als vorliegend zu erachten sein, wenn objektive Gründe vorliegen, aus denen der Apotheker den Glauben an die Wahrscheinlichkeit der Behauptungen des Überbringers gewinnen kann. Ein sicherer Beweis ist nicht erforderlich, jedoch wird man ein besonders großes Maß von Sorgfalt vom Apotheker verlangen müssen, da es oft schwer ist, bei Rauschgiftsüchtigen einen zuverlässigen subjektiven Eindruck zu gewinnen.

---

[1] Ebermayer: Kommentar zu § 54 StGB.

[2] Staudinger: Kommentar zum BGB.

Es wird zweckmäßig sein, außer den Angaben des Überbringers auch Vermerke über die Person des Überbringers zu machen.

Durch die zugelassenen Ausnahmen wird der Apotheker von evtl. Strafe befreit, nicht aber auch der Arzt, der in allen Fällen alle Anordnungen über die Form der Verschreibungen (siehe § 19 der Vo.) befolgen muß, um sich nicht strafbar zu machen.

§ 22.

(1) Die auf einer Verschreibung angegebene Menge muß auf einmal abgegeben werden.

(2) Vordatierte Verschreibungen dürfen nicht beliefert werden.

(3) Verschreibungen für einen Kranken im Falle des § 9 Abs. 2 dürfen nach Ablauf des fünften Tages nach dem Tage des Ausstellens nicht mehr beliefert werden.

Zu Abs. 1:

Der Apotheker darf selbstverständlich nur die Menge abgeben, zu deren Abgabe er nach § 21 berechtigt ist. Liegt die verschriebene Menge innerhalb dieser Grenzen, dann muß er sie auch abgeben. Die Abgabe von Teilmengen z. B. wenn der Kranke im Augenblick nur eine Teilmenge bezahlen will oder kann, ist nicht erlaubt. Frühere Judikatur s. LG. Köln, Pharm. Z. 1928, S. 448 und bei § 10 OpG. S. 286.

Zu Abs. 3:

In dem Falle des § 9 (2) handelt es sich um ärztliche (nicht zahn-, tierärztliche) Verschreibungen mit dem Vermerk „Eingetragene Verschreibung". Die beschränkte Geltungsdauer gilt nicht für alle übrigen Verschreibungen, auch nicht für die eingetragenen tierärztlichen, § 10 (2).

§ 23.

Die Arzneien über den Niederlassungsort der Apotheke hinaus zu versenden, ist einer Apotheke nur dann gestattet, wenn sie zu den dem Bestimmungsort nächstgelegenen zehn Apotheken gehört.

Begründung zu § 23. Das für die Apotheken vorgesehene Verbot, Betäubungsmittel zu versenden, ist räumlich eingeschränkt. Der Bezieher, der sich diese Mittel aus einer Apotheke außerhalb seines Wohnsitzes schicken lassen will, kann unter den auswärtigen eine der zehn seinem Wohnorte nächstgelegenen Apotheken wählen. Diese Einschränkung ist aus medizinalpolizeilichen Gründen notwendig, um den schweren Mißständen, die in den letzten Jahren bezüglich des Verkehrs mit Betäubungsmitteln aus der Einrichtung der sogenannten Versandapotheken aufgekommen sind, zu steuern. Es hat sich herausgestellt, daß ein großer Teil der aus diesen Versandapotheken bezogenen Betäubungsmittel dem suchtmäßigen Eigenbedarf auswärts wohnender Ärzte dient. Häufig werden hierzu mehrere Versandapotheken gleichzeitig in Anspruch genommen. Ferner hat sich gezeigt, daß Krankenhäuser, Sanatorien und Entziehungsanstalten ihren Bedarf an Betäubungsmitteln in diesen Apotheken decken, und zwar in einer Form und zu Zwecken, die mit den Absichten der Opiumgesetzgebung in vollem Widerspruche stehen. Dabei ist besonders schwerwiegend, daß sich diese Bezüge aus ortsfremden Apotheken jeder unmittelbaren Aufsicht durch den für den Erwerber zuständigen beamteten Arzt entziehen und daß sich etwaige Fälschungen schwer feststellen lassen. In Zukunft wird dies eher möglich sein, da der beamtete Arzt in die Lage versetzt wird, das Verschreiben Betäubungsmittel enthaltender Arzneien durch die Eintragungen der Ärzte und der Apotheker in die vorgeschriebenen Bücher zu verfolgen. Er wird somit mehr als bisher imstande sein, sich über diese Verhältnisse zu unterrichten und gegebenenfalls auftretenden Mißständen zu begegnen. Der freie Wettbewerb der Apotheken, z. B. bei größeren Lieferungen an Krankenhäuser, wird durch die Bestimmung nicht mehr als nötig eingeschränkt.

Zu § 23: Diese Bestimmung ist nicht unbedenklich. § 23 schafft eine Verbotsbestimmung für Versendung von Arzneimitteln über den Niederlassungsort der Apotheke hinaus, es sei denn, daß die Apotheke zu den dem Bestimmungsort nächstgelegenen zehn Apotheken gehört, s. hierzu Görres[1]; dieser vermag mit Recht eine inhaltlich gleichartige Vorschrift der ApothBetrO., die gleichfalls im wesentlichen auf wirtschaftlichen, nicht gesundheitlichen Motiven beruht, mit Art. 151 RVerf. und dem Grundsatz der Gewerbefreiheit, § 1 RGewO., nicht in Einklang zu bringen. § 8 sieht lediglich einschränkende Maßnahmen im Interesse des Gesundheitsdienstes vor. Es ist zweifelhaft, ob er die Grundlage für absolute Verbotsbestimmungen hinsichtlich des Versendens von Betäubungsmitteln gibt. Mit Recht weist Görres darauf hin, daß der Preuß. Justizminister mit demselben Recht verordnen könnte: „Wer eine Klage zu erheben beabsichtigt, wird veranlaßt, sich an einen Anwalt zu wenden, der nicht weiter als 10 km im Umkreis des Klägers sein Büro hat.“ Auf § 5 oder § 12 OpG. läßt sich diese

[1] Görres: Jur. Woch. 1927, S. 436.

Bestimmung gleichfalls nicht stützen. Man muß also, wenn man die Rechtswirksamkeit des Verbotes nicht anzweifeln will, den Standpunkt vertreten, daß es sich um eine Beschränkung der Abgabe nach § 8 OpG. handelt, und zwar nicht der Abgabe an sich, sondern der Art der Abgabe, nämlich durch Versenden. Es kann sehr zweifelhaft sein, ob die Gesetzesgrundlage des § 8 OpG. hierfür ausreicht. Bei Versenden ist zunächst an das Versenden mit der Post zu denken, es kann aber auch ein Versenden durch eine durch die Apotheke beauftragte dritte Person in Frage kommen. Die Abgabe an eine vom Erwerber beauftragte Person ist nicht als Versenden seitens der Apotheke anzusehen.

In der Literatur wird die Ansicht vertreten[1], daß diese Vorschrift nicht streng durchzuführen ist, weil der Apotheker häufig außerstande ist, festzustellen, ob seine Apotheke zu den nächstgelegenen zehn Apotheken gehört. Es bleibt zunächst eine klärende Entscheidung abzuwarten. Auch die Frage des Versands der Ärztemuster scheint noch nicht geklärt zu sein.

Niederlassungsort ist kein Rechtsbegriff, sondern ein Verkehrsbegriff.

Niederlassungsort ist die politische Gemeinde (z. B. Groß-Berlin), in der die Apotheke oder Zweigapotheke auf Grund des Betriebsrechts geführt wird.

§ 24.

Auf die Verschreibung eines Arztes, Zahnarztes oder Tierarztes, die nach den vorstehenden Bestimmungen nicht beliefert werden darf, hat die Apotheke mit Tinte oder Tintenstift folgenden Vermerk zu setzen: „Die Verschreibung darf nach gesetzlicher Vorschrift nicht beliefert werden". Die Verschreibung ist sodann, mit der Firma der Apotheke versehen, dem Kranken oder dem Überbringer in einem geschlossenen Briefumschlag mit der Anschrift des Arztes, Zahnarztes oder Tierarztes zwecks Übermittlung an diesen zurückzugeben oder auf andere geeignete Weise unmittelbar dem Arzt, Zahnarzt oder Tierarzt zuzustellen.

Begründung zu § 24: Es erscheint notwendig, eine Bestimmung darüber zu treffen, wie die Apotheke nicht vorschriftsmäßig ausgestellte Verschreibungen zu behandeln hat. Die in der Vo. vorgesehene Regelung dürfte den Bedürfnissen der Praxis am ehesten entsprechen. Sie schließt außerdem die unerwünschte Auslegung aus, als ob der Apotheker jede unvorschriftsmäßige

[1] Pharm. Z. 1930, S. 1508.

Verschreibung einer Amtsstelle übergeben müsse, die ihrerseits eine Bestrafung des Arztes zu veranlassen habe. Durch die Bestimmung, daß die Apotheke derartige Verschreibungen vor der Rückgabe durch den vorgeschriebenen Vermerk zu entwerten hat, soll verhindert werden, daß die Verschreibung noch anderen Apotheken zur Belieferung vorgelegt wird.

Zu § 24: § 8 OpG. gibt die Ermächtigung, einschränkende Bestimmungen über das Verschreiben und die Abgabe zu erlassen. Die Begründung zu § 24 Afb. sagt, es sei auch notwendig, eine Bestimmung darüber zu treffen, wie die Apotheke die vorschriftsmäßig ausgestellten Verschreibungen zu behandeln hat. In den Rahmen der Ermächtigung des § 8 OpG. fällt aber der § 24 nicht, er dürfte auch nicht auf § 12 gestützt werden können, da nach ihm nur die zur Ausführung des Gesetzes erforderlichen Ausführungsbestimmungen zu erlassen sind. Es mag deshalb dahingestellt bleiben, ob ein Apotheker wegen Nichtbefolgung des § 24 bestraft werden kann, um so mehr als das Rezept in das Eigentum des Patienten übergegangen ist (s. auch § 26 der Vo.). Über die Bedeutung dieses Paragraphen für die Strafverfolgung der Ärzte s. bei Strafandrohung S. 261.

Firma: Der Firmenvermerk kann entweder handschriftlich oder mittels Stempel erfolgen. Die Firma ist aber auf der Verschreibung selbst, gegebenenfalls auf der Rückseite anzubringen.

Firma im Sinne des Handelsgesetzbuches ist (s. auch RGewO. § 15a):

§ 17. Die Firma eines Kaufmanns ist der Name, unter dem er im Handel seine Geschäfte betreibt und die Unterschrift abgibt.

Ein Kaufmann kann unter seiner Firma klagen und verklagt werden.

§ 18. Ein Kaufmann, der sein Geschäft ohne Gesellschafter oder nur mit einem stillen Gesellschafter betreibt, hat seinen Familiennamen mit mindestens einem ausgeschriebenen Vornamen als Firma zu führen.

Der Firma darf kein Zusatz beigefügt werden, der ein Gesellschaftsverhältnis andeutet oder sonst geeignet ist, eine Täuschung über die Art oder den Umfang des Geschäfts oder die Verhältnisse des Geschäftsinhabers herbeizuführen. Zusätze, die zur Unterscheidung der Person oder des Geschäfts dienen, sind gestattet.

§ 19. Die Firma einer offenen Handelsgesellschaft hat den Namen wenigstens eines der Gesellschafter mit einem das Vorhandensein einer Gesellschaft andeutenden Zusatz oder die Namen aller Gesellschafter zu enthalten.

Die Firma einer Kommanditgesellschaft hat den Namen wenigstens eines persönlich haftenden Gesellschafters mit einem das Vorhandensein einer Gesellschaft andeutenden Zusatze zu enthalten.

Die Beifügung von Vornamen ist nicht erforderlich.

Die Namen anderer Personen als der persönlich haftenden Gesellschafter dürfen in die Firma einer offenen Handelsgesellschaft oder einer Kommanditgesellschaft nicht aufgenommen werden.

Ob der Gesetzgeber unter dem Begriff „Firma" in § 25 Afb. den Begriff des HGB. verstanden wissen will, ausgeschriebener Vorname usw., Berechtigung die Firma zu zeichnen — oder ob nur Identität zwecks Unterscheidung z. B. der „Löwenapotheken" oder „Adlerapotheken" bezweckt wird, mag dahingestellt bleiben.

Dem Apotheker fällt durch die Worte „geeignete Weise" eine gewisse Verantwortung dafür zu, daß die Verschreibung auch an den Arzt usw. zurück gelangt; dies soll in einem geschlossenen Umschlage geschehen. Daß der vom Apotheker verschlossene Umschlag auch geschlossen an den Arzt gelangt, daß niemand außer dem Apotheker und dem Arzt Kenntnis von dem Vorgang erlangt, dafür kann der Apotheker keine Gewähr übernehmen.

B. In den behördlich genehmigten ärztlichen und den tierärztlichen Hausapotheken[1].

§ 25.

In den behördlich genehmigten ärztlichen und tierärztlichen Hausapotheken und durch Tierärzte, die eine Erlaubnis nach § 3 des Opiumgesetzes erhalten haben, dürfen die Arzneien nur dann abgegeben werden, wenn der Arzt oder Tierarzt nach Abschnitt II dieser Verordnung berechtigt ist, die Arznei zu verschreiben. An Stelle der Verschreibung (§ 19) tritt die Eintragung in das Betäubungsmittelbuch (§ 29). Die Bestimmungen über das Morphinbuch (§ 9 Abs. 2, § 10 Abs. 2) und das Kokainbuch (§ 15, § 17 Abs. 2) gelten entsprechend.

Begründung zu § 25: Die Abgabe der Betäubungsmittel in den behördlich genehmigten ärztlichen und tierärztlichen Hausapotheken und durch die sogenannten dispensierenden Tierärzte soll den gleichen Bedingungen unterworfen sein wie in den Apotheken. Müssen die in der Vo. festgesetzten Höchstmengen bei Opium und Morphin überschritten werden oder muß eine Kokainlösung verwendet werden, so ist der Inhaber der Hausapotheke verpflichtet, Eintragungen in das auch von ihm zu führende Morphin- und Kokainbuch vorzunehmen.

Zu § 25: Der Hausapotheker und der dispensierende Tierarzt ist in erster Linie Arzt oder Tierarzt. Er hat deshalb alle Verpflichtungen zu erfüllen, die ihm aus Abschnitt II der Verordnung hinsichtlich der Berechtigung zur Anwendung und der Konzentration

[1] Und durch selbstdispensierende Tierärzte, die keine Hausapotheke unterhalten.

und der Mengen der abzugebenden Betäubungsmittel entstehen. Als Hausapotheker stellt er aber keine Verschreibungen zur Belieferung aus seiner Hausapotheke aus, sondern er macht entsprechende Eintragungen in das Betäubungsmittelbuch. Außerdem hat er das Morphin- und das Kokainbuch zu führen, auch wenn er doppelte Eintragungen machen muß.

Der Hinweis auf die Eintragungspflicht der verwendeten Kokainlösung in der Begründung trifft nicht den ärztlichen Hausapotheker, der gar kein Kokain, auch nicht in Lösung, für seine Hausapotheke erhalten kann, wohl aber den Tierarzt, der Kokain in Substanz oder in Lösung aus dem Großhandel bezieht.

IV. Nachweis des Verbleibs der Betäubungsmittel.

A. In den öffentlichen Apotheken.

§ 26.

Auf Verschreibungen solcher Arzneien, die in der Apotheke angefertigt worden sind, ist der Tag des Anfertigens und der Name des Anfertigers zu vermerken. Auf Verschreibungen solcher Arzneien, die in einer zur Abgabe an das Publikum bestimmten fertigen Packung aus dem Handel bezogen und in dieser Packung abgegeben worden sind, ist der Tag der Abgabe und der Name des Abgebers zu vermerken. Auf allen Verschreibungen ist außerdem die Firma der Apotheke anzugeben. Die Verschreibungen sind in den Apotheken zurückzubehalten, ausgenommen die Verschreibungen, die die Apotheke einem Träger der Reichsversicherung oder einer Ersatzkasse zurückzugeben hat. Die zurückbehaltenen Verschreibungen sind für jedes Kalenderjahr mit fortlaufenden, dem Zeitpunkt der Abgabe der Arzneien entsprechenden Nummern zu versehen.

Begründung zu § 26: Da künftig jede Abgabe einer Arznei, die Betäubungsmittel enthält, von der Beibringung einer neuen Verschreibung abhängig gemacht wird, kann nunmehr angeordnet werden, daß ausnahmslos alle ärztlichen, zahnärztlichen und tierärztlichen Verschreibungen in den Apotheken zurückzubehalten sind. Ausgenommen hiervon sind nur die Verschreibungen, die einem Träger der Reichsversicherung oder einer Ersatzkasse zurückzugeben sind.

Zu § 26: Dieser Paragraph kann als eine Afb. zu § 2 OpG. betr. die Auskunftspflicht und somit auf § 12 OpG. beruhend angesehen werden. Zu den geschäftlichen Aufzeichnungen, in welche Einsicht zu gewähren ist, können allenfalls auch Rezepte unter Berücksichtigung der besonderen Verhältnisse des Opiumgesetzes gezählt werden. Grundsätzlich wird der Patient Eigentümer des Rezeptes. Hält man die Zurückbehaltung § 26 für rechtsgültig, d. h. ist der Rezeptinhaber verpflichtet, das Rezept dem Apotheker zu belassen, dann stellt sich das Rezept richtiger nicht als Eigentum, sondern als Ermächtigung zur Entgegennahme der Arznei dar.

„Anfertiger“ ist derjenige Apotheker oder Assistent, der die Arznei selbst hergestellt hat, oder unter dessen Aufsicht und Verantwortung ein Praktikant die Arznei angefertigt hat[1] (PrApothBetrO. § 30). Der Name ist zu vermerken, nicht niederzuschreiben, danach ist im Sinne des Urteils des KG. vom 27. Juni 1910[2] die Benutzung eines Stempels oder Faksimiles in diesem Falle nicht zu beanstanden. Die Vermerke sind so anzubringen, daß der Text der Verschreibung nicht berührt oder verdeckt wird, gegebenenfalls auf der Rückseite des Rezeptblattes (Pr. MinErl. vom 3. Juni 1903)[3].

Zu den Arzneien, die in der Apotheke angefertigt worden sind, müssen, um keine Lücke zu konstruieren, gegebenenfalls auch Ampullen und Tabletten gerechnet werden, wenn diese Zubereitungen zwar nicht in der Apotheke hergestellt, aber auch nicht in der zur Abgabe an das Publikum bestimmten fertigen Packung aus dem Großhandel bezogen und in dieser Packung abgegeben worden sind, sondern in der verschriebenen Stückzahl in der eigenen Packung der Apotheke (Gefäß nach Ziff. 1, III der deutschen Arzneitaxe). Auch Spezialitäten sine confectione sind im Sinne der vorliegenden Bestimmungen als in Apotheken gefertigte Arzneien anzusehen. Sie werden nicht in der Originalpackung abgegeben.

Firma siehe bei § 24.

Das **Kalenderjahr** läuft vom 1. Januar bis 31. Dezember.

Träger der Reichsversicherung ist für den hier hauptsächlich in Frage kommenden Zweig die Krankenversicherung, entweder eine Krankenkasse oder eine Ersatzkasse.

a) Zu den Krankenkassen gehören gemäß § 225 RVO. die Orts-, Land-, Betriebs- und Innungskrankenkassen.

Die Apoth. Z.[4] ist der Ansicht, daß die Knappschaftskrankenkassen und Seekrankenkassen, auch die Berufsgenossenschaften und Versicherungsanstalten als Träger der Reichsversicherung im Sinne der Nichtzurückbehaltung der Verschreibungen aufzufassen sind.

---

[1] KG. 2. April 1914; Pharm. Z. 1914, Nr. 30.

[2] Pharm. Z. 1910, Nr. 62. [3] Urban: S. 337. [4] Apoth. Z. 1931, S. 416.

b) Die Ersatzkassen sind private Versicherungsvereine auf Gegenseitigkeit, die — ohne Krankenkassen im Sinne der RVO. zu sein — Träger der Versicherung sind und die nur unter bestimmten in den §§ 503ff. RVO. geregelten Umständen den Krankenkassen gleichgestellt werden[1].

Den Ersatzkassen liegt, wie allen Versicherungsträgern, die Verwaltung der Mitgliedsbeiträge und die Auszahlung der Versicherungssummen ob. Sie müssen mindestens die gleichen Versicherungen wie die gewöhnlichen Krankenkassen gewähren.

Ein Verzeichnis der Ersatzkassen ist abgedruckt im Handbuch des Deutschen Apotheker-Vereins 1930, S. 259.

§ 27.

(1) Über die Abgabe der Arzneien ist Buch zu führen. Hierzu dienen die mit fortlaufenden Seitenzahlen versehenen Betäubungsmittelbücher für Apotheken (Anlage I und II). In ihnen hat der Apothekenleiter oder der von ihm Beauftragte die Abgabe der Arzneien unter entsprechender Ausfüllung der Spalten täglich zu vermerken. In dem Betäubungsmittelbuch I ist die Abgabe der Arzneien zu vermerken, die in der Apotheke angefertigt worden sind. In dem Betäubungsmittelbuch II ist die Abgabe der Arzneien zu vermerken, die in einer zur Abgabe an das Publikum bestimmten fertigen Packung aus dem Handel bezogen und in dieser Packung abgegeben worden sind.

(2) In die Betäubungsmittelbücher sind nach den Bestimmungen des Abs. 1 auch diejenigen Betäubungsmittel und Arzneien einzutragen, die die Stammapotheken an die Zweigapotheken abgeben.

(3) Am Schlusse eines jeden Kalendermonats sind in dem Betäubungsmittelbuch I die in dem Monat eingetragenen Mengen der Betäubungsmittel spaltenweise zusammenzuzählen.

(4) Der Apothekenleiter hat am Schlusse eines jeden Kalendermonats in dem Betäubungsmittelbuch einen Sichtvermerk anzubringen, und zwar in dem Betäubungsmittelbuch I unter den im Abs. 3 geforderten Angaben, in dem Betäubungsmittelbuch II hinter der letzten Eintragung.

Begründung zu § 27: Um den Verkehr mit Betäubungsmitteln in den Apotheken besser als bisher beaufsichtigen zu können, wird die Führung von Betäubungsmittelbüchern vorgeschrieben, in die jede Abgabe einer Betäubungsmittel ent-

---

[1] Vgl. im einzelnen Hoffmann: Kommentar zur RVO. Zweites Buch. 1929. Vormerkung zum 9. Abschnitt S. 61ff.

haltenden Arznei zu vermerken ist. Diese Eintragung ersetzt zugleich die in den Afb. zum alten OpG. vorgeschriebene Abschrift solcher Verschreibungen, die einem Träger der Reichsversicherung usw. zurückgegeben werden müssen. Da dieses Buch zu groß und unübersichtlich sein würde, wenn die in der Apotheke hergestellten Arzneien und die von der Apotheke abgabefertig bezogenen Spezialitäten in einem Buch eingetragen werden würden, sind zwei derartige Bücher vorgeschrieben.

Für Zweigapotheken stellt die Opiumstelle nur in einzelnen Ländern[1] Bezugscheine aus[2]. Die Zweigapotheken müssen ihren Bedarf an Betäubungsmitteln in den übrigen Ländern aus der Stammapotheke decken. Damit eine getrennte Aufsicht über Stamm- und Zweigapotheken möglich ist, müssen die an letztere abgegebenen Betäubungsmittel und die solche enthaltenden Spezialitäten als abgegeben in dem Betäubungsmittelbuch[3] der Stammapotheke eingetragen werden. In der Zweigapotheke müssen die beiden Betäubungsmittelbücher ebenfalls geführt werden.

Der Apothekenleiter hat im Betäubungsmittelbuch I am Ende eines Kalendermonats die Gesamtmenge der in dem Monat abgegebenen Betäubungsmittel festzustellen, in das Buch einzutragen und außerdem in jedem der beiden Bücher einen Sichtvermerk anzubringen. Durch diese Bestimmung soll der Apothekenleiter dazu angehalten werden, diesem wichtigen Teil seines Apothekenbetriebs besondere Aufmerksamkeit zuzuwenden.

Zu Abs. 1:

Apothekenleiter ist der in medizinalpolitischer Beziehung, evtl. auch der bürgerlich-rechtlich haftende verantwortliche Apothekenvorstand, also der Besitzer, Pächter oder Verwalter[4]. Als **Beauftragter** ist jeder anzusehen, der vom Apotheker im allgemeinen oder im Einzelfalle zur Führung des Opiumbuches in bindender Form angewiesen wird, er braucht nicht Apotheker zu sein.

Die in der Defektur verarbeiteten Betäubungsmittel (Opium oder Opiumpulver oder einfache Opiumtinktur) sind nicht in das Betäubungsmittelbuch einzutragen.

---

[1] Siehe S. 114.

[2] Soll heißen: Die Opiumstelle stellt für Zweigapotheken nur einiger Länder ... Die Zweigapotheken in den anderen Ländern ...

[3] Soll heißen: in den Betäubungsmittelbüchern.

[4] Über die Stellvertretung im Apothekenbetriebe siehe § 41 PrApothBetrO. und die dazu ergangenen Urteile und Entsch. bei Urban: S. 347; v. Gneist: S. 372. Hamburger: Apothekenbetriebsrechte, S. 42.

Betäubungs-

für Apo-

In diesem Buche ist unter entsprechender Ausfüllung der Spalten die
die in der Apotheke

Die Menge des in der Arznei enthaltenen Betäubungs-

Laufende Nummer auf jeder Seite	Nr. der Verschreibung	Tag der Abgabe	Name des Kranken	Name der Kranken-kasse	Mitgliedsnummer in der Krankenkasse (falls auf der Verschreibung angegeben)	Name des Arztes, Zahnarztes oder Tierarztes	Morphin	Kokain	Diazetylmorphin (Heroin)	Laudanon	Narkophin
1	2	3	4	5	6	7	8	9	10	11	12
1											
2											
3											

Betäubungs-

für Apo-

In diesem Buche ist unter entsprechender Ausfüllung der Spalten die
die in einer zur Abgabe an das Publikum bestimmten fertigen Packung

In den Spalten 8 bis 21 ist der Name der Arznei und die Größe oder der
in den Verkehr kommen, der Name der Arznei, die in der einzelnen Teil-
der Packung ent-

Laufende Nummer auf jeder Seite	Nr. der Verschreibung	Tag der Abgabe	Name des Kranken	Name der Kranken-kasse	Mitgliedsnummer in der Krankenkasse (falls auf der Verschreibung angegeben)	Name des Arztes, Zahnarztes oder Tierarztes	Morphin	Laudanon	Narkophin
1	2	3	4	5	6	7	8	9	10
1									
2									
3									

mittelbuch I

Anlage I

theken.

Abgabe solcher Betäubungsmittel enthaltenden Arzneien zu vermerken, angefertigt worden sind.

mittels ist in den Spalten 8 bis 28 einzutragen.

Pantopon	Dihydrokodeinon (Dicodid)	Dihydromorphinon (Dilaudid)	Dihydrooxykodeinon (Eukodal)										Opium	Opiumextrakt	Opiumtinktur (einfache, safranhaltige)	Laufende Nummer auf jeder Seite
13	14	15	16	17	18	19	20	21	22	23	24	25	26	27	28	
																1
																2
																3

mittelbuch II

Anlage II

theken.

Abgabe solcher Betäubungsmittel enthaltenden Arzneien zu vermerken, aus dem Handel bezogen und in dieser Packung abgegeben worden sind.

Inhalt der Packung anzugeben, bei Arzneien, die in abgeteilter Form menge enthaltene Menge des Betäubungsmittels und die Anzahl der in haltenen Teilmengen.

Pantopon	Dihydrokodeinon (Dicodid)	Dihydromorphinon (Dilaudid)	Dihydrooxykodeinon (Eukodal)							Opium, Opiumextrakt, Opiumtinktur (einfache, safranhaltige)	Laufende Nummer auf jeder Seite
11	12	13	14	15	16	17	18	19	20	21	
											1
											2
											3

Zu einem lückenlosen Verbleibsnachweis, wie er nach der allgemeinen Begründung der Vo. erstrebt wird, würde, abgesehen von Wägeverlusten, auch die Verwendung zur Untersuchung der Mittel auf Echtheit, Reinheit und Gehalt gehören, vor allem aber auch eine Bestandsaufnahme als Grundlage für eine etwaige spätere Ermittlung des Sollbestandes. Zur Frage des „lückenlosen Nachweises“ ist ferner darauf aufmerksam zu machen, daß die Zubereitungen, die 0,2% oder weniger Morphin enthalten und in das Abgabebuch eingetragen werden sollen, nicht der Bezugscheinpflicht unterliegen. Sie fallen auch nicht unter die Lagerbuchpflicht des § 5 OpG., der sich nur auf die dem OpG. nach § 1 allgemein unterstellten Stoffe und Zubereitungen bezieht. Eine Ermächtigung, durch Afb. die Lagerbuchpflicht auf weitere Zubereitungen auszudehnen, besteht nicht. Ein Apotheker, der Morphin enthaltende Zubereitungen von 0,2% und weniger nicht in das Betäubungsmittelbuch einträgt, kann somit nicht bestraft werden. S. auch bei § 4 (4) S. 122.

Landesrechtliche Bestimmungen, wonach die Verschreibungen in einem Rezeptjournal zu kopieren oder auf der Signatur abzuschreiben sind, bleiben unberührt.

Zu Abs. 2:

„Nach den Bestimmungen“ heißt nicht auf Grund der Bestimmungen, sondern „in derselben Weise, wie in Abs. 1 vorgeschrieben“.

Zu Abs. 3:

Nur die Mengen der Betäubungsmittel, die in den in der Apotheke angefertigten Arzneien enthalten sind, müssen monatweise zusammengestellt werden. Es ist jedoch dringend zu empfehlen, jeden Monat auch eine Bestandsaufnahme der Spezialitäten zu machen und an Hand des Betäubungsmittelbuches eine Bilanz aufzustellen, um möglicherweise unangenehmen Überraschungen vorzubeugen.

Zu Abs. 4:

Der **Sichtvermerk** ist vor allem von Wichtigkeit für die Fälle, in denen nicht der Apothekenleiter selbst, sondern ein von ihm Beauftragter das Betäubungsmittelbuch geführt hat, aber auch, wenn der Apothekenleiter selbst die Eintragungen gemacht hat, muß er gemäß § 27 (4) am Ende jedes Monats in der vorgeschriebenen Weise vermerken, daß er die im Laufe des Monats vorgenommenen Eintragungen kennt. Der Vermerk kann etwa lauten: „Gesehen. Berlin, den .... (eigenhändige Unterschrift)“.

Sorgfältig geführte Betäubungsmittelbücher mit nebenbei erfolgenden Anschreibungen der Bestände und der Bezüge erleichtern dem Apothekenleiter die Übersicht und erschwert einen etwaigen ohne sein Wissen erfolgenden illegalen Abgang. Für den Fall eines Verdachtes können diese Aufzeichnungen als Beweis- und Verteidigungsmittel dienen.

§ 28.

(1) Die Verschreibungen sind nach laufenden Nummern geordnet, nach Kalendermonaten getrennt, mindestens 5 Jahre, die Betäubungsmittelbücher ebenfalls mindestens 5 Jahre, vom Zeitpunkt der letzten Eintragung gerechnet, aufzubewahren. Die Verschreibungen, die Betäubungsmittelbücher oder Auszüge aus letzteren sind auf Verlangen an die zuständige Aufsichtsbehörde oder an das Reichsgesundheitsamt einzusenden oder an Ort und Stelle den Beauftragten dieser Behörden vorzulegen.

(2) Während der Zeit, in der die Betäubungsmittelbücher an die im Abs. 1 genannten Stellen abgegeben sind, sind vorläufige Aufzeichnungen zu machen, die nach Wiedereingang der Bücher nachzutragen sind.

Zu Abs. 1:

Die Aufbewahrungszeit der Verschreibungen und der Betäubungsmittelbücher beträgt für beide 5 Jahre. Es ist aber insofern zu unterscheiden, als die Fünfjahresfrist für die Bücher erst von der letzten Eintragung in Lauf gesetzt wird, die der Verschreibungen vom Tage der Abgabe. Es wird also nicht verlangt, daß die Belege über alle Eintragungen in die Bücher aufbewahrt werden, sondern nur solche, deren fünfjährige Frist noch nicht abgelaufen ist.

Die Kosten für die Übersendung der Betäubungsmittelbücher trägt der Übersendungspflichtige.

B. In den behördlich genehmigten ärztlichen und den tierärztlichen Hausapotheken.

§ 29.

(1) In den behördlich genehmigten ärztlichen Hausapotheken ist das mit fortlaufenden Seitenzahlen versehene Betäubungsmittelbuch für ärztliche Hausapotheken (Anlage III) zu führen. In ihm ist die Abgabe der Arzneien unter entsprechender Ausfüllung der Spalten zu vermerken.

Betäubungs-

für behördlich genehmigte

In diesem Buche ist unter entsprechender Ausfüllung der Spalten die eine in der ärztlichen Hausapotheke angefertigte Arznei abgegeben, so ist bungsmittels einzutragen. Wird eine Arznei, die in einer zur Abgabe an Packung abgegeben, so ist in den Spalten 18 bis 26 der Name der Arznei die in abgeteilter Form in den Verkehr kommen, der Name der Arznei, und die Anzahl der in der

Laufende Nummer auf jeder Seite	Tag der Abgabe	Name des Kranken	Wohnort des Kranken	Morphin	Diacetylmorphin (Heroin)	Opium	Opiumtinktur (einfache, safranhaltige)	Laudanon	Narcophin	Pantopon			
1	2	3	4	5	6	7	8	9	10	11	12	13	14
1													
2													
3													

Betäubungs-

für behördlich genehmigte

und für Tierärzte, die eine Erlaubnis

In diesem Buche ist unter entsprechender Ausfüllung der Spalten die vermerken. Wird eine vom Tierarzt angefertigte Arznei verwendet oder enthaltenen Betäubungsmittels einzutragen. Wird eine Arznei, die in einer so ist in den Spalten 16 bis 24 der Name der Arznei und die Größe oder in den Verkehr kommen, der Name der Arznei, die in der einzelnen Teil- der Packung ent-

Laufende Nummer auf jeder Seite	Tag der Abgabe	Art des Tieres	Name des Tierhalters	Wohnort des Tierhalters	Morphin	Kokain	Opium	Opiumtinktur (einfache, safranhaltige)			
1	2	3	4	5	6	7	8	9	10	11	12
1											
2											
3											

mittelbuch

Anlage III

ärztliche Hausapotheken.

Abgabe der Betäubungsmittel enthaltenden Arzneien zu vermerken. Wird in den Spalten 5 bis 17 die Menge des in der Arznei enthaltenen Betäu- das Publikum bestimmten fertigen Packung bezogen wurde, in dieser und die Größe oder der Inhalt der Packung einzutragen, bei Arzneien, die in der einzelnen Teilmenge enthaltene Menge des Betäubungsmittels Packung enthaltenen Teilmengen.

			Morphin								Opium, Opiumextrakt, Opiumtinktur (einfache, safranhaltige)	Laufende Nummer auf jeder Seite
15	16	17	18	19	20	21	22	23	24	25	26	
												1
												2
												3

mittelbuch

Anlage IV

tierärztliche Hausapotheken

nach § 3 des Opiumgesetzes erhalten haben.

Verwendung und Abgabe der Betäubungsmittel enthaltenden Arzneien zu abgegeben, so ist in den Spalten 6 bis 15 die Menge des in der Arznei zur Abgabe fertigen Packung bezogen wurde, verwendet oder abgegeben, der Inhalt der Packung einzutragen, bei Arzneien, die in abgeteilter Form menge enthaltene Menge des Betäubungsmittels und die Anzahl der in haltenen Teilmengen.

			Morphin								Opium, Opiumextrakt, Opiumtinktur (einfache, safranhaltige)	Laufende Nummer auf jeder Seite
13	14	15	16	17	18	19	20	21	22	23	24	
												1
												2
												3

(2) In den behördlich genehmigten tierärztlichen Hausapotheken und von Tierärzten, die eine Erlaubnis nach § 3 des Opiumgesetzes erhalten haben, ist das mit fortlaufenden Seitenzahlen versehene Betäubungsmittelbuch für Tierärzte (Anlage IV) zu führen. In ihm ist die Verwendung oder Abgabe der Arzneien unter entsprechender Ausfüllung der Spalten zu vermerken, und zwar auch dann, wenn die Arzneien oder die Betäubungsmittel, die in den Arzneien enthalten sind, gegen tierärztliche Verschreibung aus einer Apotheke bezogen worden sind.

(3) Die Betäubungsmittelbücher sind mindestens 5 Jahre, vom Zeitpunkt der letzten Eintragung gerechnet, aufzubewahren. Die Betäubungsmittelbücher oder Auszüge aus ihnen sind auf Verlangen an die zuständige Aufsichtsbehörde oder an das Reichsgesundheitsamt einzusenden oder an Ort und Stelle den Beauftragten dieser Behörden vorzulegen.

(4) Während der Zeit, in der die Betäubungsmittelbücher an die im Abs. 3 genannten Stellen abgegeben sind, sind vorläufige Aufzeichnungen zu machen, die nach Wiedereingang der Bücher nachzutragen sind.

Zu § 29: Siehe die entsprechenden Erläuterungen bei §§ 26 bis 28.

Strafandrohung siehe § 10 (1) Nr. 5, 6 und 8. In den Fällen der Nrn. 5 und 6 ist der Versuch strafbar. In den Fällen der Nrn. 5 und 8 wird Fahrlässigkeit als Vergehen bestraft, im Fall der Nr. 6 als Übertretung.

Wegen des unterschiedlichen Strafmaßes der fahrlässigen Zuwiderhandlung gegen die Vo. § 10 (3) ist es erforderlich, festzustellen, auf Grund welcher Ermächtigungen die einzelnen Bestimmungen der Vo. erlassen sind.

1. Auf § 5 Abs. 2 OpG. (Lagerbuch) beruhen die §§ 1 (3), 15 (letzter Satz), 17 (2) letzter Satz, 27, 28 (2), 29 (1, 2, 4).

2. Auf § 8 OpG. (einschränkende Bestimmungen über das Verschreiben und die Abgabe) beruhen die §§ 1 (1, 2), 2 bis 8, 9 (1, 3, 4), 10 (1, 3, 4), 12, 13, 14, 16, 17 (1, 3, 4), 19 bis 23, 25.

3. Die weiteren Bestimmungen der Vo. müssen ihre Grundlage im § 12 (zur Ausführung des OpG. „erforderliche“ Bestimmungen) finden. Sofern sie nicht auf diese Ermächtigung zurückgeführt werden können, müßten sie als rechtsunwirksam angesehen werden. Auf § 12 OpG. können zurückgeführt werden: §§ 9 (2), 10 (2), 11, 15, 17 (2), 18, 26, 28 (1), 29 (3), 30. Es bleibt also lediglich § 24 Afb. übrig, für den eine gesetzliche Grundlage nicht mit Bestimmtheit feststellbar ist, siehe bei § 24.

Strafandrohung für den Arzt:

In den Fällen, in denen der Arzt wegen Ausstellung einer unvorschriftsmäßigen Verschreibung, wegen Nichtbeachtung der vorgeschriebenen Höchstmengen, Höchstkonzentration und der Äußerlichkeiten der Verschreibung mit Strafe bedroht ist, wird praktisch eine solche kaum eintreten können. Wenn dem Apotheker eine unvorschriftsmäßige Verschreibung vorgelegt wird, so muß er sie nach der Absicht des Gesetzgebers dem Arzt in geschlossenem Umschlage wieder zustellen. Diese Fälle bleiben also nur dem Arzt und dem Apotheker bekannt und gelangen nicht zur Kenntnis der Strafverfolgungsbehörde. Würde ein Apotheker die Unterlagen zur Strafverfolgung eines Arztes nicht an diesen zurück, sondern etwa der Polizeibehörde übergeben, so würde er sich zunächst selbst strafbar machen wegen Nichtbeachtung des § 24 (wenn dieser Paragraph rechtswirksam ist).

Alles Nähere siehe zu § 10 Allgemeiner Teil und insbesondere zu § 10 (3), ferner zur Strafbarkeit der Fahrlässigkeit und der Übertretung.

§ 9.

Die Einfuhr, Durchfuhr, Ausfuhr und Herstellung von zubereitetem Opium, von sogenanntem Droß und allen anderen Rückständen des Rauchopiums, von dem aus Indischem Hanfe gewonnenen Harz und den gebräuchlichen Zubereitungen dieses Harzes, insbesondere Haschisch, sowie der Verkehr mit diesen Stoffen und Zubereitungen ist verboten.

Die Grundlagen dieses Paragraphen finden sich in H.C. Kap. II und G.C. Kap. IV.

Zubereitetes Opium: In dem 2. Genfer Abk. ist das zubereitete Opium, abgesehen von der Statistik, nicht behandelt. Auf dieses bezieht sich das 1. Genfer Abk.[1] als Ergänzung des in vollem Umfange noch zu Recht bestehenden Kap. II des Haager Abk. Nach der Definition in Kap. II des Haager Abk. ist unter „zubereitetem Opium“ zu verstehen „das Erzeugnis des Rohopiums, welches durch eine Reihe eigenartiger Verfahren, insbesondere durch Auflösen, Eindampfen, Rösten, Vergärenlassen gewonnen ist, die den Zweck haben, das Rohopium in ein

[1] Siehe S. 364.

zum Genuß geeignetes Extrakt umzuwandeln. Unter den Begriff des zubereiteten Opiums fallen auch der sog. Droß und alle anderen Rückstände von Rauchopium."

Die bisherige Klammerbemerkung bei zubereitetem Opium „(Rauchopium)" ist weggefallen, da der Begriff zubereitetes Opium weiter geht als Rauchopium und jedes für den Genuß, z. B. auch das zum Kauen oder zum Essen zubereitete Opium umfaßt.

Streng zu unterscheiden ist zwischen „zubereitetem Opium" und „Zubereitungen des Opiums", wie Tinkturen, Extrakte, Pulvergemische, Salben usw., die Opium enthalten.

Bei Zender[1] werden neben Rohopium unterschieden opium conditionné, und zwar bulgarisches, das durch Kneten mit 80proz. Weingeist bereitet wird, indisches „provision opium", dessen Bereitung in einer Reihe verschiedenartiger Verfahren beruht, ferner folgende Arten von zubereitetem Opium: Die persischen Sorten, die meist als Theriac bezeichnet werden, das indische Malva-Opium und hauptsächlich der Chandoo oder Tschandu indischer und chinesischer Herstellung.

Die Rückstände des Chandoo, die in der Pfeife verbleiben, werden Droß oder Tye genannt. Weitere Rückstände führen folgende Bezeichnungen: Tinko (der Rückstand des gerauchten Droß), Djitjeng, Djitjenko, Tiké, Madak.

Harz des indischen Hanfs: Unter dem aus dem Indischen Hanf gewonnenen Harz ist das Rohharz zu verstehen, ein unter dem Namen Charas, auch Churas, Tschus, Momeka bekanntes, aus dem Blütenstand der weiblichen Hanfpflanze ausgeschiedenes und von da abgelesenes, oft in Kugeln geknetetes gelblichgrünes Harz.

Das Harz wird auch in der Weise gewonnen, daß die Hanfspitzen mit Leinentüchern abgerieben werden, an denen das Harz kleben bleibt; man kratzt es ab und formt es mit verschiedenen Zusätzen zu flachen Kugeln.

Zubereitungen des Harzes: Unter den Zubereitungen des Harzes sind streng genommen („Zubereitungen dieses Harzes", d. h. des aus Indischem Hanf gewonnenen Harzes) nur solche zu verstehen, die mit dem isolierten Harz zubereitet worden sind, nicht allgemein auch solche, die das Harz enthalten[2]. Im Sinne des § 9 müssen aber auch solche Zubereitungen verstanden werden, die z. B. dadurch entstehen, daß die harzhaltigen Stengel mit Öl

[1] Zender: La question de l'opium. Genf 1929.
[2] Vgl. zu § 1 (3).

oder mit Butter und Wasser ausgekocht werden, bis das Wasser verdampft ist. Die Butter nimmt das Harz auf, und diese Masse bildet ebenso wie das harzhaltige Öl die Grundlage der weiteren Zubereitungen.

Von den in der G.C. aufgeführten Namen, als Beispiele für aus dem Harz des Indischen Hanfes angefertigte Zubereitungen, ist Haschisch die in Ägypten und Arabien (nicht nur für diese Zubereitung, sondern auch für das Rohmaterial) gebräuchliche Bezeichnung, Esrar in der Türkei, Chira in Tunis und Djamba in Brasilien. Diese Zubereitungen werden gegessen oder auch geraucht, die öligen auch inhaliert. Das Harz des Indischen Hanfs ist natürlich auch in dem Extrakt und der Tinktur (siehe § 1) enthalten, aber diese Zubereitungen fallen nicht unter das Verbot des § 9.

Im wesentlichen ist hier nur an die im Orient als Rauschmittel gebräuchlichen Zubereitungen gedacht, die auch aus dem durch Auspressen der Blätter gewonnenen, Bangh genannten Safte erhalten werden.

Diese Zubereitungen des Harzes sind sehr mannigfacher Art. Mit Zucker, Pistazien, Mandeln, Honig, Datteln usw. werden im Orient Konserven angefertigt, die man bisweilen zu zierlich geformtem Zuckerwerk verarbeitet. Als Esrar (das Geheimnis) sind Pastillen bekannt, die aus dem Harz mit Tragant bereitet werden. Manzoul (Maagoun, Garawiche) sind ägyptische Süßigkeiten, die das Harz enthalten.

Da, wie erwähnt, die Bezeichnungen für die Rohdroge sowie für das Harz und Zubereitungen daraus mitunter die gleichen sind, wie z. B. Haschisch, so ist in bezug auf § 9 OpG. für den Händler besondere Vorsicht erforderlich, weil für das Harz und dessen Zubereitungen ein vollkommenes Verbot besteht. Andererseits darf auch nicht aus dem Namen allein, unter dem die betreffende Ware (mit Bezugschein und Einfuhrschein) gehandelt wird, auf eine etwaige Straffälligkeit im Sinne der §§ 9 und 10 (1) Nr. 4 geschlossen werden. Im Falle des „Haschisch" wird gegebenenfalls zu prüfen sein, ob es sich um das von dem Hanf abgetrennte Harz handelt — dann kommt § 9 in Frage — oder ob die durch Harz verklebten Stengel oder Blätter vorliegen, dann würde § 1 zur Beurteilung heranzuziehen sein. Glücklicherweise handelt es sich bei Herba Cannabis Indicae um eine Droge, die in Deutschland nur noch selten als Arzneimittel gehandelt wird, sonst könnte die Schwierigkeit des Auseinanderhaltens von Herba und Resina unliebsame Situationen schaffen.

Für Suchtzwecke dürfte zwischen beiden ein nicht wesentlicher Unterschied in der Qualität bestehen insofern, als Herba ein noch Pflanzenteile enthaltendes Harz ist.

Es wird übrigens niemandem einfallen, Rückstände des Rauchopiums herzustellen, sodaß sich für die Rückstände das Verbot lediglich auf die Einfuhr, Durchfuhr und Ausfuhr beziehen dürfte; ebensowenig dürfte sich das Verbot der Herstellung auf das aus Indischem Hanfe gewonnene Harz beziehen lassen; hier fehlt der Begriff der Gewinnung, der in den §§ 2 und 3 neben dem der Herstellung neu für die Naturprodukte eingeführt worden ist. Die Gewinnung des Harzes ist also an sich nicht verboten, ebensowenig wie sein Besitz oder Selbstverbrauch, wohl aber jeder inländische oder ausländische Verkehr damit.

Es ist besonders zu beachten, daß Herstellung von und jeglicher Verkehr mit den in § 9 genannten Stoffen und Zubereitungen auch zu wissenschaftlichen Zwecken unbedingt verboten ist, daß sie aber andererseits nicht dem Aufsichtsrecht und der Auskunftspflicht nach § 2 unterliegen.

Zu beachten ist ferner, daß auch die Durchfuhr der genannten Stoffe und Zubereitungen verboten ist. Wenn wegen Durchfuhr im Inlande keine Person belangt werden kann, so kann nach § 10 (5) auf Einziehung selbständig erkannt werden.

Strafandrohung siehe § 10 (1) 4.

Der Versuch ist strafbar, § 10 (2).

Fahrlässigkeit siehe § 10 (3).

Die Strafandrohung des § 10 (4) — wer Stoffe oder Zubereitungen als solche der im § 1 bezeichneten Art, ohne es aber zu sein, in den Verkehr bringt — gilt nicht entsprechend für Stoffe und Zubereitungen des § 9.

§ 10.

(1) Mit Gefängnis bis zu drei Jahren und mit Geldstrafe oder mit einer dieser Strafen wird, sofern nicht nach anderen Strafgesetzen eine schwerere Strafe verwirkt ist, bestraft,

1. wer die Stoffe und Zubereitungen ohne die im § 3 vorgeschriebene Erlaubnis einführt, ausführt, gewinnt, herstellt, verarbeitet, Handel mit ihnen treibt, sie erwirbt, abgibt, veräußert oder sonst in den Verkehr bringt oder sie in nicht genehmigten Örtlichkeiten gewinnt, herstellt, verarbeitet, aufbewahrt, feilhält oder abgibt;

2. wer die Stoffe und Zubereitungen ohne den im § 4 vorgeschriebenen Bezugschein erwirbt, abgibt oder veräußert;

3. wer, um einen Bezugschein zu erlangen, zur Täuschung der Opiumstelle in einem Antrag unrichtige Angaben tatsächlicher Art macht oder von einem Antrag, der unrichtige Angaben tatsächlicher Art enthält, Gebrauch macht;

4. wer dem im § 9 ausgesprochenen Verbote zuwiderhandelt;

5. wer den auf Grund des § 5 Abs. 2, § 6 Abs. 1 oder 3 oder § 12 erlassenen Bestimmungen zuwiderhandelt;

6. wer den auf Grund des § 4 Abs. 2 oder Abs. 4, § 7 oder § 8 erlassenen Bestimmungen zuwiderhandelt;

7. wer die Stoffe oder Zubereitungen entgegen den Bestimmungen der Weltpostvereinsverträge mit der Post versendet;

8. wer die ihm obliegende Führung des Lagerbuchs unterläßt oder unrichtige oder unvollständige Eintragungen vornimmt oder der ihm obliegenden Pflicht zur Auskunftserteilung oder zur Gewährung der Einsicht in die geschäftlichen Aufzeichnungen und Bücher nicht nachkommt.

(2) In den Fällen des Abs. 1 Nr. 1 bis 7 ist der Versuch strafbar.

(3) Wer die Tat (Abs. 1) fahrlässig begeht, wird im Falle der Nr. 1 bis 5, 7 und 8 mit Gefängnis bis zu einem Jahre oder mit Geldstrafe, im Falle der Nr. 6 mit Geldstrafe bis zu 150 Reichsmark oder mit Haft bestraft.

(4) Die Vorschriften der Abs. 1 bis 3 gelten auch dann, wenn Stoffe oder Zubereitungen als solche der im § 1 bezeichneten Art in den Verkehr gebracht werden, ohne es zu sein.

(5) Neben der Strafe kann auf Einziehung der Stoffe und Zubereitungen, auf die sich die strafbare Handlung bezieht, erkannt werden ohne Unterschied, ob sie dem Täter gehören oder nicht. Kann keine bestimmte Person

verfolgt oder verurteilt werden, so kann auf Einziehung selbständig erkannt werden, wenn im übrigen die Voraussetzungen hierfür vorliegen.

(6) Ist der Verurteilte ein Ausländer, so ist die Landespolizeibehörde befugt, ihn aus dem Reichsgebiete zu verweisen.

Internationale Anregungen zu den Strafandrohungen finden sich in den Artikeln 28 und 29 des Genfer Abk.

Die Kommentierung des § 10 ist in folgende Abschnitte gegliedert:

1. Allgemeines über den Charakter des § 10.

A. OpG. und allgemeiner Teil des StGB.

B. OpG. und besonderer Teil des StGB.

C. OpG. und die wichtigsten Bestimmungen der StPO. und der Strafregisterverordnung.

2. Zusammenstellung der Judikatur unter der Geltung des früheren OpG.

3. Die bisher bekanntgewordene Literatur und Rechtsprechung zu dem neuen Gesetz.

4. Begriffsdefinitionen und Entscheidungen oberer Gerichte.

1. Allgemeines über den Charakter des § 10.

A. OpG. und allgemeiner Teil des StGB.

Das Strafgesetz fordert für jede strafbare Handlung einen bestimmten Tatbestand. Strafgesetze sind nicht wie bürgerlichrechtliche Grundsätze im Wege der Auslegung ergänzungsfähig.

Vorweg ist zu unterscheiden ein äußerer oder objektiver und ein innerer oder subjektiver Tatbestand. Der objektive Tatbestand folgt aus dem Text des Gesetzes. Der innere Tatbestand umfaßt die Vorstellungswelt des Täters zur Zeit der Vornahme der Handlung, vorausgesetzt, daß Willensrichtung und Tat mit der Gesetzesverletzung in Zusammenhang stehen. Hier kommen in Frage Vorsatz, Fahrlässigkeit, das Bewußtsein der Widerrechtlichkeit (nicht jede Körperverletzung braucht rechtswidrig zu sein — z. B. nicht die durch in den Grenzen der medizinischen Wissenschaft angewandte Arzneimittel hervorgerufene), ferner der Irrtum über strafrechtliche Grundsätze, worauf wir weiter unten zurückkommen.

Zu den wichtigsten, hier besonders interessierenden Begriffen des allgemeinen Teiles des StGB. gehört § 2 StGB., insbesondere dessen Absatz 2. Der § 2 lautet:

„Eine Handlung kann nur dann mit einer Strafe belegt werden, wenn diese Strafe gesetzlich bestimmt war, bevor die Handlung begangen wurde.

Bei Verschiedenheit der Gesetze von der Zeit der begangenen Handlung bis zu deren Aburteilung ist das mildeste Gesetz anzuwenden."

Die Anwendung des § 2 Abs. 2 setzt voraus, daß von der Zeit der begangenen Handlung an bis zu deren Aburteilung ein Wechsel in der Gesetzgebung eingetreten und die Strafbestimmung gemildert worden ist. Die Milderung des Gesetzes kann auf verschiedene Ursachen zurückzuführen sein. Es kann sich um Änderung der Rechtsanschauung handeln, sie kann auf Erfahrungen beruhen, welche mit dem früheren Gesetz gemacht worden sind, sie kann auch darauf zurückzuführen sein, daß die Rechtsprechung der oberen Gerichte Wege beschritten hat, welche mit dem Willen des Gesetzgebers nicht oder nicht mehr in vollem Umfang in Einklang zu bringen sind, usw. Das Reichsgericht hat die Anwendbarkeit des § 2 Abs. 2 für sog. Zeitgesetze verneint, z. B. für die Weinsteuergesetze, für das frühere Republikschutzgesetz usw. Jedoch auch in diesen Fällen hat das Reichsgericht die Anwendbarkeit des § 2 Abs. 2 bejaht, wenn die Änderung auf einem Wechsel der Rechtsanschauung des Gesetzgebers beruht. Eine begangene Handlung im Sinne des § 2 Abs. 2 ist dann gegeben, wenn die letzte abschließende Handlung des Täters schon beendet ist. Dagegen liegt diese Voraussetzung dann nicht vor, wenn sich die Gesetzgebung ändert, während der Täter noch in der Begehung der strafbaren Handlung begriffen ist. Das kann z. B. bei der sog. fortgesetzten strafbaren Handlung vorkommen. In diesem Fall kommt nur das schwerere Gesetz zur Anwendung. Wenn das StGB. von der Verschiedenheit der Gesetze „bis zur Aburteilung" spricht, so bedeutet das, bis dahin, wo der Strafrichter, d. h. der erste und der Berufungsrichter, nicht der Revisionsrichter, ein Urteil über die Handlung abzugeben hat. Eine nach Erlaß des angefochtenen Urteils eingetretene Gesetzesänderung (§ 2 Abs. 2 StGB.) ist für die Revisionsinstanz ohne Bedeutung: RG. I, 15. Februar 1892 (RGSt. 22, 347); III. 12. Februar 1917 (L. Z. 11, 467); I. 14. Juni 1917 (RGSt. 51, 48). Ist die Revision auf das Strafmaß beschränkt, so bleibt für die Anwendung eines anderen Strafgesetzes überhaupt kein Raum: RG. III. 25. September 1913 (RGSt. 47, 382)[1]. Die Zeit der Ab-

[1] Löwe-Rosenberg: Anm. 1b zu § 337, S. 709.

urteilung ist die, in der das Urteil durch den Tatrichter, nicht durch den Revisionsrichter ergeht; siehe RGSt. 41, 177; 46, 337; 22, 347[1].

In Frage kommen aus dem allgem. Teil des StGB. weiterhin die Vorschriften über Teilnahmehandlungen (z. B. Beihilfe, Anstiftung; §§ 47ff.), sodann die Vorschriften über Schuldausschließungsgründe (§§ 51ff. StGB.), endlich, da der Versuch gemäß § 10 Abs. 2 OpG. strafbar ist, die Vorschriften der §§ 43ff. StGB. über den Versuch.

Die in Frage kommenden Paragraphen lauten wie folgt:

§ 43. „Wer den Entschluß, ein Verbrechen oder Vergehen zu verüben, durch Handlungen, welche einen Anfang der Ausführung dieses Verbrechens oder Vergehens enthalten, betätigt hat, ist, wenn das beabsichtigte Verbrechen oder Vergehen nicht zur Vollendung gekommen ist, wegen Versuches zu bestrafen.

Der Versuch eines Vergehens wird jedoch nur in den Fällen bestraft, in welchen das Gesetz dies ausdrücklich bestimmt."

§ 47. „Wenn mehrere eine strafbare Handlung gemeinschaftlich ausführen, so wird jeder als Täter bestraft."

§ 48. „Als Anstifter wird bestraft, wer einen anderen zu der von demselben begangenen strafbaren Handlung durch Geschenke oder Versprechen, durch Drohung, durch Mißbrauch des Ansehens oder der Gewalt, durch absichtliche Herbeiführung oder Beförderung eines Irrtums oder durch andere Mittel vorsätzlich bestimmt hat.

Die Strafe des Anstifters ist nach demjenigen Gesetze festzusetzen, welches auf die Handlung Anwendung findet, zu welcher er wissentlich angestiftet hat."

§ 49. „Als Gehilfe wird bestraft, wer dem Täter zur Begehung des Verbrechens oder Vergehens durch Rat oder Tat wissentlich Hilfe geleistet hat.

Die Strafe des Gehilfen ist nach demjenigen Gesetze festzusetzen, welches auf die Handlung Anwendung findet, zu welcher er wissentlich Hilfe geleistet hat, jedoch nach den über die Bestrafung des Versuches aufgestellten Grundsätzen zu ermäßigen."

§ 50. „Wenn das Gesetz die Strafbarkeit einer Handlung nach den persönlichen Eigenschaften oder Verhältnissen desjenigen, welcher dieselben begangen hat, erhöht oder vermindert, so sind diese besonderen Tatumstände dem Täter oder demjenigen Teilnehmer (Mittäter, Anstifter, Gehilfe) zuzurechnen, bei welchem sie vorliegen."

Über Versuch und Versuchslehre siehe § 10 (2), S. 311.

Es kann nicht Aufgabe dieses Kommentars sein, im einzelnen die Lehre von der Mittäter- und Teilnehmerschaft zu entwickeln. Diesbezüglich mag auf die maßgebenden Kommentare[2] verwiesen werden. Die wesentlichsten Grundsätze seien jedoch wiedergegeben:

Nach der Rechtsprechung des Reichsgerichts ist für die Abgrenzung der Beihilfe von der Mittäterschaft wesentlich, ob der

---

[1] Ebermayer: § 2, Anm. VI, S. 104.

[2] Vgl. insbesondere Ebermayer, Olshausen, Frank zu §§ 47ff.

Täter die Tat als eigene gewollt und ausgeführt oder ob er nur die Tat eines anderen unterstützen wollte[1].

Zu beachten ist ferner, daß die Beihilfe und die Anstiftung sogenannte akzessorische Delikte sind, d. h. Delikte, deren Strafbarkeit von einer Schuld des Haupttäters abhängen. Wird dieser wegen Fortfalls der Rechtswidrigkeit oder wegen Vorliegens eines schuldausschließenden Grundes freigesprochen, so kann auch der Gehilfe oder der Anstifter als solcher nicht bestraft werden. Möglich wäre lediglich eine Bestrafung aus dem Gesichtspunkt der mittelbaren Täterschaft, wenn nämlich der Täter die Unzurechnungsfähigkeit des anderen, z. B. eines Morphinisten, benutzt hat, um den strafbaren Erfolg zu verwirklichen.

Benutzt jemand einen anderen als Werkzeug — unerheblich ist, ob der andere infolge eines Irrtums oder infolge einer persönlichen Abhängigkeit dienstbar gemacht wird —, so ist der Verführer als mittelbarer Täter zu bestrafen. Dies hat das Reichsgericht für das Verhältnis des Arztes zum Apotheker unter der Herrschaft des früheren OpG. mit besonderer Deutlichkeit ausgesprochen. Der Arzt ist als mittelbarer Täter zu bestrafen, wenn er sich eines gutgläubigen Apothekers bedient, um einem Patienten in gesetzwidriger Weise, z. B. durch ein gesetzwidriges Rezept, Betäubungsmittel zu beschaffen. Die mittelbare Täterschaft des Arztes schließt aber nicht aus, daß der Apotheker selbst als fahrlässiger Täter (nicht als Gehilfe) in Frage kommt. Das wird man dann annehmen müssen, wenn z. B. der von dem Arzt unterhaltene Irrtum infolge fahrlässigen Verschuldens des Apothekers von diesem nicht erkannt wurde (RG. 60, 360 I. D. 286/28). Hingegen ist die Annahme einer mittelbaren Täterschaft begrifflich ausgeschlossen, wenn der andere ebenfalls vorsätzlich handelt, da dann nicht mehr davon gesprochen werden kann, daß sich der eine des anderen als „Werkzeug“ bedient. Es kommt darauf an, ob ein gewolltes und bewußtes Zusammenwirken vorliegt, etwa im gemeinschaftlichen Interesse[2]. In diesem Falle liegt Mittäterschaft vor. Ferner kommt es darauf an, ob die Tat an sich als eigene gewünscht wurde, während der andere nur die Tat unterstützen wollte. Dann liegt das Verhältnis von Täterschaft zu Beihilfe vor. Möglich ist endlich noch, daß beide Teile fahrlässig handeln. Z. B.: Ein Arzt verschreibt fahrlässig ein zu großes Quantum eines Betäubungsmittels, und der Apotheker gibt ebenfalls fahrlässig dieses Quantum ab. Dann kann weder von Mittäterschaft noch von Beihilfe gesprochen werden. Vielmehr liegen dann zwei selb-

[1] Vgl. insbesondere Ebermayer zu § 47 StGB. Anm. 2.

[2] Vgl. Ebermayer zu § 47 a. a. O.

ständige, fahrlässig begangene Handlungen vor, da sowohl Mittäterschaft als Beihilfe ein bewußtes Zusammenwirken zu strafbaren Zwecken erfordern.

Zu beachten ist, daß straferhöhende und strafmindernde Umstände nur dem Mittäter zur Last zu legen sind, in dessen Person sie vorliegen (§ 50 StGB.). Wichtig für § 10 Abs. 3 OpG. Dies gilt vor allem für die Begehung sog. Amtsdelikte. Beurkundet z. B. ein Beamter des RGA. einen Bezugschein dem Grunde oder dem Inhalt nach falsch, so ist die schwerere Strafe aus § 348 StGB. nur gegen ihn anzuwenden, nicht gegen einen evtl. Mittäter. Hingegen kann der Nichtbeamte, der ihm hierzu Beihilfe leistet, lediglich auf Grund der Strafbestimmung des § 10 (1) Ziff. 3 OpG. bestraft werden, da die Amtseigenschaft in seiner Person nicht vorliegt.

Die Anstiftung wird gemäß § 48 gleich der Tat bestraft[1]. Die Anstiftung unterscheidet sich von der mittelbaren Täterschaft dadurch, daß bei der Anstiftung der Angestiftete selbst vorsätzlicher Täter sein muß, während bei der mittelbaren Täterschaft die Tat gerade demjenigen zuzurechnen ist, der ihre Begehung durch den anderen als schuldloses Werkzeug verursacht.

Von den in Frage kommenden Paragraphen des allgemeinen Teils des StGB. seien noch folgende erwähnt:

§ 51 StGB. „Eine strafbare Handlung ist nicht vorhanden, wenn der Täter zur Zeit der Begehung der Handlung sich in einem Zustande von Bewußtlosigkeit oder krankhafter Störung der Geistestätigkeit befand, durch welchen seine freie Willensbestimmung ausgeschlossen war.“

§ 52 StGB. „Eine strafbare Handlung ist nicht vorhanden, wenn der Täter durch unwiderstehliche Gewalt oder durch eine Drohung, welche mit einer gegenwärtigen, auf andere Weise nicht abwendbaren Gefahr für Leib oder Leben seiner selbst oder eines Angehörigen verbunden war, zu der Handlung genötigt worden ist.

Als Angehörige im Sinne dieses Strafgesetzes sind anzusehen Verwandte und Verschwägerte auf- und absteigender Linie, Adoptiv- und Pflege-Eltern und Kinder, Ehegatten, Geschwister und deren Ehegatten und Verlobte.“

§ 53 StGB. „Eine strafbare Handlung ist nicht vorhanden, wenn die Handlung durch Notwehr geboten war.

Notwehr ist diejenige Verteidigung, welche erforderlich ist, um einen gegenwärtigen, rechtswidrigen Angriff von sich oder einem anderen abzuwenden.

Die Überschreitung der Notwehr ist nicht strafbar, wenn der Täter in Bestürzung, Furcht oder Schrecken über die Grenzen der Verteidigung hinausgegangen ist.“

§ 54 StGB. „Eine strafbare Handlung ist nicht vorhanden, wenn die Handlung außer dem Falle der Notwehr in einem unverschuldeten, auf andere Weise nicht zu beseitigenden Notstande zur Rettung aus einer

---

[1] Ebermayer zu § 48.

gegenwärtigen Gefahr für Leib und Leben des Täters oder eines Angehörigen begangen worden ist."

§ 59 StGB. „Wenn jemand bei Begehung einer strafbaren Handlung das Vorhandensein von Tatumständen nicht kannte, welche zum gesetzlichen Tatbestande gehören oder die Strafbarkeit erhöhen, so sind ihm diese Umstände nicht zuzurechnen.

Bei der Bestrafung fahrlässig begangener Handlungen gilt diese Bestimmung nur insoweit, als die Unkenntnis selbst nicht durch Fahrlässigkeit verschuldet ist."

Zu beachten ist hierzu vor allem, daß, nach ständiger Rechtsprechung der deutschen Gerichte, Morphinisten, die bei der Begehung strafbarer Handlungen, bei Verstößen gegen das OpG., insbesondere zwecks Erlangung von Betäubungsmitteln mitwirken, mit Rücksicht auf die Bestimmungen des § 51 freigesprochen zu werden pflegen, da man bei ihnen nach dem heutigen Stande der Wissenschaft einen die freie Willensbestimmung ausschließenden Zustand krankhafter Störung der Geistestätigkeit für vorliegend erachtet. Damit entfällt ihre Schuld.

Zu beachten ist ferner der Begriff der verminderten Zurechnungsfähigkeit, den das geltende StGB. freilich nicht kennt, der aber in dem in Vorbereitung befindlichen eine erhebliche Rolle spielen wird. Aber schon jetzt ist die Frage der verminderten Zurechnungsfähigkeit für das Strafmaß beachtlich. Verminderte Zurechnungsfähigkeit wird man nur von einem Angeklagten annehmen, bei welchem eine verminderte Fähigkeit zur Eingliederung in die jeweiligen kulturellen und Lebensregeln angenommen werden muß.

Die für die Zukunft beabsichtigte Anerkennung der verminderten Zurechnungsfähigkeit (§ 13, 2 des StGB.-Entwurfs) wird es möglich machen, die Besserungs- und Sicherungsmaßregeln auf gemindert Zurechnungsfähige auszudehnen. Auch dürften diese Unterschiede für den Strafvollzug von Bedeutung sein.

Hinsichtlich des Strafvollzuges setzt sich immer mehr der Gedanke durch, daß in ihm nicht Vergeltung oder Rache zu erblicken ist, sondern daß er überwiegend der Besserung, auch der Verhütung von Verbrechen und Sicherung der Gesellschaft vor gemeingefährlichen Verbrechern dient.

Auch das OpG. steht auf dem Boden des Schuldmotivs, keine Strafe ohne Schuld. Selbst bei Formaldelikten ist schuldhaftes Handeln erforderlich, es braucht aber nur fahrlässig zu sein. Fahrlässigkeit ist eine Form der Schuld [siehe § 10 (3)].

Bei der Erörterung der Schuldfrage wird von Bedeutung auch die vom Reichsgericht gelegentlich vertretene Lehre von der sog. Pflichtenkollision sein. Nach einer auch in der Literatur vertretenen Theorie entfällt die Strafbarkeit dann, wenn die an sich strafbare Handlung lediglich dazu dienen sollte, ein im Verhältnis zu dem verletzten Rechtsgut anerkannt höheres Gut zu schützen. So könnte z. B. eine Bestrafung entfallen, wenn ein Apotheker Morphin ohne Rezept in einem Einzelfall abgibt, um das augenblicklich gefährdete Leben eines Menschen zu retten. In einem derartigen Fall müßte die Verpflichtung des Apothekers, die Bestimmung des OpG. einzuhalten, gegenüber seiner allgemeinen Menschenpflicht, für die Erhaltung des Lebens eines anderen alles zu tun, was in seinen Kräften steht, weichen. In solchen Fällen würde die Rechtswidrigkeit und somit auch eine Bestrafung[1] entfallen.

Nach reichsgerichtlicher Judikatur ist eine in übergesetzlichem Notstand begangene Tat nur dann entschuldbar, wenn sie das einzige Mittel war, um ein anderes höherwertiges Rechtsgut zu schützen. RG. I. 105/26.

Mitunter wird auch die Bestimmung des § 54 StGB. geeignet sein, die Schuld des Täters auszuschließen. Danach liegt ein die Strafbarkeit ausschließender Notstand vor, wenn die Handlung zur Rettung aus einer gegenwärtigen Gefahr für Leib und Leben des Täters oder eines Angehörigen begangen wurde, sofern dieser Notstand auf andere Weise nicht zu beseitigen war. Allerdings führt hier die Einengung des Gesetzes auf die dem Täter oder einem Angehörigen drohende Gefahr dazu, daß der Anwendungsbereich dieser Bestimmung im Rahmen des OpG. sich sehr eng gestalten dürfte. Bei der Reform des StGB. ist eine Erweiterung des § 54 vorgesehen. Dann wäre die Möglichkeit gegeben, schon auf Grund des allgemeinen Strafgesetzes Fälle, in denen es aus allgemeinen Rechtsgrundsätzen gerechtfertigt erscheint, von einer Bestrafung auszunehmen.

Einen Anhaltspunkt gibt die Entscheidung des Reichsgerichts vom 11. März 1927 (I. 105/26)[2], die sich mit der Rechts- und Pflichtenabwägung befaßt und ausführt:

„In Lebenslagen, in welchen eine den äußeren Tatbestand einer Verbrechensnorm erfüllende Handlung das einzige Mittel ist, ein Rechtsgut zu schützen oder eine vom Recht auferlegte oder anerkannte Pflicht zu erfüllen, ist die Frage, ob eine Handlung rechtmäßig oder unverboten oder rechtswidrig ist, an der Hand des dem geltenden Recht zu entnehmenden Wertverhältnisses der im Widerstreit stehenden Rechtsgüter oder Pflichten zu entscheiden."

§ 25 des StGB.-Entwurfs lautet:

„Im Notstand handelt, wer eine mit Strafe bedrohte Handlung begeht,

---

[1] Vgl. im einzelnen hierzu Ebermayer zu § 54.

[2] Der Arzt im Rahmen des Rechts. Dresden S 37: Hammermüller & Co.

um eine gegenwärtig nicht anders abzuwendende Gefahr für sich oder einen Dritten abzuwenden, wenn ihm oder dem Gefährdeten nach den Umständen nicht zuzumuten ist, den drohenden Schaden zu dulden."

Daraus folgt, daß der Kreis der notstandsbefähigten Güter in Zukunft ausgedehnt und zugleich ausgesprochen ist, daß Notstandshandlungen auch zugunsten Dritter, welche nicht Angehörige sind, vorgenommen werden können[1].

Alsdann kommen aus dem allgemeinen Teil des StGB. noch in Frage die in den §§ 73ff. StGB. aufgestellten Rechtsgrundsätze.

§ 73 StGB. „Wenn ein und dieselbe Handlung mehrere Strafgesetze verletzt, so kommt nur dasjenige Gesetz, welches die schwerste Strafe, und bei ungleichen Strafarten dasjenige Gesetz, welches die schwerste Strafart androht, zur Anwendung."

§ 74 StGB. „Gegen denjenigen, welcher durch mehrere selbständige Handlungen mehrere Verbrechen oder Vergehen, oder dasselbe Verbrechen oder Vergehen mehrmals begangen und dadurch mehrere zeitige Freiheitsstrafen verwirkt hat, ist auf eine Gesamtstrafe zu erkennen, welche in einer Erhöhung der verwirkten schwersten Strafe besteht.

Bei dem Zusammentreffen ungleichartiger Freiheitsstrafen tritt diese Erhöhung bei der ihrer Art nach schwersten Strafe ein.

Das Maß der Gesamtstrafe darf den Betrag der verwirkten Einzelstrafen nicht erreichen und fünfzehnjähriges Zuchthaus, zehnjähriges Gefängnis oder fünfzehnjährige Festungshaft nicht übersteigen."

Neben den in diesen Bestimmungen aufgestellten Begriffen der sog. Idealkonkurrenz (§ 73) und Realkonkurrenz (§ 74) hat die Rechtsprechung und Literatur den Begriff der Gesetzeskonkurrenz aufgestellt. Diese liegt vor, wenn auf einen Strafbestand zwei Gesetzesbestimmungen an sich anwendbar wären, jedoch nach dem Willen des Gesetzgebers eine Bestimmung schlechthin ausscheiden muß. Zwischen § 10 (1) Nr. 1 und 2 z. B. liegt Gesetzeskonkurrenz, nicht Idealkonkurrenz vor, weil das Fehlen einer generellen Erlaubnis zum Handel mit Betäubungsmitteln zwangsläufig das Fehlen des Bezugscheins nach sich zieht (RG. 3. D. 781/30 vom 18. Dezember 30)[2]. Einer der Fälle der Gesetzeskonkurrenz ist die sog. Subsidiarität. Ein Gesetz soll nur dann gelten, wenn nicht bereits ein anderes Anwendung findet, mit anderen Worten: es ist gegenüber anderen Gesetzen in zweiter Linie anzuwenden.

Die Strafbestimmungen des § 10 OpG. sind in diesem Sinne subsidiär, d. h. sie sollen lediglich dann zur Anwendung gelangen, wenn nicht ein anderes Gesetz ihnen vorgeht. Als derartige, in erster Linie in Frage kommende Gesetze bezeichnet Abs. 1 des § 10 diejenigen Strafgesetze, nach denen eine schwerere Strafe verwirkt ist. Es handelt sich hierbei nicht um Idealkonkur-

[1] Ebermayer: Der Arzt im Recht, S. 168.
[2] Apoth. Z. 1930, S. 1654.

renz im Sinne des § 73 StGB., vielmehr schließt ein anderes zur Anwendung gelangendes schwereres Gesetz eine Bestrafung aus dem OpG. aus. Es kann also z. B. niemals Anklage erhoben werden wegen Vergehens gegen den § 10 OpG. in Tateinheit mit Verbrechen gegen § 229 StGB. (Körperverletzung durch Gift)[1]. Dies wird von Bedeutung, wenn das corpus delicti dem Täter nicht gehört, denn während der § 10 Abs. 5 OpG. ohne Rücksicht auf die Eigentumsverhältnisse eine Einziehung zuläßt, ist nach § 40 StGB. eine Einziehung regelmäßig nur dann möglich, wenn es dem Täter oder einem der Teilnehmer gehört (vgl. Näheres hierzu § 10 Abs. 5).

Mit Rücksicht darauf, daß das deutsche Gesetz auf internationale Abmachungen zurückgeht, sei kurz an die Bestimmungen des StGB. betr. Ausland und Ausländer erinnert. Vorweg siehe hierzu das zu § 10 Abs. 6 OpG. Gesagte. Alsdann kommt in Frage § 3 StGB., wonach die Strafgesetze des Deutschen Reiches auf alle im Gebiete des Deutschen Reiches begangenen strafbaren Handlungen Anwendung finden, auch wenn der Täter ein Ausländer ist. Ferner § 4 StGB. Grundsätzlich wird danach wegen der im Ausland begangenen Verbrechen oder Vergehen nicht verfolgt. Eine Verfolgung kann jedoch stattfinden, wenn ein Deutscher im Auslande eine Handlung begangen hat, die nach den Gesetzen des Deutschen Reiches und nach den Gesetzen des Ortes, an welchem sie begangen wurde, mit Strafe bedroht ist. Diese Bestimmung dürfte auf Vergehen gegen das OpG. im Hinblick auf den internationalen Charakter dieser Bestimmung, insbesondere Art. 29 G.C., stets anzuwenden sein. Die Verfolgung bleibt jedoch ausgeschlossen, wenn im Ausland entweder rechtskräftig freigesprochen oder die erkannte Strafe vollstreckt worden ist oder wenn nach den ausländischen Bestimmungen die Strafe verjährt, bzw. erlassen wurde. Soweit es sich um ein Antragsdelikt handelt, findet eine Verfolgung einer im Ausland von einem Deutschen begangenen strafbaren Handlung dann nicht statt, wenn es an dem Antragserfordernis fehlt.

§ 6 StGB. besagt, daß im Ausland begangene Übertretungen nur dann zu bestrafen sind, wenn dies durch besondere Gesetze oder durch Verträge angeordnet worden ist. Das ist z. B. geschehen durch einen Vertrag mit Belgien über Bestrafung von Forst-, Feld- und Jagdfrevel.

---

[1] Frank: S. 459. Anm. III zu § 229 StGB. Dieser findet nur Anwendung, wenn die Absicht der Gesundheitsbeschädigung von vornherein bestanden hat.

Auch das OpG. kennt eine Übertretungsvorschrift (siehe § 10 Abs. 3), sie enthält jedoch nicht die Bestimmung, daß sie auf im Auslande begangene Übertretungen Anwendung zu finden hat. Eine solche Tat ist bei den in Rede stehenden Formaldelikten auch wohl kaum denkbar.

Zu beachten ist alsdann § 7 StGB., wonach eine im Ausland vollzogene Strafe in Anrechnung zu bringen ist, sofern wegen derselben Handlung in Deutschland Verurteilung erfolgt. Dieser Grundsatz ist nahe verwandt dem „ne bis in idem". Voraussetzung für die Anwendung des § 7 StGB. ist nur, daß ein ausländisches Strafurteil dieserhalb ergangen ist, und daß diese Strafe auch im Ausland vollstreckt wurde. Was Ausland im übrigen ist, besagt die Bestimmung des § 8 StGB. Konsulargerichtsbezirke sind Inland im strafrechtlichen Sinne.

Bei der Irrtumslehre § 59 StGB. ist auseinander zu halten Irrtum bzw. Nichtkenntnis der auf Grund des OpG. erlassenen Rechts- und Verwaltungsverordnungen und unbeachtlicher Irrtum über die Strafgesetze, vorliegendenfalls über das OpG. Über den Charakter der Ausführungsverordnungen s. bei § 12.

Irrtum über die Auslegung der Verordnungen würde sich, soweit diese den Charakter eines blinden Strafgesetzes haben, auch blankettausfüllende Norm genannt (RGSt. Bd. 7, S. 206), als Tatsachenirrtum oder als ein Irrtum über eine Verwaltungsnorm darstellen, welche den Vorsatz ausschließen. Dasselbe würde bei Unkenntnis dieser Bestimmungen gelten, soweit nicht diese Unkenntnis selbst auf Fahrlässigkeit beruht. S. § 59 StGB. Abs. 2, welcher lautet:

„Bei der Bestrafung fahrlässig begangener Handlungen gilt diese Bestimmung nur insoweit, als die Unkenntnis selbst nicht durch Fahrlässigkeit verschuldet ist."

Zum Wesen des Blankettgesetzes gehört es, daß die Norm von einer anderen Stelle erlassen wird als die Strafdrohung, zumeist von Verwaltungsbehörden.

In einem Irrtum über eine die Strafbestimmung nicht enthaltende Verordnung kann aber fahrlässiges Verschulden liegen, wenn der Irrtum oder die Nichtkenntnis auf Fahrlässigkeit selbst beruht[1] (RG. v. 26. November 1930 1 O. 773/30). Andrerseits aber ist in der Judikatur auch die Auffassung vertreten, daß derartige Vo., wie z. B. die Vo. über den Verkehr mit Arzneimitteln vom 22. Oktober 1901, einen Teil der Strafrechtsnorm als solche bilden, und daß ihre Unkenntnis nicht entschuldigt. Error

[1] Jur. Woch. 1930, S. 3858.

iuris criminalis nocet. Siehe RGSt. Bd. 52, S. 325ff.; RGSt. Bd. 47, S. 282; RGSt. Bd. 31, S. 226.

Dort, insbesondere in RGSt. Bd. 31, S. 227, sind Vo. der fraglichen Art als Vorschriften angesehen, welche dem Strafgesetz angehören. In RGSt. Bd. 47, S. 285 sind die auf dem Viehseuchengesetz beruhenden polizeilichen Anordnungen nicht als Bestandteile des Viehseuchengesetzes selbst betrachtet worden, sondern das RG. sagt, daß die auf Grund des Gesetzes erlassenen Anordnungen und Maßnahmen der Verwaltungsbehörden nicht in dem Sinne Teile der Strafgesetze werden, daß ihre Unkenntnis nicht entschuldigt.

In RGSt. Bd. 52, S. 328 ist u. a. gesagt: „Mit Recht hat also das Landgericht geprüft, ob er verpflichtet war, sich über die Erlaubtheit seines Veräußerungsgeschäftes an maßgebender Stelle zu erkundigen.“ Siehe aber OLG. Dresden (5. November 1930) in Sachen 1 O. St. a. 110/30.

Die Zugehörigkeit zu einem bestimmten Beruf hat, wie in der Rechtsprechung des Reichsgerichts erkannt, die Pflicht des einzelnen zur Folge, sich um solche behördlichen Erlasse zu kümmern, die seinen Beruf oder Gewerbebetrieb berühren, also erforderlichenfalls die nach der Sachlage gebotenen und möglichen Mittel, zu einer Kenntnis der einschlägigen Erlasse zu gelangen, erschöpfend anzuwenden.

Aber auch selbst diese Rechtsauffassung hat der Unbilligkeit Rechnung getragen, wenn der Nachweis geführt wurde, daß der Angeschuldigte sich nach besten Kräften um eine Vorschrift gekümmert und einem unvermeidlichen Irrtum unterlegen ist (s. Bayer. OLG. München, vom 3. Dezember 1911[1]). Ist der Täter jedoch in einem reinen Strafrechtsirrtum befangen, so verwirklicht er — vorsätzlich oder fahrlässig — den jeweiligen strafrechtlichen Tatbestand. Sein Verschulden besteht dann trotz des Irrtums in der Begehung der Rechtsverletzung (OLG. Dresden vom 5. Nov. 1930, 1 O. St. a. 110/30 Nr. 2).

Strafrechtsirrtum ist als Schuldausschließungsgrund bei Übertretungen ausnahmsweise zu berücksichtigen[2]. Das Bayr. OLG. erklärte den Irrtum eines Arzneimittelhändlers, welcher auf Grund von Informationen an die Freiverkäuflichkeit eines dem Apothekenmonopol unterliegenden Heilmittels glaubte, als ent-

---

[1] Samml. Bd. 10, S. 388, S. 396/401. Z. f. Rechtspflege in Bayern VII, S. 120.

[2] Bayr. OLG. in Recht 1931, H. 3, S. 179; Bayr. OLG. 2. Strafsenat Urteil v. 4. Dezember 1930, Aktenz.: Rev. Reg. II, Nr. 642/30.

schuldbar. Das OLG. sagte weiter, daß die grundsätzliche Nichtberücksichtigung eines Strafrechtsirrtums zu unbilligen Härten in manchen Übertretungsfällen führt. Es sei daher dazu überzugehen, ausnahmsweise auch den Strafrechtsirrtum als Strafausschließungsgrund gelten zu lassen.

Der amtliche Entwurf zum § 13 StGB. gibt den Unterschied zwischen strafrechtlich beachtlichem und unbeachtlichem Irrtum auf.

An die Orientierungspflicht eines exportierenden Kaufmanns beispielsweise wird man größere Anforderungen stellen müssen als an die eines Apothekers, der zwar nach der Rechtsprechung des Reichsgerichts gleichfalls Kaufmann ist[1], aber oft einer kaufmännischen Ausbildung entbehrt. An sich wird man wohl auch annehmen müssen, daß der Irrtum über die Bedeutung und die Tragweite der für seine Handlungsweise in Frage kommenden Vorschriften einem Strafrechtsirrtum gleich zu setzen ist, ihn also nach der Rechtsprechung des RG. nicht vor Strafe schützt. Die Unterscheidung zwischen strafrechtlichem und außerstrafrechtlichem Irrtum ist aber im einzelnen Falle, wie ein Vergleich der verschiedenen Urteile in den Übersichten der Komm. zum StGB. ergibt, auch nach der Auffassung namhafter Rechtslehrer mehr oder weniger willkürlich, jedenfalls nicht einheitlich. So heißt es in einer Entscheidung des RG.: Auch der erk. Sen. vermag in Abweichung von der bisherigen[2], auch von ihm befolgten Rechtsprechung eine innere Berechtigung dieses Unterschiedes nicht anzuerkennen und stellt die Entscheidung lediglich darauf ab, ob der Täter schuldhaft oder gutgläubig gegen ein Gesetz verstoßen hat, wobei jedoch zum Vorhandensein eines schuldhaften Verstoßes das Kennenmüssen der Rechts- oder Pflichtwidrigkeit ausreicht[3][4][5].

Für das OpG. wird man die Auffassung vertreten müssen, daß auch Ärzte und Apotheker verpflichtet sind, sich Gewißheit über alle einschlägigen Vo. und Afb. zu verschaffen, und daß die Nichtkenntnis dieser Bestimmungen an sich schon ein fahrlässiges Verschulden darstellt (s. S. 314).

---

[1] Siehe Hamburger: Apothekenbetriebsrechte, S. 54ff. und Entsch. d. Bayr. OLG. Bd. 22, H. 2, S. 190.

[2] Vgl. insbesondere Frank: S. 174; Ebermayer: S. 320f., Anm. 7b zu § 59 StGB.

[3] S. Jur. Woch. 1930, S. 1233.

[4] Pharm. Z. 1928, Nr. 13, S. 201 und Nr. 45, S. 696. RG. v. 10. Februar 1928.

[5] Jur. Woch. 1928, S. 1457.

B. OpG. und besonderer Teil des StGB.

An Strafbestimmungen, deren Anwendung die Geltendmachung der Strafbestimmung des OpG. gemäß § 10 (1) ausschließt, kommen in Betracht z. B. §§ 211 und 212 (Mord, Totschlag), ferner § 229 (Körperverletzung durch Beibringung von Giften)[1], § 223a (Körperverletzung mittels einer das Leben gefährdenden Behandlung), § 224 (gefährliche Körperverletzung, insbesondere Körperverletzung mit der Folge des Siechtums), § 226 (Körperverletzung mit tödlichem Ausgang) u. a.

Ferner kommen aber auch Vermögensdelikte in Betracht, soweit sie tatbestandsmäßig gleichzeitig neben § 10 OpG. vorliegen. So kann z. B. bei einer gewerbsmäßigen Hehlerei gleichzeitig ein an sich strafbarer Erwerb von unter das OpG. fallenden Rauschgiften vorliegen. In diesem Fall würde eine Bestrafung lediglich gem. § 260 StGB. erfolgen können. Auch die Bestimmungen des § 259 (einfache Hehlerei) würden vor dem OpG. Anwendung finden, da in dieser Bestimmung unbegrenzte Gefängnisstrafe, d. h. Gefängnis bis zu 5 Jahren, angedroht wird, während das OpG. eine Höchststrafe von 3 Jahren vorsieht, freilich neben Geldstrafe.

In der Abgabe von Betäubungsmitteln, die dem Täter nicht gehören, kann z. B. eine Unterschlagung liegen. Hier ist zu prüfen, ob einfache Unterschlagung vorliegt oder Veruntreuung, d. h. Unterschlagung von anvertrautem Gut. In ersterem Falle würde, wenn die Abgabe gleichzeitig die Zueignungshandlung des § 246 StGB. darstellt, das OpG. Anwendung finden müssen, da dieses Gefängnis bis zu 3 Jahren und Geldstrafe nebeneinander ermöglicht, während § 246 StGB. lediglich Gefängnis bis zu 3 Jahren androht. Im Falle der schweren Unterschlagung (Veruntreuung) würde aber § 246 StGB. Anwendung finden müssen, da Gefängnis bis zu 5 Jahren, also die schwerere Strafe im Verhältnis zum OpG., in dieser Bestimmung angedroht ist.

Bei leichter Körperverletzung sowie allen Arten der fahrlässigen Körperverletzung §§ 223, 230 StGB. ist das OpG. die schwerere Bestimmung, denn das OpG. sieht als Höchststrafe Gefängnis (3 Jahre) und Geldstrafe vor, während sowohl im Falle des § 223 StGB. als auch in dem erschwerten Falle des § 230 Abs. 2 StGB. die Höchststrafe lediglich 3 Jahre Gefängnis ist und auf Geldstrafe neben der Gefängnisstrafe nicht erkannt werden kann.

---

[1] § 229 liegt aber nur vor, wenn der Täter von vornherein die Absicht hatte, Gift beizubringen.

Erwirbt jemand durch eine betrügerische Handlung Opium, Kokain usw., so ist er nicht gemäß § 10 OpG., auch nicht etwa aus § 10 (1) Nr. 3, sondern aus § 263 StGB. zu bestrafen, da diese Bestimmung die Höchststrafe von 5 Jahren Gefängnis vorsieht.

Im übrigen wird in jedem Einzelfall zu prüfen sein, ob ein Gesetz als das schwerere im Verhältnis zu dem OpG. anzusehen ist. Ist die Höchststrafe in beiden Fällen gleich, so entscheidet in zweiter Linie die Höhe der Mindeststrafe. Droht also ein anderes Gesetz zwar die gleiche Höchststrafe an, setzt es außerdem aber eine Mindeststrafe fest, so würde dieses Gesetz als das schwerere anzusehen sein, da das OpG. eine Mindeststrafe nicht kennt, also die an sich gesetzlich geringste Strafe, z. B. einen Tag Gefängnis, zuläßt.

Von anderen Bestimmungen des besonderen Teiles des StGB., welche in Verbindung zu den Delikten des OpG. stehen, seien insbesondere erwähnt § 263 StGB. (Betrug), § 267ff. StGB. (Urkundenfälschung) und § 367, 3 u. 5 StGB. (Übertretungen der Vo. über den Verkehr mit Arzneimitteln usw.).

Betrug und Urkundenfälschung: Hierzu wird auf die einschlägigen Kommentare verwiesen[1] und nur so viel dargetan, daß Voraussetzung für Betrug die von vornherein bestehende Absicht der Täuschung sein muß, unter Vorspiegelung falscher oder Unterdrückung wahrer Tatsachen. Der Tatbestand ist im letzteren Fall nur gegeben, wenn der Täter zum Reden verpflichtet war, sei es durch Rechtspflicht, sei es durch geschäftliche Gepflogenheiten usw. Zur Verurteilung gehört weiterhin ein Zusammenhang zwischen der Täuschung und der erfolgten Vermögensbeschädigung. Es sei auf § 10 Abs. 1 Nr. 3 verwiesen, der hinsichtlich der Erlangung eines Bezugscheins eine Täuschungshandlung, durch ein Sonderdelikt, vorsieht.

Die zum Tatbestand des Betruges gehörende Vermögensschädigung kann dadurch verwirklicht werden, daß der andere Teil zum Abschluß eines Vertrages veranlaßt wird, durch welche ihm geldliche Verpflichtungen auferlegt werden. Näheres hierzu RG. vom 9. Dezember 1929, 2 D. 157/29[2].

Urkundenfälschung: Nach gleichbleibender Rechtsprechung ist das Rezept eines Arztes eine Urkunde (s. RGSt. 18, 149), sie ist im Sinne des § 267 StGB. auch beweiserheblich, denn sie bezeichnet die Person, für die die Arznei bestimmt ist, sie enthält das Recht für den Apotheker, die Arznei anzufertigen, und dient

---

[1] Insbes. Ebermayer, Dalcke, Liszt, Frank zu § 263.
[2] Jur. Woch. 1930, S. 3775.

zum Nachweis der ordnungsgemäß berechneten Taxe. Im Verkehr mit den Krankenkassen stellt sich das Rezept als eine Doppelermächtigung im Sinne des § 783 BGB. dar, wonach der Kranke die Arznei fordern, der Apotheker die Lieferung für Rechnung der Krankenkasse bewirken kann. Sowohl dem Privat- als dem Kassenrezept muß ein rechtlich erheblicher Inhalt zugesprochen werden.

Eine schwere Urkundenfälschung im Sinne des § 268 StGB. liegt vor, wenn die Urkundenfälschung in der Absicht begangen ist, sich oder einem anderen einen Vermögensvorteil zu verschaffen.

Das Rezept als Privaturkunde kann

a) verfälscht,

b) fälschlich angefertigt (gefälscht) sein.

Eine Verfälschung setzt eine Änderung des ursprünglichen Inhalts voraus. Von einer fälschlichen Anfertigung spricht man, wenn die Unterschrift gefälscht ist. Zu beachten ist, daß nach § 267 StGB. die Straffälligkeit schon dann eintritt, wenn von der verfälschten oder fälschlich angefertigten Urkunde Gebrauch gemacht wird. Es braucht also noch keinerlei Schaden entstanden zu sein.

Bei Vorliegen mildernder Umstände, die man dem Rauschgiftsüchtigen selten versagen wird, tritt gemäß Abs. 2 des § 268 StGB. Strafmilderung ein. Ein Fahrlässigkeitsdelikt ist jedoch nicht denkbar, denn die §§ 267, 268 StGB. setzen schon nach dem Wortlaut das Vorliegen einer rechtswidrigen Absicht voraus. Absichtliches oder fahrlässiges Verhalten schließen aber einander aus.

Übertretungen von Vo., die den Verkehr mit Arzneimitteln regeln: § 367 Abs. 3 StGB. bedroht Verstöße im Arzneimittelverkehr außerhalb der Apotheken. Für Betäubungsmittel kommt er nicht in Frage, da die erlaubnislose Abgabe ausschließlich nach § 10 (1) OpG. bestraft wird.

Die unter § 367 Abs. 5 StGB. fallenden Vo., die ihrerseits auf landesrechtlichen Ermächtigungen beruhen, stellen sich nach RGSt. Bd. 7, S. 206 als blankettausfüllende Vorschriften dar. Ein Irrtum über diese, sofern er nicht selbst auf Fahrlässigkeit beruht, wird vielfach als strafrechtlich beachtlich angesehen. Siehe aber: RGSt. Bd. 52, S. 325; RGSt. Bd. 47, S. 282; RGSt. Bd. 31, S. 226. Infolge der kurzen dreimonatigen Verjährungsfrist und der Berücksichtigung eines evtl. beachtlichen Irrtums sind Strafverfolgungen aus § 367, 5 StGB. in den seltensten Fällen durchführbar (s. hierzu die Erläuterungen zu § 10 Abs. 3 hinsichtlich des in diesem Gesetz vorgesehenen Übertretungsdeliktes). Wegen der nach § 367, 5 strafbaren Verordnungen und ihres Zusammenhangs mit den Betäubungsmitteln sei verwiesen auf den Abschnitt: „Andere reichsrechtliche Gesetze und landesrechtliche Verordnungen“, S. 342ff.

Nach einem Urteil des Landgerichts I Berlin[1] fehlt ein Zusammenhang zwischen OpG. und PrApothBetrO.

Verstöße gegen die Bestimmungen der Arzneitaxe sind nach § 148 RGewO. unabhängig vom OpG. zu bestrafen.

C. OpG. und die wichtigsten Bestimmungen der StPO. und der Strafregisterverordnung.

Unter Strafprozeßordnung[2] versteht man die das Strafprozeßverfahren regelnden Rechtssätze. Auszugehen ist von dem Legalitätsprinzip, d. h. dem Verfolgungszwang. Die Staatsanwaltschaft ist, sofern sie von einer strafbaren Handlung, vorliegendenfalls von einem irgendwie gearteten Verstoß gegen das OpG., Kenntnis erhält, verpflichtet, sofern hinreichender Verdacht vorliegt, die Anklage zu erheben. Es handelt sich nicht um eine Kann- oder Soll-, sondern um eine Mußvorschrift. Gelegentlich wird aber von Erhebung einer Anklage aus dem Gesichtspunkt des § 153 StPO. Abstand genommen werden können, wenn die Folgen der Tat unbedeutend sind und die Schuld des Täters gering ist. Die Nichtverfolgung von Übertretungen § 10 (3) bei Fahrlässigkeit setzt allerdings voraus, daß ein öffentliches Interesse an Herbeiführung einer gerichtlichen Entscheidung nicht besteht. Die zuständigen Behörden haben in ständiger Praxis jedoch das öffentliche Interesse an einer gerichtlichen Entscheidung mit Rücksicht auf eine erfolgreiche Bekämpfung des Mißbrauchs der Betäubungsmittel bejaht.

Hinsichtlich der sachlichen Zuständigkeit der Gerichte sei darauf verwiesen, daß, sofern nicht das Verfahren durch Strafbefehl oder Strafverfügung (s. weiter unten) in Lauf gesetzt wird, das Schöffengericht zumeist unter Zuziehung eines zweiten Amtsrichters, mithin in einer Besetzung von zwei Richtern und zwei Laienrichtern, auf Grund einer mündlichen Hauptverhandlung über die Anklage entscheidet. Grundsätzlich ist gegen die Urteile I. Instanz Berufung zulässig (§ 312 StPO.). Mit Rücksicht darauf, daß das vorliegende Gesetz in weitem Umfange Übertretungsstrafen vorsieht, sei auch auf die Bestimmungen des § 313 StPO. verwiesen. Danach kann ein Urteil des Amtsrichters, wenn es

---

[1] Pharm. Z. 1931, S. 716.

[2] Loewe-Rosenberg: Komm. z. StPO.

ausschließlich Übertretungen zum Gegenstand hat und der Angeklagte freigesprochen oder zu Geldstrafe verurteilt ist, nur mit der Revision angefochten werden. Hierin liegt, worauf in anderem Zusammenhang wiederholt hingewiesen wurde, ein strafprozessualer Mangel. Die Frist zur Einlegung der Berufung beträgt eine Woche. Sie beginnt gemäß § 314 StPO. mit der Verkündung des Urteils, ausnahmsweise mit der Zustellung, falls die Verkündung in Abwesenheit des Angeklagten stattgefunden hat. Über die Berufung entscheidet je nach der Zusammensetzung der I. Instanz die kleine oder die große Strafkammer.

Es sei in diesem Zusammenhang auch noch auf einen anderen Mangel, nämlich den des § 245 StPO. hinsichtlich der Übertretungsbestimmung verwiesen. Danach kann vor dem Amtsrichter, den Schöffengerichten und den Landgerichten das Gericht den Umfang der Beweisaufnahme — Zeugen, Sachverständige — selbst bestimmen, sofern die Verhandlung eine Übertretung betrifft. Das Gericht kann in solchen Fällen die Ladung von Zeugen oder die für das OpG. zumeist viel wichtigeren Sachverständigen, z. B. die der Verteidigung, ohne Begründung ablehnen. Für die Zwecke der gesamten Arzneimittelgesetzgebung wäre es aus diesem Gesichtspunkte u. a. erwägenswert, anstatt Übertretungsbestimmungen nur Vergehensstrafen anzudrohen und für den Fall fahrlässigen Handelns mildernde Umstände in bestimmtem, leichtem Strafrahmen vorzusehen.

Da als letzte Instanz gegen Verstöße von Übertretungsvorschriften die einzelnen Oberlandesgerichte zuständig sind, ist eine einheitliche Rechtsprechung durch das RG., welche für das ganze Reichsgebiet maßgeblich wäre, nicht zu erzwingen. Auch hierin liegt ein weiterer Mangel der Übertretungsbestimmungen. Andrerseits soll nicht übersehen werden, daß die auf Übertretung lautenden Strafen mit wenigen Ausnahmen nicht zur Eintragung in das Strafregister gelangen.

Für die Revision, welche nur auf die Verletzung von Rechtsgrundsätzen gestützt werden kann, ist, wiederum je nachdem die I. Instanz zusammengesetzt war, das Oberlandesgericht oder das Reichsgericht zuständig. Hier sei bemerkt, daß die Revision die Nachprüfung des Urteils lediglich in rechtlicher Beziehung (revisio in jure) bezweckt. Das Revisionsgericht ist an die tatsächlichen Feststellungen, auch an die sachverständigen Schlüsse der Gutachter gebunden, es sei denn, daß beispielsweise bei der Vernehmung der Zeugen oder bei der Würdigung der Sachverständigen-Gutachten Grundsätze verletzt worden sind, welche die Rechtsprechung als allgemein gültig und rechtlich erheblich anerkannt hat. Die Revisibilität, d. h. das Recht auf Einlegung der Revision, wegen eines zu hohen Strafmaßes wird neuerdings, wenn auch nicht ganz unbestritten, für zulässig gehalten[1].

Eine nicht unerhebliche Bedeutung kommt gerade bei Anklagen der hier in Betracht kommenden Art den Sachverständigen zu. Während Zeugen dritte Personen sind, die vor dem Richter über ihre Wahrnehmung in betreff von Tatsachen aussagen sollen, soll der Sachverständige aus den ihm bekannten Tatsachen, die er mitunter erst aus dem Ergebnis der Hauptverhandlung oder Beweisaufnahme erfährt, sichere Schlüsse auf Grund seiner besonderen Sachkenntnis ziehen. Nicht selten pflegen die Angeklagten den Wunsch nach Ablehnung eines bestimmten Sachverständigen auszusprechen. An sich erfolgt die Auswahl des Sachverständigen unbeschränkt durch das Gericht. Ein Sachverständiger kann aber aus denselben Gründen abgelehnt werden wie ein Richter. Er darf jedoch nicht abgelehnt werden, soweit er, was nicht selten der Fall ist, als Zeuge in Betracht kommt (s. §§ 26ff. StPO.). Eine Verpflichtung, als Sachverständiger Gutachten vor Gericht abzugeben, besteht für solche Ärzte, die zur Erstattung von Gutachten der erforderten Art öffentlich bestellt sind (z. B. Gerichtsärzte, Bezirks- oder Kreisärzte) oder ihre Tätigkeit öffentlich ausüben oder zur Ausübung derselben öffentlich bestellt oder ermächtigt sind, ferner für diejenigen Personen, welche sich zu Erstattung des Gutachtens vor Gericht bereit erklärt haben[2].

Den Beamten des RGA. wird grundsätzlich nicht die Erlaubnis erteilt, Gutachten zu erstatten oder als Sachverständige gehört zu werden.

Der Richter ist an das Urteil des Sachverständigen nicht gebunden und hat das Recht und die Pflicht der freien Beweiswürdigung. Dessenungeachtet aber soll der Sachverständige, der als Gehilfe des Richters tätig ist, sich der Tragweite seiner Aussage stets bewußt sein. Verwiesen sei noch auf § 278 StGB., wo gesagt ist, daß Ärzte und andere approbierte Medizinalpersonen, welche ein unrichtiges Zeugnis über den Gesundheitszustand eines Menschen zum Gebrauch bei Behörden usw. wider besseres Wissen ausstellen, mit Gefängnis bestraft werden.

Hinsichtlich der Ärzte und Apotheker wird zu prüfen sein, ob die Zeugenaussagen in Einklang zu bringen sind mit dem aus § 300 StGB. folgenden Schweigegebot. Hierzu wird die Auf-

[1] Jur. Woch. 1930, S. 3324.

[2] Vgl. im einzelnen: Der Arzt im Rahmen des Rechts, S 39. Dresden. Hammermüller & Co.

fassung vertreten, daß der Arzt und Apotheker trotz § 300 StGB. als Zeuge bekunden kann, wenn die Pflicht zu sprechen höher steht als die Pflicht zu schweigen.

Von Bedeutung sind auch noch die Bestimmungen über die Beschlagnahme, welche sich als Eingriff in private Rechte darstellt, und die grundsätzlich nur durch den Richter erfolgen darf. Bei Gefahrenverzug haben auch die Staatsanwaltschaft und die Hilfsbeamten (insbesondere die Polizei) die Befugnis zur Anordnung der Beschlagnahme. Der Beschlagnahme unterliegen (§ 94 StPO.) solche Gegenstände, welche als Beweismittel von Bedeutung sein können, ferner solche, welche der Einziehung unterliegen („Einziehung" siehe § 10 Nr. 5 OpG.). Hinsichtlich der Beschlagnahme von Postsendungen und Telegrammen gelten §§ 99, 100 StPO. Danach können Briefe, Sendungen und Telegramme, die an den Beschuldigten gerichtet sind, beschlagnahmt werden, andere nur, wenn Tatsachen vorliegen, die darauf schließen lassen, daß sie von dem Beschuldigten herrühren oder für ihn bestimmt sind, oder daß der Inhalt für die Untersuchung Bedeutung hat. Über die Zulässigkeit der Verhaftung, bzw. vorläufigen Festnahme, sei gesagt, daß die Voraussetzung hierfür einmal ein dringender Tatverdacht sein muß, daß sie nur zulässig ist, wenn entweder Kollusionsverdacht besteht, d. h. der Verdacht, daß der Angeschuldigte die Spuren der Tat verwischen, Zeugen oder Mitschuldige beeinflussen könnte, oder wenn Fluchtverdacht vorliegt (§ 112ff. StPO.). In jeder Lage des Verfahrens kann sich der Beschuldigte einen Verteidiger nehmen. Als solche kommen gemäß § 138 StPO. in Frage Rechtsanwälte und Rechtslehrer an deutschen Universitäten. Andere Personen nur in Ausnahmefällen und nur mit besonderer Genehmigung des Gerichts. Über die Rechte der Verteidigung, insbesondere das Recht der Akteneinsicht, des Rechtes auf Verkehr mit dem verhafteten Beschuldigten usw. siehe §§ 147ff. StPO.

Bei nicht erheblichen Delikten kann der Amtsrichter ohne vorhergehende Verhandlung auf eine Strafe durch schriftlichen Strafbefehl erkennen, sofern die Staatsanwaltschaft dies beantragt. Da der Strafbefehl erlassen werden kann wegen Vergehen und Übertretung (§ 407 StPO.), so ist er hier in vollem Umfang zulässig. Ein Strafbefehl darf jedoch höchstens auf Geldstrafe oder Freiheitsstrafe bis 3 Monate lauten. Dem Beschuldigten steht gegen den Strafbefehl das Recht zum Einspruch, wiederum binnen Wochenfrist, zu. Über den Einspruch wird in einer Hauptverhandlung entschieden.

Ferner kann die Strafgewalt des Staates, jedoch nur bei Übertretungen (in Frage käme § 10, Abs. 1, Nr. 6 in Verbindung mit § 10, Abs. 3), auch durch die Polizeibehörden ausgeübt werden. Diese können gemäß § 413 StPO. eine Strafe durch Polizeiverfügung festsetzen. Die Strafe darf sich jedoch nur im Rahmen der Übertretungsstrafen bewegen. Gegen diese polizeilichen Strafverfügungen steht dem Beschuldigten das Recht auf Beschwerde an die höhere Polizeibehörde (§ 413 Abs. 3 StPO.) und auf gerichtliche Entscheidung binnen einer Woche zu. Der Antrag auf gerichtliche Entscheidung gemäß § 414 StPO. kann bei der Polizeibehörde oder bei dem zuständigen Amtsgericht gestellt werden.

Schließlich sei noch erwähnt, daß bei Jugendlichen das Jugendgericht zuständig ist für alle Straftaten von Personen, die zur Zeit der Anklageerhebung über 14 und noch nicht 18 Jahre alt waren.

Ein Jugendlicher ist nicht strafbar, wenn er zur Zeit der Tat nach seiner geistigen und sittlichen Entwicklung nicht befähigt war, das Ungesetzliche seiner Tat einzusehen oder seinen Willen dieser Einsicht gemäß zu bestimmen. Statt einer Strafe kann das Gericht bei Jugendlichen auch Erziehungsmaßnahmen anordnen, falls es das für ausreichend hält.

Aus der Strafregisterverordnung vom 8. März 1926 sei angeführt:

Nach § 1 wird das Strafregister im Bezirk des Geburtsortes geführt. Liegt dieser im Ausland oder bestehen über ihn Zweifel, so wird es beim Reichsminister der Justiz geführt.

§ 2: Dem Strafregister sind die Verurteilungen mitzuteilen, die wegen einer strafbaren Handlung durch Urteil oder durch Strafbefehl eines deutschen Gerichts oder von einer deutschen Behörde durch Strafverfügung oder Bescheid ausgesprochen sind. Verurteilungen zu Geldstrafen wegen Übertretungen nur bei Zuwiderhandlung gegen § 361, 363 StGB.

§ 3: Auch die Überweisung an die Landespolizeibehörde ist mitzuteilen.

§ 32: Gerichten, Strafverfolgungsbehörden, höheren Verwaltungsbehörden und Polizeibehörden ist auf jedes Ersuchen Auskunft zu erteilen.

§ 36: An Privatpersonen wird keine Auskunft erteilt.

Aus dem Gesetz über beschränkte Auskunft aus dem Strafregister und die Tilgung von Strafvermerken vom 9. April 1920:

Nach § 1: Nach bestimmter Frist wird nur beschränkte Auskunft erteilt. Nach einer weiteren Frist wird der Vermerk ganz getilgt. Ausnahme Todesstrafe und Zuchthaus.

§ 3: Weitere Ausnahme, solange die bürgerlichen Ehrenrechte entzogen sind.

§ 4: Bei beschränkter Auskunft erhalten nur Gerichte, Staatsanwaltschaft und oberste Reichs- und Landesbehörden Auskunft. Dabei ist die beschränkte Auskunftspflicht mitzuteilen. Sonst ist zu antworten, als ob überhaupt kein Vermerk bestände.

§ 6: Die Frist für die beschränkte Auskunftspflicht beträgt 5 Jahre, wenn es sich um Geldstrafen oder Freiheitsstrafen bis zu 3 Monaten, auch in Verbindung mit Nebenstrafen (außer Überweisung an die Landespolizeibehörde), handelt.

Im übrigen beträgt diese Frist 10 Jahre.

§ 7: Die Frist für die Tilgung beträgt weitere 5 Jahre, bei Geldstrafen und Freiheitsstrafen bis 1 Woche.

Im übrigen beträgt sie 10 Jahre.

§ 8: Die Landesjustizverwaltung kann in anderen Fällen diese Maßnahmen anordnen, wenn staatliche Interessen nicht gefährdet werden.

2. Zusammenstellung der Judikatur unter der Geltung des früheren OpG.

Die Zusammenstellung früherer auf dem bisherigen OpG. fußender Entscheidungen schien zweckmäßig und geboten, weil sie Anhaltspunkte für die Auslegung wichtiger, auch das gegenwärtige Gesetz tragender Begriffe gibt.

Es wird jedoch von Fall zu Fall zu prüfen sein, ob und in welchem Umfange die unter der Geltungsdauer des bisherigen OpG. ergangenen Entscheidungen Berücksichtigung finden können. Keineswegs sollen sie dem Richter die Möglichkeit geben, die Entscheidung erneut z. B. auf die Gegenüberstellung der Verwendung von Betäubungsmitteln als Heil-, Genuß- oder Nicht-Heilmittel abzustellen, soweit er sich um die Abgabe z. B. durch den Apotheker handelt. Aber auch insoweit empfiehlt sich die Bezugnahme und die Kenntnis der bisherigen Judikatur, weil — um bei diesem Beispiel zu bleiben — Art. 5 G.C., auf welcher das deutsche Gesetz beruht, von Abgabe zu medizinischen Zwecken spricht.

1. Wann bedarf es der besonderen Erlaubnis nicht? Nur die Abgabe auf Verschreibung nach § 2, § 8 des alten Gesetzes in Apotheken ist frei. Sonst Erlaubniszwang auch für Ärzte und Apotheker. Nicht ein Personenkreis, sondern ein Tätigkeitskreis ist ausgeschlossen von der Erlaubnispflicht. Siehe § 2 zu Abs. 4 des früheren Gesetzes über Befreiung der Apotheken vom Erlaubniszwang, Gegenüberstellung von Heil- und Genußmittel nach der früheren Judikatur:

RGSt. 1. D. 286. 28, 3. D. 988. 28, Bd. 60, S. 365, RGSt. 2. D. 582. 27[1], 2. D. 744. 28.

2. Abgabe als Heilmittel: Die Definition, RG. Bd. 60, S. 365 (Merkmale: Linderung von Leiden, Schmerzstillung, abnehmende Dosen), liegt nur vor, wenn die Abgabe

a) materiell zu Heilzwecken erfolgt,
b) auf Rezept erfolgt.

Siehe hierzu:

RGSt. Bd. 60, S. 365, 2. D. 582. 28, 1. D. 286. 28, RGSt. Bd. 62, S. 281, 3. D. 988. 28, 2. D. 744. 28.

Diese Entscheidungen legen dem Apotheker gleichmäßig eine Prüfungspflicht bezüglich des Heilzweckes auf vor Abgabe des Betäubungsmittels, siehe § 2 zu Abs. 4 früheren Rechtes. Anderer Meinung LG. Köln[2].

3. Vermittlung nicht strafbar: So:

KG. 3. S. 206. 27,
3. S. 308. 26[3];
RGSt. 2. D. 1158. 28 (wo aber betont ist, daß auch der Vermittler strafbar ist, sobald er eine Tätigkeit entfaltet, die tatsächliches Inverkehrbringen darstellt, z. B. Mitwirkung beim Transport. Siehe auch KG. 4. S. 49. 28[4].)

4. Kokain in Substanz kann niemals als Heilmittel abgegeben werden:

RGSt. 3. D. 988. 28,
1. D. 286. 28,

ist stets wenigstens fahrlässig. Siehe auch Schöffengericht Hamburg[5].

---

[1] Pharm. Z. 1928, S. 1289, Nr. 87, S. 1353 und Jur. Woch. 1929, S. 2274, ferner Jur. Woch. 1928, S. 1026.

[2] Pharm. Z. 1928, Nr. 102, S. 1617. [3] Pharm. Z. 1927, Nr. 29, S. 431.

[4] Pharm. Z. 1929, Nr. 47, S. 767. [5] Pharm. Z. 1927, Nr. 99, S. 1571.

5. Fahrlässigkeit genügt zur Bestrafung auch nach früherem Recht[1].

RGSt. Bd. 60, S. 365,
3. D. 988. 28,
1. D. 286. 28.

6. Mittelbare Täterschaft des Arztes, wenn er sich des gutgläubigen Apothekers als Werkzeug bedient.

RGSt. 2. D. 744. 28[2].

7. Das Opiumgesetz als Reichsgesetz geht der preuß. Apothekenbetriebsordnung vor, die nur landesrechtlich Verpflichtung zur Fertigung der Rezepte bestimmt:

RGSt. 1. D. 286. 28 unter Bezugnahme auf Art. 13 RVerf. Reichsrecht bricht Landesrecht.

8. Nachreichung des Rezeptes genügt nicht, Rezept muß von vornherein vorliegen, um die Strafbarkeit auszuschließen:

RGSt. 2. D. 744. 28[3].

9. Gültigkeit der Ausführungsbestimmungen: Reichsministerium des Innern zuständig:

RGSt. 2. D. 582. 27.

Die Bestimmungen waren unwirksam bis zum Erlaß des § 2 Abs. 5 des OpG. v. 21. März 1924, der eine Ermächtigung schuf. RGSt. 62, S. 281.

10. Verabreichung einer Rauschgiftspritze nicht strafbar, da sofort durch die Einspritzung verbraucht, also kein Wechsel der Verfügungsgewalt:

RGSt. 33, 306, 1. D. 286. 28.

11. Begriff der Gewerbs (Berufs)mäßigkeit: gleich fortgesetztes Handeln, zum ganzen oder teilweisen Erwerb des Lebensunterhalts. Siehe hierzu: § 3 dieses Gesetzes, insbes. S. 71 und

RGSt. Bd. 54, S. 185,
Bd. 38, S. 362,
Bd. 53, S. 155.
RG. in Jur. Woch. 99, S. 282; Jur. Woch. 1910, S. 803, Anm. 10.

12. Erwerb liegt schon bei Ankauf vor, sofern Verfügungsgewalt begründet wird — mittelbare genügt. Unter Umständen auch dann, wenn die Waren bei der Lieferfirma lagern bleiben und gemäß Anweisung des „Erwerbers" an den weiteren Abnehmer versandt werden sollen:

KG. 3. S. 4. 24[4].

---

[1] Hamburger in Südd. Apoth. Z. 1929, S. 733.
[2] Apoth. Z. 1928, Nr. 99, S. 1498.
[3] Apoth. Z. 1929, Nr. 1, S. 6; Pharm. Z. 1928, Nr. 99, S. 1563.
[4] Pharm. Z. 1924, Nr. 82, S. 1034 und Jur. Woch. 1930, S. 3773.

13. Genehmigte Örtlichkeiten: Bei § 2 Abs. 1 in Verbindung mit Abs. 4 des früheren Gesetzes nur die Räume der Apotheke — PrApothBetrO. § 1 —. Daher anderweitige Aufbewahrung durch den Apotheker strafbar.

KG. III. 84. 25[1].
KG. in Pharm. Z. 1928, Nr. 50, S. 773.

14. Fahrlässigkeit des Apothekers verneint, wenn besonderer Vermerk des Arztes auf Rezept „zu Heilzwecken".

RGSt. 2. D. 744. 28[2]; aber Pharm. Z. 1928, Nr. 28, S. 449.

15. Abgabe: Wesentlich hierfür Wechsel der Verfügungsberechtigung. Daher keine Abgabe bei bloßer Besitzdienerschaft des Empfängers, siehe Abgabe und Veräußerung § 3 (1) des neuen Gesetzes.

OLG. Hamburg II. 264. 25[3].

Abgabe in vorschriftswidrigen Dosen LG. Köln in Pharm. Z. 1928, Nr. 28, S. 449.

16. Großhandel liegt nicht vor bei Abgabe an Krankenhäuser, sofern diese nicht auf Vorrat, sondern dem jeweiligen Bedarf entsprechend bestellen. Krankenhäuser sind keine Zwischenhändler. Wesentlich für Großhandelsbetrieb ist die Tatsache, daß eine Lieferung über den jeweiligen Verbraucherbedarf hinaus erfolgt und daß an Wiederverkäufer abgegeben wird. Bestritten ist, ob der Wiederverkäufer zur Abgabe berechtigt sein muß. Siehe Großhandel S. 88.

KG. 1. S. 591. 27[4].

17. Irrtum über den Inhalt der Erlaubnis ist unter Umständen verwaltungsrechtlicher Irrtum und schließt Strafbarkeit aus, siehe § 10 des geltenden Gesetzes, Allgemeines und S. 275.

RGSt. in Pharm. Z. 1928, Nr. 13, S. 201 u. Nr. 45, S. 696 (Urteil v. 10. Febr. 1928).

18. Aufbewahren an nicht genehmigten Örtlichkeiten muß zum Zweck des Handels, bzw. der Veräußerung erfolgen. Wesentlich hierbei ist die wirtschaftliche Selbständigkeit des „Aufbewahrers". Sonst keine Strafbarkeit. Daher: Bei Lagerhaltung durch einen Vertreter an einem anderen Orte als dem der Stammfirma muß diese auch für die dortigen Räume Erlaubnis

---

[1] Pharm. Z. 1925, Nr. 56, S. 931. [2] Apoth. Z. 1929, Nr. 1, S. 6.
[3] Pharm. Z. 1926, Nr. 30, S. 458.
[4] Pharm. Z. 1927, Nr. 64, S. 980; vgl. auch Pharm. Z. 1927, Nr. 84, S. 1318; 1929, Nr. 8, S. 123 und Apoth. Z. 1927, S. 937.

haben. Sonst Strafbarkeit. Der Vertreter ist nur strafbar, wenn die Stammfirma die Erlaubnis nicht hat und er hierüber orientiert ist oder es sein mußte:

KG. in Pharm. Z. 1928, Nr. 50, S. 773.

19. Krankenhaus-Belieferung:

RGSt. 2 S. 582. 28[1].

20. Feilhalten: „Es genügt die Feststellung, daß .... zum Verkauf an das Publikum bereit gehalten und diesem zugänglich gemacht hat"; siehe Näheres zum Begriff S. 55.

RGSt. 3. D. 213/29 zu § 3 LebensmG.[2].

21. In Verkehr bringen: Hier genügt der bloße Abschluß eines obligatorischen Vertrages oder dessen Vermittlung, sofern keine Mitwirkung bei der Erfüllung vorgesehen ist (siehe auch unter Vermittlung); siehe § 8 des alten und § 10 (1) Nr. 1 des neuen Gesetzes.

RGSt. 2. D. 1158/28,
KG. Pharm. Z. 1928, Nr. 50, S. 773,
RGSt. 1 D. 286/28[3].

3. Die bisher bekanntgewordene Literatur und Rechtsprechung zu dem neuen Gesetz.

Zur weiteren Einfühlung in den Geist des neuen Gesetzes sei unter Berücksichtigung der neuen, seit 1930 ergangenen Entscheidungen folgendes ausgeführt:

Gemäß § 2 StGB. soll bei Verschiedenheit der Gesetze von der Zeit der begangenen Handlung bis zu deren Aburteilung das mildere Gesetz zur Anwendung kommen. Soweit es sich z. B. um fahrlässig begangene Übertretung der Rezeptvorschriften handelt, wird nach dem geltenden OpG. deswegen als dem milderen judiziert werden müssen, weil es im Gegensatz zu dem früheren hinsichtlich des Strafmaßes im § 10 (3) Vorsatz und Fahrlässigkeit unterscheidet.

Als verschärfende Bestimmung kommt allerdings § 10 Abs. 5 des neuen Gesetzes in Frage, welcher nunmehr ein selbständiges Verfahren auf Einziehung der widerrechtlich in Verkehr gebrachten Stoffe und Zubereitungen ermöglicht. Das objektive Verfahren jedoch ist keine Strafe im strafrechtlichen Sinne [siehe bei § 10 (5)].

---

[1] Siehe Pharm. Z. 1928, Nr. 83, S. 1289 und Nr. 87, S. 1353.

[2] Ebermayer zu § 184, Anm. 4 u. § 367, Anm. 7 und Holthöfer-Juckenack § 3 Anm. 10a, S. 71f.

[3] Jur. Woch. 1929, S. 2273ff.

Hieraus folgt, daß die Stellungnahme zu § 2 StGB. von Fall zu Fall zu entscheiden sein wird.

Zur Verurteilung von Apothekern z. B. wegen Verstoßes gegen das OpG. reicht § 2 (4) des früheren Gesetzes nicht mehr aus, weil die Motive zu dem neuen Gesetz mit aller Deutlichkeit diese Gegenüberstellung, hie Heilmittel, hie Genußmittel, ablehnen und bewußt und gewollt diese in das neue Gesetz insoweit nicht mit übernommen haben — Reichstag IV. 1928 Drucks. Nr. 1386, zu § 8 —. Wollte man dessenungeachtet nach Inkrafttreten des neuen Gesetzes die alte Judikatur aufleben lassen, so würde man den Willen des Gesetzgebers in das Gegenteil verkehren. Auf die freie Auslegung des Begriffs ärztliche Verschreibung läßt sich ein Urteil gleichfalls nicht mehr stützen. Das Reichsgericht hat zwar erklärt, daß der Begriff „Rezept" lediglich aus den reichsgesetzlichen, nicht landesgesetzlichen Vorschriften unter Berücksichtigung der ratio des Gesetzes und der Auffassung ärztlicher Kreise usw. zu erklären ist[1]. Jedoch darf man nicht übersehen, daß diese Judikatur auf dem inzwischen außer Kraft gesetzten Gesetz beruht, und daß das neue Gesetz den Begriff „Verschreibung" formal bestimmt, soweit es sich um die Abgabe durch die Apotheke — nicht durch den Apotheker schlechthin — handelt. Es ist daher z. B. vom Standpunkt des Apothekers nur zu prüfen, ob der Arzt bei der Ausstellung der Verschreibung die aus den Afb. zu § 8 näher ersichtlichen formalen Bedingungen erfüllt hat.

Für den Arzt tritt zu diesen Formalitäten noch die aus § 6 der Afb. zu § 8 erforderliche Voraussetzung der ärztlichen, zahnärztlichen oder tierärztlichen Begründetheit der Verschreibung hinzu. S. die soeben bekannt gewordene Entscheidung des Oberlandesgerichts Dresden vom 27. Januar 1930[2] — 2 OSt. 335/30 — und des Oberlandesgerichts Karlsruhe[3] vom 23. Oktober 1930 — SR. 202, 210/30 —, wo gesagt ist, daß der Begriff der Abgabe und des Erwerbs als Heilmittel im Interesse der Rechtssicherheit fallen gelassen wird. Die Apotheker sollen von der schwierigen Prüfungspflicht der Verwendung als Heilmittel oder zu anderen Zwecken entbunden sein. Dort ist auch gesagt, daß nach dem neuen Gesetz der Arzt nicht schon deshalb bestraft werden kann, weil er das Opium nicht als Heilmittel verordnet. Diese Auffassung könnte einer Nachprüfung des Reichtsgerichs nur dann standhalten, wenn man annimmt, was offenbar der Fall ist, daß den Entscheidungen die Rechtslage zugrunde gelegt ist, welche in der Zwischenperiode nach Inkrafttreten des neuen Gesetzes

[1] Ebermayer: Der Arzt im Recht, S. 181.
[2] Jur. Woch. 1931, S. 1505. [3] Jur. Woch. 1931, S. 1507.

und vor Inkrafttreten der Ausführungsverordnung zu § 8 Geltung hatte. Den beiden Entscheidungen kommt mithin nach Inkrafttreten der neuen Betäubungsmittelverordnung zu § 8 keinerlei Bedeutung mehr bei. Um das festzustellen, mußten sie jedoch gewürdigt werden[1].

Die obigen Entscheidungen der Oberlandesgerichte Dresden und Karlsruhe sind nicht in Einklang zu bringen mit § 6 der Ausführungsbestimmungen zu § 8 OpG., welcher besagt:

„Die Arzneien dürfen nur von Ärzten, Zahnärzten oder Tierärzten und nur dann verschrieben werden, wenn die Anwendung des Betäubungsmittels ärztlich, zahnärztlich oder tierärztlich begründet ist."

Siehe S. 191.

I.

Das erweiterte Schöffengericht Berlin hatte einen Apothekenbesitzer zu hoher Geldstrafe verurteilt, weil er unter der Geltungsdauer des alten Gesetzes Opiate in freilich außerordentlich großen Mengen abgegeben und — ohne den Arzt persönlich zu kennen — nach verschiedenen Orten Deutschlands gesandt hatte. Die Rezepte stellten sich als Fälschungen heraus.

Das Urteil I. Instanz ging davon aus, daß das inzwischen in Kraft getretene neue Gesetz als das mildere zur Anwendung zu kommen hat, daß aber infolge des damaligen Fehlens der Afb. zu § 8 betr. das Verschreiben und die Abgabe Betäubungsmittel enthaltender Arzneien der Begriff „Verschreibung" frei auszulegen ist. Das Gericht war nicht der Meinung, daß nach den landesrechtlichen Vorschriften über die Abgabe starkwirkender Arzneimittel das Rezept als formal ordnungsmäßig dann anzusehen ist, wenn es Datum und Unterschrift des Arztes enthält. Der Begriff Rezept ist aus dem Reichsgesetz zu folgern.

Gegenteiliger Ansicht war z. T. die große Strafkammer des Landgerichts I Berlin in Sachen 18.[1] J. 96/29, welche den Begriff der Verschreibung im Sinne der §§ 3 und 8 des neuen Gesetzes formal unter Berücksichtigung des Umstandes wertete, daß damals die Afb. zu § 8 noch nicht erlassen waren.

Dieses Gericht ist der in der Begründung des OpG. enthaltenen Auffassung beigetreten, daß es nicht Sache des Apothekers ist, Überlegungen anzustellen, die nicht seines Amtes sind. Der Apotheker soll nicht nachzuprüfen haben, ob im Einzelfall die Anwendung von Opiaten ärztlich begründet war oder nicht, und ob für ihn als Abgabestelle die Abgabe der Arznei zulässig ge-

---

[1] S. auch Lehmann: Apoth. Z. 1931, S. 1176.

wesen sei. Zur Frage des milderen Charakters des neuen Gesetzes hat dieses Gericht gemeint, daß deswegen das neue Gesetz das mildere sei, weil fortab dem Apotheker nicht die Nachprüfung des Verwendungszweckes, insbesondere der Verwendung als Heilmittel, obliegt.

Zur Frage des Erkennenmüssens von gefälschten Rezepten: Es soll schon dann ein Verschulden des Apothekers bejaht werden, wenn das Nichterkennen einer Fälschung auf Fahrlässigkeit beruht, d. h. wenn der Apotheker unter Berücksichtigung aller Sorgfalt die Fälschung hätte erkennen müssen.

II.

Die Frage, nach welchem Gesetz zu entscheiden ist, wird auch noch in den nächsten Jahren von Erheblichkeit sein, weil Vergehen gegen das alte OpG. erst nach 5 Jahren verjähren. Eine unter der Geltungsdauer des alten Gesetzes begangene strafbare Handlung ist unter Umständen erst Ende des Jahres 1934 der Strafverfolgung entzogen. Daß noch nach Jahren Verfahren anhängig gemacht werden, beweist eine im Dezember 1929 erhobene Anklage, welche auf Vorfälle aus dem Jahre 1924 zurückgeht. Das Landgericht K. hat im Gegensatz zu anderen Gerichten das alte Gesetz als das mildere angesehen und dies gemäß § 2 StGB. angewandt. Es hat diese abweichende Stellungnahme wie folgt begründet:

Vielfach ist die Ansicht vertreten, daß nach dem alten Gesetz nur die vorsätzliche Tat strafbar gewesen ist. Nach dem neuen Gesetz genügt aber schon infolge des besonderen Fahrlässigkeitsdeliktes (§ 10, 3) fahrlässiges Verhalten zur Bestrafung[1]. Das neue Gesetz ist also deswegen das strengere, weil es im Gegensatz zum alten auch die Fahrlässigkeit bestraft. Diese Rechtsprechung läßt sich nicht in Einklang mit der des Reichsgerichts zur Auslegung des OpG. bringen. Das Reichsgericht hat angenommen, daß auch unter der Geltungsdauer des alten Gesetzes Fahrlässigkeitsdelikte — obgleich das alte Gesetz ein besonderes Fahrlässigkeitsdelikt nicht kennt — deswegen strafbar sind, weil das OpG. vorbeugenden und polizeilichen Charakter habe. In allen solchen Fällen aber ist auch leichtes Verschulden, ohne daß der Gesetzgeber das besonders zum Ausdruck bringt, zu ahnden. S. hierzu Entsch. d. OLG. Dresden[2] vom 27. Januar

---

[1] Anderer Ansicht ist Hamburger in Südd. Apoth. Z. vom 22. Nov. 1929, S. 733.

[2] Jur. Woch. 1931, S. 1505.

1930, 2 OSt. 335/30 und OLG. Karlsruhe[1] vom 23. Oktober 1930, SR. 202, 210/30.

Von Interesse aus diesem Straffall ist noch, daß den Bezugschein, sowohl nach dem alten als auch nach dem neuen Gesetz, der Erwerber zu beantragen hat. Die Gepflogenheit, das Antragsformular durch den Erwerber zu unterschreiben, es aber nicht unmittelbar bei der zuständigen Opiumstelle des Reichsgesundheitsamtes einzureichen, sondern den weiteren Gang des Verfahrens dem Lieferer, d. i. der Großhändler, zu überlassen, widerspricht den Absichten des Gesetzgebers. In dem Verfahren ist zwar nur ein geringes Verschulden zu erblicken, das aber in Zukunft zu vermeiden sein wird (siehe über den Begriff des Erwerbers, Lieferers, ihre rechtsgeschäftliche und tatsächliche Bedeutung, Seite 57, 76).

III.

In einem Fall der Abgabe von Morphin in Substanz an Stelle von verschriebenen Morphiumampullen durch einen Apotheker und Herstellung von Morphiumlösungen durch eine Krankenschwester hatte, ein Beweis für die noch mangelnde Einheitlichkeit der Rechtsprechung, das Gericht die Frage des Verwendungszweckes von Morphin in Substanz als Heilmittel geprüft, obwohl es das geltende Gesetz anwandte, welches dem Nichtarzt die Kenntnis und Nachprüfung des Verwendungszweckes nicht mehr zumutet. Das Gericht bejahte die Frage des Heilcharakters mit Rücksicht darauf, daß die Abgabe für eine Krankenanstalt erfolgte.

IV.

In der vermutlich ersten seit Inkrafttreten des neuen Gesetzes ergangenen Reichsgerichtsentscheidung vom 18. Dezember 1930 — 3. D. 781/30[2] — handelt es sich um die Abgabe von Kokain durch einen Apothekenpraktikanten ohne Rezept und ohne Bezugschein. Das RG. sagt richtig, daß auf die generelle Befreiung vom Erlaubniszwang die Apotheke als Medizinalanstalt, nicht aber ein Apotheker als Privatperson sich berufen kann. Handelt ein Apotheker nicht erkennbar als Apothekenbesitzer oder dessen Vertreter, so finden die Bestimmungen über die allgemeine Erlaubnis und das Bezugscheinverfahren für das Indenverkehrbringen von Betäubungsmitteln Anwendung. Da aber ein Verstoß gegen das Erwerben ohne Erlaubnis zwangsläufig auch einen Verstoß gegen Erwerb ohne Bezugschein mit sich bringt, so liegt

[1] Jur. Woch. 1931, S. 1507.

[2] Näheres siehe Hamburger in Pharm. Z. 1930, S. 16 und Pharm. Z. 1931, S. 19.

nur eine einzige Straftat (Gesetzeskonkurrenz) vor. Das Strafmaß ist daher nicht nach den Grundsätzen über Idealkonkurrenz zu bestimmen. Diese Entscheidung ist wesentlich, weil sie auf das neue Gesetz in Verbindung mit § 10 Abs. 1 Nr. 1 und 2 Anwendung zu finden hat. Obgleich die Tat zeitlich während der Geltungsdauer des aufgehobenen Gesetzes begangen wurde, die Entscheidung des Reichsgerichts aber im Dezember 1930 ergangen ist, hatte es die Frage, welches von beiden Gesetzen anzuwenden war, nicht zu prüfen. Es war an die Rechtsgrundlage der Vorinstanz gebunden. Eine nach Erlaß des angefochtenen Urteils eingetretene Gesetzesänderung (§ 2 Abs. 2 StGB.) ist für die Revisionsinstanz ohne Bedeutung (RG. I, 14. Juni 1917, RGSt. 51, 48)[1]. Derselben Auffassung ist Ebermayer im Leipz. Kommentar zu § 2, Anm. 6, Seite 104. Danach ist Zeit der Aburteilung die durch den Tatrichter, nicht die durch den Revisionsrichter, welcher diese Rechtsfrage nicht nachzuprüfen hat (s. RGSt. 41, 177; 46, 337; 22, 347)[2,3].

V.

Eine während der Drucklegung bekanntgewordene Entscheidung des Reichsgerichts vom 28. September 1931, 2 D 585/31, s. S. 301.

4. Begriffsdefinitionen und Entscheidungen oberer Gerichte.

Zu Absatz 1:

Vorweg sei nochmals darauf verwiesen, daß die gesamte Strafbestimmung des § 10 subsidiär ist. — Siehe S. 273.

Strafmaß: Der Mindestbetrag der Gefängnisstrafe beträgt einen Tag (§ 16, I StGB.), der Höchstbetrag 3 Jahre (§ 10 OpG.). Die Strafe muß nach vollen Tagen berechnet werden. Die Geldstrafe ist in Goldmark festzusetzen und beträgt bei Verbrechen und Vergehen mindestens 3 und höchstens 10000 GM., bei Übertretungen mindestens 1 und höchstens 150 GM (§ 27 II StGB.).

Etwas anderes gilt nur, wenn das Gesetz ausdrücklich besondere Vorschriften aufstellt. Insbesondere kann bei einem Verbrechen oder Vergehen, das auf Gewinnsucht beruht, die Geldstrafe auf 100000 GM. erhöht werden (§ 27a StGB). Bei der Bemessung der Geldstrafe sind die wirtschaftlichen Verhältnisse des Täters zu

[1] Siehe Löwe-Rosenberg: Anm. 1b zu § 337, S. 709.

[2] Pharm. Z. 1930, S. 16; 1931, S. 19.

[3] Zur Auslegung der Afb. zu § 8 — Verschreibung und Abgabe — siehe insbesondere auch Urban in Pharm. Z. 1930, S. 1505; Linz in Apoth. Z. 1930, S. 1663.

berücksichtigen. Sie soll das Entgelt, bzw. den Gewinn, den der Täter aus der Tat gezogen hat, übersteigen. Zu diesem Zwecke darf sogar das gesetzliche Höchstmaß überschritten werden (§ 27c StGB.). Die Vorschrift des § 27c Abs. 1 StGB. stellt die wirtschaftlichen Verhältnisse nur als einen der Gesichtspunkte hin, die bei der Bemessung einer Geldstrafe in Betracht zu ziehen sind und verleiht ihnen keinen Vorrang in dem Sinn, daß alle anderen für die Bemessung einer Geldstrafe wichtigen Gesichtspunkte erst in dem von ihnen gebildeten Rahmen zur Geltung kommen können. Ist dem Verurteilten nach seinen wirtschaftlichen Verhältnissen sofortige Zahlung nicht zuzumuten, so kann das Gericht eine Frist oder Teilzahlungen bewilligen.

Eine nicht beizutreibende Geldstrafe ist in Gefängnis, und bei Übertretungen in Haft umzuwandeln (§ 28 StGB.).

Derartige Geldstrafen einschließlich der Kosten für das Strafverfahren kann ein wegen fahrlässigen Verstoßes gegen das OpG. Verurteilter bei der Berechnung des Gewinns als Werbungskosten in Abzug bringen. Das gilt insbesondere für Delikte auf dem Gebiete des polizeilichen Unrechts (siehe Urt. d. Reichsfinanzhofes vom 20. August 1930, AZ VI A 1386/30[1]; ferner Urt. v. 31. Oktober 1928 VI A 1147/28[2].

Wegen Bezugnahme auf andere schwerere Strafgesetze s. S. 278, wo auf die Möglichkeit einer Idealkonkurrenz mit Körperverletzung, fahrlässige Tötung, Urkundenfälschung usw., verwiesen ist. Ebermayer teilt ein Urteil des Reichsgerichts ohne Datum mit, wonach ein Arzt wegen fahrlässiger Tötung verurteilt wurde, weil er einem Patienten zu große Mengen Morphium zugänglich gemacht hat[3].

Fahrlässigkeit ist lediglich nach Abs. 3 des § 10 OpG. strafbar.

Die aufgeführten verschiedenen Formen des Handels und Verkehrs sind in der Neufassung des Gesetzes mit den an den übrigen Stellen des Gesetzes genannten in Einklang gebracht worden.

Unter Stoffe und Zubereitungen im Sinne des Abs. 1 fallen nicht nur die in § 1 (1 und 3) genannten, sondern auch die auf Grund des § 1 (2) durch besondere Vo., deren Nichtbeachtung aber nicht noch einmal besonders unter Strafe gestellt ist, neu hinzugekommenen Stoffe, nicht aber die in § 9 genannten, auf sie bezieht sich Abs. 4.

---

[1] Apoth. Z. 1930, S. 1399.

[2] Abgedruckt in Steuer und Wirtschaft 1929, Nr. 163a.

[3] Ebermayer: Der Arzt im Recht, S. 140.

Zu Abs. 1, Nr. 1:

Zur Erläuterung der einzelnen Stichworte siehe vor allem die entsprechenden Abschnitte bei §§ 2 und 3.

Wer..: Der Grundsatz der Personalität, wonach die Straffälligkeit nur in der Person des Täters entsteht, folgt aus der Fassung des § 10 Abs. 1 Nr. 1—8, welche übereinstimmend mit „Wer die Stoffe“, „Wer im“, „Wer den Bestimmungen zuwider“ beginnen. Mit Recht wird der Geschäftsherr, Fabrikant oder Apothekenbesitzer häufig auf die Verantwortlichkeit eines Geschäftsleiters (siehe Näheres hierzu Seite 129) oder Apothekenverwalters oder approbierten Assistenten verweisen (Bayer. ObLG. Bd. 20, S. 51). Das ändert aber nichts an der Tatsache, daß Geschäftsherr und Gehilfen gemeinsam und nebeneinander verantwortlich sein können. Das Verschulden des Geschäftsherrn kann z. B. auf fahrlässige Außerachtlassung der Aufsichts- oder Informationspflicht, je nach den tatsächlichen Feststellungen, beruhen. Von den tatsächlichen Feststellungen wird es auch abhängen, ob die Mitwirkung des Assistenten an einem strafbaren, in die Berufsausübung fallenden Tun des Geschäftsherrn, sich als Beihilfe oder Mittäterschaft darstellt. Wesentliches Kriterium wird sein, ob der Mitarbeiter in jeder Beziehung den Anordnungen des Geschäftsherrn hinsichtlich der ihm insoweit übertragenen Arbeit Folge leisten muß, oder ob er völlig unabhängig hiervon selbständig und nach dem Willen der Parteien verantwortlich den in Frage kommenden Geschäftsbereich verwaltet.

Es kann weiterhin darauf ankommen, ob die Tat des Assistenten in Gegenwart und mit Kenntnis des Geschäftsherrn erfolgte. Im letzteren Falle wird man lediglich im Sinne des § 49 StGB. Beihilfe annehmen, weil der Gehilfe den Erfolg nicht als einen eigenen, sondern als den eines Dritten (seines Geschäftsherrn) erstrebte. Zur Mittäterschaft wird man dann gelangen, wenn die tatsächlichen Feststellungen überzeugende Anhaltspunkte dafür geben, daß ein gemeinschaftliches Handeln im Sinne des § 47 StGB. vorliegt. Von welcher strafrechtlichen Bedeutung diese Unterscheidung ist, folgt aus dem Umstande, daß die Beihilfe zu einer Übertretung, welche das vorliegende Gesetz im § 10 Abs. 3 ausdrücklich kennt, nach geltendem Reichsstrafrecht nicht strafbar ist. Anders die Mittäterschaft [1].

Die Abgabe von Betäubungsmitteln gegen Rezept durch eine Helferin verstößt nicht gegen das OpG., aber gegen PrApothBetrO. [2].

---

[1] Urteil des KG. vom 17. Juli 1930 in Blätter für Rechtspflege im Bezirk des Kammergerichts 1930, Nr. 11, S. 118.

[2] Pharm. Z. 1931, S. 716.

Nach § 4 Abs. 2 UnlWG. haftet für Verstöße von Angestellten und Beauftragten der Geschäftsinhaber, wenn die Handlung mit seinem Wissen geschah, auch strafrechtlich. Eine solch positive, ausdrückliche Bestimmung fehlt im vorliegenden Gesetz.

Erlaubnis: Beachtlich ist, daß ein Irrtum über den Umfang und Inhalt der Erlaubnis einem Tatsachenirrtum — siehe S. 275 — gleichzusetzen ist, der den Vorsatz ausschließt (s. RG. 10. Februar 1928[1]). Es ist jedoch der Gesichtspunkt des § 59 Abs. 2 StGB. zu beachten, in Verbindung mit § 10 Abs. 3 OpG. Danach käme eine Bestrafung wegen eines besonderen Fahrlässigkeitsdeliktes § 10 (3) in Frage, wenn der Irrtum auf Fahrlässigkeit selbst, z. B. auf Unterlassung von Erkundigungen, die notwendigerweise hätten angestellt werden müssen, beruht. Siehe zu § 10 Allgemeines[2].

Bringt ein Apotheker ein Betäubungsmittel ohne Vorlage einer Verschreibung in Verkehr, so kommt die Strafbestimmung des § 10 Nr. 1 in Frage, weil die Befreiung von der vorgeschriebenen Erlaubnis nach § 3 die Abgabe nur auf Grund einer Verschreibung nach Afb. zu § 8 voraussetzt. Die frühere Judikatur hat in folgenden Entscheidungen zum Erlaubniszwang für Ärzte und Apotheker Stellung genommen:

RG. 1. D. 286/28; 3. D. 988/28; 2. D. 582/28; 2. D. 744/28. RGSt. Bd. 60, S. 385.

Siehe § 10, Zusammenstellung der Judikatur sub 1 und das zu dem Begriff „Erlaubnis" bei § 3 (1) Ausgeführte.

Einführen: Das Verbot der Einfuhr ist unbeschadet des strafbaren Versuchs nicht schon durch das Unternehmen, sondern erst durch das vollendete Herüberschaffen über die Grenze verletzt.

§ 134 VZollG. bestraft schon das Unternehmen der Ein-, Aus-, Durchfuhr. „Unternehmen" umfaßt Versuch und Vollendung und teilweise die nur vorbereitenden Handlungen (vgl. RGSt. Bd. 39, S. 321; Bd. 42, S. 266). Letztere sind nach OpG. zweifellos nicht strafbar, so daß neben dem „Überdiegrenzebringen" nur solche Handlungen unter das Gesetz fallen, die einen Anfang der Ausführung solchen Tuns enthalten.

Unter Umständen wird trotz Strafbarkeit des Versuchs eine Bestrafung nicht eintreten, nämlich dann, wenn die auf Betätigung der Einfuhr abzielenden Vorbereitungshandlungen nur

---

[1] Pharm. Z. 1928, Nr. 13, S. 201 und Nr. 45, S. 696.

[2] Jur. Woch. 1930, S. 3858.

auf außerdeutschem Gebiete vorgenommen sind (so auch RGSt. Bd. 48, S. 29 für SüßstoffG.)[1].

Wichtig ist die Frage, wie das Verhältnis des Einfuhrverbotes nach OpG. zu dem Verbot des VZollG. ist. Diese Frage wäre dann zu prüfen, wenn im § 10 Ziff. 1 die subsidiäre Natur der Strafbestimmung nicht festgelegt wäre[2]. RGSt. Bd. 60, S. 191ff. Die dort entwickelten Grundsätze sind für OpG. entsprechend anzuwenden.

Infolge der Anwendbarkeit des VZollG. sind — trotz der grundsätzlichen Einstellung im gegenteiligen Sinne — unter Umständen doch auch schon Vorbereitungshandlungen strafbar. Sobald also im Einzelfalle die Voraussetzungen für die Anwendung des § 134 VZollG. erfüllt sind, erscheinen bereits alle Handlungen strafbar, die in ihrer Gesamtheit auf die Verwirklichung der verbotenen Einfuhr abzielen, mögen sie die Grenzüberschreitung nur vorbereiten oder erleichtern, mögen sie, nach der Grenzüberschreitung vorgenommen, dazu bestimmt sein, die eingeführten Gegenstände sicherzustellen (RGSt. Bd. 49, S. 159).

Wann Versuch unerlaubter Einfuhr vorliegt, ist eine Tatfrage. S. S. 298.

Die Übertretungen von ausländischen Einfuhrbestimmungen werden durch die Strafbestimmungen des OpG. nicht erfaßt. Siehe im übrigen „Einfuhr“ § 2 (1) S. 45.

Ausführen: Über die Frage, wann vollendete Ausfuhr oder Versuch vorliegt, s. die vorstehenden Ausführungen bei „Einfuhr“. Siehe „Ausfuhr“ § 2 (1), S. 48 und RGSt. Bd. 58, S. 71.

Gewinnen, herstellen, verarbeiten: Da nur gewerbsmäßige Herstellung und Verarbeitung (siehe S. 71) erlaubnispflichtig ist, bleibt jede andere, nicht gewerbsmäßige Herstellung und Verarbeitung straffrei. Für die Gewinnung besteht aber eine solche Einschränkung nicht.

Wann Versuch unerlaubter Gewinnung vorliegt, ist eine Tatfrage. In dem Anbau einer Pflanze, aus der Betäubungsmittel hergestellt werden können, wird man noch keinen Versuch, sondern nur eine straffreie Vorbereitungshandlung erblicken. Siehe § 10 (2) und Weingesetz § 1. Es sei noch auf folgende Judikatur verwiesen: RGSt. Bd. 41, S. 207 und RGSt. Bd. 40, S. 339; Bd. 46, S. 281. Siehe alles Nähere zu „Gewinnung“, „Herstellung“ und „Verarbeitung“ bei § 2 (1), S. 48, 49.

---

[1] Vgl. im übrigen Alsberg: Preistreibereistrafrecht, 7. Aufl., S. 233ff., 241ff., 239 Anm. 40a und Löbe: Zollstrafrecht, 4. Aufl., S. 36ff., 52ff.

[2] Weber in Z. f. ges. Strafrechtswiss. Bd. 43, S. 480.

Handel treiben: Beachtlich ist, daß nunmehr der Handel im Gegensatz zu dem bisherigen Gesetz selbständig unter Strafe gestellt ist. Damit ist eine Lücke des alten Gesetzes ausgefüllt, welche es nicht ermöglichte, daß z. B. der Vermittler straffällig gemacht werden konnte (s. RG. II. D. 1158/28, KG. 3. S. 206/27, 3. S. 308/26). Die Tätigkeit des Vermittlers fiel nach der bisherigen Fassung unter keinen der in dem früheren § 8 aufgeführten Tatbestände, weil der Vermittler nicht unmittelbar Betäubungsmittel in den Verkehr bringt und unmittelbar auf den Verbleib und den Umsatz einwirkt (s. KG. 3. S. 206/27; 3. S. 308/26[1] und RGSt. 2. D. 1158/28[2]; RGSt. Bd. 51, S. 379; RGSt. Bd. 53, S. 80, 313; RGSt. Bd. 58, S. 159, besonders auch: RGSt. Bd. 63, S. 161 und Bd. 52, S. 58).

Nunmehr ist der ohne Erlaubnis handelnde Vermittler straffällig, auch wenn seine Tätigkeit sich lediglich auf die Vermittlung von Rechtsgeschäften mit Betäubungsmitteln beschränkt, ohne daß er diese in die Hand bekommt oder ein Lager unterhält. Dasselbe gilt für den Agent, Makler, Kommissionär.

Nach der Begründung zu § 3 OpG. sollen Spediteure und Frachtführer wie bisher von der allgemeinen Erlaubnis frei bleiben. Es ist jedoch denkbar, daß der nicht unmittelbar Verfügungsberechtigte, z. B. der Aufbewahrer, der Spediteur usw. sich einer Teilnahmehandlung (Mittäterschaft, Beihilfe, Anstiftung) gemäß § 47 StGB. schuldig macht. Siehe § 10 Allgemeines. Hinzugefügt sei noch, daß das Merkmal der Gewerbsmäßigkeit, welches beim Handel zumeist gegeben ist, unbeachtlich bleibt. Es kommt hier vielmehr auf die Umsatztätigkeit als solche an. Eine solche Umsatztätigkeit aber liegt schon dann vor, wenn der rechtsgeschäftliche Übergang von Waren auf eine andere Person bewirkt werden soll. Unerheblich ist die örtliche Verlagerung. [Siehe alles Nähere bei Handel § 3 (1), S. 74.]

Zwischen dem unerlaubten Handel mit Opium und dem zur Hinterziehung von Steuern führenden Verschweigen der Einnahmen aus diesem Handel besteht keine Tateinheit. Die in dem Unterlassen der Offenbarung jener Einnahmen liegende Untätigkeit deckt sich nirgends mit den Tätigkeiten (dem Erwerb, der Aufbewahrung und der Veräußerung des Opiums), aus denen sich der strafbare Handel zusammensetzt. RG. vom 6. November 1930, II 546/30.

Erwerben: Unerheblich ist, ob der Erwerb im eigenen Namen

---

[1] Pharm. Z. 1927, Nr. 29, S. 431.
[2] Vgl. auch Pharm. Z. 1929, Nr. 47, S. 767.

oder für Rechnung eines anderen erfolgt. Auch ein erlaubnisloser Erwerb für Rechnung eines anderen ist strafbar, siehe S. 77 (KG. 3. S. 4/24)[1]. Eine Person, die sich mittels verbotener Eigenmacht in den Besitz von Opiaten setzt, kann wegen strafbaren Erwerbs nach § 10 OpG. bestraft werden. Siehe RGSt. Bd. 55, S. 147. Der Begriff „Erwerben" deckt sich etwa mit dem des „Ansichbringen" § 259 StGB. Erwerb kann auch durch Schenkung erfolgen, RG. vom 28. 9. 1931[2]. Im allgemeinen genügt nicht der Abschluß eines Kaufvertrages, weil damit regelmäßig noch nicht die Verfügungsgewalt erworben wird. Siehe auch RGSt. 17, 59[3]. Sowohl die rechtsgeschäftliche Verpfändung als auch die Zwangsvollstreckung in die dem Gesetz unterliegenden Stoffe und Zubereitungen ist zulässig. Die auf Grund einer Zwangsvollstreckung angeordnete Versteigerung stellt sich jedoch als bezugscheinpflichtige Abgabe dar. Dasselbe gilt für die Verpfändung, weil auch hier ein Wechsel des Verfügungsberechtigten eintritt. Bezugscheinpflichtig ist auch Tausch.

Da Empfang als solcher nicht erlaubnispflichtig ist (siehe bei § 3), ist das Empfangen nicht in der Strafandrohung enthalten.

Abgeben: Neu ist unter Strafe gestellt das erlaubnislose Abgeben von Betäubungsmitteln. Wesentlich ist der Wechsel der Verfügungsberechtigung. Allerdings konnte das erlaubnislose Abgeben schon nach der bisherigen Fassung als ein unerlaubtes „Indenverkehrbringen" aufgefaßt und bestraft werden.

Wann Versuch unerlaubter Abgabe vorliegt, ist eine Tatfrage. Über die Frage, ob vollendete Abgabe oder Versuch vorliegt, s. S. 311.

Bei Abgabe in einer Apotheke durch den Verwalter oder Assistenten bleiben diese in erster Linie strafrechtlich verantwortlich. Keine Abgabe bei Besitzdienerschaft (S. 56). Weiß der Besitzer um die Abgabe und duldet er sie, so kann möglicherweise in der Unterlassung einer Abstellung der Mißstände eine Beihilfe, evtl. eine Mittäterschaft gefunden werden. Ein Satz, daß etwa der Apothekenbesitzer schlechthin auch strafrechtlich für die Handlungen des Gehilfen einzustehen hat, läßt sich nicht aufstellen. Siehe zur Frage der Verantwortlichkeit unter „Wer" S. 297. Siehe § 10 Allgemeines und zu der Gegenüberstellung der Begriffe „Abgabe" und „Veräußerung" die eingehende Kommentierung zu § 3 (1) S. 78. Ferner sei verwiesen auf die Zusammenstellung der früheren Judikatur Seite 287 (siehe auch RGSt. Bd. 38, S. 231; Bd. 44 S. 92).

[1] S. a. Pharm. Z. 1924, Nr. 82, S. 1034.
[2] Siehe Pharm. Z. 1931, S. 1102. [3] Jur. Woch. 1930, 3773.

Veräußern: Die rein schuldrechtliche Verpflichtung ohne Übertragung der Verfügungsgewalt würde sich zumindest als der Versuch zum Zwecke der Veräußerung darstellen. Zur Versuchslehre siehe S. 311.

Siehe insbesondere zu „Abgabe" und „Veräußerung" § 3 (1) S. 78 und die dort in Bezug genommene Judikatur, insbesondere RGSt. Bd. 38, S. 231 zu § 288 StGB.

In den Verkehr bringen: Anhaltspunkte für diesen Begriff bietet der im § 2 (2) besprochene Begriff „Verkehr", S. 50 und § 3 (1) S. 79. Siehe die dort in Bezug genommene Rechtsprechung. Bereits dort ist gesagt, daß im Hinblick auf den Zweck des OpG. eine weite Auslegung angebracht ist. Es ist, ähnlich wie beim Patentgesetz, hier nicht erforderlich, daß „Inverkehrbringen" nur dann vorliegt, wenn ein anderer die freie Verfügung an der Sache erlangt hat. Auch hier wird, ähnlich wie beim früheren Nahrungsmittel- und jetzigen Lebensmittelgesetz, mittelbare Täterschaft genügen[1]. Im Lebensmittelgesetz bedeutet das „Indenverkehrbringen" jedes irgendwie geartete Abgeben von gesundheitsschädlichen Nahrungs- und Genußmitteln, sei es zum Genuß, sei es zur Weiterveräußerung, ohne etwa auf den Handel oder den öffentlichen Verkehr beschränkt zu sein. Darunter fällt also auch die Abgabe an den Ehemann, Familienmitglieder, Gesinde usw. Es wird von Fall zu Fall auch zu prüfen sein, ob nicht auch das Verschenken als bloße Besitzaufgabe ein „Inverkehrbringen" bedeutet. Dagegen liegt noch nicht „ein sonst Indenverkehrbringen" vor für den Fall der Ankündigung, Anpreisung oder des Ausstellens. Anders jedoch im Gesetz zur Bekämpfung der Geschlechtskrankheiten[2]. Der § 12 des Gesetzes zum Schutze der Warenbezeichnung spricht von dem Inverkehrsetzen unter Warenzeichenschutz stehender Waren. Im Sinne dieser Bestimmung bedeutet Inverkehrsetzen jede Handlung, durch welche die Ware in den Verkehr gebracht wird. Nach der Rechtsprechung zu § 12 des Gesetzes zum Schutze der Warenbezeichnung gehört hierzu auch schon das Auslegen im Laden, ferner jedes Weiterbringen in einen neuen Verkehrskreis. Über den Begriff Inverkehrbringen siehe RGSt. 48, 389ff. Der Begriff findet sich auch im Weingesetz[3]. Er schließt dort jede Art des „Indenverkehrbringen" in sich, insbesondere auch die unentgeltliche Abgabe.

[1] Holthöfer-Juckenack S. 65 und 87.

[2] Stenglein: Strafrechtliche Nebengesetze, V, 1, S. 986, Anm. 6 zu § 13; Schäfer-Lehmann zu § 11 und § 13, Anm. 6a, S. 177.

[3] Günther-Marschner: Weingesetz, 1910, Kommentar zu § 13, Anm. 2, S. 202.

Ein „Indenverkehrbringen“ liegt nicht vor, wenn ein Arzt die Betäubungsmittel an einem Kranken, an einer fremden Person, einem Familienmitglied oder an sich selbst zur Anwendung bringt.

Auch der Selbstverbrauch von Betäubungsmitteln durch den Apotheker ist an sich kein Indenverkehrbringen. Wenn jedoch der Apotheker, ohne daß ein für ihn ausgestelltes ärztliches Rezept vorliegt, Betäubungsmittel aus dem Vorrat seiner Apotheke verbraucht, dann erwirbt er ohne Erlaubnis und gibt ohne Erlaubnis an sich selbst ab, macht sich also strafbar. Auch die ratio legis spricht für die grundsätzliche Strafbarkeit des Selbstverbrauchs, die Verbleibskontrolle der von der Apotheke erworbenen Betäubungsmittel würde nicht restlos möglich sein.

Nicht genehmigte Örtlichkeiten sind solche, die in dem Erlaubnisschein, s. S. 90, nicht aufgeführt sind. Der Begriff der nicht genehmigten Örtlichkeit geht zurück auf den letzten Satz des § 3 (1): „In der Erlaubnis sind die Örtlichkeiten, für die sie erteilt wird, zu bezeichnen.“

Diese Strafbestimmung gilt auch für Apotheken, wenn die Aufbewahrung außerhalb der Apotheke erfolgt. Nur für die Räumlichkeiten der Apotheke selbst — siehe z. B. PrApothBetrO. § 1 — gilt der Ausschluß der Erlaubnis nach § 3 (KG. III. 84/25[1]).

Fraglich ist, ob der Spediteur oder ein anderer nur mit dem vorübergehenden Besitz Beauftragter Besitzer im Sinne des OpG. wird, also für die Örtlichkeiten eines besonderen Erlaubnisscheines bedarf. Hierbei wird man entscheidend berücksichtigen müssen, daß das OpG. im wesentlichen als Kontrollvorschrift gedacht ist. Es soll jeder Wechsel der Verfügungsgewalt kontrolliert werden können. Da im Falle des Spediteurs nur ein vorübergehender Besitz beabsichtigt ist, wird man hier die Erlaubnis des Auftraggebers für ausreichend erachten müssen, freilich nur so lange, als der Spediteur nicht die Grenzen des ihm in seiner Eigenschaft als Beauftragter zustehenden Besitzrechts überschreitet. Sobald er jedoch Eigenbesitzer wird, sei es auch durch verbotenen Eigentumsübergang, bedarf er auch für die Verwahrung von Betäubungsmitteln einer besonderen Erlaubnis.

Das gleiche wird man von dem Vertreter einer Firma sagen müssen, der ein Lager von Betäubungsmitteln für diese in Verwahrung hat, solange er Angestellter der Firma ist und ihren Weisungen folgen muß. Hier dürfte die Erlaubnis und Genehmigung der Räumlichkeiten für den Geschäftsinhaber genügen. Freilich müßte die Erlaubnis des Geschäftsinhabers sich auch darauf

[1] Pharm. Z. 1925, Nr. 56, S. 931.

erstrecken, in den Räumen seines Vertreters aufbewahren zu dürfen. Jedoch wird bei einer etwaigen strafrechtlichen Verfolgung des Vertreters die Frage des subjektiven Tatbestandes beachtlich sein, weil er häufig ohne Verschulden annehmen wird, daß sein Geschäftsherr die Erlaubnis besitzt (s. Urteil des LG. II, Berlin, vom 13. Januar 1928, 4. b. J. 1774/27 und des KG. vom 8./21. Mai 1928, 3. S. 1158/28). Siehe auch § 2 (2) Örtlichkeiten, S. 53.

Fahrlässigkeit § 10 (3), Versuch § 10 (2).

Aufbewahren: siehe hierzu S. 54.

Feilhalten: Näheres hierzu siehe § 2 (2) und die dort in Bezug genommene Judikatur, S. 55, insbesondere RGSt. Bd. 42, S. 22 und Bd. 48, S. 137.

Zum Feilhalten gehört subjektiv die Verkaufsabsicht und objektiv das äußerlich erkennbare Zugänglichmachen.

Der Begriff ist dem des § 3 LebensmG. gleichzuachten, d. h. unter Feilhalten ist jedes tatsächliche Angebot der Stoffe und Zubereitungen an das Publikum zum Zwecke entgeltlicher Veräußerung zu verstehen. Im Gegensatz zu „Inverkehrbringen" ist aber hier ein unmittelbares Bereithalten für den Verkauf an das Publikum erforderlich. Siehe auch die §§ 184 Nr. 1, 324 und 367, 3, 5 StGB. und auch §§ 42b und 55 RGewO.[1 2].

Zu Abs. 1, Nr. 2:

Die bisherige Fassung der Strafbestimmung ist nach der Begründung „mit Rücksicht auf § 4 Abs. 2" geändert worden.

Die Änderung erstreckt sich im wesentlichen auf den Wegfall der Strafandrohung für den, der „von den in dem Bezugschein festgesetzten Mengen oder Bedingungen abweicht". Nach § 4 (2) sind Bestimmungen lediglich formalen Inhalts zu erlassen über das Verfahren bei der Beantragung, das Verfahren bei der Ausstellung sowie über die Form und den Wortlaut der Scheine.

Für Anordnungen der Art, wie sie bisher mit Strafe bedroht waren, z. B. Verbot der Lieferung und Abnahme von Teilmengen, fehlt jetzt die Ermächtigung.

Über Stoffe und Zubereitungen siehe S. 20, 30.

Die Fälle, in denen ein Bezugschein nicht erforderlich ist, sind in § 4 (1) aufgezählt, s. S. 111, außerdem kommt dafür die

---

[1] Sonnenfeld: „Handel mit Drogen und Giften". Zu § 1 der Arzneimittel-Verkehrsordnung, Anm. 4, S. 71; Holthöfer-Juckenack zu § 3, Anm. 10a, S. 71f.

[2] Jur. Woch. 1930, S. 1603.

nach § 4 (4) ergangene Verordnung in Betracht. Es sei jedoch auch hier darauf verwiesen, daß ein Erwerben im Sinne des § 10 (1) Nr. 1 sowohl als Nr. 2 nur dann vorliegt, wenn der Erwerber auch den Besitz an der vertraglich erworbenen Sache, sei es auch nur mittelbar, hat; siehe § 3 und § 10 (1) Nr. 1. Zum Vorsatz gehört die Kenntnis des Umfangs der Bezugscheinberechtigung. Irrt jemand über den Inhalt des Bezugscheins, indem er z. B. eine der Bedingungen des Bezugscheins falsch versteht, so würde ein tatsächlicher, die Strafbarkeit möglicherweise ausschließender Irrtum vorliegen, denn in einem derartigen Falle würde der Irrende sich über eine Tatsache außerstrafrechtlicher Art, nämlich über die den Bezugschein betreffenden Bedingungen irren. Das gleiche würde z. B. gelten, wenn ein Mißverständnis hinsichtlich der in dem Bezugschein freigegebenen Menge vorliegt.

Zwischen § 10 Nr. 1 und 2 besteht Gesetzeskonkurrenz, nicht Idealkonkurrenz. Wer ohne die Erlaubnis nach § 3 und ohne den Bezugschein nach § 4 Betäubungsmittel erwirbt, hat lediglich gegen § 10 Nr. 1 und nicht gleichzeitig in Tateinheit gegen § 10 Nr. 2 verstoßen. Denn einen Bezugschein erhält derjenige, der an sich auch die generelle Erlaubnis des § 3 besitzt. Das Gebot, sich einen Bezugschein zu verschaffen, richtet sich auch nur an diejenigen, welche die Erlaubnis schon besitzen. In einem Erwerb ohne Erlaubnis liegt daher zwangsläufig auch der ohne Bezugschein. Es handelt sich mithin lediglich um einen Verstoß gegen eine einzige Bestimmung. Siehe RG. 3. D. 781/30, vom 18. Dezember 1930[1].

Siehe Näheres Versuch § 10 (2); Fahrlässigkeit § 10 (3).

Zu Abs. 1, Nr. 3 (neu eingefügt):

Die Begründung sagt hierzu im wesentlichen, daß es sich nach den Erfahrungen der Opiumstelle als notwendig erwiesen hat, wissentlich unrichtige Angaben, die der Opiumstelle gegenüber gemacht werden, um entweder überhaupt einen Bezugschein zu erlangen oder Betäubungsmittel in der beantragten Art und Menge bewilligt zu erhalten, unter Strafe zu stellen. Es muß z. B. bestraft werden können, wer auf einem Bezugscheinantrag eine unrichtige Angabe über seinen Bestand an Kokain macht, in der Absicht, Kokain entweder überhaupt oder in der beantragten Menge bewilligt zu bekommen. Andernfalls ist es

[1] Apoth. Z. 1930, S. 1654 und Recht 1931, H. 4, S. 253ff.

für die Opiumstelle nicht möglich, festzustellen, ob Anträge auf Ausstellung eines Bezugscheins sich im Rahmen des normalen Bedarfs der Apotheke bewegen.

Unrichtige Angaben sind hier in weitestem Sinne stets dann anzunehmen, wenn die Angaben ganz allgemein von den Tatsachen abweichen. Beachtlich ist jedoch der Unterschied, der zwischen der Begründung und der Fassung des Gesetzes besteht. Nach der Begründung sollen nur wissentlich unrichtige Angaben unter Strafe gestellt sein. Man wird auch aus der Fassung der Nr. 3, wonach die Täuschung zu einem bestimmten Zweck erfolgen muß, nämlich, um einen Bezugschein zu erlangen, auf einen Zusammenhang der unrichtigen Angaben mit der Zweckbestimmung, also auf ein zielbewußtes, folglich auch wissentliches Handeln schließen müssen und annehmen, daß der Gesetzgeber die fahrlässige Handlung nicht hat unter Strafe stellen wollen. Der Gesetzestext sieht aber die Wissentlichkeit, welche sich etwa mit dem Begriff des Vorsatzes deckt, nicht ausdrücklich vor; er bedroht jede unrichtige Angabe mit Strafe. Danach würden auch fahrlässig unrichtige Angaben zu Täuschungszwecken straffällig sein, was auch dem Gedanken des § 10 (3) entspricht.

Eine fahrlässige Zuwiderhandlung gegen diese Bestimmung ist aber logisch kaum denkbar, denn wenn jemand handelt, „um" einen bestimmten Zweck zu erreichen, und außerdem noch etwas „zur" Täuschung tut, so setzen diese zwei verschiedenen Zweckabsichten vorsätzliche Handlungsweise voraus. Niemand kann durch fahrlässiges Verhalten einen von vornherein beabsichtigten Erfolg herbeiführen wollen.

Fahrlässigkeit begrifflich ausgeschlossen, s. S. 318; Versuch strafbar nach § 10 (2).

Zu Abs. 1, Nr. 4:

Besonders zu beachten ist, daß auch die Durchfuhr der im § 9 genannten Stoffe verboten ist. Ist der Durchführende, was sehr häufig der Fall sein dürfte, nicht verfolgbar, weil im Auslande, so kann auf Einziehung selbständig erkannt werden [§ 10 (5)].

Zu Abs. 1, Nr. 5 (bisher Nr. 3) und Nr. 6 (neu eingefügt):

Nr. 5 und 6 enthalten die Strafbestimmung für Zuwiderhandlungen gegen Ausführungsbestimmungen, für deren Erlaß besondere Ermächtigungen im Gesetz gegeben sind. Die Trennung in zwei gesonderte Tatbestände ist mit Rücksicht auf die als Abs. 3 neu eingefügte Bestimmung über die Bestrafung fahrlässig begangener Zuwiderhandlungen erfolgt, da bei den auf Fahrlässigkeit beruhenden Verfehlungen gegen Vorschriften mehr formaler Art die Übertretungsstrafe als ausreichend anzusehen ist.

Es sei auch hier darauf hingewiesen, daß die Frage, wie weit ein Irrtum über den Inhalt der Ausführungsbestimmungen als strafrechtlich beachtlicher Irrtum angesehen werden muß, praktisch werden kann.

Zu Nr. 5: Auf Grund des § 5 Abs.2 sind die Bestimmungen über den Nachweis des Verbleibes der Betäubungsmittel in den Apotheken, ärztlichen und tierärztlichen Hausapotheken erlassen, die sich in §§ 1 (3), 15 (letzter Absatz), 17 (zweitletzter Absatz), 27 bis 28 (2), 29 (1, 2, 4) der Vo. über Verschreiben und Abgabe vom 19. Dezember 1930 finden.

Auf § 6 (1) beruhen die §§ 1 bis 19 der Vo. über Einfuhr, Durchfuhr und Ausfuhr vom 1. April 1930. Auf Grund des § 6 (3) ist noch keine Ausführungsbestimmung erlassen worden.

Nach § 12 sind folgende Verordnungen ergangen: § 3 der Vo. über Unterstellung weiterer Mittel vom 19. Dezember 1929 und § 2 der Vo. vom 24. März 1931.

Die Vo. über Zulassung zum Verkehr vom 1. April 1930 (das sind die Afb. zu § 3 OpG.).

§ 5 der Vo. über Gebühr für Bezugscheinanträge vom 10. September 1930.

§§ 9 (2), 10 (2), 11, 15, 17 (2), 18, 26, 28 (1), 29 (3), 30 der Vo. über Verschreiben und Abgabe vom 19. Dezember 1930.

Ein Teil der hier bedrohten Vergehen ist in Nr. 8 materiell wiederholt.

Zuwiderhandlungen fallen unter die Vergehensstrafe selbst dann, wenn die Tat fahrlässig begangen ist (s. § 10 Abs. 3).

Zu Nr. 6: Auf Grund des § 4 Abs. 2 sind erlassen: §§ 2 bis 4 der Vo. über Gebühr für Bezugscheinanträge vom 10. Dezember 1930.

Nach § 4 Abs. 4 sind erlassen: Die Vo. über den Fortfall der Bezugscheinpflicht vom 21. September 1931.

Auf § 7 beruht die Vo. über Ankündigung und Beschriftung vom 14. April 1930.

Auf § 8 beruhen aus der Vo. über Verschreiben und Abgabe vom 19. Dezember 1930 die §§ 1 (1, 2), 2 bis 8, 9 (1, 3, 4), 10 (1, 3, 4,) 12, 13, 14, 16, 17 (1, 3, 4), 19 bis 23, 25.

Fahrlässige Zuwiderhandlungen gegen die vorstehend angeführten Paragraphen werden als Übertretung geahndet, aber nicht auch die Vergehen gegen die übrigen Paragraphen der angezogenen Verordnungen, weil diese Teile der Verordnung nicht auf den in Nr. 6 enthaltenen Ermächtigungen beruhen, s. bei Nr. 5.

Fahrlässigkeit § 10 (3).

Zu Abs. 1, Nr. 7:

Die Bestimmungen der Weltpostvereinsverträge s. S. 152. Die Weltpostvereinsverträge stellen öffentliches Recht dar. Sie tragen keinerlei strafrechtlichen Charakter. Es handelt sich hier um sog. blankettausfüllende Normen, welche auf verwaltungsrechtlichen Grundsätzen beruhen. Irrtümer über diese Normen werden von der Judikatur als beachtliche Tatsachenirrtümer im Sinne des § 59 StGB. angesehen (s. hierzu RGSt. Bd. 57, S. 15; RGSt. Bd. 31, S. 226 und RGSt. Bd. 47, S. 282).

Irrtum über die Auslegung dieser Verträge kann sich daher als Tatsachenirrtum oder als ein Irrtum darstellen, welcher den Vorsatz ausschließt. So auch LG. III Berlin, 8. November 1929[1]. Dasselbe würde bei Unkenntnis dieser Bestimmungen gelten, soweit nicht diese Unkenntnis selbst auf Fahrlässigkeit beruht. Siehe StGB. § 59 Abs. 2, welcher lautet:

„Bei der Bestrafung fahrlässig begangener Handlungen gilt diese Bestimmung nur insoweit, als die Unkenntnis selbst nicht durch Fahrlässigkeit verschuldet ist.“

Eine Straffälligkeit kommt nur in Frage, wenn eine Verpflichtung bestand, sich über den Inhalt der Weltpostvereinsverträge zu informieren, und daß dieses gegebenenfalls fahrlässig unterlassen wurde.

Die Worte des bisherigen Gesetzes: „nach dem Ausland“ sind gestrichen worden, um auch die Versendung von dem Ausland nach Deutschland zweifelsfrei zu erfassen, was insbesondere auch für die Beschlagnahme im objektiven Strafverfahren nach Abs. 5 von aus dem Ausland verbotswidrig nach Deutschland aufgegebenen Postsendungen wichtig ist. Der innerdeutsche Verkehr wird durch die Bestimmung nicht berührt, da die Weltpostvereinsverträge nur die Versendung von Land zu Land betreffen.

Nichtbeachtung von Ausführungsbestimmungen fremder Länder zu den Weltpostvereinsverträgen, wonach z. B. die Einfuhr nur über gewisse Orte zulässig ist, oder daß die Sendungen gewisse Zettel tragen müssen, sind nach dem OpG. nicht strafbar.

Fahrlässiges Vergehen siehe Abs. 3.

Versuch strafbar nach § 10 (2).

---

[1] Pharm. Z. 1929, Nr. 91.

Zu Abs. 1, Nr. 8 (bisher Nr. 6):

Die Strafbestimmung ist entsprechend den den Inhabern einer Erlaubnis nach § 2 Abs. 2 auferlegten Pflichten erweitert worden.

Es wird zunächst ein Verstoß gegen die in § 5 aufgestellte Verpflichtung der Lagerbuchführung unter Strafe gestellt. Wichtig ist, daß fahrlässiges Verschulden zur Bestrafung genügt (s. Anm. zu § 10, Abs.3, S.312). Es sind also auch dann unrichtige oder unvollständige Eintragungen geeignet, eine Bestrafung zu verursachen, wenn sie lediglich auf Unordentlichkeit zurückzuführen sind. Täter kann im Falle der Nr. 8 zunächst der zur Führung des Lagerbuches Verpflichtete sein. Wegen unrichtiger oder unvollständiger Eintragungen kann jeder als Täter in Frage kommen, der mit der Vornahme der Eintragungen betraut wird, also z. B. ein Buchhalter oder sonstiger Angestellter. Der Geschäftsherr kann dann nicht bestraft werden, wenn er die Vornahme der Eintragungen einem anderen überlassen hat und die unrichtigen oder unvollständigen Eintragungen ohne Wissen und Wollen des Geschäftsherrn vorgenommen werden. Selbst ein Unterlassen der Aufsichtspflicht kann hier nicht ausreichen. Denn dieses kann niemals als „Vornahme" unrichtiger oder unvollständiger Eintragungen bewertet werden. Anhaltspunkte gibt die Rechtsprechung zu § 151 RGO., s. S. 129. Nach der Fassung des Gesetzes ist auch derjenige straffällig, welcher unrichtige oder unvollständige Eintragungen in das Lagerbuch vornimmt. Von der Pflicht zur Auskunftserteilung ist schlechthin die Rede, ohne daß hier die Unrichtigkeit oder Unvollständigkeit Erwähnung gefunden hat. Hieraus wird man jedoch keineswegs auf Straffreiheit bei unrichtiger oder unvollständiger Auskunftserteilung schließen dürfen. Denn die Pflicht zur Auskunftserteilung setzt eine richtige und vollständige Auskunft, ohne daß es einer besonderen Erwähnung bedarf, voraus. Dafür spricht die Zweckbestimmung des Gesetzes, durch welches dem Reichsgesundheitsamt als Aufsichtsbehörde eine lückenlose Kontrolle über den Verkehr mit Betäubungsmitteln ermöglicht werden soll. Einer besonderen Erwähnung der Vollständigkeit und Richtigkeit der Auskunftserteilung bedurfte es auch deswegen nicht, weil die Möglichkeit besteht, den Auskunftsverpflichteten mündlich zu befragen. Hieraus folgt die Verpflichtung zur Beantwortung sämtlicher Fragen, soweit diese im Kontrollinteresse zweckmäßig sind. Siehe hierüber S. 60.

Über die Straffälligkeit eines Geschäftsinhabers trotz ordnungswidriger, aber von einem Bücherrevisor verursachter verschuldeter Buchführung siehe Entscheidung des Reichsgerichts 2. D.

356/29, 2. Senat[1], wo das Reichsgericht die Auffassung vertritt, daß der Geschäftsinhaber sich auf die Sachkunde und Zuverlässigkeit seines Buchrevisors verlassen konnte. Es hat mithin entschuldbaren Tatsachenirrtum angenommen. (Siehe S. 129.) Man wird dieser Auffassung des Reichsgerichts freilich nur unter einer Einschränkung beitreten können. Sie ist nur dann richtig, wenn der Irrtum des Geschäftsinhabers nicht selbst durch Fahrlässigkeit verschuldet ist, wenn ihm also bei der Beaufsichtigung nicht Fahrlässigkeit vorgeworfen werden kann (§ 59, Abs. 2 StGB.), wenn ihm also der gute Glaube an die Tätigkeit seines Buchsachverständigen vielleicht deswegen zugesprochen werden muß, weil dieser sich seit Jahren bewährt hat. Über Verantwortung von Vorstandsmitgliedern juristischer Personen siehe zu § 5 OpG.

Eine ähnliche Verpflichtung zur Buchführung folgt aus § 163 RAbgO. Die dazu gehörige Strafbestimmung ist die des § 377 RAbgO. Siehe auch § 191 RAbgO.

Ferner werden Verstöße gegen die aus § 2 (2) folgenden Verpflichtungen (Auskunft zu erteilen und Einsicht in die geschäftlichen Bücher und Aufzeichnungen zu gewähren) mit Strafe bedroht. Die Fassung des bisherigen § 8 Abs. 6 hatte lediglich die Verweigerung der Auskunftspflicht unter Strafe gestellt.

Leider hat das Gesetz nicht gesagt, wer eigentlich zur Auskunftserteilung verpflichtet ist. Man wird annehmen müssen, daß lediglich der Geschäftsherr in Frage kommt, denn es kann nicht Absicht des Gesetzgebers sein, eine Bestimmung zu schaffen, kraft deren die Möglichkeit besteht, inquisitorisch jeden Angestellten zu zwingen, über den Geschäftsbetrieb seines Geschäftsherrn, gegen dessen Willen, Angaben zu machen. Auch der selbständige Leiter einer Abteilung (s. hierzu S. 81ff.) macht sich straffällig, wenn er dem Begehren des RGA. nach Auskunftserteilung oder Gewährung der Einsicht in die geschäftlichen Aufzeichnungen und Bücher nicht nachkommt.

Der § 2 gibt u. a. dem RGA. auch das Recht, die in Frage kommenden Örtlichkeiten usw. zu besichtigen. Die Verweigerung der Besichtigung ist nicht unter Strafe gestellt. Da Strafbestimmungen weder auslegungsfähig sind noch nach Maßgabe zivilrechtlicher Bestimmungen auf dem Wege über die Analogie ergänzt werden können, so muß eine etwaige Lücke des Gesetzes dem Angeschuldigten zugute kommen. (Siehe auch KG. vom 6. Februar 1926 III. S. 308/26.)

Nach Nr. 8 sind auch strafbar Zuwiderhandlungen gegen die

---

[1] Jur. Woch. 1930, S. 2710.

Bestimmungen der Vo. über Verschreiben und Abgabe (s. bei § 8), soweit sie auf Grund der §§ 5 (2) und 12 erlassen sind und eine Pflicht zur Buchführung, Aufbewahrung der Bücher und der anderen Unterlagen, sowie zur Auskunft und Einsichtgewährung enthalten. Auch die Eintragungen in das Morphin- und Kokainbuch sind als Aufzeichnungen in geschäftliche Bücher im Sinne des § 10 (1), 8 anzusehen.

Unter die Nr. 8 fallen gleichfalls Verstöße gegen den noch nicht aufgehobenen Absatz Nr. 6 der Afb. zum früheren OpG. vom 5. Juni 1924, der die Lagerbuchführung betrifft, ebenso gegen den letzten Satz des Abs. II (3) jener Afb.

Fahrlässigkeit § 10 (3).

Der Versuch, sich der in Rede stehenden Pflichten zu entziehen, ist nicht strafbar; ein solcher Versuch ist nicht konstruierbar.

Zu Absatz 2:

§ 10 Abs. 2 besagt, daß in den Fällen des Abs. 1 Nr. 1—7 auch der Versuch strafbar ist.

Der Versuch ist von der vollendeten Tat auseinander zu halten. Er wird grundsätzlich (§ 43 StGB.) nur dann bestraft, wenn es in dem Gesetz ausdrücklich bestimmt ist. Nach § 44 StGB. ist das versuchte Vergehen milder zu bestrafen als die vollendete Tat. Zum inneren Tatbestand des Versuchs gehört der Entschluß, ein Verbrechen oder Vergehen zu begehen.

Durch die Rechtsprechung des Reichsgerichts ist die Lehre von dem Versuch

a) mit einem tauglichen Mittel,

b) mit einem untauglichen Mittel

bekannt geworden. Man wird nicht übersehen dürfen, daß die Verwirklichung eines Teiles der Straftat fast stets die Anwendung eines tauglichen Mittels zur Herbeiführung eines Erfolges voraussetzt. Bekannt ist jedoch geworden, daß das Reichsgericht vom Standpunkt der subjektiven Theorie, wonach der verbrecherische Wille genügt, auch den Versuch mit einem untauglichen Mittel für ausreichend erachtet. RGSt. Bd. 34, S. 220; Bd. 47, S. 65. So hat das Reichsgericht beispielsweise einen Apotheker wegen versuchter Abtreibung neben Betrug bestraft, welcher auf Drängen einer Schwangeren gefärbtes Wasser abgab mit dem Hinzufügen, es handle sich um ein Abtreibungsmittel. Für das OpG. wird eine solche Entwicklung im Hinblick auf § 10 Abs. 4 in den seltensten Fällen praktisch werden, denn danach wird schon grundsätzlich bestraft, wer Stoffe oder Zubereitungen als Betäubungsmittel in den Verkehr bringt, obwohl es garnicht Betäubungsmittel sind. Danach wird man für das OpG., freilich in Verbindung mit seinem polizeilichen vorbeugenden Charakter, annehmen müssen, daß der Gesetzgeber der subjektiven Theorie den Vorzug geben wollte.

Vom Versuch auseinanderzuhalten ist

1. der sogenannte Mangel am Tatbestand, über dessen Begriff Streit herrscht,
2. der Begriff des „Unternehmens“ und
3. die Vorbereitungshandlung[1].

Straflose Vorbereitungshandlung wird dann anzunehmen sein, wenn die Tätigkeit noch nicht geeignet ist, auch nur eines unter mehreren Tatbestandsmerkmalen zu erfüllen[2]. Unternimmt z. B. jemand eine Reise in der Absicht, Kokain zu erwerben, so wird sich diese Reise lediglich als straffreie Vorbereitungshandlung darstellen. Ist er aber zwecks Erwerbs von Betäubungsmitteln mit ganz bestimmten Personen schon in Verbindung getreten, so wird man von dem Beginn einer Ausführungshandlung seines Vorhabens sprechen. Dann liegt strafbarer Versuch vor. Der Versuch eines fahrlässigen Deliktes ist nicht denkbar, da nach § 43 StGB. die Tätigkeit eines Entschlusses, ein Vergehen zu verüben, unter Strafe gestellt wird. Vielmehr kann Versuch nur dann bestraft werden, wenn er auf die Begehung eines vorsätzlichen Deliktes gerichtet wird. Der Versuch ist stets eine auf einen bestimmten Zweck, also auf die Vollendung einer bestimmten Handlung gerichtete Tätigkeit, während eine fahrlässige Handlung einen Zweck und die Vorstellung eines hierdurch zu verursachenden Erfolges entbehrt. Ein Versuch im Fall der Ziff. 8 des § 10 Abs. 1 ist nicht denkbar. Entweder wird die dort mit Strafe bedrohte Tat begangen oder sie wird nicht begangen. Ebensowenig ist aber auch ein Versuch im Falle der Afb. zu § 5 Abs. 2 denkbar. Auch für Zuwiderhandlungen gegen Afb. zu § 7 dürfte Versuch nicht in Frage kommen.

Zu Absatz 3:

Die von der Fahrlässigkeit handelnde Strafbestimmung ist dem Gesetze neu eingefügt worden. Nach der Begründung hat es sich als ein Mangel des bisherigen OpG. erwiesen, daß nach dessen Fassung nur vorsätzliche Zuwiderhandlungen strafbar

---

[1] Das Nähere hierzu siehe bei Ebermayer §§ 43ff., ferner Frank: Anm. II 2 zu § 43, S. 83.

[2] Vgl. im einzelnen hierzu Ebermayer zu § 43 Anm. 4.

waren und Verstöße, bei denen Vorsatz nicht vorliegt oder nicht genügend nachweisbar ist, ungeahndet blieben (siehe aber Zusammenstellung der Judikatur sub 14[1]). Insbesondere wird es sich bei den Verstößen gegen die neuen Ausführungsbestimmungen, die auf Grund des § 8 des Gesetzes erlassen wurden und die ärztliche Verschreibweise und die Abgabe von Betäubungsmitteln in Apotheken regeln, vielfach um aus Fahrlässigkeit begangene Zuwiderhandlungen handeln.

Mit Rücksicht auf die Bedeutung, die dem Kampfe gegen die suchtmäßige Verwendung der Betäubungsmittel in der Sorge um die Volksgesundheit zukommt, sind im allgemeinen auch fahrlässige Zuwiderhandlungen gegen das OpG. mit der Vergehensstrafe zu belegen. Eine mildere Beurteilung ist nur bei den fahrlässigen Zuwiderhandlungen gegen die auf Grund der §§ 4 Abs. 2 und 4, 7 und 8 des Entwurfs beabsichtigten Bestimmungen vorgesehen. Namentlich die nach § 8 erlassenen Bestimmungen enthalten zum Teil formale Vorschriften, die von den Ärzten, Zahnärzten, Tierärzten und Apothekern bei dem Verschreiben und der Abgabe von Betäubungsmitteln zu beachten sind. Hier auch bei Fahrlässigkeit die Vergehensstrafe auszusprechen, würde nicht gerechtfertigt sein.

Die Begründung des Gesetzes spricht ausdrücklich nicht von einer milderen Bestrafung, die für solche Fälle vorgesehen ist, sondern von einer milderen Beurteilung. Es mag dahingestellt sein, ob der Gesetzgeber alle möglichen Fälle von vornherein milder beurteilt und deswegen grundsätzlich zur Androhung einer milderen Strafe kommt, oder ob er eine mildere Beurteilung aller dieser Fälle durch den Richter vorsieht, d. h. erwartet.

Fahrlässig handelt, wer die Sorgfalt außer acht läßt, zu der er nach den Umständen und nach seinen persönlichen Verhältnissen verpflichtet und imstande ist. *Unbewußte Fahrlässigkeit* liegt vor, wenn der Täter nicht voraussieht, daß der rechtswidrige Erfolg eintreten könne, *bewußte Fahrlässigkeit* dann, wenn er diesen Erfolg für möglich hält, aber darauf vertraut, daß er nicht eintreten wird. Jedoch ist nicht jede Handlung fahrlässig, bezüglich deren die Möglichkeit gegeben und voraussehbar ist, daß sie für einen rechtswidrigen Erfolg ursächlich ist. Vielmehr muß noch hinzukommen, daß die Vornahme der Handlung eine Nichterfüllung desjenigen Maßes von Aufmerksamkeit und von Rücksicht auf das Allgemeinwohl in sich schließt, welches von dem Handelnden nach den Einzelumständen des Falles und nach

[1] Südd. Apoth. Z. 1929, S. 733.

den persönlichen Verhältnissen gefordert werden kann. Das Strafgesetzbuch kennt auch qualifizierte Fahrlässigkeit. Sie liegt dann vor, wenn besondere Amts-, Berufs- oder Gewerbepflichten außer acht gelassen sind (§ 230 Abs. 2 StGB.).

Bedingter Vorsatz, dolus eventualis, liegt vor, wenn der Täter der Meinung ist, daß der strafbare Tatbestand sich möglicherweise erfüllt und trotzdem handelt. RGSt. Bd. 33, S. 4, Bd. 59, S. 2.

Man wird oft annehmen müssen, daß der Täter den Erfolg zwar nicht gewollt, ihn aber doch dadurch verursacht hat, daß er die pflichtgemäße Sorgfalt außer acht ließ, obwohl er mit dem Eintreten des Erfolges rechnen konnte.

Was den Maßstab der Sorgfalt angeht, so ist von der Verkehrsanschauung, den Gepflogenheiten der einschlägigen Kreise des Berufs, des Gewerbes usw. auszugehen. (Siehe hierzu § 230 Abs. 2 StGB., wonach fahrlässige Körperverletzung dann besonders streng bestraft wird, wenn der Täter, z. B. der Arzt oder Apotheker, infolge seines Berufes zu besonderer Aufmerksamkeit verpflichtet ist.) Gelegentlich ist Fahrlässigkeit eines Apothekers schon bejaht worden, weil er es unterlassen hat, in Zweifelsfällen sich beim Kreisarzt über die Zulässigkeit der Abgabe von Betäubungsmitteln in erheblicher Menge zu erkundigen (siehe RG. in 3. D. 988/28)[1].

S. auch RGSt. Bd. 58, S. 131. Dort hat das RG. von den besonderen Pflichten der Gewerbetreibenden und ihrer Verpflichtung zur Belehrung und Überwachung der Angestellten und zur Kontrolle des Betriebes gesprochen.

Eine Definition des Begriffs Fahrlässigkeit kann auch aus § 59 StGB. gefolgert werden. Hier sind indirekt die Voraussetzungen für das Vorhandensein des Vorsatzes zu entnehmen, woraus eine Abgrenzung zu der Verschuldensform der Fahrlässigkeit abzuleiten ist. Vorsätzliches Verschulden ist gegeben, wenn der Täter sämtliche Merkmale des äußeren Tatbestandes kennt und durch seine Handlung verwirklichen will. Das Bewußtsein, sich nach dem Strafgesetze schuldig zu machen, braucht der Täter in keinem Falle zu haben, um als schuldig erkannt werden zu können. Auch der in Strafrechtsirrtum befangene Täter verwirklicht vorsätzlich oder fahrlässig den jeweiligen strafrechtlichen Tatbestand; sein Verschulden besteht trotz des Irrtums in der vorsätzlichen oder fahrlässigen Begehung der Rechtsverletzung. OLG. Dresden, 5. November 1930. 10 St. a. 110/30 Nr. 2.

Strafrechtsirrtum ist aber als Schuldausschließungsgrund bei

[1] Vgl. Südd. Apoth. Z. 1929, Nr. 13, S. 97.

Übertretungen ausnahmsweise zu berücksichtigen[1] (Bayr.ObLG. 2. Str.Sen., Entsch. vom 4. Dezember 1930, Nr. 642/30). Siehe Näheres § 10 S. 276.

Unter Vorsatz nach § 59 StGB. ist Wissen und Wollen sämtlicher Tatbestandsmerkmale zu verstehen, auch dann, wenn der Täter nicht mit Bestimmtheit den eingetretenen Erfolg vorher als wahrscheinlich oder als möglich erkannt hat. Es genügt, daß er den Erfolg in seinen Willen aufgenommen hat und mit der Verwirklichung rechnet. Nur dort, wo das Gesetz eine bestimmte Absicht erfordert (siehe RGSt. Bd. 30, S. 270) oder wo zur Strafbarkeit ein Handeln wider besseres Wissen verlangt wird (§§ 164, 189, 278 StGB.), wird man den dolus eventualis ausschließen. In einzelnen Fällen ist die Absicht dem Vorsatz gleichzustellen (§§ 43, 48, 210, 266 StGB.). Liegt ein tatbestandlicher Irrtum vor, so wird man Vorsatz zwar ausschließen, es kann dann aber immer noch Fahrlässigkeit vorliegen. (Siehe hierzu die Ausführungen S. 314 ff.)

Wegen fahrlässiger Zuwiderhandlung gegen das OpG. wird eine Bestrafung dann möglich sein, wenn die Unkenntnis der Ausführungsbestimmungen, bzw. der Irrtum über diese, selbst auf Fahrlässigkeit beruht. Die Rechtsprechung hat stets die Auffassung vertreten, daß Angehörige von verantwortlichen Berufen, wie Ärzte und Apotheker, alle wichtigen, diese Berufsschichten betreffenden Gesetze und Verordnungen um so mehr kennen müssen, als die Fachzeitschriften die Behörden in dem Kampf gegen die Betäubungsmittelsucht in vorbildlicher Weise unterstützen. Den Entscheidungen der Oberlandesgerichte Dresden[2] vom 27. Januar 1930 — 2 OSt. 335/30 — und Karlsruhe[3] vom 23. Oktober 1930 — SR. 202, 210/30 —, welche besagen, daß der Arzt nicht schon deshalb bestraft werden kann, weil er das Opium nicht als Heilmittel verordnet, wird nicht beizutreten sein. Diese Entscheidungen sind vor Erlaß der Afb. zu § 8 OpG. ergangen, welche in § 6 ausdrücklich besagen, daß der Arzt Betäubungsmittel nur dann verschreiben darf, wenn die Verschreibung ärztlich begründet ist. Die Entscheidungen treffen auf die Zeit vor Erlaß der Afb. zu § 8 und nur auf die Abgabepflicht des Apothekers zu, dem nicht mehr die Nachprüfung des Verwendungszwecks als Heilmittel oder Nichtheilmittel zugemutet werden kann, nicht aber auf die Sorgfaltspflicht des Arztes bei Verordnung von Betäubungsmitteln. Die Nichtkenntnis und Nichtbeachtung dieser Bestimmung durch den Arzt würde sich als fahrlässige Zuwiderhandlung gegen das OpG. darstellen.

[1] Jur. Woch. 1931, S. 1498. [2] Jur. Woch. 1931, S. 1505.
[3] Jur. Woch. 1931, S. 1507.

Aus alledem ergibt sich, daß Vorsatz und Fahrlässigkeit sich nicht immer streng abgrenzen lassen. Das gilt insbesondere für die Abgrenzung von dolus eventualis und bewußter Fahrlässigkeit.

Fahrlässiger Irrtum. OLG. München vom 3. Dezember 1910:

„Handelt es sich um Gesetze, die Sondergebiete regeln, so kann sich der Zweifel einstellen, ob deren Kenntnis bis in alle Einzelheiten jedem zugemutet werden kann. In besonderem Maße gilt dies aber dann, wenn als nicht entlastender Irrtum nicht bloß die Unkenntnis des Bestehens eines solchen Gesetzes und seines Inhalts, sondern auch die seiner jeweiligen Auslegung in seinem ganzen Umfange angerechnet wird. Für solche Fälle ist ausnahmsweise eine Abweichung von der Regel „Error iuris nocet" statthaft."

Zum äußeren und inneren Tatbestande einer Übertretung (§ 367, Nr. 3 StGB.) hat das RG. im 63. Bd., S. 419 in einer neuen Entscheidung vom 31. Januar 1930 folgendes gesagt:

„Das Berufungsgericht hat aber in keiner Weise nachgeprüft, ob auch der innere Tatbestand gegeben ist. Die Übertretung nach § 367 Nr. 3 StGB. ist nur bei vorsätzlicher oder fahrlässiger Begehung strafbar. Vorsatz wäre insbesondere dann ausgeschlossen, wenn der Angeklagte den Inhalt der Vo. vom 22. Oktober 1901 nicht gekannt oder infolge irriger Beurteilung der Art der verabreichten Mittel nicht gewußt hätte, daß sie unter die Verordnung fallen. Zu prüfen bliebe aber in diesem Fall, ob dem Angeklagten diese Unkenntnis oder der Irrtum nicht als Fahrlässigkeit zuzurechnen ist. Diese Annahme liegt angesichts des Umstandes, daß er die Heilbehandlung gewerbsmäßig betreibt und deshalb zur Aneignung des Inhalts der einschlägigen Vorschriften verpflichtet ist, sehr nahe, kann aber doch nicht vom Revisionsgericht entschieden werden, da die Frage, ob ihm nach den Umständen und nach seiner Persönlichkeit ein Vorwurf nach dieser Richtung gemacht werden kann, auch tatsächlicher Natur ist."

Der § 10 Abs. 3 straft fahrlässiges Verschulden. Nicht erforderlich ist, wie in anderen Gesetzen, z. B. § 14 des Gesetzes zum Schutze der Warenbezeichnungen[1], grobe Fahrlässigkeit. Danach fällt jede Form von Fahrlässigkeit, auch die leichte, unter die Strafbestimmung.

Es sind also auch die fahrlässigen Verletzungen des OpG. und der meisten Afb. als „Vergehen" mit Gefängnis bedroht, nur die fahrlässige Verletzung der Afb. zu §§ 4 Abs. (2) oder (4), 7, 8 wird als „Übertretung" angesehen. Dies ist vor allen Dingen deshalb von Bedeutung, weil für Übertretungen eine Verjährungsfrist von nur 3 Monaten läuft, nach deren Ablauf (gerechnet vom

---

[1] Seligsohn: Warenzeichenrecht.

Zeitpunkt der strafbaren Handlung) eine Strafverfolgung ausgeschlossen ist, während für Vergehen eine Verjährungsfrist von 5 Jahren vorgesehen ist. § 67 StGB.

Nach den bei der Verfolgung von Übertretungen des § 367, Nr. 3 und 5 StGB. (Verkehr usw. mit Arzneimitteln) gemachten Erfahrungen wird die rechtzeitige Strafverfolgung oder die Unterbrechung der Verjährung durch richterliche Handlung infolge der kurzen Verjährungsfrist nicht immer möglich sein und die Verstöße gegen die Verordnung über Verschreibung und Abgabe oft ungeahndet bleiben. Es empfiehlt sich hier das rasche Verfahren durch Strafbefehl oder eiligste Vernehmung durch den Richter statt durch die Polizeibehörde. Wenn die Judikatur möglicherweise annehmen wollte, daß die Ausführungsbestimmungen zu den §§ 4, 7 und 8 sich lediglich als blankettausfüllende Norm darstellen und daß die Unkenntnis einer zur Ausfüllung der Strafandrohung erlassenen Vorschrift gleich zu setzen sei der Unkenntnis oder dem Irrtum über einen Tatumstand oder einer zivilistischen Norm, so wird der Freispruch, bzw. die Einstellung, z. B. bei Verletzungen der Vorschriften über die Verschreibung, unbeschadet der Einstellung wegen Verjährung, auch aus diesem Gesichtspunkt erfolgen müssen.

S. jedoch wegen Unterbrechung der Verjährung § 68 StGB.

Ein Urteil des Amtsrichters kann nicht mit der Berufung angefochten werden, wenn es ausschließlich Übertretungen zum Gegenstande hat und der Angeklagte freigesprochen oder nur zu Geldstrafe verurteilt wurde. Das zulässige Rechtsmittel ist Revision an das OLG. (§ 313 StPO.).

Da § 10 Abs. 3 für den Fall der Übertretung von § 10 (1) Nr. 6 lediglich Geldstrafe bis zu 150 RM. oder Haft vorsieht, so ist es möglich, diesen einzigen Fall einer Übertretungsstrafe des Gesetzes durch polizeiliche Strafverfügung gemäß § 413 StPO. zu ahnden. Nimmt der Beschuldigte die Strafverfügung ohne Widerspruch an, so bedarf es der Anberaumung eines mündlichen Verhandlungstermins nicht. Das wird oft im Interesse des Bestraften liegen. Es steht ihm jedoch das Recht zu, binnen einer Woche gerichtliche Entscheidung zu beantragen, um den Versuch eines Freispruchs zu unternehmen. Die Strafverfügung muß außer der Festsetzung der Strafe die strafbare Handlung, das angewendete Strafgesetz und die Beweismittel bezeichnen.

Auf die Möglichkeit der Einstellung aus § 153 StPO., welcher besagt, daß Übertretungen nicht verfolgt werden, wenn die Schuld des Täters gering ist und die Folgen der Tat unbedeutend sind, sei gleichfalls verwiesen (s. Seite 281).

Strafprozessual ist die Verfolgung von Übertretungen nicht mit denselben Rechtsgarantien ausgestattet, z. B. hinsichtlich des Umfangs der Beweisaufnahme, wie diejenigen von Vergehen. Gemäß § 245 StPO. ist die Beweisaufnahme auf sämtliche Zeugen und Sachverständige, sowie auf sonstige Beweismittel zu erstrecken. In den Verhandlungen vor dem Amtsrichter, dem Schöffengericht sowie vor dem Landgericht bestimmt, sofern es sich um eine Übertretung handelt, das Gericht den Umfang der Beweisaufnahme, ohne hierbei an die Anträge der Verteidigung, der Staatsanwaltschaft oder früheren Beschlüsse gebunden zu sein.

Fahrlässigkeit nach Abs. 3 umfaßt auch den Fall des Abs. 1 Nr. 3. Eine fahrlässige Zuwiderhandlung gegen das Delikt unrichtiger Angaben tatsächlicher Art zum Zweck der Täuschung ist nicht denkbar, denn wenn jemand handelt, „um" einen bestimmten Zweck zu erreichen, und außerdem noch etwas „zur" Täuschung tut, so setzen diese zwei verschiedenen Zweckabsichten eine vorsätzliche Handlungsweise voraus. Niemand kann durch fahrlässiges Verhalten einen von vornherein beabsichtigten Erfolg herbeiführen wollen.

Eine im Ausland begangene Übertretung des § 10 (3) ist nicht strafbar. Das folgt aus § 6 StGB. Ob eine Tat nach § 6 StGB. eine Übertretung darstellt, entscheidet sich nach inländischem Recht.

Auch mit Rücksicht auf die Fahrlässigkeitsbestimmung des § 10 Abs. 3 mußte das objektive Verfahren in diesem Gesetz besonders, und zwar wie in § 10 (5), geregelt werden. Denn die bisher in Betracht kommenden Bestimmungen der §§ 40 und 42 StGB. setzen ein vorsätzliches Verbrechen oder Vergehen voraus. [Siehe hierzu § 10 (5).]

Versuch eines fahrlässigen Vergehens ist nicht denkbar. Siehe auch § 10 (2). Dasselbe gilt für fahrlässige Beihilfe, und Beihilfe zu einer Übertretung ist nach geltendem Reichsstrafrecht nicht strafbar.

Über frühere Judikatur siehe die Zusammenstellung S. 288, 289.

Zu Absatz 4:

Das Wort „Gegenstände" des bisherigen Gesetzes ist in Abs. 4 und Abs. 5 zweckmäßig durch den auch an anderen Stellen des Gesetzes gebrauchten Begriff „Stoffe und Zubereitungen" ersetzt worden, da, wie die Begründung ausführt, in der Arzneimittelgesetzgebung unterschieden wird zwischen Stoffen und Zubereitungen einerseits, deren Wesen in der stofflichen Zusammensetzung besteht, und Gegenständen andererseits, für die die Form wesentlich ist. Bei den Betäubungsmitteln kommt es vor allem auf ihre stoffliche Zusammensetzung an.

Eine derartige Unterscheidung ist in der derzeitigen Arzneimittelgesetzgebung, die, mit Ausnahme der auf § 6 (2) RGO. beruhenden KaisVo. über den Verkehr mit Arzneimitteln, landesrechtlich geregelt ist, noch nicht getroffen[1]. Der Erläuterung der Begründung können wir uns nicht anschließen, um so weniger, als es bei den Zubereitungen des Verz. A der erwähnten KaisVo., z. B. den Tabletten, nur auf die Form und nicht auf die stoffliche Zusammensetzung ankommt. Ein nicht verarbeiteter Stoff kann z. B. frei verkäuflich sein, in Form von Tabletten ist er es nicht. Durch die Überführung eines Stoffes in die Form von Tabletten wird der Stoff aber nicht zu einem Gegenstand. Wir möchten Stoffe und Gegenstände so unterscheiden, daß Stoffe bei der Anwendung verbraucht, Gegenstände jedoch nur abgenutzt werden.

Die Strafbestimmung ist ausgedehnt worden auf die Fälle, in denen die Zubereitung eines Stoffes, der nicht dem OpG. untersteht, als Zubereitung eines Betäubungsmittels angeboten, verkauft und sonstwie in den Verkehr gebracht wird.

Auch diese Strafbestimmung deutet auf die Absicht des Gesetzgebers zu weitgehender Strafverfolgung. Liegt ein Vergehen gegen § 10 Abs. 4 vor, so wird auch zumeist der Betrugstatbestand erfüllt sein. Der gelegentlich vertretenen Annahme, daß es dann an dem Tatbestand der Vermögensschädigung fehlt, ist nicht beizutreten. (Siehe hierzu RGSt. Bd. 44, S. 230.)

In all den Fällen, in welchen das Delikt wissentlich begangen wird, hat die Bestrafung aus § 263 StGB. stattzufinden. Voraussetzung aber für die Anwendung dieser schwereren Bestimmung ist die Begehung der Handlung in der von vornherein bestehenden Absicht, sich einen rechtswidrigen Vermögensvorteil zu verschaffen. Häufig wird es sich um einen sog. untauglichen Versuch handeln[2]. Näheres hierzu S. 311. Es ist durchaus denkbar, daß jemand, ohne sich einen Vermögensvorteil verschaffen zu wollen, eine unter das Gesetz fallende Zubereitung unter unrichtiger Bezeichnung in den Verkehr bringt; z. B. ein Apotheker, der einem ihn quälenden Morphinisten, um ihn los

[1] Der amtliche Entwurf eines Reichsarzneimittelgesetzes ist inzwischen bekannt gegeben — siehe Beil. zu Apoth. Z. 1931 Nr. 69 und Pharm. Z. 1931 Nr. 69.

[2] Siehe die Lehre des RG. über den untauglichen Versuch bei Frank u. Liszt: Strafrecht zu § 43.

zu werden, eine wässerige Lösung mit harmlosem Zusatz verabreicht, diese aber als Morphiumlösung beschriftet. Bisweilen haben sich beschlagnahmte Sendungen von angeblichen Betäubungsmitteln als harmlose Stoffe von geringem Werte feststellen lassen. In diesem Falle sind beide Gesetze verletzt. Die Bestrafung hat aber gemäß § 73 nach den Bestimmungen über das schwerere Gesetz zu erfolgen. Das Oberlandesgericht Hamburg hat jemand, der gefälschtes Kokain in den Verkehr brachte, wegen Betruges und den Erwerber nach den Grundsätzen des Reichsgerichts über den sog. untauglichen Versuch wegen versuchten unerlaubten Erwerbs bestraft. (OLG. Hamburg, II. 28/28 vom 27. Februar 1928.)

Die Strafandrohung des § 10 Abs. 4 — nicht Nr. 4 — findet auf Stoffe und Zubereitungen des § 9 keine Anwendung, d. h. wenn Stoffe oder Zubereitungen als „zubereitetes Opium oder Dross u. ä. oder Harz des Indischen Hanfs oder dessen gebräuchliche Zubereitungen insbesondere Haschisch" in den Verkehr gebracht werden, ohne daß sie diese Stoffe oder Zubereitungen auch wirklich sind, so tritt keine Bestrafung aus § 10 (4) ein. Handelt es sich dabei um Stoffe oder Zubereitungen des § 1, so ist natürlich zu prüfen, ob § 10 (1) verletzt ist (siehe im übrigen Kommentar zu § 9).

Fahrlässigkeit, Versuch usw. sind nicht strafbar.

Zu Absatz 5:

Die Einziehung ist der einfachste und sicherste Weg, um Betäubungsmittel dem illegalen Besitz zu entziehen und der gesetzmäßigen Kontrolle wieder zuzuführen. Es handelt sich um eine Kann-, nicht um eine Mußbestimmung. Die Einziehung in allen Fällen obligatorisch vorzuschreiben, wäre deshalb nicht unbedenklich, weil möglicherweise ein unbeteiligter Dritter durch diese Maßnahme betroffen wird, z. B. wenn ein Vergehen gegen das OpG. und Diebstahl von Betäubungsmitteln konkurrieren. Die Einziehung ist aber auch dann zulässig, wenn der Eigentümer an der Straftat nicht beteiligt oder der Täter nicht abgeurteilt werden kann. In der Rechtsprechung spricht man dann von einer unterschiedslosen Einziehung. Es besteht kein Unterschied, ob die Sache dem Täter oder dem Teilnehmer gehört oder keinem von beiden.

Die Einziehung als solche kann auch ausgesprochen werden, wenn die Strafe nach einem ideell konkurrierenden, strengeren Strafgesetz, welches eine Einziehung nicht vorsieht, ausgesprochen wird.

Die Einziehung ist eine Verwaltungsanordnung, eine polizeiliche Sicherungs- oder Vorbeugungsmaßregel, sie richtet sich nicht gegen den Täter, sondern gegen die Sache wegen ihrer Beziehung zur Straftat. Sie ist im öffentlichen Interesse gelegen. (RGSt. Bd. 46, 131, 135, 136; Bd. 50, 386, 389, 390; Bd. 55, 12, 13[1].)

Die Einziehung findet sich besonders häufig in Nebengesetzen (siehe auch Vereinszollgesetz).

Die rechtliche Natur der Einziehung ist umstritten. Nach der Fassung des OpG. stellt sich die Einziehung nicht als Strafe dar, denn der Gesetzgeber sagt, „neben der Strafe kann auf Einziehung erkannt werden".

Nach dem bisherigen Gesetz war das objektive Verfahren nur im Rahmen der allgemeinen Bestimmung der §§ 40, 42 StGB. zulässig. Die Vorschrift im § 10 Abs. 5 des Gesetzes stellt eine verschärfende Ergänzung der bisherigen Vorschriften dar. Insoweit ist das neue Gesetz das schwerere[2].

Bei Erwerb von Betäubungsmitteln usw. durch Diebstahl kann die Einziehung infolge Gesetzeskonkurrenz gemäß § 40 StGB. erfolgen.

Nach dem StGB.[3] ist die Voraussetzung für die Einziehung die vorsätzlich begangene Tat. Sie ist ausgeschlossen bei fahrlässigem Vergehen und bei Übertretungen. Anders im OpG. Nach dem Wortlaut und Charakter des Abs. 5 im Gesetz, und mit Rücksicht auf den vorbeugenden polizeilichen Charakter, welcher dem OpG. zukommt, ist die Einziehung auch dann zulässig, wenn die Bestrafung aus § 10 Abs. 3 (Fahrlässigkeitsdelikt) erfolgt, und selbst in den Fällen, in welchen nur nach den Übertretungsvorschriften bis 150 RM oder Haft bestraft wird. Nachdem das geltende Gesetz ein besonderes Fahrlässigkeitsdelikt kennt, rechtfertigt sich mithin schon dieserhalb die neue Bestimmung des § 10 (5), weil nach dem bisherigen Recht ein objektives Verfahren nur auf §§ 40, 42 StGB. gestützt werden könnte, die aber ein vorsätzliches Verbrechen oder Vergehen voraussetzen.

Diese Auffassung wird man um so mehr vertreten können, als der Zweck, unbeschadet des umstrittenen Rechtscharakters der Einziehung, die Wiederholung von strafbaren Handlungen zu hindern sucht. Mag dadurch auch die eigentliche Strafe verschärft werden. Die Verschärfung geht jedoch nicht über den Strafzweck hinaus.

---

[1] S. Jur. Woch. 1930, S. 2535 und S. 3858.
[2] Siehe Pharm. Z. 1930, Nr. 27, S. 416.
[3] Siehe Ebermayer zu § 40.

Häufig werden Betäubungsmittel wie andere Waren schlechthin unter Eigentumsvorbehalt des Lieferanten mit der Maßgabe geliefert, daß dem Verkäufer bis zur restlosten Bezahlung der Kaufsumme das Eigentum noch zusteht. Da nun die Einziehung auch ausgesprochen werden darf, wenn die Betäubungsmittel dem Täter nicht gehören, werden Eigentumsvorbehalte dieser Art, die nicht selten sind, gegenstandslos. Dieser Umstand dürfte sich krediterschwerend auswirken.

Inwieweit die Beförderungs- und Aufbewahrungsmittel von unter das Betäubungsmittelgesetz fallenden Stoffen der Einziehung unterliegen, kann zweifelhaft sein. Das Bayerische Oberlandesgericht hat unter dem 7. Januar 1926 die Einziehung eines Fasses nach § 31 des Weingesetzes für unzulässig erklärt. Soweit nichts Besonderes gesagt ist, finden im übrigen für die Beschlagnahme und Durchsuchung die Bestimmungen der Strafprozeßordnung (§§ 94ff.) Anwendung[1 2].

Die eingezogenen Betäubungsmittel gehen in Gewahrsam der Staatsanwaltschaft über.

Zu Absatz 6:

Die in § 10 Abs. 6 der Landespolizeibehörde erteilte Befugnis zur Ausweisung verurteilter Ausländer aus dem Reichsgebiet entspricht dem § 362 (4) StGB.[3], durch den die Landespolizeibehörde hierzu bereits dann berechtigt war, wenn das Gericht in den im Gesetz vorgesehenen Fällen neben der Strafe auf Überweisung des Verurteilten an die Landespolizeibehörde erkannt hat. Gegen die Ausweisung ist nur Beschwerde im Aufsichtswege zulässig.

(Siehe auch § 39 StGB. über die Wirkungen der Polizeiaufsicht, ferner die Befugnis, wegen Glücksspiels verurteilte Ausländer auszuweisen.)

Die unter der Geltungsdauer des alten OpG. gemachten Erfahrungen ließen es erwünscht erscheinen, die Verweisung von Ausländern aus dem Reichsgebiet entgegen den früheren Vorschriften auch dann aussprechen zu können, wenn nur auf Geldstrafe erkannt ist. Die gewerbsmäßigen Schmuggler sind zum großen Teil Ausländer. Werden sie nur zu Geldstrafe verurteilt und könnte deshalb nicht auf Verweisung aus dem Reichsgebiet erkannt werden, so wären sie in der Lage, ihre unerlaubten Geschäfte mit aus dem Aus-

---

[1] Z. Strafrechtswiss. Bd. 47, S. 320.
[2] Leipz. Z. f. deutsch. Recht 1921, S. 26.
[3] Ebermayer: Leipz. Komm. § 362.

land eingeschmuggelten Waren fortzusetzen. Da es sich nur um eine Ermächtigung handelt, können Bedenken gegen die Verschärfung der auf Ausländer bezüglichen Bestimmungen nicht bestehen.

Bei der Befugnis zur Ausweisung handelt es sich um eine zur Zuständigkeit der Polizei gehörende Vorbeugungsmaßnahme. Die Zulässigkeit ist jedoch erst mit der Rechtskraft des Urteils gegeben. Das Gericht selbst kann, da es sich um ausschließliche Zuständigkeit der Polizei handelt, nicht im Urteil über die Ausweisung befinden.

Ob die Behörde verpflichtet ist, dem Verurteilten vorher eine Mitteilung zukommen zu lassen, kann zweifelhaft sein. Dem unter Polizeiaufsicht gestellten Ausländer, welcher aus dem Gebiet des Deutschen Reichs jederzeit verwiesen werden kann, muß nach Ebermayer[1] eine entsprechende Mitteilung gemacht werden.

Ein Ausländer, der aus dem Reichsgebiet ausgewiesen ist und dahin wieder zurückkehrt, macht sich nach § 361, Nr. 2 StGB. strafbar. Verjährung nach 3 Monaten.

Im übrigen sei auch hier auf § 3 StGB. verwiesen, wonach die Bestimmungen des Strafgesetzbuches uneingeschränkt auf Ausländer Anwendung zu finden haben. Von der Ausweisung ist zu unterscheiden die Auslieferung. Ausgeliefert können aus Deutschland nur Nicht-Reichsangehörige werden. Das Auslieferungsrecht ist durch Staatsverträge mit zahlreichen Ländern geregelt.

Der Völkerbundsrat hat auf Grund von Resolutionen der beratenden Opiumkommission in den Jahren 1925 und 1930 empfohlen, daß die einzelnen Länder in den Auslieferungsverträgen auch den illegalen Verkehr mit Betäubungsmitteln berücksichtigen. Soweit bekannt ist, ist dies bis jetzt ausdrücklich nur zwischen USA. und Kanada geschehen, auch der Auslieferungsvertrag zwischen dem Deutschen Reich und den Vereinigten Staaten von Amerika vom 14. April 1931 (RGBl. II, S. 402) enthält in Art. III Nr. 28 die Bestimmung, daß wegen Verbrechen und Vergehen gegen die Gesetze zur Unterdrückung des Vertriebs von Betäubungsmitteln ausgeliefert wird. Die anderen Auslieferungsverträge, z. B. der zwischen dem Deutschen Reich und der türkischen Republik vom 30. Mai 1931 (RGBl. II, S. 197), enthalten die allgemeine Verpflichtung, die Auslieferung zu gewähren, wenn die Tat nach dem Rechte beider Länder mit mindestens einem Jahre Gefängnis bedroht ist. Versuch und jede Art der Teilnahme ist Auslieferungsgrund.

[1] Ebermayer: Leipz. Komm. § 39, Anm. 3, S. 193.

Literatur des geltenden Rechts in Auslieferungssachen ist umfangreich[1].

Über die Ausländereigenschaft des Verfolgten als Voraussetzung der Auslieferung s. OLG. Hamm vom 2. Juni 1930, I. 171 g/1[2].

§ 11.

(1) Zur Deckung der Kosten, die sich aus der Durchführung dieses Gesetzes ergeben, können nach näherer Bestimmung des Reichsministers des Innern eine Umlage auf die Stoffe und Zubereitungen sowie eine Gebühr für die Ausstellung der Bezugscheine erhoben werden.

(2) Die Umlage gilt nicht als Steuer im Sinne der Reichsabgabenordnung.

Bis zur Novelle von 1924 sind die Arbeiten und Kosten der Opiumstelle von den in der Reichsarbeitsgemeinschaft Chemie, Fachgruppe Opium und Kokain, zusammengeschlossenen Großherstellern getragen worden, dann ging die gesamte Kontrolle auf das RGA. über. Zur Deckung der dadurch entstehenden Kosten soll die Umlage nur in der dazu erforderlichen Höhe bemessen werden. Die Umlage betrug zunächst für jedes Kilogramm Morphin, Diazetylmorphin (Heroin) und Kokain, das dem Inlandsverbrauch zugeführt wird, 50 RM, vom Juli 1929 ab 75 RM.

Die Umlage einschließlich der Bezugscheingebühr dürfen lediglich die Verwaltungsunkosten, deren Höhe vorerst wird geschätzt werden müssen, abgelten. Erweist sich die Umlage als zu hoch, so wird für entsprechende Bemessung des Umlagebeitrags ein Ausgleich späterhin geschaffen werden müssen.

Anhaltspunkte für die Auslegung: Art. 77 der Durchführungsverordnung zum Aufwertungsgesetz vom 29. November 1925, wo ein Verwaltungskostenbeitrag zugunsten der Hypothekenbanken für Durchführung der Pfandbriefaufwertung vorgesehen ist[3]. Siehe ferner §§ 749ff. und 1165ff. RVO.

Zur Zeit gilt die auf Grund des alten OpG. erlassene Vo. des RMdI. vom 12. November 1924 in der Fassung der Vo. vom 2. August 1929:

---

[1] Jur. Woch. 1930, S. 2606.
[2] Jur. Woch. 1930, S. 2607; 1931 S. 249.
[3] Siehe Jur. Woch. 1930, S. 349.

1. Für jedes Kilogramm Morphin, Diazetylmorphin (Heroin) und Kokain, das von einem Hersteller im Inland in den Handel gebracht wird, wird eine Umlage von 75 „Fünfundsiebzig" Reichsmark erhoben. Die Umlage wird von dem Reichsgesundheitsamt angefordert und ist an dieses Amt zu zahlen.

2. Wird mit der Umlage belastete Ware durch einen Großhändler ausgeführt, so wird diesem die Umlage auf Antrag zurückvergütet. Rückvergütungen unter 25 Reichsmark finden nicht statt.

3. Für eingeführte Mengen wird die in Ziffer 1 genannte Umlage von dem Einführenden in jedem Falle in gleicher Höhe erhoben.

Laut Vo. vom 20. Januar 1931 *wird die Umlage mit Wirkung vom 1. Januar 1931 auf Dicodid, Dilaudid, Eukodal und auf die Zubereitungen dieser Stoffe ausgedehnt.*

Aus der besonderen Anführung der Zubereitungen, die in den Vo. von 1924 und 1929 nicht genannt sind, geht hervor, daß die Umlage nicht erhoben wird von Morphin, Diazetylmorphin (Heroin) und Kokain, das von einem Hersteller in Form von Zubereitungen in den Handel gebracht wird.

Für die Erhebung der Gebühr für die Ausstellung der Bezugscheine kommt § 1 der Vo. vom 10. Dezember 1930 in Betracht.

§ 1 (1) Für die Ausstellung eines Bezugscheins (vgl. § 4 Abs. 1 des OpG.) ist von dem Antragsteller eine Gebühr von 25 RPf. zu entrichten.

(2) Der gleichen Gebühr unterliegt auch die Ausstellung eines Bezugscheins zwecks Rückgabe von Betäubungsmitteln sowie die Ausfertigung der Abschriften eines Bezugscheins.

(3) Der Gebühr unterliegt nicht die Ausstellung eines Bezugscheins, der telegraphisch beantragt worden ist.

Die Bezugscheingebühr wird in Form einer Postfreimarke zu 25 RPf. erhoben; über die Einzelheiten siehe bei § 4 (2) OpG.

Nichtzahlung dieser Verwaltungskosten ist nicht straffällig, da § 10 eine Strafandrohung nicht vorsieht.

Die etwa notwendig werdende Beitreibung der öffentlichen Gebühren geschieht im Verwaltungszwangsverfahren. Manche Gesetze ordnen dies ausdrücklich an. Dort, wo das nicht geschehen, ist eine solche Anordnung zu vermuten, weil der Gesetzgeber die Vollstreckung von der Erhebung einer Klage nicht abhängig machen will[1]. Hinzu kommt, daß es an den Voraussetzungen für die Beitreibung im Wege der Klage fehlt. In Frage kommt § 13 GVG., welcher besagt:

[1] Jellinek: Verwaltungsrecht.

„Vor die ordentlichen Gerichte gehören alle bürgerlichen Rechtsstreitigkeiten und Strafsachen, für welche nicht entweder die Zuständigkeit von Verwaltungsbehörden oder Verwaltungsgerichten begründet ist oder reichsgesetzlich besondere Gerichte bestellt oder zugelassen sind."

Von einer bürgerlichen Rechtsstreitigkeit wird man hier nicht sprechen können, weil der Staat dem hier in Frage kommenden Staatsbürger nicht als gleichberechtigter Fiskus gegenübersteht, sondern als Obrigkeit.

Der Absatz 2 sagt dasselbe wie § 1 RAbgO., der ausdrücklich bestimmt, daß Gebühren für besondere Inanspruchnahme der Verwaltung und Beiträge nicht als Steuer im Sinne der RAbgO. anzusehen sind. Hieraus folgt, daß auch im übrigen die Bestimmungen der RAbgO., wie sich aus dem Wortlaut des Abs. 2 von § 1 RAbgO. ergibt, auf das Umlageverfahren keinerlei Anwendung finden.

§ 12.

Die zur Ausführung dieses Gesetzes erforderlichen Bestimmungen erläßt die Reichsregierung mit Zustimmung des Reichsrats; soweit es sich um den Verkehr in den Zollausschlüssen und Freibezirken handelt, bedarf sie der Zustimmung der zuständigen Landesregierung.

Dieser Paragraph enthält eine allgemeine Ermächtigung zum Erlaß von Afb. Außerdem finden sich auch in einzelnen anderen Paragraphen Sonderermächtigungen.

Man unterscheidet Verwaltungsverordnungen, d. h. solche, die die Einrichtungen des Staates und die Tätigkeit seiner Organe innerhalb der Schranken des geltenden Rechts regeln, sich also nur instruktionell an die Behörden wenden, und Rechtsverordnungen, die bindend und befehlend in Freiheit und Eigentum der Bürger eingreifen. Nach der herrschenden Lehre können gewöhnliche Gesetze in beschränktem Umfang zum Erlaß von Rechtsverordnungen ermächtigen. „In beschränktem Umfang" bedeutet, daß nicht etwa durch ein gewöhnliches Reichsgesetz die künftige Gesetzgebung über eine Materie dem Verordnungswege vorbehalten wird, sondern daß nur ausführende und ergänzende Verordnungen, wie Triepel sagt, „im dienstlich begrenzten Zwecke für ein bestimmtes Lebensverhältnis erlassen werden sollen". (Vgl. Poetzsch-Heffter, Kommentar zur RVerf. 1928 Art. 68 Anm. 5 und Anschütz, Kommentar zur RVerf. 1930 Art. 77 Anm. 1 und 2.) Diese Rechtsverordnungen müssen sich im Rahmen der Ermächtigung halten und können nicht Grundsätze des Gesetzes selbst oder anderer Reichsgesetze umstoßen.

Der Erlaß der Reichsverordnungen hat in der Verfassung keine ausdrückliche Regelung gefunden. Daher muß die Reichsregierung von Fall zu Fall ermächtigt werden. Nach Anschütz a. a. O., S. 357, Anm. 1 ist dem Erfordernis der besonderen gesetzlichen Grundlage für den Erlaß von Rechtsverordnungen auch dann genügt, wenn in einem Gesetz die Reichsregierung zum Erlaß der erforderlichen Ausführungs- oder Durchführungsbestimmungen ermächtigt ist, was auch durch die in den Steuergesetzen typisch wiederkehrende Klausel geschehen kann: „Die Afb. zu diesem Gesetz erläßt der Reichsminister der Finanzen mit Zustimmung des Reichsrats." Anschütz, der sich hierbei auf die Rechtsprechung des Reichsgerichts und des Reichsfinanzhofes stützt, sagt ebenda: „derartige Afb. können sich, soweit es der Vollzug des Gesetzes erfordert, auch rechtsordnungsmäßig an die Individuen, namentlich die Steuerpflichtigen, richten."

Die in §§ 4 (2) und 6 (1) (3) vorgesehenen Bestimmungen sind reine Afb., deren Erlaß schon allein auf Grund des § 12 erfolgen könnte. Die Ermächtigungen in §§ 1 (2), 7, 8, 11 sehen dagegen nicht nur Afb. vor, sondern darüber hinausgehende Vo. mit Gesetzeskraft, die den Rahmen des Gesetzes erweitern, und die Vo. nach §§ 1 (4), 4 (4), 5 (2) sind solche, die den Umfang des Gesetzes einschränken.

Der Erlaß dieser Afb. ist teils obligatorisch, teils fakultativ; für den Erlaß ist entweder die Reichsregierung mit Zustimmung des Reichsrats vorgesehen, in Sonderfällen auch mit Zustimmung einzelner Landesregierungen, oder der Reichsminister des Innern allein.

Es wurde die Ansicht vertreten, daß unter Bezugnahme auf Art. 52 RVerf., welcher besagt: „Die Reichsregierung besteht aus dem Reichskanzler und den Reichsministern" der zuständige Ressortminister (vorliegendenfalls der Reichsminister des Innern) zum Erlaß von Verordnungen in den Fällen nicht ermächtigt ist, in welchen das Gesetz von dem Verordnungsrecht der Reichsregierung spricht. Das trifft jedoch nicht zu. Wo in der Reichsverfassung und in Gesetzen von der „Reichsregierung" gesprochen wird, ist nur in Ausnahmefällen das Gesamtkabinett gemeint. Überwiegend bezeichnet die Reichsverfassung mit „Reichsregierung" den jeweils zuständigen Ressortminister (vgl. die Entscheidungen des Reichsgerichts in Strafsachen vom 14. November 1924, Bd. 58, S. 40. Übereinstimmend Triepel, Arch. f. öffentl. Recht, Bd. 39, S. 480 — und vom 6. Dezember 1928 II. D. 744/28, ferner Poetzsch-Heffter, Art. 57 Nr. 3 und 77 Nr. 5). Ein Beschluß des Gesamtkabinetts ist somit nicht erforderlich, die allein vom Reichsminister des Innern oder von den Reichsministern des Innern und der Finanzen verfügten Ausführungsverordnungen sind rechtswirksam. Es ist zu beachten, daß das Gesetz in § 12 auch von der Zustimmung der zuständigen Landesregierung spricht. Es wird zu prüfen sein, ob auch hier im Sinne der Entscheidung des Reichsgerichts dem Ressortminister das Verordnungsrecht allein zusteht. Schlechthin bedarf es bei einer Verwaltungsverordnung zur Ausführung eines Reichsgesetzes nach Artikel 77 der Reichsverfassung nicht der Zustimmung des Reichsrats. Die Reichsregierung könnte in solchen Fällen allein handeln.

Nachstehend ist eine Übersicht über die zu erlassenden Afb. gegeben:

I. Nach dem Gesetz:

1. Nach § 1 (2) kann die Reichsregierung mit Zustimmung des Reichsrates weitere Stoffe dem Gesetz unterstellen:

Vo. über die Unterstellung weiterer Betäubungsmittel vom 19. Dezember 1929, §§ 1, 2; vom 24. März 1931, § 1 (s. auch bei 11).

2. nach § 1 (4) kann R.-Reg. und R.-Rat Ausnahmen zulassen:

Vo. über Einfuhr, Durchfuhr und Ausfuhr vom 1. April 1930, § 20 (1) (2) (s. auch bei 6 und 11).

Vo. über den Fortfall der Bezugscheinpflicht vom 21. September 1931 (s. auch bei 4 und 11).

3. nach § 4 (2) erläßt RMdI. Bestimmungen über das Bezugscheinverfahren:

Vo. über Erhebung einer Gebühr für Bezugscheine vom 10. Dezember 1930, §§ 2 bis 5 (s. auch bei 10).

4. nach § 4 (4) kann R.-Reg. mit R.-Rat Bestimmungen über den Ersatz des Bezugscheins erlassen:

Vo. über den Fortfall der Bezugscheinpflicht vom 21. September 1931 (siehe auch 2 und 11).

5. nach § 5 (2) kann R.-Reg. mit R.-Rat Ausnahmen von der Lagerbuchpflicht zulassen und diese Pflicht ausdehnen:

Vo. über das Verschreiben und die Abgabe vom 19. Dezember 1930 und vom 24. März 1931, §§ 1 (3), 15, 17 (2), 27, 28, 29 (1, 2, 4) (s. auch bei 9 und 11).

6. nach § 6 (1) werden von R.-Reg. mit R.-Rat die Bedingungen der Ein-, Durch-, Ausfuhr festgesetzt:

Vo. über Einfuhr, Durchfuhr und Ausfuhr vom 1. April 1930 (s. auch bei 2 und 11).

7. nach § 6 (3) kann RMdI. die Orte zur Ein-, Durch-, Ausfuhr bestimmen:

eine Vo. ist bisher nicht ergangen.

8. nach § 7 können von der R.-Reg. mit R.-Rat Vorschriften über die Beschriftung erlassen werden:

Vo. über Ankündigung und Beschriftung vom 14. April 1930.

9. nach § 8 können von R.-Reg. mit R.-Rat Bestimmungen über Verschreibung und Abgabe erlassen werden:

Vo. über das Verschreiben und die Abgabe vom 19. Dezember 1930 und vom 24. März 1931, §§ 1 (1, 2), 2 bis 8, 9 (1, 3, 4), 10 (1, 3, 4), 12, 13, 14, 16, 17 (1, 3, 4), 19 bis 23, 25 (s. auch bei 5 und 11).

10. nach § 11 können nach Bestimmung des RMdI. Umlage und Bezugscheingebühr erhoben werden:

Vo. über Erhebung einer Gebühr für Bezugscheine vom 10. Dezember 1930, § 1 (s. auch bei 3).

Vo. über Erhebung einer Umlage vom 20. Januar 1931 (s. auch bei 3).

11. nach § 12 erläßt R.-Reg. mit R.-Rat gegebenenfalls mit Landesregierung die Afb.:

Vo. über die Unterstellung weiterer Betäubungsmittel vom 19. Dezember 1929, § 3 und vom 24. März 1931, § 2 (s. auch bei 1).

Vo. über Zulassung zum Verkehr vom 1. April 1930.

Vo. über Einfuhr, Durchfuhr und Ausfuhr vom 1. April 1930, §§ 4 (2), 21, 22 (s. auch bei 2 und 6).

Vo. über die Verschreibung und die Abgabe vom 19. Dezember 1930 und vom 24. März 1931, §§ 9 (2), 10 (2), 11, 15, 17 (2), 18, 26, 28 (1), 29 (3), 30 (s. auch bei 5 und 9).

Vo. über den Fortfall der Bezugscheinpflicht vom 21. September 1931 (s. auch bei 2 und 4).

II. Nach den vorstehenden Bestimmungen:

12. Nach § 12 (1)d der Afb. zu § 6 werden vom RMdI. die Namen der sog. Zertifikatländer veröffentlicht:

Eine Veröffentlichung auf Grund dieser Ermächtigung ist nicht erfolgt.

13. nach § 21 der Afb. zu § 6 bleibt die Vo. über die Regelung in Hamburg und Cuxhaven vom 1. Mai 1924 in Kraft.

III. Außerdem bestimmt § 13 (1), daß die auf Grund des OpG. in der Fassung vom 21. März 1924 erlassenen Verordnungen weiterhin als Vo. auf Grund des neuen Gesetzes gelten. Das Gesetz befristet die Geltungsdauer dieser alten Vo. nicht, es ist aber anzunehmen, daß dieselben Stellen, die zum Inkraftsetzen bestimmt sind, auch die Außerkraftsetzung verkünden können. Danach sind zur Zeit noch folgende Afb. in Geltung:

Afb. zum OpG. vom 5. Juni 1924 (RGBl. I, S. 638) daraus II, 1 bis 3; VI.

Vo. des RMdI. betr. Erhebung einer Umlage, vom 12. November 1924 (RMinBl. S. 380).

Vo. des RMdI. betr. Umlage, vom 2. August 1929 (RMinBl. S. 596).

Strafandrohung für Verstöße gegen die auf Grund des § 12 erlassenen Afb. siehe § 10 (1) 5.

Der Versuch ist strafbar.

Fahrlässigkeit siehe § 10 (3).

§ 13.

(1) Das Gesetz tritt am 1. Januar 1930 in Kraft. Gleichzeitig tritt das Gesetz zur Ausführung des internationalen Opiumabkommens vom 23. Januar 1912 vom 30. Dezember 1920 (Reichsgesetzbl. 1921 S. 2) in der Fassung des Gesetzes zur Abänderung des Opiumgesetzes vom 21. März 1924 (Reichsgesetzbl. I S. 290) außer Kraft. Die auf Grund dieses Gesetzes erlassenen Verordnungen gelten weiterhin als Verordnungen auf Grund des neuen Gesetzes.

(2) Eine vor Inkrafttreten dieses Gesetzes erteilte Erlaubnis zur Verarbeitung ist spätestens bis zum 1. April 1930 von neuem zu beantragen, widrigenfalls sie erlischt. Wird der Antrag rechtzeitig gestellt, so bleibt die Erlaubnis in ihrem bisherigen Umfang bis zur Entscheidung in Kraft.

(3) Soweit für den Verkehr mit dem Indischen Hanfe und dem Extrakt und der Tinktur des Indischen Hanfes sowie mit Ekgonin und dessen Salzen und Zubereitungen eine Erlaubnis gemäß § 3 Abs. 1 erforderlich ist, darf ein bei Inkrafttreten dieses Gesetzes bereits bestehender Betrieb nach dem 1. April 1930 nur fortgesetzt werden, wenn inzwischen die durch dieses Gesetz vorgeschriebene Erlaubnis erteilt worden ist.

Zu Abs. 1: Durch diese Bestimmung sollte die formale Unterlage für das Weitergelten der früheren Afb. geschaffen werden, soweit diese bis zum Erlaß neuer Afb. notwendig sind und in ihrem Inhalt mit dem neuen Gesetz übereinstimmen. Werden jene aber durch das neue Gesetz nicht gedeckt, so sind sie auch ohne formale Außerkraftsetzung rechtsunwirksam geworden. Über die auf Grund des früheren Gesetzes erlassenen Afb. s. bei § 12.

Zu Absatz 2 und 3 sagt die Begründung folgendes:

Zu Abs. 2: Eine Nachprüfung der schon erteilten Genehmigungen zur Verarbeitung von Betäubungsmitteln hat sich als notwendig erwiesen. Es ist erforderlich, bei Erteilung der Genehmigungen zur Verarbeitung Vorsorge zu treffen, daß die Zubereitungen, zu denen die Stoffe verarbeitet werden, besser übersehen und überwacht werden können. Es besteht die Absicht, diese allgemein erteilten Genehmigungen künftig auf die Zubereitungen, zu deren Herstellung der Erlaubnisinhaber berechtigt sein soll, zu beschränken. (Über diese Beschränkungen siehe zu § 3.)

Zu Abs. 3: Der Indische Hanf, dessen Extrakt und Tinktur, sowie das Ekgonin und dessen Zubereitungen werden durch den Entwurf neu der Beaufsichtigung unterstellt; da damit zu rechnen ist, daß einige Betriebe, die bisher noch keinerlei Erlaubnis zum Verkehre mit Betäubungsmitteln bedurften, nunmehr unter die Erlaubnispflicht fallen, mußte für diese Betriebe eine Übergangsfrist, innerhalb deren sie sich die erforderliche Erlaubnis zu beschaffen haben, vorgesehen werden.

Andere reichsrechtliche Gesetze und Verordnungen sowie landesrechtliche[1] Verordnungen,

die zu den Betäubungsmitteln in unmittelbaren Beziehungen stehen.

1. Gesetz über die Weltpostvereinsverträge, vom 13. Juni 1930 (RGBl. II, S. 785) s. S. 152.

2. Gesetz, betr. das Übereinkommen und Statut über die internationale Rechtsordnung der Eisenbahnen, vom 31. Oktober 1927 (RGBl. II S. 909). (Auf der Verkehrskonferenz in Genf am 9. Dezember 1923 beschlossenes Übereinkommen.)

VI. Teil. Allgemeine Bestimmungen. Art. 30 Abs. 3:

Das Statut kann ferner in keiner Weise die Maßnahmen berühren, die irgendeiner der Vertragsstaaten auf Grund allgemeiner internationaler Vereinbarungen, an denen er beteiligt ist oder die späterhin abgeschlossen werden sollten, zu treffen sich veranlaßt sieht oder sehen könnte. Namentlich gilt dies für Vereinbarungen, die unter dem Schutze des Völkerbundes abgeschlossen sind und den Durchgangsverkehr, die Aus- oder Einfuhr bestimmter Warengattungen, wie Opium und anderer schädlicher Drogen... betreffen .....

3. Verordnung des Reichsverkehrsministers, betr. Krankenfürsorge auf Kauffahrteischiffen, vom 4. Januar 1929 (RGBl. II, S. 33).

§ 1. Kauffahrteischiffe sind mit Arznei- und anderen Hilfsmitteln sowie mit Lebensmitteln zur Krankenpflege auszurüsten:

Für die Nahfahrt und die Küstenfischerei, soweit sie zur Seefahrt gehören, nach dem Verzeichnis Ia: keine Betäubungsmittel;

für Reisen in Küstenfahrt und kleiner Fahrt, wenn nicht mehr als fünf Mann als Besatzung an Bord sind, und für die kleine Hochseefischerei mit Fahrzeugen von weniger als 150 cbm Bruttoraumgehalt nach dem Verzeichnis Ib: keine Betäubungsmittel;

---

[1] Zitiert sind nur die preußischen Verordnungen.

für Reisen in Küstenfahrt und kleiner Fahrt, wenn eine Besatzung von mehr als fünf Mann an Bord ist, und für die kleine Hochseefischerei mit Fahrzeugen von mehr als 150 cbm Bruttoraumgehalt nach dem Verzeichnis Ic: Tinctura Opii simplex 10 g;

für die mittlere Hochseefischerei nach dem Verzeichnis Id: Tinctura Opii simplex 10 g;

für Reisen in mittlerer Fahrt ohne Schiffsarzt nach dem Verzeichnis IIa: Tinctura Opii simplex 50 g, Morphinum hydrochloricum 20 Pulver zu 0,01 g;

für Reisen in großer Fahrt ohne Schiffsarzt bei einer Besatzung von nicht mehr als fünfzehn — bei Dampfern nicht mehr als dreißig — Mann und für die große Hochseefischerei nach dem Verzeichnis IIa: Tinctura Opii simplex 50 g; Morphinum hydrochloricum 20 Pulver zu 0,01 g;

bei größerer Besatzung nach dem Verzeichnis IIb: Tinctura Opii simplex 50 g, Morphinum hydrochloricum 20 Pulver zu 0,01 g;

für Reisen, auf welchen Schiffe einen Schiffsarzt mitnehmen, ohne daß eine Verpflichtung hierzu gemäß § 10 besteht, nach dem Verzeichnis IIIa: Cocainum hydrochloricum 1 g, Morphinum hydrochloricum 20 Pulver zu 0,01 g, Morphinum hydrochloricum solutum je 10 Ampullen zu 0,01 : 1 g und 0,02 : 1 g, Pulvis Ipecacuanhae opiatus 20 Pulver zu 0,5 g, Tinctura Opii simplex 50 g;

für Reisen, auf welchen nach § 10 ein Schiffsarzt an Bord sein muß, nach dem Verzeichnis IIIb: Cocainum hydrochloricum 3 g, Morphinum hydrochloricum 30 Pulver zu 0,01 g, Morphinum hydrochloricum solutum je 20 Ampullen zu 0,01 : 1 g und 0,02 : 1 g, Pulvis Ipecacuanhae opiatus 40 Pulver zu 0,5 g, Tinctura Opii simplex 100 g.

§ 3. Die Ausrüstung hat der Reeder und, wenn sie während der Reise zu vervollständigen ist, der Kapitän zu besorgen.

§ 4. Die Arzneimittel sind unter Beachtung der Vo. betr. den Verkehr mit Arzneimitteln vom 22. Oktober 1901 (RGBl. S. 380) und ihrer Nachträge im Inland zu beziehen; die im Deutschen Arzneibuch aufgeführten Mittel müssen den in diesem gestellten Anforderungen entsprechen. In Notfällen ist die Beschaffung von Arzneimitteln im Ausland zulässig.

4. Internationales (Brüsseler) Übereinkommen betr. die einheitliche Gestaltung der Vorschriften über starkwirkende Arzneimittel, vom 29. November 1906 (Veröff. Kais. Ges.-Amts 1907, S. 275).

In Artikel 1 werden folgende dem OpG. unterstellte Mittel aufgeführt:

Aus Artikel 1:

Opii pulvis seu Pulvis Opii: Bei 60° getrocknetes Pulver. Morphingehalt 10%.

Opii Extractum seu Extractum Opii: Morphingehalt: 20%.

Opii tinctura seu Tinctura Opii: 10% ig, durch Perkolation mit 70% igem Alkohol zu bereiten. Morphingehalt 10%.

Opii tinctura crocata seu Tinctura Opii crocata Laudanum Sydenhami: Morphingehalt 1%.

Opii et Ipecacuanhae pulvis compositus seu Pulvis Doveri: Mit 10% Opiumpulver zu bereiten.

Opii tinctura benzoica seu Tinctura Opii benzoica: Morphingehalt 0,05%.

Cocainum hydrochloricum: Wasserfreies Salz.

In dem zweiten internationalen Übereinkommen, das in Brüssel am 29. September 1925 abgeschlossen, aber vom Deutschen Reich nicht ratifiziert wurde, sind außerdem aufgeführt:

Opium;
Cannabis Indicae herba;
Extr. Cannabis Indicae, mit 90% igem Alkohol zu bereiten;
Tinct. Cannabis Indicae 10% ig mit 90% igem Alkohol zu bereiten.

5. Zolltarifgesetz vom 25. Dezember 1902 (RGBl. S. 303) in der Fassung vom 17. August 1925 (RGBl. I S. 261).

Nach dem geltenden Zolltarif beträgt der Zollsatz für 1 dz für die Tarifnummern:

60	Opium	zollfrei
71	Kokablätter, Ind. Hanf	zollfrei
380	Alkaloide:	
	Morphin (und Kodein) und deren Verbindungen	10000 RM
	andere Alkaloide (Kokain)	1000 RM
388	zubereitete Arzneiwaren	175—300 RM

6. Verordnung des Reichswirtschaftsministers vom 12. Dezember 1925 (Reichsanz. Nr. 295) im Anschluß an die Verordnung über die Regelung der Einfuhr von Waren vom 16. Januar 1917, 22. März 1920, 3. Mai 1922 (RGBl. 1917, S. 41; 1920, S. 334; 1922, I 479).

Danach bleibt das Verbot der Einfuhr ohne Bewilligung des Reichskommissars für Ein- und Ausfuhrbewilligungen bestehen für Morphin .....

7. Zulassung ausländischer Medizinalpersonen in den Grenzgemeinden.

a) Übereinkunft mit den Niederlanden wegen gegenseitiger Zulassung von Medizinalpersonen zur Praxis in den Grenzgemeinden, vom 11. Dezember 1873 (RGBl. 1874, S. 99).

Art. 1: Die deutschen Ärzte, Wundärzte und Hebammen, welche in den an die Niederlande grenzenden deutschen Gemeinden wohnhaft sind, sollen das Recht haben, ihre Berufstätigkeit in den niederländischen Grenzgebieten in gleichem Maße, wie ihnen dies in der Heimat gestattet ist, auszuüben, vorbehaltlich der im Art. 2 enthaltenen Beschränkung; und umgekehrt sollen unter gleichen Bedingungen die niederländischen Ärzte, Wundärzte und Hebammen, welche in den an Deutschland grenzenden niederländischen Gemeinden wohnen, zur Ausübung ihrer Berufstätigkeit in den deutschen Grenzgemeinden befugt sein.

Art. 2: Die vorstehend bezeichneten Personen sollen bei der Ausübung ihres Berufes in dem anderen Staate zur Selbstverabreichung von Arzneimitteln an die Kranken, abgesehen von dem Falle drohender Lebensgefahr, nicht befugt sein.

Art. 4: Es gilt als selbstverständlich, daß die Ärzte, Wundärzte und Hebammen eines der beiden Länder, wenn sie von der ihnen im Art. 1 dieser Übereinkunft zugestandenen Befugnis Gebrauch machen wollen, sich bei Ausübung ihres Berufes in den Grenzgemeinden des anderen Landes den dort in dieser Beziehung geltenden Gesetzen zu unterwerfen haben.

Außerdem wird jede der beiden Regierungen ihren Medizinalpersonen anempfehlen, bei den in Rede stehenden Anlässen die in dem anderen Lande bezüglich der Ausübung der Heilkunst erlassenen Administrativ-Vorschriften zu befolgen.

b) Übereinkunft zwischen Deutschland und den Niederlanden, betr. die Ausdehnung der über die gegenseitige Zulassung der in den Grenzgemeinden wohnhaften Ärzte, Wundärzte und Hebammen zur Ausübung der Praxis getroffene Übereinkunft auf die Tierärzte, vom 23. Februar 1898 (RGBl. 1899, S. 221).

Art. 1: Die deutschen Tierärzte, welche in den an die Niederlande grenzenden deutschen Gemeinden wohnhaft sind, und die niederländischen Tierärzte, welche in den an Deutschland grenzenden niederländischen Gemeinden wohnen, sollen in Ansehung der Ausübung ihrer Berufstätigkeit — für den Fall, daß in der Gemeinde kein Apotheker wohnt, auch hinsichtlich der Bereitung und Verabreichung von Arzneien, die für das ihrer Behandlung unterworfene Vieh bestimmt sind — die in der Übereinkunft zwischen Deutschland und den Niederlanden vom 11. Dezember 1873 ausbedungenen Vorteile genießen.

c) Übereinkunft zwischen dem Deutschen Reich und Österreich-Ungarn, betr. die gegenseitige Zulassung der an den Grenzen wohnhaften Medizinalpersonen zur Ausübung der Praxis, vom 30. September 1882 (RGBl. 1883, S. 39).

Die Übereinkunft betrifft die Ärzte, Wundärzte, Tierärzte und Hebammen und schließt sich inhaltlich dem Abkommen mit den Niederlanden an, mit der Ausnahme, daß die Tierärzte auch zur Selbstverabreichung von Arzneimitteln im Falle drohender Lebensgefahr befugt sind.

d) Übereinkunft mit Luxemburg, betr. die gegenseitige Zulassung der in den Grenzgemeinden wohnhaften Medizinalpersonen zur Ausübung ihrer Praxis, vom 4. Juni 1883 (RGBl. 1884, S. 19).

Dieses Abkommen entspricht inhaltlich dem Abkommen mit den Niederlanden, erstreckt sich jedoch nicht auf die Tierärzte.

e) Übereinkommen mit der Schweiz, betr. die gegenseitige Zulassung der in der Nähe der Grenze wohnhaften Medizinalpersonen zur Ausübung der Praxis, vom 29. Februar 1884 (RGBl. S. 45).

Entspricht dem Abkommen mit Österreich.

f) Bekanntmachung, betreffend die Wiederinkraftsetzung einer Reihe von zwischen Deutschland oder einzelnen deutschen Ländern und Österreich oder Österreich-Ungarn abgeschlossenen Verträgen und Übereinkommen im Verhältnis zur Tschechoslowakei auf Grund des Artikels 289 des Friedensvertrags von Versailles vom 28. Juni 1919, vom 5. Mai 1921 (RGBl. 1921, S. 504 unter 24).

24. Übereinkunft zwischen dem Deutschen Reiche und Österreich-Ungarn, betreffend die gegenseitige Zulassung der an der Grenze wohnhaften Medizinalpersonen zur Ausübung der Praxis, vom 30. September 1882 (RGBl. 1883, S. 39):

Die mit Österreich-Ungarn abgeschlossene Übereinkunft gilt für die Tschechoslowakei.

g) Abkommen zwischen dem Deutschen Reich und Belgien, betr. die Ausübung der Heilkunst in den Grenzgemeinden, vom 28. Oktober 1925 (RGBl. 1926 II, S. 343).

Das Abkommen entspricht für Ärzte, Hebammen und Tierärzte hinsichtlich der Ausübung „der Kunst“ dem niederländischen, mit der Änderung, daß sie persönlich Arzneien nur in dringenden Fällen verabreichen dürfen.

h) Polen s. unter kleiner Grenzverkehr, f.

8. Kleiner Grenzverkehr.

a) Ausführungsbestimmungen zum Gesetz über Statistik des Warenverkehrs mit dem Ausland, vom 9. August 1928 (RGBl. I, S. 293).

§ 64. (2) Im kleinen Grenzverkehr genügt bei der Einfuhr zollfreier Waren und bei der Ausfuhr die mündliche Anmeldung.

(3) Kleiner Grenzverkehr ist nach näherer Bestimmung der Landesfinanzämter der Warenverkehr in kleinen Mengen zwischen den Bewohnern des deutschen Grenzbezirks und den Bewohnern des benachbarten ausländischen Grenzbezirks für den Bedarf der Bewohner der Grenzbezirke.

(5) Die Landesfinanzämter können zulassen, daß beim kleinen Grenzverkehr geringfügigen Umfanges die Anmeldung unterbleibt.

b) Gesetz, betr. verschiedene Vereinbarungen zwischen der Deutschen Regierung und der Königl. Ungarischen Regierung, der Tschechoslowakischen Regierung sowie der Österreichischen Regierung, vom 22. Dezember 1920 (RGBl. S. 2227).

1. Wirtschaftsabkommen zwischen der Deutschen Regierung und der Tschechoslowakischen Regierung. Anlage F: Erleichterungen im Grenzverkehre (RGBl. S. 2274).

Aus 9: Zubereitete Arzneiwaren, welche Grenzbewohner gegen Rezepte von zur Ausübung der Praxis berechtigten Ärzten in den Verhältnissen der Beziehenden entsprechenden kleinen Mengen aus benachbarten Apotheken holen, dürfen auch ohne Bewilligung der politischen Behörde eingebracht und zollfrei abgefertigt werden.

c) Gesetz über den Handelsvertrag zwischen dem Deutschen Reiche und der Schweiz, vom 27. November 1926 (RGBl. II S. 720).

Anlage C Art. 3.

(2) ... zubereitete Arzneiwaren, welche die Bewohner der einen Grenzzone gegen Rezepte von zur Ausübung der Praxis berechtigten Ärzten oder Tierärzten in kleinen Mengen aus Apotheken der anderen Grenzzone, auf die sie nach den örtlichen Verhältnissen angewiesen sind, holen, oder welche die Ärzte und Tierärzte der erwähnten Art zum unmittelbaren Gebrauche mit sich führen, dürfen frei von Ein- und Ausgangsabgaben eingeführt werden.

d) Gesetz über das Zusatzabkommen zu Art. 20 des deutsch-litauischen Handelsvertrags vom 1. Juni 1923, vom 30. April 1928 (RGBl. II S. 377). (Litauen und Memelgebiet.)

Aus Art. 7: Personen, die einen freien Beruf ausüben (Geistliche, Ärzte, Tierärzte, Zahnärzte, Hebammen, Krankenschwestern und sonstige Privatpflegepersonen und Desinfektoren) sollen berechtigt sein, die zur Ausübung ihres Berufes notwendigen Instrumente beim Überschreiten der Grenze ohne besondere Bewilligung zollfrei unter der Bedingung der Wiederausfuhr mit sich zu führen, auch eine den Verhältnissen entsprechende Handapotheke mit sich zu nehmen.

Aus Art. 8 Abs. 2: Ferner sollen ohne besondere Bewilligung zoll-, abgaben- und gebührenfrei von den Inhabern einer Grenzkarte aus- und eingeführt werden können:

3. Arzneimittel für den eigenen Gebrauch; nicht zum Handverkauf zugelassene Arzneimittel jedoch nur dann, wenn sie gegen Rezepte approbierter Ärzte gekauft sind.

e) Gesetz über das Abkommen zwischen Deutschland und der Belgisch-Luxemburgischen Wirtschaftsunion über den kleinen Grenzverkehr, vom 13. März 1927 (RGBl. II S. 85).

Art. 6: wie Schweiz.

f) Gesetz, betr. das Abkommen zwischen Deutschland und Polen über Erleichterungen im kleinen Grenzverkehr, vom 23. Juli 1925 (RGBl. II S. 661).

Art. 21:

(1) ... Ärzte, Tierärzte. Bei Ausübung ihres Berufs im jenseitigen Gebiete haben sie sich den dortigen Vorschriften zu fügen[1].

(4) Abs. 2. Von der Zollfreiheit ausgenommen sind Heilmittel, soweit sie nicht durch Ärzte mitgeführt werden. Im Einfuhrstaate nicht zugelassene Heilmittel dürfen nicht mitgebracht werden.

g) Verordnung des Reichsministers der Finanzen über Zollbefreiungen im kleinen Grenzverkehr an der Grenze mit dem Freistaat Danzig, vom 9. März 1928 (RZollbl. A. S. 93).

Aus § 4: Die Bewohner des deutschen Zollgrenzbezirks dürfen zubereitete Arzneiwaren, die sie gegen Rezepte von zur Ausübung der Praxis berechtigten Ärzten oder Tierärzten in kleinen Mengen aus Apotheken des danziger Zollgrenzbezirks, auf die sie nach den örtlichen Verhältnissen angewiesen sind, holen, zoll- und abgabenfrei über die Grenze bringen.

Die im danziger Zollgrenzbezirk wohnhaften Ärzte dürfen bei Ausübung der Praxis im deutschen Zollgrenzgebiet Heilmittel,

---

[1] Die Ausübung ist nur im Grenzdebiet und in Ausnahmefällen zugelassen.

die zum unmittelbaren Verbrauch bestimmt sind, zoll- und abgabenfrei mit sich führen.

Nichtverbrauchte Heilmittel müssen wieder ausgeführt werden.

h) Gesetz über das deutsch-österreichische Abkommen über den kleinen Grenzverkehr, vom 29. Juli 1930 (RGBl. II, S. 1123).

Art. 9. Die Befreiung von Zöllen und sonstigen Abgaben wird gewährt:

1. a) für Verbandstoffe und Arzneien, die Bewohner des einen Zollgrenzbezirks auf Rezept von Ärzten oder Tierärzten aus Apotheken des anderen Zollgrenzbezirks holen, auf die sie nach den örtlichen Bedürfnissen angewiesen sind, jedoch nur in Mengen, die dem Bedürfnis des einzelnen Krankheitsfalls entsprechen[1] . . .

b) für Verbandstoffe, Heilmittel und Desinfektionsmittel, die in einem Zollgrenzbezirk wohnhafte Ärzte oder Tierärzte bei Ausübung der Praxis im anderen Zollgrenzbezirk zum unmittelbaren Verbrauch mitführen . . . Nicht verbrauchte oder an den Kranken nicht verabfolgte Verbandstoffe, Heil- und Desinfektionsmittel müssen wieder ausgeführt werden. Die Hinterlegung einer Zollsicherheit wird in der Regel nicht verlangt.

Art. 18 (2). Durch dieses Abkommen werden die gesundheitspolizeilichen Bestimmungen beider Teile nicht berührt.

i) Gesetz über das Abkommen über den kleinen Grenzverkehr an der deutsch-französischen Grenze, vom 7. August 1930 (RGBl. II, S. 1133).

Art. 27. Befreiung von Eingangs- und Ausgangsabgaben einschließlich der statistischen Abgabe wird gewährt:

1. für Verbandstoffe und Arzneimittel, welche die in dem einen Grenzbezirk ansässigen und zur Ausübung der Praxis in dem anderen Grenzbezirk zugelassenen Ärzte oder Tierärzte zum unmittelbaren Verbrauch mit sich führen;

2. für Verbandstoffe zum sofortigen Gebrauch und Arzneimittel, welche die Bewohner des einen Grenzbezirks aus Apotheken des anderen Grenzbezirks, auf die sie nach Lage der örtlichen Verhältnisse angewiesen sind, auf Grund von Rezepten holen, die von den zur Ausübung der Praxis zugelassenen Ärzten

---

[1] Aus dem weiteren Wortlaut (s. Pharm. Z. 1930, Nr. 66) geht hervor, daß die Abgabenbefreiung gewährt wird, wenn das Rezept vorgelegt wird. Nach Afb. zu § 8 OpG. ist das Rezept aber in der Apotheke zurückzubehalten.

oder Tierärzten ausgestellt sind. Diese Vergünstigung gilt nur für geringe Mengen und nur für Arzneimittel, die in der Apotheke selbst angefertigt werden, also nicht für zusammengesetzte Arzneien, die im voraus für den öffentlichen Verkauf hergestellt sind und als „pharmazeutische Spezialitäten" bezeichnet werden.

Die Rezepte sind beim Grenzübergang der Zollstelle zur Visierung vorzulegen. Die Zollfreiheit wird bei wiederholter Benutzung desselben Rezeptes nur dann gewährt, wenn der Arzt das Rezept ausdrücklich erneuert hat; . . .

Art. 39. Durch die Bestimmungen dieses Abkommens werden die allgemeinen gesundheitspolizeilichen Vorschriften . . . der Hohen Vertragschließenden Teile nicht berührt.

Die Präsidenten der Landesfinanzämter Karlsruhe, Würzburg und Köln veröffentlichen unter dem 5. September 1930 Ausführungsbestimmungen zu den sachlichen Erleichterungen in Abschnitt II—III des Abkommens über den kleinen Grenzverkehr an der deutsch-französischen Grenze, die zugleich mit dem Abkommen am 14. September 1930 in Kraft getreten sind[1]:

„7. Zu Art. 27. I. Den im Art. 27 unter Ziff. 1 und 2 bezeichneten Ärzten, Tierärzten und Hebammen kann unter dem Vorbehalt jederzeitigen Widerrufs das zuständige Zollamt gestatten, die zum unmittelbaren Verbrauch bestimmten Verbandstoffe, Arznei- und Desinfektionsmittel in den deutschen Grenzbezirk einzuführen, ohne an eine Zollstraße oder an die Dienststunden gebunden zu sein. Die Vergünstigung erstreckt sich nur auf die Fälle, in denen die genannten Personen keine sonstigen zollpflichtigen Waren mit sich führen.

II. Die Entscheidung darüber, für welche Gemeinden des deutschen Grenzbezirks nach den örtlichen Verhältnissen ein Bedürfnis zum Bezuge von Verbandstoffen und Arzneimitteln aus Apotheken des gegenüberliegenden französischen Grenzbezirks anzuerkennen ist und von welchen Apotheken des gegenüberliegenden Grenzbezirks in diesen Fällen die genannten Waren bezogen werden dürfen (Art. 27 Ziff. 3), steht dem zuständigen Hauptzollamt zu.

III. Die in Art. 27 Ziff. 3 und 4 aufgeführten Verbandstoffe, Arzneimittel, Drogen usw. dürfen in der Regel nur auf Zollstraßen über die zuständigen Zollämter und nur während der Dienststunden in den deutschen Grenzbezirk eingeführt werden. Das Zollamt kann in Einzelfällen Ausnahmen hiervon zulassen."

---

[1] Pharm Z. 1930, S. 1098.

9. Kaiserl. Verordnung betr. den Verkehr mit Arzneimitteln, vom 22. Oktober 1901 (RGBl. S. 380)[1].

Nach dieser Verordnung ist das Feilhalten oder Verkaufen von

Kokain, seiner Salze und Abkömmlinge,
Dicodid (Dihydrokodeinon), seiner Salze und Abkömmlinge,
Eukodal,
Folia Coca,
Herba Cannabis Indicae,
Narkophin,
Opium, seiner Alkaloide, deren Salze und Abkömmlinge und deren Salze,
Pantopon und aller ähnlichen Zubereitungen, die Opiumalkaloide enthalten,

abgesehen vom Großhandel usw. im Sinne des § 3 KaisVo. (Großhandel und Verkauf an Apotheken oder an solche öffentliche Anstalten, welche Untersuchungs- oder Lehrzwecken dienen und nicht gleichzeitig Heilanstalten sind), zu jedem Zweck den Apotheken vorbehalten; nach der Opiumgesetzgebung darf jedoch der Apotheker Stoffe überhaupt nicht abgeben, weil diese nicht verschrieben werden dürfen (s. Afb. zu § 8) und weil ihm eine anderweitige Erlaubnis, nach der er als Gifthändler zu betrachten wäre, nicht erteilt wird.

Die Abgabe von Stoffen des OpG. zu wissenschaftlichen Zwecken allgemein, nicht nur an öffentliche Anstalten, wird deshalb als Großhandel angesehen werden müssen.

Die Abgabe von Zubereitungen als Heilmittel (nach § 1 KaisVo. Mittel zur Beseitigung oder Linderung von Krankheiten bei Menschen oder Tieren) ist, abgesehen vom Großhandel, gleichfalls nur den Apotheken erlaubt. Dies ist insofern beachtlich, als Zubereitungen der dem OpG. unterstellten Stoffe, die wegen ihres Gehaltes an diesen unter die in § 1 OpG. vorgesehene Grenze und somit nicht unter das Gesetz fallen, nach Afb. zu § 8 aber für die Abgabe in den Apotheken den Zubereitungen größeren Gehaltes gleichgestellt sind, als Heilmittel auch außerhalb der Apotheken — abgesehen vom Großhandel — nicht feilgehalten oder verkauft (§ 1) oder von Krankenkassen usw. an ihre Mitglieder nicht verabfolgt werden dürfen (§ 2b).

Die Abgabe von Zubereitungen zu anderen als Heilzwecken steht nach KaisVo. jedermann zu, ist aber für die dem OpG. unterstellten Konzentrationen an die Erlaubnis nach § 3 gebunden, unterhalb dieser Konzentration ist keine andere Vorschrift als die über den Handel mit Giften gegeben. Eine gewisse Erschwe-

---

[1] Urban: Apothekengesetze, S. 114.

rung ist zwar in der beschränkten Erlaubnis zur Verarbeitung der Betäubungsmittel zu erblicken.

Zuwiderhandlungen gegen KaisVo. werden nach § 367 Nr. 3 StGB. bestraft.

10. Vorschriften über den Handel mit Giften. (Preuß. PolVo. vom 22. Februar 1906, MinBlMedAng. S. 115)[1].

Von den in Rede stehenden Stoffen und Zubereitungen sind in dem Verzeichnis der Gifte Abteilung 2 folgende aufgeführt:

Kokain, dessen Verbindungen und Zubereitungen,
Hanf, indischer, -extrakt, -tinktur,
Morphin, dessen Verbindungen und Zubereitungen,
Opium und dessen Zubereitungen mit Ausnahme von Opiumpflaster.

Die Vorschriften über die Aufbewahrung der Gifte in § 2 und 3 bleiben für die Betäubungsmittel in Geltung, ebenso die Vorschriften des § 8 (Erfordernis der besonderen Geräte).

Die Vorschriften für die Bezeichnung der Vorratsgefäße außerhalb der Apotheken (§ 4) bleiben jedoch für die Betäubungsmittel außer Betracht, weil die auf Bezugschein erfolgende Abgabe als Großhandel anzusehen ist.

Von den Vorschriften über die Abgabe der Gifte gelten für die Betäubungsmittel §§ 10; 12 Abs. 3; 14 Abs. 1, 3; 15.

An die Stelle des polizeilichen Erlaubnisscheins der Giftvorschriften (§ 12) dürfte wohl der Bezugschein der Opiumstelle treten, an die Stelle des Giftbuchs, das für den Großhandel sowieso nicht in Frage kommt, das Lagerbuch nach § 5 OpG.

§ 2: Vorräte von Giften müssen übersichtlich geordnet, von anderen Waren getrennt und dürfen weder über noch unmittelbar neben Nahrungs- oder Genußmitteln aufbewahrt werden.

§ 3: Vorräte von Giften, mit Ausnahme der auf abgeschlossenen Giftböden verwahrten giftigen Pflanzen und Pflanzenteilen (Wurzeln, Kräuter usw.) müssen sich in dichten, festen Gefäßen befinden, welche mit festen, gut schließenden Deckeln oder Stöpseln versehen sind.

In Schiebladen dürfen Farben sowie die übrigen in den Abteilungen 2 und 3 der Anlage I aufgeführten festen, an der Luft nicht zerfließenden oder verdunstenden Stoffe aufbewahrt werden, sofern die Schiebladen mit Deckeln versehen, von festen Füllungen umgeben und so beschaffen sind, daß ein Verschütten oder Verstäuben des Inhalts ausgeschlossen ist.

Außerhalb der Vorratsgefäße darf Gift, unbeschadet der Ausnahmebestimmung im Absatz 1, sich nicht befinden.

§ 4: Die Vorratsgefäße müssen mit der Aufschrift „Gift“, sowie mit der Angabe des Inhaltes unter Anwendung der in Anlage I enthaltenen Namen, außer denen nur noch die Anbringung der ortsüblichen Namen in kleinerer Schrift gestattet ist, und zwar bei Giften der Abteilung 1 in weißer Schrift auf schwarzem Grunde, bei Giften der Abteilungen

[1] Urban: Apothekengesetze, S. 243.

2 und 3 in roter Schrift auf weißem Grunde deutlich und dauerhaft bezeichnet sein. Vorratsgefäße für Mineralsäuren, Laugen, Brom und Jod dürfen mittels Radier- und Ätzverfahrens hergestellte Aufschriften auf weißem Grunde haben.

Diese Bestimmung findet auf Vorratsgefäße in solchen Räumen, welche lediglich dem Großhandel dienen, nicht Anwendung, sofern in anderer Weise für eine Verwechslungen ausschließende Kennzeichnung gesorgt ist. Werden jedoch aus derartigen Räumen auch die für eine Einzelverkaufsstätte des Geschäftsinhabers bestimmten Vorräte entnommen, so müssen, abgesehen von der im Geschäfte sonst üblichen Kennzeichnung, die Gefäße nach Vorschrift des Abs. 1 bezeichnet sein.

Verstöße gegen die Vorschriften über Aufbewahrung werden nach § 367, 5 StGB. bestraft. Für Abgabe fehlt eine Strafandrohung; diese Vorschriften betr. Abgabe von Giften sind außerdem rechtsunwirksam, weil keine Ermächtigung zum Erlaß solcher Vorschriften nach § 136 Abs. 3 AllgLandesverwG. in Verb. mit § 367, 5 StGB. besteht.

11. Vorschriften über den Verkehr mit Geheimmitteln und ähnlichen Arzneimitteln. (Preuß. MinErl. vom 19. Dezember 1924[1].)

Das einzige Geheimmittel, das unter die Zubereitungen nach § 1 (3) OpG. fällt, ist Nr. 2 der Anlage B: Asthmamittel Tuckers (auch als Asthma-Heilmethode — Specific — Tuckers); mit 1% Cocain. hydrochlor. Injection Brou (Anl. A Nr. 51) enthält 2% Tr. Opii crocat. Nervicin (Anl. A Nr. 75) soll mit „Coca“ hergestellt sein. Alberts Remedy (Anl. B Nr. 34) soll Opium oder Opiumalkaloide enthalten. Das Verschreiben und die Abgabe des Nervicin ist nach Afb. zu § 8 OpG. verboten; das Verschreiben und damit auch die Abgabe der beiden opiumhaltigen Geheimmittel wird durch § 6 der genannten Afb. hinfällig.

Nach § 4 der Geheimmittelvorschriften ist die öffentliche Ankündigung oder Anpreisung verboten.

12. Vorschriften über die Abgabe starkwirkender Arzneimittel (Preuß. Min. Bek. vom 31. März 1931, Reichsanz. Nr. 76); die bisher geltenden Vorschriften über die erstmalige und wiederholte Abgabe von Arzneien, die Betäubungsmittel enthalten, sind zumeist in die Betäubungsmittelgesetzgebung (§ 8) übergegangen.

§ 1. Die in dem beiliegenden Verzeichnis aufgeführten Drogen und Präparate sowie die solche Drogen oder Präparate enthaltenden Zubereitungen dürfen nur auf schriftliche, mit Datum und Unterschrift versehene Anweisung (Rezept) eines Arztes, Zahn-

[1] Urban: Apothekengesetze, S. 231.

arztes oder Tierarztes — in letzterem Falle jedoch nur zum Gebrauch in der Tierheilkunde — als Heilmittel an das Publikum abgegeben werden.

In dem Verzeichnis sind u. a. aufgeführt:

Fructus Papaveris immaturi und die daraus hergestellten Zubereitungen.

Fructus Papaveris maturi und die daraus hergestellten Zubereitungen.

Herba Cannabis indicae und die daraus hergestellten Zubereitungen (z. B. Indischhanfextrakt und Indischhanftinktur), ausgenommen zum äußeren Gebrauche.

§ 3. Die wiederholte Abgabe von Arzneien zum inneren Gebrauche, welche Drogen oder Präparate der im § 1 bezeichneten Art enthalten, ist — unbeschadet der Bestimmungen in §§ 4 und 5 — ohne jedesmal erneute ärztliche oder zahnärztliche Anweisung nur gestattet,

1. insoweit die Wiederholung in der ursprünglichen Anweisung für zulässig erklärt und dabei vermerkt ist, wie oft und bis zu welchem Zeitpunkt sie stattfinden darf.

Hierunter sollen nach der in der Begründung mitgeteilten Absicht des Gesetzgebers die beiden Fructus Papaveris und die daraus hergestellten Zubereitungen fallen. Die Zubereitungen fallen aber als Zubereitungen, die Morphin enthalten (einerlei wie es hineingelangt ist), unter die Opiumgesetzgebung.

§ 4. Die wiederholte Abgabe von Arzneien zum inneren Gebrauche, welche Indischen Hanf oder die daraus hergestellten Zubereitungen (z. B. Indischhanfextrakt und Indischhanftinktur) enthalten, darf nur auf jedesmal erneute, schriftliche, mit Datum und Unterschrift versehene Anweisung eines Arztes oder Zahnarztes erfolgen.

§ 6. Die wiederholte Abgabe von Arzneien auf Anweisungen der Tierärzte zum Gebrauch in der Tierheilkunde ist den Beschränkungen der §§ 3 bis 5 nicht unterworfen.

§ 7. Homöopathische Zubereitungen in Verdünnungen oder Verreibungen, welche über die dritte Dezimalpotenz hinausgehen, unterliegen den Vorschriften der §§ 1 bis 5 nicht.

Strafandrohungen sowie Ermächtigung zum Erlaß solcher Vorschriften fehlen.

13. Die Vorschriften des Deutschen Arzneibuchs, 6. Ausgabe 1925 (Bek. d. Preuß. Min. f. Volkswohlf. vom 21. Dezember 1926, Reichsanz. Nr. 300), die nach ständiger Rechtsprechung für die Auslegung der Verordnungen über den Verkehr mit Arzneimitteln außerhalb der Apotheken nicht maßgebend sind,

werden (soweit sie überhaupt wegen unzureichender Publikation [s. unter Arzneitaxe] rechtsverbindlich sind)[1] für die darin aufgeführten, dem OpG. unterliegenden Stoffe von dem OpG. nicht überholt oder abgeändert.

Es sind dies die Vorschriften über die Beschaffenheit der Stoffe und die Anfertigung der Zubereitungen, sowie über deren Aufbewahrung und Beschriftung, die durch die Vorschriften über die Abgabe starkwirkender Arzneimittel sowie die Beschaffenheit und Bezeichnung der Arzneigläser und Standgefäße in den Apotheken wiederholt und ergänzt werden.

Im Arzneibuch sind folgende Betäubungsmittel aufgeführt; sie sind von den übrigen Arzneimitteln getrennt und vorsichtig aufzubewahren, ihre Standgefäße sind mit roter Schrift auf weißem Grund zu bezeichnen:

Cocainum hydrochloricum,
Cocainum nitricum,
Diacetylmorphinum hydrochloricum — Heroinhydrochlorid,
Eukodal — Dihydrooxycodeinonum hydrochloricum,
Extractum Opii,
Morphinum hydrochloricum,
Narkophin — Morphin-Narkotinmekonat,
Opium,
Opium pulveratum,
Pulvis Ipecacuanhae opiatus,
Tinctura Opii crocata,
Tinctura Opii simplex.

Ganz besonders zu beachten sind (in der Voraussetzung, daß auch die Anlagen des Arzneibuchs Unterlagen zu strafrechtlichem Einschreiten auf Grund des § 367 Nr. 5 StGB. bilden, was außer der Frage der Publikation wegen des Fehlens einer Strafandrohung für ordnungswidrige Abgabe strittig ist) die Vorschriften der Anlage VIII, Tabelle A, betreffend die Maximaldosen. Danach darf der Apotheker unbeschadet der Afb. über die Abgabe der Betäubungsmittel (s. zu § 8 OpG.) eine Arznei zum inneren Gebrauche (zum Einnehmen), die eines der nachstehenden Mittel in solchen Mengen enthält, daß bei dem vorgeschriebenen Gebrauche die nachstehende größte Einzelabgabe oder größte Tagesabgabe, d. h. die sich auf 24 Stunden verteilende Menge, überschritten wird, nur dann abgeben, wenn der Arzt durch ein der Mengenangabe des betreffenden Mittels beigefügtes Ausrufungszeichen (!) sowie durch wörtliche Wiederholung der verordneten Menge zu erkennen gegeben hat, daß die Überschreitung der größten Gaben beabsichtigt ist.

[1] Hamburger: Med. Welt 1927, Nr. 45.

Dies gilt auch für die Verordnung der nachstehenden Mittel in der Form von Einspritzungen in und unter die Haut und Schleimhaut, in die Muskulatur und andere Organe, in die Blutbahn, in den Rückenmarkkanal, in geschlossene Körperhöhlen und für die Einverleibung durch Suppositorien. Den Einspritzungen sind die Aufbringung auf die Schleimhäute insbesondere durch Einstäubung, Einpinselung, Eintropfung, Eingießung, auch durch Klistier, gleichzuachten.

Wenn der Apotheker bei Berechnung der größten Gaben auf ärztliche Angaben stößt, wie Tee- oder Kaffeelöffel, Kinder- oder Dessertlöffel, oder Eßlöffel, so hat er für 1 Tee- oder Kaffeelöffel 5 ccm, für einen Kinder- oder Dessertlöffel 10 ccm und für einen Eßlöffel 15 ccm in Rechnung zu stellen.

	Größte Einzelgabe Gramm	Größte Tagesgabe Gramm
Cocainum hydrochloricum	0,05	0,15
Cocainum nitricum	0,05	0,15
Diacetylmorphinum hydrochloricum	0,005	0,015
Dihydrooxycodeinonum hydrochloricum	0,03	0,1
Eukodal	0,03	0,1
Extractum Opii	0,075	0,25
Heroin hydrochloricum	0,005	0,015
Morphinum hydrochloricum	0,03	0,1
Narkophin	0,03	0,1
Opium concentratum und alle Zubereitungen, die etwa 50% Morphin und außerdem die Hauptmenge der übrigen Opiumbestandteile enthalten	0,03	0,1
Opium pulveratum	0,15	0,5
Tinctura Opii crocata	1,5	5,0
Tinctura Opii simplex	1,5	5,0

14. Arzneitaxe. (Bek. d. Preuß. Min. f. Volkswohlf. vom 31. März 1931, Reichsanz. Nr. 76.)

Der Apotheker hat die auf Grund des § 80 RGO. von den Landeszentralbehörden erlassene Arzneitaxe hinsichtlich der Preisberechnung und der in Ziff. 31 Abs. 4 enthaltenen indirekten Vorschriften über die Abgabegefäße zu beachten.

Wer die Arzneitaxe überschreitet, wird nach § 148 RGO. bestraft, sofern nicht Betrug (§ 263 StGB.) vorliegt[1]. Die Rechtsgültigkeit der Arzneitaxe ist aber bestritten, weil ihre Publikation nicht dem Gesetze über die Verkündigung von Rechtsverordnungen vom 13. Oktober 1923 (RGBl. I, S. 959) entspricht.

[1] RG. 989/08 u. 1 D. 732/13 in Apoth. Z. 1909, Nr. 92, S. 871 u. 1913, Nr. 102, S. 1051.

Im besonderen ist zu beachten Ziff. 7 Abs. 2, 3 der Allgemeinen Bestimmungen:

Bei der Abgabe einer Arznei, die der Verordnung über das Verschreiben Betäubungsmittel enthaltender Arzneien und ihre Abgabe in den Apotheken vom 19. Dezember 1930 unterliegt, ist der Apotheker berechtigt, eine Zusatzgebühr von 20 Reichspfennig zu erheben.

Diese Zusatzgebühren sind gesondert auf den Rezepten zu vermerken.

15. Ferner sind zu beachten die landesrechtlichen Apothekenbetriebsordnungen, von denen z. B. die

Preußische Apothekenbetriebsordnung vom 18. Februar 1902 (MinBlMedAng. S. 64[1])

hinsichtlich der Betäubungsmittel folgende Sonderverordnungen enthält:

§ 6: Für die Rezeptur sind erforderlich: ein mit „Morphinum" bezeichneter Porzellanmörser und ein ebenso bezeichneter Löffel (vgl. hierzu die Vorschriften über den Handel mit Giften § 9 Abs. 4 Ausnahmen von den Ausnahmen zu § 8).

Ebenso muß für die Dispensation von Morphin, dessen Verbindungen und Zubereitungen eine besondere Waage vorhanden sein, die entweder mit „Tab. C." oder mit „Morphinum" zu bezeichnen ist.

§ 12: Morphinum und dessen Salze sowie für die Rezeptur vorrätige Zubereitungen derselben (Verreibungen, Lösungen) sind in der Offizin in einem besonderen, lediglich für diesen Zweck bestimmten, verschließbaren, mit „Tab. C." bezeichneten Schränkchen, welches aber von dem sonstigen Aufstellungsplatz der Mittel der „Tab. C." entfernt angebracht sein muß, aufzubewahren.

Als Zubereitungen des Morphinum und seiner Salze für die Rezeptur sind allein zulässig:

1. eine Verreibung von einem Teil des Morphinum hydrochloricum oder eines anderen Morphinumsalzes mit 9 Teilen Zucker;
2. Lösungen von einem Teil dieser Salze in 49 Teilen:
   a) Aqua destillata,
   b) Aqua Amygdalarum amararum.

Als Standgefäße für Morphinum, dessen Salze und die vorbezeichneten Zubereitungen sind dreieckige Gläser zu verwenden,

---

[1] Urban: Apothekengesetze, S. 304.

welche an einer Seite die vorschriftsmäßige Bezeichnung des Inhalts in eingebrannter roter Schrift auf weißem Schilde tragen.

Der Innenraum des Schränkchens muß aus zwei Abteilungen bestehen, deren eine, mit verschlossener Tür versehen, für die unvermischten Morphinumpräparate bestimmt ist, während in der anderen, offenen, die Lösungen und Mischungen aufzubewahren sind.

Es ist verboten, abgeteilte Pulver von Morphinum oder dessen Salzen oder — abgesehen von Abs. 2 Nr. 1 dieses Paragraphen — Verreibungen dieser Mittel mit anderen Stoffen vorrätig zu halten.

Verstöße gegen diese Vorschriften werden nach § 367 Nr. 5 StGB. bestraft.

Internationale Abkommen.

Internationale Opiumkonferenz, Schanghai 1909.

In der Zeit vom 1. bis 26. Februar 1909 hat in Schanghai eine internationale Kommission getagt, die sich mit der Durchführung von Maßnahmen zur Unterdrückung des Opiummißbrauches in China beschäftigte. Die Konferenz, in der auch das Deutsche Reich vertreten war, hat folgende Schlußsätze aufgestellt:

1. Die Konferenz erkennt das ernste Streben der chinesischen Regierung an, die Produktion und den Verbrauch des Opiums im Reiche zu unterdrücken; den wachsenden Einfluß der öffentlichen Meinung, die unter den Staatsangehörigen Anhänger findet, diese Anstrengungen zu unterstützen, und den tatsächlichen, wenn auch ungleichmäßigen Fortschritt, der in einer Aufgabe von so ungeheurer Tragweite bereits erreicht ist.

2. Im Hinblick auf das Vorgehen, das von der chinesischen Regierung zur Unterdrückung des gewohnheitsmäßigen Opiumrauchens und von anderen Regierungen in derselben Absicht geübt wird, empfiehlt die internationale Opiumkonferenz, daß jede hierbei interessierte Kommission ihre Regierung anrege, Maßregeln zu ergreifen, um die Gewohnheit des Opiumrauchens in ihren Gebieten allmählich zu unterdrücken. Hierbei soll den verschiedenartigen Verhältnissen in jedem interessierten Lande Rechnung getragen werden.

3. Die internationale Opiumkonferenz stellt fest, daß man in allen vertretenen Ländern schon vorher erwogen hat, daß der Gebrauch des Opiums, welcher Art er auch sei, ausgenommen der medizinische Gebrauch, zu verbieten oder sorgfältig zu regeln sei, und daß alle Länder je nach dem Verwaltungssysteme und der Art, wie die gesetzliche Regelung zustande kommt, einmütig das Ziel verfolgen, die Einschränkungen je nach den Verhältnissen fortschreitend zu verschärfen. Beim Festlegen dieser Schlußsätze erkennt die internationale Opiumkonferenz die große Verschiedenartigkeit der in den verschiedenen Gegenden herrschenden Verhältnisse an, aber sie richtet die Aufmerksamkeit der interessierten Regierungen auf die Wichtigkeit einer erneuten Prüfung ihres Systems der Regelung im Hinblick auf die Erfahrungen anderer Länder, die dieselbe Frage zu behandeln haben.

4. Die internationale Opiumkonferenz stellt fest, daß jede der vertretenen Regierungen strenge Gesetze hat, die den Zweck verfolgen, in ihren Ländern die Einfuhr des Opiums, seiner Alkaloide, seiner Zubereitungen und Derivate durch Schmuggel zu verhindern. Nach der Meinung der internationalen Opiumkonferenz ist es auch eine Pflicht aller Länder, zweckmäßige Maßnahmen zu ergreifen, die in den Ausgangshäfen ein Verfrachten des Opiums, seiner Alkaloide, seiner Zubereitungen und Derivate verhindern, falls sie für ein Land bestimmt ist, das für sein Gebiet eine Einfuhr des Opiums, seiner Alkaloide, seiner Zubereitungen und Derivate untersagt.

5. Die internationale Opiumkonferenz stellt fest, daß der Mangel an Beschränkung in der Fabrikation, im Verkauf und in der Abgabe des Morphiums schon jetzt eine große Gefahr bildet, und daß die Morphiumsucht sich mehr und mehr ausbreitet. Die Konferenz wünscht darum, daß in jedem Gouvernement großes Gewicht zu legen ist auf die Annahme von strengen Maßregeln, die in dem Land selbst und in seinen Besitzungen durchgeführt werden müßten, um die Fabrikation, den Verkauf und die Abgabe dieses Mittels zu kontrollieren, ebenso wie der anderen Abkömmlinge des Opiums, welche eine wissenschaftliche Untersuchung als geeignet für einen ähnlichen Mißbrauch bezeichnen könnte, und deren Wirkung eine gerade so schlechte ist wie die des Opiums.

6. Die internationale Opiumkonferenz ist nicht derartig zusammengesetzt, daß sie eine wissenschaftliche Untersuchung der Heilmittel gegen das Opium und der Eigenschaften und der Wirkung des Opiums und seiner Erzeugnisse vornehmen könnte, aber sie legt einer Untersuchung dieser Art die größte Wichtigkeit bei; sie wünscht darum, daß jede Kommission diese ihrer Regierung empfiehlt, damit sie diejenigen Maßnahmen ergreift, die in dieser Hinsicht für notwendig erachtet werden.

7. Die internationale Opiumkonferenz empfiehlt angelegentlichst allen Regierungen, welche Kolonialbesitz oder Niederlassungen in China haben und die noch nicht die sofortige Schließung aller Opiumkneipen bewirkt haben, in den besagten Ansiedlungen zu diesem Zweck, sobald sie es für ausführbar halten, ähnliche Maßnahmen zu ergreifen wie diejenigen, die schon von mehreren Regierungen angenommen worden sind.

8. Die internationale Opiumkonferenz empfiehlt eindringlich, daß jede Kommission ihre Regierung anregt, in Unterhandlungen zu treten mit der chinesischen Regierung, damit in den verschiedenen Kolonialbesitzen und Niederlassungen in China schnelle und

durchgreifende Maßregeln ergriffen werden, die den Handel und die Fabrikation von Heilmitteln gegen das Opium verbieten, welche Opium oder eines seiner Derivate enthalten.

9. Die internationale Opiumkonferenz empfiehlt, daß jede Kommission ihre Regierung anregt, ihre eigene Arzneimittel-Gesetzgebung bei ihren Untertanen in den Konsulatsbezirken, Ländereien und Ansiedlungen in China anzuwenden.

Das Haager Abkommen:

Internationales Opiumabkommen vom 23. Januar 1912.

(RGBl. 1921, S. 6.)

Kapitel I.

Rohopium.

Definition. Unter Rohopium ist zu verstehen:

Der aus den Kapseln des Schlafmohns (Papaver somniferum) gewonnene, freiwillig geronnene Milchsaft, der nur die für seine Verpackung und seinen Versand erforderliche Behandlung erfahren hat.

Art. 1. Die Vertragsmächte werden Gesetze oder Verordnungen zu einer wirksamen Überwachung der Erzeugung und des Vertriebs des Rohopiums erlassen, sofern die bestehenden Gesetze oder Verordnungen nicht bereits entsprechende Bestimmungen enthalten.

Art. 2. Die Vertragsmächte werden, soweit es die besonderen Verhältnisse ihrer Handelsbeziehungen gestatten, die Zahl der Städte, Häfen oder sonstigen Örtlichkeiten, über welche die Ausfuhr oder die Einfuhr von Rohopium gestattet sein soll, beschränken.

Art. 3. Die Vertragsmächte werden Maßregeln treffen:

a) um die Ausfuhr von Rohopium nach Ländern zu verhindern, die dessen Einfuhr verboten haben, und

b) um die Ausfuhr von Rohopium nach Ländern zu überwachen, die dessen Einfuhr beschränken,

sofern nicht bereits entsprechende Vorschriften bestehen.

Art. 4. Die Vertragsmächte werden Verordnungen erlassen, nach denen jedes Paket, das zur Ausfuhr bestimmtes Rohopium enthält, in einer seinen Inhalt angebenden Weise gekennzeichnet sein muß, sofern die Sendung das Gewicht von 5 kg übersteigt.

Art. 5. Die Vertragsmächte werden nur gehörig ermächtigten Personen die Einfuhr und Ausfuhr von Rohopium gestatten.

Kapitel II.

Zubereitetes Opium.

Definition. Unter zubereitetem Opium ist zu verstehen: Das Erzeugnis des Rohopiums, welches durch eine Reihe eigenartiger Verfahren, insbesondere durch Auflösen, Eindampfen, Rösten, Vergärenlassen, gewonnen ist, die den Zweck haben, das Rohopium in ein zum Genusse geeignetes Extrakt umzuwandeln.

Unter den Begriff des zubereiteten Opiums fallen auch der sogenannte Droß und alle anderen Rückstände von Rauchopium.

Art. 6. Die Vertragsmächte werden unter Berücksichtigung der besonderen Verhältnisse in den einzelnen Ländern Maßregeln zum Zwecke der allmählichen und wirksamen Unterdrückung der Herstellung, des Vertriebs im Inland und der Verwendung von zubereitetem Opium treffen, sofern nicht bereits entsprechende Bestimmungen bestehen.

Art. 7. Die Vertragsmächte werden die Einfuhr und Ausfuhr von zubereitetem Opium verbieten; diejenigen Mächte, welche zu einem sofortigen Verbote der Ausfuhr des zubereiteten Opiums noch nicht in der Lage sind, werden das Verbot so bald als möglich erlassen.

Art. 8. Die Vertragsmächte, die zu einem sofortigen Verbote der Ausfuhr des zubereiteten Opiums noch nicht in der Lage sind, werden

a) die Zahl der Städte, Häfen oder sonstigen Örtlichkeiten beschränken, über welche zubereitetes Opium ausgeführt werden darf;

b) die Ausfuhr von zubereitetem Opium nach Ländern verhindern, die gegenwärtig die Einfuhr untersagen oder in Zukunft untersagen werden;

c) im übrigen die Versendung von zubereitetem Opium nach Ländern verbieten, welche die Einfuhr zu beschränken wünschen, sofern sich der Versender nicht nach den Vorschriften des Einfuhrlandes richtet;

d) Bestimmungen erlassen, nach denen jede zur Ausfuhr gelangende Sendung, die zubereitetes Opium enthält, ein besonderes, ihren Inhalt angebendes Kennzeichen tragen muß;

e) die Ausfuhr von zubereitetem Opium nur besonders dazu ermächtigten Personen gestatten.

Kapitel III.

Opium für medizinische Zwecke, Morphin, Kokain usw.

Definitionen. Unter Opium für medizinische Zwecke ist zu verstehen:

Rohopium, das auf 60° C erwärmt worden ist und nicht weniger als 10% Morphin enthält, auch gepulvert oder granuliert oder mit neutralen Stoffen gemischt.

Unter Morphin ist zu verstehen: Das Hauptalkaloid des Opiums mit der chemischen Formel $C_{17}H_{19}NO_3$.

Unter Kokain ist zu verstehen: Das Hauptalkaloid der Blätter von Erythroxylon Coca mit der Formel $C_{17}H_{21}NO_4$.

Unter Heroin ist zu verstehen: Das Diazetylmorphin mit der Formel $C_{21}H_{23}NO_5$.

Art. 9. Die Vertragsmächte werden Gesetze oder Verordnungen über das Apothekenwesen erlassen, durch welche die Herstellung, der Verkauf und die Verwendung von Morphin, Kokain und deren Salzen auf den medizinischen und gesetzmäßigen Gebrauch beschränkt wird, sofern die bestehenden Gesetze und Verordnungen nicht bereits entsprechende Bestimmungen enthalten. Sie werden gemeinsam darauf hinarbeiten, um den Gebrauch dieser Stoffe für andere Zwecke zu verhindern.

Art. 10. Die Vertragsmächte werden bemüht sein, alle Personen, welche Morphin, Kokain oder deren Salze herstellen, einführen, verkaufen, vertreiben und ausführen, sowie die Gebäude, in denen sie dieses Gewerbe oder diesen Handel ausüben, zu überwachen oder deren Überwachung zu veranlassen.

Zu diesem Zwecke werden die Vertragsmächte bemüht sein, die folgenden Maßregeln zu treffen oder zu veranlassen, sofern nicht bereits entsprechende Bestimmungen bestehen:

a) die Herstellung von Morphin, Kokain und deren Salzen auf die Betriebe und Örtlichkeiten zu beschränken, für die eine Ermächtigung erteilt ist, oder sich über die Betriebe und Örtlichkeiten zu unterrichten, in denen diese Stoffe hergestellt werden, und hierüber ein Register zu führen;

b) zu verlangen, daß alle, welche Morphin, Kokain und deren Salze herstellen, einführen, verkaufen, vertreiben und ausführen, eine Ermächtigung oder Erlaubnis hierzu besitzen oder den zuständigen Behörden eine amtliche Anzeige machen;

c) von diesen Personen zu verlangen, daß sie über die hergestellten Mengen, die Einfuhr, den Verkauf, jede andere Abgabe und die Ausfuhr von Morphin, Kokain und deren Salzen Buch führen. Diese Vorschrift gilt nicht notwendigerweise für die ärztlichen Rezepte und für die Verkäufe seitens der gehörig ermächtigten Apotheker.

Art. 11. Die Vertragsmächte werden Maßregeln treffen, um im Inlandverkehre jede Abgabe von Morphin, Kokain und deren

Salzen an alle nicht ermächtigten Personen zu verhindern, sofern nicht bereits entsprechende Bestimmungen bestehen.

Art. 12. Die Vertragsmächte werden bemüht sein, soweit es die besonderen Verhältnisse ihres Landes gestatten, die Einfuhr von Morphin, Kokain und deren Salzen auf die hierzu ermächtigten Personen zu beschränken.

Art. 13. Die Vertragsmächte werden bemüht sein, Maßregeln zu treffen oder zu veranlassen, nach denen die Ausfuhr von Morphin, Kokain und deren Salzen aus ihren Ländern, Besitzungen, Kolonien und Pachtgebieten nach den Ländern, Besitzungen, Kolonien und Pachtgebieten der anderen Vertragsmächte nur an Personen gestattet ist, welche die durch die Gesetze oder Verordnungen des Einfuhrlandes dafür vorgesehene Ermächtigung oder Erlaubnis erhalten haben.

Zu diesem Zwecke bleibt es jeder Regierung vorbehalten, von Zeit zu Zeit den Regierungen der Ausfuhrländer Listen der Personen zu übermitteln, denen die Ermächtigung oder Erlaubnis zur Einfuhr von Morphin, Kokain und deren Salzen gewährt worden ist.

Art. 14. Die Vertragsmächte werden die auf die Herstellung, die Einfuhr, den Verkauf oder die Ausfuhr von Morphin, Kokain und deren Salzen bezüglichen Gesetze und Verordnungen in Anwendung bringen:

a) auf das Opium für medizinische Zwecke;

b) auf alle pharmazeutischen Zubereitungen (offizinelle und nichtoffizinelle, einschließlich der sogenannten Antiopiummittel), welche mehr als 0,2% Morphin oder mehr als 0,1% Kokain enthalten;

c) auf Heroin, seine Salze und seine Zubereitungen, welche mehr als 0,1% Heroin enthalten;

d) auf jeden neuen Abkömmling des Morphins, Kokains oder ihrer Salze oder auf jedes andere Alkaloid des Opiums, die nach dem Ergebnis allgemein anerkannter wissenschaftlicher Untersuchungen zu ähnlichem Mißbrauch Anlaß geben und die gleichen schädlichen Wirkungen zur Folge haben können.

Kapitel IV.

Art. 15. Die Vertragsmächte, die mit China im Vertragsverhältnisse stehen („Treaty Powers"), werden im Einvernehmen mit der chinesischen Regierung die erforderlichen Maßnahmen treffen, um den Schmuggel mit Rohopium, zubereitetem Opium, Morphin, Kokain und deren Salzen sowie mit den in Artikel 14 dieses Abkommens genannten Stoffen sowohl nach chinesischem Gebiete wie auch nach ihren ostasiatischen Kolonien und ihren chinesischen Pachtgebieten zu verhindern. Die chinesische Regierung wird ihrerseits entsprechende Maßregeln zur Unterdrückung des Schmuggelhandels mit Opium und den übrigen vorgenannten Stoffen von China nach den fremden Kolonien und Schutzgebieten treffen.

Art. 16. Die chinesische Regierung wird für ihre Staatsangehörigen pharmazeutische Gesetze erlassen, die den Verkauf und den Vertrieb von Morphin, Kokain, deren Salzen und den in Artikel 14 dieses Abkommens erwähnten Stoffen regeln, und den Regierungen der Vertragsmächte mit China durch Vermittlung ihrer diplomatischen Vertreter in Peking mitteilen. Die Vertragsmächte, die mit China im Vertragsverhältnisse stehen, werden diese Gesetze prüfen und, wenn sie sie annehmbar finden, die nötigen Schritte tun, um sie auf ihre in China ansässigen Staatsangehörigen in Anwendung zu bringen.

Art. 17. Die Vertragsmächte, die mit China im Vertragsverhältnisse stehen, werden es sich angelegen sein lassen, die erforderlichen Maßregeln zu treffen, um die Gewohnheit des Opiumrauchens in ihren Pachtgebieten, Niederlassungen und Konzessionen in China einzuschränken und zu überwachen, pari passu mit der chinesischen Regierung die Opiumhöhlen oder ähnliche Anstalten, die dort noch bestehen könnten, zu unterdrücken und die Verwendung des Opiums in den Vergnügungslokalen und den öffentlichen Häusern zu verhindern.

Art. 18. Die Vertragsmächte, die mit China im Vertragsverhältnisse stehen, werden pari passu mit den zu dem gleichen Zwecke von der chinesischen Regierung zu treffenden wirksamen Maßnahmen ebensolche Maßregeln treffen, um allmählich die Zahl der Verkaufsläden für Rohopium und zubereitetes Opium, soweit solche noch in ihren Pachtgebieten, Niederlassungen und Konzessionen in China vorhanden sein sollten, herabzumindern. Sie werden ferner wirksame Maßregeln zur Einschränkung und Überwachung des Opiumkleinhandels in den Pachtgebieten, Niederlassungen und Konzessionen treffen, sofern nicht bereits entsprechende Bestimmungen bestehen.

Art. 19. Die Vertragsmächte, die Postämter in China unterhalten, werden wirksame Maßnahmen treffen, um die gesetzwidrige Einfuhr von Rohopium und zubereitetem Opium, Morphin, Kokain und deren Salzen sowie der anderen in Artikel 14 dieses Abkommens erwähnten Stoffe nach China in Postpaketen gleichwie auch die gesetzwidrige Übersendung von einem Orte Chinas nach einem anderen durch Vermittlung dieser Postämter zu untersagen.

Kapitel V.

Art. 20. Die Vertragsmächte werden die Frage prüfen, ob es möglich ist, Gesetze oder Verordnungen zu erlassen, die den gesetzwidrigen Besitz von Rohopium, zubereitetem Opium, Morphin, Kokain und deren Salzen unter Strafe stellen, sofern die bestehenden Gesetze oder Verordnungen nicht bereits entsprechende Bestimmungen enthalten.

Art. 21. Die Vertragsmächte werden sich durch Vermittlung des Ministeriums der auswärtigen Angelegenheiten der Niederlande gegenseitig mitteilen:

a) den Wortlaut der die Gegenstände dieses Abkommens betreffenden Gesetze und Verwaltungsverordnungen, die bereits bestehen oder auf Grund dieses Abkommens erlassen werden;

b) statistische Angaben über den Handel mit Rohopium, zubereitetem Opium, Morphin, Kokain und deren Salzen sowie den anderen in diesem Abkommen erwähnten Stoffen, ihren Salzen oder Zubereitungen.

Diese Angaben werden so eingehend und schleunig, als tunlich erachtet wird, mitgeteilt werden.

Kapitel VI.

Schlußbestimmungen.

Art. 22. Den auf der Konferenz nicht vertretenen Mächten steht es frei, dieses Abkommen zu zeichnen.

Zu diesem Zwecke wird die Regierung der Niederlande unverzüglich nach der Zeichnung des Abkommens durch die Bevollmächtigten der an der Konferenz beteiligten Mächte alle nicht auf der Konferenz vertretenen Mächte Europas und Amerikas, nämlich:

die Republik Argentinien, Österreich-Ungarn, Belgien, Bolivien, Brasilien, Bulgarien, Chile, Columbien, Costa-Rica, die Republik Cuba, Dänemark, die Dominikanische Republik, die Republik Ecuador, Spanien, Griechenland, Guatemala, die Republik Haiti, Honduras, Luxemburg, Mexiko, Montenegro, Nicaragua, Norwegen, Panama, Paraguay, Peru, Rumänien, Salvador, Serbien, Schweden, die Schweiz, die Türkei, Uruguay, die Vereinigten Staaten von Venezuela,

auffordern, einen mit den nötigen Vollmachten ausgestatteten Vertreter zu benennen, um im Haag das Abkommen zu zeichnen.

Das Abkommen wird mit diesen Unterschriften in Form eines „Zeichnungsprotokolls der auf der Konferenz nicht vertretenen Mächte" versehen werden, das unter Angabe des Tages jeder Zeichnung den Zeichnungen der vertretenen Mächte angefügt wird.

Die Regierung der Niederlande wird jeden Monat allen Signatarmächten von jeder späteren Zeichnung Mitteilung machen.

Art. 23. Nachdem alle Mächte für sich sowie für ihre Besitzungen, Kolonien, Protektorate und Pachtgebiete das Abkommen oder das vorerwähnte Ergänzungsprotokoll gezeichnet haben, wird die Regierung der Niederlande alle Mächte auffordern, das Abkommen nebst dem Protokoll zu ratifizieren.

Für den Fall, daß die Zeichnung seitens aller aufgeforderten Mächte nicht bis zum 31. Dezember 1912 erfolgt ist, wird die Regierung der Niederlande unverzüglich die Signatarmächte einladen, Vertreter zu benennen, die im Haag die Frage zu prüfen haben, ob es angängig ist, trotzdem ihre Ratifikationsurkunden zu hinterlegen.

Die Ratifikation wird in einer möglichst kurzen Frist erfolgen und im Haag im Ministerium der Auswärtigen Angelegenheiten hinterlegt werden.

Die Regierung der Niederlande wird jeden Monat den Signatarmächten die Ratifikationen, die sie in der Zwischenzeit erhalten hat, mitteilen.

Sobald die Regierung der Niederlande die Ratifikationen aller Signatarmächte für sie selbst wie für ihre Kolonien, Besitzungen, Protektorate und Pachtgebiete erhalten hat, wird sie allen Mächten, die das Abkommen ratifiziert haben, den Tag mitteilen, an welchem sie die letzte Ratifikationsurkunde erhalten hat.

Art. 24. Dieses Abkommen tritt drei Monate nach dem Tage in Kraft, welcher in der im letzten Absatz des vorhergehenden Artikels bezeichneten Anzeige der Regierung der Niederlande genannt ist.

Bezüglich der in diesem Abkommen vorgesehenen Gesetze, Verordnungen und sonstigen Maßregeln besteht Einverständnis darüber, daß die zu diesem Zwecke erforderlichen Entwürfe spätestens sechs Monate nach dem Inkrafttreten des Abkommens ausgearbeitet werden. Was die Gesetze betrifft, so werden sie gleichfalls durch die Regierungen ihren Parlamenten oder gesetzgebenden Körperschaften in derselben Frist von sechs Monaten, jedenfalls aber in der ersten, nach Ablauf dieser Frist stattfindenden Tagung vorgelegt werden.

Der Zeitpunkt, an welchem diese Gesetze, Verordnungen oder Maßregeln in Kraft treten, wird von den Vertragsmächten auf den Vorschlag der Regierung der Niederlande vereinbart werden.

Falls sich Fragen bezüglich der Ratifikation dieses Abkommens oder des Inkrafttretens des Abkommens oder der Gesetze, Verordnungen und Maßregeln, welche sie zur Folge hat, ergeben sollten, so wird die Regierung der Niederlande, wenn diese Fragen nicht auf andere Weise gelöst werden können, alle Vertragsmächte auffordern, Vertreter zu bezeichnen, die zur Erzielung eines unmittelbaren Einverständnisses über diese Fragen im Haag zusammentreten sollen.

Art. 25. Sollte eine der Vertragsmächte dieses Abkommen kündigen wollen, so soll die Kündigung schriftlich der Regierung der Niederlande erklärt werden, die unverzüglich eine beglaubigte Abschrift der Erklärung allen anderen Mächten unter Angabe des Tages des Empfanges mitteilen wird.

Die Kündigung soll nur in Ansehung der Macht, die sie erklärt hat, und erst ein Jahr, nachdem die Erklärung bei der Regierung der Niederlande eingegangen ist, wirksam werden.

CHAPITRE I.

Opium brut.

Définition. Par opium brut on entend:

Le suc, coagulé spontanément, obtenu des capsules du pavot somnifère (Papaver somniferum), et n'ayant subi que les manipulations nécessaires à son empaquetage et à son transport.

Article Premier.

Les Puissances Contractantes édicteront des lois ou des règlements efficaces pour le contrôle de la production et de la distribution de l'opium brut, à moins que des lois ou des règlements existants n'aient déjà réglé la matière.

Article 2.

Les Puissances Contractantes limiteront, en tenant compte des différences de leurs conditions commerciales, le nombre des villes, ports ou autres localités par lesquels l'exportation ou l'importation de l'opium brut sera permise.

Article 3.

Les Puissances Contractantes prendront des mesures:

a) pour empêcher l'exportation de l'opium brut vers les pays qui en auront prohibé l'entrée, et

b) pour contrôler l'exportation de l'opium brut vers les pays qui en limitent l'importation,

à moins que des mesures existantes n'aient déjà réglé la matière.

Article 4.

Les Puissances Contractantes édicteront des règlements prévoyant que chaque colis contenant de l'opium brut destiné à l'exportation sera marqué de manière à indiquer son contenu, pourvu que l'envoi excède 5 kilogrammes.

Article 5.

Les Puissances Contractantes ne permettront l'importation et l'exportation de l'opium brut que par des personnes dûment autorisées.

CHAPITRE II.

Opium préparé.

Définition. Par opium préparé on entend:

Le produit de l'opium brut, obtenu par une série d'opérations spéciales, et en particulier par la dissolution, l'ébullition, le grillage et la fermentation, et ayant pour but de le transformer en extrait propre à la consommation.

L'opium préparé comprend le dross et tous autres résidus de l'opium fumé.

Article 6.

Les Puissances Contractantes prendront des mesures pour la suppression graduelle et efficace de la fabrication, du commerce intérieur et de l'usage de l'opium préparé, dans la limite des conditions différentes propres à chaque pays, à moins que des mesures existantes n'aient déjà réglé la matière.

Article 7.

Les Puissances Contractantes prohiberont l'importation et l'exportation de l'opium préparé; toutefois, celles qui ne sont pas encore prêtes à prohiber immédiatement l'exportation de l'opium préparé, la prohiberont aussitôt que possible.

Article 8.

Les Puissances Contractantes qui ne sont pas encore prêtes à prohiber immédiatement l'exportation de l'opium préparé:

a) restreindront le nombre des villes, ports ou autres localités par lesquels l'opium préparé pourra être exporté;

b) prohiberont l'exportation de l'opium préparé vers les pays qui en interdisent actuellement, ou pourront en interdire plus tard, l'importation;

c) défendront, en attendant, qu'aucun opium préparé soit envoyé à un pays qui désire en restreindre l'entrée, à moins que l'exportateur ne se conforme aux règlements du pays importateur;

d) prendront des mesures pour que chaque colis exporté, contenant de l'opium préparé, porte une marque spéciale indiquant la nature de son contenu;

e) ne permettront l'exportation de l'opium préparé que par des personnes spécialement autorisées.

CHAPITRE III.

Opium médicinal, morphine, cocaïne, etc.

Définitions. Par opium médicinal on entend:

l'opium brut qui a été chauffé à 60 centigrades et ne contient pas moins de 10 pour cent de morphine, qu'il soit ou non en poudre ou granulé, ou mélangé avec des matières neutres.

Par morphine on entend:
le principal alcaloïde de l'opium, ayant la formule chimique $C_{17}H_{19}NO_3$.

Par cocaïne on entend:
le principal alcaloïde des feuilles de l'Érythroxylon Coca, ayant la formule $C_{17}H_{21}NO_4$.

Par héroïne on entend:
la diacetyl-morphine, ayant la formule $C_{21}H_{23}NO_5$.

Article 9.

Les Puissances Contractantes édicteront des lois ou des règlements sur la pharmacie de façon à limiter la fabrication, la vente et l'emploi de la morphine, de la cocaïne et de leurs sels respectifs aux seuls usages médicaux et légitimes, à moins que des lois ou des règlements existants n'aient déjà réglé la matière. Elles coopéreront entr'elles afin d'empêcher l'usage de ces drogues pour tout autre objet.

Article 10.

Les Puissances Contractantes s'efforceront de contrôler, ou de faire contrôler, tous ceux qui fabriquent, importent, vendent, distribuent et exportent la morphine, la cocaïne et leurs sels respectifs, ainsi que les bâtiments où ces personnes exercent cette industrie ou ce commerce.

A cet effet, les Puissances Contractantes s'efforceront d'adopter, ou de faire adopter, les mesures suivantes, à moins que des mesures existantes n'aient déjà réglé la matière:

a) limiter aux seuls établissements et locaux qui auront été autorisés à cet effet la fabrication de la morphine, de la cocaïne et de leurs sels respectifs, ou se renseigner sur les établissements et locaux où ces drogues sont fabriquées, et en tenir un régistre.

b) exiger que tous ceux qui fabriquent, importent, vendent, distribuent et exportent la morphine, la cocaïne et leurs sels respectifs soient munis d'une autorisation ou d'un permis pour se livrer à ces opérations, ou en fassent une déclaration officielle aux autorités compétentes.

c) exiger de ces personnes la consignation sur leurs livres des quantités fabriquées, des importations, des ventes, de toute autre cession et des exportations de la morphine, de la cocaïne et de leurs sels respectifs. Cette règle ne s'appliquera pas forcément aux prescriptions médicales et aux ventes faites par des pharmaciens dûment autorisés.

Article 11.

Les Puissances Contractantes prendront des mesures pour prohiber dans leur commerce intérieur toute cession de morphine, de cocaïne et de leurs sels respectifs à toutes personnes non autorisées, à moins que des mesures existantes n'aient déjà réglé la matière.

Article 12.

Les Puissances Contractantes, en tenant compte des différences de leurs conditions, s'efforceront de restreindre aux personnes autorisées l'importation de la morphine, de la cocaïne et de leurs sels respectifs.

Article 13.

Les Puissances Contractantes s'efforceront d'adopter, ou de faire adopter, des mesures pour que l'exportation de la morphine, de la cocaïne et de leurs sels respectifs de leurs pays, possessions, colonies et territoires à bail vers les pays, possessions, colonies et territoires à bail des autres Puissances Contractantes n'ait lieu qu'à la destination de personnes ayant reçu les autorisations ou permis prévus par les lois ou règlements du pays importateur.

A cet effet tout Gouvernement pourra communiquer, de temps en temps, aux Gouvernements des pays exportateurs des listes des personnes auxquelles des autorisations ou permis d'importation de morphine, de cocaïne et de leurs sels respectifs auront été accordés.

Article 14.

Les Puissances Contractantes appliqueront les lois et règlements de fabrication, d'importation, de vente ou d'exportation de la morphine, de la cocaïne et de leurs sels respectifs:

a) à l'opium médicinal;

b) à toutes les préparations (officinales et non-officinales, y compris les remèdes dits anti-opium), contenant plus de 0,2% de morphine ou plus de 0,1% de cocaïne;

c) à l'heroïne, ses sels et préparations contenant plus de 0,1% d'héroïne;

d) à tout nouveau dérivé de la morphine, de la cocaïne ou de leurs sels respectifs, ou à tout autre alcaloïde de l'opium, qui pourrait à la suite de recherches scientifiques, généralement reconnues, donner lieu à des abus analogues et avoir pour résultat les mêmes effets nuisibles.

CHAPITRE IV.

Article 15.

Les Puissances Contractantes ayant des traités avec la Chine (Treaty Powers) prendront, de concert avec le Gouvernement chinois, les mesures nécessaires pour empêcher l'entrée en contrebande, tant sur le territoire chinois que dans leurs colonies d'Extrême Orient et sur les territoires à bail qu'ils occupent en Chine, de l'opium brut et préparé, de la morphine, de la cocaïne, et de leurs sels respectifs, ainsi que des substances visées à l'article 14 de la présente Convention. De son côté le Gouvernement chinois prendra des mesures analogues pour la suppresssion de la contrebande de l'opium et des autres substances visées ci-dessus, de la Chine vers les colonies étrangères et les territoires à bail.

Article 16.

Le Gouvernement chinois promulguera des lois pharmaceutiques pour ses sujets, règlementant la vente et la distribution de la morphine, de la cocaïne et de leurs sels respectifs et des substances visées à l'article 14 de la présente Convention, et communiquera ces lois aux Gouvernements ayant des traités avec la Chine, par l'intermédiaire de leurs représentants diplomatiques à Pékin. Les Puissances Contractantes ayant des traités avec la Chine examineront ces lois, et, si elles les trouvent acceptables, prendront les mesures nécessaires pour qu'elles soient appliquées à leurs nationaux résidant en Chine.

Article 17.

Les Puissances Contractantes ayant des traités avec la Chine entreprendront d'adopter les mesures nécessaires pour restreindre et pour contrôler l'habitude de fumer l'opium dans leurs territoires à bail, „settlements" et concessions en Chine, de supprimer *pari passu* avec le Gouvernement chinois les fumeries d'opium ou établissements semblables qui pourront y exister encore, et de prohiber l'usage de l'opium dans les maisons d'amusement et les maisons publiques.

Article 18.

Les Puissances Contractantes ayant des traités avec la Chine prendront des mesures effectives pour la réduction graduelle, *pari passu* avec les mesures effectives que le Gouvernement chinois prendra dans ce même but, du nombre des boutiques, destinées à la vente de l'opium brut et préparé, qui pourront encore exister dans leurs territoires à bail, „settlements" et concessions en Chine. Elles adopteront des mesures efficaces pour la restriction et le contrôle du commerce de détail de l'opium dans les territoires à bail, „settlements" et concessions, à moins que des mesures existantes n'aient déjà réglé la matière.

Article 19.

Les Puissances Contractantes qui possèdent des bureaux de poste en Chine adopteront des mesures efficaces pour interdire l'importation illégale en Chine, sous forme de colis postal, tout aussi bien que la transmission illégale d'une localité de la Chine à une autre localité par l'intermédiaire de ces bureaux de l'opium, soit brut, soit préparé, de la morphine et de la cocaïne et de leurs sels respectifs et des autres substances visées à l'article 14 de la présente Convention.

CHAPITRE V.

Article 20.

Les Puissances Contractantes examineront la possibilité d'édicter des lois ou des règlements rendant passible de peines la possession illégale de l'opium brut, de l'opium préparé, de la morphine, de la cocaïne et de leurs sels respectifs, à moins que des lois ou des règlements existants n'aient déjà réglé la matière.

Article 21.

Les Puissances Contractantes se communiqueront, par l'intermédiaire du Ministère des Affaires Étrangères des Pays-Bas:

a) les textes des lois et des règlements administratifs existants, concernant les matières visées par la présente Convention, ou édictés en vertu de ses clauses;

b) des renseignements statistiques en ce qui concerne le commerce de l'opium brut, de l'opium préparé, de la morphine, de la cocaïne et de leurs sels respectifs, ainsi que des autres drogues, ou leurs sels, ou préparations, visés par la présente Convention.

Ces statistiques seront fournies avec autant de détails et dans un délai aussi bref que l'on considérera comme possibles.

CHAPITRE VI.

Dispositions finales.

Article 22.

Les Puissances non représentées à la Conférence seront admises à signer la présente Convention.

Dans ce but, le Gouvernement des Pays-Bas invitera, immédiatement après la signature de la Convention par les Plénipotentiaires des Puissances qui ont pris part à la Conférence, toutes les Puissances de l'Europe et de l'Amérique non représentées à la Conférence, à savoir:

La République Argentine; l'Autriche-Hongrie; la Belgique; la Bolivie; le Brésil; la Bulgarie; le Chili; la Colombie; le Costa Rica; la République de Cuba; le Danemark; la République Dominicaine; la République de l'Équateur; l'Espagne; la Grèce; le Guatémala; la République d'Haïti; le Honduras; le Luxembourg; le Mexique; le Monténégro; le Nicaragua; la Norvège; le Panama; le Paraguay; le Pérou; la Roumanie; le Salvador; la Serbie; la Suède; la Suisse; la Turquie; l'Uruguay; les États-Unis du Vénézuéla, à désigner un Délégué muni des pleins pouvoirs nécessaires pour signer, à La Haye, la Convention.

La Convention sera munie de ces signatures au moyen d'un „Protocole de signature de Puissances non représentées à la Conférence", à ajouter après les signatures des Puissances représentées et mentionnant la date de chaque signature.

Le Gouvernement des Pays-Bas donnera tous les mois à toutes les Puissances signataires avis de chaque signature supplémentaire.

Article 23.

Après que toutes les Puissances, tant pour elles-mêmes que pour leurs possessions, colonies, protectorats et territoires à bail, auront signé la Convention ou le Protocole supplémentaire visé ci-dessus, le Gouvernement des Pays-Bas invitera toutes les Puissances à ratifier la Convention avec ce Protocole.

Dans le cas où la signature de toutes les Puissances invitées n'aurait pas été obtenue à la date du 31 décembre 1912, le Gouvernement des Pays-Bas invitera immédiatement les Puissances signataires à cette date, à désigner des Délégués pour procéder, à La Haye, à l'examen de la possibilité de déposer néanmoins leurs ratifications.

La ratification sera faite dans un délai aussi court que possible et déposée à La Haye au Ministère des Affaires Étrangères.

Le Gouvernement des Pays-Bas donnera tous les mois avis aux Puissances signataires des ratifications qu'il aura reçues dans l'intervalle.

Aussitôt que les ratifications de toutes les Puissances signataires, tant pour elles-mêmes que pour leurs colonies, possessions, protectorats et territoires à bail, auront été reçues par le Gouvernement des Pays-Bas, celui-ci notifiera à toutes les Puissances qui auront ratifié la Convention la date à laquelle il aura reçu le dernier de ces actes de ratification.

Article 24.

La présente Convention entrera en vigueur trois mois après la date mentionnée dans la notification du Gouvernement des Pays-Bas, visée au dernier alinéa de l'article précédent.

A l'égard des lois, règlements et autres mesures, prévus par la présente Convention, il est convenu que les projets requis à cet effet seront rédigés au plus tard six mois après l'entrée en vigueur de la Convention. En ce qui concerne les lois, elles seront aussi proposées par les Gouvernements à leurs Parlements ou Corps Législatifs dans ce même délai de six mois, et en tout cas à la première session qui suivra l'expiration de ce délai.

La date à partir de laquelle ces lois, règlements ou mesures entreront en vigueur fera l'objet d'un accord entre les Puissances Contractantes sur la proposition du Gouvernement des Pays-Bas.

Dans le cas où des questions surgiraient relatives à la ratification de la présente Convention, ou à la mise en vigueur, soit de la Convention, soit des lois, règlements et mesures qu'elle comporte, le Gouvernement des Pays-Bas, si ces questions ne peuvent pas être résolues par d'autres moyens, invitera toutes les Puissances Contractantes à désigner des Délégués qui se réuniront à La Haye pour arriver à un accord immédiat sur ces questions.

Article 25.

S'il arrivait qu'une des Puissances Contractantes voulût dénoncer la présente Convention, la dénonciation sera notifiée par écrit au Gouvernement des Pays-Bas qui communiquera immédiatement copie certifiée conforme de la notification à toutes les autres Puissances, en leur faisant savoir la date à laquelle il l'a reçue.

La dénonciation ne produira ses effets qu'à l'égard de la Puissance qui l'aura notifiée et un an après que la notification en sera parvenue au Gouvernement des Pays-Bas.

Das erste Genfer Abkommen:

Internationales Opiumabkommen vom 11. Februar 1925.

(Deutsches Handelsarchiv 1927, S. 575.)

Abkommen.

Art. 1. (1) Unbeschadet der Bestimmungen des Abs. 3 dieses Artikels über den Einzelverkauf wird die Einfuhr, der Verkauf und der Vertrieb von Opium zum Staatsmonopol erklärt, und das Recht, Opium einzuführen, zu verkaufen oder zu vertreiben, darf an niemand verpachtet, abgetreten oder übertragen werden.

(2) Die Herstellung von zubereitetem Opium für Verkaufszwecke soll ebenfalls zum Staatsmonopol erklärt werden, sobald es die Umstände gestatten.

(3) a) Die Regierung soll in den Gegenden, wo die Verwaltungsbehörden eine wirksame Überwachung ausüben können, einen Versuch mit dem System machen, das Opium durch Personen zu vertreiben, die für den Kleinverkauf und den Vertrieb des Opiums gegen festes Gehalt und nicht auf Provision von den Verkäufern angestellt sind.

b) In allen anderen Gebieten darf der Kleinverkauf und der Vertrieb des Opiums nur durch Personen stattfinden, die im Besitz einer Genehmigung der Regierung sind.

Der Abs. a kommt nicht zur Anwendung, wo das System der Ermächtigung und Rationierung der Verbraucher in Kraft ist und gleiche oder wirksamere Garantien bietet.

Art. 2. Der Verkauf von Opium an Minderjährige ist verboten. Alle möglichen Maßnahmen sollen von den vertragschließenden Mächten getroffen werden, um die Verbreitung des Opiumrauchens unter Minderjährigen zu verhindern.

Art. 3. Minderjährigen ist der Besuch von Oipumrauchstuben untersagt.

Art. 4. Die vertragschließenden Mächte werden die Zahl der Kleinverkaufsstellen und die Zahl der Rauchstuben, wo diese gestattet sind, möglichst beschränken.

Art. 5. Der Ankauf und der Verkauf von „Droß" ist verboten, außer wenn der „Droß" an die Monopolverwaltung verkauft wird.

Art. 6. (1) Die Ausfuhr von rohem oder zubereitetem Opium aus einer Besitzung oder einem Gebiet, in dem die Einfuhr von Rauchopium gestattet ist, ist verboten.

(2) In allen Besitzungen oder Gebieten dieser Art ist die Durchfuhr oder die Umladung von zubereitetem Opium verboten.

(3) Ebenso ist in allen Besitzungen oder Gebieten dieser Art die Durchfuhr oder das Umladen von rohem Opium mit der Bestimmung nach einem Ort außerhalb dieser Besitzung oder dieses Gebiets verboten, wenn nicht der Regierung der fraglichen Besitzung oder des fraglichen Gebiets eine Einfuhrgenehmigung vorgelegt wird, die von der Regierung des Einfuhrlandes ausgestellt ist und die nötigen Garantien gegen die Möglichkeit eines unerlaubten Gebrauchs bietet.

Art. 7. Die vertragschließenden Mächte werden sich in jeder Weise bemühen, durch Unterweisung in den Schulen, durch Verteilung von Broschüren und auf anderen Wegen den Gebrauch von zubereitetem Opium zu bekämpfen, sofern sie nicht diese Maßnahmen im Hinblick auf die besondere Lage in ihren Gebieten für ungeeignet halten.

Art. 8. Die vertragschließenden Mächte verpflichten sich, sich gegenseitig in ihren Bemühungen, den Schmuggel zu unterdrücken, durch unmittelbaren Austausch von Nachrichten und beabsichtigten Maßnahmen zwischen den Leitern der beteiligten Dienststellen zu unterstützen.

Art. 9. Die vertragschließenden Mächte werden in günstigem Sinne die Möglichkeit prüfen, gesetzgeberische Maßnahmen zu treffen, um widerrechtliche Handlungen, die im Ausland begangen worden sind, durch eine auf ihrem eigenen Gebiet wohnhafte Person bestrafen zu können.

Art. 10. Die vertragschließenden Mächte werden alle Auskünfte, die sie sich über die Zahl der Opiumraucher beschaffen können, zur Verfügung stellen. Diese Auskünfte sind dem Generalsekretär des Völkerbundes zum Zweck der Veröffentlichung mitzuteilen.

Art. 11. Dieses Abkommen bezieht sich nicht auf Opium, das ausschließlich für medizinische und wissenschaftliche Zwecke bestimmt ist.

Art. 12. Die vertragschließenden Mächte vereinbaren, in gewissen Zeitabschnitten, über die sie sich verständigen werden, die Lage in bezug auf die Anwendung des Kapitel II des Haager Abkommens vom 23. Januar 1912 und die vorliegende Übereinkunft zu prüfen. Die erste Zusammenkunft soll spätestens im Jahre 1929 stattfinden.

Art. 13. Dieses Abkommen bezieht sich nur auf diejenigen Besitzungen und Gebiete des Fernen Ostens der vertragschließenden Staaten, einschließlich der Pachtgebiete und Protektorate, in denen der Gebrauch von zubereitetem Opium vorübergehend gestattet ist.

Bei der Ratifikation kann jede vertragschließende Macht erklären, daß sich ihr Beitritt zu der Übereinkunft nicht auf ein Gebiet erstreckt, über das sie nur ein Protektorat ausübt, und sie kann für ein so ausgeschlossenes Protektorat der Übereinkunft später beitreten im Wege einer dem Generalsekretär des Völkerbundes anzukündigenden Beitrittserklärung; dieses wird die Niederlegung dieser Erklärung sofort allen anderen vertragschließenden Staaten mitteilen.

Art. 14. Diese Übereinkunft, deren französischer und englischer Text maßgebend ist, soll ratifiziert werden.

Die Niederlegung der Ratifikationsurkunde soll möglichst bald bei dem Generalsekretariat des Völkerbundes erfolgen.

Diese Übereinkunft tritt erst in Kraft, nachdem sie von zwei Mächten ratifiziert worden ist. Als Tag des Inkrafttretens gilt der neunzigste Tag nach der Entgegennahme der zweiten Ratifikationserklärung durch den Generalsekretär des Völkerbundes. Später wird diese Übereinkunft für jede vertragschließende Macht neunzig Tage nach Empfang ihrer Ratifikationserklärung wirksam.

Diese Übereinkunft soll am Tage ihres Inkrafttretens vom Generalsekretär des Völkerbundes registriert werden.

Art. 15. Sollte eine der vertragschließenden Mächte gewillt sein, diese Übereinkunft zu kündigen, so ist die Kündigung dem Generalsekretär des Völkerbundes schriftlich mitzuteilen; dieser übersendet sofort allen anderen vertragschließenden Mächten eine Abschrift des Kündigungsschreibens unter Angabe des Tages, an dem er es erhalten hat.

Die Kündigung tritt nur für die Macht, welche sie ausgesprochen hat, und erst ein Jahr, nachdem die Mitteilung an den Generalsekretär gelangt ist, in Wirksamkeit.

Protokoll.

Art. 1. Die Staaten, welche dieses Protokoll unterzeichnen, erkennen an, daß die Bestimmungen der heute unterzeichneten Übereinkunft die von den Signatarstaaten auf Grund des Art. VI des Haager Abkommens von 1912 eingegangene Verpflichtung verstärken und bestimmt sind, die Durchführung dieser Verpflichtung, die in vollem Umfang gültig und wirksam bleibt, zu erleichtern.

Art. 2. Sobald die Länder, in denen Mohn gebaut wird, die wirksame Durchführung der Bestimmungen sichergestellt haben, die notwendig sind, um zu verhindern, daß die Ausfuhr von rohem Opium aus den ihrer Hoheit unterworfenen Gebieten kein ernstes Hindernis für die Einschränkung des Verbrauchs in den Ländern bildet, wo der Gebrauch von zubereitetem Opium vorübergehend gestattet ist, werden die Staaten, welche dieses Protokoll unterzeichnet haben, die Maßnahmen verstärken, die sie schon gemäß Art. VI des Haager Abkommens von 1912 getroffen haben, und werden nötigenfalls weitere Maßnahmen treffen, um den Verbrauch von zubereitetem Opium in den ihrer Hoheit unterworfenen Gebieten in solcher Weise einzuschränken, daß dieser Gebrauch in einem Zeitraum von höchstens fünfzehn Jahren von der im folgenden Artikel erwähnten Entscheidung ab vollständig unterdrückt wird.

Art. 3. Eine vom Völkerbundsrat zu diesem Zweck zu ernennende Kommission soll im geeigneten Zeitpunkt beauftragt werden, festzustellen, daß die Bestimmungen, die die opiumbauenden Länder treffen sollen, und die im vorstehenden Artikel vorgesehen sind, in dem in diesem Artikel vorgesehenen Maße wirksam durchgeführt worden sind. Die Entscheidung dieser Kommission ist endgültig.

Art. 4. Falls innerhalb des im Art. II vorgesehenen Zeitraums von fünfzehn Jahren einer der Signatarstaaten dieses Protokolls erfahren sollte, daß die in diesem Artikel genannten, von den Erzeugungsländern zu treffenden Maßnahmen nicht mehr wirksam durchgeführt werden, so ist dieser Staat berechtigt, die Tatsachen dem Völkerbundsrat mitzuteilen; wenn der Rat, entweder auf Grund eines Berichts einer von ihm eingesetzten Kommission, die sich nach Anstellung einer Untersuchung über die angezeigten Tatsachen auszusprechen hat, oder auf Grund anderer Informationen, über die er verfügt, anerkennt, daß die angezeigten Tatsachen zutreffend sind, so sollen die beteiligten Staaten das Recht haben, dieses Protokoll aufzukündigen. In diesem Fall soll sofort eine Konferenz der beteiligten Staaten zusammentreten, um die zu treffenden Maßnahmen zu prüfen.

Art. 5. In dem Jahre, das dem Ablauf der im Art. II vorgesehenen Frist von fünfzehn Jahren vorhergeht, werden die Signatarmächte dieses Protokolls zu einer Sonderkonferenz zusammentreten, um die Maßnahmen zu prüfen, die mit Bezug auf die unheilbaren Opiumraucher, deren pathologischer Zustand durch die ärztlichen Behörden des beteiligten Landes festgestellt ist, zu treffen sind.

Art. 6. Die Signatarstaaten dieses Protokolls werden sich gemeinsam bemühen, um den Gebrauch von zubereitetem Opium vollständig und endgültig zu unterdrücken. Um dieses Ziel in möglichst kurzer Frist zu erreichen, richten diese Staaten in Anerkennung der Schwierigkeiten, denen einige Mächte unter den gegenwärtigen Umständen bei der Durchführung einer wirksamen Kontrolle der Erzeugung, des Vertriebes und der Ausfuhr von rohem Opium begegnen können, die dringende Aufforderung an die opiumbauenden Länder zum vertrauensvollen und tätigen Zusammenarbeiten, um dem unerlaubten Handel Einhalt zu tun.

Art. 7. Dieses Protokoll tritt für jeden der vertragschließenden Staaten gleichzeitig mit der heute unterzeichneten Übereinkunft, betreffend den Gebrauch von zubereitetem Opium, in Kraft.

Art. 8. Jeder Staat, der auf der Konferenz, in der dieses Protokoll ausgearbeitet worden ist, vertreten war, kann jederzeit nach der Inkraftsetzung dem Protokoll beitreten.

Schlußakte.

Die Konferenz, mit Ausnahme der chinesischen Delegation, hat außerdem die folgende Entschließung angenommen:

„Der Konferenz ist mitgeteilt worden, daß in gewissen Ländern das System der Genehmigungen (oder der Eintragung) und der Rationierung hinsichtlich der Verminderung der Zahl der Opiumverbraucher günstige Ergebnisse erzielt hat.

Aber die Konferenz hat erkannt, daß in andern Ländern der Schmuggel, der dem erlaubten Handel gleichkommt oder ihn sogar übersteigt, die Anwendung dieses Systems schwierig macht und nach Ansicht der beteiligten Regierungen die Anwendung sogar fruchtlos und zuweilen gefährlich macht.

Infolgedessen erklärt die Konferenz, daß die Möglichkeit, diese Maßnahmen einzuführen oder sie in den Ländern, wo sie befriedigend wirken, beizubehalten, hauptsächlich von dem Umfang des Schmuggels abhängt.

Sie überläßt es daher den vertragschließenden Mächten, die dieses System noch nicht zur Anwendung gebracht haben, den Zeitpunkt zu wählen, in dem die Umstände die Einführung desselben gestatten, oder inzwischen alle vorbereitenden Maßnahmen zu treffen, die sie für angebracht halten.“

Das zweite Genfer Abkommen:

Gesetz über das internationale Opiumabkommen vom 19. Februar 1925.

Vom 26. Juni 1929 (RGBl. II, S. 407).

Art. 1.

Dem in Genf am 19. Februar 1925 unterzeichneten internationalen Opiumabkommen sowie dem dazugehörenden Protokoll vom gleichen Tage wird zugestimmt.

Das Abkommen und das Protokoll werden nachstehend veröffentlicht.

Art. 2.

Dieses Gesetz tritt mit dem auf die Verkündung folgenden Tage in Kraft. Der Tag, an dem das Abkommen und das Protokoll gemäß Art. 36 des Abkommens in Kraft treten, ist im Reichsgesetzblatt bekanntzumachen.

Abkommen:

Kapitel I.

Begriffsbestimmungen.

Art. 1. Die vertragschließenden Teile kommen überein, für die Zwecke des vorliegenden Abkommens folgende Begriffsbestimmungen anzunehmen:

Rohopium. Unter „Rohopium" ist zu verstehen der aus den Kapseln des Schlafmohns (Papaver somniferum *L.*) gewonnene, freiwillig geronnene Milchsaft, der nur die für seine Verpackung und Versendung erforderliche Behandlung erfahren hat, ohne Rücksicht auf seinen Morphingehalt.

Opium für medizinische Zwecke. Unter „Opium für medizinische Zwecke" ist Rohopium zu verstehen, das der Behandlung unterworfen worden ist, die erforderlich war, um es nach den Arzneibuchvorschriften zum medizinischen Gebrauch geeignet zu machen, auch gepulvert oder granuliert oder mit neutralen Stoffen gemischt.

Morphin. Unter „Morphin" ist zu verstehen das Hauptalkaloid des Opiums von der chemischen Formel $C_{17}H_{19}O_3N$.

Diazetylmorphin. Unter „Diazetylmorphin" ist zu verstehen, das Diazetylmorphin (Diamorphin, Heroin) von der Formel $C_{21}H_{23}O_5N$.

Kokablätter. Unter „Kokablätter" sind zu verstehen die Blätter von Erythroxylon Coca *Lamarck*, von Erythroxylon novogranatense *(Morris) Hieronymus* und ihrer Abarten aus der Familie der Erythroxylazeen und die Blätter anderer Arten dieser Gattung, aus denen Kokain unmittelbar oder durch chemische Umwandlung gewonnen werden kann.

Rohkokain. Unter „Rohkokain" sind alle aus den Kokablättern gewonnenen Erzeugnisse zu verstehen, die mittelbar oder unmittelbar zur Herstellung von Kokain dienen können.

Kokain. Unter „Kokain" ist zu verstehen der Methyläther des linksdrehenden Benzoylekgonins ($[\alpha]$ D $20^0 = -16^0 4$ in 20%iger Chloroformlösung) von der Formel $C_{17}H_{21}O_4N$.

Ekgonin. Unter „Ekgonin" ist zu verstehen das linksdrehende Ekgonin ($[\alpha]$ D $20^0 = -45^0 6$ in 5%iger wässeriger Lösung) von der Formel $C_9H_{15}O_3N + H_2O$ und alle Abkömmlinge dieses Ekgonins, die gewerblich zu seiner Wiedergewinnung dienen könnten.

Indischer Hanf. Unter „Indischer Hanf" sind zu verstehen die getrockneten Spitzen der blühenden oder fruchttragenden weiblichen Stauden von Cannabis sativa *L.*, aus denen das Harz nicht ausgesogen ist, ohne Rücksicht auf die Benennung, unter der sie in den Handel gebracht werden.

Kapitel II.

Inländische Kontrolle des Rohopiums und der Kokablätter.

Art. 2. Die vertragschließenden Teile verpflichten sich, wenn es nicht schon geschehen ist, Gesetze und Vorschriften zur Sicherung einer wirksamen Kontrolle der Gewinnung, des Vertriebs und der Ausfuhr des Rohopiums zu erlassen; ebenso verpflichten sie sich, die einschlägigen Gesetze und Vorschriften, die sie auf Grund des Art. 1 des Haager Abkommens vom Jahre 1912 oder auf Grund des vorliegenden Abkommens erlassen haben, soweit erforderlich, regelmäßig nachzuprüfen und zu verschärfen.

Art. 3. Die vertragschließenden Teile werden unter Berücksichtigung der Verschiedenheit ihrer Handelsbedingungen die Zahl der Städte, Häfen und anderen Plätze beschränken, über die die Aus- oder Einfuhr von Rohopium oder Kokablättern gestattet sein soll.

Kapitel III.

Inländische Kontrolle der verarbeiteten Stoffe.

Art. 4. Die Bestimmungen des vorliegenden Kapitels gelten für folgende Stoffe und Zubereitungen:

a) Opium für medizinische Zwecke;

b) Rohkokain und Ekgonin;

c) Morphin, Diazetylmorphin, Kokain und ihre Salze;

d) alle offizinellen und nichtoffizinellen Zubereitungen (einschließlich der sogenannten Antiopiummittel), die mehr als 0,2% Morphin oder mehr als 0,1% Kokain enthalten;

e) alle Zubereitungen, die Diazetylmorphin enthalten;

f) für die galenischen Zubereitungen (Extrakt und Tinktur) des Indischen Hanfs;

g) für jedes andere Betäubungsmittel, auf das das vorliegende Abkommen gemäß Art. 10 angewendet werden kann.

Art. 5. Die vertragschließenden Teile werden wirksame Gesetze oder Vorschriften erlassen, um Herstellung, Einfuhr, Verkauf, Vertrieb, Ausfuhr und Verwendung der Stoffe und Zubereitungen, auf die sich dieses Kapitel bezieht, ausschließlich auf medizinische und wissenschaftliche Verwendung zu beschränken. Die vertragschließenden Teile werden gemeinsam darauf hinwirken, daß der Gebrauch dieser Stoffe und Zubereitungen zu irgendeinem anderen Zwecke verhindert wird.

Art. 6. Die vertragschließenden Teile werden alle Personen überwachen, die die Stoffe und Zubereitungen, auf die sich dieses Kapitel bezieht, herstellen, einführen, verkaufen, vertreiben oder ausführen, und ebenso die Gebäude, in denen diese Personen solch Gewerbe oder solchen Handel betreiben.

Zu diesem Zwecke sollen die vertragschließenden Teile:

a) die Herstellung der in Art. 4b, c, g bezeichneten Stoffe und Zubereitungen ausschließlich auf die Betriebe und Örtlichkeiten beschränken, für die eine diesbezügliche Ermächtigung erteilt worden ist;

b) verlangen, daß alle Personen, die die genannten Stoffe herstellen, einführen, verkaufen, vertreiben oder ausführen, eine Ermächtigung oder Erlaubnis hierzu besitzen;

c) von diesen Personen verlangen, daß sie über die hergestellten Mengen, die Ein- und Ausfuhr, den Verkauf und alle anderen Formen der Weitergabe der genannten Stoffe und Zubereitungen Buch führen. Diese Regelung gilt nicht unbedingt für die von Ärzten verabreichten Mengen, ebensowenig für den Verkauf, der von ordnungsgemäß ermächtigten Apothekern auf ärztliche Verordnung hin vorgenommen wird, wenn Arzt und Apotheker die Verordnungen in jedem Falle vorschriftsmäßig aufbewahren.

Art. 7. Die vertragschließenden Teile werden Maßnahmen ergreifen, um in ihrem Inlandshandel jede Abgabe der Stoffe und Zubereitungen, auf die sich dieses Kapitel bezieht, an unbefugte

Personen sowie jeden Besitz dieser Stoffe und Zubereitungen durch solche Personen zu untersagen.

Art. 8. Wenn der Hygieneausschuß des Völkerbunds durch ein vom Ständigen Ausschuß des Internationalen Gesundheitsamts in Paris eingeholtes Gutachten festgestellt hat, daß gewisse Zubereitungen, die die im vorliegenden Kapitel behandelten Betäubungsmittel enthalten, aber wegen der Art der anderen Arzneimittel, mit denen sie gemischt sind und die praktisch ihre Wiedergewinnung verhindern, Opiumsucht und dergleichen nicht hervorrufen können, so teilt der Hygieneausschuß diese Feststellung dem Völkerbundsrate mit. Der Rat benachrichtigt die vertragschließenden Teile von der Feststellung, woraufhin die betreffenden Zubereitungen von den Bestimmungen dieses Abkommens ausgenommen werden.

Art. 9. Jeder vertragschließende Teil kann die Apotheker ermächtigen, auf ihre eigene Verantwortung folgende offizinelle opiumhaltige Zubereitungen als Heilmittel zu sofortigem Gebrauch in dringenden Fällen an das Publikum abzugeben: Opiumtinktur, safranhaltige Opiumtinktur, Doversches Pulver. Die in solchem Falle zulässige Höchstmenge darf jedoch nicht mehr als 0,25 g offizinelles Opium enthalten, und der Apotheker muß gemäß Art. 6c die gelieferten Mengen in seine Bücher eintragen.

Art. 10. Wenn der Hygieneausschuß des Völkerbunds durch ein vom Ständigen Ausschuß des Internationalen Gesundheitsamts in Paris eingeholtes Gutachten festgestellt hat, daß irgendein Betäubungsmittel, das von diesem Abkommen nicht betroffen wird, geeignet ist, ähnliche Mißbräuche und ebenso schädliche Wirkungen hervorzurufen wie die in diesem Kapitel des Abkommens behandelten Stoffe und Zubereitungen, so benachrichtigt der Hygieneausschuß den Völkerbundsrat und empfiehlt ihm, daß die Bestimmungen des vorliegenden Abkommens hierauf Anwendung finden sollen.

Der Völkerbundsrat wird diesen Vorschlag den vertragschließenden Teilen mitteilen. Jeder vertragschließende Teil, der den Vorschlag annimmt, meldet die Annahme dem Generalsekretär des Völkerbunds, der die übrigen vertragschließenden Teile davon in Kenntnis setzt.

In den Beziehungen zwischen den vertragschließenden Teilen, die den in den vorangehenden Absätzen besprochenen Vorschlag angenommen haben, treten die Bestimmungen dieses Abkommens unverzüglich für den betreffenden Stoff in Kraft.

Kapitel IV.

Indischer Hanf.

Art. 11. 1. Über die Bestimmungen des Kapitels V dieses Abkommens hinaus, die sich auf den Indischen Hanf und das daraus gewonnene Harz beziehen, verpflichten sich die vertragschließenden Teile:

a) die Ausfuhr des aus dem Indischen Hanf gewonnenen Harzes und der gebräuchlichen Zubereitungen dieses Harzes (wie Haschisch, Esrar, Chira, Djamba) nach Ländern, in denen ihr Gebrauch verboten ist, zu untersagen und, falls die Ausfuhr gestattet wird, die Vorlegung eines besonderen von der Regierung des Einfuhrlandes ausgestellten Einfuhrscheins zu verlangen, der bestätigt, daß die Einfuhr zu den in dem Scheine genau angegebenen Zwecken genehmigt ist und daß das Harz oder die genannte Zubereitungen nicht wieder ausgeführt werden;

b) vor Aushändigung des in Art. 13 dieses Abkommens vorgesehenen Ausfuhrscheins für Indischen Hanf die Vorlegung eines besonderen von der Regierung des Einfuhrlandes ausgestellten Einfuhrscheins zu verlangen, der bestätigt, daß die Einfuhr genehmigt und zu ausschließlich medizinischen oder wissenschaftlichen Zwecken bestimmt ist.

2. Die vertragschließenden Teile werden eine derart wirksame Kontrolle ausüben, daß der unerlaubte internationale Handel mit Indischem Hanf und namentlich mit seinem Harz verhindert wird.

Kapitel V.

Kontrolle des internationalen Handels.

Art. 12. Jeder vertragschließende Teil fordert für jede Einfuhr der in diesem Abkommen behandelten Stoffe und Zubereitungen die Einholung einer besonderen Einfuhrgenehmigung. Diese Genehmigung muß die einzuführende Menge, Namen und Adresse des Einführenden sowie Namen und Adresse des Ausführenden angeben.

Die Einfuhrgenehmigung muß genau die Frist angeben, innerhalb deren die Einfuhr zu bewerkstelligen ist; sie kann gestatten, daß die Einfuhr in mehreren Sendungen erfolgt.

Art. 13. 1. Jeder vertragschließende Teil fordert für jede Ausfuhr der in diesem Abkommen behandelten Stoffe und Zubereitungen die Einholung einer besonderen Ausfuhrgenehmigung. Diese Genehmigung muß die auszuführende Menge, Namen und Adresse des Ausführenden sowie Namen und Adresse des Einführenden angeben.

2. Vor Aushändigung dieser Ausfuhrgenehmigung fordert der vertragschließende Teil von der Person oder Firma, die die Ausfuhrgenehmigung beantragt, die Vorlegung eines von der Regierung des Einfuhrlandes ausgestellten Einfuhrscheins, der bestätigt, daß die Einfuhr genehmigt ist.

Jeder vertragschließende Teil verpflichtet sich, möglichst das diesem Abkommen beigefügte Muster für den Einfuhrschein zu verwenden.

3. Die Ausfuhrgenehmigung muß genau die Frist bezeichnen, innerhalb der die Ausfuhr zu bewerkstelligen ist, und Nummer und Datum des Einfuhrscheins sowie die Behörde angeben, die ihn ausgestellt hat.

4. Eine Abschrift der Ausfuhrgenehmigung begleitet die Sendung, und die Regierung, die die Ausfuhrgenehmigung erteilt, übermittelt eine weitere Abschrift der Regierung des Einfuhrlandes.

5. Ist die Einfuhr bewerkstelligt oder die für die Einfuhr gestellte Frist abgelaufen, so schickt die Regierung des Einfuhrlandes die Ausfuhrgenehmigung mit einem entsprechenden Vermerk an die Regierung des Ausfuhrlandes zurück. Der Vermerk hat die tatsächlich eingeführte Menge genau anzugeben.

6. Wenn eine geringere Menge als die in der Ausfuhrgenehmigung bezeichnete ausgeführt wird, so haben die zuständigen Behörden die tatsächlich ausgeführte Menge auf der Ausfuhrgenehmigung und auf jeder ihrer amtlichen Abschriften zu verzeichnen.

7. Betrifft der Ausfuhrantrag eine Sendung, die im Einfuhrlande unter Zollverschluß eingelagert werden soll, so kann die zuständige Behörde des Ausfuhrlandes statt des oben vorgesehenen Einfuhrscheins eine besondere Bescheinigung annehmen, in der die zuständige Behörde des Einfuhrlandes erklärt, daß sie die Einfuhr der Sendung unter den oben erwähnten Umständen genehmigt. In solchem Falle wird in der Ausfuhrgenehmigung zum Ausdruck gebracht, daß die Sendung ausgeführt wird, um unter Zollverschluß eingelagert zu werden.

Art. 14. Um die Anwendung und vollständige Durchführung der Bestimmungen dieses Abkommens in den Freihäfen und Freibezirken zu sichern, verpflichten sich die vertragschließenden Teile, ihre auf die Stoffe und Zubereitungen, die Gegenstand dieses Abkommens sind, bezüglichen Gesetze und Vorschriften in den in ihrem Gebiete liegenden Freihäfen und Freibezirken anzuwenden und dort die gleiche Überwachung und Kontrolle auszuüben wie in den übrigen Teilen ihres Gebiets.

Anlage

Muster für den Einfuhrschein

Internationales Opiumabkommen

Amtlicher Einfuhrschein

Nr. ....

Hierdurch wird bescheinigt, daß das mit der Ausführung des Gesetzes über die im internationalen Opiumabkommen vom 19. Februar 1925 behandelten Betäubungsmittel beauftragte Ministerium genehmigt hat die Einfuhr

a) Name, Adresse und Beruf des Einführenden.	durch a)..
b) Genaue Bezeichnung des Betäubungsmittels und einzuführende Menge.	von b)..
c) Name und Adresse der Firma des Ausfuhrlandes, die das Betäubungsmittel liefert.	geliefert von c)..
d) Angabe aller zu beobachtenden besonderen Bedingungen, z. B. daß das Betäubungsmittel nicht durch die Post versandt werden darf.	vorbehaltlich folgender Bedingungen d) ....

und es wird erklärt, daß die einzuführende Sendung benötigt wird:

1. für gesetzlich erlaubte Zwecke (bei Rohopium und Kokablättern)[1];
2. für ausschließlich medizinische oder wissenschaftliche Zwecke (bei den Betäubungsmitteln, die im Kap. III des Abkommens behandelt sind, und bei Indischem Hanf).

Im Auftrage des Ministers..

(Unterschrift)..

(Titel)..

(Datum)..

---

[1] Die Länder, in denen die Verwendung von zubereitetem Opium noch nicht unterdrückt ist und die zur Herstellung von zubereitetem Opium Rohopium einzuführen wünschen, müssen Bescheinigungen ausstellen, aus denen hervorgeht, daß das einzuführende Rohopium zur Herstellung von zubereitetem Opium bestimmt ist, daß die Regierung den Rauchern bis zur völligen Unterdrückung Beschränkungen auferlegt und daß das eingeführte Opium nicht wieder ausgeführt wird.

Dieser Artikel hindert jedoch keinen der vertragschließenden Teile daran, auf die genannten Stoffe und Zubereitungen in den Freihäfen und Freibezirken schärfere Bestimmungen anzuwenden als in den übrigen Teilen seines Gebiets.

Art. 15. 1. Keine Sendung irgendwelcher in diesem Abkommen behandelten Stoffe und Zubereitungen darf, wenn sie von einem Lande nach einem anderen ausgeführt wird, durch ein drittes Land gehen — und zwar ohne Rücksicht darauf, ob die Sendung aus dem benutzten Schiff oder Fahrzeug umgeladen wird oder nicht —, es sei denn, daß den zuständigen Behörden dieses Landes eine Abschrift der der Sendung beigefügten Ausfuhrgenehmigung (oder des Umleitungsscheins, wenn gemäß dem folgenden Absatze ein solcher ausgestellt worden ist) vorgelegt wird.

2. Die zuständigen Behörden eines Landes, durch das eine Sendung irgendwelcher in diesem Abkommen behandelten Stoffe und Zubereitungen gehen darf, werden alle erforderlichen Maßnahmen ergreifen, um zu verhindern, daß die erwähnte Sendung nach einem andern Bestimmungsorte umgeleitet wird, als auf der der Sendung beigefügten Abschrift der Ausfuhrgenehmigung (oder auf dem Umleitungsschein) angegeben ist, es sei denn, daß die Regierung dieses Landes eine solche Umleitung durch einen besonderen Umleitungsschein genehmigt hat. Ein Umleitungsschein darf nur gegen Vorlegung eines Einfuhrscheins ausgegeben werden, der den Bestimmungen des Art. 13 entspricht und von der Regierung des Landes ausgestellt ist, nach dem die Sendung umgeleitet werden soll; dieser Umleitungsschein muß dieselben Angaben enthalten, die gemäß Art. 13 in der Ausfuhrgenehmigung gemacht werden sollen, sowie den Namen des Landes, aus dem die Sendung ursprünglich ausgeführt worden ist. Alle Bestimmungen des Art. 13, die für eine Ausfuhrgenehmigung gelten, sind gleicherweise auf die Umleitungsscheine anzuwenden.

Außerdem soll die Regierung des Landes, das die Umleitung der Sendung genehmigt, die Abschrift der ursprünglichen Ausfuhrgenehmigung (oder die Umleitungsbescheinigung), die der Sendung bei ihrer Ankunft auf dem Gebiete des betreffenden Landes beigefügt war, zurückhalten und sie der Regierung, die sie ausgestellt hat, unter gleichzeitiger Nennung des Landes zurücksenden, nach dem die Umleitung genehmigt ist.

3. In den Fällen, in denen der Versand auf dem Luftwege geschieht, sind die vorstehenden Bestimmungen dieses Artikels nicht anwendbar, wenn das Luftfahrzeug das Gebiet des dritten Landes überfliegt, ohne zu landen. Falls das Luftfahrzeug auf dem Gebiet des betreffenden Landes niedergeht, sind die erwähnten

Bestimmungen in dem Maße anwendbar, wie die Umstände es gestatten.

4. Die Ziffern 1 bis 3 dieses Artikels lassen die Bestimmungen jeder etwaigen internationalen Vereinbarung unberührt, die die zulässige Überwachung der in diesem Abkommen behandelten Stoffe und Zubereitungen durch einen der vertragschließenden Teile einschränkt, wenn solche im unmittelbaren Durchgangsverkehr versandt werden.

5. Die Bestimmungen dieses Artikels gelten nicht für die Beförderung der Stoffe und Zubereitungen durch die Post.

Art. 16. Wenn eine Sendung von in diesem Abkommen behandelten Stoffen und Zubereitungen auf dem Gebiete eines vertragschließenden Teils ausgeladen und unter Zollverschluß eingelagert wird, darf sie aus dem Zollverschluß nicht entnommen werden, ohne daß der Behörde, der der Zollverschluß untersteht, ein von der Regierung des Bestimmungslandes ausgestellter Einfuhrschein vorgelegt wird, der bestätigt, daß die Einfuhr genehmigt ist. Die betreffende Behörde gibt für jede so entnommene Sendung eine besondere Genehmigung aus, die an die Stelle der in Art. 13, 14 und 15 vorgesehenen Ausfuhrgenehmigung tritt.

Art. 17. Berühren die in diesem Abkommen behandelten Stoffe und Zubereitungen das Gebiet eines der vertragschließenden Teile im Durchgangsverkehr oder werden sie dort unter Zollverschluß eingelagert, so dürfen sie keiner Behandlung unterworfen werden, die ihre Natur oder, wenn keine Erlaubnis der zuständigen Behörde vorliegt, ihre Verpackung ändern könnte.

Art. 18. Sollte einer der vertragschließenden Teile sich außerstande sehen, irgendeine Bestimmung dieses Kapitels auf seinen Handel mit einem anderen Lande anzuwenden, weil letzteres diesem Abkommen nicht beigetreten ist, so ist der vertragschließende Teil zur Anwendung der Bestimmungen dieses Kapitels nur insoweit verpflichtet, als die Umstände es gestatten.

Kapitel VI.

Ständiger Zentralausschuß.

Art. 19. Binnen drei Monaten nach dem Inkrafttreten dieses Abkommens wird ein Ständiger Zentralausschuß ernannt.

Der Zentralausschuß besteht aus acht Personen, die wegen ihrer Fachkenntnis, ihrer Unparteilichkeit und ihrer Unabhängigkeit allgemeines Vertrauen genießen.

Die Mitglieder des Zentralausschusses werden vom Völkerbundsrat ernannt.

Die Vereinigten Staaten von Amerika und das Deutsche Reich werden eingeladen, je eine Persönlichkeit zu bezeichnen, die bei dieser Ernennung mitwirkt.

Bei der Ernennung soll berücksichtigt werden, daß es von Bedeutung ist, in diesen Zentralausschuß in angemessenem Verhältnis Persönlichkeiten zu entsenden, die in der Frage der Betäubungsmittel einerseits vom Standpunkte der erzeugenden und verarbeitenden Länder, andererseits von dem der verbrauchenden Länder bewandert sind und diesen Ländern angehören.

Die Mitglieder des Zentralausschusses dürfen keine Stellung bekleiden, die sie in unmittelbare Abhängigkeit von ihren Regierungen bringt.

Die Mitglieder des Ausschusses werden für eine Dauer von fünf Jahren ernannt und sind wiederwählbar.

Der Ausschuß wählt sich einen Vorsitzenden und gibt sich eine Geschäftsordnung.

Zur Beschlußfähigkeit des Ausschusses in den Sitzungen ist die Anwesenheit von vier Mitgliedern erforderlich.

Die Beschlüsse des Ausschusses bezüglich der Art. 24 und 26 müssen mit der absoluten Mehrheit sämtlicher Mitglieder des Ausschusses gefaßt werden.

Art. 20. Der Völkerbundsrat trifft im Einvernehmen mit dem Ausschusse die erforderlichen Maßnahmen zur Organisation und Tätigkeit des Ausschusses, um dieser Körperschaft dem vorliegenden Abkommen gemäß volle Unabhängigkeit in der Ausübung ihrer fachlichen Aufgaben zu gewährleisten und durch den Generalsekretär die Tätigkeit der Verwaltungsstellen des Ausschusses zu sichern.

Der Generalsekretär ernennt auf Vorschlag des Zentralausschusses und vorbehaltlich der Genehmigung durch den Völkerbundsrat den Sekretär und das Personal dieses Ausschusses.

Art. 21. Die vertragschließenden Teile vereinbaren, dem in Art. 19 vorgesehenen Ständigen Zentralausschuß alljährlich vor dem 31. Dezember Schätzungen der Menge der einzelnen in dem Abkommen behandelten Stoffe und Zubereitungen zuzustellen, die im Laufe des nächsten Jahres zum inländischen Verbrauch für medizinische, wissenschaftliche und andere Zwecke in ihr Gebiet eingeführt werden sollen.

Diese Zahlen sollen für die beteiligte Regierung nicht bindend sein, sondern dem Zentralausschuß als Anhalt für die Ausübung seiner Obliegenheiten dienen.

Sollte ein Land durch die Verhältnisse genötigt werden, seinen

Voranschlag im Laufe des Jahres zu ändern, so teilt es dem Zentralausschuß die abgeänderten Zahlen mit.

Art. 22. 1. Die vertragschließenden Teile vereinbaren, alljährlich spätestens drei Monate (in dem in Absatz c vorgesehenen Falle fünf Monate) nach Jahresschluß, in der vom Zentralausschuß anzugebenden Weise diesem möglichst vollständige und genaue Statistiken vom Vorjahre zu schicken, die sich erstrecken auf:

a) die Erzeugung von Rohopium und Kokablättern;

b) die Herstellung der in Kapitel III, Art. 4b, c und g dieses Abkommens behandelten Stoffe und die zu ihrer Herstellung verwendeten Rohstoffe; die zur Herstellung anderer in dem Abkommen nicht erwähnter Abkömmlinge verwendeten Mengen solcher Stoffe sind getrennt anzugeben;

c) die Menge der in den Kapiteln II und III dieses Abkommens behandelten Stoffe und Zubereitungen, die von Großhändlern oder vom Staat zum Verbrauch innerhalb des Landes für andere als staatliche Zwecke vorrätig gehalten werden;

d) den nichtstaatlichen Verbrauch von Stoffen und Zubereitungen, die in den Kapiteln II und III dieses Abkommens behandelt sind;

e) die Mengen der in diesem Abkommen behandelten Stoffe und Zubereitungen, die wegen unerlaubter Ein- und Ausfuhr beschlagnahmt worden sind; es ist anzugeben, wie über die beschlagnahmten Stoffe und Zubereitungen verfügt worden ist; auch ist jede sonstige zweckmäßige Auskunft über deren Beschlagnahme und Verwendung zu erteilen.

Die unter a, b, c, d und e vorgesehenen Statistiken werden vom Zentralausschuß den vertragschließenden Teilen bekanntgegeben.

2. Die vertragschließenden Teile vereinbaren, binnen vier Wochen nach Schluß jedes Vierteljahrs für die einzelnen in diesem Abkommen behandelten Stoffe und Zubereitungen dem Zentralausschuß in der von ihm vorzuschreibenden Weise die Statistiken über die Ein- und Ausfuhr der vergangenen drei Monate für jedes Ursprungs- und Bestimmungsland zuzustellen. In Fällen, die vom Ausschuß bestimmt werden können, sind die Statistiken telegraphisch zu übermitteln, ausgenommen, wenn die Mengen unter ein vom Zentralausschuß für jeden Stoff und jede Zubereitung festgesetztes Mindestmaß herabgehen.

3. Bei der Aufstellung der Statistiken gemäß diesem Artikel führen die Regierungen die für den staatlichen Bedarf eingeführten oder gekauften Mengen gesondert an, damit die Mengen ermittelt werden können, die im Lande für allgemeine medizinische und wissenschaftliche Zwecke benötigt werden. Der Zentralausschuß

ist nicht befugt, über die für staatliche Zwecke eingeführten und gekauften Mengen oder über deren Verwendung Fragen zu stellen oder irgendeine Meinung zu äußern.

4. Im Sinne dieses Artikels gelten die Stoffe, die der Staat im Hinblick auf möglichen Verkauf vorrätig hält, einführt oder kauft, nicht als tatsächlich für staatliche Zwecke vorrätig, eingeführt oder gekauft.

Art. 23. Um die dem Zentralausschuß gegebene Auskunft über die endgültige Verwendung des gesamten Weltvorrats an Opium zu vervollständigen, übermitteln die Regierungen der Länder, wo der Gebrauch von zubereitetem Opium zeitweilig gestattet ist, dem Ausschuß in der von ihm vorzuschreibenden Weise außer den im Art. 22 vorgesehenen Statistiken spätestens drei Monate nach Jahresschluß möglichst vollständige und genaue Statistiken vom Vorjahre, betreffend:

1. die Herstellung von zubereitetem Opium und die zu dieser Herstellung verwendeten Rohstoffe;

2. den Verbrauch an zubereitetem Opium.

Der Ausschuß ist wohlverstanden nicht befugt, hinsichtlich dieser Statistiken Fragen zu stellen oder irgendeine Meinung zu äußern, und die Bestimmungen des Art. 24 in bezug auf die im vorliegenden Artikel behandelten Fragen sind nur dann anwendbar, wenn der Ausschuß ein erhebliches Maß von unerlaubtem internationalem Geschäftsverkehr feststellen sollte.

Art. 24. 1. Der Zentralausschuß überwacht ständig die Bewegung des internationalen Marktes. Wenn die ihm zur Verfügung stehenden Auskünfte ihn zu dem Schluß berechtigten, daß ein bestimmtes Land übertriebene Mengen von in diesem Abkommen behandelten Stoffen und Zubereitungen anhäuft und so zum Mittelpunkte eines unerlaubten Handels zu werden droht, ist der Ausschuß berechtigt, durch Vermittlung des Generalsekretärs des Völkerbunds von dem betreffenden Lande Aufklärungen zu verlangen.

2. Ist innerhalb einer angemessenen Frist keine Aufklärung erfolgt oder sind die abgegebenen Erklärungen nicht befriedigend, so ist der Zentralausschuß berechtigt, die Regierungen aller vertragschließenden Teile und den Völkerbundsrat auf diese Tatsache aufmerksam zu machen und zu empfehlen, daß nach dem betreffenden Lande keine weitere Ausfuhr der in diesem Abkommen behandelten Stoffe und Zubereitungen oder irgendeines einzelnen Stoffs oder einer einzelnen Zubereitung stattfindet, bis der Ausschuß bekanntgegeben hat, daß er hinsichtlich der erwähnten Stoffe und Zubereitungen über die Lage in diesem Lande völlig

beruhigt ist. Der Zentralausschuß teilt seine Anempfehlung gleichzeitig der Regierung des betreffenden Landes mit.

3. Das beteiligte Land ist befugt, die Angelegenheit dem Völkerbundsrate vorzulegen.

4. Ist die Regierung irgendeines Ausfuhrlandes nicht geneigt, die Anempfehlung des Zentralausschusses zu befolgen, so ist auch sie befugt, die Angelegenheit dem Völkerbundsrate vorzulegen.

Wenn sie das nicht für angebracht hält, wird sie dem Zentralausschuß unverzüglich mitteilen, daß sie nicht geneigt sei, sich nach der Anempfehlung zu richten, wenn möglich unter Angabe ihrer Gründe.

5. Der Zentralausschuß hat das Recht, einen Bericht über die Angelegenheit zu veröffentlichen und ihn dem Rate zuzustellen, der ihn sodann den Regierungen der vertragschließenden Teile übermitteln wird.

6. Wird in irgendeinem Falle der Beschluß des Zentralausschusses nicht einstimmig gefaßt, so müssen auch die Ansichten der Minderheit dargelegt werden.

7. Jedes Land wird aufgefordert, sich bei Sitzungen des Zentralausschusses vertreten zu lassen, in denen eine Frage behandelt wird, an der es unmittelbar beteiligt ist.

Art. 25. Alle vertragschließenden Teile sind berechtigt, den Ausschuß freundschaftlich auf jede Frage aufmerksam zu machen, deren Untersuchung ihnen erforderlich erscheint. Der vorliegende Artikel darf jedoch nicht so ausgelegt werden, als erweitere er die Befugnisse des Ausschusses.

Art. 26. Hinsichtlich der Länder, die an diesem Abkommen nicht teil haben, kann der Zentralausschuß, falls die ihm vorliegenden Auskünfte ihn zu dem Schluß berechtigten, daß ein bestimmtes Land zum Mittelpunkte des unerlaubten Handels zu werden droht, die im Art. 24 aufgeführten Maßnahmen ergreifen; der Ausschuß hat in solchem Falle die in dem genannten Artikel vorgesehenen Maßnahmen in bezug auf die Benachrichtigung des beteiligten Landes zu treffen.

Die Ziffern 3, 4 und 7 des Art. 24 kommen in solchem Falle zur Anwendung.

Art. 27. Der Zentralausschuß legt dem Völkerbundsrate alljährlich einen Bericht über seine Tätigkeit vor. Dieser Bericht wird veröffentlicht und allen vertragschließenden Teilen bekanntgegeben.

Der Zentralausschuß trifft alle erforderlichen Maßnahmen, um zu verhindern, daß die Voranschläge, Statistiken, Auskünfte und Erklärungen, über die er nach den Artikeln 21, 22, 23, 24, 25 oder

26 dieses Abkommens verfügt, der Öffentlichkeit in einer Weise zugänglich werden, die die Tätigkeit der Spekulanten erleichtern oder dem rechtmäßigen Handel irgendeines der vertragschließenden Teile Abbruch tun könnte.

Kapitel VII.

Allgemeine Bestimmungen.

Art. 28. Jeder der vertragschließenden Teile verpflichtet sich, für Verstöße gegen die Gesetze und Verordnungen über die Anwendung der Bestimmungen dieses Abkommens angemessene Strafen zu verhängen, darunter gegebenenfalls die Einziehung der Stoffe und Zubereitungen, die Gegenstand des Vergehens waren.

Art. 29. Die vertragschließenden Teile werden in wohlwollendem Sinne die Möglichkeit gesetzgeberischer Maßnahmen zur Bestrafung von Handlungen prüfen, die im Bereiche ihrer Rechtsprechung begangen worden sind und den Zweck hatten, bei einer irgendwo außerhalb des Bereichs ihrer Rechtsprechung verübten Handlung zu helfen und mitzuwirken, die einen Verstoß gegen die dort geltenden Gesetze über die in diesem Abkommen behandelten Gegenstände darstellt.

Art. 30. Die vertragschließenden Teile setzen einander, wenn das nicht bereits geschehen ist, durch Vermittlung des Generalsekretärs des Völkerbunds von ihren bestehenden Gesetzen und Verordnungen über die in diesem Abkommen behandelten Stoffe und Zubereitungen in Kenntnis, ebenso von den zu dessen Inkraftsetzung etwa erlassenen Gesetzen und Verordnungen.

Art. 31. Das vorliegende Abkommen ersetzt in den Beziehungen zwischen den vertragschließenden Teilen die Bestimmungen der Kap. I, III und V des Haager Abkommens vom 23. Januar 1912. Diese Bestimmungen bleiben in Kraft zwischen den vertragschließenden Teilen und allen den Staaten, die das Haager Abkommen, aber nicht das vorliegende Abkommen unterzeichnet haben.

Art. 32. 1. Um etwaige Meinungsverschiedenheiten zwischen den vertragschließenden Teilen über die Auslegung oder Ausführung dieses Abkommens, die auf diplomatischem Wege nicht gelöst werden konnten, gütlich zu regeln, können die streitenden Parteien diese Meinungsverschiedenheiten vor jedem gerichtlichen oder schiedsgerichtlichen Schritt dem vom Völkerbundsrate zu diesem Zwecke zu bezeichnenden technischen Organ zur Begutachtung vorlegen.

2. Das Gutachten muß binnen sechs Monaten von dem Tage ab, an dem die Meinungsverschiedenheit dem in Rede stehenden Organ vorgetragen wird, abgegeben werden, wenn die streitenden Parteien nicht in gegenseitigem Einverständnis beschließen, diese Frist zu verlängern. Das technische Organ bestimmt die Frist für die Stellungnahme der Parteien zu seinem Gutachten.

3. Das Gutachten ist für die streitenden Parteien nicht bindend, wenn es nicht von jeder von ihnen angenommen wird.

4. Meinungsverschiedenheiten, die weder unmittelbar noch auf Grund des Gutachtens des vorerwähnten technischen Organs geschlichtet werden konnten, werden auf Antrag einer der streitenden Parteien vor den Ständigen Internationalen Gerichtshof gebracht, wenn die Meinungsverschiedenheit nicht in Anwendung eines bestehenden Abkommens oder einer besonders zu schließenden Vereinbarung durch Schiedsspruch oder auf irgendeine andere Weise geregelt wird.

5. Die Anrufung des Gerichtshofs hat in der im Art. 40 seiner Satzung vorgesehenen Form zu geschehen.

6. Der Beschluß der Parteien, den Streit dem vom Völkerbundsrate bezeichneten technischen Organ zur Begutachtung zu unterbreiten oder ein Schiedsgericht anzurufen, ist dem Generalsekretär des Völkerbunds und durch ihn den übrigen vertragschließenden Teilen zur Kenntnis zu bringen; diese sind berechtigt, in das Verfahren einzugreifen.

7. Die streitenden Parteien sollen jede Frage des internationalen Rechts und jede Frage der Auslegung dieses Abkommens, die während des Verfahrens vor dem technischen Organ oder vor dem Schiedsgericht etwa entstehen sollte, dem Ständigen Internationalen Gerichtshof vorlegen, falls das Organ oder das Schiedsgericht auf Antrag einer der Parteien ausspricht, daß die vorherige Klärung der Frage durch den Gerichtshof zur Schlichtung des Streits unerläßlich ist.

Art. 33. Dieses Abkommen, dessen französischer und englischer Wortlaut in gleicher Weise maßgebend sind, trägt das Datum des heutigen Tages und liegt bis zum 30. September 1925 zur Unterzeichnung aus, und zwar für alle auf der Konferenz, auf der dieses Abkommen ausgearbeitet worden ist, vertretenen Staaten, für alle Mitglieder des Völkerbunds und für alle Staaten, denen der Völkerbundsrat zu diesem Zwecke eine Ausfertigung dieses Abkommens übermittelt hat.

Art. 34. Das vorliegende Abkommen bedarf der Ratifizierung. Die Ratifikationsurkunden werden bei dem Generalsekretär des Völkerbunds hinterlegt, der die Hinterlegung den Mitgliedern des

Völkerbunds, die das Abkommen unterzeichnet haben, sowie den übrigen Signatarstaaten mitteilt.

Art. 35. Nach dem 30. September 1925 kann jeder Staat, der auf der Konferenz, auf der dieses Abkommen ausgearbeitet worden ist, vertreten war und es unterzeichnet hat, jedes Mitglied des Völkerbunds und jeder Staat, dem der Völkerbundsrat zu diesem Zwecke eine Ausfertigung davon übermittelt hat, dem vorliegenden Abkommen beitreten.

Dieser Beitritt geschieht mittels einer Urkunde, die dem Generalsekretär des Völkerbunds zugestellt und in den Archiven des Sekretariats hinterlegt wird. Der Generalsekretär teilt diese Hinterlegung unverzüglich den Mitgliedern des Völkerbunds, die das Abkommen unterzeichnet haben, und den übrigen Signatarstaaten sowie den beigetretenen Staaten mit.

Art. 36. Das vorliegende Abkommen tritt erst in Kraft, wenn es von zehn Mächten ratifiziert worden ist, darunter von sieben der Staaten, die an der Ernennung des Zentralausschusses gemäß Art. 19 beteiligt sind; mindestens zwei von ihnen müssen ständige Mitglieder des Völkerbundsrats sein. Der Tag des Inkrafttretens ist der neunzigste Tag nach dem Eingang der letzten erforderlichen Ratifikation beim Generalsekretär des Völkerbunds. Späterhin tritt das vorliegende Abkommen für jede der Parteien neunzig Tage nach Eingang ihrer Ratifikation oder ihrer Beitrittserklärung in Kraft.

Gemäß den Bestimmungen des Art. 18 der Völkerbundssatzung wird das vorliegende Abkommen am Tage seines Inkrafttretens vom Generalsekretär eingetragen.

Art. 37. Der Generalsekrteär des Völkerbunds führt eine besondere Liste darüber, welche Parteien das vorliegende Abkommen unterzeichnet oder ratifiziert haben, ihm beigetreten sind oder es gekündigt haben. Diese Liste ist den vertragschließenden Teilen und den Mitgliedern des Völkerbunds jederzeit zugänglich und wird gemäß den Weisungen des Völkerbundsrats so oft wie möglich veröffentlicht.

Art. 38. Das vorliegende Abkommen kann durch schriftliche Mitteilung an den Generalsekretär des Völkerbunds gekündigt werden. Die Kündigung tritt ein Jahr nach dem Tage ihres Eingangs beim Generalsekretär in Kraft und gilt nur für den kündigenden Staat.

Der Generalsekretär des Völkerbunds bringt jede ihm zugegangene Kündigung zur Kenntnis aller Mitglieder des Völkerbunds, die das Abkommen unterzeichnet haben oder ihm beigetreten sind, sowie den anderen Staaten, die es unterzeichnet haben oder ihm beigetreten sind.

Art. 39. Jeder Staat, der an dem Abkommen beteiligt ist, kann im Augenblick seiner Unterzeichnung oder im Augenblick der Hinterlegung seiner Ratifikationsurkunde oder seiner Beitrittserklärung kundgeben, daß seine Annahme des vorliegenden Abkommens nicht bindend ist für alle oder für einzelne seiner Schutzgebiete, Kolonien, überseeischen Besitzungen oder solcher überseeischen Gebiete, die seiner Souveränität oder Autorität unterstellt sind oder für die er ein Mandat des Völkerbunds angenommen hat; auch kann er gemäß Art. 35 nachträglich im Namen irgendeines seiner durch eine solche Erklärung ausgeschlossenen Schutzgebiete, Kolonien, überseeischen Besitzungen oder Gebiete dem Abkommen beitreten.

Ebenso kann die Kündigung für jedes Schutzgebiet, jede Kolonie, jede überseeische Besitzung oder jedes überseeische Gebiet getrennt bewirkt werden; für diese Kündigung kommen die Bestimmungen des Art. 38 zur Anwendung.

Convention.

Chapitre I.

Définitions.

Art. 1er. Aux fins de la présente Convention, les Parties contractantes conviennent d'accepter les définitions suivantes:

Opium brut. — Par «opium brut», on entend le suc, coagulé spontanément, obtenu des capsules du pavot somnifère (*Papaver somniferum L.*) et n'ayant subi que les manipulations nécessaires à son empaquetage et à son transport, quelle que soit sa teneur en morphine.

Opium médicinal. — Par «opium médicinal», on entend l'opium qui a subi les préparations nécessaires pour son adaptation à l'usage médical, soit en poudre ou granulé, soit en forme de mélange avec des matières neutres, selon les exigences de la pharmacopée.

Morphine. — Par «morphine», on entend le principal alcaloïde de l'opium ayant la formule chimique $C_{17}H_{19}NO_3$.

Convention.

Chapter I.

Definitions.

Art. 1. The Contracting Parties agree to adopt the following definitions for the purposes of the present Convention:

Raw Opium. — "Raw opium" means the spontaneously coagulated juice obtained from the capsules of the *Papaver somniferum L.*, which has only been submitted to the necessary manipulations for packing and transport, whatever its content of morphine.

Medicinal Opium. — "Medicinal opium" means raw opium which has undergone the processes necessary to adapt it for medicinal use in accordance with the requirements of the national pharmacopœia, whether in powder form or granulated or otherwise or mixed with neutral materials.

Morphine. — "Morphine" means the principal alkaloid of opium having the chemical formula $C_{17}H_{19}NO_3$.

Diacétylmorphine. — Par «diacétylmorphine», on entend la diacétylmorphine (diamorphine, héroïne) ayant la formule $C_{21}H_{23}NO_5$.

Feuille de coca. — Par «feuille de coca», on entend la feuille de l'*Erythroxylon Coca Lamarck*, de l'*Erythroxylon novo-granatense* (Morris) Hieronymus et de leurs variétés, de la famille des erythroxylacées et la feuille d'autres espèces de ce genre dont la cocaïne pourrait être extraite directement ou obtenu par transformation chimique.

Cocaïne brute. — Par «cocaïne brute», on entend tous produits extraits de la feuille de coca qui peuvent, directement ou indirectement, servir à la préparation de la cocaïne.

Cocaïne. — Par «cocaïne», on entend l'éther méthylique de la benzoylecgonine lévogyre ([α] D 20⁰ = — 16⁰4 en solution chloroformique à 20%) ayant la formule $C_{17}H_{21}NO_4$.

Ecgonine. — Par «ecgonine», on entend l'ecgonine lévogyre ([a] D 20⁰ = — 45⁰6 en solution aqueuse à 5%) ayant la formule $C_9H_{15}NO_3 \cdot H_2O$, et tous les dérivés de cette ecgonine qui pourraient servir industriellement à sa régénération.

Chanvre indien. — Par «chanvre indien», on entend la sommité séchée, fleurie ou fructifère, des pieds femelles du *Cannabis sativa L.* de laquelle la résine n'a pas été extraite, sous quelque dénomination qu'elle soit présentée dans le commerce.

Chapitre II.

Contrôle Intérieur de l'opium brut et des feuilles de coca

Art. 2. Les Parties contractantes s'engagent à édicter des lois et règlements, si cela n'a pas encore été fait, pour assurer un contrôle efficace de la production, de la distribution et de l'exportation de l'opium brut; elles s'engagent égale-

Diacetylmorphine. — "Diacetylmorphine" means diacetylmorphine (diamorphine, heroin) having the formula $C_{21}H_{23}NO_5$.

Coca Leaf. — "Coca leaf" means the leaf of the *Erythroxylon Coca Lamarck* and the *Erythroxylon novo-granatense* (Morris) Hieronymus and their varieties, belonging to the family of Erythroxylaceæ and the leaf of other species of this genus from which it may be found possible to extract cocaine either directly or by chemical transformation.

Crude Cocaine. — "Crude cocaine" means any extract of the coca leaf which can be used directly or indirectly for the manufacture of cocaine.

Cocaine. — "Cocaine" means methyl-benzoyl lævo-ecgonine ([α] D 20⁰ = — 16⁰ 4 in 20 per cent solution of chloroform), of which the formula is $C_{17}H_{21}NO_4$.

Ecgonine. — "Ecgonine" means lævo-ecgonine ([a] D 20⁰ = — 45⁰ 6 in 5 per cent solution of water), of which the formula is $C_9H_{15}NO_3 \cdot H_2O$, and all the derivatives of lævo-ecgonine which might serve industrially for its recovery.

Indian Hemp. — "Indian hemp" means the dried flowering or fruiting tops of the pistillate plant *Cannabis sativa L.* from which the resin has not been extracted, under whatever name they may be designated in commerce.

Chapter II.

Internal Control of raw opium and coca leaves.

Art. 2. The Contracting Parties undertake to enact laws and regulations to ensure the effective control of the production, distribution and export of raw opium, unless laws and regulations on the subject are already in existence; they also ment à reviser périodiquement et à renforcer, dans la mesure où cela sera nécessaire, les lois et règlements sur la matière qu'elles auront édictés en vertu de l'article 1er de la Convention de La Haye de 1912 ou de la présente Convention.

Art. 3. Les Parties contractantes limiteront, en tenant compte des différences de leurs conditions commerciales, le nombre des villes, ports ou autres localités par lesquels l'exportation ou l'importation de l'opium brut ou de feuilles de coca sera permise.

Chapitre III.

Contrôle Intérieur des drogues manufacturées.

Art. 4. Les dispositions du présent chapitre s'appliquent aux substances suivantes:

a) A l'opium médicinal;

b) A la cocaïne brute et à l'ecgonine;

c) A la morphine, diacétyl-morphine, cocaïne et leurs sels respectifs;

d) A toutes les préparations officinales et non officinales (y compris les remèdes dits anti-opium) contenant plus de 0,2% de morphine ou plus de 0,1% de cocaïne;

e) A toutes les préparations contenant de la diacétylmorphine;

f) Aux préparations galéniques (extrait et teinture) de chanvre indien;

g) A tout autre stupéfiant auquel la présente Convention peut s'appliquer, conformément à l'article 10.

Art. 5. Les Parties contractantes édicteront des lois ou des règlements efficaces de façon à limiter exclusivement aux usages médicaux et scientifiques la fabrication, l'impartation, la vente, la distribution, l'exportation et l'emploi des substances auxquelles s'applique le présent chapitre. Elles coopéreront entre elles afin d'empêcher l'usage de ces substances pour tout autre objet.

undertake to review periodically, and to strengthen as required, the laws and regulations on the subject which they have enacted in virtue of Article 1 of the Hague Convention of 1912 or of the present Convention.

Art. 3. Due regard being had to the differences in their commercial conditions, the Contracting Parties shall limit the number of towns, ports or other localities through which the export or import of raw opium or coca leaves shall be permitted.

Chapter III.

Internal Control of manufactured drugs.

Art. 4. The provisions of the present Chapter apply to the following substances:

a) Medicinal opium;

b) Crude cocaine and ecgonine;

c) Morphine, diacethylmorphine, cocaine and their respective salts;

d) All preparations officinal and non-officinal (including the so-called anti-opium remedies) containing more than 0,2 per cent of morphine or more than 0,1 per cent of cocaine;

e) All preparations containing diacetylmorphine;

f) Galenical preparations (extract and tincture) of Indian hemp;

g) Any other narcotic drug to which the present Convention may be applied in accordance with Article 10.

Art. 5. The Contracting Parties shall enact effective laws or regulations to limit exclusively to medical and scientific purposes the manufacture, import, sale, distribution, export and use of the substances to which this Chapter applies. They shall co-operate with one another to prevent the use of these substances for any other purposes.

Art. 6. Les Parties contractantes contrôleront tous ceux qui fabriquent, importent, vendent, distribuent ou exportent les substances auxquelles s'applique le présent chapitre, ainsi que les bâtiments où ces personnes exercent cette industrie ou ce commerce.

A cet effet, les Parties contractantes devront:

a) Limiter aux seuls établissements et locaux pour lesquels une autorisation existe à cet effet la fabrication des substances visées par l'article 4b), c), g);

b) Exiger que tous ceux qui fabriquent, importent, vendent, distribuent ou exportent lesdites substances, soient munis d'une autorisation ou d'un permis pour se livrer à ces opérations;

c) Exiger de ces personnes la consignation sur leurs livres des quantités fabriquées, des importations, exportations, ventes et tous autres modes de cession desdites substances. Cette règle ne s'appliquera pas nécessairement aux quantités dispensées par les médecins, non plus qu'aux ventes faites sur ordonnance médicale par des pharmaciens dûment autorisés, si les ordonnances sont, dans chaque cas, dûment conservées par le médecin ou le pharmacien.

Art. 7. Les Parties contractantes prendront des mesures pour prohiber, dans leur commerce intérieur, toute cession à des personnes non autorisées ou toute détention par ces personnes des substances auxquelles s'applique le présent chapitre.

Art. 8. Lorsque le Comité d'hygiène de la Société des Nations, après avoir soumis la question au Comité permanent de l'Office international d'hygiène publique de Paris pour en recevoir avis et rapport, aura constaté que certaines préparations contenant les stupéfiants visés dans le présent chapitre ne peuvent donner lieu à la toxicomanie, en raison de la nature des

Art. 6. The Contracting Parties shall control all persons manufacturing, importing, selling, distributing or exporting the substances to which this Chapter applies, as well as the buildings in which these persons carry on such industry or trade.

With this object, the Contracting Parties shall:

a) Confine the manufacture of the substances referred to in Article 4*b*), *c*) and *g*) to those establishments and premises alone which have been licensed for the purpose.

b) Require that all persons engaged in the manufacture, import, sale, distribution, or export of the said substances shall obtain a licence or permit to engage in these operations;

c) Require that such persons shall enter in their books the quantities manufactured, imports, exports, sales and all other distribution of the said substances. This requirement shall not necessarily apply either to supplies dispensed by medical practitioners or to sales by duly authorised chemists on medical prescriptions, provided in each case that the medical prescriptions are filed and preserved by the medical practitioner or chemist.

Art. 7. The Contracting Parties shall take measures to prohibit, as regards their internal trade, the delivery to or possession by any unauthorised persons of the substances to which this Chapter applies.

Art. 8. In the event of the Health Committee of the League of Nations, after having submitted the question for advice and report to the Permanent Committee of the Office international d'Hygiène publique in Paris, finding that any preparation containing any of the narcotic drugs referred to in the present Chapter cannot give rise to the drug habit on account of the substances médicamenteuses avec lesquelles ces stupéfiants sont associés et qui empêchent de les récupérer pratiquement, le Comité d'hygiène avisera de cette constatation le Conseil de la Société des Nations. Le Conseil communiquera cette constatation aux Parties contractantes, ce qui aura pour effet de soustraire au régime de la présente Convention les préparations en question.

Art. 9. Toute Partie contractante peut autoriser les pharmaciens à délivrer au public, de leur propre chef et à titre de médicaments pour l'usage immédiat en cas d'urgence, les préparations officinales opiacées suivantes: teinture d'opium, laudanum de Sydenham, poudre de Dover; toutefois, la dose maximum qui peut, dans ce cas, être délivrée, ne doit pas contenir plus de 0,25 gr. d'opium officinal, et le pharmacien devra faire figurer dans ses livres, conformément à l'article 6 *c*), les quantités fournies.

Art. 10. Lorsque le Comité d'hygiène de la Société des Nations, après avoir soumis la question au Comité permanent de l'Office international d'hygiène publique de Paris pour en recevoir avis et rapport, aura constaté que tout stupéfiant auquel la présente Convention ne s'applique pas est susceptible de donner lieu à des abus analogues et de produire des effets aussi nuisibles que les substances visées par ce chapitre de la Convention, le Comité d'hygiène informera le Conseil de la Société des Nations et lui recommandera que les dispositions de la présente Convention soient appliquées à cette substance.

Le Conseil de la Société des Nations communiquera cette recommandation aux Parties contractantes. Toute Partie contractante qui accepte la recommandation signifiera son acceptation au Secrétaire général de la Société des Nations, qui en avisera les autres Parties contractantes.

medicaments with which the said drugs are compounded and which in practice preclude the recovery of the said drugs, the Health Committee shall communicate this finding to the Council of the League of Nations. The Council will communicate the finding to the Contracting Parties, and thereupon the provisions of the present Convention will not be applicable to the preparation concerned.

Art. 9. Any Contracting Party may authorise the supply to the public by chemists, at their own discretion, as medicines, for immediate use in urgent cases, of the following opiate officinal preparations: tincture of opium, Sydenham laudanum and Dover powder. The maximum dose, however, which may be supplied in such cases must not contain more than 25 centigrammes of officinal opium, and the chemist must enter in his books the quantities supplied, as provided in Article 6 *c*).

Art. 10. In the event of the Health Committee of the League of Nations, after having submitted the question for advice and report to the Permanent Committee of the Office international d'Hygiène publique in Paris, finding that any narcotic drug to which the present Convention does not apply is liable to similar abuse and productive of similar ill-effects as the substances to which this Chapter of the Convention applies, the Health Committee shall inform the Council of the League accordingly and recommend that the provisions of the present Convention shall be applied to such drug.

The Council of the League shall communicate the said recommendation to the Contracting Parties. Any Contracting Party which is prepared to accept the recommendation shall notify the Secretary-General of the League, who will inform the other Contracting Parties.

Les dispositions de la présente Convention deviendront immédiatement applicables à la substance en question dans les relations entre les Parties contractantes qui auront accepté la recommandation visée par les paragraphes précédents.

The provisions of the present Convention shall thereupon apply to the substance in question as between the Contracting Parties who have accepted the recommendation referred to above.

Chapitre IV.

Chanvre indien.

Art. 11. 1° En addition aux dispositions du chapitre V de la présente Convention, qui s'appliqueront au chanvre indien et à la résine qui en est extraite, les Parties contractantes s'engagent:

a) A interdire l'exportation de la résine obtenue du chanvre indien et les préparations usuelles dont la résine est la base (telles que hachich, esrar, chira et djamba) à destination de pays qui en ont interdit l'usage et, lorsque l'exportation en est autorisée, à exiger la production d'un certificat d'importation spécial délivré par le gouvernement du pays importateur et attestant que l'importation est approuvée pour les fins spécifiées dans le certificat et que la résine ou les dites préparations ne seront pas réexportées;

b) A exiger, avant de délivrer, pour du chanvre indien, le permis d'exportation visé à l'article 13 de la présente Convention, la production d'un certificat d'importation spécial délivré par le gouvernement du pays importateur et attestant que l'importation est approuvée et est destinée exclusivement à des usages médicaux ou scientifiques;

2° Les Parties contractantes exerceront un contrôle efficace de nature à empêcher le trafic international illicite du chanvre indien et, en particulier, de la résine.

Chapter IV.

Indian hemp.

Art. 11. 1. In addition to the provisions of Chapter V of the present Convention, which shall apply to Indian hemp and the resin prepared from it, the Contracting Parties undertake:

a) To prohibit the export of the resin obtained from Indian hemp and the ordinary preparations of which the resin forms the base (such as hashish, esrar, chiras, djamba) to countries which have prohibited their use, and, in cases where export is permitted, to require the production of a special import certificate issued by the Government of the importing country stating that the importation is approved for the purposes specified in the certificate and that the resin or preparations will not be re-exported;

b) Before issuing an export authorisation under Article 13 of the present Convention, in respect of Indian hemp, to require the production of a special import certificate issued by the Government of the importing country and stating that the importation is approved and is required exclusively for medical or scientific purposes.

2. The Contracting Parties shall exercise an effective control of such a nature as to prevent the illicit international traffic in Indian hemp and especially in the resin.

Chapitre V.

Contrôle du commerce international.

Art. 12. Chaque Partie contractante exigera qu'une autorisation

Chapter V.

Control of international trade.

Art. 12. Each Contracting Party shall require a separate import d'importation distincte soit obtenue pour chaque importation de l'une quelconque des substances auxquelles s'applique la présente Convention. Cette autorisation indiquera la quantité à importer, le nom et l'adresse de l'importateur, ainsi que le nom et l'adresse de l'exportateur.

L'autorisation d'importation spécifiera le délai dans lequel devra être effectuée l'importation; elle pourra admettre l'importation en plusieurs envois.

Art. 13. 1⁰ Chaque Partie contractante exigera qu'une autorisation d'exportation distincte soit obtenue pour chaque exportation de l'une quelconque des substances auxquelles s'applique la présente Convention. Cette autorisation indiquera la quantité à exporter, le nom et l'adresse de l'exportateur, ainsi que le nom et l'adresse de l'importateur.

2⁰ La Partie contractante exigera, avant de délivrer cette autorisation d'exportation, qu'un certificat d'importation, délivré par le gouvernement du pays importateur et attestant que l'importation est approuvée, soit produit par la personne ou la maison qui demande l'autorisation d'exportation.

Chaque Partie contractante s'engage à adopter, dans la mesure du possible, le certificat d'importation dont le modèle est annexé à la présente Convention.

3⁰ L'autorisation d'exportation spécifiera le délai dans lequel doit être effectuée l'exportation et mentionnera le numéro et la date du certificat d'importation, ainsi que l'autorité qui l'a délivré.

4⁰ Une copie de l'autorisation d'exportation accompagnera l'envoi et le gouvernement qui délivre l'autorisation d'exportation en enverra copie au gouvernement du pays importateur.

authorisation to be obtained for each importation of any of the substances to which the present Convention applies. Such authorisation shall state the quantity to be imported, the name and address of the importer and the name and address of the exporter.

The import authorisation shall specify the period within which the importation must be effected and may allow the importation in more than one consignment.

Art. 13. 1. Each Contracting Party shall require a separate export authorisation to be obtained for each exportation of any of the substances to which the present Convention applies. Such authorisation shall state the quantity to be exported, the name and address of the exporter and the name and address of the importer.

2. The Contracting Party, before issuing such export authorisation, shall require an import certificate, issued by the Government of the importing country and certifying that the importation is approved, to be produced by the person or establishment applying for the export authorisation.

Each Contracting Party agrees to adopt, so far as possible, the form of import certificate annexed to the present Convention.

3. The export authorisation shall specify the period within which the exportation must be effected, and shall state the number and date of the import certificate and the authority by whom it has been issued.

4. A copy of the export authorisation shall accompany the consignment, and the Government issuing the export authorisation shall send a copy to the Government of the importing country.

5⁰ Lorsque l'importation aura été effectuée, ou lorsque le délai fixé pour l'importation sera expiré, le gouvernement du pays importateur renverra l'autorisation d'exportation endossée à cet effet au gouvernement du pays exportateur. L'endos spécifiera la quantité effectivement importée.

6⁰ Si la quantité effectivement exportée est inférieure à celle qui est spécifiée dans l'autorisation d'exportation, mention de cette quantité sera faite par les autorités compétentes sur l'autorisation d'exportation et sur toute copie officielle de cette autorisation.

7⁰ Si la demande d'exportation concerne un envoi destiné à être déposé dans un entrepôt de douane du pays importateur, l'autorité compétente du pays exportateur pourra accepter, au lieu du certificat d'importation prévu ci-dessus, un certificat spécial par lequel l'autorité compétente du pays importateur attestera qu'elle approuve l'importation de l'envoi dans les conditions susmentionnées. En pareil cas, l'autorisation d'exportation précisera que l'envoi est exporté pour être déposé dans un entrepôt de douane.

Art. 14. En vue d'assurer dans les ports-francs et dans les zones franches l'application et l'exécution intégrale des dispositions de la présente Convention, les Parties contractantes s'engagent à appliquer les lois et règlements en vigueur dans le pays, aux ports-francs et aux zones franches situés sur leurs territoires et à y exercer la même surveillance et le même contrôle que dans les autres parties de leurs territoires, en ce qui concerne les substances visées par ladite Convention.

Toutefois, cet article n'empêche pas une des Parties contractantes

5. The Government of the importing country, when the importation has been effected, or when the period fixed for the importation has expired, shall return the export authorisation, with an endorsement to that effect, to the Government of the exporting country. The endorsement shall specify the amount actually imported.

6. If a less quantity than that specified in the export authorisation is actually exported, the quantity actually exported shall be noted by the competent authorities on the export authorisation and on any official copy thereof.

7. In the case of an application to export a consignment to any country for the purpose of being placed in a bonded warehouse in that country, a special certificate from the Government of that country, certifying that it has approved the introduction of the consignment for the said purpose, may be accepted by the Government of the exporting country in place of the import certificate provided for above. In such a case, the export authorisation shall specify that the consigment is exported for the purpose of being placed in a bonded warehouse.

Art. 14. For the purpose of ensuring the full application and enforcement of the provisions of the present Convention in free ports and free zones, the Contracting Parties undertake to apply in free ports and free zones situated within their territories the same laws and regulations, and to exercise therein the same supervision and control, in respect of the substances covered by the said Convention, as in other parts of their territories.

This Article does not, however, prevent any Contracting Party d'appliquer aux dites substances des dispositions plus énergiques dans les ports-francs et les zones franches que dans les autres parties de son territoire.

Art. 15. 1⁰ Aucun envoi de l'une quelconque des substances visées par la présente Convention, si cet envoi est exporté d'un pays à destination d'un autre pays, ne sera autorisé à traverser un troisième pays — que cet envoi soit, ou non, transbordé du navire ou du véhicule utilisé — à moins que la copie de l'autorisation d'exportation (ou le certificat de déroutement, si ce certificat a été délivré conformément au paragraphe suivant) qui accompagne l'envoi ne soit soumis aux autorités compétentes de ce pays.

2⁰ Les autorités compétentes d'un pays par lequel un envoi de l'une quelconque des substances visées par la présente Convention est autorisé à passer prendront toutes les mesures nécessaires pour empêcher le déroutement dudit envoi vers une destination autre que celle qui figure sur la copie de l'autorisation d'exportation (ou sur le certificat de déroutement) qui accompagne cet envoi, à moins que le gouvernement de ce pays n'ait autorisé ce déroutement au moyen d'un certificat spécial de déroutement. Un certificat de déroutement ne sera délivré qu'après réception d'un certificat d'importation, conformément aux dispositions de l'article 13, et émanant du gouvernement du pays à destination duquel on se propose de dérouter ledit envoi; ce certificat contiendra les mêmes renseignements que ceux qui, selon l'article 13, doivent être mentionnés dans l'autorisation d'exportation, ainsi que le nom du pays d'où cet envoi a été primitivement exporté. Toutes les dispositions de l'article 13 qui sont applicables à une autorisation d'exportation s'appliqueront également aux certificats de déroutement.

from applying, in respect of the said substances, more drastic provisions in its free ports and free zones than in other parts of its territories.

Art. 15. 1. No consignment of any of the substances covered by the present Convention which is exported from one country to another country shall be permitted to pass through a third country, whether or not it is removed from the ship or conveyance in which it is being conveyed, unless the copy of the export authorisation (or the diversion certificate, if such a certificate has been issued in pursuance of the following paragraph) which accompanies the consignment is produced to the competent authorities of that country.

2. The competent authorities of any country through which a consignment of any of the substances covered by the present Convention is permitted to pass shall take all due measures to prevent the diversion of the consignment to a destination other than that named in the copy of the export authorisation (or the diversion certificate) which accompanies it, unless the Government of that country has authorised that diversion by means of a special diversion certificate. A diversion certificate shall only be issued after the receipt of an import certificate, in accordance with Article 13, from the Government of the country to which it is proposed to divert the consignment, and shall contain the same particulars as are required by Article 13 to be stated in an export authorisation, together with the name of the country from which the consignment was originally exported. All the provisions of Article 13 which are applicable to an export authorisation shall be applicable equally to the diversion certificate.

En outre, le gouvernement du pays autorisant le déroutement de l'envoi devra conserver la copie de l'autorisation primitive d'exportation (ou le certificat de déroutement) qui accompagnait ledit envoi au moment de son arrivée sur le territoire dudit pays et le retourner au gouvernement qui l'a délivré en notifiant en même temps à celui-ci le nom du pays à destination duquel le déroutement a été autorisé.

3° Dans les cas où le transport est effectué par la voie aérienne, les dispositions précédentes du présent article ne seront pas applicables si l'aéronef survole le territoire du tiers pays sans atterrir. Si l'aéronef atterrit sur le territoire dudit pays, lesdites dispositions seront appliquées dans la mesure où les circonstances le permettront.

4° Les alinéas 1 à 3 du présent article ne préjudicient pas aux dispositions de tout accord international limitant le contrôle qui peut être exercé par l'une des Parties contractantes sur les substances visées par la présente Convention, lorsqu'elles seront expédiées en transit direct.

5° Les dispositions du présent article ne s'appliqueront pas au transport de substances par la poste.

Art. 16. Si un envoi de l'une des substances visées par la présente Convention, est débarqué sur le territoire d'une Partie contractante et déposé dans un entrepôt de douane, il ne pourra être retiré de cet entrepôt sans qu'un certificat d'importation, délivré par le gouvernement du pays de destination et certifiant que l'importation est approuvée, soit présenté à l'autorité dont dépend l'entrepôt de douane. Une autorisation spéciale sera délivrée par cette autorité, pour chaque envoi ainsi retiré, et remplacera l'autorisation d'exportation visée aux articles, 13, 14 et 15.

Further, the Government of the country authorising the diversion of the consignment shall detain the copy of the original export authorisation (or diversion, certificate) which accompanied the consignment on arrival in its territory, and shall return it to the Government which issued it, at the same time notifying the name of the country to which the diversion has been authorised.

3. In cases where the transport is being effected by air, the preceding provisions of this Article shall not be applicable if the aircraft passes over the territory of the third country without landing. If the aircraft lands in the territory of the said country, the said provisions shall be applied so far as the circumstances permit.

4. Paragraphs 1 to 3 of this Article are without prejudice to the provisions of any international agreement which limits the control which may be exercised by any of the Contracting Parties over the substances to which the present Convention applies when in direct transit.

5. The provisions of this Article shall not apply to transport of the substances by post.

Art. 16. A consignment of any of the substances covered by the present Convention which is landed in the territory of any Contracting Party and placed in a bonded warehouse shall not be withdrawn from the bonded warehouse unless an import certificate, issued by the Government of the country of destination and certifying that the importation is approved, is produced to the authorities having jurisdiction over the bonded warehouse. A special authorisation shall be issued by the said authorities in respect of each consignment so withdrawn and shall take the place of the export authorisation for the purpose of Articles 13, 14 and 15 above.

Art. 17. Lorsque les substances visées par la présente Convention traverseront en transit les territoires d'une Partie contractante, ou y seront déposées en entrepôt de douane, elles ne pourront être soumises à aucune opération qui modifierait, soit leur nature, soit, sauf permission de l'autorité compétente, leur emballage.

Art. 18. Si l'une des Parties contractantes estime impossible de faire application de l'une quelconque des dispositions du présent chapitre à son commerce avec un autre pays, en raison du fait que ce dernier n'est pas partie à la présente Convention, cette Partie contractante ne sera obligée d'appliquer les dispositions du présent chapitre que dans la mesure où les circonstances le permettent.

Art. 17. No consignment of the substances covered by the present Convention while passing in transit through the territories of any Contracting Party or whilst being stored there in a bonded warehouse may be subjected to any process which would alter the nature of the substances in question or, without the permission of the competent authorities, the packing.

Art. 18. If any Contracting Party finds it impossible to apply any provision of this Chapter to trade with another country by reason of the fact that such country is not a party to the present Convention, such Contracting Party will only be bound to apply the provisions of this Chapter so far as the circumstances permit.

Chapitre VI.

Comité central permanent.

Art. 19. Un Comité central permanent sera nommé, dans les trois mois qui suivront l'entrée en vigueur de la présente Convention.

Le Comité central comprendra huit personnes qui, par leur compétence technique, leur impartialité et leur indépendance inspireront une confiance universelle.

Les membres du Comité central seront nommés par le Conseil de la Société des Nations.

Les Etats-Unis d'Amérique et l'Allemagne seront invités à désigner chacun une personne pour participer à ces nominations.

En procédant à ces nominations, on prendra en considération l'importance qu'il y a à faire figurer dans le Comité central, en proportion équitable, des personnes ayant une connaissance de la question des stupéfiants, dans les pays producteurs et manufacturiers, d'une part, et dans les pays consommateurs, d'autre part, et appartenant à ces pays.

Chapter VI.

Permanent Central Board.

Art. 19. A Permanent Central Board shall be appointed, within three months from the coming into force of the present Convention.

The Central Board shall consist of eight persons who, by their technical competence, impartiality and disinterestedness, will command general confidence.

The members of the Central Board shall be appointed by the Council of the League of Nations.

The United States of America and Germany shall be invited each to nominate one person to participate in these appointments.

In making the appointments, consideration shall be given to the importance of including on the Central Board, in equitable proportion, persons possessing a knowledge of the drug situation, both in the producing and manufacturing countries on the one hand and in the consuming countries on the other hand, and connected with such countries.

Les membres du Comité central n'exerceront pas des fonctions qui les mettent dans une position de dépendance directe de leurs gouvernements.

Les membres du Comité excerceront un mandat d'une durée de cinq ans et seront rééligibles.

Le Comité élira son président et fixera son règlement intérieur.

Le quorum fixé pour les réunions du Comité sera de quatre membres.

Les décisions du Comité relatives aux articles 24 et 26 devront être prises à la majorité absolue de tous les membres du Comité.

Art. 20. Le Conseil de la Société des Nations, d'accord avec le Comité, prendra les dispositions nécessaires pour l'organisation et le fonctionnement du Comité, en vue de garantir la pleine indépendance de cet organisme dans l'exécution de ses fonctions techniques, conformément à la présente Convention, et d'assurer, par le Secrétaire général, le fonctionnement des services administratifs du Comité.

Le Secrétaire général nommera le secrétaire et les fonctionnaires du Comité central, sur la désignation dudit Comité et sous réserve de l'approbation du Conseil.

Art. 21. Les Parties contractantes conviennent d'envoyer chaque année, avant le 31 décembre, au Comité central permanent prévu à l'article 19, les évaluations des quantités de chacune des substances visées par la Convention à importer sur leurs territoires, en vue de leur consommation intérieure au cours de l'année suivante pour des fins médicales, scientifiques et autres.

Ces chiffres ne doivent pas être considérés comme ayant, pour le gouvernement intéressé, un caractère obligatoire, mais seront donnés au Comité central à titre d'indication pour l'exercice de son mandat.

The members of the Central Board shall not hold any office which puts them in a position of direct dependence on their Governments.

The members shall be appointed for a term of five years, and they will be eligible for re-appointment.

The Central Board shall elect its own President and shall settle its rules of procedure.

At meetings of the Board, four members shall form a quorum.

The decisions of the Board relative to Articles 24 and 26 shall be taken by an absolute majority of the whole number of the Board.

Art. 20. The Council of the League of Nations shall, in consultation with the Board, make the necessary arrangements for the organisation and working of the Board, with the object of assuring the full technical independence of the Board in carrying out its duties under the present Convention, while providing for the control of the staff in administrative matters by the Secretary-General.

The Secretary-General shall appoint the secretary and staff of the Board on the nomination of the Board and subject to the approval of the Council.

Art. 21. The Contracting Parties agree to send in annually before December 31st, to the Permanent Central Board set up under Article 19, estimates of the quantities of each of the substances covered by the Convention to be imported into their territory for internal consumption during the following year for medical, scientific and other purposes.

These estimates are not to be regarded as binding on the Government concerned, but will be for the purpose of serving as a guide to the Central Board in the discharge of its duties.

Dans le cas où des circonstances obligeraient un pays à modifier, au cours de l'année, ses évaluations, ce pays communiquera au Comité central les chiffres revisés.

Art. 22. 1º Les Parties contractantes conviennent d'envoyer chaque année au Comité central, trois mois (dans les cas prévus au paragraphe *c*): cinq mois) au plus tard après la fin de l'année, et de la manière qui sera indiquée par le Comité, des statistiques aussi complètes et exactes que possible, relatives à l'année précédente:

a) De la production d'opium brut et de feuilles de coca;

b) De la fabrication des substances visées au chapitre III, article 4 *b*), *c*), *g*), de la présente Convention et des matières premières employées pour cette fabrication. La quantité de ces substances, employée à la fabrication d'autres dérivés non visés par la Convention, sera déclarée séparément;

c) Des stocks de substances visées par les chapitres II et III de la présente Convention, détenus par les négociants en gros ou par l'Etat, en vue de la consommation dans le pays, pour des besoins autres que les besoins de l'Etat;

d) De la consommation, en dehors des besoins de l'Etat, des substances visées aux chapitres II et III de la présente Convention;

e) Des quantités des substances visées par la présente Convention qui auront été confisquées à la suite d'importations et d'exportations illicites; ces statistiques indiqueront la manière dont on aura disposé des substances confisquées, ainsi que tous autres renseignements utiles relatifs à la confiscation et à l'emploi fait des substances confisquées.

Les statistiques visées *sub litteris* *a*, *b*, *c*, *d*, *e*, seront communiquées par le Comité central aux Parties contractantes.

Should circumstances make it necessary for any country, in the course of the year, to modify its estimates, the country in question shall communicate the revised figures to the Central Board.

Art. 22. 1. The Contracting Parties agree to send annually to the Central Board, in a manner to be indicated by the Board, within three (in the case of paragraph (*c*), five) months after the end of the year, as complete and accurate statistics as possible relative to the preceding year, showing:

a) Production of raw opium and coca leaves;

b) Manufacture of the substances covered by Chapter III, Article 4 *b*), *c*) and *g*) of the present Convention and the raw material used for such manufacture. The amount of such substances used for the manufacture of other derivatives not covered by the Convention shall be separately stated;

c) Stocks of the substances covered by Chapters II and III of the present Convention in the hands of wholesalers or held by the Government for consumption in the country for other than Government purposes;

d) Consumption, other than for Government purposes, of the substances covered by Chapters II and III of the present Convention;

e) Amounts of each of the substances covered by the present Convention which have been confiscated on account of illicit import or export; the manner in which the confiscated substances have been disposed of shall be stated, together with such other information as may be useful in regard to such confiscation and disposal.

The statistics referred to in paragraphs *a*) to *e*) above shall be communicated by the Central Board to the Contracting Parties.

2° Les Parties contractantes conviennent d'envoyer au Comité central, de la manière qui sera prescrite par celui-ci, dans les quatre semaines qui suivront la fin de chaque période de trois mois, et pour chacune des substances visées par la présente Convention, les statistiques de leurs importations et de leurs exportations, en provenance et à destination de chaque pays au cours des trois mois précédents. Ces statistiques seront, dans les cas qui pourront être déterminés par le Comité, envoyées par télégramme, sauf si les quantités descendent au-dessous d'un minimum qui sera fixé pour chaque substance par le Comité central.

3° En fournissant les statistiques, conformément au présent article, les gouvernements indiqueront séparément les quantités importées ou achetées en vue des besoins de l'Etat, afin qu'il soit possible de déterminer les quantités requises dans le pays pour les besoins généraux de la médecine et de la science. Le Comité central n'aura aucun pouvoir de poser des questions ou d'exprimer une opinion quelconque quant aux quantités importées ou achetées en vue des besoins de l'Etat ou quant à l'usage qui en sera fait.

4° Au sens du présent article, les substances détenues, importées ou achetées par l'Etat en vue d'une vente éventuelle, ne sont pas considérées comme véritablement détenues, importées ou achetées pour les besoins de l'Etat.

Art. 23. Afin de compléter les renseignements fournis au Comité central au sujet de l'affectation définitive donnée à la quantité totale d'opium existant dans le monde entier, les gouvernements des pays où l'usage de l'opium préparé est temporairement autorisé fourniront chaque année au Comité, de la manière qui sera prescrite par celui-ci, outre les statistiques prévues à l'article 22, trois mois au

2. The Contracting Parties agree to forward to the Central Board, in a manner to be prescribed by the Board, within four weeks after the end of each period of three months, the statistics of their imports from and exports to each country of each of the substances covered by the present Convention during the preceding three months. These statistics will, in such cases as may be prescribed by the Board, be sent by telegram, except when the quantities fall below a minimum amount which shall be fixed in the case of each substance by the Board.

3. In furnishing the statistics in pursuance of this Article, the Governments shall state separately the amounts imported or purchased for Government purposes, in order to enable the amounts required in the country for general medical and scientific purposes to be ascertained. It shall not be within the competence of the Central Board to question or to express any opinion on the amounts imported or purchased for Government purposes or the use thereof.

4. For the purposes of this Article, substances which are held, imported, or purchased by the Government for eventual sale are not regarded as held, imported or purchased for Government purposes.

Art. 23. In order to complete the information of the Board as to the disposal of the world's supply of raw opium, the Governments of the countries where the use of prepared opium is temporarily authorised shall, in a manner to be prescribed by the Board, in addition to the statistics provided for in Article 22, forward annually to the Board, within three months after the end of the year, plus après la fin de l'année, des statistiques aussi complètes et exactes que possible, relatives à l'année précédente:

1° De la fabrication d'opium préparé et des matières premières employées à cette fabrication;

2° De la consommation d'opium préparé.

Il est entendu que le Comité n'aura aucun pouvoir de poser des questions ou d'exprimer une opinion quelconque au sujet de ces statistiques et que les dispositions de l'article 24 ne seront pas applicables en ce qui touche aux questions visées par le présent article, sauf si le Comité vient à constater l'existence, dans une mesure appréciable, de transactions internationales illicites.

Art. 24. 1° Le Comité central surveillera d'une façon constante le mouvement du marché international. Si les renseignements dont il dispose le portent à conclure qu'un pays donné accumule des quantités exagérées d'une substance visée par la présente Convention et risque ainsi de devenir un centre de trafic illicite, il aura le droit de demander des explications au pays en question par l'entremise du Secrétaire général de la Société des Nations.

2° S'il n'est fourni aucune explication dans un délai raisonnable, ou si les explications données ne sont pas satisfaisantes, le Comité central aura le droit d'attirer, sur ce point, l'attention des gouvernements de toutes les Parties contractantes ainsi que celle du Conseil de la Société des Nations, et de recommander qu'aucune nouvelle exportation des substances auxquelles s'applique la présente Convention, ou de l'une quelconque d'entre elles, ne soit effectuée, à destination du pays en question, jusqu'à ce que le Comité ait signalé qu'il a obtenu tous les

as complete and accurate statistics as possible relative to the preceding year showing:

1. The manufacture of prepared opium, and the raw material used for such manufacture;

2. The consumption of prepared opium.

It is understood that it shall not be within the competence of the Board to question or to express any opinion upon these statistics, and that the provisions of Article 24 are not applicable to the matters dealt with in this Article, except in cases where the Board may find that illicit international transactions are taking place on an appreciable scale.

Art. 24. 1. The Central Board shall continuously watch the course of the international trade. If the information at its disposal leads the Board to conclude that excessive quantities of any substance covered by the present Convention are accumulating in any country, or that there is a danger of that country becoming a centre of the illicit traffic, the Board shall have the right to ask, through the Secretary-General of the League, for explanations from the country in question.

2. If no explanation is given within a reasonable time or the explanation is unsatisfactory, the Central Board shall have the right to call the attention of the Governments of all the Contracting Parties and of the Council of the League of Nations to the matter, and to recommend that no further exports of the substances covered by the present Convention or any of them shall be made to the country concerned until the Board reports that it is satisfied as to the situation in that country in regard to the said substances. The Board shall at the same time notify the

apaisements quant à la situation dans ce pays en ce qui concerne lesdites substances. Le Comité central notifiera en même temps au gouvernement du pays intéressé la recommandation qu'il a faite.

3⁰ Le pays intéressé pourra porter la question devant le Conseil de la Société des Nations.

4⁰ Tout gouvernement d'un pays exportateur qui ne sera pas disposé à agir selon la recommandation du Comité central pourra également porter la question devant le Conseil de la Société des Nations.

S'il ne croit pas devoir le faire, il informera immédiatement le Comité central qu'il n'est pas disposé à se conformer à la recommandation du Conseil, en donnant, si possible, ses raisons.

5⁰ Le Comité central aura le droit de publier un rapport sur la question et de le communiquer au Conseil, qui le transmettra aux gouvernements des Parties contractantes.

6⁰ Si, dans un cas quelconque, la décision du Comité central n'est pas prise à l'unanimité, les avis de la minorité devront également être exposés.

7⁰ Tout pays sera invité à se faire représenter aux séances du Comité central au cours desquelles est examinée une question l'intéressant directement.

Art. 25. Toutes les Parties contractantes auront le droit, à titre amical, d'appeler l'attention du Comité sur toute question qui leur paraîtra nécessiter un examen. Toutefois, le présent article ne pourra être interprété comme étendant les pouvoirs du Comité.

Art. 26. En ce qui concerne les pays qui ne sont pas parties à la présente Convention, le Comité central pourra prendre les mesures spécifiées à l'article 24 dans le cas où les renseignements dont il dispose le portent à conclure qu'un pays donné risque de devenir un centre de trafic illicite; dans ce cas,

Government of the country concerned of the recommendation made by it.

3. The country concerned shall be entitled to bring the matter before the Council of the League.

4. The Government of any exporting country which is not prepared to act on the recommendation of the Central Board shall also be entitled to bring the matter before the Council of the League.

If it does not do so, it shall immediately inform the Board that it is not prepared to act on the recommendation, explaining, if possible, why it is not prepared to do so.

5. The Central Board shall have the right to publish a report on the matter and communicate it to the Council, which shall thereupon forward it to the Governments of all the Contracting Parties.

6. If in any case the decision of the Central Board is not unanimous, the views of the minority shall also be stated.

7. Any country shall be invited to be represented at a meeting of the Central Board at which a question directly interesting it is considered.

Art. 25. It shall be the friendly right of any of the Contracting Parties to draw the attention of the Board to any matter which appears to it to require investigation, provided that this Article shall not be construed as in any way extending the powers of the Board.

Art. 26. In the case of a country which is not a party to the present Convention, the Central Board may take the same measures as are specified in Article 24, if the information at the disposal of the Board leads it to conclude that there is a danger of the country becoming a centre of the illicit le Comité prendra les mesures indiquées dans l'article en question en ce qui concerne la notification au pays intéressé.

Les alinéas 3, 4 et 7 de l'article 24 s'appliqueront dans ce cas.

Art. 27. Le Comité central présentera chaque année au Conseil de la Société des Nations un rapport sur ses travaux. Ce rapport sera publié et communiqué à toutes les Parties contractantes.

Le Comité central prendra toutes les mesures nécessaires pour que les évaluations, statistiques, renseignements et explications dont il dispose, conformément aux articles 21, 22, 23, 24, 25 ou 26 de la présente Convention, ne soient pas rendus publics d'une manière qui pourrait faciliter les opérations des spéculateurs ou porter atteinte au commerce légitime de l'une quelconque des Parties contractantes.

traffic; in that case the Board shall take the action indicated in the said Article as regards notification to the country concerned.

Paragraphs 3, 4 and 7 of Article 24 shall apply in any such case.

Art. 27. The Central Board shall present an annual report on its work to the Council of the League. This report shall be published and communicated to all the Contracting Parties.

The Central Board shall take all necessary measures to ensure that the estimates, statistics, informations and explanations which it receives under Articles 21, 22, 23, 24, 25 or 26 of the present Convention shall not be made public in such a manner as to facilitate the operations of speculators or injure the legitimate commerce of any Contracting Party.

Chapitre VII.

Dispositions générales.

Art. 28. Chacune des Parties contractantes s'engage à rendre passibles de sanctions pénales adéquates, y compris, le cas échéant, la confiscation des substances, objet du délit, les infractions aux lois et règlements relatifs à l'application des dispositions de la présente Convention.

Art. 29. Les Parties contractantes examineront dans l'esprit le plus favorable la possibilité de prendre des mesures législatives pour punir des actes commis dans le ressort de leur juridiction en vue d'aider ou d'assister à la perpétration, en tout lieu situé hors de leur juridiction, d'un acte constituant une infraction aux lois en vigueur en ce lieu et ayant trait aux objets visés par la présente Convention.

Art. 30. Les Parties contractantes se communiqueront, par l'inter-

Chapter VII.

General provisions

Art. 28. Each of the Contracting Parties agrees that breaches of its laws or regulations by which the provisions of the present Convention are enforced shall be punishable by adequate penalties, including in appropriate cases the confiscation of the substances concerned.

Art. 29. The Contracting Parties will examine in the most favourable spirit the possibility of taking legislative measures to render punishable acts committed within their jurisdiction for the purpose of procuring or assisting the commission in any place outside their jurisdiction of any act which constitutes an offence against the laws of that place relating to the matters dealt with in the present Convention.

Art. 30. The Contracting Parties shall communicate to one another, médiaire du Secrétaire général de la Société des Nations, si elles ne l'ont déjà fait, leurs lois et règlements concernant les matières visées par la présente Convention, de même que les lois et règlements qui seraient promulgués pour la mettre en vigueur.

through the Secretary-General of the League of Nations, their existing laws and regulations respecting the matters referred to in the present Convention, so far as this has not already been done, as well as those promulgated in order to give effect to the said Convention.

Art. 31. La présente Convention remplace, entre les Parties contractantes, les dispositions des chapitres I, III et V de la Convention signée à La Haye le 23 janvier 1912. Ces dispositions resteront en vigueur entre les Parties contractantes et tout Etat partie à la Convention de La Haye, et qui ne serait pas partie à la présente Convention.

Art. 31. The present Convention replaces, as between the Contracting Parties, the provisions of Chapters I, III and V of the Convention signed at The Hague on January 23rd, 1912, which provisions remain in force as between the Contracting Parties and any States Parties to the said Convention which are not Parties to the present Convention.

Art. 32. 1⁰ Afin de régler, autant que possible, à l'amiable les différends qui s'élèveraient entre les Parties contractantes au sujet de l'interprétation ou de l'exécution de la présente Convention et qui n'auraient pu être résolus par la voie diplomatique, les Parties en litige pourront, préalablement à toute procédure judiciaire ou arbitrale, soumettre ces différends, pour avis consultatif, à l'organisme technique que le Conseil de la Société des Nations désignerait à cet effet.

Art. 32. 1. In order as far as possible to settle in a friendly manner disputes arising between the Contracting Parties in regard to the interpretation or application of the present Convention which they have not been able to settle through diplomatic channels, the parties to such a dispute may, before resorting to any procedings for judicial settlement or arbitration, submit the dispute for an advisory opinion to such technical body as the Council of the League of Nations may appoint for this purpose.

2⁰ L'avis consultatif devra être formulé dans les six mois à compter du jour où l'organisme dont il s'agit aura été saisi du différend, à moins que, d'un commun accord, les Parties en litige ne décident de proroger ce délai. Cet organisme fixera le délai dans lequel les Parties auront à se prononcer à l'égard de son avis.

2. The advisory opinion shall be given within six months commencing from the day on which the dispute has been submitted to the technical body, unless this period is prolonged by mutual agreement between the parties to the dispute. The technical body shall fix the period within which the parties are to decide whether they will accept the advisory opinion given by it.

3⁰ L'avis consultatif ne liera pas les Parties en litige, à moins qu'il ne soit accepté par chacune d'elle.

3. The advisory opinion shall not be binding upon the parties to the dispute unless it is accepted by each of them.

4⁰ Les différends qui n'auraient pu être réglés ni directement, ni, le cas échéant, sur la base de l'avis

4. Disputes which it has not been found possible to settle either directly or on the basis of the

de l'organisme technique susvisé, seront portés, à la demande d'une des Parties au litige, devant la Cour permanente de Justice internationale, à moins que, par application d'une convention existante ou en vertu d'un accord spécial à conclure, il ne soit procédé au règlement du différend par voie d'arbitrage ou de toute autre manière.

5° Le recours à la Cour de Justice sera formé ainsi qu'il est prévu à l'article 40 du Statut de la Cour.

6° La décision prise par les Parties au litige de le soumettre, pour avis consultatif, à l'organisme technique désigné par le Conseil de la Société des Nations, ou de recourir à l'arbitrage, sera communiquée au Secrétaire général de la Société et, par ses soins, aux autres Parties contractantes, qui auront le droit d'intervenir dans la procédure.

7° Les Parties au litige devront porter devant la Cour permanente de Justice internationale tout point de droit international ou toute question d'interprétation de la présente Convention qui pourra surgir au cours de la procédure devant l'organisme technique ou le tribunal arbitral dont cet organisme ou ce tribunal estimerait, sur demande d'une des Parties, que la solution préalable par la Cour est indispensable pour le règlement du différend.

Art. 33. La présente Convention, dont les textes français et anglais feront également foi, portera la date de ce jour et sera, jusqu'au 30 septembre 1925, ouverte à la signature de tout Etat représenté à la Conférence où fut élaborée la présente Convention, de tout Membre de la Société des Nations et de tout Etat à qui le Conseil de la Société des Nations aura, à cet effet, communiqué un exemplaire de la présente Convention.

advice of the above-mentioned technical body shall, at the request of any one of the parties thereto, be brought before the Permanent Court of International Justice, unless a settlement is attained by way of arbitration or otherwise by application of some existing convention or in virtue of an arrangement specially concluded.

5. Proceedings shall be opened before the Permanent Court of International Justice in the manner laid down in Article 40 of the Statute of the Court.

6. A decision of the parties to a dispute to submit it for an advisory opinion to the technical body appointed by the Council of the League of Nations, or to resort to arbitration, shall be communicated to the Secretary-General of the League of Nations and by him to the other Contracting Parties, which shall have the right to intervene in the proceedings.

7. The parties to a dispute shall bring before the Permanent Court of International Justice any question of international law or question as to the interpretation of the present Convention arising during proceedings before the technical body or arbitral tribunal, decision of which by the Court is, on the demand of one of the parties, declared by the technical body or arbitral tribunal to be necessary for the settlement of the dispute.

Art. 33. The present Convention, of which the French and English texts are both authentic, shall bear to-day's date and shall be open for signature until the 30th day of September, 1925, by any State represented at the Conference at which the present Convention was drawn up, by any Member of the League of Nations, and by any State to which the Council of the League of Nations shall have communicated a copy of the Convention for this purpose.

Art. 34. La présente Convention est sujette à ratification. Les instruments de ratification seront déposés auprès du Secrétaire général de la Société des Nations, qui en notifiera le dépôt aux Membres de la Société des Nations signataires de la Convention, ainsi qu'aux autres Etats signataires.

Art. 35. A partir du 30 septembre 1925, tout Etat représenté à la Conférence où fut élaborée la présente Convention et non signataire de celle-ci, tout Membre de la Société des Nations et tout Etat auquel le Conseil de la Société des Nations en aura, à cet effet, communiqué un exemplaire, pourra adhérer à la présente Convention.

Cette adhésion s'effectuera au moyen d'un instrument communiqué au Secrétaire général de la Société des Nations, et qui sera déposé dans les archives du Secrétariat. Le Secrétaire général notifiera immédiatement ce dépôt aux Membres de la Société des Nations signataires de la Convention, et aux autres Etats signataires, ainsi qu'aux Etats adhérents.

Art. 36. La présente Convention n'entrera en vigueur qu'après avoir été ratifiée par dix Puissances, y compris sept des Etats qui participeront à la nomination du Comité central, en conformité à l'article 19, dont au moins deux Etats membres permanents du Conseil de la Société des Nations. La date de son entrée en vigueur sera le quatre-vingt-dixième jour après la réception, par le Secrétaire général de la Société des Nations, de la dernière des ratifications nécessaires. Ultérieurement, la présente Convention prendra effet, en ce qui concerne chacune des Parties, quatre-vingt-dix jours après la réception de la ratification ou de la notification de l'adhésion.

Conformément aux dispositions de l'article 18 du Pacte de la

Art. 34. The present Convention is subject to ratification. The instruments of ratification shall be deposited with the Secretary-General of the League of Nations, who shall notify their receipt to the Members of the League which are signatories of the Convention and to the other signatory States.

Art. 35. After the 30th day of September, 1925, the present Convention may be acceded to by any State represented at the Conference at which this Convention was drawn up and which has not signed the Convention, by any Member of the League of Nations, or by any State to which the Council of the League of Nations shall have communicated a copy of the Convention for this purpose.

Accession shall be effected by an instrument communicated to the Secretary-General of the League of Nations to be deposited in the archives of the Secretariat. The Secretary-General shall at once notify such deposit to all the Members of the League of Nations signatories of the Convention and to the other signatory States.

Art. 36. The present Convention shall not come into force until it has been ratified by ten Powers, including seven of the States by which the Central Board is to be appointed in pursuance of Article 19, of which at least two must be permanent Members of the Council of the League. The date of its coming into force shall be the ninetieth day after the receipt by the Secretary-General of the League of Nations of the last of the necessary ratifications. Thereafter, the present Convention will take effect in the case of each Party ninety days after the receipt of its ratification or of the notification of its accession.

In compliance with the provisions of Article 18 of the Co-

Société des Nations, le Secrétaire général enregistrera la présente Convention le jour de son entrée en vigueur.

Art. 37. Un recueil spécial sera tenu par le Secrétaire général de la Société des Nations, indiquant quelles Parties ont signé ou ratifié la présente Convention, y ont adhéré ou l'ont dénoncée. Ce recueil sera constamment ouvert aux Parties contractantes et aux Membres de la Société, et publication en sera faite aussi souvent que possible, suivant les indications du Conseil.

Art. 38. La présente Convention pourra être dénoncée par notification écrite, adressé au Secrétaire général de la Société des Nations. La dénonciation deviendra effective un an après la date de sa réception par le Secrétaire général et n'aura d'effet qu'en ce qui concerne l'Etat dénonçant.

Le Secrétaire général de la Société des Nations portera à la connaissance de chacun des Membres de la Société des Nations signataires de la Convention ou y ayant adhéré, et des autres Etats qui sont signataires ou qui y ont adhéré, toute dénonciation reçue par lui.

Art. 39. Tout Etat participant à la présente Convention pourra déclarer, soit au moment de sa signature, soit au moment du dépôt de sa ratification ou de son adhésion, que son acceptation de la présente Convention n'engage pas, soit l'ensemble, soit tel de ses protectorats, colonies, possessions ou territoires d'outre-mer soumis à sa souveraineté ou à son autorité, ou pour lequel il a accepté un mandat de la Société des Nations, et pourra, ultérieurement et conformément à l'article 35, adhérer séparément au nom de l'un quelconque de ses protectorats, colonies, possessions ou territoires d'outre-mer, exclus par une telle déclaration.

venant of the League of Nations, the Secretary-General will register the present Convention upon the day of its coming into force.

Art. 37. A special record shall be kept by the Secretary-General of the League of Nations showing which of the Parties have signed, ratified, acceded to or denounced the present Convention. This record shall be open to the Contracting Parties and the Members of the League at all times; it shall be published as often as possible, in accordance with the directions of the Council.

Art. 38. The present Convention may be denounced by an instrument in writing addressed to the Secretary-General of the League of Nations. The denunciation shall become effective one year after the date of the receipt of the instrument of denunciation by the Secretary-General, and shall operate only in respect of the Contracting Party which makes it.

The Secretary-General of the League of Nations shall notify the receipt of any such denunciations to all Members of the League of Nations signatories of or adherents to the Convention and to the other signatory or adherent States.

Art. 39. Any State signing or acceding to the present Convention may declare, at the moment either of its signature, ratification or accession, that its acceptance of the present Convention does not include any or all of its colonies, overseas possessions, protectorates, or overseas territories under its sovereignty or authority, or in respect of which it has accepted a mandate on behalf of the League of Nations, and may subsequently accede, in conformity with the provisions of Article 35, on behalf of any such colony, overseas possession, protectorate or territory excluded by such declaration.

La dénonciation pourra également s'effectuer séparément pour tout protectorat, colonie, possession ou territoire d'outre-mer; les dispositions de l'article 38 s'appliqueront à cette dénonciation.

Denunciation may also be made separately in respect of any such colony, overseas possession, protectorate or territory, and the provisions of Article 38 shall apply to any such denunciation.

Protokoll.

I. In Anerkennung der Pflicht, gemäß Kapitel I des Haager Abkommens die Erzeugung, den Vertrieb und die Ausfuhr von Rohopium derart zu überwachen, daß der unerlaubte Handel unterbunden wird, vereinbaren die Staaten, die das vorliegende Protokoll unterzeichnet haben, die erforderlichen Maßnahmen zu treffen, um binnen fünf Jahren von heute an völlig zu verhindern, daß in den Gebieten, wo der Gebrauch von zubereitetem Opium vorläufig noch gestattet ist, der Opiumschmuggel ein ernstes Hindernis für die wirksame Bekämpfung dieses Gebrauchs bildet.

II. Die Frage, ob die im Art. I erwähnte Verpflichtung völlig erfüllt ist, soll nach Ablauf dieser fünfjährigen Frist von einer vom Völkerbundsrat zu bildenden Kommission entschieden werden.

III. Das vorliegende Protokoll tritt für jeden der Signatarstaaten zugleich mit dem heute unterzeichneten Abkommen über die Betäubungsmittel in Kraft. Die Art. 33 und 35 des Abkommens finden auf das vorliegende Protokoll Anwendung.

Schlußakte.

(Deutsches Handelsarchiv 1927, S. 585.)

Die Konferenz hat außerdem folgende Entschließungen angenommen:

I. Die Konferenz erkennt an, daß es wesentlich ist, das am heutigen Tage unterzeichnte Abkommen über die Betäubungsmittel soweit wie möglich auf die im Art. 39 des Abkommens erwähnten Kolonien, Besitzungen, Schutzgebiete und Territorien anzuwenden, um es voll und ganz wirksam zu machen. Infolgedessen bringt die Konferenz die feste Hoffnung zum Ausdruck, daß die beteiligten Regierungen in kürzester Frist die zu diesem Zwecke erforderlichen Bestimmungen treffen werden und daß die Zahl dieser Kolonien, Besitzungen, Schutzgebiete und Territorien, die dem Wirkungsbereich des Abkommens entzogen sind, auf ein Mindestmaß beschränkt werden möge.

II. Die Konferenz empfiehlt jeder Regierung, die Möglichkeit zu erwägen, allen unter ihrer Flagge fahrenden Schiffen die Beförderung von Sendungen irgendwelcher in dem Abkommen behandelten Stoffe zu untersagen:

1. wenn für diese Sendung nicht eine Ausfuhrgenehmigung gemäß den Bestimmungen des Abkommens ausgestellt worden ist und der Sendung nicht eine amtliche Abschrift dieser Genehmigung oder des etwa ausgestellten Umleitungsscheins beiliegt;

2. nach irgendeinem anderen Bestimmungsorte als dem, der in der Ausfuhrgenehmigung oder dem Umleitungsschein angegeben ist.

III. Die Konferenz empfiehlt allen Staaten, hinsichtlich der Unterdrückung des unerlaubten Handels so eng wie möglich zusammenzuarbeiten und die mit der Anwendung der Gesetze über die Bekämpfung des Handels beauftragten zuständigen Behörden zu ermächtigen, mit den zuständigen Behörden der anderen Länder in unmittelbaren Verkehr zu treten.

IV. Die Konferenz weist darauf hin, daß es in gewissen Fällen zweckmäßig wäre, von den Kaufleuten, die von der Regierung eine Genehmigung zum Handel mit den in dem Abkommen behandelten Stoffen erhalten haben, zu verlangen, daß sie eine Summe Geldes hinterlegen oder Sicherheit hierfür leisten, die ausreicht, um als wirksame Bürgschaft dafür zu dienen, daß sie sich nicht mit unerlaubtem Handel befassen werden.

V. Die Konferenz bittet den Völkerbundsrat, den Vorschlag zu prüfen, der im Laufe der Erörterungen namentlich von der Persischen Delegation vorgebracht worden ist und auf die Ernennung einer Kommission hinzielt, die beauftragt werden soll, gewisse Opium erzeugende Länder auf deren Wunsch zu besuchen und gemeinsam mit ihnen an eine aufmerksame Prüfung der Schwierigkeiten zu gehen, die die Beschränkung der Opiumerzeugung für diese Länder mit sich bringt. Die Kommission hätte dann ein Gutachten über die Maßnahmen abzugeben, durch die diese Erzeugung auf die Mengen beschränkt werden könnte, die für medizinischen oder wissenschaftlichen Bedarf erforderlich sind.

VI. Die Konferenz bittet den Völkerbundsrat, dem Hygienekomitee schon jetzt zu Erwägung zu stellen, ob das Office international d'hygiène publique etwa wegen der in den Artikeln 8 und 10 behandelten Erzeugnisse befragt werden soll, damit, wenn das der Fall ist, eine erste Entscheidung über die Präparate, die

Opiumsucht und dergleichen nicht hervorrufen können, und eine erste Anempfehlung über alle sonstigen Betäubungsmittel, auf die die Bestimmungen des Abkommens etwa auszudehnen wären, gleich beim Inkrafttreten des Abkommens ergehen können.

VII. Die Konferenz bittet den Völkerbundsrat, beschließen zu wollen, daß die Kosten des Zentralkomitees und seiner Verwaltungsstellen zu den Kosten des Sekretariats geschlagen werden sollen.

Die vertragschließenden Teile, die nicht Mitglieder des Bundes sind, beteiligen sich wohlverstanden an diesen Kosten nach einer Staffelung, die im Einvernehmen mit dem Rat festzusetzen ist.

Die deutsche Opiumgesetzgebung.

Gesetz über den Verkehr mit Betäubungsmitteln (Opiumgesetz), vom 10. Dezember 1929 (RGBl. I S. 215).

Der Reichstag hat das folgende Gesetz beschlossen, das mit Zustimmung des Reichsrats hiermit verkündet wird:

§ 1. (1) Stoffe im Sinne dieses Gesetzes sind Rohopium, Opium für medizinische Zwecke, Morphin, Diazetylmorphin (Heroin), Kokablätter, Rohkokain, Kokain, Ekgonin, Indischer Hanf sowie alle Salze des Morphins, Diazetylmorphins (Heroins), Kokains und Ekgonins.

(2) Stoffe, die nach wissenschaftlicher Feststellung die gleichen schädigenden Wirkungen wie die in Abs. 1 genannten auszuüben vermögen, können diesen durch eine mit Zustimmung des Reichsrats ergehende Verordnung der Reichsregierung gleichgestellt werden.

(3) Zubereitungen im Sinne dieses Gesetzes sind alle Zubereitungen, die Morphin oder Kokain oder deren Salze enthalten, sofern der Gehalt der Zubereitung, berechnet auf Morphin, mehr als 0,2%, berechnet auf Kokain, mehr als 0,1% beträgt, ferner alle Zubereitungen, die Diazetylmorphin (Heroin) oder Ekgonin oder deren Salze enthalten, ferner Indisch-Hanfextrakt und Indisch-Hanftinktur, ferner alle Zubereitungen der Stoffe, die nach Abs. 2 den im Abs. 1 genannten Stoffen gleichgestellt werden.

(4) Durch eine mit Zustimmung des Reichsrats ergehende Verordnung der Reichsregierung kann bestimmt werden, daß gewisse Zubereitungen diesem Gesetz oder einzelnen Vorschriften des Gesetzes oder der auf Grund desselben erlassenen Bestimmungen nicht unterstehen.

§ 2. (1) Die Einfuhr, Durchfuhr und Ausfuhr, die Gewinnung, Herstellung und Verarbeitung der Stoffe und Zubereitungen sowie der Verkehr mit ihnen unterliegen der Aufsicht des RGA.

(2) Das RGA. ist berechtigt, die Örtlichkeiten, in denen die Stoffe und Zubereitungen gewonnen, hergestellt, verarbeitet, aufbewahrt, feilgehalten oder abgegeben werden, zu besichtigen. Auf

Verlangen ist ihm über Ort, Zeit und Menge der Ein- und Ausfuhr, über Lieferer und Empfänger sowie über alle die Gewinnung, die Herstellung, die Verarbeitung und den Verkehr mit den Stoffen und Zubereitungen betreffenden Fragen Auskunft zu erteilen und Einsicht in die geschäftlichen Aufzeichnungen und Bücher zu gewähren.

(3) Bei der Beaufsichtigung der Einfuhr und Ausfuhr können die Zollabfertigungspapiere sowie die statistischen Anmeldescheine benutzt werden.

(4) Die den Landesregierungen zustehenden gesundheitspolizeilichen Befugnisse bleiben unberührt.

§ 3. (1) Die Einfuhr und Ausfuhr der Stoffe und Zubereitungen, ihre Gewinnung, ihre gewerbsmäßige Herstellung und Verarbeitung, der Handel mit ihnen, ihr Erwerb, ihre Abgabe und Veräußerung sowie jeder sonstige gleichartige Verkehr mit ihnen ist nur Personen gestattet, denen hierzu die Erlaubnis erteilt worden ist. Über den Antrag auf Erteilung der Erlaubnis entscheidet die Landeszentralbehörde im Einvernehmen mit dem Reichsminister des Innern. In der Erlaubnis sind die Örtlichkeiten, für die sie erteilt wird, zu bezeichnen.

(2) Die Erlaubnis kann beschränkt werden.

(3) Die Erlaubnis ist zu versagen, wenn ein Bedürfnis für ihre Erteilung nicht besteht oder wenn Bedenken des Gesundheitsschutzes oder persönliche Gründe ihrer Erteilung entgegenstehen. Die erteilte Erlaubnis kann aus den gleichen Gründen widerrufen werden.

(4) Keiner Erlaubnis nach Abs. 1 bedürfen die Apotheken für den Erwerb der Stoffe und Zubereitungen, für ihre Verarbeitung sowie für ihre Abgabe auf Grund ärztlicher, zahnärztlicher oder tierärztlicher Verschreibung, die behördlich genehmigten ärztlichen Hausapotheken für die Verarbeitung und Abgabe der Stoffe und Zubereitungen, die behördlich genehmigten tierärztlichen Hausapotheken für den Erwerb, die Verarbeitung und Abgabe der Stoffe und Zubereitungen. Einer Erlaubnis bedarf ferner nicht, wer die Stoffe und Zubereitungen aus den Apotheken auf Grund ärztlicher, zahnärztlicher oder tierärztlicher Verschreibung oder aus behördlich genehmigten ärztlichen oder tierärztlichen Hausapotheken oder von Tierärzten, die eine Erlaubnis zur Abgabe nach Abs. 1 erhalten haben, erwirbt.

§ 4. (1) Der Erwerb sowie die Veräußerung und Abgabe der Stoffe und Zubereitungen ist nur auf Grund eines auf den Namen des Erwerbers lautenden, für jeden einzelnen Fall des Erwerbes sowie der Veräußerung und Abgabe ausgestellten Bezugscheins zulässig. Der Bezugschein ist bei der der Aufsicht des RGA. unterstehenden Opiumstelle zu beantragen. Ein Bezugschein ist nicht erforderlich für die Abgabe auf Grund ärztlicher, zahnärztlicher oder tierärztlicher Verschreibung in den Apotheken sowie für die Abgabe in den behördlich genehmigten ärztlichen oder tierärztlichen Hausapotheken oder durch Tierärzte, die eine Erlaubnis zur Abgabe nach § 3 erhalten haben. Ein Bezugschein ist ferner nicht erforderlich für den Erwerb der Stoffe und Zubereitungen aus den Apotheken auf Grund ärztlicher, zahnärztlicher oder tierärztlicher Verschreibung oder aus den behördlich genehmigten ärztlichen oder tierärztlichen Hausapotheken oder von Tierärzten, die eine Erlaubnis zur Abgabe nach § 3 erhalten haben.

(2) Die näheren Bestimmungen über das Verfahren bei der Beantragung und Ausstellung der Bezugscheine sowie über deren Form und Wortlaut erläßt der Reichsminister des Innern.

(3) Die Opiumstelle ist berechtigt, die Ausstellung des Bezugscheins zu versagen, wenn Art und Menge der beantragten Stoffe oder Zubereitungen den Verdacht rechtfertigen, daß die Stoffe oder Zubereitungen in einer Weise verwendet werden sollen, die mit diesem Gesetz oder den auf Grund desselben erlassenen Ausführungsbestimmungen nicht in Einklang steht. Die Opiumstelle kann die beantragten Mengen auch kürzen.

(4) Durch eine mit Zustimmung des Reichsrats ergehende Verordnung der Reichsregierung kann bestimmt werden, daß der Verkehr mit gewissen Zubereitungen auf andere Weise als durch den Bezugschein überwacht wird.

§ 5. (1) Wer eine Erlaubnis gemäß § 3 erhalten hat, ist verpflichtet, ein Lagerbuch zu führen, in dem der Eingang und Ausgang sowie die Verarbeitung für jeden der Stoffe und Zubereitungen einzeln und nach Tag und Menge gesondert zu vermerken ist. Aus den Eintragungen über Eingang und Ausgang müssen auch Namen und Wohnort der Lieferer und Empfänger ersichtlich sein.

(2) Die Reichsregierung kann mit Zustimmung des Reichsrats bestimmen, ob und inwieweit Ausnahmen von den Vorschriften des Abs. 1 zugelassen werden können und inwieweit die Vorschriften des Abs. 1 auch auf Apotheken sowie behördlich genehmigte ärztliche und tierärztliche Hausapotheken Anwendung finden sollen.

§ 6. (1) Durch eine mit Zustimmung des Reichsrats ergehende Verordnung der Reichsregierung werden die Bedingungen festgesetzt, unter denen die Einfuhr, Durchfuhr und Ausfuhr der Stoffe und Zubereitungen erfolgen darf.

(2) Die Genehmigung zur Einfuhr und Ausfuhr der Stoffe und Zubereitungen ist in jedem Falle beim RGA. durch den Antrag auf Erteilung eines Einfuhr- oder Ausfuhrscheins nachzusuchen. Das RGA. kann die Erteilung des Ausfuhrscheins versagen, wenn die Annahme berechtigt erscheint, daß die Stoffe und Zubereitungen, deren Ausfuhr beantragt wird, nicht zu medizinischen oder wissenschaftlichen Zwecken bestimmt sind.

(3) Der Reichsminister des Innern kann bestimmen, daß die Einfuhr, Durchfuhr und Ausfuhr nur über bestimmte Orte zulässig ist.

(4) Die Einfuhr und Ausfuhr ist dem RGA. nachzuweisen.

§ 7. Durch eine mit Zustimmung des Reichsrats ergehende Verordnung der Reichsregierung können Vorschriften über die Ankündigung und Beschriftung von Zubereitungen der im § 1 Abs. 3 bezeichneten Art erlassen werden. Diese Vorschriften können sich auch auf Zubereitungen erstrecken, die nach § 1 Abs. 3 diesem Gesetze nicht unterstehen.

§ 8. Durch eine mit Zustimmung des Reichsrats ergehende Verordnung der Reichsregierung können über das Verschreiben der Stoffe und Zubereitungen durch Ärzte, Zahnärzte oder Tierärzte und über die Abgabe in den Apotheken, den behördlich genehmigten ärztlichen und tierärztlichen Hausapotheken sowie durch Tierärzte, die eine Erlaubnis hierzu nach § 3 erhalten haben, einschränkende Bestimmungen erlassen werden. Diese Bestimmungen können sich auch auf Zubereitungen erstrecken, die nach § 1 Abs. 3 diesem Gesetze nicht unterstehen.

§ 9. Die Einfuhr, Durchfuhr, Ausfuhr und Herstellung von zubereitetem Opium, von sogenanntem Droß und allen anderen Rückständen des Rauchopiums, von dem aus Indischem Hanfe gewonnenen Harz und den gebräuchlichen Zubereitungen dieses Harzes, insbesondere Haschisch, sowie der Verkehr mit diesen Stoffen und Zubereitungen ist verboten.

§ 10. (1) Mit Gefängnis bis zu drei Jahren und mit Geldstrafe oder mit einer dieser Strafen wird, sofern nicht nach anderen Strafgesetzen eine schwerere Strafe verwirkt ist, bestraft,

1. wer die Stoffe und Zubereitungen ohne die im § 3 vorgeschriebene Erlaubnis einführt, ausführt, gewinnt, herstellt, verarbeitet, Handel mit ihnen treibt, sie erwirbt, abgibt, veräußert oder sonst in den Verkehr bringt oder sie in nicht genehmigten Örtlichkeiten gewinnt, herstellt, verarbeitet, aufbewahrt, feilhält oder abgibt;

2. wer die Stoffe und Zubereitungen ohne den im § 4 vorgeschriebenen Bezugschein erwirbt, abgibt oder veräußert;

3. wer, um einen Bezugschein zu erlangen, zur Täuschung der Opiumstelle in einem Antrag unrichtige Angaben tatsächlicher Art macht oder von einem Antrag, der unrichtige Angaben tatsächlicher Art enthält, Gebrauch macht;

4. wer dem im § 9 ausgesprochenen Verbote zuwiderhandelt;

5. wer den auf Grund des § 5 Abs. 2, § 6 Abs. 1 oder 3 oder § 12 erlassenen Bestimmungen zuwiderhandelt;

6. wer den auf Grund des § 4 Abs. 2 oder Abs. 4, § 7 oder § 8 erlassenen Bestimmungen zuwiderhandelt;

7. wer die Stoffe oder Zubereitungen entgegen den Bestimmungen der Weltpostvereinsverträge mit der Post versendet;

8. wer die ihm obliegende Führung des Lagerbuchs unterläßt oder unrichtige oder unvollständige Eintragungen vornimmt oder der ihm obliegenden Pflicht zur Auskunftserteilung oder zur Gewährung der Einsicht in die geschäftlichen Aufzeichnungen und Bücher nicht nachkommt.

(2) In den Fällen des Abs. 1 Nr. 1 bis 7 ist der Versuch strafbar.

(3) Wer die Tat (Abs. 1) fahrlässig begeht, wird im Falle der Nr. 1 bis 5, 7 und 8 mit Gefängnis bis zu einem Jahre oder mit Geldstrafe, im Falle der Nr. 6 mit Geldstrafe bis zu 150 RM oder mit Haft bestraft.

(4) Die Vorschriften der Abs. 1 bis 3 gelten auch dann, wenn Stoffe oder Zubereitungen als solche der im § 1 bezeichneten Art in den Verkehr gebracht werden, ohne es zu sein.

(5) Neben der Strafe kann auf Einziehung der Stoffe und Zubereitungen, auf die sich die strafbare Handlung bezieht, erkannt werden, ohne Unterschied, ob sie dem Täter gehören oder nicht. Kann keine bestimmte Person verfolgt oder verurteilt werden, so kann auf Einziehung selbständig erkannt werden, wenn im übrigen die Voraussetzungen hierfür vorliegen.

(6) Ist der Verurteilte ein Ausländer, so ist die Landespolizeibehörde befugt, ihn aus dem Reichsgebiete zu verweisen.

§ 11. (1) Zur Deckung der Kosten, die sich aus der Durchführung dieses Gesetzes ergeben, können nach näherer Bestimmung des Reichsministers des Innern eine Umlage auf die Stoffe und Zubereitungen sowie eine Gebühr für die Ausstellung der Bezugscheine erhoben werden.

(2) Die Umlage gilt nicht als Steuer im Sinne der Reichsabgabenordnung.

§ 12. Die zur Ausführung dieses Gesetzes erforderlichen Bestimmungen erläßt die Reichsregierung mit Zustimmung des Reichsrats; soweit es sich um den Verkehr in den Zollausschlüssen und Freibezirken handelt, bedarf sie der Zustimmung der zuständigen Landesregierung.

§ 13. (1) Das Gesetz tritt am 1. Januar 1930 in Kraft. Gleichzeitig tritt das Gesetz zur Ausführung des internationalen OpAbk. vom 23. Januar 1912 vom 30. Dezember 1920 (RGBl. 1921, S. 2) in der Fassung des Gesetzes zur Abänderung des OpG. vom 21. März 1924 (RGBl. I S. 290) außer Kraft. Die auf Grund dieses Gesetzes erlassenen Verordnungen gelten weiterhin als Verordnungen auf Grund des neuen Gesetzes.

(2) Eine vor Inkrafttreten dieses Gesetzes erteilte Erlaubnis zur Verarbeitung ist spätestens bis zum 1. April 1930 von neuem zu beantragen, widrigenfalls sie erlischt. Wird der Antrag rechtzeitig gestellt, so bleibt die Erlaubnis in ihrem bisherigen Umfang bis zur Entscheidung in Kraft.

(3) Soweit für den Verkehr mit dem Indischen Hanfe und dem Extrakt und der Tinktur des Indischen Hanfes sowie mit Ekgonin und dessen Salzen und Zubereitungen eine Erlaubnis gemäß § 3 Abs. 1 erforderlich ist, darf ein bei Inkrafttreten dieses Gesetzes bereits bestehender Betrieb nach dem 1. April 1930 nur fortgesetzt werden, wenn inzwischen die durch dieses Gesetz vorgeschriebene Erlaubnis erteilt worden ist.

Berlin, den 10. Dezember 1929.

Der Reichspräsident
von Hindenburg.

Der Reichsminister des Innern
Severing.

Ausführungsbestimmungen:

Verordnung über die Unterstellung weiterer Betäubungsmittel unter die Bestimmungen des OpG., vom 19. Dezember 1929 (RGBl. I S. 225).

Auf Grund des § 1 Abs. 2 und § 12 OpG. vom 10. Dezember 1929 (RGBl. I S. 215) wird hiermit nach Zustimmung des Reichsrats verordnet:

§ 1. Die Stoffe Dihydrokodeinon (Dicodid), Dihydromorphinon (Dilaudid), Dihydrooxykodeinon (Eukodal), Dihydromorphin (Paramorfan), die Ester des Morphins sowie die Salze dieser Stoffe werden hiermit den im § 1 Abs. 1 OpG. aufgeführten Stoffen gleichgestellt.

§ 2. Die Verordnung tritt am 1. Januar 1930 in Kraft.

§ 3. Wer die im § 1 genannten Stoffe und deren Salze oder Zubereitungen von solchen am 1. Februar 1930 noch im Gewahrsam hat, ohne daß er nach § 3 Abs. 1 OpG. eine Erlaubnis besitzt oder nach § 3 Abs. 4 des Gesetzes Betäubungsmittel ohne eine solche Erlaubnis abgeben darf, ist verpflichtet, dies unverzüglich dem RGA. (Opiumstelle) unter Angabe der Art und Menge der Stoffe und Zubereitungen mitzuteilen. Bis zum 31. Januar 1930 ist er berechtigt, die Stoffe und Zubereitungen an eine zum Handel mit Betäubungsmitteln zugelassene Firma abzugeben. Die erwerbende Firma ist verpflichtet, dem RGA. (Opiumstelle) hiervon unter Angabe der Art und Menge der Stoffe und Zubereitungen sowie der abgebenden Firma Mitteilung zu machen.

Berlin, den 19. Dezember 1929.

Der Reichsminister des Innern.
Severing.

Verordnung über Zulassung zum Verkehr mit Betäubungsmitteln, vom 1. April 1930 (RGBl. I S. 113).

Auf Grund des § 12 OpG. vom 10. Dezember 1929 (RGBl. I S. 215) wird mit Zustimmung des Reichsrats folgendes bestimmt:

§ 1. (1) Die Erlaubnis zur Einfuhr und Ausfuhr der dem OpG. unterstehenden Stoffe und Zubereitungen (Betäubungsmittel), zu ihrer gewerbsmäßigen Herstellung und Verarbeitung, zum Handel mit ihnen, zu ihrem Erwerb, ihrer Abgabe und Veräußerung sowie zu dem sonstigen gleichartigen Verkehre mit ihnen ist abgesehen von Fällen der Abs. 2 und 3 nur solchen Personen zu erteilen, die Arzneimittel herstellen oder verarbeiten oder mit ihnen im Großen Handel treiben.

(2) Tierärzten kann die Erlaubnis zum Erwerbe sowie zur Abgabe und zur Veräußerung der Betäubungsmittel in ihrer Praxis erteilt werden, sofern die landesgesetzlichen Bestimmungen über den Erwerb und die Abgabe von Arzneimitteln durch Tierärzte dem nicht entgegenstehen.

(3) Personen, die Betäubungsmittel nachweislich zu wissenschaftlichen Zwecken verwenden wollen, kann die Erlaubnis zum Erwerb erteilt werden, wenn sie vermöge ihrer Vorbildung und persönlichen Zuverlässigkeit eine Gewähr gegen mißbräuchliche Verwendung der Betäubungsmittel bieten. Zu anderen Zwecken darf die Erlaubnis nur in solchen Fällen erteilt werden, in denen der Nachweis erbracht wird, daß für die beabsichtigte Verwendung ein öffentliches Bedürfnis besteht.

§ 2. (1) Der Antrag auf Erteilung einer Erlaubnis ist bei der für den Ort der geschäftlichen Niederlassung des Antragstellers zuständigen obersten Landesbehörde schriftlich zu stellen.

(2) In dem Antrag sind die Tatsachen, die für die Erlaubniserteilung von Bedeutung sind, anzuführen und die Örtlichkeit, für die sie nachgesucht wird, zu bezeichnen.

(3) Wird eine Erlaubnis zur Verarbeitung von Betäubungsmitteln beantragt, so ist anzugeben, auf welche Zubereitungen einschließlich solcher, die nicht unter das Gesetz fallen, und auf welche nicht unter das Gesetz fallenden Stoffe die Verarbeitung erfolgen soll. Handelt es sich nicht um Zubereitungen von allgemein bekannter Zusammensetzung, so ist für jede Zubereitung das Betäubungsmittel, das verwendet werden soll, nach Art und Menge anzugeben. Bei Erzeugnissen, die unter wortgeschütztem Namen in den Verkehr gebracht werden sollen, ist auch dieser Name anzugeben. Bei Erzeugnissen, die in einer zur Abgabe an das Publikum bestimmten Packung in den Verkehr kommen sollen, ist außerdem die Gesamtmenge oder das Gesamtgewicht der in der Packung enthaltenen Zubereitung anzugeben.

(4) In dem Antrag auf Erwerb der Betäubungsmittel zu wissenschaftlichen Zwecken ist darzulegen, welcher Art die wissenschaftliche Verwendung sein soll.

§ 3. (1) Die Zuverlässigkeit des Antragstellers ist stets nachzuprüfen.

(2) Bei der Prüfung der Bedürfnisfrage ist festzustellen, ob ein öffentliches Bedürfnis für die Erteilung der beantragten Erlaubnis besteht. Liegt ein solches nicht vor, so darf die Erlaubnis nur erteilt werden, wenn die Verweigerung der Erlaubnis eine schwere, nach Lage der Verhältnisse nicht zu rechtfertigende Schädigung des Antragstellers bedeuten würde.

§ 4. (1) Die Erlaubnis ist auf den jeweils notwendigen Umfang zu beschränken. Die Beschränkung kann sich beziehen auf die Zeit, die Art und Menge der Betäubungsmittel, die Zwecke, für die der Erwerb genehmigt wird, sowie die einzelnen Formen des Verkehrs. Die Erlaubnis zum Handel mit Betäubungsmitteln ist nur in besonderen Fällen auf bestimmte Mengen der Betäubungsmittel zu begrenzen. Die Erlaubnis zur Verarbeitung ist auf bestimmte Zubereitungen oder nicht unter das Gesetz fallende Stoffe zu beschränken.

(2) Eine Erlaubnis zur Verarbeitung von Betäubungsmitteln zu Zubereitungen, die in den Apotheken rezepturmäßig hergestellt zu werden pflegen (z. B. Pillen, Zäpfchen, Pulver), ist nicht zu erteilen, zu galenischen Zubereitungen (z. B. Opiumextrakt,

Opiumtinktur, Doverschem Pulver) nur dann, wenn Gewähr für die vorschriftsmäßige Bereitung und Zusammensetzung gegeben ist.

§ 5. (1) Über die erteilte Erlaubnis ist ein Erlaubnisschein auszustellen. In ihm ist die Örtlichkeit, für die die Erlaubnis erteilt wird, nach Ort, Straße und Hausnummer anzugeben. Wird die Erlaubnis auf einzelne Gebäude oder einzelne Räume beschränkt, so sind auch diese zu bezeichnen. Wird die Erlaubnis zur Verarbeitung erteilt, so ist in dem Erlaubnisschein anzugeben, für welche Zubereitungen einschließlich solcher, die nicht unter das Gesetz fallen, und für welche nicht unter das Gesetz fallenden Stoffe die Erlaubnis erteilt wird.

(2) Eine Abschrift des Erlaubnisscheins übersendet die oberste Landesbehörde dem RGA.

§ 6. Die Erlaubnis gilt nur für die Person und die Betriebsräume, für die sie erteilt ist, sowie für die in dem Erlaubnisschein aufgeführten Stoffe oder Zubereitungen. Jede Änderung in diesen Verhältnissen macht eine Erneuerung der Erlaubnis notwendig, die bei der zuständigen obersten Landesbehörde zu beantragen ist.

§ 7. Die Erlaubnis soll zurückgezogen werden, wenn die Voraussetzungen, die für ihre Erteilung maßgebend waren, nicht mehr bestehen. Wird eine Erlaubnis zurückgezogen, so fordert die oberste Landesbehörde den Erlaubnisschein zurück und benachrichtigt das RGA. von der Zurückziehung.

§ 8. Diese Verordnung tritt mit dem Tage nach der Verkündung in Kraft. Gleichzeitig tritt Abschnitt I der Afb. zum OpG. vom 5. Juni 1924 (RGBl. I S. 638) außer Kraft.

Berlin, den 1. April 1930.

Der Reichsminister des Innern.
In Vertretung: Zweigert.

Verordnung über die Einfuhr, Durchfuhr und Ausfuhr von Betäubungsmitteln, vom 1. April 1930 (RGBl. I S. 114).

Auf Grund der §§ 1 Abs. 4, 6 Abs. 1 und 12 OpG. vom 10. Dezember 1929 (RGBl. I S. 215) wird nach Zustimmung des Reichsrats und, soweit erforderlich, nach Zustimmung der zuständigen Landesregierungen hiermit verordnet:

A. Einfuhr.

§ 1. (1) Wer unter das OpG. fallende Stoffe und Zubereitungen (Betäubungsmittel) einführen will, hat auf vorgeschriebenem

Formblatt[1] (Anlage 1) beim RGA. die Erteilung eines Einfuhrscheins zu beantragen. Dem Antrag ist ein ordnungsmäßig ausgefülltes Formblatt[1] des Einfuhrscheins (Anlage 2) beizufügen.

(2) Einfuhrscheine sind nur für Fälle des unmittelbaren Bedarfs zu beantragen.

§ 2. Der mit Genehmigungsvermerk versehene Einfuhrschein wird durch das RGA. an den Antragsteller zurückgesandt.

§ 3. Der Einfuhrschein ist nicht übertragbar. Er gilt vom Tage der Ausstellung ab für die Dauer eines Monats. Nicht benutzte Einfuhrscheine sind spätestens nach Ablauf der Gültigkeitsdauer an das RGA. zurückzugeben.

§ 4. (1) Macht das Ausfuhrland die Genehmigung zur Ausfuhr der Betäubungsmittel von einer Einfuhrgenehmigung des Einfuhrlandes abhängig, so hat der Einführende eine solche (Anlage 3)[1] beim RGA. zu erwirken.

(2) Einfuhrgenehmigungen, die nicht benutzt werden, sind an das RGA. zurückzugeben.

§ 5. (1) Die über die Reichsgrenze in das Zollgebiet eingehenden Betäubungsmittel sind den Grenzeingangszollstellen, beim Eingang im Postverkehre den Postzollstellen nach den zollgesetzlichen Vorschriften anzumelden. Die in die Zollausschlüsse oder Freibezirke eingehenden Sendungen sind den für diese zuständigen Zollstellen anzumelden und stehen, solange sie nicht endgültig zur Einfuhr abgefertigt sind, unter Zollaufsicht.

(2) Mit dem Antrag auf endgültige Zollabfertigung zur Einfuhr ist der Einfuhrschein der Zollstelle vorzulegen, die darauf unter Angabe des Gewichts die Einfuhr bescheinigt und den Schein dem RGA. übersendet.

B. Durchfuhr.

§ 6. Betäubungsmittel dürfen durch das deutsche Zollgebiet nur mit Zollbegleitschein und unter Zollverschluß durchgeführt werden. Durchfuhrsendungen, die aus einem Lande stammen, für das das internationale OpAbk. vom 19. Februar 1925 (RGBl. 1929 II S. 407) in Kraft ist, müssen mit einer Abschrift des Ausfuhrscheins des Ausfuhrlandes versehen sein. Die Abschrift begleitet die Sendung nach dem Einfuhrlande.

§ 7. Zur Durchfuhr bestimmte Betäubungsmittel, die über einen Zollausschluß oder Freibezirk eingehen, sind unverzüglich

[1] Die Formblätter können bei dem RGA. angefordert werden.
Die Formblätter, Anlagen 1 bis 7, sind auf S. 161 bis 167 abgedruckt.

der zuständigen Zollstelle anzumelden, die sie bis zur Zollabfertigung zur Durchfuhr unter Zollaufsicht nimmt.

§ 8. Zur Durchfuhr abgefertigte Betäubungsmittel, die über einen Zollausschluß oder Freibezirk ausgehen, werden von der für diesen zuständigen Zollstelle bis zur Ausfuhr aus dem Reichsgebiet unter Zollaufsicht genommen.

§ 9. Zur Durchfuhr bestimmte Betäubungsmittel dürfen nur mit zollamtlicher Genehmigung anderen Waren beigepackt werden. Das Zollamt hat hiervon dem RGA. unter Bezeichnung der Sendung, der die Betäubungsmittel beigepackt worden sind, und unter Angabe des Herkunftslandes der Betäubungsmittel, gegebenenfalls auch der Nummer und des Ausstellungstags der Einfuhrgenehmigung des Einfuhrlandes, Mitteilung zu machen.

§ 10. (1) Durchfuhrsendungen dürfen nur mit schriftlicher Genehmigung des RGA. (Umleitungsschein) nach einem anderen als dem in den Begleitpapieren angegebenen Lande umgeleitet oder in das Ausfuhrland zurückgesandt werden. Für die Genehmigung sind die Bedingungen maßgebend, die für die Ausfuhr aus Deutschland nach dem Lande, nach dem die Sendung umgeleitet werden soll, gelten. Der Umleitungsschein des RGA. begleitet die Sendung in das Einfuhrland.

(2) Durchfuhrsendungen von Betäubungsmitteln, die zur Einfuhr abgefertigt werden sollen, sind nach den Bestimmungen im Abschnitt A zu behandeln.

(3) Die der Sendung beiliegende Abschrift des Ausfuhrscheins des Ausfuhrlandes (vgl. § 6) ist im Falle der Abs. 1 und 2 abzunehmen und dem RGA. zu übersenden, das sie an die Regierung des Ausfuhrlandes zurückgibt.

§ 11. Die vorstehenden Bestimmungen gelten nicht für die Durchfuhr von Betäubungsmitteln mit der Post; jedoch dürfen Postsendungen mit Betäubungsmitteln nur mit schriftlicher Genehmigung des RGA. (Umleitungsschein) umgeleitet oder in das Ausfuhrland zurückgesandt werden. In diesem Falle gilt die Bestimmung des § 10 Abs. 2 und 3.

C. Ausfuhr.

§ 12. (1) Wer Betäubungsmittel ausführen will, hat auf vorgeschriebenem Formblatt[1] (Anlage 4) beim RGA. die Erteilung eines Ausfuhrscheins zu beantragen. Dem Antrag sind beizufügen:

---

[1] Die Formblätter können bei dem RGA. angefordert werden. Abdruck der Formblätter s. S. 164.

a) ein ordnungsmäßig ausgefülltes Formblatt[1] des Ausfuhrscheins (Anlage 5),

b) ein ordnungsmäßig ausgefülltes Formblatt[1] der Zweitschrift des Ausfuhrscheins (Anlage 6),

c) ein ordnungsmäßig ausgefülltes Formblatt[1] der Drittschrift des Ausfuhrscheins (Anlage 7),

d) die Einfuhrgenehmigung des Einfuhrlandes, sofern das Einfuhrland die Einfuhr der Betäubungsmittel nur auf Grund einer solchen zuläßt. Die Namen der Länder, die dieses Verfahren eingeführt haben, werden vom Reichsminister des Innern veröffentlicht. Die Einfuhrgenehmigung verbleibt im RGA. Bei der Ausfuhr nach Ländern, die die Einfuhr nicht von einer besonderen Einfuhrgenehmigung abhängig machen, sind dem RGA. auf Anfordern Unterlagen beizubringen, aus denen hervorgeht, daß die Stoffe und Zubereitungen im Einfuhrlande zu wissenschaftlichen oder medizinischen Zwecken bestimmt sind.

(2) Ausfuhrscheine sind nur für Fälle des unmittelbaren Bedarfs zu beantragen.

§ 13. Genehmigt das RGA. die Ausfuhr der Betäubungsmittel, so sendet es den mit einem Genehmigungsvermerke versehenen Ausfuhrschein und die Zweitschrift an den Antragsteller zurück. Der Ausfuhrschein ist nicht übertragbar. Er wird in der Regel vom Tage der Ausstellung ab für die Dauer eines Monats erteilt. Ausfuhrscheine, die nicht benutzt werden, sind spätestens nach Ablauf der Gültigkeitsdauer an das RGA. zurückzugeben.

§ 14. (1) Die Zweitschrift des Ausfuhrscheins ist den Versandpapieren beizuheften. Sie begleitet die Sendung in das Einfuhrland. Sendungen ohne Zweitschrift dürfen nicht zur Ausfuhr abgefertigt werden. In solchen Fällen ist das RGA. zu benachrichtigen.

(2) Die Drittschrift des Ausfuhrscheins übersendet das RGA. der Regierung des Einfuhrlandes.

§ 15. (1) Zur Ausfuhr bestimmte Betäubungsmittel hat der in dem Ausfuhrscheine genannte Absender der für seinen Betrieb zuständigen Zollstelle mit einem Betäubungsmittelbegleitschein in doppelter Ausfertigung, dem vom RGA. erteilten Ausfuhrschein und dessen Zweitschrift (§ 14) zur zollamtlichen Vorabfertigung vorzuführen.

---

[1] Die Formblätter können bei dem RGA. angefordert werden. Abdruck der Formblätter s. S. 165 bis 167.

(2) Als Betäubungsmittelbegleitschein ist der Zollbegleitschein I unter entsprechender Änderung seiner Bezeichnung zu verwenden. Die Annahmeerklärung des Begleitscheinnehmers auf dem Begleitscheine hat, wie folgt, zu lauten:

Ich übernehme diesen Begleitschein mit der Verpflichtung, die innen bezeichneten Waren in unveränderter Gestalt und Menge und unter Erhaltung des Zollverschlusses innerhalb der Gestellungsfrist unter Vorlegung dieses Begleitscheins zur Ausgangsabfertigung zu stellen.

(3) Das Zollamt kann von dem Begleitscheinnehmer Sicherheit bis zur Höhe des Wertes der Waren fordern. Die Sicherheit verfällt dem Reiche, wenn die Ausfuhr nicht nachgewiesen wird.

(4) Auf die Ausfertigung und Erledigung des Betäubungsmittelbegleitscheins finden die Bestimmungen des Zollrechts entsprechende Anwendung. Ob und inwieweit eine Beschau der Sendung stattzufinden hat, entscheidet der Leiter der Zollstelle.

(5) Die Betäubungsmittel werden unter Zollverschluß gesetzt und nach Bescheinigung der Vorabfertigung auf dem Ausfuhrscheine mit diesem einem Grenzzollamt überwiesen. Das Grenzzollamt bescheinigt auf dem Ausfuhrscheine die Ausfuhr und übersendet ihn dem RGA.

§ 16. (1) Auf die Zollbehandlung zollamtlich vorabgefertigter Betäubungsmittel in Postsendungen findet die Verfügung des Reichsministers der Finanzen vom 16. April 1928 — IIa 834 — (RZollbl. S. 143) oder die an ihre Stelle tretende Anordnung entsprechende Anwendung. In diesem Falle hat der Absender die Sendung entweder mit dem Betäubungsmittelbegleitschein oder mit Postausgangsbuch der Postannahmestelle zu übergeben. Als Beleg für die zollamtliche Abfertigung mittels Postausgangsbuchs hat der Versender der Zollstelle eine Durchschrift der Eintragungen in das Postausgangsbuch einzureichen. Die Postannahmestelle bescheinigt außer im Betäubungsmittelbegleitschein oder Postausgangsbuch auch auf dem Ausfuhrscheine die Ausfuhr und übersendet den Ausfuhrschein dem RGA.

(2) Das Versenden von Betäubungsmitteln in Briefsendungen, zu denen auch Warenproben, Drucksachen, Mischsendungen, Päckchen und Wertbriefe gehören, ist nach den Weltpostvereinsverträgen verboten.

§ 17. Zur Ausfuhr abgefertigte Betäubungsmittel dürfen im Reichsgebiete nur mit schriftlicher Genehmigung des RGA. aus der Zollüberwachung oder dem Gewahrsam der Post wieder entlassen werden.

§ 18. Werden Betäubungsmittel über einen Zollausschluß oder Freibezirk ausgeführt, so hat die für diesen zuständige Zollstelle die Ware bis zur Ausfuhr aus dem Reichsgebiet unter Aufsicht zu nehmen. Die Ausfuhr ist auf dem Ausfuhrschein erst zu bescheinigen, nachdem die Ware in das Ausland ausgeführt ist.

§ 19. Zur Ausfuhr bestimmte Betäubungsmittel dürfen innerhalb des Reichsgebiets nicht an einen ausländischen Käufer oder dessen Bevollmächtigten ausgehändigt werden.

D. Ausnahmebestimmungen.

§ 20. (1) Die Einfuhr, Durchfuhr und Ausfuhr von Zubereitungen, die nach Art. 8 des internationalen OpAbk. vom 19. Februar 1925 (RGBl. 1929 II S. 407) von den Bestimmungen dieses Abkommens ausgenommen worden sind, unterliegt nicht den vorstehenden Bestimmungen. Das gleiche gilt für Betäubungsmittel, die zwar dem deutschen OpG., nicht aber dem internationalen OpAbk. unterstehen.

(2) Die erfolgte Einfuhr oder Ausfuhr ist von dem Einführenden oder Ausführenden dem RGA. anzuzeigen.

E. Allgemeine Bestimmungen.

§ 21. Die Einfuhr und Ausfuhr von Betäubungsmitteln nach und von den Zollausschlüssen von Hamburg und Cuxhaven sowie der Verkehr mit ihnen innerhalb dieser Zollausschlüsse regelt sich bis auf weiteres nach der Verordnung vom 1. Mai 1924 (RGBl. II S. 93); bezüglich der Durchfuhr gelten die Bestimmungen des Abschnitts B dieser Verordnung mit der Maßgabe, daß an die Stelle der Zollbehörde das Freihafenamt der Deputation für Handel, Schiffahrt und Gewerbe in Hamburg tritt.

§ 22. Der Verkehr mit Betäubungsmitteln im Zollausschlußgebiete Helgoland regelt sich nach den Bestimmungen dieser Verordnung mit der Maßgabe, daß an die Stelle der Zollbehörde der Gemeindevorsteher in Helgoland tritt.

§ 23. Diese Verordnung tritt am 1. Mai 1930 in Kraft. Gleichzeitig treten die Abschnitte III, IV, V und VII Afb. zum OpG. vom 5. Juni 1924 (RGBl. I S. 638) außer Kraft.

Berlin, den 1. April 1930.

Der Reichsminister des Innern.
In Vertretung: Zweigert.

Der Reichsminister der Finanzen.
Im Auftrag: Ernst.

Verordnung über Ankündigung und Beschriftung von Betäubungsmittel enthaltenden Arzneien, vom 14. April 1930 (RGBl. I S. 144).

Auf Grund des § 7 OpG. vom 10. Dezember 1929 (RGBl. I S. 215) wird mit Zustimmung des Reichsrates folgendes bestimmt:

§ 1. (1) Hinsichtlich der Ankündigung und Beschriftung von Arzneien, die Betäubungsmittel enthalten und von den Apotheken in einer zur Abgabe an das Publikum bestimmten fertigen Packung bezogen und in dieser Packung abgegeben werden, gelten für den Verkehr im Inland die Vorschriften der §§ 2 und 3 dieser Verordnung.

(2) Die Vorschriften gelten auch für Arzneien, deren Gehalt, berechnet auf Morphin, nicht mehr als 0,2%, berechnet auf Kokain, nicht mehr als 0,1% beträgt. Sie gelten jedoch nicht für Arzneien, die in den Apotheken ohne ärztliche, zahnärztliche oder tierärztliche Verschreibung abgegeben werden dürfen.

§ 2. (1) In den Ankündigungen sowie auf dem Arzneibehältnis und seiner Umhüllung ist ungekürzt und deutlich lesbar anzugeben:

1. der dem OpG. unterstehende Stoff mit einer Bezeichnung, die im OpG. oder in den gemäß § 1 Abs. 2 des Gesetzes ergehenden Verordnungen gebraucht ist,

2. die in der einzelnen Packung der Arznei enthaltene Menge dieses Stoffes,

3. das Gesamtgewicht oder die Gesamtmenge der in der Packung enthaltenen Arznei.

(2) Statt dieser Angaben ist bei Arzneien, die in abgeteilter Form in den Verkehr kommen, folgendes anzugeben:

1. der dem OpG. unterstehende Stoff mit einer Bezeichnung, die im OpG. oder in den gemäß § 1 Abs. 2 des Gesetzes ergehenden Verordnungen gebraucht ist,

2. die in der einzelnen Teilmenge der Arznei enthaltene Menge des Stoffes,

3. die Anzahl der in der Packung enthaltenen Teilmengen.

§ 3. (1) Die Bestimmungen dieser Verordnung treten am 1. Juli 1930 in Kraft.

(2) Arzneien in Packungen, die den Anforderungen dieser Verordnung nicht entsprechen, dürfen im Großhandel bis zum 30. September 1930, in den Apotheken bis zum 30. Juni 1931 abgegeben werden.

Berlin, den 14. April 1930.

Der Reichsminister des Innern.
Wirth.

Verordnung über Erhebung einer Gebühr für Bezugscheine auf Betäubungsmittel.

(ReichsminBl. S. 671.)

Auf Grund des § 11 Abs. 1 und § 4 Abs. 2 des OpG. vom 10. Dezember 1929 (RGBl. I S. 215) wird folgendes bestimmt:

§ 1. (1) Für die Ausstellung eines Bezugscheins (vgl. § 4 Abs. 1 OpG.) ist von dem Antragsteller eine Gebühr von 25 Rpf. zu entrichten.

(2) Der gleichen Gebühr unterliegt auch die Ausstellung eines Bezugscheins zwecks Rückgabe von Betäubungsmitteln sowie die Ausfertigung der Abschriften eines Bezugscheins.

(3) Der Gebühr unterliegt nicht die Ausstellung eines Bezugscheins, der telegraphisch beantragt worden ist.

§ 2. Die Bezugscheingebühr wird in Form einer Postfreimarke zu 25 Rpf. erhoben. Die Marke darf in keiner Weise entwertet sein, auch nicht durch Schriftzeichen; sie ist vom Antragsteller auf der äußersten oberen linken Ecke der Vorderseite des Bezugscheinantrages fest aufzukleben. Auf der oberen rechten Ecke der Rückseite des Bezugscheinantrags dürfen keine für die Erledigung des Antrags wichtigen Vermerke angebracht werden.

§ 3. Der Bezugscheinantrag ist von dem Erwerber in einem Briefumschlag unmittelbar an die Opiumstelle im Reichsgesundheitsamt einzusenden.

§ 4. Auf einem Bezugscheinantrag darf nur ein Lieferer genannt sein.

§ 5. Bezugscheinanträge, die nicht den Bestimmungen der §§ 2 bis 4 dieser Verordnung entsprechen, werden an den Antragsteller zurückgesandt.

§ 6. Diese Verordnung tritt am 1. Januar 1931 in Kraft.

Berlin, den 10. Dezember 1930.

Der Reichsminister des Innern.
In Vertretung Zweigert.

Verordnung über das Verschreiben Betäubungsmittel enthaltender Arzneien und ihre Abgabe in den Apotheken, vom 19. Dezember 1930 (RGBl. I S. 635).

Auf Grund der §§ 5, 8, 12 des OpG. vom 10. Dezember 1929 (RGBl. I S. 215) wird hiermit nach Zustimmung des Reichsrats verordnet:

I. Geltungsbereich der Verordnung.

§ 1. (1) Verschreibungen, die zum Bezuge Betäubungsmittel enthaltender Arzneien aus öffentlichen Apotheken erforderlich sind, dürfen nur nach den Bestimmungen des Abschnitts II dieser Verordnung ausgestellt werden.

(2) Betäubungsmittel enthaltende Arzneien dürfen in den öffentlichen Apotheken, den behördlich genehmigten ärztlichen und tierärztlichen Hausapotheken sowie durch Tierärzte, die eine Erlaubnis nach § 3 OpG. erhalten haben, nur nach den Bestimmungen des Abschnitts III dieser Verordnung abgegeben werden.

(3) Über die Abgabe Betäubungsmittel enthaltender Arzneien ist nach den Bestimmungen des Abschnitts IV dieser Verordnung Buch zu führen.

§ 2. Die Bestimmungen dieser Verordnung gelten auch für Arzneien, die nicht mehr als 0,2 % Morphin oder 0,1 % Kokain enthalten.

§ 3. Die Bestimmungen dieser Verordnung gelten auch für die Salze der Betäubungsmittel, die in der Verordnung als Basen aufgeführt sind. Die für eine Base angegebene Menge gilt auch für ihre Salze.

§ 4. Die Bestimmungen dieser Verordnung gelten auch dann, wenn ein Betäubungsmittel unter einem anderen Namen in dem Verkehr ist als in dieser Verordnung angegeben.

§ 5. Die Bestimmungen dieser Verordnung gelten nicht für das Verschreiben und die Abgabe von Arzneien, die Indischen Hanf, Indisch-Hanfextrakt oder Indisch-Hanftinktur enthalten.

II. Das Verschreiben Betäubungsmittel enthaltender Arzneien.

A. Allgemeine Bestimmungen.

§ 6. Die Arzneien dürfen nur von Ärzten, Zahnärzten oder Tierärzten und nur dann verschrieben werden, wenn die Anwendung des Betäubungsmittels ärztlich, zahnärztlich oder tierärztlich begründet ist.

§ 7. (1) Arzneien, die mehr als ein Betäubungsmittel enthalten, dürfen nicht verschrieben werden.

(2) Arzneien, die Kokablätter oder Zubereitungen von Kokablättern oder Ekgonin oder einen Ester des Morphins, ausgenommen Diacetylmorphin (Heroin) enthalten, dürfen nicht verschrieben werden.

B. Das Verschreiben von Arzneien, die Opium, Morphin, Diacetylmorphin (Heroin), Dihydrokodeinon (Dicodid), Dihydromorphinon (Dilaudid), Dihydrooxykodeinon (Eukodal), Dihydromorphin (Paramorfan), Narcophin, Laudanon, Pantopon oder dem Laudanon oder Pantopon ähnliche Zubereitungen enthalten.

§ 8. (1) Opium, Morphin, Diacetylmorphin (Heroin), Dihydrokodeinon (Dicodid), Dihydromorphinon (Dilaudid), Dihydrooxykodeinon (Eukodal), Dihydromorphin (Paramorfan), Narcophin, Laudanon, Pantopon oder die dem Laudanon oder Pantopon ähnlichen Zubereitungen dürfen in Substanz nicht verschrieben werden.

(2) Arzneien, die mehr als 15 % Morphin oder Diacetylmorphin (Heroin) enthalten, dürfen nicht verschrieben werden. Das gleiche gilt für Arzneien, die in Tablettenform mehr als 30 %, in den übrigen Arzneiformen mehr als 15 % Dihydrokodeinon (Dicodid) oder Dihydromorphinon (Dilaudid) oder Dihydrooxykodeinon (Eukodal) oder Dihydromorphin (Paramorfan) oder Narcophin oder Laudanon oder Pantopon oder einer dem Laudanon oder Pantopon ähnlichen Zubereitung enthalten.

§ 9. (1) Der Arzt oder der Zahnarzt darf für einen Kranken an einem Tage Arzneien verschreiben, die entweder

bis 2 g Opium oder die entsprechende Menge einer Opiumzubereitung

oder

bis 0,2 g Morphin

oder

bis 0,4 g Narcophin oder Laudanon oder Pantopon oder einer dem Laudanon oder Pantopon ähnlichen Zubereitung

oder

bis 0,2 g Dihydrokodeinon (Dicodid) oder Dihydrooxykodeinon (Eukodal) oder Dihydromorphin (Paramorfan)

oder

bis 0,03 g Diacetylmorphin (Heroin) oder Dihydromorphinon (Dilaudid)

enthalten.

(2) In besonderen Fällen darf der Arzt an einem Tage für einen Kranken Arzneien verschreiben, die

mehr als 2 g Opium oder die entsprechende Menge einer Opiumzubereitung

oder

mehr als 0,2 g Morphin

enthalten; in solchen Fällen hat er in einem besonderen, mit fortlaufenden Seitenzahlen versehenen Buche (Morphinbuch) Aufzeichnungen über den Krankheitsfall zu machen, aus denen der Name, die Wohnung und das Alter des Kranken sowie die vom Arzte festgestellte Erkrankung, die das Überschreiten der im Abs. 1 für Morphin oder Opium angegebenen Menge notwendig macht, zu ersehen sein müssen. Anschließend an diese Angabe hat der Arzt jeweils den Tag des Verschreibens, die in der Arznei enthaltene Menge des Morphins, des Opiums oder der Opiumzubereitung sowie den Zeitraum, für den die Arznei verschrieben wird, anzugeben. Ist die Arznei für einen Betäubungsmittelsüchtigen bestimmt, so hat der Arzt in dem Morphinbuch außerdem die folgenden Fragen zu beantworten:

Welche Betäubungsmittelsucht liegt vor?

Seit wann?

Haben Entziehungskuren stattgefunden?

Bejahendenfalls: wann, in welcher Anstalt oder bei welchem Arzte, mit welchem Erfolge?

Welche Menge des Betäubungsmittels wird angeblich täglich gebraucht?

Welche Menge des Betäubungsmittels wird zu dem Zeitpunkt, an dem diese Aufzeichnungen gemacht werden, für ärztlich begründet gehalten?

Warum wird zur Zeit keine Entziehungskur eingeleitet?

Wann soll sie eingeleitet werden?

Auf der Verschreibung (§ 19) hat der Arzt in den Fällen dieses Absatzes vor der Namensunterschrift den eigenhändigen Vermerk „Eingetragene Verschreibung“ anzubringen.

(3) Der Arzt darf für den Bedarf in seiner Praxis an einem Tage Arzneien verschreiben, die entweder

bis 2 g Opium oder die entsprechende Menge einer Opiumzubereitung

oder

bis 0,2 g Morphin

oder

bis 0,4 g Narcophin oder Laudanon oder Pantopon oder einer dem Laudanon oder Pantopon ähnlichen Zubereitung

oder

bis 0,2 g Dihydrokodeinon (Dicodid) oder Dihydrooxykodeinon (Eukodal) oder Dihydromorphin (Paramorfan)

oder

bis 0,03 g Diacetylmorphin (Heroin) oder Dihydromorphinon (Dilaudid)

enthalten.

(4) Außer für einen Kranken (Abs. 1 und 2) und für den Bedarf in der Praxis (Abs. 3) dürfen Arzneien, die die im § 8 Abs. 1 genannten Betäubungsmittel enthalten, für den allgemeinen Bedarf der öffentlichen und der gemeinnützigen Krankenhäuser, der Universitätskliniken und der den letztgenannten gleichgestellten Anstalten sowie für den Bedarf der behördlich genehmigten ärztlichen Hausapotheken und für die Ausrüstung der Kauffahrteischiffe verschrieben werden. Auf diese Verschreibungen finden Abs. 1 bis 3 keine Anwendung.

§ 10. (1) Der Tierarzt darf für ein Tier an einem Tage Arzneien verschreiben, die entweder

bis 15 g Opium oder die entsprechende Menge einer Opiumzubereitung

oder

bis 0,5 g Morphin

oder

bis 0,4 g Narcophin oder Laudanon oder Pantopon oder einer dem Laudanon oder Pantopon ähnlichen Zubereitung

oder

bis 0,3 g Dihydrooxykodeinon (Eukodal)

oder

bis 0,2 g Dihydrokodeinon (Dicodid) oder Dihydromorphin (Paramorfan)

oder

bis 0,03 g Diacetylmorphin (Heroin) oder Dihydromorphinon (Dilaudid)

enthalten.

(2) In besonderen Fällen darf der Tierarzt für ein Tier an einem Tage Arzneien verschreiben, die

mehr als 15 g Opium oder die entsprechende Menge einer Opiumzubereitung

oder

mehr als 0,5 g Morphin

enthalten; in solchen Fällen hat er in einem besonderen mit fortlaufenden Seitenzahlen versehenen Buche (Morphinbuch) Aufzeichnungen über den Krankheitsfall zu machen, aus denen die Art des Tieres, der Name und die Wohnung des Tierhalters, die Erkrankung des Tieres, die das Überschreiten der im Abs. 1 für Morphin oder Opium angegebenen Mengen erforderlich macht, der Tag des Verschreibens sowie die in der Arznei enthaltene Menge des Morphins, des Opiums oder der Opiumzubereitung zu ersehen sein müssen. Auf der Verschreibung (§ 19) hat der Tierarzt in diesen Fällen vor der Namensunterschrift den eigenhändigen Vermerk „Eingetragene Verschreibung“ anzubringen.

(3) Der Tierarzt darf für den Bedarf in seiner Praxis an einem Tage Arzneien verschreiben, die entweder

bis 15 g Opium oder die entsprechende Menge einer Opiumzubereitung

oder

bis 0,5 g Morphin

oder

bis 0,4 g Narcophin oder Laudanon oder Pantopon oder einer dem Laudanon oder Pantopon ähnlichen Zubereitung

oder

bis 0,3 g Dihydrooxykodeinon (Eukodal)

oder

bis 0,2 g Dihydrokodeinon (Dicodid) oder Dihydromorphin (Paramorfan)

oder

bis 0,03 g Diacetylmorphin (Heroin) oder Dihydromorphinon (Dilaudid)

enthalten.

(4) Außer für ein Tier (Abs. 1 und 2) und für den Bedarf in seiner Praxis (Abs. 3) darf der Tierarzt Arzneien, die die im § 8 Abs. 1 genannten Betäubungsmittel enthalten, für den allgemeinen Bedarf der tierärztlichen Universitätskliniken und der diesen gleichgestellten Anstalten sowie für den Bedarf der behördlich genehmigten tierärztlichen Hausapotheken verschreiben. Auf diese Verschreibungen finden Abs. 1 bis 3 keine Anwendung.

§ 11. Das Morphinbuch (§ 9 Abs. 2, § 10 Abs. 2) ist mindestens 5 Jahre, vom Zeitpunkt der letzten Eintragung gerechnet, aufzubewahren und dem zuständigen beamteten Arzte oder Tierarzt auf Verlangen vorzulegen.

C. Das Verschreiben Kokain enthaltender Arzneien.

§ 12. Kokain in Substanz darf nicht verschrieben werden.

§ 13. (1) Kokain enthaltende Arzneien für einen Kranken zu dessen eigenem Gebrauch darf der Arzt nur in Form der Lösung und nur dann verschreiben, wenn der beabsichtigte Zweck auf andere Weise nicht erreicht werden kann. Unter dieser Voraussetzung darf er zur Anwendung am Auge eine Arznei verschreiben, die nicht mehr als 2 % Kokain enthält; zu anderen Zwecken darf er eine Arznei verschreiben, die nicht mehr als 1 % Kokain und zugleich nicht weniger als 0,1 % Atropinsulfat enthält.

(2) Die Menge des von dem Arzte an einem Tage für einen Kranken zu dessen eigenem Gebrauche verschriebenen Kokains darf nicht mehr als 0,1 g betragen.

(3) Auf jeder Verschreibung (§ 19) einer Kokain enthaltenden Arznei für einen Kranken zu dessen eigenem Gebrauche hat der Arzt vor der Namensunterschrift den eigenhändigen Vermerk „Eingetragene Verschreibung“ anzubringen. Ist die Arznei zur Anwendung am Auge bestimmt, so ist in der Gebrauchsanweisung dieser Verwendungszweck anzugeben.

§ 14. (1) Kokain enthaltende Arzneien für den Bedarf in seiner Praxis darf der Arzt nur zu Eingriffen am Auge, am Kehlkopf, an der Nase und am Ohr, der Arzt oder Zahnarzt nur zu chirurgischen Eingriffen am Rachen und Kiefer verschreiben, und zwar nur dann, wenn die beabsichtigte Schmerzbetäubung auf andere Weise nicht möglich ist und die Arznei zum Aufbringen auf das Auge oder auf die Schleimhäute der genannten Körperteile bestimmt ist. Kokain darf für diese Zwecke vom Arzte nur in Form der Lösung mit einem Gehalte bis 10 % Kokain oder in Form der zur Anwendung am Auge bestimmten Tablette, vom Zahnarzt nur in Form der Lösung mit einem Gehalte bis 10 % Kokain verschrieben werden. Auf jeder Verschreibung (§ 19) einer Kokain enthaltenden Arznei für den Bedarf in seiner Praxis hat der Arzt oder Zahnarzt vor der Namensunterschrift den eigenhändigen Vermerk „Eingetragene Verschreibung“ anzubringen.

(2) Die Menge des vom Arzte oder Zahnarzt an einem Tage für den Bedarf in seiner Praxis verschriebenen Kokains darf nicht mehr als 1 g betragen.

§ 15. Über jede Verschreibung einer Kokain enthaltenden Arznei hat der Arzt oder Zahnarzt in einem besonderen mit fortlaufenden Seitenzahlen versehenen Buche (Kokainbuch) Aufzeichnungen zu machen. Bei Verschreibungen für einen Kranken zu dessen eigenem Gebrauche (§ 13) hat der Arzt in dem Buche den Namen und die Wohnung des Kranken, die vom Arzte festgestellte Erkrankung, die das Verschreiben einer Kokain enthaltenden Arznei notwendig macht, den Tag des Verschreibens und die Menge des in der Arznei enthaltenen Kokains einzutragen. Bei Verschreibungen für den Bedarf in seiner Praxis (§ 14) hat der Arzt oder Zahnarzt den Tag des Verschreibens und die Menge des in der Arznei enthaltenen Kokains einzutragen. Daran anschließend ist in allen Fällen, in denen das Kokain zu einem chirurgischen Eingriff am Auge, am Kehlkopf, an der Nase und am Ohr, am Rachen oder am Kiefer verwendet wird, der Name und die Wohnung des Kranken, die Erkrankung, die die Verwendung des Kokains notwendig macht, sowie der Tag und die Art des Eingriffs anzugeben.

§ 16. Außer für einen Kranken (§ 13) und für den Bedarf in der Praxis (§ 14) dürfen Kokain enthaltende Arzneien für den allgemeinen Bedarf der öffentlichen und der gemeinnützigen Krankenhäuser, der Universitätskliniken und der den letztgenannten gleichgestellten Anstalten sowie für die Ausrüstung der Kauffahrteischiffe verschrieben werden. Auf diese Verschreibungen finden die §§ 13 bis 15 keine Anwendung. Jedoch darf auch in diesen Fällen Kokain nur in Form der Lösung mit einem Gehalte bis 10 % Kokain oder in Form der zur Anwendung am Auge bestimmten Tablette verschrieben werden.

§ 17. (1) Kokain enthaltende Arzneien für den Bedarf in seiner Praxis darf der Tierarzt nur zu Eingriffen am Huf, an den Klauen und am Auge verschreiben. Kokain darf für diese Zwecke nur in Form der Lösung mit einem Gehalte bis 10 % Kokain oder in Form der zur Anwendung am Auge bestimmten Tablette verschrieben werden. Auf jeder Verschreibung (§ 19) einer Kokain enthaltenden Arznei für den Bedarf in seiner Praxis hat der Tierarzt vor der Namensunterschrift den eigenhändigen Vermerk „Eingetragene Verschreibung“ anzubringen.

(2) Über jede Verschreibung einer Kokain enthaltenden Arznei hat der Tierarzt in einem besonderen mit fortlaufenden Seitenzahlen versehenen Buche (Kokainbuch) Aufzeichnungen zu machen, aus denen der Tag des Verschreibens und die Menge des in der Arznei enthaltenen Kokains zu ersehen sein müssen. Daran anschließend ist die Art des Tieres, bei dem das Kokain verwendet wird, der Name und die Wohnung des Tierhalters, die Erkrankung, die die Verwendung des Kokains notwendig macht, sowie der Tag und die Art des Eingriffs anzugeben.

(3) Die Menge des vom Tierarzt an einem Tage für den Bedarf in seiner Praxis verschriebenen Kokains darf nicht mehr als 1 g betragen.

(4) Außer für den Bedarf in seiner Praxis (Abs. 1) darf der Tierarzt Kokain enthaltende Arzneien für den allgemeinen Bedarf der tierärztlichen Universitätskliniken und der diesen gleichgestellten Anstalten verschreiben. Auf diese Verschreibungen finden Abs. 1 bis 3 keine Anwendung. Jedoch darf auch in diesen Fällen Kokain nur in Form der Lösung mit einem Gehalte bis 10 % Kokain oder in Form der zur Anwendung am Auge bestimmten Tablette verschrieben werden.

§ 18. Das Kokainbuch (§ 15, § 17 Abs. 2) ist mindestens 5 Jahre, vom Zeitpunkt der letzten Eintragung gerechnet, aufzubewahren und dem zuständigen beamteten Arzt oder Tierarzt auf Verlangen vorzulegen.

D. Form und Inhalt der Verschreibung.

§ 19. (1) Die Verschreibungen müssen außer der Angabe der Bestandteile der Arznei und ihrer Mengen folgende Angaben enthalten:

a) Name des Arztes, Zahnarztes oder Tierarztes, seine Berufsbezeichnung und seine Anschrift,

b) Tag des Ausstellens,

c) eine ausdrückliche Gebrauchsanweisung — bei Verschreibungen Kokain enthaltender Arzneien für einen Kranken zur Anwendung am Auge außerdem die Angabe dieses Verwendungszwecks —,

d) Name und Wohnung des Kranken, für den die Arznei bestimmt ist, bei tierärztlichen Verschreibungen Art des Tieres sowie Name und Wohnung des Tierhalters,

e) eigenhändige, ungekürzte Namensunterschrift des Arztes, Zahnarztes oder Tierarztes,

f) in Fällen, wo dies in § 9 Abs. 2, § 10 Abs. 2, § 13 Abs. 3, § 14 Abs. 1 und § 17 Abs. 1 vorgeschrieben ist, vor der Namensunterschrift den eigenhändigen Vermerk „Eingetragene Verschreibung“.

(2) Die in Abs. 1 vorgeschriebenen Angaben sind mit Tinte oder Tintenstift zu machen, die unter Buchstabe a vorgeschriebenen jedoch nur, wenn sie nicht aufgedruckt oder aufgestempelt sind.

(3) Bei Verschreibungen für den allgemeinen Bedarf der öffentlichen und der gemeinnützigen Krankenhäuser, der Universitätskliniken und der den letztgenannten gleichgestellten Anstalten, für den Bedarf in der Praxis des Arztes, Zahnarztes und Tierarztes, für den Bedarf der behördlich genehmigten ärztlichen und tierärztlichen Hausapotheken sowie für die Ausrüstung der Kauffahrteischiffe tritt an Stelle der Vermerke im Abs. 1 Buchstabe c und d ein Hinweis auf den allgemeinen Verwendungszweck.

§ 20. Die Verschreibungen dürfen weder vor- noch zurückdatiert werden.

III. Die Abgabe Betäubungsmittel enthaltender Arzneien.

A. In den öffentlichen Apotheken.

§ 21. (1) Die Arzneien dürfen in den Apotheken nur gegen Vorlage einer Verschreibung eines Arztes, Zahnarztes oder Tierarztes abgegeben werden.

(2) Arzneien, die die im § 8 Abs. 1 genannten Betäubungsmittel enthalten, dürfen

auf Verschreibung eines Arztes nur für einen Kranken, für den Bedarf in der Praxis des verschreibenden Arztes, für den allgemeinen Bedarf der öffentlichen und der gemeinnützigen Krankenhäuser, der Universitätskliniken und der den letztgenannten gleichgestellten Anstalten sowie für den Bedarf der behördlich genehmigten ärztlichen Hausapotheken und für die Ausrüstung der Kauffahrteischiffe,

auf Verschreibung eines Zahnarztes nur für einen Kranken sowie für den allgemeinen Bedarf der zahnärztlichen Universitätskliniken und der diesen gleichgestellten Anstalten,

auf Verschreibung eines Tierarztes nur für ein Tier, für den Bedarf in der Praxis des verschreibenden Tierarztes, für den allgemeinen Bedarf der tierärztlichen Universitätskliniken und der diesen gleichgestellten Anstalten sowie für den Bedarf einer behördlich genehmigten tierärztlichen Hausapotheke

abgegeben werden.

(3) Arzneien, die Kokain enthalten, dürfen

auf Verschreibung eines Arztes nur für einen Kranken, für den Bedarf in der Praxis des verschreibenden Arztes, für den allgemeinen Bedarf der öffentlichen und der gemeinnützigen Krankenhäuser, der Universitätskliniken und der den letztgenannten gleichgestellten Anstalten sowie für die Ausrüstung der Kauffahrteischiffe,

auf Verschreibung eines Zahnarztes nur für den Bedarf in der Praxis des verschreibenden Zahnarztes sowie für den allgemeinen Bedarf der zahnärztlichen Universitätskliniken und der diesen gleichgestellten Anstalten,

auf Verschreibung eines Tierarztes nur für den Bedarf in der Praxis des verschreibenden Tierarztes und für den allgemeinen Bedarf der tierärztlichen Universitätskliniken und der diesen gleichgestellten Anstalten

abgegeben werden.

(4) Verschreibungen, die entgegen den Bestimmungen der §§ 7 und 8 ausgestellt sind oder in den Fällen des § 9 Abs. 1 und 3 und § 10 Abs. 1 und 3 über größere Mengen des Betäubungsmittels lauten, als dort angegeben, dürfen nicht beliefert werden. Verschreibungen über Kokain enthaltende Arzneien dürfen nur dann beliefert werden, wenn die Verschreibung

hinsichtlich des Prozentgehalts der Arznei an Kokain,

hinsichtlich der Arzneiform,

hinsichtlich der in der einzelnen Arznei enthaltenen Menge des Kokains,

hinsichtlich des Zusatzes an Atropinsulfat im Falle des § 13 Abs. 1 vom Arzt, Zahnarzt oder Tierarzt nach den Bestimmungen der §§ 12, 13, 14, 16 und 17 ausgestellt ist.

(5) Die Verschreibungen dürfen nur beliefert werden, wenn sie den Bestimmungen des § 19 entsprechen. Fehlt jedoch bei Verschreibungen in den Fällen des § 9 Abs. 1 oder § 10 Abs. 1 die Angabe der Wohnung des Kranken oder des Tierhalters, so soll der Apotheker nicht verpflichtet sein, die Belieferung der Verschreibung abzulehnen.

(6) Eine Verschreibung eines Arztes darf, auch wenn sie den Bestimmungen der Abs. 1 bis 5 nicht entspricht, beliefert werden, wenn der Überbringer der Verschreibung glaubhaft versichert, daß ein dringender Notfall vorliege, der die unverzügliche Anwendung der Arznei erforderlich macht. In diesem Falle darf jedoch nicht mehr als die Menge abgegeben werden, die im § 9 Abs. 1 für das Betäubungsmittel zugelassen ist, auf das die Verschreibung lautet. Auf der Verschreibung ist ein Vermerk über die Angaben des Überbringers der Verschreibung zu machen. Weiter ist die Menge des Betäubungsmittels, die abgegeben worden ist, anzugeben.

§ 22. (1) Die auf einer Verschreibung angegebene Menge muß auf einmal abgegeben werden.

(2) Vordatierte Verschreibungen dürfen nicht beliefert werden.

(3) Verschreibungen für einen Kranken im Falle des § 9 Abs. 2 dürfen nach Ablauf des fünften Tages nach dem Tage des Ausstellens nicht mehr beliefert werden.

§ 23. Die Arzneien über den Niederlassungsort der Apotheke hinaus zu versenden, ist einer Apotheke nur dann gestattet, wenn sie zu den dem Bestimmungsort nächstgelegenen zehn Apotheken gehört.

§ 24. Auf die Verschreibung eines Arztes, Zahnarztes oder Tierarztes, die nach den vorstehenden Bestimmungen nicht beliefert werden darf, hat die Apotheke mit Tinte oder Tintenstift folgenden Vermerk zu setzen: „Die Verschreibung darf nach gesetzlicher Vorschrift nicht beliefert werden“. Die Verschreibung ist sodann, mit der Firma der Apotheke versehen, dem Kranken oder dem Überbringer in einem geschlossenen Briefumschlag mit der Anschrift des Arztes, Zahnarztes oder Tierarztes zwecks Übermittlung an diesen zurückzugeben oder auf andere geeignete Weise unmittelbar dem Arzt, Zahnarzt oder Tierarzt zuzustellen.

B. In den behördlich genehmigten ärztlichen und den tierärztlichen Hausapotheken.

§ 25. In den behördlich genehmigten ärztlichen und tierärztlichen Hausapotheken und durch Tierärzte, die eine Erlaubnis nach § 3 OpG. erhalten haben, dürfen die Arzneien nur dann abgegeben werden, wenn der Arzt oder Tierarzt nach Abschnitt II dieser Verordnung berechtigt ist, die Arznei zu verschreiben. An Stelle der Verschreibung (§ 19) tritt die Eintragung in das Betäubungsmittelbuch (§ 29). Die Bestimmungen über das Morphinbuch (§ 9 Abs. 2, § 10 Abs. 2) und das Kokainbuch (§ 15, § 17 Abs. 2) gelten entsprechend.

IV. Nachweis des Verbleibs der Betäubungsmittel.

A. In den öffentlichen Apotheken.

§ 26. Auf Verschreibungen solcher Arzneien, die in der Apotheke angefertigt worden sind, ist der Tag des Anfertigens und der Name des Anfertigers zu vermerken. Auf Verschreibungen solcher Arzneien, die in einer zur Abgabe an das Publikum bestimmten fertige Packung aus dem Handel bezogen und in dieser Packung abgegeben worden sind, ist der Tag der Abgabe und der Name des Abgebers zu vermerken. Auf allen Verschreibungen ist außerdem die Firma der Apotheke anzugeben. Die Verschreibungen sind in den Apotheken zurückzubehalten, ausgenommen die Verschreibungen, die die Apotheke einem Träger der Reichsversicherung oder einer Ersatzkasse zurückzugeben hat. Die zurückbehaltenen Verschreibungen sind für jedes Kalenderjahr mit fortlaufenden, dem Zeitpunkt der Abgabe der Arzneien entsprechenden Nummern zu versehen.

§ 27. (1) Über die Abgabe der Arzneien ist Buch zu führen. Hierzu dienen die mit fortlaufenden Seitenzahlen versehenen Betäubungsmittelbücher für Apotheken (Anlage I und II[1]). In ihnen

[1] Siehe S. 254.

hat der Apothekenleiter oder der von ihm Beauftragte die Abgabe der Arzneien unter entsprechender Ausfüllung der Spalten täglich zu vermerken. In dem Betäubungsmittelbuch I ist die Abgabe der Arzneien zu vermerken, die in der Apotheke angefertigt worden sind. In dem Betäubungsmittelbuch II ist die Abgabe der Arzneien zu vermerken, die in einer zur Abgabe an das Publikum bestimmten fertigen Packung aus dem Handel bezogen und in dieser Packung abgegeben worden sind.

(2) In die Betäubungsmittelbücher sind nach den Bestimmungen des Abs. 1 auch diejenigen Betäubungsmittel und Arzneien einzutragen, die die Stammapotheken an die Zweigapotheken abgeben.

(3) Am Schlusse eines jeden Kalendermonats sind in dem Betäubungsmittelbuch I die in dem Monat eingetragenen Mengen der Betäubungsmittel spaltenweise zusammenzuzählen.

(4) Der Apothekenleiter hat am Schlusse eines jeden Kalendermonats in dem Betäubungsmittelbuch einen Sichtvermerk anzubringen, und zwar in dem Betäubungsmittelbuch I unter den im Abs. 3 geforderten Angaben, in dem Betäubungsmittelbuch II hinter der letzten Eintragung.

§ 28. (1) Die Verschreibungen sind nach laufenden Nummern geordnet, nach Kalendermonaten getrennt, mindestens 5 Jahre, die Betäubungsmittelbücher ebenfalls mindestens 5 Jahre, vom Zeitpunkt der letzten Eintragung gerechnet, aufzubewahren. Die Verschreibungen, die Betäubungsmittelbücher oder Auszüge aus letzteren sind auf Verlangen an die zuständige Aufsichtsbehörde oder an das Reichsgesundheitsamt einzusenden oder an Ort und Stelle den Beauftragten dieser Behörden vorzulegen.

(2) Während der Zeit, in der die Betäubungsmittelbücher an die im Abs. 1 genannten Stellen abgegeben sind, sind vorläufige Aufzeichnungen zu machen, die nach Wiedereingang der Bücher nachzutragen sind.

B. In den behördlich genehmigten ärztlichen und den tierärztlichen Hausapotheken.

§ 29. (1) In den behördlich genehmigten ärztlichen Hausapotheken ist das mit fortlaufenden Seitenzahlen versehene Betäubungsmittelbuch für ärztliche Hausapotheken (Anlage III[1]) zu führen. In ihm ist die Abgabe der Arzneien unter entsprechender Ausfüllung der Spalten zu vermerken.

---

[1] Siehe S. 258.

(2) In den behördlich genehmigten tierärztlichen Hausapotheken und von Tierärzten, die eine Erlaubnis nach § 3 OpG. erhalten haben, ist das mit fortlaufenden Seitenzahlen versehene Betäubungsmittelbuch für Tierärzte (Anlage IV[1]) zu führen. In ihm ist die Verwendung oder Abgabe der Arzneien unter entsprechender Ausfüllung der Spalten zu vermerken, und zwar auch dann, wenn die Arzneien oder die Betäubungsmittel, die in den Arzneien enthalten sind, gegen tierärztliche Verschreibung aus einer Apotheke bezogen worden sind.

(3) Die Betäubungsmittelbücher sind mindestens 5 Jahre, vom Zeitpunkt der letzten Eintragung gerechnet, aufzubewahren. Die Betäubungsmittelbücher oder Auszüge aus ihnen sind auf Verlangen an die zuständige Aufsichtsbehörde oder an das Reichsgesundheitsamt einzusenden oder an Ort und Stelle den Beauftragten dieser Behörden vorzulegen.

(4) Während der Zeit, in der die Betäubungsmittelbücher an die im Abs. 3 genannten Stellen abgegeben sind, sind vorläufige Aufzeichnungen zu machen, die nach Wiedereingang der Bücher nachzutragen sind.

V. Inkrafttreten, Übergangsbestimmungen.

§ 30. (1) § 6, § 7 Abs. 1, § 8 Abs. 1 und § 12 dieser Verordnung treten am 1. Februar 1931 in Kraft. Verschreibungen, die entgegen den Bestimmungen des § 7 Abs. 1, § 8 Abs. 1, § 12 ausgestellt sind, dürfen vom gleichen Zeitpunkt nicht mehr beliefert werden.

(2) Die übrigen Bestimmungen dieser Verordnung treten am 1. April 1931 in Kraft.

(3) Zum 1. April 1931 tritt Abschnitt II Abs. 4 der Afb. zum OpG. vom 5. Juni 1924 (RGBl. I S. 638) außer Kraft; jedoch sind die Belege über die Betäubungsmittel enthaltenden Arzneien, die bis zum 31. März 1931 abgegeben worden sind, auch weiterhin noch nach den Vorschriften der Afb. vom 5. Juni 1924 in den Apotheken aufzubewahren.

(4) Zum 1. April 1931 tritt ferner außer Kraft die Vo. über die Versorgung der Kauffahrteischiffe mit Betäubungsmitteln vom 13. November 1925 (ReichsminBl. S. 1340).

Berlin, den 19. Dezember 1930.

Der Reichsminister des Innern.
In Vertretung Zweigert.

[1] Siehe S. 258.

Verordnung über Erhebung einer Umlage auf Betäubungsmittel. (ReichsminBl. S. 25.)

Auf Grund von § 11 Abs. 1 des OpG. vom 10. Dezember 1929 — RGBl. I S. 215 — wird die durch die Vo. vom 12. November 1924 (ReichsminBl. S. 380) und vom 2. August 1929 (ReichsminBl. S. 596) festgesetzte Umlage mit Wirkung vom 1. Januar 1931 auf Dicodid, Dilaudid, Eukodal und auf die Zubereitungen dieser Stoffe ausgedehnt.

Berlin, den 20. Januar 1931.

Der Reichsminister des Innern.
In Vertretung Zweigert.

Zweite Verordnung über die Unterstellung eines weiteren Betäubungsmittels unter die Bestimmungen des Opiumgesetzes, vom 24. März 1931 (RGBl. I S. 76).

Auf Grund des § 1 Abs. 2 und § 12 des OpG. vom 10. Dezember 1929 (RGBl. I S. 215) wird hiermit nach Zustimmung des Reichsrats verordnet:

§ 1. Das Acetyl-demethylo-dihydrothebain (Acedicon) und seine Salze werden hiermit den im § 1 Abs. 1 OpG. aufgeführten Stoffen mit Wirkung vom 1. April 1931 gleichgestellt.

§ 2. Wer Acetyl-demethylo-dihydrothebain (Acedicon) oder seine Salze oder Zubereitungen des Acedicons oder seiner Salze am 1. Mai 1931 noch in Gewahrsam hat, ohne daß er eine Erlaubnis nach § 3 Abs. 1 OpG. besitzt oder nach § 3 Abs. 4 des Gesetzes Betäubungsmittel ohne eine solche Erlaubnis abgeben darf, ist verpflichtet, dies unverzüglich dem Reichsgesundheitsamt (Opiumstelle) unter Angabe der Art und Menge der Stoffe und Zubereitungen mitzuteilen. Bis zum 30. April 1931 ist er berechtigt, die Stoffe und Zubereitungen an eine zum Handel mit Betäubungsmitteln zugelassene Firma abzugeben. Die erwerbende Firma ist verpflichtet, dem Reichsgesundheitsamt (Opiumstelle) hiervon unter Angabe der Art und Mengen der Stoffe und Zubereitungen sowie der abgebenden Firma Mitteilung zu machen.

Berlin, den 24. März 1931.

Der Reichsminister des Innern.
Wirth.

Verordnung zur Änderung der Verordnung über das Verschreiben Betäubungsmittel enthaltender Arzneien und ihre Abgabe in den Apotheken vom 19. Dezember 1930 (RGBl. I S. 635), vom 24. März 1931 (RGBl. I S. 76).

Auf Grund der §§ 5, 8, 12 des OpG. vom 10. Dezember 1929 (RGBl. I S. 215) wird hiermit nach Zustimmung des Reichsrats verordnet:

§ 1. Die Verordnung über das Verschreiben Betäubungsmittel enthaltender Arzneien und ihre Abgabe in den Apotheken wird wie folgt ergänzt:

1. In der Überschrift des Abschnitts B sowie im § 8 Abs. 1 sind einzuschalten zwischen „Dihydromorphin (Paramorfan)," und „Narcophin" die Worte „Acetyl-demethylo-dihydrothebain (Acedicon)",

2. Im § 8 Abs. 2 sind einzuschalten hinter den Worten „Dihydromorphin (Paramorfan)" die Worte „oder Acetyl-demethylo-dihydrothebain (Acedicon)",

3. Im § 9 Abs. 1 und 3 ist hinter
„bis 0,2 g Dihydrokodeinon (Dicodid) oder Dihydrooxykodeinon (Eukodal) oder Dihydromorphin (Paramorfan)" zu setzen „oder Acetyl-demethylo-dihydrothebain (Acedicon)",

4. Im § 10 Abs. 1 und 3 hinter
„bis 0,2 g Dihydrokodeinon (Dicodid) oder Dihydromorphin (Paramorfan)" zu setzen „oder Acetyl-demethylo-dihydrothebain (Acedicon)".

§ 2. Diese Verordnung tritt am 1. April 1931 in Kraft.

Berlin, den 24. März 1931.

Der Reichsminister des Innern.
Wirth.

Verordnung über den Fortfall der Bezugscheinpflicht bei Betäubungsmitteln (Reichsanz. Nr. 222, RGBl. I S. 513).

Auf Grund der §§ 1 Abs. 4, 4 Abs. 4 und 12 des Gesetzes über den Verkehr mit Betäubungsmitteln (OpG.) vom 10. Dezember 1929 wird mit Zustimmung des Reichsrats folgendes bestimmt:

§ 1. In den Fällen, in denen nach § 4 Abs. 1 OpG. für den Erwerb, die Veräußerung und die Abgabe von Betäubungsmitteln ein Bezugschein erforderlich ist, bedarf es für die in der Anlage aufgeführten Zubereitungen des Bezugscheins nicht. Die

Veräußerung, die Abgabe und der Erwerb dieser Zubereitungen ist jedoch nur Personen, die eine Erlaubnis nach § 3 Abs. 1 OpG. besitzen, sowie Apotheken und behördlich genehmigten tierärztlichen Hausapotheken gestattet.

§ 2. (1) Wer vermöge der ihm erteilten Erlaubnis die in der Anlage aufgeführten Zubereitungen veräußert oder abgibt, hat dem Reichsgesundheitsamt (Opiumstelle) innerhalb des ersten Monats des auf die Veräußerung oder die Abgabe folgenden Kalendervierteljahrs eine Aufstellung über die im vergangenen Kalendervierteljahre veräußerten oder abgegebenen Zubereitungen zu übersenden. Die Aufstellung ist nach den einzelnen Empfängern und Zubereitungen zu ordnen. Aus der Aufstellung müssen die Empfänger und die im Kalendervierteljahr an den einzelnen Empfänger veräußerten oder abgegebenen Mengen der Zubereitungen zu ersehen sein.

(2) Die Verpflichtung nach Abs. 1 zur Anzeige an das Reichsgesundheitsamt (Opiumstelle) bezieht sich nicht auf die Veräußerung oder Abgabe der Zubereitungen an Apotheken, behördlich genehmigte tierärztliche Hausapotheken und solche Tierärzte, die eine Erlaubnis nach § 3 Abs. 1 OpG. besitzen.

§ 3. Wer vermöge der ihm erteilten Erlaubnis zur Veräußerung oder Abgabe der in der Anlage aufgeführten Zubereitungen berechtigt ist, aber innerhalb eines Kalendervierteljahrs keine dieser Zubereitungen veräußert oder abgegeben hat, ist verpflichtet, dem Reichsgesundheitsamt (Opiumstelle) innerhalb des ersten Monats des folgenden Kalendervierteljahrs Fehlanzeige zu erstatten.

§ 4. Im übrigen finden die Bestimmungen des OpG. und der auf Grund desselben erlassenen Bestimmungen auch auf die in der Anlage aufgeführten Zubereitungen Anwendung.

§ 5. Diese Verordnung tritt am 1. Oktober 1931 in Kraft. Gleichzeitig treten die Verordnung über Abgabe von Betäubungsmitteln vom 1. Juli 1924 und die Verordnung über den Fortfall der Bezugscheinpflicht bei Betäubungsmitteln vom 20. Dezember 1929 außer Kraft.

Berlin, den 21. September 1931.

Der Reichsminister des Innern.
Dr. Wirth.

Verzeichnis der bezugscheinfreien Zubereitungen.

(Siehe den Abdruck S. 123.)

Noch geltende Ausführungsbestimmungen zu dem früheren Gesetz:

Verordnung über den Verkehr mit Betäubungsmitteln in den Zollausschlüssen von Hamburg und Cuxhaven.

Vom 1. Mai 1924.

(RGBl. II, S. 93.)

Auf Grund des § 9 des Gesetzes zur Ausführung des internationalen OpAbk. vom 23. Januar 1912, vom 30. Dezember 1920 (RGBl. 1921, S. 2) in der Fassung des Gesetzes zur Abänderung des OpG. vom 21. März 1924 (RGBl. I, S. 290) wird im Einvernehmen mit dem Senat in Hamburg über den Verkehr mit Betäubungsmitteln in den Zollausschlüssen Hamburg-Freihafen, Hamburg-Waltershof und Cuxhaven folgendes bestimmt:

1. Betäubungsmittel, die in die genannten Zollausschlüsse eingehen oder beim Inkrafttreten dieser Verordnung sich daselbst befinden, sind von dem Verfügungsberechtigten und, falls ein solcher im Inland nicht vorhanden ist, von dem Warenführer unverzüglich dem Freihafenamte der Deputation für Handel, Schiffahrt und Gewerbe anzumelden. Die Anmeldepflicht entfällt, wenn das Freihafenamt aus dem Zollgebiete kommende Betäubungsmittel von der Grenzzollstelle übernimmt.

2. Betäubungsmittel dürfen in den genannten Zollausschlüssen nur in den vom Freihafenamte bezeichneten amtlichen Verschlußräumen lagern.

3. Jegliche Beförderung von Betäubungsmitteln innerhalb der genannten Zollausschlüsse ist nur unter amtlicher Begleitung des Freihafenamts zulässig.

4. Das Freihafenamt ist ermächtigt, in einzelnen Fällen Ausnahmen von den Vorschriften der Ziff. 2 bis 3 unter besonderen von ihm festzusetzenden Bedingungen zuzulassen.

5. Bei der Ausfuhr von Betäubungsmitteln über die genannten Zollausschlüsse hat die Grenzzollstelle dem Freihafenamte mit der Ware den Ausfuhrschein unter Bescheinigung des Übertritts in den Zollausschluß auszuhändigen. Das Freihafenamt hat den Ausfuhrschein nach Verladung der Sendung in das Seeschiff unter Bescheinigung der Verladung nach dem Bestimmungslande dem RGA. zu übersenden.

Bei der Einfuhr von Betäubungsmitteln über die genannten Zollausschlüsse ist der Einfuhrschein dem Freihafenamte zu übergeben, das denselben bei dem Versande der Ware nach dem Zollgebiete der Grenzzollstelle unter Bescheinigung des Austritts aus dem Zollausschlusse zu übergeben hat.

Berlin, den 1. Mai 1924.

Der Reichsminister des Innern.

In Vertretung

Zweigert.

Ausführungsbestimmungen zum Opiumgesetze.

Vom 5. Juni 1924.

(RGBl. I, S. 638.)

Auf Grund des § 9 des Gesetzes vom 30. Dezember 1920, betreffend Ausführung des internationalen Opiumabkommens vom 23. Januar 1912 (RGBl. 1921, S. 2) in der Fassung des Gesetzes zur Abänderung des Opiumgesetzes vom 21. März 1924 (RGBl. I, S. 290), wird mit Zustimmung des Reichsrats folgendes bestimmt:

II. (1) Der Bezugschein nach § 3 des Gesetzes ist für jeden im Inland erfolgenden Wechsel der Verfügungsberechtigung, ausgenommen den auf Grund schriftlicher ärztlicher, zahnärztlicher oder tierärztlicher Anweisung erfolgenden Erwerb in Apotheken, erforderlich.

(2) Der Bezugschein ist durch den Erwerber selbst bei der Opiumstelle schriftlich zu beantragen.

(3) Der Bezugschein ist, sofern der Antragsteller nichts anderes bestimmt, von der Opiumstelle an den in dem Antrag genannten Lieferer zu übersenden. Die in dem Bezugschein angegebenen Mengen sind in einer Lieferung voll zu liefern und abzunehmen. Der Bezugschein ist durch den Lieferer zurückzubehalten und dient als Beleg für den Verbleib der von ihm abgegebenen Mengen.

VI. Die Verpflichtung zur Lagerbuchführung liegt allen Personen und Firmen ob, die eine Erlaubnis auf Grund des § 2 des Gesetzes erhalten haben. Insbesondere haben auch die Personen, die zu wissenschaftlichen Zwecken die im § 1 des Gesetzes genannten Stoffe und Zubereitungen beziehen, Aufzeichnungen über deren Verwendung zu machen.

Berlin, den 5. Juni 1924.

Der Reichsminister des Innern.

Dr. Jarres.

Verordnung, betreffend Erhebung einer Umlage auf Betäubungsmittel (RMinBl. 1924, S. 380).

Auf Grund des § 8a OpG. in der Fassung des Gesetzes zur Abänderung des OpG. vom 21. März 1924 (RGBl. I, S. 290) wird hiermit verordnet:

1. Für jedes Kilogramm Morphin, Diazetylmorphin (Heroin) und Kokain, das von einem Hersteller im Inland in den Handel gebracht wird, wird eine Umlage von 50 „Fünfzig" Reichsmark erhoben. Die Umlage wird von dem Reichsgesundheitsamt angefordert und ist an dieses Amt zu zahlen.

2. Wird mit der Umlage belastete Ware durch einen Großhändler ausgeführt, so wird diesem die Umlage auf Antrag zurückvergütet. Rückvergütungen unter 25 Reichsmark finden nicht statt.

3. Für eingeführte Mengen wird die in Ziffer 1 genannte Umlage von dem Einführenden in jedem Falle in gleicher Höhe erhoben.

Berlin, den 12. November 1924.

Der Reichsminister des Innern.
Im Auftrag: Dammann.

Verordnung, betreffend Umlage auf Betäubungsmittel (RMinBl. 1929, S. 596).

Auf Grund des § 8a OpG. in der Fassung des Gesetzes zur Abänderung des OpG. vom 21. März 1924 (RGBl. I, S. 290) wird hiermit verordnet:

Die durch die Verordnung, betreffend Erhebung einer Umlage auf Betäubungsmittel, vom 12. November 1924 (RMinBl. S. 380) eingeführte Umlage auf Betäubungsmittel wird mit Wirkung vom 1. September 1929 von 50 RM auf 75 RM erhöht.

Berlin, den 2. August 1929.

Der Reichsminister des Innern.
Im Auftrag: Dammann.

Sachverzeichnis.

Druck von Oscar Brandstetter in Leipzig.

Hagers Handbuch der pharmazeutischen Praxis

für Apotheker, Ärzte, Drogisten und Medizinalbeamte

Unter Mitwirkung von

Dr. phil. E. Rimbach, o. Hon.-Professor an der Universität Bonn, Dr. phil. E. Mannheim †, a. o. Professor an der Universität Bonn, Dr.-Ing. L. Hartwig, Direktor des Städt. Nahrungsmitteluntersuchungsamts in Halle a. S., Dr. med. C. Bachem, a. o. Professor an der Universität Bonn, Dr. med. W. Hilgers, Privatdozent an der Universität Königsberg

vollständig neu bearbeitet und herausgegeben von

Dr. **G. Frerichs,** o. Professor der Pharmazeutischen Chemie und Direktor des Pharmazeutischen Instituts der Universität Bonn; **G. Arends,** Medizinalrat, Apotheker in Chemnitz i. Sa.; Dr. **H. Zörnig,** o. Professor der Pharmakognosie und Direktor der Pharmazeutischen Anstalt der Universität Basel.

Erster Band: Mit 282 Abbildungen. XI, 1573 Seiten. 1925. Erster berichtigter Neudruck 1930. Gebunden RM 63.—

Zweiter Band: Mit 426 Abbildungen. IV, 1579 Seiten. 1927. Erster berichtigter Neudruck 1930. Gebunden RM 63.—

Aus den Besprechungen:

Der zweite Band des Hagerschen Handbuchs der pharmazeutischen Praxis ist dem schon im Jahre 1925 erschienenen ersten Band gefolgt, so daß das Werk nunmehr vollständig vorliegt. In der Anordnung des Stoffes schließt er sich genau dem ersten Band an. Von besonderem Wert ist, daß bei den einzelnen Artikeln auch die betreffenden Spezialitäten und pharmazeutischen Zubereitungen angeführt sind. Der zweite Band enthält noch einen umfangreichen Anhang, in welchem Verbandstoffe, homöopathische Arzneimittel, Tierarzneimittel, kosmetische und Riechstoffe, Farben, Tinten, Firnisse, Lacke, Klebstoffe und Kitte, Fleckenreinigungsmittel, Mittel zur Bekämpfung schädlicher Tiere und Pflanzen sowie Hilfsmittel der Photographie behandelt sind. Des weiteren enthält der Anhang eine Beschreibung der hauptsächlichsten in der Apotheke vorkommenden pharmazeutischen Arbeiten, zum Beispiel: Abdampfen und Eindampfen, Destillieren, Kristallisieren, Sterilisieren usw. Den Schluß bilden Anleitungen zur Vornahme physiologischer Untersuchungen sowie die Neuerungen der sechsten Ausgabe des Deutschen Arzneibuches.

Mit den beiden Bänden des großen Werkes hat nun der Apotheker die Möglichkeit, über fast alle im Apothekenbetrieb vorkommenden Fragen sich Rat zu holen, und er wird wohl immer das finden, worüber er Aufschluß haben möchte. Das Werk sollte daher in keiner Apotheke fehlen. *„Süddeutsche Apotheker-Zeitung“.*

Pharmazeutische Zeitung. Zentral-Organ für die gewerblichen und wissenschaftlichen Angelegenheiten des Apothekerstandes. Begründet von **H. Mueller** in Bunzlau. Leitender Redakteur **Ernst Urban** in Berlin. Erscheint wöchentlich zweimal. (1931: 76. Jahrgang.)
Vierteljährlich RM 9.90; Einzelheft RM —.50

Pharmazeutisch-chemisches Rechenbuch. Von Professor Dr. **O. Anselmino**, Oberregierungsrat und Mitglied des Reichsgesundheitsamts, und Dr. **R. Brieger**, Wissenschaftlichem Redakteur der Pharmazeutischen Zeitung, Berlin. IV, 73 Seiten. 1928. RM 3.75

Englische Apotheken-Praxis. Eine Anleitung für Rezeptur, Handverkauf und Umgangssprache in den englischen Apotheken. Von **Franz Capelle** †. Dritte, neubearbeitete Auflage, herausgegeben von **G. P. Forrester**, Chefredakteur von "The Chemist & Druggist", London. Mit 10 Abbildungen im Text. IV, 208 Seiten. 1931. Gebunden RM 15.—

Die kaufmännische Apothekenführung und die Spezialitätenfabrikation. Von Dr. **Richard Brieger**, Wissenschaftlichem Redakteur der Pharmazeutischen Zeitung, Berlin. IV, 148 Seiten. 1926. RM 6.75; gebunden RM 7.50

Spezialitäten und Geheimmittel aus den Gebieten der Medizin, Technik, Kosmetik und Nahrungsmittelindustrie. Ihre Herkunft und Zusammensetzung. Eine Sammlung von Analysen und Gutachten. Von Apotheker **G. Arends**, Medizinalrat, Chemnitz. Achte, vermehrte und verbesserte Auflage des von E. Hahn und Dr. J. Holfert begründeten gleichnamigen Buches. IV, 564 Seiten. 1924. Gebunden RM 12.—

Neue Arzneimittel und pharmazeutische Spezialitäten einschließlich der neuen Drogen-, Organ- und Serumpräparate, mit zahlreichen Vorschriften zu Ersatzmitteln und einer Erklärung der gebräuchlichsten medizinischen Kunstausdrücke. Von Apotheker **G. Arends**, Medizinalrat, Chemnitz. Siebente, vermehrte und verbesserte Auflage. Neu bearbeitet von Professor Dr. **O. Keller**. X, 648 Seiten. 1926. Gebunden RM 15.—

Pharmazeutische Synonyma. Unter Berücksichtigung des geltenden und älterer Deutscher Arzneibücher, pharmazeutischer Kompendien sowie fremdsprachlicher Arzneibücher zusammengestellt. Von Dr. **Richard Brieger**, Wissenschaftlichem Redakteur der Pharmazeutischen Zeitung, Berlin. V, 276 Seiten. 1929. Gebunden RM 16.—

GPSR Compliance

The European Union's (EU) General Product Safety Regulation (GPSR) is a set of rules that requires consumer products to be safe and our obligations to ensure this.

If you have any concerns about our products, you can contact us on ProductSafety@springernature.com

In case Publisher is established outside the EU, the EU authorized representative is:

Springer Nature Customer Service Center GmbH
Europaplatz 3
69115 Heidelberg, Germany

Batch number: 10852600

Printed by Printforce, the Netherlands